新譯景德傳燈錄（上）

顧宏義 注譯

三民書局

刊印古籍今注新譯叢書緣起

劉振強

人類歷史發展，每至偏執一端，往而不返的關頭，總有一股新興的反本運動繼起，要求回顧過往的源頭，從中汲取新生的創造力量。孔子所謂的述而不作，溫故知新，以及西方文藝復興所強調的再生精神，都體現了創造源頭這股日新不竭的力量。古典之所以重要，古籍之所以不可不讀，正在這層尋本與啟示的意義上。處於現代世界而倡言讀古書，並不是迷信傳統，更不是故步自封；而是當我們愈懂得聆聽來自根源的聲音，我們就愈懂得如何向歷史追問，也就愈能夠清醒正對當世的苦厄。要擴大心量，冥契古今心靈，會通宇宙精神，不能不由學會讀古書這一層根本的工夫做起。

基於這樣的想法，本局自草創以來，即懷著注譯傳統重要典籍的理想，由第一部的四書做起，希望藉由文字障礙的掃除，幫助有心的讀者，打開禁錮於古老話語中的豐沛寶藏。我們工作的原則是「兼取諸家，直注明解」。一方面熔鑄眾說，擇善而從；一方面也力求明白可喻，達到學術普及化的要求。叢書自陸續出刊以來，頗受各界的喜愛，使我們得到很大的鼓勵，也有信心繼續推廣這項工作。隨著海峽兩岸的交流，我們注譯的成員，也由臺灣各大學的教授，擴及大陸各有專長的學者。陣容的充實，使我們有更多的資源，整理更多樣化的古籍。兼採經、史、子、集四部的要典，重拾對通才器識的重視，將是我們進一步工作的目標。

古籍的注譯，固然是一件繁難的工作，但其實也只是整個工作的開端而已，最後的完成與意義的賦予，全賴讀者的閱讀與自得自證。我們期望這項工作能有助於為世界文化的未來匯流，注入一股源頭活水；也希望各界博雅君子不吝指正，讓我們的步伐能夠更堅穩地走下去。

新譯景德傳燈錄　目次

卷五

卷六

卷七

懷讓禪師下二世

卷八

懷讓禪師下二世

卷　九

卷一〇

懷讓禪師下三世下

卷一一

卷 一二

中冊

卷一三

卷一四

卷一五

卷一六

卷一八

青原行思禪師下六世二

卷一九

青原行思禪師下六世三

卷二〇

青原行思禪師下六世四

卷　二二

下冊

卷二二

青原行思禪師下七世中

卷二三

青原行思禪師下七世下

卷二四

卷 二六

青原行思禪師下九世下

卷　二七

卷　二八

導讀

《景德傳燈錄》三十卷，北宋僧人道原所撰。因「一燈能除千年暗，一智慧能滅萬年愚」（《六祖壇經》），故禪家每以燈來喻禪法，並認為禪法傳承如同燈燈相續而無終絕，因而將記載禪法傳承歷史之著作稱為「傳燈錄」，簡稱「燈錄」。「景德」為宋真宗年號（一〇〇四～一〇〇七年）。因道原此書進呈於景德年間，故書名上加「景德」之年號。

此書撰者道原的生平未詳，據《天聖廣燈錄》卷二七、《傳法正宗記》卷八與《五燈會元》卷一〇載，道原為天台德韶禪師之法嗣，即大法眼文益禪師之徒孫。《五燈會元》卷一〇稱作「蘇州承天永安道原禪師」，並於目錄中明言其「進《景德傳燈錄》」。南宋初人龔明之所撰《中吳紀聞》卷二稱「《傳燈錄》為永安禪院僧道元著」。「元」、「原」相通，「道元」即為「道原」。此本無問題，但自南宋紹興二年（一一三二年）長樂鄭昂於本書跋中忽稱：「《景德傳燈錄》本住湖州鐵觀音院僧拱辰所撰，書成將遊京師投進，途中與一僧同舟，因出示之。一夕，其僧負之而走。及至都，則道原者已進而被賞矣。此事與郭象竊向秀《莊子注》同。拱辰謂吾之意欲明佛祖之道耳。夫既行矣，在彼在此同，吾其為名利乎？絕不復言。拱辰之用心如此。」此後頗有人認為道原只是一個剽竊者，如民國初年所刊行的《四部叢刊》三編本張元濟跋即稱「著此書者名道原，而實拱辰也」，可見其影響。道原、拱辰兩人的卒年均無考，然道原之師德韶禪師與拱辰之師金山曇穎禪師的卒年卻可考定，由此可大略推知此兩人的活動年代。德韶享年八十二歲，卒於宋太祖開寶五年（九七二年），距景德元年有三十三年，可推知道原當生於五代時。曇穎卒於宋仁宗嘉祐五年（一〇六〇年），終年七十五歲，距景德五年為五十七年，則道原進呈《景德傳燈錄》時，曇穎才二十歲上下。可知曇穎之弟子拱辰不可能有與道原同舟相遇、且發生書稿被竊之事。據《續傳燈錄》載，拱辰撰有《祖源通要》三十卷，其體製與道原此書相類，鄭昂大概因此而傳誤。

燈錄因通過對僧人與居士的得道、傳法言行之記載來表述歷代禪僧的法嗣傳承關係，故成為一種富有禪宗特色的文獻，對於禪宗發展史的研究極有價值。

自中國禪宗初祖菩提達磨弘法中土以後，尤其是六祖慧能大師創立南禪之後，禪宗的影響日益增廣。因慧能及其門下懷讓、清原兩大宗系之高僧大德大都活動於東南山嶺地區，且多出身於平民，對傳統文化及佛學義理接觸不多，故所受束縛也少，當其一接受佛法，多能直探其理於自心，而反對繁瑣之義學，即所謂「教外別傳」，「以心傳心」。因此，南禪主張直截心源，頓悟見性，並強調在世事上的實踐，認為生心應事、動靜語默無非是道，即於日常行事應對之間得以修行。所以其平日上堂開示，日常應對，隨遇答問，大都直道胸中物，舉拂豎指、口喝棒打，處處針鋒相對，縱奪自如，形成了一種迥別於前世之禪風。在禪門祖師的傳記中，大量顯現各自法門與內省體驗之記載。雖然禪宗自稱為教外別傳之宗，「不立文字」，但這些法門與內省體驗卻廣播於叢林間，逐漸享有權威，而被稱作「公案」。這種禪門公案，在唐代已經盛行，如「南泉斬貓」、「婆子燒庵」之類，禪師用以檢驗學僧的悟境，以破除情識之虛妄束縛，而成為禪宗之血脈。據說歷代公案多達一千七百則，「且如禪宗門下，自二祖安心、三祖懺罪、南嶽磨磚、青原垂足，至若擎叉、球輥、用棒、使喝及一千七百則機緣，莫不八字打開，兩手分付」（元僧中峰《山房夜話》）。在如此氛圍中，學僧為便於參學，便如實地將禪師說法示意時的話語、動作與形態記載下來，以此參悟修行。此便稱之為「語錄」。在九世紀左右，禪師語錄已流行於禪林。當唐末五代時期，禪宗「一花開五葉」，先後自南嶽懷讓門下形成溈仰、臨濟兩派，自清原行思門下形成曹洞、雲門、法眼三家，其下再分流成若干支派。各家各派為顯示其區別，而各建門庭，形成了各自獨特的門風，即所謂「師唱誰家曲，宗風嗣阿誰」，門派之傳承成為當時叢林的首要問題之一，「傳燈錄」這類表明禪林師承譜系的著作便由此而應運產生。

現存最早的燈錄是由福建泉州招慶寺靜、筠二禪師於五代南唐保大十年（九五二年）所編成的《祖堂集》二十卷。其書集「古今諸方法要」，首述七佛，次敘西天、東土三十三祖，再按法嗣傳承世系分頭介紹，共錄二百五十三人，有諸佛祖與禪師的生平簡介和機緣言語之記錄，並以後者為詳。《祖堂集》於宋代即傳入高麗，但在國內卻久已失傳，於宋人文集中已難覓其蹤影。因此，成書於北宋景德年間的《景德傳燈錄》才算是第一部真正有影響之燈錄。

一般而言，傳記類著作偏重於記事，語錄類著作偏重於記言，而燈錄則既注重記錄禪人機緣語句，也注意記載其生平行事，並通過將所收載禪人按世次排列，以標目或敘述文字闡明其師承譜系，探源而溯流，使禪宗發展之源流繁衍的世次清楚，支派明晰，井然有序，歷歷在目。因此，燈錄為盡可能展示傳承法嗣的全面情況，一般收載人物較多。《景德傳燈錄》共收一千七百零一人。唐、五代至北宋初許多禪師，既無傳記行世，也無語錄結集，其事跡與禪語，多賴本書才得以流傳。雖然還有不少禪師因無機緣語句或在編撰時缺少材料而僅標出法名，而無具體記載，但後人也多半可根據本書而得以了解其師承關係。

前文已說過本書著者道原為法眼文益的再傳弟子。在禪宗五家中，法眼宗主要流行於文化較為發達的江南地區，開山祖師文益也特好文詞，其宗風也較帶文化色彩。當北宋初期社會政治漸趨穩定，封建文化的重建得以逐步展開，整理編纂了以《太平廣記》、《太平御覽》、《文苑英華》與《冊府元龜》四大類書為代表的一批文獻典籍。《景德傳燈錄》的編撰，正好既顯示出法眼宗對經典的尊崇與對文詞的偏愛，也與宋廷重建封建文化的需求相符合，因此當道原將本書呈獻朝廷時，立即得到宋真宗的重視，親命翰林學士楊億等人裁定。楊億為宋初著名文學流派「西崑體」的領袖，並是編撰《冊府元龜》的主要負責人之一。故楊億裁定《景德傳燈錄》，與其編撰《冊府元龜》有著類似的意義，即同屬於當時文化重建的一部分。也正因為此，當本書經楊億等人裁定後，即被頒入藏、刊印流通，成為有史以來第一部官修禪籍，並成為中國歷史上流傳最廣、影響最大的一部燈錄。

《景德傳燈錄》全書內容大體可分為四個部分：第一部分（卷一、二）敘述七佛和西天二十七祖以及旁出的二十二祖。第二部分（卷三、四、五）敘述中華初祖菩提達磨至六祖慧能（順著天竺列祖世次為自第二十八祖至第三十三祖），及其四祖道信旁出法嗣金陵牛頭宗子孫、五祖弘忍旁出法嗣北宗神秀子孫、六祖慧能的法嗣。第三部分（卷六至卷二六）記敘慧能門下南嶽懷讓、青原行思兩大法系禪僧，其中卷六至卷一三為南嶽系（止於南嶽下九世），卷一三附敘曹溪別出法嗣（自第二世至第六世），卷一四至卷二六為青原系（止於青原下十一世）。第四部分（卷二七至卷三〇）帶有附錄性質，內容較雜。其中卷二七記述非正統的禪門賢達及各地禪師的機緣語句，以見古代習禪者有種種不同之家風；卷二八載十二位著名禪師之「廣語」，以便於對各家入道門徑、教外立宗之緣由等作一較為系統的開示，有助於了解南宗禪風特重慧悟的獨到造詣；最後兩卷輯錄禪林廣為傳誦的、表現禪理禪趣的詩文讚頌等，如菩提達磨的〈略辨大乘入道四行〉、僧璨的〈信心銘〉、永嘉玄覺的〈證道歌〉、荷澤神會的〈顯宗記〉、石頭希遷的〈參同契〉等，都被後世尊為禪宗要典，雖其間不無是非真偽等問題，但實際對於禪宗思想發展有著重大的影響。

本書大抵取材於唐僧慧炬《寶林傳》、《祖堂集》及禪僧之語錄、行狀、碑銘、傳記等原始資料，故有著相當的史料價值。因道原為法眼宗僧人，故本書內容青原一系要詳於南嶽一系，而法眼宗一系尤詳。其二五、二六兩卷所載除部分為法眼文益的師侄外，皆為其法嗣，直至長壽法齊（於傳承世次上還後於道原一代）。又宋初僧贊寧撰《宋高僧傳》，於禪宗五派開山祖獨缺雲門文偃傳，此由於贊寧與文偃各處一方、未相接觸而使然。然本書卷二二、二三載錄了同出青原一系的雲門宗法嗣頗詳，正可補《宋高僧傳》之缺失。這當是因時代、師派相近，而史料易於搜集而然。本書修成進閱後，由楊億等人加以刊削裁定。楊億曾參學於臨濟宗僧人廣慧元璉之門，於禪史觀點或不無出入。但縱觀本書內容，其撰述大體公允，尚不見帶有宗派色彩的偏向，而較為客觀地反映了禪史的發展。

楊億對道原原作的修訂，據其〈景德傳燈錄序〉所言，主要有以下三個方面：其一本著「事資紀實，必由於善敘；言以行遠，非可以無文」的原則，進行文字潤色，使條目分明，文意暢達。其二對史實作了必要的訂正，「至有儒臣居士之問答，爵位姓氏之著明，校歲歷以愆殊，約史籍而差謬，咸用刪去，以資傳信」。其三刪除蕪雜成分，專錄「啟投針之玄趣，馳激電之迅機，開示妙明之真心，祖述苦空之深理」之問答機語，「若乃但述感應之徵符，專敘參遊之轍迹，此已標於僧史，亦奚取於禪詮？聊存世系之名，庶紀師承之自」。但從現存本來看，其中訛字錯漏之處仍然不少，「但述感應之徵符，專敘參遊之轍迹」等情況依然未能完全刪去，並存在有較為嚴重之錯誤：如卷一一靈祐禪師之法嗣〈襄州延慶山法端大師〉章，與卷一二香嚴智閑禪師之法嗣〈襄州延慶法端禪師〉章，前後內容重出，且師承關係不一，而失於檢正；本書所收入者大多已卒，但仍有個別存世者，致使體例不一，如卷二六郢州大陽山警玄禪師，卒於宋仁宗天聖五年（一〇二七年），已在成書後多年。但此瑕不掩瑜。至如甚為當代研究禪史者所大為呵病的偽造和篡改禪史之事，如禪宗西天、東土諸祖的世系等，則在《寶林傳》與《壇經》等唐代禪書中即已成型，《景德傳燈錄》不過撮取舊說而已，且對其中一些明顯的錯誤已有所訂正。可以說，《寶林傳》等偽造篡改禪史的弊病來自唐代禪僧歷史文化知識的貧乏，而本書沿用其說則主要出於對古本原始文獻的尊重以及對「言必有徵」的文獻整理原則的信奉。正因為此，使得本書具有很高的史料價值。

本書撰成入藏時間，因其書名上有「景德」兩字，故一般認為是在宋真宗景德年間。但本書卷二六明確記載溫州瑞鹿本先禪師卒於大中祥符元年（一〇〇八年）二月，且《中吳紀聞》卷二也稱《景德傳燈錄》進獻後，「祥符中，詔翰林學士楊億、知制誥李維、太常丞王曙刊定，刻板宣布」。故可知景德年間實為本書進獻時間，而楊億等刊定並加刻板之時間當在大中祥符年中。

《景德傳燈錄》問世後，引起了很大的回響，不僅促進了宋代佛教的禪化向深層發展，出現了許多仿效之禪作，且進一步推動了禪宗向士大夫階層的普及。景祐元年（一〇三四年），對《景德傳燈錄》很有研究的王隨，恐此書卷帙浩繁，學者難得其要領，「遂擇其精粹，撮其機要」，而成一刪節本《傳燈玉英集》（也簡稱《玉英集》）十五卷。由於《景德傳燈錄》為法眼宗禪師所撰，故其後又有臨濟宗居士李遵勗撰《天聖廣燈錄》（一〇二九年），雲門宗僧惟白撰《建中靖國續燈錄》（一一〇一年），臨濟宗僧悟明撰《聯燈會要》（一一八三年），雲門宗僧正受撰《嘉泰普燈錄》（一二〇一年）。此四種燈錄不僅對《景德傳燈錄》之缺漏錯訛處予以補正，而且記錄了大量當代禪師的言行。因燈錄對古德公案的崇拜和對機語玄言的欣賞多少背離了唐代禪宗呵佛罵祖、不立文字之精神，而遭到有些宋代士大夫的指責。但此現象之出現，一方面是由於禪宗內部思想資源的層累積澱已超出「口耳授受」所能承載的限度，必須有書面的記載才能保證其不至損失，另一方面也因為宋代傳法之對象更多的是讀書人，即士大夫與詩文僧，必須有書面文獻才能爭取更多的徒眾。受此影響，燈錄類著作大增，蔚為大觀。

其次，作為記言體之《景德傳燈錄》，其體裁對中國學術著述的影響極大，如儒學大師南宋朱熹撰《伊洛淵源錄》、明末黃宗羲撰《明儒學案》、清初萬斯同撰《儒林宗派》等，都是仿效燈錄體裁而撰作的。

因上述五種燈錄內容多有重複，故南宋末寶祐年間（約一二五三年）臨濟僧普濟便刪繁就簡，去其重複，會編五種燈錄成《五燈會元》一書。因《五燈會元》後出，所述宗派較上述五種燈錄更為分明，文字也更簡潔，因而為僧俗所喜愛，使元、明以來士大夫好談禪學者，無不家有其書，而五燈遂希見於流通。清代編纂《四庫全書》，收《五燈會元》而不錄《景德傳燈錄》，其原因即在於此。但對勘兩書，

《景德傳燈錄》實有不可取代者。如：

有《景德傳燈錄》載某僧人言行而《五燈會元》缺者。如卷九朗州東邑懷政禪師、卷一〇嘉禾藏廙禪師、卷一三黃州大石山福琳禪師、卷一四潭州華林和尚、卷二二連州地藏院慧慈大師等章，《五燈會元》皆失載。而卷二九、三〇所載的詩文頌銘對後人了解禪宗及禪學思想之發展有著重要的作用，而多不見於《五燈會元》，此更可顯示《景德傳燈錄》的價值。

有《五燈會元》刪改原文致使詞義不明甚至錯訛者。如《景德傳燈錄》卷一四〈洞山良价禪師〉章中有「勞生息死，於悲何有」，「息」字《五燈會元》卷一三作「惜」，因「生」與「死」之義相對，「勞」與「息」之義相對，而「息」改作「惜」，詞義顯然有別。又《景德傳燈錄》卷二一〈羅漢院桂琛禪師〉章中記桂琛「既冠，辭親事本府萬歲寺無相大師」，而《五燈會元》卷八作「既冠，親事本府萬歲寺無相大師」，刪一「辭」字，而詞義有所不明。

有兩書所載內容互有出入者：有師承關係相異者，如福州靈雲志勤禪師，《景德傳燈錄》卷一一作潙山靈祐禪師的法嗣，而《五燈會元》卷四卻認為是長慶大安禪師的法嗣；又襄州廣德延禪師的師承關係，兩書所載大異，《景德傳燈錄》為青林師虔禪師→廣德義禪師→廣德延禪師→廣德周禪師，而《五燈會元》為青林師虔禪師→廣德延禪師→廣德義禪師→廣德周禪師，考兩書所載，義禪師與延禪師之言行機語正好相對換。有所載內容不同者，如禾山無殷禪師的悟法之事，兩書所記有異同。有禪師問答接引的僧人名字相異者，此舉《景德傳燈錄》卷一四為例，如〈潭州道吾山圓智禪師〉章中「師與雲巖侍立次，藥山曰」，「藥山」《五燈會元》卷五作「南泉」；〈潭州雲巖曇晟〉章中「師掃地次，潙山云」，「潙山」《五燈會元》作「道吾」；又卷十五〈筠州洞山良价禪師〉章中「師因看稻田次，郎上座牽牛曰……師曰……」云云，《五燈會元》卷一三所載對話的兩人次序恰好顛倒，等等。此當是兩書所取史材之來源不同而然。至於個別文字之出入就更為眾多，不再例舉。

《五燈會元》對《景德傳燈錄》刪繁就簡，有些記載因此而言簡意賅，但也有使生動形象之描述歸於平淡者。如《景德傳燈錄》卷一六〈鄂州巖頭全豁禪師〉章中全豁有「豈不聞智慧過師，方傳師教。其或智慧齊等，他後恐減師半德」之語，《五燈會元》卷七改作「豈不聞智過于師，方堪傳受。智與師等，減師半德」；全豁又曰「吾教義猶如毒塗鼓，擊一聲遠近聞者皆喪，亦云俱死，此是第三段義」，《五燈會元》刪去「亦云俱死」四字。兩書所載一質一文，《景德傳燈錄》所錄忠實於當時說法口語，且如「亦云俱死」是對「皆喪」兩字之補充說明。因為全豁有鑑於「皆喪」兩字較文，而堂下聽法者大多為下層僧俗，文化程度不高，故以「俱死」來作注解。閱讀《景德傳燈錄》此類記載者，可使人由此領略到禪師說法時的言聲形貌風采。

《景德傳燈錄》於楊億等刊定後即「刻板宣布」，但今已不可見。二十世紀前期《四部叢刊》三編所收的上海涵芬樓景印常熟瞿氏鐵琴銅劍樓藏宋刻本，號稱合三本宋代舊刊而成，但亦非道原、楊億之原本：其一，《叢刊》本中有不少注文，大多屬於道原、楊億所加之原注，但也有部分為宋刻本附注，如卷三〈第二十八祖菩提達磨〉章末注曰「凡此年代之差，皆由《寶林傳》錯誤，而楊文公（楊億）不復考究耳」；其二，《叢刊》本卷首有《西來年表》，所記菩提達磨來中華之年代，即依《傳法正宗記》，而《傳法正宗記》成於宋仁宗嘉祐六年（一〇六一年）；其三，本書紀年體例與成於宋神宗元豐七年（一〇八四年）的《資治通鑑》相同，而與編撰於景德年間的《冊府元龜》不同。可知此本當為北宋後期或南宋時所刻印。南宋紹興年間宋思鑒又曾刻印《景德傳燈錄》於台州，但也已失傳。此後翻刻本書者甚多，現存重要者有元泰定刻本（收入《磧沙藏》，一九三五年曾影印出版）、元延祐刻本（一九一六年貴池劉氏曾予覆刻）等，近世江蘇常州法雲堂亦於民國八年（一九一九年）覆刻流通。

因《景德傳燈錄》至今還未有點校注譯者，此次標點注譯即以通行的《四部叢刊》三編本為底本，校以元延祐等本及《五燈會元》中華書局一九八四年點校本，對原文中之避諱缺筆字及明顯版刻錯、衍、漏字予以更正，不出校記，其餘異體字、及雖文字有異同而意思兩通者則依其舊，以盡量保留原貌。正文原不分段，由注譯者視文義而作適當的劃分，並增補了每一章之標題。為便於讀者閱讀這一佛學名著，此次對《景德傳燈錄》原文作了全譯，對文中生難之字、佛學名詞、典章制度及部分歷史人物、地名等加以簡要的注釋，並視需要而加了一些題解與說明。原本卷首無總目，而每卷卷首有細目，為便於閱覽，故增補了本書總目，而刪去每卷細目。原本將「無機緣語，不錄」其言行而存其法名的僧人以注文形式附錄於每卷細目中所承嗣的禪師法嗣內，因其對今人瞭解禪僧的師承淵源甚有裨益，故而將其移至正文中相關禪師章節下的說明內。又因本書篇帙較大，翻檢不易，故根據本書所述，將每位禪僧（包括七佛、二十八祖）的師承淵源製成〈法系表〉，置於相關卷的卷首，以便讀者參閱。原書卷首有宋人楊億之原序及〈西來年表〉，現收錄為本書之附錄一、附錄二。因〈西來年表〉之內容頗有錯訛，不易一一更動，故現以書影形式收於附錄，以存原貌，聊備一格。此外，我們還選錄了部分書目著錄、序跋及筆記文獻中相關記載，作為本書之附錄三，以備閱讀者參考。

顧宏義　謹識

卷一

七佛法系表

毗婆尸佛→尸棄佛→毗舍浮佛→拘留孫佛→拘那含牟尼佛→迦葉佛→釋迦牟尼佛

天竺祖師法系表（上）

釋迦牟尼佛→摩訶迦葉→阿難→商那和修→優波毱多→提多迦→彌遮迦→婆須蜜→佛陀難提→伏馱蜜多→脇尊者→富那夜奢→馬鳴大士→迦毗摩羅→龍樹尊者→迦那提婆（見卷二）

阿難→末田底迦❶

❶ 法系表中凡以明體字排示之法師，皆為該法系旁出無錄者。

卷一

敘七佛

【題解】佛，為梵文Buddha（佛陀）音譯的簡稱，也譯作「浮屠」、「浮圖」、「沒馱」、「勃馱」等，意譯為「覺者」。佛教認為，凡是能「自覺」、「覺他」、「覺行圓滿」者都可名之為「佛」。佛教徒用以尊稱其教主釋迦牟尼，後來也泛指佛經中所說的一切佛陀。佛經上說，在過去、現在、未來三個住劫之中，各有一千尊佛出世，在釋迦牟尼以前成佛的六世佛分別為：毗婆尸佛、尸棄佛、毗舍浮佛、拘留孫佛、拘那含牟尼佛和迦葉佛，連同釋迦牟尼佛合稱七佛。據《長阿含大本經》載，前三尊佛為過去莊嚴劫中的最後三佛，後面依次為現在賢劫中的最初四佛。《景德傳燈錄》記述禪宗傳燈歷史由佛教創始人釋迦牟尼以前七佛之神異傳說述起，其目的實在於表明禪宗的源遠流長，但卻難以徵信。

古佛應世❶，緜歷❷無窮，不可以周知而悉❸數也。故近譚❹賢劫❺有千如來❻，暨❼于釋迦❽，但❾紀七佛。案《長阿含經》❿云：「七佛精進⓫力，放光滅暗冥。各各坐諸樹，於中成正覺⓬。」又曼殊室利⓭為七佛祖師⓮，金華善慧大士⓯登松山頂行道⓰，感七佛引前，維摩⓱接後。今之撰述，斷自七佛而下。

【注釋】❶應世　應時、隨時的意思。❷緜歷　連續不斷；延續。❸悉　完全。❹譚　通「談」。❺賢劫　佛教中稱現在之住劫。因為現在之住劫二十增減中有一千尊佛出世，故稱賢劫，又稱善劫。❻千如來　佛教說過去、現在、未來三住劫中各有一千尊佛出現。如來，從如實之道而來、開示真理的人，釋迦牟尼的十種稱號之一。佛陀常用以自稱。❼暨　及；到。❽釋迦　佛教創始人釋迦牟尼的簡稱。❾但　僅；只。❿長阿含經　早期佛教經典，二十二卷，由十六國時後秦僧人佛陀耶舍和竺佛念共同翻譯。阿含，意為「教法」或「傳」，即輾轉傳說的教法。⓫精進　佛教六度之一。精，精純無雜惡。進，升進不懈怠。⓬正覺　又譯作「三菩提」，指如來的實智，一切諸法的真正覺智。⓭曼殊室利　梵文文殊室利的異譯，簡稱「文殊」，佛教大乘菩薩之一，以「智慧」知名，與普賢並為釋迦的協侍，侍左方，塑像多騎獅子。⓮祖師　佛教對創立宗派者的尊稱。⓯善慧大士　金華東陽居士，姓傅名翕，字玄風，二十四歲時遇梵僧嵩頭陀，知曉往昔因緣，故在松山結庵，自稱當來解脫善慧大士，苦行七年，於宴坐間見釋迦、金粟、定光三佛。傅翕有神異，為梁武帝所敬重，於陳太建元年（五六九年）示寂，人稱傅大士。⓰行道　即修行、修道，指佛教徒根據佛說教義去實行。⓱維摩　即維摩詰。《維摩詰經》說他是毗耶離城中一位大乘居士，與釋迦牟尼同時，善於應機化導，為佛典中現身說法、辯才無礙的代表人物。

【語　譯】古昔佛尊應時出世，延續不斷，無有窮盡，而世人不能夠全部知曉其事跡，明瞭其數量。近世人談論現在賢劫中有一千尊佛出世，直至於釋迦牟尼佛，此處只記錄七佛的故事。案《長阿含經》記載：「七佛以精純而不懈怠之力量，放出光芒以驅逐黑暗。七佛各自坐在樹下，並於此中得成正覺。」又文殊室利作為七佛、祖師之一，金華善慧大士登上松山之頂修行，皆感召七佛引導在前，維摩詰接迎在後。故今日的撰述，斷自七佛以下。

毗婆尸佛

毗婆尸佛。過去莊嚴劫❶第九百九十八尊。偈❷曰：「身從無相❸中受❹生，猶如幻❺出諸形象。

幻人心識❻本來無，罪福❼皆空❽無所住❾。」《長阿含經》云：「人壽❿八萬歲時，此佛出世。」種⓫剎利⓬，姓拘利若，父槃頭，母槃頭婆提，居槃頭婆提城⓭。坐波波羅樹⓮下，說法⓯三會⓰，度人⓱三十四萬八千人。神足⓲二：一名騫茶，二名提舍。侍者無憂子方膺。

【注　釋】❶過去莊嚴劫　劫，梵語劫波的簡稱，意為極久遠的時節，有大、中、小之分。過去世之大劫稱作莊嚴劫，因在過去之住劫中有一千尊佛出世莊嚴其劫，故名。❷偈　偈陀的簡稱，意譯為「頌」，即佛經中的唱詞。❸無相　據《大乘義章》，有淺深二義，一是從佛理上說理絕眾相，故名「無相」；二是就涅槃法相上解釋，涅槃之法離去十相，故名「無相」。相，世間萬物諸法體狀外表。❹受　領納；感受。指主體領受客體給予的痛癢苦樂等體驗。❺幻　幻惑；幻境。佛教認為有情的身心並無實體，故稱「幻」。❻心識　識為心的異名，指一切認識活動賴以發生的精神主體。《唯識論》曰「識謂了別」，有一識直至無量的差別。❼罪福　五逆十惡為罪，五戒十善為福。罪有苦報，福有樂果。❽空　佛教認為一切事物現象都有其各自的因和緣，事物本身並不具有任何常住不變的個體，也非是獨立存在的實體，故稱為「空」。❾住　居住；停留。❿人壽　世間人的壽命。⓫種　種姓。古印度社會等級制度，有婆羅門、剎帝利、吠舍、首陀羅四個種姓，故也稱「四姓」。種姓之間界限森嚴，不能通婚、交往，甚至不能共食、並坐。⓬剎利　即剎帝利，古印度四種姓中的第二級，低於婆羅門，但掌握政治、軍事權力，為古印度國家的世俗統治者。⓭般頭婆提城　又稱槃頭摩跋城，傳說中的槃頭王之王城。⓮波波羅樹　傳說中的樹名。⓯說法　講說佛法。⓰會　聚會；集會。⓱度人　引度信徒。佛教以離世俗、出生死為「度」。⓲神足　此指上首弟子。

【語　譯】毗婆尸佛。過去莊嚴劫第九百九十八尊佛。佛尊說偈道：「身體自無相中感受而生，就如幻境中現出諸般形象。幻惑人之心識本來即無，罪與福皆為空故而無所留住。」《長阿含經》記載道：「人類的壽命長達八萬歲時，此佛尊出世。」毗婆尸佛屬剎帝利種姓，姓拘利若，父親名叫槃頭，母親名叫槃頭婆提，居住在般頭婆提城。佛尊坐在波波羅樹下成正覺，曾舉行了三次說法集會，引度信徒達三十四萬八千人。有二名上首弟子：其一叫騫茶，另一叫提舍。侍者是無憂子方膺。

尸棄佛

尸棄佛。莊嚴劫第九百九十九尊。偈曰：「起諸善法❶本是幻，造諸惡業❷亦是幻。身如聚沫❸心❹如風，幻出無根❺無實性❻。」《長阿含經》云：「人壽七萬歲時，此佛出世。」種剎利，姓拘利若，父明相，母光耀，居光相城❼。坐分陀利樹❽下，說法三會，度人二十五萬。神足二：一名阿毗浮，二名婆婆。侍者忍行子無量。

【注釋】❶善法　順從道理、有益己身之法。❷惡業　乖背道理的行為稱「惡」，身、口、意三者所為稱「業」。❸聚沫　比喻有為法之無常，一刻不定。《維摩經・方便品》曰：「此身如聚沫，不可撮摩。」沫，浪花；水花。❹心　佛教總稱一切精神現象。❺根　指根性，為人性中生善惡作業之力。❻實性　真如的異名。《唯識論》曰：「真謂真實，顯非虛妄；如謂如常，表無變易。謂此真實于一切法，常如其性，故曰真如。」❼光相城　傳說中的古印度地名。❽分陀利樹　傳說中的植物名，即白蓮花，《妙法蓮華經》載此花多生於阿耨達池，人間無有，花徑最大，花瓣數百，故又名百葉花。

【語譯】尸棄佛。莊嚴劫第九百九十九尊佛。佛尊說偈道：「所興起的種種善法本屬幻相，所造成的種種惡業亦皆為幻境。身如堆聚之浪花而心似飄風一樣無常不定，故而幻化而出之諸物既無根性亦無實性。」《長阿含經》記載：「人類的壽命長達七萬歲時，此佛尊出世。」尸棄佛屬剎帝利種姓，姓拘利若，父親名叫明相，母親名叫光耀，居住在光相城。佛尊坐在分陀利樹下成正覺，曾舉行過三次說法集會，引度信徒達二十五萬人。有二名上首弟子：其一叫阿毗浮，另一叫婆婆。侍者為忍行子無量。

毗舍浮佛

毗舍浮佛。莊嚴劫第一千尊。偈曰：「假借四大❶以為身，心本無生因境❷有。前境若無心亦無，罪福如幻起亦滅❸。」《長阿含經》云：「人壽六萬歲時，此佛出世。」種刹利，姓拘利若，父善燈，母稱戒，居無喻城❹。坐婆羅樹❺下，說法二會，度人一十三萬。神足二：一扶遊，二鬱多摩。侍者寂滅子妙覺。

【注釋】❶四大　為地大、水大、火大、風大的略稱。佛教認為地、水、火、風是構成世界萬物和人身的基本原素，故也以「四大」作為人身的代稱。❷境　指六識（眼識、耳識、鼻識、舌識、身識、意識）所辨別的各自對象。❸滅　指事物的壞滅。❹無喻城　傳說中的古印度地名。❺婆羅樹　也作婆羅奢，意為赤花樹。

【語譯】毗舍浮佛。莊嚴劫第一千尊佛。佛尊說偈道：「假借地、水、火、風四大以為人身，心本無從生起卻因外境而具有。面前之境如若消失此心亦歸於無，故罪與福皆屬幻境其興起亦即壞滅。」《長阿含經》記載道：「人類的壽命長達六萬歲時，此佛尊出世。」毗舍浮佛屬刹帝利種姓，姓拘利若，父親名叫善燈，母親名叫稱戒，居住在無喻城。佛尊坐在婆羅樹下成正覺，舉行過兩次說法集會，引度信徒達十三萬人。有二名上首弟子：其一叫扶遊，另一叫鬱多摩。侍者為寂滅子妙覺。

拘留孫佛

拘留孫佛。見在❶賢劫第一尊。偈曰：「見❷身無實是佛身，了❸心如幻是佛幻。了得❹

身心本性空❺，斯❻人與佛何殊別❼？」《長阿含經》云：「人壽四萬歲時，此佛出世。」種婆羅門❽，姓迦葉，父禮得，母善枝，居安和城❾。坐尸利沙樹❿下，說法一會，度人四萬。神足二：一薩尼，二毗樓。侍者善覺子上勝。

【注釋】❶見在　同「現在」。指三世之一的現在世。❷見　通過精心思慮推求而抉擇事理。❸了　明瞭；了然。❹了得　了卻。❺性空　《大智度論》說世上一切有為法，皆因緣所生，沒有自己固有的性質，「眾生空、法空，終歸一義，是名性空」。《成唯識論述記》曰「性者體也」，故「性空」亦表示諸法皆非客觀獨立的實體。性，自性。❻斯　此；這個。❼殊別　區別；分別。❽婆羅門　古印度的僧侶貴族，為四種姓之首，世代以祭祀、誦經、傳教為專業。❾安和城　傳說中的安和王之王城。《七佛經》稱為剎摩城，《佛名經》稱為無畏城。❿尸利沙樹　合昏樹，俗稱夜合樹。尸利沙，梵語「吉祥」之意。

【語譯】拘留孫佛。現在賢劫第一尊佛。佛尊說偈道：「知曉此身不是實體即成為佛之身，明白此心本是幻境即為佛之幻。了卻自己身心本來性空，此人與佛又有何區別？」《長阿含經》記載道：「人類的壽命長達四萬歲時，此佛尊出世。」拘留孫佛屬婆羅門種姓，姓迦葉，父親名叫禮得，母親名叫善枝，居住在安和城。佛尊坐在尸利沙樹下成正覺，舉行過一次說法集會，引度信徒達四萬人。有二名上首弟子：其一叫薩尼，另一叫毗樓。侍者是善覺子上勝。

拘那含牟尼佛

拘那含牟尼佛。賢劫第二尊。偈曰：「佛不見身知是佛，若實有知別無佛。智者能知罪性空❶，坦然❷不怖❸於生死。」《長阿含經》云：「人壽三萬歲時，此佛出世。」種婆羅門，姓迦葉，父大德，母善勝，居清淨城❹。坐烏暫婆羅門樹❺下，說法一會，度人三萬。神足二：一舒槃那，二鬱多樓。侍者安和子道師。

【注　釋】❶罪性空　指罪業的本性，空幻而不可得。罪性，罪業的本性。❷坦然　氣度寬宏、毫不介意的樣子。❸怖　恐怖。❹清淨城　傳說中的地名。❺烏暫婆羅門樹　《長阿含大本經》作烏暫婆羅樹，傳說中的樹名。

【語　譯】拘那含牟尼佛。賢劫第二尊佛。佛尊說偈道：「佛不現其身知道是佛，如若確實有所知曉就沒有了佛。智者能知曉罪業的本性空幻，則能坦然面對生死而不恐怖。」《長阿含經》記載道：「人類的壽命長達三萬歲時，此佛尊出世。」拘那含牟尼佛屬婆羅門種姓，姓迦葉，父親名叫大德，母親名叫善勝，居住在清淨城。佛尊坐在烏暫婆羅門樹下成正覺，舉行過一次說法集會，引度信徒達三萬人。有二名上首弟子：其一叫舒槃那，另一叫鬱多樓。侍者為安和子道師。

迦葉佛

迦葉佛❶。賢劫第三尊。偈曰：「一切眾生性清淨❷，從本無生❸無可滅。即此身心是幻生，幻化之中無罪福。」《長阿含經》云：「人壽二萬歲時，此佛出世。」種婆羅門，姓迦葉，父梵德，母財主，居波羅奈城❹。坐尼拘律樹❺下，說法一會，度人二萬。神足二：一提舍，二婆羅婆。侍者善友子集軍。

【注釋】❶迦葉佛　過去七佛之第六佛，傳說是釋迦牟尼前世之師，曾預言其將來必定成佛。❷清淨　離開惡行的過失與煩惱的垢染。❸無生　涅槃的真諦在於無生滅，因而觀無生之理可以破除生滅的煩惱。❹波羅奈城　中印度古城名，有大河環繞城東北，故又名江繞域，或名繞河城。❺尼拘律樹　也稱尼拘陀樹，意為縱廣樹。慧琳《一切經音義》曰：「此樹端直無節，圓滿可愛，去地三丈餘方有枝葉，其子微細如柳花子。唐國（指中國）無此樹。」

【語譯】迦葉佛。賢劫第三尊佛。佛尊說偈道：「一切眾生其本性皆清淨無垢，從根本而言其無生故也無可壞滅。即此身心生於幻境之中，而幻境之中本就沒有罪與福。」《長阿含經》記載道：「人類的壽命長達二萬歲時，此佛尊出世。」迦葉佛屬婆羅門種姓，姓迦葉，父親名叫梵德，母親名叫財主，居住在波羅奈城。佛尊坐在尼拘律樹下成正覺，舉行過一次說法集會，引度信徒達二萬人。有二名上首弟子：其一叫提舍，另一叫婆羅婆。侍者是善友子集軍。

釋迦牟尼佛

釋迦牟尼佛。賢劫第四尊。姓刹利，父淨飯天，母大清淨妙位。登補處❶，生兜率天❷上，名曰勝善天人❸，亦名護明大士❹。度諸天眾❺，說補處行❻，亦於十方界中❼現身說法。《普耀經》❽云：「佛初生刹利王家，放大智光明❾，照十方世界。地涌金蓮華❿，自然捧雙足。東西及南北，各行於七步。分手指天地，作師子吼⓫聲：『上下及四維⓬，無能尊我者。』」即周昭王⓭二十四年甲寅歲四月八日也。至四十二年二月八日，年十九，欲求出家⓮而自念言：「當復何遇？」即於四門遊觀，見四等事⑮，心有悲喜⑯而作思惟⑰：此老、病、死，終可厭離⑱。於是夜子時⑲，有一天人名曰淨居，於窗牖⑳中叉手㉑白㉒太子㉓言：「出家時至，可去矣。」太子聞已㉔，心生歡喜，即踰㉕城而去，於檀特山㉖中修道。始於阿藍迦藍㉗處三年，學不用處定㉘，知非便捨。復至鬱頭藍弗㉙處三年，學非非想定㉚，知非亦捨。又至象頭山㉛，同諸外道㉜日食麻麥，經于六年。故經云：「以無心意㉝，無授行，而悉摧伏㉞諸外道。」先歷試邪法㉟，示諸方便㊱，發諸異見㊲，今至菩提㊳。故《普集經》㊴云：「菩薩㊵於二月八日明星㊶出時成佛，號天人師。」時年三十矣。即穆王㊷三年癸未歲也。

既而㊸於鹿野苑㊹中為憍陳如㊺等五人轉四諦㊻法輪㊼而證道果㊽。說法住世㊾四十九年後，告弟子摩訶迦葉㊿：「吾以清淨法眼(51)、涅槃(52)妙心、實相(53)無相、微妙正法(54)將付於汝，汝當護持(55)。」并敕阿難(56)：「副貳(57)傳化(58)，無令斷絕。」而說偈言：「法本法無法，無法法亦法。今付無法時，法法何曾法？」爾時(59)世尊(60)說此偈已，復告迦葉：「吾將金縷僧迦梨衣(61)傳付於汝，轉授補處，至慈氏佛(62)出世，勿令朽壞。」迦葉聞偈，頭面禮足(63)曰：「善哉！善哉！我當依敕(64)，恭順佛故(65)。」爾時世尊至拘尸那城(66)，告諸大眾：「吾今背痛，欲入涅槃。」

即往熙連河[67]側娑羅雙樹[68]下，右脇累[69]足，泊然[70]宴寂[71]。復從棺起，為母說法。特示雙足化婆耆[72]，并說〈無常[73]偈〉曰：「諸行無常，是生滅法。生滅滅已，寂滅為樂。」時諸弟子即以香薪競荼毗[74]之，燼[75]後金棺如故。爾時大眾即於佛前以偈讚曰：「凡俗諸猛熾[76]，何能致火爇[77]！請尊三昧火[78]，闍維金色身。」爾時金棺從座而舉，高七多羅樹[79]，往返空中，化火三昧。須臾[80]灰生，得舍利[81]八斛[82]四斗。即穆王五十二年壬申歲二月十五日也。

自世尊滅後一千一十七年，教至中夏[83]，即後漢[84]永平[85]十年戊辰歲也。

【注釋】❶補處　指前佛既滅後，成佛而補其處，即承嗣前佛而成佛的菩薩。❷兜率天　六欲天中之第四重天，其一晝夜，相當於人間四百年。居此天者徹體光明，能照耀世界。❸天人　天界之人。❹大士　佛教用以稱佛和菩薩。按《四教儀集解》卷上：「運心廣大，能建佛事，故云大士。」❺天眾　總稱梵天、帝釋等凡屬天部之人眾。❻行　《俱舍論頌疏》卷一：「造作、遷流二義名行。」此指能招致罪福果報的身、口、意諸「業」，亦即人的一切心、身活動。❼十方界中　佛教稱東、西、南、北、東南、西南、東北、西北、上、下十個方位為十方。❽普耀經　即《普曜經》，佛經名，八卷，西晉僧人竺法護翻譯。❾大智光明　大智，廣大的智慧。光明，自瑩稱光，照物稱明。《往生論註》下說佛之光明為智慧之相。❿金蓮華　金色的蓮花。⓫師子吼　師子，即獅子。獅子吼，比喻佛教威神發大聲音以震動世界。⓬四維　東南、西南、東北、西北四隅，此借指四方。⓭周昭王　西周國王，周武王的曾孫。此卷所記釋迦牟尼及其弟子的生卒、傳教年代大多錯誤，不再一一指出。⓮出家　指離家到寺院做僧尼。出家原為印度婆羅門教的一種遁世制度，後為佛教所沿用。⓯四等事　指生、老、病、死四事。⓰悲喜　此指悲傷、煩惱。⓱思惟　即「思維」。⓲厭離　以法術壓制、離絕。⓳子時　夜半十一時至一時。⓴窗牖　窗戶。㉑叉手　也稱叉十，合掌而交叉十指，佛教徒的敬禮形式。㉒白　告訴。㉓太子　釋迦牟尼出家前為淨飯王之子，故稱太子。

㉔已　完了。㉕逾　跳越。㉖檀特山　古印度山名，據《大唐西域記》載，此山在北印度犍馱羅國。㉗阿藍迦藍　也作阿羅邏迦藍，古印度的修行者。㉘不用處定　即無所有處定。指修禪定者，初觀空為無邊、觀所緣皆無所有，而依照此行力所生之處，即為無所有處。定，禪定，調心專注一境而不散亂的精神狀態。㉙鬱頭藍弗　古印度的修行者，慧琳《一切經音義》稱他曾「得非想定，獲五神通，飛入王宮，遂失定，徒步歸山」。㉚非非想定　即非想非非想定。《俱舍頌疏．世間品》三稱非想非非想天之禪定至極靜妙，不是「下地之粗想」，故「名為非想；若想全無，便同癡闇，有細想，故名非非想」。㉛象頭山　在印度尼連禪河畔。㉜外道　指佛教以外的其他宗教哲學派別。㉝無心意　無心，一時休止心識而使之不生。意，意識的略稱。㉞摧伏　降服。㉟邪法　指外道的法術。㊱方便　指宣傳佛教信仰、把握真如的法門。《法華文句》卷三：「方便者門也。」㊲異見　指違背真如的意見。㊳菩提　梵語，意為「覺」、「智」，指通向佛教涅槃之路，即斷絕世間煩惱而成就「涅槃」之「智慧」。㊴普集經　佛經名。㊵菩薩　佛教稱修持大乘六度，求無上菩提（覺悟），利益眾生，於未來成就佛果的修行者；有時也尊稱大乘僧侶或居士。此指成佛前的釋迦牟尼。㊶明星　此指啟明星。㊷穆王　即周穆王，西周昭王之子。㊸既而　隨即。㊹鹿野苑　佛教聖地，屬中印度波羅奈國（今印度瓦臘納西城西北約十公里處），傳為釋迦牟尼成道後最初說法之處。㊺憍陳如　釋迦牟尼的侍者和最初的弟子之一。㊻四諦　也稱「四聖諦」，即苦、集、滅、道四諦，佛教基本教義之一。諦，實在、真理之意。㊼法輪　比喻佛法，有二說，一說佛法能摧破眾生煩惱邪惡，如轉輪王轉動「輪寶」（戰車的神化）摧破山嶽巖石一樣；二說佛陀說法，如同車輪輾轉不停。故佛經上比喻佛陀宣說佛法為「轉法輪」。㊽道果　道，菩提之道。涅槃由菩提之道而得以證明，故稱之為「果」。㊾住世　即住持，安住於世間而保持佛法。㊿摩訶迦葉　簡稱迦葉，也稱大迦葉，釋迦牟尼的十大弟子之一，修頭陀行，少欲知足，稱「頭陀第一」。(51)清淨法眼　又稱正法眼藏，禪宗以此作為教外別傳之心印。(52)涅槃　梵語，意譯為「滅」、「寂滅」、「圓寂」等，是佛教全部修習所要達到的最高理想，一般指熄滅「生死」輪迴而後獲得的一種精神境界。《大涅槃經》稱涅槃是具有「常、樂、我、淨」四德的永生常樂之佛身。後世通常將涅槃作為死亡的代稱。(53)實相　佛教以世俗認識的一切現象皆為「假相」，惟有擺脫世俗認識才能顯示諸法「常住不變」的真實相狀，故名，與真如、涅槃、性空、無相、實性等概念大略相同。(54)微妙正法　微，法體幽玄。妙，斷絕思議。正法，真正的佛法。(55)護持　衛護、主持。(56)阿難　全稱阿難陀，釋迦牟尼的十大弟子之一，長於記憶，稱「多聞第一」。(57)副貳　輔佐。(58)傳化　傳揚佛教、化育信徒。(59)爾時　那個時候。(60)世尊　釋迦牟尼的尊稱之一。《大乘義章》卷三〇：「佛備眾德，為世欽重，故號世尊。」(61)金縷僧伽梨衣　金縷織成的袈裟（僧衣）。僧伽梨衣，袈裟的一種，又稱大衣、九條，由九條碎布縫製而成。(62)慈

氏佛　即彌勒菩薩，從佛受記（預言）將繼承釋迦佛位為未來佛的菩薩。63頭面禮足　古印度禮儀之一，用頭、面頂禮尊者的足。64敕　古代帝王的命令，此指佛陀的偈語。65故　故物；遺物。66拘尸那城　佛教聖地，相傳為末羅國都城，約當今印度聯合邦的迦夏城，傳為釋迦牟尼之逝死處。67熙連河　一作有金河，在拘尸那城外。68娑羅雙樹　娑羅，意為堅固，樹名。此處樹林中娑羅樹兩兩並生於四方，傳說佛陀於此樹林中涅槃後，四棵樹枯死，四棵樹茂榮，象徵大乘涅槃之「常樂我淨，萬代繁榮」。69累　重疊。70泊然　安靜的樣子。71宴寂　安然而入寂滅之境，比喻聖者之死。72婆耆　又作婆耆舍、鵬耆舍，佛陀的弟子，古印度詩人，常為即興之詩偈讚美佛陀。73無常　佛教認為世界一切事物，都處在生起、變異、壞滅的過程中，遷流不停，絕無常住性，故稱無常。74荼毗　也作荼毗、闍維、闍毗、闍鼻、耶維等，意為焚燒、火葬，原為印度葬法之一，佛教稱火葬僧人的屍體。75燼　用火燒後的剩餘東西。76熾　火；火旺。77爇　點燃；放火焚燒。78三昧火　佛、菩薩所具之法火。三昧，也作三摩提，意為定、正受等。《智度論》曰「善心一處住不動，是名三昧」；又曰「一切禪定攝心皆名為三摩提」。79多羅樹　據《大唐西域記》載，此樹形如棕櫚樹，極高者達七、八十尺，果實可食，紅色，大如石榴，東印度界內此樹甚多。80須臾　一會兒。81舍利　梵語，意為屍體或身骨。原指釋迦牟尼遺體火化後結成的珠狀物，分白色骨舍利、黑色髮舍利、赤色肉舍利，後也指德行較高的僧人死後燒成的骨頭。82斛　容器，容五斗。83中夏　中國；中原。84後漢　中國古代王朝名，即東漢。85永平　東漢明帝的年號（五八～七五年）。傳說永平十年漢朝遣人去天竺求法，請得攝摩騰、竺法蘭來洛陽，譯《四十二章經》，建白馬寺，於是佛、法、經完備，標誌著佛教在漢地真正的開端。

【語　譯】釋迦牟尼佛。賢劫第四尊佛。佛尊屬剎帝利種姓，父親名叫淨飯天，母親名叫大清淨妙位。當時，他功德即將圓滿，位登一生補處，生於兜率天上，名叫勝善天人，亦稱護明大士，為諸天神眾講說補處種種因緣，一天忽然覺得因緣成熟，應下凡至十方世界之中現身說法，廣度眾生，便下生人間。《普耀經》記載道：「佛陀初生於剎帝利王族家中，放出充滿大智慧的光明之相，普照十方世界，當時大地湧出一朵金色的蓮花，自然而然地托起佛陀的雙腳。佛陀向東、南、西、北四個方向各走了七步，一手上指藍天，一手下指大地，發出了如同獅子吼聲一樣的洪音：『天上地下與四面八方之間，沒有比我更尊貴者。』」此一天為中國西周昭王二十四年甲寅歲四月八日。

至周昭王四十二年二月八日，太子年滿十九歲，想要出家修行，卻又自念道：「還當遇到什麼情況？」

便來到王城四門之外遊覽觀看，見到生老病死四類事情，不禁心中生出大煩惱、大悲傷，但又思量道，此類老、病、死，終當可用法術予以壓制離絕。就在這一天半夜時分，有一個名叫淨居的天神，在窗戶中叉手作禮，告訴太子說：「出家修行的良機已到，可以走了。」太子聽完，大為高興，即刻跨越城牆，離家而去，來到檀特山中修行道術。他最初三年是在阿藍迦藍之處學習「無所有處定」之法，隨後知曉此法不是「成道」的正法便予以捨棄了。他再到鬱頭藍弗之處，花了三年時間學習「非想非非想定」之法，隨後知曉此法亦非「成道」的正法，又加以捨棄了。他又到象頭山，同那些外道們在一起，每天吃麻麥修煉，就這樣又過了六年。因此佛經上說：「佛陀通過無心之意識、不領納苦樂捨三境作用之行為，而完全降服諸多外道。」他首先遍參外道邪法，然後向外道們指示多種把握真如的法門，揭露各種違背佛法的偏見，從而達到斷絕世間煩惱、成就「涅槃」之菩提境界。《普集經》記錄說：「菩薩於二月八日啟明星升起之時成就佛果正道，號稱天人師。」是年佛陀三十歲。這一年為中國西周穆王三年癸未之歲。

不久，佛陀在鹿野苑中為侍從憍陳如等五個人初轉法輪，宣揚苦、集、滅、道四諦以證明菩提道果。佛陀在人間住世說法達四十九年後，告訴大弟子摩訶迦葉道：「我將把清淨法眼、涅槃妙心、實相無相、微妙正法都傳付給你，你應當善自衛護主持。」並敕告另一大弟子阿難說：「你要輔佐迦葉傳教化育信徒，不要讓教法傳授斷絕。」然後佛陀說偈語道：「正法本效法於無法，無法之法亦即正法。今日傳付無法之時，所效法之法卻又是何法？」當時世尊釋迦牟尼宣說此偈語完畢，又告訴迦葉道：「我今日將金縷織成的僧迦梨衣傳付給你，你轉授給嗣後成佛果補其處的菩薩，直到慈氏佛出世為止，勿令僧衣朽壞，傳授斷絕。」迦葉聞聽佛偈後，便用自己的頭、面頂禮佛足作禮說：「善哉！善哉！我必當依照佛的旨意，恭順禮敬佛陀的遺物。」此時世尊來到拘尸那城，對隨從的信眾說道：「現在我的背十分疼痛，欲進入涅槃之境。」隨即來到城外熙連河畔娑羅雙樹之下，向右脅側臥，重疊雙腳，安然進入寂滅境界。不久他又從棺中起來，對母親講說正法；隨後特意顯示雙腳來度化婆耆，並且宣說〈無常偈〉道：「世間一切事物皆遷流無常，此即生生滅滅之法。生滅之過程完畢後，終以寂滅為歡樂。」當時眾弟子競相用香木來火化世尊的遺體，然而香木燃燒已盡，放入世尊遺體的金色棺木依然如故。這時，驚服的信眾立即於佛陀身前誦說讚偈道：「凡世間的諸般猛火，怎麼能夠焚毀聖體！請求佛尊放出三昧真火，來闍維留下的金色身軀。」此時金色的棺木便從基座上升舉，達到七株多羅樹的高度，在空中往返晃動，化出三昧真火。不一會兒，遺體焚盡，留下骨灰，得到佛舍利達八斛四斗。這一天是中國西周穆王五十二年壬申歲二月十五日。

自世尊釋迦牟尼寂滅後，經過一千零十七年，佛教傳至中原，即東漢永平十年（西元六七年）戊辰之歲。

【說　明】釋迦牟尼等七佛成「正道」時所說偈語，被後世稱為「七佛說偈」。「七佛說偈」不知出何經典，傳說為三國東吳僧人道裕首先誦出而加以記載，因而後人多加懷疑，甚至有人認為是撰寫《寶林傳》之僧人慧炬所偽造，《佛門正統》就對此「說偈」大加痛斥。然而此「七佛說偈」對諸如「無」與「有」、「身」與「心」、「空」、「幻」、「罪業福果」、「流動不住」等佛學禪理概念作了簡明的闡述，故被後人稱譽為是「禪源也」，是「最上乘入理之極談」（宋黃庭堅〈跋七佛偈〉語），而廣為傳播與尊信，故也就被《景德傳燈錄》的撰者記載於書首。

傳說佛教中雖有八萬四千法門，然而千變不離其宗，萬化不出吾心，其實質即是識得自性便為佛。而禪宗所倡導的，正是如何更合理地解決奮迅直進或漸入佳境這一徹悟難題的學問。釋迦牟尼出家尋求解脫、徹悟宇宙人生真理之路，但修習禪定、苦行多年後，終於認識到禪定不是最終目的，苦行不能獲得解脫，便結束苦行禪定生活，獨自來到菩提伽耶的菩提樹下結跏趺坐，經過七日七夜的冥思默照，終於證得無上菩提，悟出「諸行無常」、「諸法無我」、「寂靜涅槃」的「四諦」真理。四諦說是佛陀悟道的核心，為初轉法輪的基本內容，並由此構成了早期佛教的基本教義。

在早期佛經中，沒有釋迦牟尼生平的完整記載，其事跡散見於諸經、律中，且多與神語交織在一起。據學者考證，佛教創始人姓喬達摩，名悉達多，出生於古印度的迦毗羅衛城（約在今印度、尼泊爾邊境地區）。釋迦牟尼是佛教徒對他的尊稱，意為「釋迦族的賢人」。關於釋迦牟尼的生卒年月，南傳和北傳佛教中有多種不同說法，國內外研究者也有不同見解，我國傳統說法認為釋迦牟尼大約生活於西元前五六六至前四八六年。《景德傳燈錄》所記釋迦牟尼及其弟子之生卒、傳法年歲大都錯誤，不再一一指出。

天竺祖師

【題解】傳說禪宗傳入東土以前，有二十八代祖師（自摩訶迦葉至菩提達磨）在天竺依次傳付禪法，稱為天竺祖師，因天竺相對於中國為西方，故也被稱為西天二十八祖。西天二十八祖的傳法譜系與傳法因緣，是在禪宗成為一個獨立宗派、其影響日益擴大之際逐漸形成的，其初有「西天八祖」、「西天二十九祖」諸說，至《壇經》始定為二十八祖，至《寶林傳》始確定其二十八祖的姓名與傳法源流。因為禪宗倡導心心相印、不立文字的「教外別傳」，故其法統只能是歷代祖師嗣法相承而不能中斷，並通過歷代祖師而向上追溯至佛祖本人。因時地皆遠，故二十八祖之人或真，但神異事跡卻當不得真。

天竺一十五祖 內一祖旁出無錄

第一祖摩訶迦葉

第一祖摩訶迦葉，摩竭陀國❶人也，姓婆羅門，父飲澤，母香志。昔為鍛金師❷，善明金性，使其柔伏❸。《付法傳》❹云：嘗於久遠劫❺中，毗婆尸佛入涅槃後，四眾❻起塔❼。塔中像面上金色有少❽缺壞。時有貧女，將金珠往金師所，請飾佛面。既而因共發願：願我二人為無姻夫妻。由是因緣❾，九十一劫身皆金色，後生梵天❿。天壽⓫盡，生中天⓬摩竭陀國婆羅門家，名曰迦葉波，此云飲光勝尊⓭，蓋以金色為號也。繇⓮是志求出家，冀⓯度諸有⓰。佛言：「善來比丘⓱。」鬚髮自除，袈裟著體⓲。常於眾中稱歎第一。復言：「吾以清淨法眼將付於汝，汝可流布⓳，無令斷絕。」《涅槃經》⓴云：爾時世尊欲涅槃時，迦葉不在眾會。

嵩禪師㉑《正宗記》評曰：昔涅槃會之初，如來告諸比丘曰：「汝等㉒不應作如是語，我今所有無上正法，悉已付囑摩訶迦葉，是迦葉者當為汝等作大依止㉓。」然《正宗》者聖人密相傳授，不可必知其處與時也。以經酌之，則《法華》㉔先而《涅槃》後也。方說《法華》，迦葉預㉕焉，及《涅槃》而不在其會。吾謂付法之時，其在二經之間耳。或謂靈山拈花㉖。又曰：付法於多子塔㉗前。然此未見所出，吾雖稍取，亦不敢果以為審㉘也。

佛告諸大弟子：「迦葉來時，可令宣揚正法眼藏。」爾時迦葉在耆闍崛山賓鉢羅窟㉙，覩㉚勝光明即入三昧，以淨天眼㉛，觀見世尊於熙連河側入般涅槃，乃告其徒曰：「如來涅槃也，何其駃㉜哉！」即至雙樹間，悲戀號泣。佛於金棺內現雙足。爾時迦葉告諸比丘：「佛已荼毗，金剛㉝舍利，非我等事。我等宜當結集㉞法眼㉟，無令斷絕。」乃說偈曰：「如來弟子，且莫涅槃，得神通㊱者，當赴結集。」於是得神通者悉集王舍㊲耆闍崛山賓鉢羅窟。時阿難為漏㊳未盡，不得入會，後證阿羅漢果㊴，由是得入。迦葉乃白眾言：「此阿難比丘，多聞㊵總持㊶，有大智慧，常隨如來，梵行㊷清淨。所聞佛法，如水傳器，無有遺餘。佛所讚歎，聰敏第一。宜可請彼集《修多羅藏》㊸。」大眾默然。迦葉告阿難曰：「汝今宜宣法眼。」阿難聞語信受㊹，觀察眾心而宣偈言：「比丘諸眷屬，離佛不莊嚴㊺，猶如虛空㊻中，眾星之無月。」說是㊼偈已，禮眾僧足，升法座而說是言：「如是我聞㊽。一時㊾佛住某處說某經教，乃至人天㊿等作禮奉行。」時迦葉問諸比丘：「阿難所言，不錯謬乎？」皆曰：「不異世尊所說。」迦葉乃告阿難言：「我今年不久留，今將正法付囑於汝，汝善守護。聽吾偈言：『法法本來法，無法無非法。何於一法中，有法有不法？』」說偈已，乃持僧伽梨衣入雞足山[51]，俟[52]慈氏[53]下生。即周孝王[54]五年丙辰歲也。「五年」當作「四年」，自此至第十三祖迦毗摩羅，年數錯誤，今皆依《史記》[55]年表中六甲[56]改正。

【注釋】❶摩竭陀國　中印度國名，王舍城所在地，也譯作摩伽陀國。❷鍛金師　鍛，即「煅」；師，工匠。❸柔伏　柔軟伏貼。❹付法傳　《付法藏因緣傳》的簡稱，六卷，北魏吉迦葉等人翻譯，記載摩訶迦葉等二十四祖的傳付佛法的緣故。❺久遠劫　指發生非常久遠以前之劫。❻四眾　亦稱四部眾、四部弟子，即佛弟子四眾，為比丘、比丘尼與優婆塞（男性居士）、優婆夷（女性居士）。❼塔　古印度佛教徒用以奉置佛骨舍利的建築物。❽少　稍微。❾因緣　因與緣的合稱，指得以形成事物、引起認識和造就「業報」等現象所依賴的原因與條件。❿梵天　婆羅門教、印度教的創造之神，後被佛教吸收為護法神，為釋迦牟尼的右脅侍，持白拂。又為色界初禪天之王，稱大梵天王。⓫天壽　天人、神仙的壽命。⓬中天　中天竺的略語，即中印度。⓭飲光勝尊　摩訶迦葉的別名。飲光，指其能自身放光而使其他光明暗淡不能顯現。⓮繇　通「由」。⓯冀　企望；期望。⓰諸有　佛教也稱欲界、色界、無色界之「三界」為「三有」，故「諸有」便成為世俗世界的代稱。⓱善來比丘據《增一阿含經》云，若人的願力與佛的威力相合，當佛向願意出家之人稱「善來比丘」，此人便成為沙門，剃髮、身披袈裟之形象自然齊備。比丘，指出家後受過具足戒的男性僧人。⑱著體　將衣服穿在身上。⑲流布　傳布；流傳。⑳涅槃經　佛經名，有大乘、小乘二部，均載釋迦牟尼入涅槃前後之事。㉑嵩禪師　即宋朝高僧契嵩，撰有《傳法正宗記》（簡稱《正宗記》）十卷，記載禪宗初祖傳承師法經過及其傳法宗派。㉒汝等　你們。㉓大依止　指依止師，禪宗受學參禪之師。依止，依賴住止於有力有德之處而不離開。㉔法華　指《妙法蓮華經》，簡稱《法華經》，八卷，後秦鳩摩羅什譯，記載釋迦牟尼成佛以來現種種化身，演說微妙佛法。妙法，意為佛法微妙無上。蓮華，即蓮花，比喻佛經內容潔白美麗。㉕預　參與。㉖靈山拈花　佛經載，佛陀在靈山說法，拈花示眾，眾人默然不悟，摩訶迦葉破顏微笑，於是佛陀便將禪宗正法傳給了摩訶迦葉。靈山，又稱靈鷲山，也譯作耆闍堀山、耆闍崛山，山形似鷲，位於王舍城外。㉗多子塔　傳說為辟支佛的遺跡，釋迦牟尼曾於此處顧視摩訶迦葉，分半個座位給他坐下，向他傳授佛法。㉘審　果然；如此。㉙賓鉢羅窟　也稱畢鉢羅窟，在王舍城竹林精舍之西，因窟上有畢鉢羅樹繁生，故名。㉚覩　即「睹」。㉛天眼　五眼之一，為色界天人所具有之眼，人可通過修禪定而得到，能看見遠近、內外、晝夜中物。㉜駛　迅速。㉝金剛　金中最剛之意，佛經中常用來比喻堅固、銳利之意。此用以比喻佛舍利的不可破壞而能摧毀一切，及為寶中之寶之意。㉞結集　指合誦或會誦、編撰佛教經典。據佛經介紹，佛滅後，古佛經通過四次結集以後才最終定型。㉟法眼　慧遠注《大集經》曰：「智能照法，故名法眼。」泛指佛教觀察事物、洞悉真如的一種智慧。㊱神通　指通過修持禪定所得到的神秘靈力。㊲王舍　即王舍城，古印度摩竭陀國的都城，在今印度比哈爾邦底賴雅附近，周圍有靈鷲山等五山，為釋迦牟尼傳教中心地之一。㊳漏　原意為漏泄，煩惱的異名，意為貪嗔等煩惱，日夜由眼、耳等六根門泄漏、流注而不止。此指由於業因而「留住」三界，不能擺脫生死輪迴。㊴阿羅漢果　小乘佛教修行的最高果位，已盡斷三界見、修二惑，至修學的頂端。證得阿羅漢果者，稱阿羅漢，簡稱羅漢，能殺死一切煩惱之賊、應受天人的供養和永遠進入涅槃、不再生死輪迴。㊵多聞　阿難於佛陀十大弟子中，以知時明物、所至無疑、所憶不忘、多聞堪任著名，稱為多聞第一。㊶總持　又譯作陀羅尼，意指經咒。㊷梵行　斷絕淫佚之法，即梵天之行法。㊸修多羅藏　佛藏名，攝十二部經。修多羅，意為契合理機。㊹信受　即信受奉行，意為信守如來所說之法而奉行之。㊺莊嚴　用善美來治化國民，用功德來完善自身修養。㊻虛空　天空。㊼是　這；這樣的。㊽如是我聞　如是，指佛經中所說的佛語。我聞，為阿難自言。佛經為佛滅後由多聞第一的阿難所編集，故諸佛經的開篇，皆置此四字。㊾一時　某時；某天。㊿人天　人界與天界。(51)雞足山　在摩竭陀國中。(52)俟　等到。(53)慈氏　指慈氏佛，即彌勒佛。(54)周孝王　中國西周王朝第八位君主。(55)史記　著名史書，西漢司馬遷所撰。㊺六甲　此指古代中國人所用的天干地支紀年法。

【語　譯】第一祖摩訶迦葉尊者，摩竭陀國人，屬婆羅門種姓，父親名叫飲澤，母親名叫香志。摩訶迦葉早年曾為煅金工匠，深明黃金的屬性，能使黃金服從自己的心意而柔軟彎曲。《付法傳》記載道：在很久遠以前的大劫中，毗婆尸佛進入涅槃之後，比丘、比丘尼、優婆塞、優婆夷四眾弟子起造佛塔。佛塔中奉置有一尊佛像，其臉面上的金色稍微有些缺少損壞。當時有一個貧家女，拿了一顆金珠來到煅金工匠的工場，請加工以修飾佛像的臉面。不久，工匠與貧女因此而共同起發誓願：願我二人成為沒有婚姻之實的夫妻。因為這一緣故，鍛金工匠歷盡九十一劫，其身體都是金色的，後來轉世為梵天。梵天的天壽盡，便出生於中印度摩竭陀國的婆羅門家中，名叫迦葉波，又稱飲光勝尊，都是因金色而得的名號。他因為這個原因而立志出家，企望超度世俗世界中的諸有情之物。佛陀說道：「善來比丘。」摩訶迦葉的鬚髮隨聲自動除去，袈裟即刻穿在他的身體上，而具備了比丘諸相。佛陀曾經當眾稱歎摩訶迦葉為頭陀第一。佛陀又對摩訶迦葉說：「我把清淨法眼傳付給你，你可要流傳布教，不要使其斷絕。」《涅槃經》載：昔時世尊欲涅槃之時，摩訶迦葉不在侍從佛陀的眾人之中。契嵩禪師《正宗記》評論道：昔日涅槃集會之初，如來告訴諸比丘說：「汝等不應說這樣的話，我現今所有的無上正法，都已經傳付給摩訶迦葉，因此摩訶迦葉當成為你們的大依止師。」然而《正宗記》所說的，是指佛祖聖人秘法傳授之事，而不是必定知曉其傳授的地方與時間。考證記載此事的佛經，則《法華經》在前而《涅槃經》在後。釋迦牟尼在說《法華經》時，摩訶迦葉參與此聚會，等到佛陀演說《涅槃經》時，摩訶迦葉未參與聚集。我認為佛陀向摩訶迦葉傳授禪宗正法之時，正在演說此二經之間。有人說靈山拈花為佛陀傳法之時。又有人說佛陀傳法在多子塔之前。然而這些說法都未見有經文記載。我雖然稍稍採用此類說法，但亦不敢認為傳法之事一定就是如此。佛陀告訴諸位大弟子說：「摩訶迦葉來時，可令他宣揚正法眼藏。」此時摩訶迦葉正在耆闍堀山的賓鉢羅窟，目睹勝光明即進入三昧狀態，通過清淨天眼，看見世尊在熙連河側進入涅槃，就告訴自己的門人說：「如來已經涅槃，何其迅速啊！」摩訶迦葉立即來到雙樹下，悲哀號泣。佛陀即在金棺中現出雙腳。此時摩訶迦葉傳告諸位比丘說：「佛陀已經荼毗，金剛舍利，不是我等所急於處理之事。我等應當即刻結集佛陀所授正法眼，不讓其斷絕流傳。」於是摩訶迦葉誦說偈語道：「如來的諸弟子，且莫先涅槃，已得神通者，當即來赴結集之會。」因此佛陀弟子修得神通者都集會於王舍城外耆闍堀山的賓鉢羅窟。當時阿難因為煩惱未盡除，不能參與結集之會，後來他證得阿羅漢果，遂得以參預此集會。摩訶迦葉告訴眾人說：「此為阿難比丘，多聞總持，具有大智慧，經常隨從如來，修行梵天法而得清淨無欲。他所聞聽的佛法，能夠像用器皿盛水一樣，沒有一點遺漏。因此佛陀曾讚歎他為聰明第一。應當請他來結集《修多羅藏》。」眾人聽後默然不語。摩訶迦葉便對阿難說：「你如今應當對眾人宣示正法眼。」阿難聞言後信受所記佛言，觀察眾僧心理，然後宣告偈語道：「諸位比丘眷屬，離開佛陀即無莊嚴之法，就宛如虛空之中，只剩下眾星卻無月亮一樣。」說完這一偈語，阿難頂禮膜拜眾僧之腳，然後登上法座說出如下言語：「如是我聞。某一天佛陀在某處講說某一部經教，乃至人界、天界等都作禮奉行。」此時，摩訶迦葉問眾比丘說：「阿難所言，沒有錯謬吧？」眾僧人都說：「與世尊所說的沒有一絲差錯。」摩訶迦葉就對阿難說道：「我不久留於塵世，今年將逝，今日便將正法付囑給你，你要善加守護。你聽我偈語：『所效法之法本來就是法，沒有一法不是正法。但為何在一法中，卻有法與有不法的區別？』」說偈語完畢，摩訶迦葉就拿著僧迦梨衣進入雞足山，等候慈氏佛出世。此年為中國西周孝王五年丙辰之歲。

「五年」應當作「四年」，自此至第十三祖迦毗摩羅，其年歲皆有錯誤，現今都依照《史記》年表中的甲子紀年予以改正。

【說　明】釋迦牟尼所開創的佛門禪法，於禪的內容形式、方法層次方面都在原有的古印度原始禪觀基礎上翻進一層，將「世間禪」發展到「出世間禪」的高度，形成「如來清淨禪」（簡稱如來禪），即主張般若智慧與禪定參悟並重，因定生慧，即慧即定，定慧互用，從「戒」世人貪瞋癡等一切永無止境的欲望入手，無憂無慮，漸入禪定各個階段，最終開發智慧，以徹悟人生宇宙之真諦，得人天之大自在。而靈山會上「佛陀拈花、迦葉微笑」的傳說，充分表達了禪宗傳佛心印、不重經教（不立文字）、以心傳心、頓悟直了的特徵，於是以破顏微笑呼應佛陀拈花相詢的迦葉尊者也就成了禪宗的西天第一祖。

第二祖阿難

第二祖阿難，王舍城人也，姓刹利帝，父斛飯王，實佛之從弟❶也。梵語阿難陀，此云慶喜，亦云歡喜。如來成道夜❷生，因為之名。多聞博達，智慧無礙，世尊以為總持第一，嘗所讚歎。加以宿世❸有大功德❹，受持法藏❺，如水傳器，佛乃命為侍者。

後阿闍世王❻白言：「仁者❼！如來、迦葉尊勝二師皆已涅槃，而我多故❽，悉不能覲。仁者般涅槃時，願垂❾告別。」阿難許之。後自念言：「我身危脆，猶如聚沫，況復衰老，豈堪❿長久？」又念「阿闍世王與吾有約」，乃詣⓫王宮告之曰：「吾欲入涅槃，來辭⓬耳。」門者⓭曰：「王寢，不可以聞。」阿難曰：「俟王覺時，當為我說。」時阿闍世王夢中見一寶蓋，七寶⓮嚴飾⓯，千萬億⓰眾圍繞瞻仰。俄而⓱風雨暴⓲至，吹折其柄，珍寶瓔珞⓳悉墜於地，心甚驚異。既⓴寤㉑，門者具白上事。王聞語已，失聲號慟㉒，哀感天地。即至毗舍離城㉓，見阿難在恆河㉔中流㉕跏趺㉖而坐。王乃作禮，而說偈言：「稽首㉗三界㉘尊，棄我而至此，暫憑悲願㉙力，且莫般涅槃。」時毗舍離王亦在河側，復說偈言：「尊者一何速，而歸寂滅場，願住須臾間，而受於供養㉚。」爾時阿難見二國王咸㉛來勸請，乃說偈言：「二王善嚴住，勿為苦悲戀㉜。涅槃當我淨，（舊本作「靜」，此依《寶林傳》㉝、《正宗記》易此字。）而無諸有故。」阿難復念：我若偏向一國而般涅槃，諸國爭競，無有是處，應以平等㉞度諸有情㉟。遂於恆河中流將入寂滅。是時山河大地六種震動㊱，雪山㊲中有五百仙人㊳覩茲㊴瑞應㊵，飛空㊶而至，禮阿難足，胡跪㊷白言：「我於長老㊸，當證佛法，願垂大慈㊹，度脫㊺我等。」阿難默然受請，即變殑伽河㊻悉為金地，為其仙眾說諸大法。阿難復念：先所度脫弟子應當來集。須臾，五百羅漢從空而下，為諸仙人出家授具㊼。其仙眾中有二羅漢，一名商那和修，二名末田底迦，阿難知是法器㊽，乃告之曰：「昔如來以大法眼付大迦葉，迦葉入定㊾而付於我。我今將滅，用傳於汝。汝受吾教，當聽偈言：『本來付有法，付了言無法。各各須自悟，悟了無無法。』」阿難付法眼藏竟㊿，踊身(51)虛空，作十八變(52)入風奮迅三昧(53)，分身四分：一分奉忉利天(54)，一分奉娑竭羅龍宮(55)，一奉毗舍離王，（舊本作「毗舍離龍王」，今依《寶林傳》、《正宗記》除「龍」字。）一奉阿闍世王，各造寶塔而供養之。乃厲王(56)十二年癸巳歲也。（當作「十年」。）

【注釋】❶從弟　堂弟。❷成道夜　指釋迦牟尼在雙樹下悟徹佛法之夜。❸宿世　前生之生死。❹功德　修行福利之功而得善行之德。即「功」指做善事，「德」指得福報。❺法藏　佛陀所說的教法含藏無量之德性，故名法藏，又名佛法藏、如來藏。❻阿闍世王　摩竭陀國的國王。❼仁者　對賢德之人的尊稱。❽故　緣故；事情。❾垂　即垂示，古代稱尊長者訪問、指示卑微者。❿堪　能夠。⓫詣　至；到。⓬辭　告別；辭別。⓭門者　守門的人。⓮七寶　一般指金、銀、琉璃、硨磲、瑪瑙、琥珀、珊瑚七樣寶物。⓯嚴飾　莊嚴修飾。⓰億　十萬。⓱俄而　十分短促的時間。⓲暴　突然。⓳瓔珞　瓔，指用於裝飾的彩色穗子。絡，指用繩線等結成的小網。⓴既　已經。㉑寤　睡醒。㉒號慟　悲號；痛哭。㉓毗舍離城　在中印度，位於恆河之南。㉔恆河　印度國內大河，發源於喜馬拉雅山，被印度人視為聖河。㉕中流　江河當中。㉖跏趺　指僧人盤腿而坐。㉗稽首　磕頭。㉘三界　為欲界、色界、無色界，此指世俗世界。㉙悲願　佛、菩薩以大慈悲所發的誓願。㉚供養　用財物等資養佛、法、僧三寶稱供養。㉛咸　都；皆。㉜戀　依依不捨的樣子。㉝寶林傳　唐代僧人慧炬等撰，記載禪宗諸祖師傳法偈語與宗師得法的機緣。㉞平等　指一切現象在共性或空性、唯識性、心真如性等上沒有差別。㉟有情　指人和一切有情識生物。㊱六種震動　六種，指「震動」的六相及其程度，但諸經所載稍異，《念佛三昧經》作動、震、湧、吼、起、覺，《大般若經》作動、湧、震、擊、吼、爆。震動，大地震動，但一般指修行得道者有所感應而發生的「震動」，或指因佛力而發生的「震動」。㊲雪山　印度北境之高山，即喜馬拉雅山。㊳仙人　指修行得道者。㊴茲　這。㊵瑞應　瑞象；吉兆。㊶飛空　在天空中飛行。㊷胡跪　古印度的跪坐之禮。㊸長老　指道高年老的和尚。㊹大慈　即大慈大悲。㊺度脫　即超度。㊻殑伽河　印度三大河之一，位於印度東北，古印度佛教及其他哲學等皆發起於此河流域。㊼授具　授具足戒。㊽法器　能夠傳布、持行佛道的人。㊾入定　進入禪定境界。㊿竟　完了。(51)踴身　跳起身來。(52)十八變　佛、菩薩、緣絕和羅漢等「四聖」進入禪定、寂滅時所現出的十八種神變，《興起行經》載有辟支佛入滅時「十八變」的具體內容。(53)風奮迅三昧　吹起猛烈之風分散軀體的三昧神通。(54)忉利天　欲天六天中的第二天，在須彌山之頂，帝釋所居之處，以世間一百年為一晝夜。(55)娑竭羅龍宮　娑竭羅海中龍王所居宮殿。娑竭羅，意為鹹海。(56)厲王　西周王朝的第十位君主。

【語　譯】第二祖阿難陀尊者，王舍城人，姓剎利帝，父親斛飯王。阿難陀為釋迦牟尼的堂弟。阿難陀是梵語的譯音（簡稱阿難），漢語譯作慶喜，又譯作歡喜。阿難在釋迦牟尼成道之夜出生，因而以此為名。阿難多聞博達，智慧圓通無礙，世尊認為他是總持第一，曾經大為讚歎。又因為阿難前生修有大功德，承受、護持佛法藏，就如同是用器皿來傳送水，滴水不漏，所以佛陀乃命他為侍者。

後來，阿闍世王對阿難說：「仁者！如來佛、摩訶迦葉二位聖師都已涅槃，我由於庶務很多的緣故，皆不能前往目睹。仁者他日涅槃時，請前來垂示告別。」阿難答應了。此後，阿難自念道：「我的身體脆弱，就如同是聚沫一般，況且年又衰老，豈能夠長久住世？」於是阿難就來到王宮前，對守門者說：「我準備進入涅槃之境，特來與國王辭別。」守門者答道：「國王正在睡覺，不可以通報。」阿難便說：「等到國王醒後，你當為我轉告。」此時阿闍世王在睡夢中看見一個寶蓋，上面用七件寶物莊嚴修飾，有成千上萬個群眾圍繞瞻仰。不一會兒，風雨忽然來至，把寶蓋的柄也吹斷了，珍寶、瓔珞都掉在了地上，國王心中感到十分驚恐奇怪。阿闍世王既已睡醒，守門者就稟告說阿難前來拜訪之事。國王一聽，不由得失聲痛哭，哀慼天地。阿闍世王立即趕到毗舍離城，看見阿難已在恆河當中跏趺而坐。阿闍世王就對阿難施禮，並口說偈語道：「稽首三界中的尊者，拋棄我而來到此處，希望暫且憑著悲願之誓力，而不進入涅槃中。」此時毗舍離城的國王亦來至河邊，也說偈語道：「尊者為何要這般疾速，而歸於寂滅之場，惟願尊者且住世間須臾時，而接受我的供養。」此時，阿難看見兩個國王都來勸請，就說偈語道：「二位國王善嚴住，勿為苦悲之戀。自是我歸涅槃清淨，而不是因為諸有情的緣故。」阿難又思量道：我如若偏向一國王而入涅槃，將使諸國王爭論短長，一無是處，應該用平等之心來超度諸有情。於是阿難就將在恆河當中進入涅槃境界。這個時候，山河大地震動不已，在北方雪山之中修行的五百個仙人目睹這一瑞兆，便從天空中飛來，頂禮阿難的雙腳，胡跪而言道：「我等當在長老處悟證佛法，願長老垂示大慈悲，超度我等眾人。」阿難默然接受了眾人的請求，隨即將殑伽河畔都變成了金地，為這些仙人演說諸種大法。阿難又思量道：先前超度的弟子應當來此會集。不一會兒，果然有五百個羅漢從天而降，為諸位仙人出家傳授具足戒律。這些仙眾當中有兩名羅漢，一個叫商那和修，另一個叫末田底迦，阿難知曉他倆是傳布、持行佛法之人，就告訴商那和修說：「昔日如來將大法眼傳付給摩訶迦葉，摩訶迦葉進入禪定前將佛法付囑給我。我今日將寂滅，要將正法傳給你。你接受我的教義，應當聞聽我的偈語：『本來為傳付有法，傳付完了卻宣說無法。爾等各人還須努力自悟，悟徹之後也就沒有無法了。』」阿難傳付法眼藏完畢，就將身體跳起在空中，作出十八變神通，進入風奮迅三昧，將身體分為四份：一份供奉在忉利天，一份供奉在娑竭羅龍宮，一份給毗舍離王供奉，一份給阿闍世王供奉，他們都各造寶塔加以供養。此年為西周厲王十二年歲在癸未。當作「十年」。

【說明】阿難的另一弟子末田底迦，又譯作末闡提、末田提等，據《付法藏傳》二載，末田底迦後奉師命傳布禪法於罽賓國。因末田底迦未有傳法語錄，故《景德傳燈錄》未載其事跡。

第三祖商那和修

第三祖商那和修者，《正宗記》云：梵語商諾迦，此云自然服，以生時身自有衣也。洪覺範❶《志林》云謂僧伽梨衣與雲巖同也。而《傳燈》曰：自然服即西域❷九枝秀草名。未詳孰❸是。摩突羅國❹人也。亦名舍那婆斯，姓毗舍多，父林勝，母憍奢耶，在胎❺六年而生。梵❻云商諾迦，此云自然服，即西域九枝秀草名也。若羅漢、聖人降生，則此草生於淨潔之地。和修生時，瑞草斯應❼。昔如來行化❽至摩突羅國，見一青林❾，枝葉茂盛，語阿難曰：「此林地名優留茶，吾滅度❿後一百年，有比丘商那和修於此地轉妙法輪。」後百歲，果誕⓫和修，出家證道，受慶喜尊者⓬法眼，化導有情。及止此林，降二火龍，歸順佛教。龍因施⓭其地，以建梵宮⓮。尊者化緣⓯既久，思付正法。尋於吒利國⓰，得優波毱多，以為給侍⓱。因問毱多曰：「汝年幾耶？」答曰：「我年十七。」師曰：「汝身十七，性⓲十七耶？」

答曰：「師髮已白，為髮白耶？心白耶？」師曰：「我但髮白，非心白耳。」毱多曰：「我身十七，非性十七也。」和修知是法器。後三載，遂為落髮授具，乃告曰：「昔如來以無上法眼藏付囑迦葉，展轉⓳相授，而至於我。我今付汝，勿令斷絕。汝受吾教，聽吾偈言：『非法亦非心，（舊本作「非法亦非法」，今依《寶林傳》、《正宗記》改作「非法亦非心」也。）無心亦無法。說是心法時，是法非心法。』」說偈已，即隱於罽賓國⓴南象白山中。

後於三昧中，見弟子毱多有五百徒眾，常多懈慢㉑。尊者乃往彼，現龍奮迅三昧㉒以調伏㉓之，而說偈曰：「通達非彼此，至聖無長短。汝除輕慢意，疾㉔得阿羅漢。」五百比丘聞偈已，依教奉行，皆獲無漏㉕。尊者乃作十八變火光三昧㉖，用焚其身。毱多收舍利，葬於梵迦羅山㉗。五百比丘人持一幡㉘，迎導至彼，建塔供養。乃宣王㉙二十三年乙未歲也。（當作「二十二年」。）

【注釋】❶洪覺範　即寶覺禪師，宋朝高僧，名德洪，又作惠洪，字覺範，主要著作有《禪林僧寶傳》、《林間錄》等。❷西域　古代泛指嘉裕關以西，包括中亞等地區。❸孰　誰；哪個。❹摩突羅國　古印度國名，也譯作摩偷羅、孔雀城。❺在胎　懷孕。❻梵　梵語。❼應　響應；回應。❽行化　傳行教化。❾青林　青樹林。❿滅度　即涅槃。⓫誕　誕生。⓬慶喜尊者　即阿難。⓭施　施捨。⓮梵宮　此指佛寺。⓯化緣　此指有教化世人的因緣。⓰吒利國　印度古國名。⓱給侍　即侍者。⓲性　指自性、法性，與身相對。⓳展轉　即輾轉。⓴罽賓國　北印度古國名，在今克什米爾一帶。㉑懈慢　懈怠；鬆懈。㉒龍奮迅三昧　比喻此三昧之力，能夠如同龍之奮疾而現出勇猛之威勢。㉓調伏　調教而使之心服。㉔疾　快速；迅疾。㉕無漏離開煩惱之法稱無漏。㉖火光三昧　《本行集經》云：「如來爾時亦入如是火光三昧，身出大火。」㉗梵迦羅山　印度山脈名，所在地不詳。㉘幡　旗幟。㉙宣王　西周宣王，西元前八二七至前七八二年在位。

【語　譯】第三祖商那和修尊者，《正宗記》載：梵語名商諾迦，漢語稱自然服，這是因為他出生之時身上穿著衣服的緣故。洪覺範《志林》稱僧伽梨衣與雲巖為相同之物。然而《傳燈錄》卻說自然服即是產於西域的九枝秀草之名。此處無法確知哪一個才是正確的。是摩突羅國人。商那和修又名舍那婆斯，姓毗舍多，父親名叫林勝，母親名叫憍奢邪，她懷胎達六年之後才生下了和修。梵語名叫商諾迦，漢語譯作自然服，即是生長於西域的九枝秀草之名。相傳如有羅漢、聖人降生塵世，則此草就會生長於潔淨之地。和修出生之時，此瑞草也出現以應祥兆。昔年如來佛傳行教化來到摩突羅國，看見一片青樹林，枝葉茂盛，便對侍者阿難說：「這一片樹林所在地名叫優留荼，我滅度後一百年，有一個比丘名叫商那和修者將在此地轉妙法輪。」此後一百年，和修果然出生了，並出家證得佛道，接受慶喜尊者阿難所傳正法眼，以教化引導世人。和修來到此樹林之中，降服了盤據於此的兩條火龍，使其歸順佛教。火龍因而施捨其領地，用以建造梵宮廟宇。

和修尊者化緣既已日久，思量將正法付囑給弟子。不久他就在吒利國中，得到優波毱多，作為自己的侍者。和修詢問優波毱多道：「你今年幾歲呀？」毱多答道：「我今年十七歲。」和修再問：「你是身為十七歲，還是性為十七歲呀？」毱多再答：「師傅頭髮已經斑白了，是頭髮斑白呀？還是心斑白呀？」和修回答：「我只是頭髮斑白，可不是心斑白啊。」毱多也就回答：「我是身為十七歲，不是性十七歲。」和修因此深知毱多確為法器。過了三年，和修就為毱多剃髮授具足戒，然後告訴他說：「昔日如來將無上法眼藏付囑給摩訶迦葉，輾轉相傳授，而傳至於我。我今日將傳付給你，你不要讓傳授斷絕了。你接受我的傳法，當聽我說偈語：『不是法亦不是心，無心也就無法。在用話語肯定心法之時，此法便不成為心法。』」和修宣說偈語完畢，隨即隱身於罽賓國南面的象白山中。

此後，和修在三昧境界中，看見弟子毱多收有五百個徒弟，但他們在修行時常常懈怠散漫。和修尊者就來到他們所在之處，現出龍奮迅三昧的神通來調教他們，使其心伏，並宣示偈語道：「通達佛法沒有彼此之區別，養成聖果也無長短之差異。汝等除去輕慢懈惰之意，就能疾速獲得阿羅漢正果。」五百比丘聞聽此偈語後，便依奉教旨修行，都獲得了無漏之果。和修尊者於是化作十八變神通，進入火光三昧，用以焚燒自己的身體。優波毱多收拾舍利，埋葬在梵迦羅山。五百比丘每人手持一面旗幡，在前面迎導舍利來到梵迦羅山，在那裡建造寶塔供養。此年為西周宣王二十三年歲在乙未。當作「二十二年」。

第四祖優波毱多

第四祖優波毱多者，吒利國人也，亦名優波崛多，又名鄔波毱多。姓首陀，父善意。十七出家，二十證果❶。隨方❷行化，至摩突羅國，得度者甚眾。由是魔宮❸震動，波旬❹愁怖❺，遂竭其魔力，以害正法。尊者即入三昧，觀其所由❻。波旬復伺便❼，密持瓔珞縻❽之于頸。及尊者出定，乃取人、狗、蛇三屍，化為華鬘❾，耎❿言慰諭波旬曰：「汝與我瓔珞⓫，甚是珍妙。吾有華鬘，以相酬奉。」波旬大喜，引頸受之，即變為三種臭屍，蟲蛆壞爛。波旬厭惡，大生憂惱，盡己神力，不能移動。乃升六欲天⓬，告諸天主⓭，又詣梵王⓮，求其解免⓯。彼各告言：「十力弟子⓰，所作神變⓱，我輩凡陋，何能去之？」波旬曰：「然則奈何⓲？」梵王曰：「汝可歸心尊者，即能除斷。」乃為說偈，令其迴向⓳曰：「若因地倒，還因地起。離地求起，終無其理。」波旬受教已，即下天宮，禮尊者足，哀露懺悔[20]。毱多告曰：「汝自今去，於如來正法更不作嬈害[21]否？」波旬曰：「我誓迴向佛道，永斷不善。」毱多曰：「若然者，汝可口自唱言：歸依[22]三寶。」魔王合掌[23]三唱，華鬘悉除。乃歡喜踊躍，作禮尊者而說偈曰：「稽首三昧尊，十力聖弟子。我今願迴向，勿令有劣弱。」

尊者在世化導，證果最多。每度一人，以一籌[24]置於石室。其室縱十八肘[25]，廣十二肘，充滿其間。最後有一長者[26]子，名曰香眾，來禮尊者，志求出家。尊者問曰：「汝身出家，心出家？」答曰：「我來出家，非為身心。」尊者曰：「不為身心，復誰出家？」答曰：「夫出家者，無我我故。無我我故，即心不生滅。心不生滅，即是常道[27]。諸佛亦常心無形相，其體亦然。」尊者曰：「汝當大悟，心自通達。宜依佛、法、僧，紹隆[28]聖種[29]。」即為剃度[30]，授具足戒[31]。仍告之曰：「汝父嘗夢金日而生汝，可名提多迦。」復謂曰：「如來以大法眼藏次第傳授，以至於我。今復付汝，聽吾偈言：『心自本來心，本心非有法。有法有本心，非心非本法。』」付法已，乃踊身虛空，呈十八變，然復本座，跏趺而逝。多迦以室內籌用焚其軀，收舍利，建塔供養。即平王[32]三十一年庚子歲也。當作「三十年」。

【注　釋】❶證果　小乘佛教指證得佛果、緣覺果和聲聞四果，大乘佛教指證得初地乃至等覺十一地菩薩之分果、佛之滿果。❷隨方　隨地；到處。❸魔宮　魔王所居之處。❹波旬　天魔的別名。❺愁怖　憂愁恐怖。❻由　來由；來歷。❼伺便　等候方便之時。❽縻　籠絡；圍繫。❾華鬘　印度風俗，男女多用花卉連結成圈修飾頭或身，稱為華鬘。❿耎　通「軟」。⓫瓔絡　即「瓔珞」。⓬六欲天　欲界與六重之天，稱為六欲天。⓭天主　諸天之主。⓮梵王　大梵天王的別名，又泛稱色界之諸天。⓯解免　解脫；免災。⓰十力弟子　佛經中稱如來有十種神力，故用以借稱如來佛，而將佛教信徒稱為十力弟子。⓱神變　神通變化。⓲奈何　怎麼辦。⓳迴向　迴心向佛。⓴懺悔　懺指陳述先前的罪惡，悔指改正往日作為而修行來日功德。㉑嬈害　惑亂；危害。㉒歸依　即皈依，意為信奉。信奉佛、法、僧三寶，稱作「三皈依」。㉓合掌　亦稱合十，雙手十指併攏合起，置於胸前，表示衷心敬意。原為古印度的一般禮節，佛教沿用之。㉔籌　算籌。㉕肘　古印度的長度單位。㉖長者　指積有財富而具有德行的人。㉗常道　恆常不變之道。㉘紹隆　紹，繼續之義。隆，興隆、盛大之義。㉙聖種　此指佛法。㉚剃度　佛教規定佛教徒出家必須剃除鬚髮接受戒條，並認為此是度越生死之因。㉛具足戒　別稱大戒，指比丘、比丘尼所持的戒律，因其與沙彌、沙彌尼所受十戒相比，戒品具足，故名。㉜平王　東周王朝的第一位君主，西元前七七〇至前七一九年在位。

【語　譯】第四祖優波毱多尊者，吒利國人，亦名優波崛多，又名鄔波毱多。他屬首陀種姓，父親名叫善意。優波毱多十七歲時出家，二十歲時證得正果。此後優波毱多到處傳行教化，來到摩突羅國，得到其超度的人甚多。由此震動了魔宮，天魔對此感到憂愁恐怖，就竭盡其魔力，欲危害如來正法。毱多尊者立即進入三昧境界，觀察天魔的來歷。天魔又乘毱多尊者進入禪定之機，偷偷地拿著瓔珞圍繫在他的頭頸上。等到毱多尊者從禪定境中出來，就取來人、狗、蛇的屍體三具，施展神通將其變化成美麗的華鬘，然後軟言慰撫天魔說：「你送給我的瓔珞，極為珍貴奇妙。我有一個華鬘，送給你作為酬謝。」天魔聞言大為歡喜，就引頸讓尊者將華鬘套上，不料華鬘即刻現出原形，為三具被蛆蟲壞爛的臭屍。天魔心中厭惡不堪，生出大憂惱，然而他竭盡自己的魔力，卻不能將自己頸中的臭屍移動。天魔就升上六欲天，告訴諸天主自己的困境，又來到梵王之處，要求他們為自己解免這一大煩惱。他們分別告訴天魔說：「十力弟子所作的神通變化，我等平凡卑陋之輩，怎麼能夠去除它？」天魔問道：「那該怎麼辦呢？」梵王就說：「你可以歸心於尊者，立即就能夠除斷煩惱。」並為使他能夠迴心向佛，即刻對他說一偈語道：「如若因大地之緣故而倒塌，最終還要憑靠大地而起立。離開大地尋求起立之法，終歸沒有此理。」天魔接受教誨後，立即下天宮，來頂禮毱多尊者的雙腳，哀求懺悔。毱多問他：「你自今以往，對如來正法再也不作惑亂、危害之事了嗎？」天魔說：「我誓願迴心皈依佛道，永遠斷除不善言行。」毱多說：「如果真是這樣，你口中唱道『皈依三寶』三遍即可。」天魔雙手合掌，唱了三遍，那華鬘自動去除了。天魔歡喜跳躍，向毱多尊者施禮而說偈語道：「我稽首禮拜三昧境中尊者，佛陀十力之聖弟子。我現今願意迴心向佛，勿令再出現劣弱之言行。」

毱多尊者在世間教化引導信徒，證得正果的人最多。尊者每引渡一個人，就把一枚算籌放置在石室之中。這石室縱深有十八肘，寬有十二肘，而算籌充滿其中。最後有一個長者之子，名叫香眾，來頂禮毱多尊者，立志要出家。尊者問他說：「你是身出家，還是心出家？」香眾答道：「我志求出家，不是為了身與心。」尊者再問：「不為身與心，那麼是什麼東西出家？」香眾再答：「所謂出家之意，就是為無我我之緣故。因為無我我之緣故，所以心中沒有生與滅。心中沒有生與滅，即為恆常不變的正道。諸佛陀亦是心無形相，其身體亦是如此。」尊者便說：「你自當大悟徹，心自通達大道而無有妨礙。你應當皈依佛、法、僧三寶，以延續興隆佛法。」尊者立即為他剃度，授與具足戒。然後尊者告訴他說：「你的父親曾經夢見金色的太陽，而後生下了你，所以你可取名叫提多迦。」尊者又對他說：「如來將大法眼藏次第傳授，以至於我。我今日復傳付給你，你聽我說偈語：『心自是本來之心，本來之心是沒有法的。有法就將產生本心，而非心也就沒有本法。』」尊者傳付佛法結束，即跳身於空中，呈現十八變神通，然後復歸本座，跏趺而逝死。多迦用石室內放置的算籌來焚燒尊者的軀體，收拾舍利，建造靈塔加以供養。此年即為東周平王三十一年歲在庚子。當作「三十年」。

第五祖提多迦

第五祖提多迦者，摩伽陀國人也。初生之時，父夢金日自屋而出，照耀天地，前有大山，諸寶嚴飾，山頂泉涌，滂沱❶四流。後遇毱多尊者，為解之曰：「寶山者，吾身也。泉涌者，法無盡也。日從屋出者，汝今入道之相也。照耀天地者，汝智慧超越也。」尊者本名香眾，師因易今名焉。梵云提多迦，此云通真量也。多迦聞師說已，歡喜踊躍，而唱偈言：「巍巍❷七寶山，常出智慧泉。迴為真法❸味，能度諸有緣❹。」毱多尊者亦說偈曰：「我法傳於汝，當現大智慧。金日從屋出，照耀於天地。」提多迦聞師妙偈，設禮奉持。

後至中印度❺，彼國有八千大仙，彌遮迦為首，聞尊者至，率眾瞻禮❻，謂尊者曰：「昔與師同生梵天，我遇阿私陀仙人❼授我仙法，師逢十力弟子修習禪那❽，自此報❾分殊塗，已經六劫。」尊者曰：「支離❿累劫，誠哉不虛。今可捨邪歸正，以入佛乘。」彌遮迦曰：「昔阿私陀仙人授我記云：『汝卻後六劫，當遇同學，獲無漏果⓫。』今也相遇，非宿緣⓬邪⓭？願師慈悲，令我解脫。」尊者即度出家，命諸聖授戒。餘仙眾始生我慢⑭，尊者示大神通，於是俱發菩提心⑮，一時出家。乃告彌遮迦曰：「昔如來以大法眼藏密付迦葉，展轉相授，而至於我。我今付汝，當護念之。」乃說偈曰：「通達本法心，無法無非法。悟了同未悟，無心亦無法。」說偈已，踊身虛空，作十八變火光三昧，自焚其軀。彌遮迦與八千比丘同收舍利，於班茶山⑯中起塔供養。即莊王⑰七年己丑歲也。當作「五年」。

【注釋】❶滂沱　水多的樣子。❷巍巍　山高聳的樣子。❸真法　真如實相之法。❹有緣　與佛有因緣者。❺中印度　古代印度分為五部分，其中央部稱作中印度，或稱中天竺。❻瞻禮　瞻仰頂禮。❼阿私陀仙人　據說是釋迦牟尼出生時，在淨飯王宮為釋迦相面的仙人。❽禪那　禪定；禪學。❾報　回報；報應。❿支離　分散；殘缺；無條理。⓫無漏果　修習離煩惱垢染的無漏道而得的果德，即指滅諦中的涅槃。⓬宿緣　前世之因緣。⓭邪　通「耶」。⓮我慢　自恃高貴而對他人怠慢。⓯菩提心　追求真道之心。⓰班茶山　印度山脈名，所在地不詳。⓱莊王　東周君王，西元前六九六至前六八二年在位。

【語譯】第五祖提多迦尊者，摩伽陀國人。尊者誕生之時，他的父親夢見金色的太陽從屋內升起，光芒照耀天地，並且屋子前面有一座大山，用各種寶物莊嚴地修飾，在山頂有一眼泉水不斷湧出，水流滂沱，四流下山。後來提多迦遇到毱多尊者，對他解釋道：「寶山，象徵我的身體。泉水不斷湧出，象徵佛法無有盡絕。太陽從屋內升起，象徵你今日皈依佛法之相。光芒照耀天地，象徵你的智慧超越世人。」尊者本名香眾，毱多尊者為他改成現今之名。梵語稱提多迦，漢語譯作通真量。提多迦聞聽尊師說完，歡喜踴躍，並唱偈語道：「巍巍七寶裝飾之山，曾湧出智慧之泉。回心品位其中之真法，而能夠引度諸有緣之人。」毱多尊者亦說偈語道：「我將正法傳付給汝，自當呈現出大智慧。金色的太陽從屋內升起，陽光照耀在天地之間。」提多迦聞聽師傅的微妙偈語，設禮奉持不輟。

此後提多迦尊者來到中印度，那個國家中有八千個大仙人，以彌遮迦為他們的首領。彌遮迦聞聽尊者來到，就率領眾仙人前來瞻仰頂禮，對提多迦尊者說：「昔日我與師傅同生在梵天，我遇到阿私陀仙人傳授給我仙法，師傅跟從十力弟子修習禪那，從此得到分行於殊途之報應，至今已經過了六個大劫。」提多迦尊者說道：「有人說人事因經過多次劫難而支離分散，此語誠然不虛假啊。今日你可捨棄邪法皈依正道，以便進入佛乘大道。」彌遮迦說：「昔年阿私陀仙人曾授予我印記，上載：『你卻於六劫之後，當遇到同學，而獲得無漏果。』今日相遇師傅，難道不是前世的因緣耶？誠願師傅慈悲為懷，令我得以解脫。」尊者立即就引度他出家，命令諸位聖人授予他具足戒。其餘仙眾開始時都生出自以為是而怠慢他人之心，所以尊者就顯示大神通，於是眾仙人一起生發菩提心，當下都出家皈依三寶。尊者告訴彌遮迦說：「昔日如來佛將大法眼藏秘密傳付給迦葉，此後輾轉相傳授，以至於我。我今日付囑給你，你應當始終加以保護光大。」尊者即說偈語道：「通達佛乘的途徑本是以心為法，然而沒有法不是非法。故悟徹也便等同於沒有了悟，沒有心亦沒有法。」尊者說偈語完畢，就跳身在空中，化作十八變神通，入火光三昧，自焚其身軀。彌遮迦與八千個比丘一同收拾舍利，在班荼山中造起靈塔予以供養。是年即東周莊王七年歲在己丑。當作「五年」。

第六祖彌遮迦

第六祖彌遮迦者，中印度人也。既傳法已，遊化❶至北天竺國，見雉堞❷之上有金色祥雲❸，歎曰：「斯道人❹氣也，必有大士，為吾法嗣❺。」乃入城，於闤闠❻間有一人手持酒器，逆❼而問曰：「師何方而來？欲往何所？」師曰：「從自心來，欲往無處。」曰：「識我手中物否？」師曰：「此是觸器❽而負❾淨者。」

曰：「師還識我否？」師曰：「我即不識，識即非我。」又謂曰：「汝試自稱名氏，吾當後示本因⑩。」彼人說偈而答：「我從無量劫⑪，至于生此國，本姓頗羅墮，名字婆須蜜。」師曰：「我師提多迦說，世尊昔遊北印度，語阿難言：『此國中吾滅後三百年，有一聖人姓頗羅墮，名婆須蜜，而⑫於禪祖當獲第七。』世尊記汝，汝應出家。」彼乃置器禮師，側立⑬而言曰：「我思往劫⑭嘗作檀那⑮，獻一如來寶座，彼佛記我云：『汝於賢劫釋迦法中宣傳至教⑯。』今符師說，願加度脫。」師即與披剃⑰，復圓戒⑱相，乃告之曰：「正法眼藏今付於汝，勿令斷絕。」乃說偈曰：「無心無可得，說得不名法。若了心非心，始解心心法。」師說偈已，入師子奮迅三昧⑲，踴身虛空，高七多羅樹，卻復本座，化火自焚。婆須蜜收靈骨，貯七寶函，建浮圖⑳，寘于上級㉑。即襄王㉒十七年甲申歲也。

當作「十五年」。

【注釋】❶遊化　行遊傳化。❷雉堞　城牆上的矮牆。❸祥雲　吉祥的雲氣。❹道人　得道之人。❺法嗣　指傳法的弟子、門人。❻闤闠　市場。❼逆　方向相對，此指迎接。❽觸器　不淨之器。❾負　「欠」的意思。❿本因　本來之因緣。⓫無量劫　數量多得無法計算的劫數。⓬而　那個人。⓭側立　側身而立，表示對長者的尊敬。⓮往劫　往昔之劫。⓯檀那　梵語，意為施主。⓰至教　至極之教。⓱披剃　佛教戒律規定，僧尼出家，必須剃除鬚髮，披上袈裟。後以此作為出家的通稱。⓲圓戒　《法華玄義》四曰：「佛戒即圓戒也。」⓳師子奮迅三昧　獅子奮起時，毛髮皆豎，現出威怒咆哮之相，用來比喻佛、尊者現三昧神通時的威猛。⑳浮圖　佛塔。㉑上級　指塔頂的塔剎。㉒襄王　東周君王，西元前六五一至前六一九年在位。

【語譯】第六祖彌遮迦尊者，中印度人。彌遮迦獲得提多迦所傳佛法以後，行遊傳化至北天竺國，看見城牆的雉堞上方呈現著金色的祥雲，便讚歎道：「這是道人之雲氣啊，內中一定有大士，將成為我的法嗣。」尊者進入城中，在市場內遇到一個人，雙手拿著酒器，迎面而問道：「師傅從何方而來？準備往何方而去？」尊者答道：「我從自心而來，欲往無處而去。」那人又問：「師傅認識我手中之物嗎？」尊者回答：「這是觸器而且有欠潔淨。」那人再問：「師傅還認識我嗎？」尊者回答：「我一概不認識，認識的即不是我。」尊者又說：「你先試著自報名氏，我當隨後指示你的本來因緣。」那人口說偈語作為回答：「我從無量劫中來，而出生於這個國家，本姓頗羅墮，名字叫婆須蜜。」尊者說道：「我的師傅提多迦曾說起過，世尊昔日在北印度行化時，曾對阿難說：『我寂滅三百年以後，此國當生一個聖人，姓頗羅墮，名叫婆須蜜，他在禪宗祖師中應當獲得第七位。』世尊已經記下你的名字，你應該出家。」那個人至此才放下手中器物而向尊者施禮，並側身而立，說道：「我記得在往昔之劫中，曾經作為施主，貢獻給如來佛一個寶座，那佛陀曾對我預言道：『你當在賢劫釋迦牟尼的正法中宣揚傳化至極之教。』正與今日師傅所說的相符，故誠願師傅加以引度解脫。」尊者立即為他進行披剃，又傳授僧戒之相，然後告訴他說：「我今日將正法眼藏傳付給你，你不要讓它斷絕了。」並授說偈語道：「沒有心就不可能悟得大道，口中誦說的不能名之為正法。如若明瞭心本不是心，始得悟解以心為心之玄法。」尊者言說偈語完畢，便入獅子奮迅三昧，跳身於虛空之中，有七棵多羅樹相疊那麼高，然後復歸本座，化成猛火自焚。婆須蜜收拾尊者的靈骨，貯藏在七寶修飾的石函內，建造寶塔，將石函放置在塔剎中。是年即東周襄王十七年歲在甲申。當作「十五年」。

第七祖婆須蜜

第七祖婆須蜜者，北天竺國人也，姓頗羅墮。常服淨衣，執酒器，游行里閈❶，或吟或嘯，人謂之狂。及遇彌遮迦尊者，宣如來往誌❷，自惺❸前緣，投器出家，授法行化。

至迦摩羅國❹，廣興佛事。於法座前，忽有一智者❺自稱：「我名佛陀難提，今與師論義。」師曰：「仁者，論即不義，義即不論；若擬❻論義，終非義論。」難提知師義勝，心即欽伏❼，曰：「我願求道，霑甘露❽味。」尊者遂與剃度，而授具戒。復告之曰：「如來正法眼藏，我今付汝，汝當護持。」乃說偈曰：「心同虛空界，示❾等❿虛空法。證得虛空時，無是無非法。」尊者即入慈心⓫三昧。時梵王帝釋⓬及諸天眾俱來作禮，而說偈言：「賢劫眾聖祖，而當第七位。尊者哀念我，請為宣佛地⓭。」尊者從三昧起，示眾云：「我所得法，而非有故；若識佛地，離有無故。」說此語已，還入三昧，示涅槃相。難提即於本座起七寶塔，以葬全身。即定王⓮十九年辛未歲也。（當作「十七年」。）

【注釋】❶里閈　里，鄉里。閈，里門。❷往誌　過去的預言。❸惺　通「省」。省悟的意思。❹迦摩羅國　印度古國名。❺智者　對富有智慧者的尊稱。❻擬　打算。❼欽伏　欽佩、心服。❽甘露　借指佛法。《法華經・藥草喻品》稱如來佛「為大眾說甘露淨法，其法一味，解說涅槃」。❾示　表現；顯示。❿等　等同。⓫慈心　四無量心之一，意為給予人以快樂之心。⑫帝釋　亦稱帝釋天，忉利天之主，為佛教的護法神之一。⑬佛地　稱通教十地之第十位，即第九地的菩薩最後頓斷煩惱所知二障的習氣而成道之位。⑭定王　東周君王，西元前六〇六至前五八六年在位。

【語譯】第七祖婆須蜜尊者，北天竺國人，姓頗羅墮。婆須蜜常常身穿潔淨的衣服，手持酒器，在街上坊內行走遊蕩，口中有時歌吟，有時長嘯，人們都稱他為狂人。等到他遇見彌遮迦尊者，對他宣示如來佛往昔的預言，才省悟自己前世因緣，投下酒器，拜師出家，接受正法，並隨處行遊傳化。

婆須蜜來到迦摩羅國，廣興佛事。一天，在尊者的法座之前，忽然有一個智者自稱道：「我名叫佛陀難提，今日要與師傅討論義理。」尊者道：「仁者，如需討論者即不是義理，義理是不需加以討論的；如若打算討論義理，終究不是義理之討論。」難提深感尊者的道理充分，心中甚為欽佩，便說：「我願意出家求道，以沾濡品嘗佛法甘露之味。」尊者就為難提剃度，並授予他具足戒。尊者隨後告訴難提說：「如來佛的正法眼藏，我今日付囑給你，你應當護持不懈。」並說偈語道：「心如虛空之境界，顯示等同虛空之法。印證而得虛空之時，即為無是無非之法。」尊者說完，立即進入慈心三昧境界。當時，梵王帝釋與諸天眾都來向尊者作禮，並說偈語道：「賢劫眾位聖祖，你應當名列第七位。尊者哀念我等凡俗，請為我等宣示抵達佛地之途徑。」尊者從三昧境界中醒來，指示眾人道：「我所得到的佛法，並非實有；如若識得佛地，是因為離開有無之境的緣故。」尊者說完這些話，再次進入三昧境界，顯示涅槃之相。難提就在尊者所坐的法座上起造七寶修飾的寶塔，將尊者的屍體葬在內中。是年即東周定王十九年歲在辛未。當作「十七年」。

第八祖佛陀難提

第八祖佛陀難提者，迦摩羅國人也，姓瞿曇氏。頂有肉髻❶，辯捷無礙。初遇婆須蜜尊者，出家受教。既而領徒行化，至提伽國❷城毗舍羅家，見舍❸上有白光上騰，謂其徒曰：「此家當有聖人，口無言說，真大乘❹器。不行四衢❺，知觸穢❻耳。」言訖❼，長者出致禮，問：「何所須❽？」尊者曰：「我求侍者。」曰：「我有一子，名伏馱蜜多，年已五十，口未曾言，足未曾履❾。」尊者曰：「如汝所說，真吾弟子。」尊者見之，遽❿起禮拜，而說偈曰：「父母非我親，誰是最親者？諸佛非我道，誰為最道者？」尊者以偈答曰：「汝言與心親，父母非可比；汝行與道合，諸佛心即是。外求有相佛，與汝不相似；欲識汝本心，非合亦非離。」伏馱蜜多聞師妙偈，便行七步。師曰：「此子昔曾值⓫佛，悲願廣大，慮⓬父母愛情⓭難捨，故不言不履耳。」時長者遂捨令出家。尊者尋⓮授具戒，復告之曰：「我今以如來正法眼藏付囑於汝，勿令斷絕。」乃說偈曰：「虛空無內外，心法亦如此。若了虛空故，是達真如理。」伏馱蜜多承師付囑，以偈讚曰：「我師禪祖中，當得為第八。法化眾無量，悉獲阿羅漢。」爾時尊者佛陀難提即現神變，卻復本座，儼然⓯寂滅。眾興寶塔，葬其全身。即景王⓰十二年丙寅歲也。當作「十年」。

【注釋】❶肉髻　指頭頂上有一形狀如髻的肉團，故名。❷提伽國　印度古國名。❸舍　房屋。❹大乘　亦名大乘佛教，自稱能夠運載無量眾生從生死大河之此岸達到菩提涅槃之彼岸，成就佛果，而貶稱原始佛教和部派佛教為小乘。乘，乘車、乘船之意。❺衢　四通八達的大路。❻觸穢　佛教稱接觸不潔淨之物而又自己做不潔淨行為者為觸穢。❼訖　完畢。❽須通「需」。需求。❾履　鞋，此指穿鞋走路。❿遽　急遽；快速。⓫值　碰到；遇見。⓬慮　考慮；擔心。⓭愛情　愛護子女之情。⓮尋　不久。⓯儼然　莊嚴的樣子。⓰景王　東周君王，西元前五四四至前五二〇年在位。

【語　譯】第八祖佛陀難提尊者，迦摩羅國人，姓瞿曇氏。難提頭頂生有肉髻，辯論敏捷而無有阻礙。難提初次遇見婆須蜜尊者，就出家接受教化。此後，難提率領徒眾行遊傳化，來到提伽國都城，經過毗舍羅的家，看見他家的房屋上有白色的光芒向上騰越，就對徒眾說道：「這戶人家中當有聖人，雖然有口卻未曾開口說話，真正是一個傳化大乘正法的法器。他有腳卻從不行走於四衢大道，因為知道那樣將會接觸汙穢之物啊。」尊者的話剛說完，這戶人家中的長者就出來致禮，並問道：「需要什麼東西？」尊者說：「我來尋求侍者。」長者說：「我有一個兒子，名叫伏馱蜜多，今年已有五十歲了，但卻從未曾開口說話，也未曾穿鞋走路。」尊者說道：「如若真像你所說的那樣，他真是我的弟子啊。」尊者入屋去見伏馱蜜多，蜜多即刻起身禮拜尊者，並說偈語道：「父母若不是我的親人，那誰才是最親近者？諸佛若不是我尋求的大道，那什麼才稱得上是大道之最？」尊者亦用偈語予以回答：「你的語言與自心相親，父母不能加以比擬；你的行為與大道契合，所謂諸佛，自心即是。向外尋求有相之佛，與你實不相似；欲認識你的本心，不在於合乎你的本心亦不在於離絕你的本心。」伏馱蜜多聞聽尊者微妙偈語，即刻下地行走了七步。尊者說：「此人昔日曾遇見佛陀，所發的悲願非常廣大，然而憂慮父母親難以割捨愛子之情，所以就不說話不行走罷了。」當時長者就捨愛而令蜜多出家。尊者不久授予蜜多具足戒，又告訴他說：「我今日將如來的正法眼藏付囑給你，你不要讓其斷絕了。」並說偈語道：「虛空沒有內外之別，心法亦是如此。若明瞭虛空之本質，即已通達真如之妙理。」伏馱蜜多承秉師傅的付囑，也用偈語讚歎道：「我師於禪宗列祖之中，應當名列在第八位。用正法化導的信徒多得無法計量，使他們都獲得了阿羅漢果。」當時佛陀難提尊者隨即顯示了神通變化，然後又歸於本座，儼然進入寂滅之境。眾徒興造寶塔，將尊者的全身埋葬在內。是年即東周景王十二年歲在丙寅。當作「十年」。

第九祖伏馱蜜多

第九祖伏馱蜜多者，提伽國人，姓毗舍羅。既受佛陀難提付囑，後至中印度行化。時有長者香蓋，攜一子而來瞻禮尊者，曰：「此子處胎❶六十歲，因號難生。復嘗會一仙者，謂此兒非凡，當為法器。今遇尊者，可令出家。」尊者即與落髮授戒，羯磨❷之際，祥光燭❸座，仍感❹舍利三十粒現前，自此精進忘疲。既而師告之曰：「如來大法眼藏，今付於汝，汝護念之。」乃說偈曰：「真理本無名，因名顯真理。受得真實法❺，非真亦非偽。」尊者付法已，即入滅盡三昧❻而般涅槃。眾以香油、旃檀❼闍維真體，收舍利，建塔于那爛陀寺❽。即敬王❾三十五年甲寅歲也。當作「三十三年」。

【注釋】❶處胎　身處母親胎中。❷羯磨　意為作業，指進行授予戒律、懺悔等業事時的一種宣告儀式。❸燭　照耀。❹感　感受；感覺。❺真實法　離迷情、絕虛妄之法。❻滅盡三昧　亦稱滅盡定、滅受想定，意為滅盡六識心心所而不使其起之禪定。證得不還果以上的聖人為了假入涅槃之想而進入此禪定，時間最長者可達七天。❼旃檀　香木名，出自南印度摩羅耶山，其山形如牛頭，故亦稱牛頭旃檀。❽那爛陀寺　意譯作施無厭，古印度著名寺院，位於摩竭陀國王舍城東，在今印度比哈爾邦巴臘貢。據傳此寺院原是帝日王所建，後經覺護王、幻日王等歷代國王擴建，分作八大院，成為古印度規模最大的佛教寺院和最高學府，中國僧人玄奘、義淨等也曾來此就學多年。寺院於十二世紀被毀。❾敬王　東周君王，西元前五一九至前四七六年在位。

【語譯】第九祖伏馱蜜多尊者，提迦國人，姓毗舍羅。蜜多尊者既已接受佛陀難提所付囑的佛法後，便來到中印度行遊傳化。此時，有一個名叫香蓋的長者，攜帶他的一個孩子前來瞻禮尊者，說：「這孩子處於母胎中長達六十年，因而取名叫難生。又曾經遇到一位仙人，說這孩兒相貌非凡，他日當成為法器。今日遇見尊者，可令其出家。」尊者就為他落髮授戒律，在羯磨之時，祥光照耀在法座上，並感覺有舍利三十粒出現於眼前。此後難生精進於佛法，忘記了疲勞。不久，尊者告訴他說：「如來佛的大法眼藏，我今日傳付給你，你要加以護持光大。」並說偈語道：「真如之理本來沒有名稱，但因有名稱而顯示真如之理。信受而得的真實佛法，不是真的亦不是偽的。」尊者付囑正法完畢，立即進入滅盡三昧境界，然後涅槃。徒眾用香油、旃檀香木來火化尊者的遺體，收拾舍利，在著名的那爛陀寺中建造寶塔供養。是年為東周敬王三十五年歲在甲寅。當作「三十三年」。

第十祖脇尊者

第十祖脇尊者，中印度人也，本名難生。初，尊者將誕，父夢一白象，背有寶座，座上安一明珠，從門而入，光照四眾，既覺遂生。後值伏馱尊者，執侍❶左右，未嘗睡眠，謂其脇不至席，遂號脇尊者焉。

初至華氏國❷，憩❸一樹下，右手指地而告眾曰：「此地變金色，當有聖人入會。」言訖，即變金色。時有長者子富那夜奢合掌前立，尊者問：「汝從何來？」

夜奢曰：「我心非往。」尊者曰：「汝何處住？」曰：「我心非止。」尊者曰：「汝不定耶？」曰：「諸佛亦然。」尊者曰：「汝非諸佛。」曰：「諸佛亦非。」尊者因說偈曰：「此地變金色，預知於聖至。當坐菩提樹❹，覺❺華❻而成已。」夜奢復說偈曰：「師坐金色地，常說真實義。迴光而照我，令入三摩諦❼。」尊者知其意，即度出家，復具戒品❽，乃告之曰：「如來大法眼藏，今付於汝，汝護念之。」乃說偈言：「真體自然真，因真說有理。領得真真法，無行亦無止。」尊者付法已，即現神變而入涅槃，化火自焚。四眾各以衣裓❾古得切❿。盛⓫舍利，隨處⓬興塔而供養之。即貞王⓭二十二年己亥歲也。當作「二十七年」。

【注釋】❶執侍　執拂侍從。❷華氏國　亦稱華氏城，摩竭陀國的都城，釋迦牟尼涅槃後無憂王（阿育王）遷都於此。因為王宮中鮮花眾多，故亦稱香花宮城。❸憩　休息。❹菩提樹　即蓽鉢羅樹，常綠喬木，葉呈卵形，莖幹黃白，樹果可作念珠，因為釋迦牟尼曾在此樹下成道，故名。因此菩提樹便成為佛教之聖樹，相傳南朝時移植中國南方。❺覺　覺悟，即菩提。《大乘義章》二〇曰：「其智障無明昏寢，事等如睡，聖慧一起，翻然大悟，如睡得寤，故名為覺。」❻華　通「花」。此指開花。❼三摩諦　三摩提，即三昧。❽具戒品　即具足戒。戒品，戒的品類，如五戒、十善戒之類。❾裓　長衣的下襟。❿切　指反切，古代用以標注字音的方法。⓫盛　用器具裝東西。⓬隨處　到處。⓭貞王　東周君王，西元前四六八至前四四一年在位。

【語譯】第十祖脇尊者，中印度人，本名叫難生。當初尊者將誕生之時，他的父親夢見一頭白象，背上安有寶座，座位上放置著一顆明珠，從門外進來，光芒照耀四眾，夢覺之時，尊者已經出生。後來尊者遇見伏馱尊者，執役侍從於尊者左右，未嘗睡眠，即所謂其脇不至於睡席，因而被號稱為脇尊者。

脇尊者第一次來到華氏國，在一棵樹下休息，用右手指著大地而告訴徒眾說：「當此地變作金色，就會有聖人來此聚會。」話音剛落，地面即刻變成金色。此時，有一長者之子名叫富那夜奢者雙手合十站在面前，尊者問道：「你從何處而來？」夜奢回答：「我的心不曾離去過。」尊者又問道：「你住在何處？」夜奢又答：「我的心不曾住止過。」尊者再問：「你的心不定嗎？」夜奢回答：「諸佛亦是這樣的。」尊者說：「你不是諸佛。」夜奢回答：「諸佛亦不是。」尊者因而說偈語道：「此地變作金色，預知有聖人而至。似當初佛陀坐於菩提樹下，覺悟大道如花開放而結成果實。」夜奢也說偈語道：「師尊坐在金色之地，演說佛法真實之妙意。迴轉祥光而照耀我，令我進入三摩諦之境。」尊者明瞭夜奢的心意，立即引度他出家，又授予他具足戒品，然後告訴他說：「如來大法眼藏，我今日傳付給你，你要善加護持光大。」並說偈語道：「真實之體自然是真實的，因其真實而演說有理。領悟獲得的真正真實之法，便沒有行動亦沒有住止。」尊者傳付正法完畢，即刻現出神通變化而進入涅槃境界，化成猛火自焚。四眾弟子各用自己的衣襟盛放舍利，隨處與造寶塔放置舍利而加以供養。是年即東周貞王二十二年歲在己亥。當作「二十七年」。

第十一祖富那夜奢

第十一祖富那夜奢者，華氏國人也，姓瞿曇氏，父寶身。既得法於脇尊者，尋詣波羅奈國。有馬鳴大士迎而作禮，因問曰：「我欲識佛，何者即是？」師曰：「汝欲識佛，不識者是。」曰：「佛既不識，焉❶知是乎？」師曰：「既不識佛，焉知不是？」曰：「此是鋸義。」師曰：「彼是木義。」復問：「鋸義者何？」

曰：「與師平出。」又問：「木義者何？」師曰：「汝被我解。」馬鳴豁然惺悟，稽首歸依，遂求剃度。師謂眾曰：「此大士者，昔為毗舍離國❷王。其國，有一類人如馬裸露，王運神力分身為蠶，彼乃得衣。王後復生中印度，馬人感戀悲鳴，因號馬鳴焉。如來記云：『吾滅度後六百年，當有賢者馬鳴於波羅奈國摧伏異道❸，度人無量，繼吾傳化。』今正是時。」即告之曰：「如來大法眼藏，今付於汝。」即說偈曰：「迷悟❹如隱顯❺，明暗不相離。今付隱顯法，非一亦非二。」尊者付法已，即現神變，湛然❻圓寂。眾興寶塔，以閟❼全身。即安王❽十四年戊戌歲也。當作「十九年」。

【注　釋】❶焉　怎麼。❷毗舍離國　古印度國名，位於中印度的恆河南岸。❸異道　即外道，佛教對佛教以外的宗教信仰之稱呼。❹迷悟　執迷與覺悟。❺隱顯　隱秘與顯現。❻湛然　清爽的樣子。❼閟　封閉。❽安王　東周君王，西元前四〇一至前三七六年在位。

【語　譯】第十一祖富那夜奢尊者，華氏國人，姓瞿曇氏，父親名叫寶身。夜奢既已從脇尊者處得傳佛法，不久就來到波羅奈國。有個叫馬鳴的大士前來迎接，並施禮致敬，因而詢問道：「我想要結識佛陀，哪個人才是？」夜奢尊者說：「你要認識佛陀，那不認識的人就是。」馬鳴問道：「佛陀既然不認識，我怎麼知曉他就是？」尊者回答：「你既然不認識佛陀，怎麼就知道他不是？」馬鳴說：「此是鋸之意。」尊者說：「那是木之意。」尊者再問道：「鋸之意是指什麼？」馬鳴回答：「與師傅論說，如鋸子一拉一推，無有勝負。」馬鳴也問道：「木之意是指什麼？」尊者回答：「就是說你是木頭，被我用鋸解開。」馬鳴聞言豁然省悟，向尊者稽首皈依，並請求尊者為自己剃度。尊者對眾徒說道：「這位大士，前世曾為毗舍離國王。那個國家中，有一類人如同馬一樣裸露身體，那國王就運動神力分解自己的身體為蠶吐絲，他們才得以穿衣。國王後來出生於中印度，那些馬人感動依戀，悲切地鳴咽，因此他被號稱馬鳴呀。如來佛曾預言道：『我滅度以後六百年，當有賢者馬鳴在波羅奈國摧毀、降服異道，引度人徒無可計量，而繼續我法的傳化。』今日正好是佛陀預言的那個時候。」隨後尊者告訴馬鳴說：「如來大法眼藏，我今日付囑給你。」隨即言說偈語道：「愚迷與覺悟就如同隱秘與顯現之現象一樣是一事物之兩面，也如明亮與黑暗一樣相互依存而不能相離。今日所傳付此所謂隱藏與顯現之法，並不是一個法亦不是二個法。」尊者傳付正法完了，即刻顯現神通變化，湛然歸於涅槃。徒眾興造寶塔，用來收葬尊者的遺體。是年即東周安王十四年歲在戊戌。當作「十九年」。

第十二祖馬鳴大士

第十二祖馬鳴大士者，波羅奈國人也。亦名功勝，以有作無作❶諸功德最為殊❷勝❸，故名焉。既受法於夜奢尊者，後於華氏國轉妙法輪。忽有老人座前仆地，師謂眾曰：「此非庸流❹，當有異相❺。」言訖不見。俄從地踊❻出一金色人，復化為女子，右手指師而說偈曰：「稽首長老尊，當受如來記。今於此地上，宜通第一義。」說偈已，瞥然❼不見。師曰：「將有魔來，與吾校力❽。」有頃❾，風雨暴至，天地晦冥❿。師曰：「魔之來信⓫矣，吾當除之。」即指空中，現一大金龍，奮發威神，震動山嶽。師儼然於座，魔事⓬隨滅。經七日，有一小蟲，大若蟭螟⑬，潛形⑭座下。師以手取之，示眾曰：「斯乃魔之所變，盜聽⑮吾法耳。」乃放之令去，魔不能動。師告之曰：「汝但歸依三寶，即得神通。」遂復本形，作禮懺悔。師問曰：「汝名誰耶？眷屬⑯多少？」曰：「我名迦毗摩羅，有三千眷屬。」師曰：「汝盡神力，變化若何⑰？」曰：「我化巨海極為小事。」師曰：「汝化性海⑱得否？」曰：「何謂性海？我未嘗知。」師即為說性海云：「山河大地，皆依建立；三昧六通⑲，舊云「六神通」，依《正宗記》除「神」字。由茲發現。」迦毗摩羅聞言，遂發信心⑳，與徒眾三千俱求剃度。師乃召五百羅漢，與授具戒。復告之曰：「如來大法眼藏，今當付汝。汝聽偈言：『隱顯即本法，明暗元㉑不二。今付悟了法，非取亦非離。』」付法已，即入龍奮迅三昧，挺身空中，如日輪㉒相，然後示滅。四眾以真體㉓藏之龍龕㉔。即顯王㉕三十七年甲午歲也。當作「四十二年」。

【注釋】❶有作無作　有作，意同有為，稱因緣所生之法。無作，意同無為，稱無因緣造作、不假身口意的動作、自然相續之法。❷殊　特別。❸勝　超越；卓越。❹庸流　凡庸之輩。❺異相　異常的形象或情況。❻踊　跳。❼瞥然　形容極短的時間。❽校力　即較力。❾有頃　相隔一段時間。❿晦冥　昏暗。⓫信　信號。⓬魔事　神魔所施展的神通。⓭蟭螟　古代傳說中一種極小的蟲，張華《鷦鷯賦》云「蟭螟巢于蚊睫」。⓮潛形　偷偷地藏身。⓯盜聽　即偷聽。⓰眷屬　家屬；親屬。⓱若何　如何；怎麼樣。⓲性海　即真如之理性深廣如海，喻指如來法身之境。⓳六通　三乘聖者所得的神通，有天眼通、天耳通、他心通、宿命通、神足通、漏盡通等六種，亦稱六神通。⓴信心　信受所聞聽所解釋之法而無有疑心。㉑元原來。㉒日輪　《菩提心意》一曰：佛陀「並約果地智德，以日輪形觀本尊形；今約因果三昧進修，以月輪形觀自心形」。㉓真體　即真身，亦名生身。小乘佛教認為王宮所生之身為生身，以區別於戒定慧等之功德的法身。㉔龍龕　即掩藏龍身體的洞龕，借喻收葬聖賢大德遺體的棺槨。㉕顯王　東周君王，西元前三六八至前三二一年在位。

【語　譯】第十二祖馬鳴大士尊者，波羅奈國人。大士亦名功勝，因為他的有作無作諸般功德最為卓越，所以以此為名啊。馬鳴既已從夜奢尊者處接受了正法，此後就在華氏國轉妙法輪。忽然有一個老人在大士的法座前仆倒在地，大士對眾徒說道：「這人不是凡庸之輩，隨即當有異常情況出現。」大士話畢，那人已經不見了。俄而從地底下跳出一個金色的人，隨即又化成一個女子，用右手指著大士，口說偈語道：「稽首長老尊者，應當信受如來之印記。今日於此地之上，宣示明法之第一義。」那人宣說偈語完畢，瞥然之間又不見了蹤跡。大士說：「將有神魔前來，與我較力。」隔了一會兒，暴風雨突然來臨，天地昏暗。大士說：「神魔傳來信號了，我當除去此魔。」即用手指著空中，天空中隨即現出一條大金龍，奮發威力神通，把山河大地都震撼得動搖了。大士儼然坐在座位內，那神魔所施展的神通隨即消去。經過了七天，有一條小蟲，大小如同蟭螟，偷偷地藏身於大士的法座下面。大士用手取出，對眾徒指示說：「這就是那神魔所變化的，前來偷聽我說法而已。」隨後大士放下蟲子，令牠離去，那神魔卻不能夠有所行動。大士告訴他說：「你如果皈依三寶，即可恢復神通。」於是那神魔就恢復了本來面貌，向大士施禮懺悔。大士問道：「你叫什麼名字啊？眷屬有多少人？」那神魔回答：「我名叫迦毗摩羅，有三千個眷屬。」大士問道：「你用盡你的神力，能夠有什麼樣的神通變化？」迦毗摩羅說道：「如變化出一個巨大的海洋之類，對我來說也是一件極為容易的事。」大士便問：「你能否用神通變化出性海嗎？」迦毗摩羅說：「什麼是性海？我從來未曾聽說過。」大士就為他講說性海道：「山河大地，皆依據性海而建立；三昧六通，皆通過性海而被發現。」迦毗摩羅聞聽此語，就發信心而無疑，與徒眾三千人都請求大士為他們剃度。大士便招來五百羅漢，為他們授予具足戒。大士又告訴迦毗摩羅說：「如來佛的大法眼藏，我今日應當傳付給你了。你聽我說偈語：『昭示隱秘、顯現即是本法之旨，就如明亮與黑暗原來就不是兩件事。今日傳付的覺悟了然之正法，既不要索取亦不要離絕。』」大士付正法完了，即刻進入龍奮迅三昧境界，將自己身體跳至天空中，呈現出如日輪之法相，然後顯示寂滅之相。四眾弟子將大士的真體藏入龍龕。是年即東周顯王三十七年歲在甲午。當作「四十二年」。

【說明】馬鳴，是古印度著名的佛教詩人、哲學家，約生活於西元一、二世紀《景德傳燈錄》云馬鳴卒於東周顯王時，誤）。據《馬鳴菩薩傳》等文獻載，馬鳴曾在小月氏國為沙門外道等說法，「諸有聽者，莫不開悟」，據稱連馬匹也「垂淚聽法，無念食想」，後以馬解其音，故名之曰「馬鳴」。馬鳴為大乘佛教著名論師，本與不立文字、以心傳心的禪法無關，但被禪宗拉來派作西天祖師之一。

第十三祖迦毗摩羅

第十三祖迦毗摩羅者，華氏國人也。初為外道，有徒三千，通諸異論。後於馬鳴尊者得法，領徒至西印度。彼有太子，名雲自在，仰尊者名，請於宮中供養。尊者曰：「如來有教，沙門❶不得親近國王、大臣權勢之家。」太子曰：「今我國城之北有大山焉，山中有一石窟，師可禪寂❷于此否？」尊者曰：「諾。」即入彼山。行數里，逢一大蟒，尊者直進不顧。遂盤繞師身，師因與受三歸依，蟒聽訖而去。尊者將至石窟，復有一老人素服❸而出，合掌問訊❹。尊者曰：「汝何所止？」答曰：「我昔嘗為比丘，多樂寂靜，有初學比丘數來請益❺，而我煩於應答，起嗔恨想❻，命終墮為蟒身，住是窟中，今已千載。適❼遇尊者，獲聞戒法❽，故來謝耳。」尊者問曰：「此山更有何人居止？」曰：「北去十里，有大樹蔭覆五百大龍，其樹王名龍樹，常為龍眾說法，我亦聽受耳。」尊者遂與徒眾詣彼，龍樹出迎尊者曰：「深山孤寂❾，龍蟒所居，大德❿至尊，何枉⓫神足？」師曰：「吾非至尊，來訪賢者。」龍樹默念曰：「此師得決定性⓬、明道眼⓭否？是大聖⓮繼真乘⓯否？」師曰：「汝雖心語，吾已意知。但辦出家，何慮吾之不聖？」龍樹聞已，悔謝⓰。尊者即與度脫，及五百龍眾俱授具戒。復告龍樹曰：「今以如來大法眼藏付囑於汝，諦聽⓱偈言：『非隱非顯法，說是真實際。悟此隱顯法，非愚亦非智。』」付法已，即現神變，化火焚身。龍樹收五色舍利，建塔瘞⓲之。即赧王⓳四十一年壬辰歲也。當作「四十六年」。

【注　釋】❶沙門　梵文「沙門那」簡稱，有勤勞、淨志、息止、修道等意，原來為古印度反婆羅門教思潮各個派別出家者的通稱，佛教盛行後專指佛教僧侶。❷禪寂　寂靜思慮的意思，此通「寂滅」。❸素服　本色的衣服；白色的衣服。❹問訊　合掌而口問安否。❺請益　請教。❻想　心性作用之一，指認識直接反映的影相，以及據此能形成的種種名言概念，相當於感覺、知覺、表象、概念等。❼適　剛才。❽戒法　佛陀所定的戒律之法。❾孤寂　孤獨寂寥。❿大德　原為稱呼釋迦牟尼的名號，後來作為比丘的敬稱。⓫枉　枉駕下臨之意。⓬定性　在聲聞、緣覺、菩薩三乘中各具唯一種子之眾生稱定性。⓭道眼　修道而得之眼，即觀道之眼。⓮大聖　佛的稱號，也以稱名位高的菩薩。⓯真乘　真實的教法。⓰悔謝　悔悟；謝罪。⓱諦聽　仔細地傾聽。⓲瘞　埋葬。⓳赧王　東周君王，西元前三一四至前二五六年在位。

【語　譯】第十三祖迦毗摩羅尊者，華氏國人。摩羅當初修習外道，有徒眾三千人，通曉諸種異論神通。後來摩羅從馬鳴尊者處得證佛法，率領眾徒來到西印度。那國中有一個名叫雲自在的太子，仰慕摩羅尊者之名，請他至王宮中供養。尊者說道：「如來佛曾留下教誨說，沙門不得親近國王、大臣權勢之家。」太子說：「現今我國都城的北面有一座大山，山中有一座石窟，師傅可否在那兒修行禪寂？」尊者說：「好。」隨即進入那座山中。才行走了數里，就遇見一條大蟒蛇，尊者一直向前而不回頭觀看。那蟒蛇就盤繞在尊者的身上，尊者因而授予牠三歸依，蟒蛇聽完而離去。尊者將要來到石窟，又有一個穿著白色衣服的老人出迎，合掌問訊。尊者問：「你息止在何處？」老人答道：「我昔日也曾為比丘，喜樂寂靜，有一初學比丘多次前來請教，而我厭煩應答，遂生起嗔恨之想，因而命終墮落為蟒蛇之身，住在這個洞窟之中，至今已有一千年了。剛才正好遇到尊者，使我獲聞無上戒法，故而現在前來謝恩呀。」尊者問道：「此大山中還有什麼人居住？」那人回答：「從這兒向北行走十里路，有一棵大樹，其樹蔭覆蓋著五百條大龍，其樹王名叫龍樹，常常為龍眾說法，我亦曾去聽受過。」尊者就與徒眾到那裡去，龍樹出來迎接尊者，說：「深山中十分孤獨寂寞，為龍、蟒所住之所，大德至為尊貴的身分，為什麼要枉駕下臨？」尊者說：「我不是至為尊貴者，來此是為了尋訪賢者。」龍樹默默思量道：「此師尊是否能夠判決定性、辨明道眼？是否是大聖人而繼承了真實的教法？」尊者說：「你雖然只是心中思量，但我已經知曉你的意思。你只要能出家，何須擔憂我不是聖人？」龍樹聞聽後，悔悟謝罪。尊者立即引度龍樹，並與五百龍眾同受具足戒。尊者又告訴龍樹說：「今日我將如來大法眼藏付囑給你，你要仔細傾聽我說偈語：『不是隱秘亦不是顯現之法，說的是真實之境界。覺悟此昭示隱秘、顯現之法者，不是愚迷亦不是智慧。』」尊者付囑正法完畢，即刻顯現神通，化作猛火焚身。龍樹收拾五色舍利，建造寶塔予以埋葬。是年即東周赧王四十一年歲在壬辰。當作「四十六年」。

第十四祖龍樹尊者

第十四祖龍樹尊者，西天竺國人也，亦名龍勝。始於毗羅尊者得法，後至南印度。彼國之人多信福業❶，聞尊者為說妙法，遞❷相謂曰：「人有福業，世間第一。徒言❸佛性，誰能覩之？」尊者曰：「汝欲見佛性，先須除我慢。」彼人曰：「佛性大小？」尊者曰：「非大非小，非廣非狹，無福無報，不死不生。」彼聞理勝，悉迴初心❹。尊者復於座上現自在❺身，如滿月輪。一切眾唯聞法音❻，不覩師相。彼眾中有長者子，名迦那提婆，謂眾曰：「識此相否？」眾曰：「目所未覩，安❼能辨識？」提婆曰：「此是尊者現佛性體相，以示我等。何以知之？蓋以無相三昧❽，形如滿月。佛性之義，廓然❾虛明❿。」言訖，輪相即隱，復居本座，而說偈言：「身現圓月相，以表諸佛體。說法無其形，用辨非聲色⓫。」彼眾聞偈，頓⓬悟無生，咸願出家，以求解脫。尊者即為剃髮，命諸聖授具。其國先有外道五千餘人，作大幻術，眾皆宗仰⓭。尊者悉為化之，令歸三寶。復造《大智度論》⓮、《中論》⓯、《十二門論》⓰，垂之於世。

後告上首弟子迦那提婆曰：「如來大法眼藏今當付汝，聽吾偈言：『為明隱顯法，方說解脫理。於法心不證，無瞋亦無喜。』」付法訖，入月輪三昧⓱，廣現神變，復就本座，凝然⓲禪寂。迦那提婆與諸四眾共建寶塔以葬焉。即秦始皇⓳

三十五年己丑歲也。

【注釋】❶福業　此指將財物施與貧窮之人，而施與者由此獲得世間出世的福利。❷遞　傳遞；依次。❸徒言　空言。❹初心　初發之心而未經過深行者。❺自在　心離煩惱的束縛、進退通達無有阻礙稱之為自在。❻法音　說法的聲音。❼安　怎麼。❽無相三昧　與滅諦之滅、靜、妙、離四行相相應的三昧。❾廓然　通「豁然」。❿虛明　空闊、顯明的樣子。⓫聲色　聲音與形象。⓬頓　立即；頓時。⓭宗仰　尊敬信仰。⓮大智度論　一百卷，為論釋《大品般若經》之書，引佛經很多，是研究大乘佛教的重要資料。⓯中論　全稱《中觀論》，四卷，內容主要論述「緣生性空」和「八不中道」的大乘佛教中觀學說。⓰十二門論　龍樹所撰另一部重要佛教著作，與《中論》、《百論》並為三論宗所依據的主要典籍。⓱月輪三昧　即月輪觀，佛教認為滿月圓明之體相與菩提心相類似，故名。⓲凝然　莊重、專注的樣子。⓳秦始皇　秦王朝的開國皇帝，西元前二二一至前二一〇年在位。

【語譯】第十四祖龍樹尊者，西天竺國人，亦名龍勝。龍樹當初從毗羅尊者處得證佛法，此後來到南印度傳法。南印度國人大多信奉福業，聞聽尊者為他們講說微妙正法，便互相私語說：「人具有福業，實為人世間第一重要之事。他空言佛性，誰人能夠目睹？」尊者說：「你們欲看見佛性，必須首先去除自以為是的驕慢之心。」那些人問道：「佛性的大小如何？」尊者回答：「不是大亦不是小，不是廣亦不是狹，沒有施福亦沒有報應，沒有死亡亦沒有誕生。」那些人聞聽尊者所說的道理充分，都迴轉初心。尊者又在法座上顯示自在無礙之身，如同一輪滿月之相。一切眾生只能聞聽尊者說法的聲音，而不能目睹尊者的形相。眾人中有一個長者之子，名叫迦那提婆，對眾人說：「你們是否認識此相？」眾人回答：「自有眼睛以來從未曾看見過，怎麼能夠加以辨認識別？」提婆說：「這是尊者所顯現的佛性本體之相，用來指示我等眾生。我憑什麼知道這一點呢？因為無相三昧，其形相如同滿月。可知佛性之玄意，已經廓然虛明，無有疑義。」提婆說完，那月輪之相即刻隱去，尊者又歸坐於本座，並說偈語道：「此身顯現出圓月之相，用以表示諸佛之本體。演說正法而不顯現其本形，是為了讓人明辨佛法並不在於聲音與形相。」那些眾人聞聽偈語，頓時悟徹無生之意，都暫願出家，以求得解脫。尊者即為他們剃髮，命令諸聖人為他們傳授具足戒。這個國家先前已有外道五千餘人，善作大幻術，眾人都很尊敬信仰他們。尊者把他們都感化過來，令他們皈依三寶。尊者又撰寫了《大智度論》、《中論》、《十二門論》等著作，都流傳於後世。

後來，尊者告訴上首弟子迦那提婆道：「如來大法眼藏，我今日傳付給你，你聽我說偈語：『為了昭明隱秘與顯現之正法，方才演說解脫之妙理。因心具足而不須印證於法，故而沒有憤恨亦沒有歡喜。』」尊者付佛法完了，即進入月輪三昧境界，廣現神通變化，然後再歸於本座，凝然寂滅。迦那提婆與諸四眾弟子共同建造寶塔以埋葬尊者的遺體。是年即秦始皇三十五年歲在己丑。

【說　明】龍樹，為古印度大乘佛教中觀學派創始人，約生活於西元三世紀時（《景德傳燈錄》云龍樹卒於秦始皇時，誤）。據傳龍樹曾入大海接受大龍菩薩贈予「方等深奧經典，無上妙法」。龍樹著作甚多，有「千部論主」之稱，因其大力傳教，使大乘般若性空學說風靡全印度。龍樹也與馬鳴一樣，被禪宗硬拉來派作西天祖師之一。

卷二

天竺祖師法系表（下）

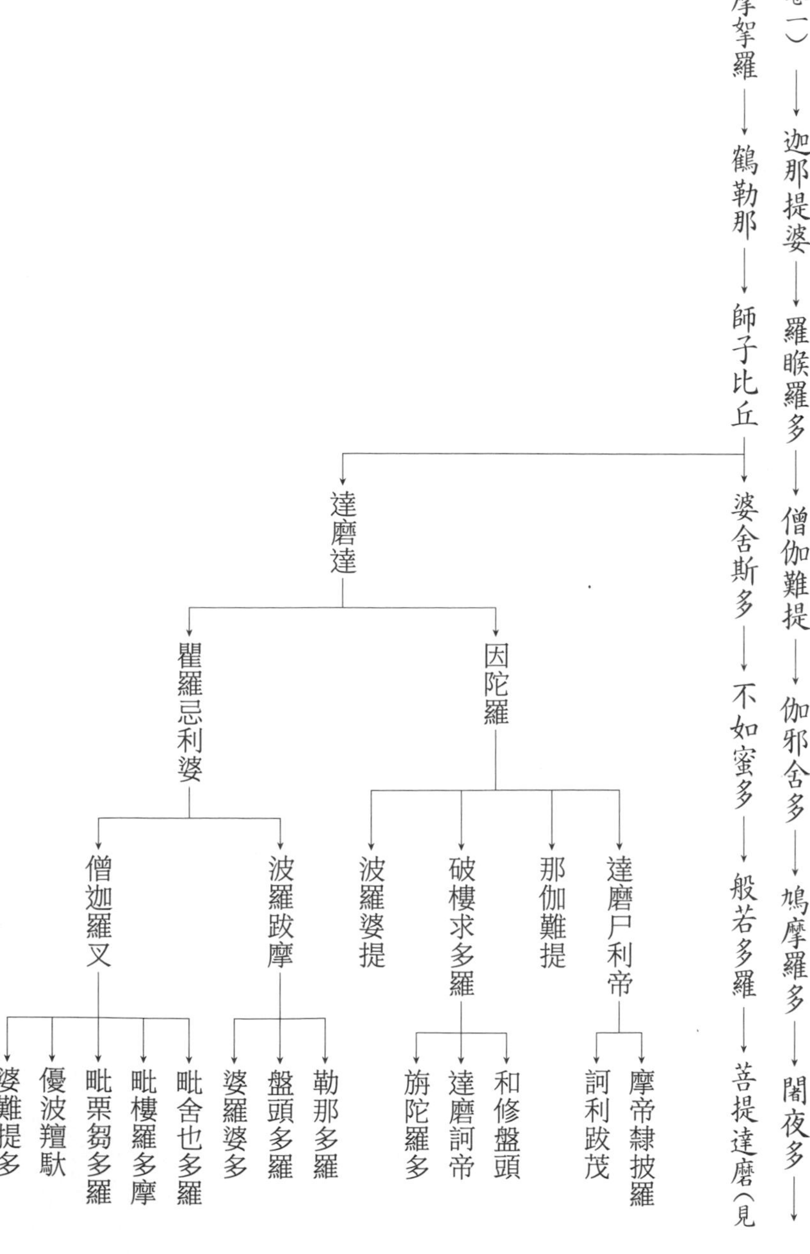
龍樹尊者（見卷一）→迦那提婆→羅睺羅多→僧伽難提→伽邪舍多→鳩摩羅多→闍夜多→
婆修盤頭→摩拏羅→鶴勒那→師子比丘→婆舍斯多→不如蜜多→般若多羅→菩提達磨（見卷三）
達磨達
瞿羅忌利婆
因陀羅
僧迦羅叉
波羅跋摩
波羅婆提
破樓求多羅
那伽難提
達磨尸利帝
婆難提多
優波羶馱
毗栗蒭多羅
毗樓羅多摩
毗舍也多羅
婆羅婆多
盤頭多羅
勒那多羅
旃陀羅多
達磨訶帝
和修盤頭
訶利跋茂
摩帝隸披羅

卷二

天竺三十五祖 內一十三祖見錄，內二十二祖旁出無錄

第十五祖迦那提婆

第十五祖迦那提婆者，南天竺國人也，姓毗舍羅。初求福業，兼樂❶辨論❷。後謁❸龍樹大士，將及門，龍樹知是智人，先遣侍者以滿鉢❹水置於座前。尊者覩之，即以一針投之而進，欣然契會❺。龍樹即為說法，不起於座，見月輪相，唯聞其聲，不見其形。尊者語眾曰：「今此瑞者，師現佛性，表說法非聲色也。」

尊者既得法，後至迦毗羅國。彼有長者，曰梵摩淨德。一日，園樹生大耳❻如菌❼，味甚美，唯長者與第二子羅睺羅多取而食之，取已隨長，盡而復生，自餘親屬皆不能見。時尊者知其宿因❽，遂至其家。長者問其故，尊者曰：「汝家昔曾供養一比丘，然此比丘道眼未明❾，以虛霑❿信施⓫，故報為木菌。唯汝與子

《正宗》云「與次子」。精誠⑫供養，得以享⑬之，餘即否矣。」又問長者：「年多少？」答曰：「七十有九。」尊者乃說偈曰：「入道不通理，覆⑭身還信施。汝年八十一，此樹不生耳。」長者聞偈，彌加⑮歎伏，且曰：「弟子衰老，不能事⑯師，願捨次子，隨師出家。」尊者曰：「昔如來記此子，當第二五百年為大教主⑰。今之相遇，蓋符宿因。」即與剃髮執侍。

至巴連弗城⑱，聞諸外道欲障⑲佛法，計⑳之既久。尊者乃執長幡入彼眾中。彼問尊者曰：「汝何不前？」尊者曰：「汝何不後？」又曰：「汝似賤人㉑。」尊者曰：「汝似良人㉒。」又曰：「汝解何法？」尊者曰：「汝百不解。」又曰：「我欲得佛。」尊者曰：「我灼然㉓得佛。」又曰：「汝不合得。」尊者曰：「元道我得，汝實不得。」又曰：「汝既不得，云何言得？」尊者曰：「汝有我㉔故，所以不得。我無我我，故自當得㉕。」彼辭既屈㉖，乃問師曰：「汝名何等㉗？」尊者曰：「我名迦那提婆。」彼既夙㉘聞師名，乃悔過致謝。時眾中猶互興問難㉙，尊者折㉚以無礙之辨㉛，由是歸伏㉜。

乃告上足㉝羅睺羅多而付法眼，偈曰：「本對傳法人，為說解脫理。於法實無證，無終亦無始。」尊者說偈已，入奮迅定㉞，身放八光，而歸寂滅。學眾㉟

興塔而供養之。即前漢文帝㊱十九年庚辰歲也。

【注釋】❶樂　喜愛；喜好。❷辨論　即「辯論」。❸謁　拜見。❹鉢　梵語「鉢多羅」的省語，即僧人用的飯碗。❺欣然契會　欣然，高興的樣子。契會，默契、會悟。《西域記》一〇曰：提婆看見鉢中水，默然投針其內，龍樹解說道：「滿鉢之水，譬我智之周；彼投針遂極其底，是非常人。」❻大耳　指大木耳。❼茵　古代車上的席墊。❽宿因　植於宿世的業因。❾道眼未明　比喻修習正法眼藏還未成正果。❿霑　通「沾」。指沾光。⓫信施　指信誠之施物。⓬精誠　專精虔誠。⓭享享用。⓮覆　佛教術語，二十隨煩惱之一，意為心所名，恐怕名譽之欲墜、隱覆自造之罪之精神作用。⓯彌加　更加。⓰事服侍；侍從。⓱教主　傳教之本主。⓲巴連弗城　又稱波吒釐城，為古印度摩竭陀國的都城。⓳障　阻撓；障礙。⓴計　計劃；商議。㉑賤人　卑賤之人。㉒良人　好人；善人。㉓灼然　明白；顯然。㉔我　佛教名詞，指支配人和事物的內部主宰者，分為人我、法我兩種。《大涅槃經・哀歎品》云：「若法是實、是真、是主、是依，性不變異，是名為我。」單用之「我」，一般指「人我」。㉕我無我二句　此二句當作「我無我故，我自當得」。佛教主張「無我」，將承認有我者視為「顛倒」認識，目為外道。㉖屈　屈服。㉗何等　什麼。㉘夙　平日；平素。㉙問難　對於疑義反覆討論、分析或辯論。㉚折　折服。㉛無礙之辨　也稱無礙智、無礙解，是為諸菩薩說法之智辯，故約於意業而稱之為解或智，約於口業而稱之為辯。無礙，指自在通達而無礙，自在融通而為一體。㉜歸伏　皈依、欽服。㉝上足　上首弟子。㉞奮迅定　也稱奮迅三昧，即獅子奮迅三昧。㉟學眾　學道的徒眾。㊱前漢文帝　前漢，即西漢王朝。漢文帝於西元前一七九至前一五七年在位。

【語譯】第十五祖迦那提婆尊者，南天竺國人，姓毗舍羅。迦那提婆初年尋求出世福善之業，而且喜好與人辯論。後來提婆前去拜見龍樹大士，將要走到門口，龍樹知曉提婆是一個智者，便先遣侍者將盛滿水的鉢放置在座位前。提婆尊者一見，就把一枚細針投入鉢中，而後進入室內，欣然會悟龍樹的微旨。龍樹為大眾說法時，他身不離開座位，現出月輪之相，使眾人只能耳聞龍樹說法的聲音，而不能看見他的身形。此時，提婆尊者就對眾人解釋道：「現在眾人所見的瑞相，實是大士所顯現的佛性，用以表明其說法不是為使眾人聆聽其聲音、目睹其臉色啊。」

提婆尊者既已得傳授法眼，此後來到迦毗羅國傳化。此國中有一位長者，名叫梵摩淨德。有一天，長者家中的園子內，有一棵大樹上生出木耳，其大如菌，味道甚為鮮美，然而只有長者與其第二個兒子羅睺羅多能夠採集食用，木耳被採折後隨即長出，採完後又能生長，而家中其他親屬都不能看見此木耳。當時，提婆尊者知曉此事的宿世業因，就來到長者的家。長者詢問此中原因，尊者對他說：「你家過去曾經供養過一個比丘，然而這比丘道眼未明，卻憑空沾光此信誠之施物，所以他將身體化成木菌作為報答。昔日惟有你與你的次子專精虔誠供養他，因此得以享用木菌，其他人就不能夠了。」提婆尊者又問長者道：「高壽多少？」長者回答：「七十九歲了。」提婆尊者隨即說偈語道：「入道而不通道理，故而覆自身以還報信誠之施物。汝至年八十一歲時，此樹就不再生長木耳。」長者聞聽偈語，更加歎服，即對尊者說：「弟子我年已衰老，不能侍從師傅，願意捨此次子，隨從師傅出家。」提婆尊者說：「昔年如來曾有預言，你的次子將在佛陀涅槃後的第二個五百年中為大教主。今日相見，恰好符合宿世因果。」尊者隨即為羅睺羅多剃度，讓他執器侍從。

尊者來到巴連弗城，聞聽當地眾外道準備阻撓傳布佛法，已經計劃商議了多時。提婆尊者便手執長幡來到這些外道中間。他們中一人問尊者說：「你為何不前進啊？」尊者答道：「你為何不後退啊？」其人又問：「你好像是一個卑賤之人。」尊者回道：「你好像是一個善良之人。」其人又問：「你能解什麼法術？」尊者說：「你百法皆不能解。」其人便說：「我欲得佛果。」尊者回說：「我灼然已得佛果。」其人說道：「你不應該得。」尊者說：「原來就說是我得，你實不能得。」其人問道：「你既然不能得，為何卻說已得？」尊者便說：「你因為有『我』的緣故，所以不能得。我因沒有『我』，所以我自然當得。」其人既已辭屈言窮，就問尊者道：「你如何稱呼？」尊者答道：「我名迦那提婆。」其人平日就聞聽尊者的大名，便向尊者悔過謝罪。當時其餘諸人依然喜好互相問難，尊者便用無礙之辨來折服他們，於是他們才皈依欽服。

提婆尊者於是向上首弟子羅睺羅多傳授正法眼藏，並說偈語道：「本對傳授正法之人，為其講說解脫之理。於法實無從證得，其無有終結亦無有開始。」尊者說偈語完畢，即進入奮迅定，身上放出八種光芒，然後歸於寂滅。學道的徒眾興造寶塔而加以供養。此年為西漢文帝十九年歲在庚辰。

第十六祖羅睺羅多

第十六祖羅睺羅多者，迦毗羅國人也。行化至室羅筏城❶，有河名曰金水，其味殊美，中流復現五佛影。尊者告眾曰：「此河之源，凡五百里，有聖者僧伽難提居於彼處。佛誌：『一千年後，當紹❷聖位。』」語已，領諸學眾泝流❸而上。至彼，見僧伽難提安坐❹入定。尊者與眾伺❺之，經三七日，方從定起。尊者問曰：「汝身定耶？心定耶？」曰：「身心俱定。」尊者曰：「身心俱定，何有出入？」曰：「雖有出入，不失定相。如金在井，金體❻常寂。」尊者曰：「若金在井，若金出井，金無動靜，何物出入？」曰：「言金動靜，何物出入？言金出入，金非動靜。」尊者曰：「若金在井，出者何金？若金出井，在者何物？」曰：「金若出井，在者非金。金若在井，出者非物。」尊者曰：「此義不然。」曰：「彼理非著❼。」尊者曰：「此義當墮。」曰：「彼義不成。」尊者曰：「彼義不成，我義成矣。」曰：「我義雖成，法非我故。」尊者曰：「我義已成，我無我故。」曰：「我無我故，復成何義？」尊者曰：「我無我故，故成汝義。」曰：

「仁者師於何聖，得是無我？」尊者曰：「我師迦那提婆，證是無我。」曰：「稽首提婆師，而出於仁者。仁者無我故，我欲師仁者。」尊者曰：「我已無我故，汝須見我我。汝若師我故，知我非我我。」難提心意豁然，即求度脫。尊者曰：「汝心自在，非我所繫。」語已，即以右手擎[8]金鉢，舉至梵宮，取彼香飯，將齋[9]大眾，而大眾忽生厭惡之心。尊者曰：「非我之咎，汝等自業。」即命僧伽難提分座同食，眾復訝[10]之。尊者曰：「汝不得食，皆由此故。當知與吾分座者，即過去娑羅樹王如來[11]也。愍[12]物降迹[13]。汝輩亦莊嚴劫中已至三果[14]而未證無漏者也。」眾曰：「我師神力，斯可信矣。彼云過去佛[15]者，即竊疑[16]焉。」僧伽難提知眾生慢[17]，乃曰：「世尊在日，世界[18]平正，無有丘陵，江河溝洫[19]，水悉甘美，草木滋茂[20]，國土豐盈[21]，無八苦[22]，行十善[23]。自雙樹[24]示滅八百餘年，世界丘墟，樹木枯悴，人無至信，正念[25]輕微，不信真如，唯愛神力。」言訖，以右手漸展[26]入地，至金剛輪[27]際，取甘露水，以琉璃器[28]持至會所。大眾見之，即時欽慕，悔過作禮。於是尊者命僧伽難提而付法眼，偈曰：「於法實無證，不取亦不離。法非有無相，內外云何起？」尊者付法已，安坐歸寂。四眾建塔。此當前漢武帝[29]二十八年戊辰歲也。

【注　釋】❶室羅筏城　即舍衛城。「筏」亦寫作「閥」。❷紹　接續；繼續。❸泝流　即溯流。❹安坐　即靜坐。❺伺觀察；窺視。❻體　指物的一定不變而為差別、支分之所依據根本者，也作界、性。❼著　顯著。❽擎　向上托舉。❾齋　佛教徒吃的素食，此指將飯食布施給眾人吃。❿訝　驚訝。⓫娑羅樹王如來　即娑羅樹王佛，佛經上稱妙莊嚴王於未來成佛，名娑羅樹王佛。⓬愍　通「憫」。哀憐之意。⓭降迹　降生塵世之意。⓮三果　小乘佛教所修之四果中的第三果，稱不還果。⓯過去佛　過去世之佛。⓰竊疑　私下疑惑。⓱慢　怠慢之意。⓲世界　猶宇宙，《楞嚴經》四曰：「世為遷流，界為方位。」⓳洫　田間的水道、溝渠。⓴滋茂　滋生繁茂。㉑豐盈　豐沃盈裕。㉒八苦　人一生中所經歷的八種苦難。《涅槃經》曰：「八相為苦：所謂生苦、老苦、病苦、死苦、愛別離苦、怨憎會苦、求不得苦、五盛陰苦。」㉓十善　不犯殺生、偷盜、邪淫、妄語（虛誑語）、兩舌（離間語）、惡口（粗惡語）、綺語（雜穢語）、貪欲、嗔怒、邪見等十惡，即為十善。㉔雙樹　即釋迦牟尼涅槃處所生長的菩提樹。㉕正念　八聖道之一，慧遠《觀經疏》云：「捨相入實，名為正念。」㉖展　伸展。㉗金剛輪　地層最底下的金輪稱金剛輪。㉘琉璃器　用琉璃製成的器皿，古人視為珍寶之物。㉙前漢武帝　西元前一四〇至前八七年在位。

【語　譯】第十六祖羅睺羅多尊者，迦毗羅國人。尊者傳行教化至室羅筏城，此地有一條名叫金水的大河，其河水的味道特別甘美，河道中央又顯現有五佛的影像。於是尊者告訴眾人說：「這河流的源頭，至此有五百里之遙，有一聖者名叫僧伽難提，就居住在那裡。佛陀曾預言道：『一千年以後，此人應當接續聖位。』」尊者說完，就率領眾弟子溯流而上，來到那裡，只見僧伽難提靜坐而入禪定境界。尊者就與眾人在旁觀察，經過三七二十一天，僧伽難提方從禪定中出來。尊者便問道：「你是身入禪定呢？還是心入禪定呢？」僧伽難提答道：「身心俱入禪定。」尊者又問：「身心俱進入禪定，為何有出定有入定之不同？」難提再答：「雖然有出入之別，但並不失去禪定之相。如同金子在井中，金子的體性依然是寂靜的。」尊者便問：「若金子在井中時，若金子出井時，金子無有動靜，那麼是什麼東西出入的呢？」難提答道：「說金子有動靜，卻是什麼東西出入於井？說金子出入於井，可金子並沒有動靜。」尊者問道：「如若金子在井中，出井者是哪一個金子？如若金子出井，那麼在井中者是什麼物品？」難提說：「金子如若出井，在井中者就不是金子。金子如若在井中，出井者就不是物品。」尊者說：「這一說法不對。」難提說：「那個道理不顯明。」尊者說：「這一說法當墮落於邪見。」難提說：「那個說法不能成立。」尊者就說：「那個說法不能成立，我所說之意就能成立了呀。」難提辯難道：「我所說之意雖然成立，但是法並非是我。」尊者便說：「我所說之意既然成立，這是因為我無有『我』的緣故。」難提詰問道：「我無有『我』，又將成為什麼意義？」尊者說道：「我無有『我』之意，就是構成『你』之意。」難提問道：「仁者拜何方聖人為師，而得此『無我』之道理？」尊者答道：「我師從迦那提婆，由此印證這『無我』之理。」於是難提用偈語讚美道：「稽首提婆聖師，你傳法給於仁者。仁者無有『我』，故而我欲拜仁者為師。」尊者也用偈語回答道：「我已經無有『我』，故而你須見我之『我』。你如若拜我為師，當知我不是我之『我』。」難提聞言，心底豁然領悟，即刻請求尊者為他說法解脫。尊者說：「你之心自在，並不被我所繫。」說完，尊者就用右手高擎金鉢，舉著走到寺廟，取來廟中香飯，準備用來齋施給眾信徒食用，然而眾人面對香飯，忽然心中生出厭惡之意。尊者告訴眾人說：「這不是我的過失，這是你們自己的業報。」即命僧伽難提與自己分座同吃香飯，眾人對此又感到十分驚訝。尊者便解釋道：「你們不得食用此香飯，是因為有著上述的因果。你們應當知道此時與我分座同食的人，就是過去世娑羅樹王如來。娑羅樹王如來哀憐眾生而降生塵世，以解脫諸有情。你們亦是莊嚴劫中修行已至第三果不還果而未能證得無漏果者。」眾人對尊者說道：「我師具有神力，這誠然可以信服。但說他是過去世之佛，我等私下甚感疑惑。」僧伽難提知道眾人生出怠慢之心，就對眾人說道：「世尊釋迦牟尼在世之日，世界平坦方正，沒有起伏的丘陵，江河溝洫之水都甚為甘美，草木滋生繁茂，國土豐沃盈裕，人生無需經歷八苦，皆為十善之行。自從世尊在菩提雙樹下涅槃之後，至今八百餘年，世界到處化為丘陵廢墟，樹木枯萎憔悴，人們無有至高的信仰，正念也遭輕視而衰微，世人不相信真如，惟獨喜愛神通之力。」說完，僧伽難提就漸漸把右手伸展入地，直至金剛輪之處，取得甘露之水，用琉璃器盛著拿到聚會處所。眾人一見，即刻表示欽佩信慕，悔過施禮。於是，尊者命僧伽難提為徒，而傳授正法眼藏，並說偈語道：「於正法實在無從證得，不獲取亦不離絕。正法沒有有、無相之區別，內、外之說又從何而起？」尊者傳付法眼完畢，即靜坐而歸寂滅之境。四眾建塔供奉。此年正是前漢武帝二十八年歲在戊辰。

第十七祖僧伽難提

第十七祖僧伽難提者，室羅閥城寶莊嚴王之子也。生而能言，常讚❶佛事。七歲即厭世樂❷，以偈告其父母曰：「稽首大慈父，和南❸骨血❹母，我今欲出家，幸願哀愍故。」父母固❺止之，遂終日不食。乃許其在家出家，號僧伽難提，復命沙門禪利多為之師。積❻十九載，未嘗退倦。尊者每自念言：「身居王宮，胡❼為出家？」一夕，天光❽下屬，見一路坦平，不覺徐行❾。約十里許，至大巖前，有石窟焉，乃燕寂❿于中。父既失子，即擯⓫禪利多出國，訪尋其子，不知所在。

經十年，尊者得法受記已，行化至摩提國⓬。忽有涼風襲眾，身心悅適⓭非常，而不知其然⓮。尊者曰：「此道德⓯之風也。當有聖者出世，嗣續祖燈⓰乎！」言訖，以神力攝⓱諸大眾遊歷山谷。食頃⓲，至一峰下，謂眾曰：「此峰頂有紫雲如蓋，聖人居此矣。」即與大眾徘徊⓳久之，見山舍一童子，持圓鑑⓴直造㉑尊者前。尊者問：「汝幾歲耶？」曰：「百歲。」尊者曰：「汝年尚幼，何言百歲？」曰：「我不會理㉒，正百歲耳。」尊者曰：「汝善機㉓耶？」曰：「佛言：若人生百歲，不會諸佛機，未若生一日，而得決了之。」師曰：「汝手中者，當何所表㉔？」童子曰：「諸佛大圓鑑，內外無瑕翳㉕。兩人同得見，心眼皆相似。」彼父母聞子語，即捨令出家。尊者攜至彼本處，授具戒訖，名伽邪舍多。

他㉖時，聞風吹殿銅鈴聲，尊者問師曰：「鈴鳴耶？風鳴耶？」師曰：「非風非鈴，我心鳴耳。」尊者曰：「心復誰乎？」師曰：「俱寂靜故。」尊者曰：「善哉！善哉！繼吾道者，非子而誰？」即付法，偈曰：「心地本無生，因地從緣起。緣種不相妨，華果㉗亦復爾。」尊者付法已，右手攀樹而化㉘。大眾議曰：「尊者樹下歸寂，其垂蔭後裔乎！」將奉全身於高原建塔，眾力不能舉，即就樹下起塔。當前漢昭帝㉙十三年丁未歲也。

【注釋】❶讚　讚美。❷世樂　俗世樂事。❸和南　梵語，稽首、敬禮之意。❹骨血　古人認為人之骨血出自母親所賜。❺固　堅決。❻積　堆聚；累積。❼胡　怎麼；為什麼。❽天光　天空中的光輝。❾徐行　慢慢的行走。❿燕寂　即宴寂。⓫擯　此為派遣之意。⓬摩提國　古印度國名。⓭悅適　愉悅、適意。⓮然　原因。⓯道德　正法名之為道，得道而不失稱之為德。⓰祖燈　佛祖所傳的法燈。佛教以能照暗的燈比喻用於化人的佛法。⓱攝　撩起；提起。⓲食頃　吃一頓飯的時間。⓳徘徊　走來走去的樣子。⓴鑑　鏡子。㉑造　來到。㉒會理　即「理會」，知曉、領會之意。㉓機　也作根機、機緣等，為人之本來心性所具有的，並為佛法所激發而活動者。《周易》云「機者動之微」。《阿含經》曰：「眾生有善法機，聖人來應也。」㉔表　表白；表示。㉕瑕翳　缺點；毛病。瑕，玉上面的斑痕。翳，病眼珠上長的白膜。㉖他　別的。㉗華果　即「花果」。此以開花結果比喻諸法因果。㉘化　此為寂滅之意。㉙前漢昭帝　西元前八六至前七四年在位。

【語　譯】第十七祖僧伽難提尊者，為室羅閥城寶莊嚴王的兒子。難提一生下來就能說話，常常讚美佛事。難提七歲時，就厭惡俗世樂事，通過偈語將自己的志向告訴了父母親：「稽首大慈父，和南骨血母，我今欲出家，幸願父母親哀愍我心而允准。」但其父母親堅決加以阻止，於是難提就終日不吃。寶莊嚴王夫婦只好同意兒子在家中出家，號稱僧伽難提，又召命沙門禪利多作為他的教師。就這樣經過了十九年，難提修行未曾退縮厭倦。難提每每自念道：「此身居於王宮之中，怎麼能算是出家？」一天晚上，天空中的光輝下照大地，現出一條平坦的大路，難提不覺上路慢慢地行走。大約行走了十來里路，他來到了大岩石前，有一個石窟在上面，於是難提就宴寂於其中。難提的父親既失去了兒子，就派遣禪利多出國，去訪尋自己的兒子，然而不知其所在。

經過了十年，難提尊者得傳正法接受印記之後，遊行傳化至摩提國。忽然，有習習涼風吹向眾人，眾人均感到身心非常愉悅適意，然而卻不明白其中的原因。尊者解釋道：「這是道德之風。昭示當有聖者出世，來嗣續列代祖師的法燈啊！」說完，尊者運用神力攝起諸徒眾遊歷高山深谷。大約有吃一頓飯的時間，眾人來到一座山峰下面，尊者告訴徒眾說：「這山峰頂上天空有紫雲，形狀如車蓋，表明有聖人居住在這兒呀。」就與眾人在山峰下徘徊了很久，見到山舍中走出一個小孩，手拿一面圓鏡，徑直來到尊者跟前。尊者問道：「你幾歲啊？」小孩答道：「一百歲。」尊者便說：「你的年齡還在幼年，為什麼說有一百歲？」小孩回答：「我不管，我就是一百歲啊。」尊者再問：「你有善機嗎？」小孩回答：「佛陀曾說：如若人生一百歲，而不能領會諸佛法機，那還不如就活一天，而能了決此善機的。」尊者問道：「你手中所拿者，當表示什麼含義？」小孩回答：「諸佛大圓鏡，內外皆無瑕翳。內外兩人同時得以顯現，心眼形象皆相似無差。」小孩的父母親聽到兒子的說話，即刻捨令出家。尊者攜帶小孩來到自己的修行之處，授與他具足戒完畢，為他取名叫伽邪舍多。

有一天，尊者聽到大殿上的銅鈴聲，便問伽邪舍多道：「這是鈴兒在鳴響啊？還是風兒在鳴響啊？」舍多回答說：「不是風鳴也不是鈴鳴，是我的心在鳴而已。」尊者再問：「心又鳴什麼呀？」舍多答道：「均屬寂靜的緣故。」尊者讚道：「善哉！善哉！繼承我之道法的人，不是你還會是誰？」即刻傳付正法給舍多，並說偈語道：「心之地本來無生，因其地並從緣而起發。緣與種不相妨礙，花與果亦同樣如此。」尊者付正法完畢，就右手攀著樹枝而進入寂滅化境。徒眾商議道：「尊者在樹下歸於寂滅之境，是垂示蔭護後代法裔之意嗎？」準備把尊者的屍體移至高地上建塔供奉，然而竭盡眾人之力也不能舉動尊者的屍體，於是就在樹下起塔供奉。此年正當前漢昭帝十三年歲在丁未。

【說 明】此處僧伽難提與弟子伽邪舍多聞風鈴聲後的對答，當是摹仿《壇經》所載六祖慧能回答「風幡」之語而來：「不是風動，不是幡動，仁者心動。」

第十八祖伽邪舍多

第十八祖伽邪舍多者，摩提國人也，姓鬱頭藍，父天蓋，母方聖。嘗夢大神持鑑，因而有娠，凡七日而誕。肌體瑩❶如琉璃，未嘗洗沐，自然香潔。幼好閑靜，語非常童。持鑑出遊，遇難提尊者，得度。

領徒至大月氏國❷，見一婆羅門舍有異氣。尊者將入彼舍，舍主鳩摩羅多問曰：「是何徒眾？」曰：「是佛弟子。」彼聞佛號，心神竦然❸，即時閉戶。尊者良久❹自扣❺其門，羅多曰：「此舍無人。」尊者曰：「答無者誰？」羅多聞語，知是異人，遽開關❻延接❼。尊者曰：「昔世尊記曰：『吾滅後一千年，有大士出現於月氏國，紹隆玄化。』今汝值吾，應斯嘉運❽。」於是鳩摩羅多發宿命智❾，投誠❿出家。授具訖，付法，偈曰：「有種有心地，因緣能發萌。於緣不相礙，當生生⓫不生。」尊者付法已，踊身虛空，現十八種神變，化火光三昧，自焚其身。眾以舍利起塔。當前漢成帝⓬二十年戊申歲也。

【注釋】❶瑩　光明潔白；透明。❷大月氏國　古國名，在今新疆伊犁河流域及以西中亞地區，西漢前期月氏人所建。❸竦然　很恭敬的樣子。❹良久　很久。❺扣　敲。❻關　門閂。❼延接　延請接待。❽嘉運　嘉，好的。運，遭遇。❾宿命智　六神通之一，能自知宿世生命行事之神力。❿投誠　致以誠心。⓫生生　指流轉輪迴無有終極。⓬前漢成帝　西元前三二至前七年在位。

【語譯】第十八祖伽邪舍多尊者，摩提國人，姓鬱頭藍，父親名叫天蓋，母親名叫方聖。方聖曾經夢見天神拿著一面鏡子而來，因而有感懷孕，過了七天而生下了伽邪舍多。舍多的身體肌膚光瑩潔白如同琉璃，未嘗經過沐浴，卻自然芬香潔淨。舍多幼年喜好閑靜，出語有致，不同於常童。舍多拿著鏡子出遊，遇到了難提尊者，得以剃度傳法。

舍多尊者率領徒眾來到大月氏國，看見有一家婆羅門的房屋中冒出異常雲氣。舍多尊者準備進入這間房屋內，這房屋的主人名叫鳩摩羅多，問道：「是什麼徒眾啊？」尊者答道：「是佛門弟子。」他聞聽佛號，心神竦然，即刻把房門關上。過了很久，尊者親自去敲他家房門，羅多在房內說：「這屋中無人。」尊者便問道：「答言『無人』者又是誰？」羅多聞聽此語，知道遇見了異人，急忙打開門閂，延請接待尊者。尊者說：「往昔世尊曾預言道：『我滅度後一千年，有大士出現在月氏國，接續隆興玄妙之正法。』今日你遇見我，正好應符這一嘉運。」於是鳩摩羅多激發起宿命智神通，虔誠出家。尊者為羅多授具足戒完畢，即付與正法眼藏，並說偈語道：「有種子有心地，就可因緣而能發萌芽。於因緣不相妨礙，當生生不生。」尊者付法已完，即跳身在虛空中，呈現十八種神通變化，化作火光三昧，自焚其身。眾徒造塔供奉其舍利。此年正好是前漢成帝二十年歲在戊申。

第十九祖鳩摩羅多

第十九祖鳩摩羅多者，大月氏國婆羅門之子也。昔為自在天人，欲界❶第六天。見菩薩瓔珞，忽起愛心❷，墮生忉利。欲界第二天。聞憍尸迦❸說般若波羅蜜多❹，以法勝故，升于梵天。色界❺。以根利故，善說法要，諸天尊為導師❻。以繼祖時至，遂降月氏。

後至中天竺國，有大士名闍夜多，問曰：「我家父母素信三寶，而嘗❼縈❽疾瘵❾，凡有所營作❿，皆不如意。而我鄰家久為旃陀羅⓫行，而身常勇健，所作和合。彼何幸？而我何辜⓬？」尊者曰：「何足疑乎！且善惡之報有三時⓭焉。凡人但見仁夭、暴壽、逆吉、義凶，便謂亡⓮因果、虛罪福，殊不知影響相隨，毫釐靡忒⓯。縱⓰經百千萬劫，亦不磨滅。」時闍夜多聞是語已，頓釋所疑。尊者曰：「汝雖已信三業⓱，而未明業從惑生，惑因識有，識依不覺，不覺依心。心本清淨，無生滅，無造作⓲，無報應⓳，無勝負，寂寂然⓴，靈靈然㉑。汝若入此法門，可與諸佛同矣。一切善惡、有為無為㉒，皆如夢幻。」闍夜多承言領旨，即發宿慧㉓，懇求出家。既受具，尊者告曰：「吾今寂滅時至，汝當紹行化迹㉔。」乃付法眼，偈曰：「性上本無生，為對求人說。於法既無得，何懷決不決？」師曰：「此是妙音如來㉕見性清淨之句，汝宜傳布後學。」言訖，即於座上以指爪剺面㉖，如紅蓮開出，大光明照耀四眾，而入寂滅。闍夜多起塔。當新室㉗十四年壬午歲也。

【注釋】❶欲界　三界之一，為有色欲食欲之諸有情所住處，故名欲界。欲界諸天有六重，其第六重即為他化自在天，其第二重即為三十三天，也稱忉利天。❷愛心　貪愛之心。❸憍尸迦　帝釋之姓。帝釋，忉利天之主。❹般若波羅蜜多　梵語。其意為用照了實相之智慧，作為度生死此岸而至涅槃彼岸的舟船。般若，意為智慧。波羅蜜多，也作波羅蜜，意為度，或為到彼岸之意。❺色界　三界之一，因身體與宮殿、國土、物質等總為殊妙精好，故名色界，有四禪十八天，其初禪天稱作梵天。❻導師　導人入佛道者，為佛、菩薩的通稱。❼嘗　通「常」。❽縈　縈繞；罹患。❾瘵　疾病。❿營作　經營、勞作。⓫旃陀羅　指古代印度以屠殺為生業者，即屠夫，為四姓之外的賤民。⓬辜　罪。⓭三時　即三時業，其一為順現受業，現生作業而現生受果者；其二為順次受業，現生作業而次生受果者；其三為順後生業，現生作業而後二生受果者。⓮亡　通「無」。⓯靡忒　靡，沒有。忒，差錯。⓰縱　縱然。⓱三業　身、口、意三者所造之業。⓲造作　營造、勞作。⓳報應　佛教認為有因必有果，種某因而得某果，稱報應。⓴寂寂然　冷靜、落寞貌。㉑靈靈然　靈靈，通「泠泠」。清涼貌。㉒有為無為　凡是因緣所生成之事物，即有為；本來如此而不是因緣所生成者，即無為。㉓宿慧　宿世的智慧。㉔化迹　指傳化佛法之事業。㉕妙音如來　如來法身之一。㉖剺面　古代北方某些少數民族的風俗，割面流血，以示忠誠或哀慟。㉗新室　指王莽所建的新朝，建自西元九年，至二三年滅亡。

【語　譯】第十九祖鳩摩羅多尊者，大月氏國婆羅門的兒子。往昔為自在天人，欲界第六天。因為他看見菩薩所佩瓔珞，忽然生出貪愛之心，而墮落在忉利天。欲界第二天。後來他聞聽憍尸迦講說般若波羅蜜多經義，因為法勝之緣故，而上升於梵天。色界。又因為他慧根敏利的緣故，善於講說諸法要旨，被諸天人尊為導師。此時因為繼承祖師傳播弘揚禪學之時已至，故而降生於月氏國。

羅多尊者後來行化至中天竺國，有一個名叫闍夜多的大士，問尊者道：「我家父母親平素信奉三寶，然而卻時常被疾病所縈繞，凡有所經營勞作，都不能如意。但是我家鄰居為旃陀羅之行已經很久了，卻身體一直強壯康健，所經營者都稱心合意。他為何如此幸運？而我家又犯有什麼罪過？」尊者答道：「這又有什麼值得懷疑的啊！而且善惡報應有三時之分別。凡人只見仁厚者夭亡、強暴者長壽、叛逆者吉祥、行義者遇凶，便認為無有因果，罪福報應為虛妄，卻不知道其報應如同身之影、聲之回響一樣相隨不離，沒有毫釐的差錯。縱然經過百千萬次劫難，亦不會磨滅。」當時闍夜多耳聞尊者的話後，頓時解開了平日心中的疑惑。尊者說：「你雖然已經相信三業，然而還沒有明白三業從疑惑而生，疑惑憑藉知識而存在，知識依從於不覺悟，不覺悟依從於心。心本來清淨，無有生滅，無有造作，無有報應，無有勝負，寂寂然，泠泠然。你如果進入此法門，就可與諸佛相同啊。一切善惡、有為無為，俱如同夢幻一樣。」闍夜多聞言領悟玄旨，即刻激發其宿世智慧，懇求出家。闍夜多已受具足戒後，尊者告訴他說：「我現今已至寂滅之時候，你應當接續傳化佛法之事業。」乃付與闍夜多正法眼藏，並說偈語道：「性上本來無生，此是因為對求索佛法之人而如此演說。於法既無所得，何須懷有決與不決之區別？」尊者又說：「這是妙音如來見性清淨之句，你應該傳布於後學。」尊者說完，就在座位上用指甲剺面出血，如紅蓮花盛開，放出大光明照耀天下四眾，然後歸入寂滅之境。闍夜多造塔供奉。此年正當王莽新朝十四年歲在壬午。

第二十祖闍夜多

第二十祖闍夜多者，北天竺國人也。智慧淵沖❶，化導❷無量。後至羅閱城❸，敷揚❹頓教❺。彼有學眾，唯尚辨論。為之首者，名婆修盤頭。此云徧❻行。常一食❼不臥，六時❽禮佛，清淨無欲，為眾所歸。尊者將欲度之，先問彼眾曰：「此徧行頭陀❾能修梵行，可得佛道乎？」眾曰：「我師精進，何故不可？」尊者曰：「汝師與道遠矣。設苦行❿歷於塵劫⓫，皆虛妄⓬之本也。」眾曰：「尊者蘊⓭何德行而譏我師？」尊者曰：「我不求道，亦不顛倒。我不禮佛，亦不輕慢。我不長坐⓮，亦不懈怠。我不一食，亦不雜食⓯。我不知足，亦不貪欲。心無所希⓰，名之曰道。」時徧行聞已，發無漏智，歡喜讚歎。尊者又語彼眾曰：「會⓱吾語否？吾所以然者，為其求道心切。夫弦急即斷，故吾不讚。令其住安樂地⓲，入諸佛智⓳。」復告徧行曰：「吾適對眾抑挫⓴仁者，得無惱於衷㉑乎？」曰：「我憶念七劫前生常安樂國㉒，師於智者月淨，記我非久當證斯陀含果㉓。時有大光明菩薩出世，以我老故，策㉔杖禮謁。師叱我曰：『重子輕父㉕，一何鄙㉖哉！』時我自謂無過，請師示之。師曰：『汝禮大光明菩薩，以杖倚壁畫佛面，以此過慢，遂失二果。』我責躬㉗悔過以來，聞諸惡言，如風如響，況今獲飲無上甘露，而反生熱惱㉘邪？惟願大慈以妙道垂誨。」尊者曰：「汝久植㉙眾德，當繼吾宗。聽吾偈曰：『言下合無生，同於法界性㉚。若能如是解，通達事理竟。』」尊者付法已，不起於座，奄然㉛歸寂。闍維，收舍利建塔。當後漢明帝十七年甲戌歲也。

【注釋】❶淵沖　學問深奧淵博。❷化導　傳化引導。❸羅閱城　摩竭陀國王舍城的梵文名稱。❹敷揚　敷陳傳揚。❺頓教　頓成之教。凡歷劫修行方出生死之法，稱作漸教；而頓成頓悟佛果之法，名為頓教。❻徧　全面；普遍。通「遍」。❼一食　一天吃一頓，為修習苦行之一法。❽六時　晝間晨朝、日中、日沒三時和夜間初夜、中夜、後夜三時。❾頭陀　俗稱行腳乞食的僧人。❿苦行　指佛法以外之外道所教的修行法，用身體所不堪忍受的諸般苦行作為出離解脫之道。⓫塵劫　亦作塵點劫。《法華經・化城喻品》云：磨一三千大千世界所有之物皆成墨，每經一三千大千世界，便下一點，盡其墨，而所經之世界都碎為微塵。稱其一塵為一劫。此是顯大通智勝佛出世久遠的比喻。⓬虛妄　無實曰虛，反真曰妄。⓭蘊　蘊藏；積聚。⓮長坐　長時間打坐，為修習苦行之一法。⓯雜食　不是飲食之時而吃東西。⓰希　希求。⓱會　理會；領會。⓲安樂地　身安心樂、無有危險煩惱之地。⓳佛智　佛陀之智慧。⓴抑挫　抑制摧折。㉑衷　內心。㉒常安樂國　西方極樂世界的別名。㉓斯陀含果　聲聞乘聖果之第二果。㉔策　拄著。㉕重子輕父　此以父子關係來比喻佛、菩薩之間的師承淵源。㉖鄙　鄙陋；見識不廣。㉗躬　身體。㉘熱惱　煩惱；怨恨。㉙植　種植。㉚法界性　諸法各自有體，而分界不同，故名法界。法界即法性。《華嚴經》一九云：「若人欲了知，三世一切佛。應觀法界性，一切惟心造。」法，諸法。界，分界。㉛奄然　忽然。

【語譯】第二十祖闍夜多尊者，北天竺國人。他智慧敏明，學識淵博，傳化引導無數人眾。闍夜多後來至羅閱城，敷陳傳揚頓教。當地有學法之眾人，惟知崇尚論辯之術。其中為首者，名叫婆修盤頭。漢語譯作徧行。盤頭虔行苦行，時常一天只吃一頓，夜間不睡，六時虔誠禮拜佛陀，清淨無欲，為眾人所信服皈依。闍夜多尊者準備引度他，就先問他的徒眾道：「這徧行頭陀能修習梵行，難道能夠由此獲得佛道正果嗎？」眾人回答：「我等師傅精進不怠，為什麼不能夠？」尊者說道：「你們師傅所修行者與正道相距甚遠啊。設想通過苦行而經歷於塵劫，如此論說都是起虛妄之本啊。」眾人責問道：「尊者你心中蘊藏有什麼德行而來譏諷我等師傅？」闍夜多尊者回答道：「我不刻意求道，但亦不會顛倒因果。我不禮拜佛像，但亦不會言行輕慢。

我不修習長坐苦行，但亦不會鬆懈怠慢。我不修行一日一食之法，但亦不會在不是飲食之時雜食。我並不知足，但亦不會妄生貪欲。我心中無所希求，所以稱之為道。」當時偏行頭陀聽完，即激發了無漏之智，歡喜讚歎。闍夜多尊者又對那些徒眾說：「能領會我說的話嗎？我所以這麼說話的緣故，是因為他求道太過心切了。因為琴弦張得太緊，就會繃斷，因此我不贊成這一做法。我將令他居住在安樂地，而進入於佛陀之智慧中。」尊者復又告訴偏行說：「我剛才在眾人面前抑制摧折仁者，你不會內心惱怒吧？」偏行回答說：「我回憶起在七劫以前出生於常安樂國，拜智者月淨為師，他預言我不久就當證得斯陀含果。當時有大光明菩薩出世，我因為年老的緣故，就拄著拐杖去禮拜謁見。但我師傅卻叱責我道：『尊重其子而輕慢其父，你何其鄙陋啊！』當時我認為自己沒有過失，就請求師傅指示。師傅便說：『你禮拜大光明菩薩，卻將拐杖倚靠在壁畫佛像的面門之上，你將因為這一過錯，而失去將要證得的二果。』我自反省自身悔悟過失以來，聞聽諸般惡言，都如風拂面、如響入耳一樣坦然接受，何況今天聆聽尊者所言，就如同獲得飲下至美無上的甘露，我怎麼會反而產生煩惱怨恨呀？我惟願尊者發大慈悲之心，以妙道垂示教誨。」尊者說：「你培植諸般德行已久，應當繼承我之法宗。你聽我說偈語：『言語之下理當無生，而同於法界之性。若能作如是之解，就能通達事理之境。』」闍夜多尊者付傳正法完畢，未離開座位，便奄然歸入寂滅之境。火化後，徒眾收拾舍利建塔供奉。此年為東漢明帝十七年歲在甲戌。

第二十一祖婆修盤頭

第二十一祖婆修盤頭者，羅閱城人也，姓毗舍佉，父光蓋，母嚴一。家富而無子，父母禱于佛塔而求嗣焉。一夕，母夢吞明暗二珠，覺而有孕。經七日，有一羅漢名賢眾至其家。光蓋設禮，賢眾端坐受之。嚴一出拜，賢眾避席❶，云：「迴禮法身大士❷。」光蓋罔❸測其由，遂取一寶珠跪獻賢眾，試其真偽。賢眾即受之，殊無遜謝。光蓋不能忍，問曰：「我是丈夫，致禮不顧。我妻何德，尊者避之？」賢眾曰：「我受禮納珠，貴福汝耳。汝婦懷聖子，生當為世燈慧日❹，故吾避之，非重女人也。」賢眾又曰：「汝婦當生二子，一名婆修盤頭，則吾所尊者也；二名芻尼，(此云野鵲子。)昔如來在雪山修道，芻尼巢於頂上，佛既成道，芻尼受報為那提國❺王。佛記云：『汝至第二五百年，生羅閱城毗舍佉家，與聖同胞。』今無爽❻矣。」後一月，果產二子。

尊者婆修盤頭年至十五，禮光度羅漢出家，感毗婆訶菩薩與之授戒。行化至那提國，彼王名常自在，有二子，一名摩訶羅，次名摩拏羅。王問尊者曰：「羅閱城土風❼(舊本作「何」。)與此同異？」尊者曰：「彼土曾三佛出世，今王國有二師化導。」曰：「二師者誰？」尊者曰：「佛記第二五百年有一神力大士出家繼聖，即王之次子摩拏羅，是其一也。吾雖德薄，敢當其一。」王曰：「誠如尊者所言，當捨此子作沙門。」尊者曰：「善哉！大王能遵佛旨。」即與授具，付法，偈曰：「泡幻❽同無礙，如何不了悟？達法在其中，非今亦非古。」尊者付法已，踊身高半由旬❾，屹然❿而住。四眾仰瞻虔請，復坐，跏趺而逝。荼毗，得舍利建塔。當後漢殤帝⓫十二年丁巳歲也。當作「安帝⓬十一年」，蓋殤帝在位止一年耳。

【注釋】❶避席　古人席地而坐，離座起身，表示敬意，稱避席。❷法身大士　也稱法身菩薩，指斷一分無明而顯現一分法性之菩薩。❸罔　沒有。❹慧日　佛之智慧能夠洞照世之盲冥，故比之為日。❺那提國　古印度國名，在那提河畔。❻爽　差。❼土風　風土人情。❽泡幻　比喻如同水泡一樣幻滅無常。❾由旬　古印度長度單位，以帝王一日行軍的路程為一由旬，有長四十里、三十里、十六里等不同說法。❿屹然　高聳貌。⓫後漢殤帝　西元一〇六年在位。⓬安帝　指東漢安帝，西元一〇七至一二五年在位。

【語譯】第二十一祖婆修盤頭尊者，羅閱城人，姓毗舍佉，父親名叫光蓋，母親名叫嚴一。其家中富裕，然而卻沒有子嗣，因此其父母親就禱告於佛塔之下，祈求後嗣。一天夜半，母親嚴一夢中吞下明暗二顆珍珠，夢醒後發覺身已懷孕。過了七天，有一個名叫賢眾的羅漢來到他的家中。光蓋設禮拜見，賢眾端坐接受。隨後嚴一出屋拜見，賢眾避席而起，口中稱道：「迴禮法身大士。」光蓋不能測知賢眾這樣做的道理，就取出一顆寶珠跪著獻給賢眾，欲試驗他的真偽。賢眾即刻接受寶珠，一點也沒有推讓道謝之意。光蓋再也不能忍受，就責問道：「我是一家之主人，致敬施禮，你卻不與顧問。我的妻子有什麼德行，尊者卻避席答禮？」賢眾回答說：「我接受你的施禮，收下你的寶珠，是為你祈祝貴福。你的妻子懷著聖子，出生後當成為用佛之智慧洞照世人盲冥的燈與日，所以我避席答禮，並不是敬重女人。」賢眾又說：「你妻子應當生下二個兒子，一個名叫婆修盤頭，就是我所尊禮者；另外一個名叫芻尼，漢語譯作野鵲子。往昔如來在雪山上修道，芻尼在佛陀頭頂上築巢，佛陀既成道，芻尼也受到報答，轉生為那提國王。佛陀預言說：『你至第二個五百年，生於羅閱城毗舍佉家中，與聖者為孿生兄弟。』正與今天的情況一絲不差啊。」一月之後，嚴一果然生下一對孿生子。

婆修盤頭尊者到了十五歲時，禮拜光度羅漢出家，感召毗婆訶菩薩為他授具足戒。此後尊者行化至那提國，那提國王名叫常自在王，有二個兒子，一個名叫摩訶羅，一個名叫摩拏羅。國王問尊者道：「羅閱城的風土人情與這兒有什麼差別嗎？」尊者說：「那個地方曾經有三個佛陀出世，今日這王國將有二個導師進行傳化。」國王問：「那二個導師是誰？」尊者說：「佛陀預言第二個五百年有一個神力人士將出家承繼聖教，即是國王的次子摩拏羅，這是其中之一。我的德行雖然淺薄，但亦忝為其一。」國王說：「誠然如同尊者所說的，我當捨此兒子為沙門。」尊者說：「善哉！大王能夠遵循佛陀之旨。」即刻為摩拏羅授具足戒，傳付正法眼藏，並說偈語道：「明瞭萬事萬物如同水泡一樣幻滅無常，就自是無礙無疑，那為何還不了悟於心？通達之正法就在其中，不是今法亦不是古法。」尊者傳付正法完畢，就跳身於天空，高度達到半個由旬，屹然而停住不動。四眾瞻仰，虔誠請求，尊者復還於座位，跏趺而歸於寂滅。火化後，徒眾收得舍利，建塔供奉。時當後漢殤帝十二年歲在丁巳。此當作「安帝十一年」，因為殤帝在位僅有一年而已。

第二十二祖摩拏羅

第二十二祖摩拏羅者，那提國常自在王之子也。年三十，遇婆修祖師出家。傳法至西印度。

彼國王名得度，即瞿曇種族，歸依佛乘，勤行精進。一日，於行道處現一小塔，欲取供養，眾莫能舉。王即大會梵行、禪觀❶、呪術等三眾，欲問所疑。時尊者亦赴此會，是三眾皆莫能辯。尊者即為王廣說塔之所因，阿育王造塔❷，此不繁錄。今之出現，王福力❸之所致也。王聞是說，乃曰：「至聖難逢，世樂非久。」即傳位太子，投祖出家，七日而證四果❹。尊者深加慰誨❺曰：「汝居此國，善自度人。今異域有大法器，吾當往化，今得度。」曰：「師應迹❻十方，動念當至，寧❼勞往耶？」尊者曰：「然。」於是焚香，遙語月氏國鶴勒那比丘曰：「汝在彼國，教導鶴眾，道果將證，宜自知之。」時鶴勒那為彼國王寶印說〈修多羅❽偈〉，忽覩異香成穗，王曰：「是何祥也？」曰：「此是西印度傳佛心印❾祖師摩拏羅將至，先降信香❿耳。」曰：「此師神力何如？」答曰：「此師遠承佛記，當於此土廣宣玄化。」時王與鶴勒那俱遙作禮。尊者知已，即辭得度比丘，往月氏國，受王與鶴勒那供養。

後鶴勒那問尊者曰：「我止林間，已經九白。（印度以一年為一白。）有弟子龍子者，幼而聰慧，我於三世推⓫窮，莫知其本。」尊者曰：「此子於第五劫中生妙喜國⓬婆羅門家，曾以旃檀施於佛宇，作槌撞鐘，受報聰敏，為眾欽仰。」又問：「我有何緣而感鶴眾？」尊者曰：「汝第四劫中嘗為比丘，當赴會龍宮⓭，汝諸弟子咸欲隨從，汝觀五百眾中，無有一人堪任妙供。時諸弟子曰：『師常說法，於食等者，於法亦等。今既不然，何聖之有！』汝即今赴會。自汝捨生⓮、趣生⓯、轉化⑯諸國，其五百弟子以福微德薄，生於羽族⑰。今感汝之惠，故為鶴眾相隨。」鶴勒那聞語曰：「以何方便，令彼解脫？」尊者曰：「我有無上法寶⑱，汝當聽受，化未來際。」而說偈曰：「心隨萬境轉，轉處實能幽。隨流認得性，無喜復無憂。」時鶴眾聞偈，飛鳴而去。尊者跏趺，寂然奄化。鶴勒那與寶印王起塔。當後漢桓帝⑲十九年乙巳歲也。

【注　釋】❶禪觀　坐禪而觀念真理。此指修習禪觀者。❷阿育王造塔　阿育王，古印度摩竭陀國王，統一了除印度半島南端外的全印度，在位時扶植佛教，立佛教為國教，傳說到處建造佛塔，有八萬四千座之多，奉安佛舍利。❸福力　修習福業所得之神力。❹四果　小乘佛教之聖果，有須陀洹果、斯陀含果、阿那含果和阿羅漢果四等。❺慰誨　慰撫、教誨。❻應迹　應化垂跡的略稱，指應於機緣而化現垂跡之身。❼寧　難道；豈。❽修多羅　意為契經，即佛經。有廣狹二義。廣義指三藏中的「修多羅藏」，狹義指「修多羅藏」中十二部經之一，即「修多羅部經」。此指狹義。❾心印　禪之本意，不立文字，不依語言，直接以心為印，故稱心印。心者佛心，印者印可、印定之意。黃蘗《傳心法要》上曰：「迦葉已來，以心印心，心心不異。」❿信香　佛教認為香為信心之使，故稱信香。⓫推　推尋。⓬妙喜國　傳說中的國名，為維摩詰居士所居之地。⓭龍宮　傳說龍王請佛至海底龍宮供養，佛許之，龍王便以神力化作宮殿，有無量珍寶，種種莊嚴，故佛與諸菩薩、比丘入龍宮，受龍王供養，為說大法。⓮捨生　捨棄生命不復憂念。⓯趣生　《俱舍論》八曰：「趣謂所往。」即往生之意。⓰轉化　遷轉變化之意。⓱羽族　鳥類。⓲法寶　三寶之一。諸佛所說的妙法，珍重如俗世之財寶，故名法寶。⓳後漢桓帝　西元一四七至一六七年在位。

【語　譯】第二十二祖摩拏羅尊者，那提國常自在王的兒子。摩拏羅三十歲時，遇到婆修盤頭祖師而出家。後來摩拏羅尊者傳法至西印度。

西印度國王名叫得度，即瞿曇種族，虔心皈依佛乘，勤行佛法，精進不已。有一天，在宮內行道之上出現了一座小佛塔，國王準備取入室內供養，然而眾人都不能舉起。國王就大會諸修習梵行、禪觀、咒術等三類人眾，欲向他們詢問心中所有之疑問。當時尊者亦參與此大會，但是那些梵行、禪觀、咒術之人都不能辨認出來。於是尊者就為國王詳細講說此塔的淵源，即阿育王造塔之事，此處不作詳細介紹。這塔今天在此出現，是因為你國王的福力所致。國王聞聽這一解說，感歎道：「至聖難以遭遇，俗世享樂不能久遠。」即刻將王位傳給太子，投靠尊者出家，經過七天夜而證得四果。尊者對他大加慰撫教誨，說：「你居住在這個國家內，善自引度眾人。現今異域出現大法器，我當去化導，令其得以引度。」得度比丘便說：「師傅應化垂跡遍於十方，動念即至，豈需勞動親往呀？」尊者說：「對。」於是尊者就焚燒信香，對身在遙遠的月氏國中鶴勒那比丘說道：「你在月氏國，教導眾鶴，現今將要證得道果，應該自知此事。」此時鶴勒那比丘正為月氏國王寶印講說〈修多羅偈〉，忽然看見異香匯成穗狀，國王便問：「這是什麼祥瑞啊？」鶴勒那回答：「這是西印度傳佛心印祖師摩拏羅將要來到此地，先降下信香通知啊。」國王問：「這祖師的神力怎麼樣？」鶴勒那回答：「這祖師遠承佛陀心法，當在此國土廣宣佛法。」當時國王與鶴勒那都遙拜施禮。尊者知道後，即刻辭別得度比丘，前來月氏國，接受國王與鶴勒那的供養。

後來，鶴勒那比丘問尊者說：「我息止於林間，已經過了九年。古印度稱一年為一白。有一個弟子名叫龍子，幼年即十分聰慧，我從他的前世、今世、來世三世中推尋其淵源，卻不能知曉其本來面目。」尊者說：「這孩子在第五劫中出生於妙喜國婆羅門家中，曾經把旃檀香木施捨給佛寺，作為鐘槌以撞擊大鐘，所以得到聰敏的報答，為眾人所欽佩景仰。」鶴勒那比丘又問道：「我有什麼因緣而感動眾鶴？」尊者回答：「你在第四劫中曾經為比丘，當赴龍宮聚會之時，你的眾弟子都想隨從而往，你觀察五百弟子中，沒有一個人可以承擔這一神妙供養的。當時眾弟子說：『師傅曾經這樣說法道：在食物面前等同者，其於佛法之前亦等同。今天情況卻正相反，那還有什麼神聖可言！』你於是就令他們都去赴聚會。自從你捨生、趣生、轉化於諸國，這五百個弟子就因為福德微薄，而轉生於羽族。今日為感謝你的恩惠，所以化為眾鶴相隨。」鶴勒那比丘聞聽尊者所說，便道：「通過什麼方便之門，可令牠們解脫？」尊者說：「我有無上法寶，你當聆聽接受，化導於未來之時。」然後說偈語道：「心隨萬境而轉移，轉移之處確實能幽閉此心。隨流而行認得自性，就沒有了歡喜也沒有了憂愁。」當時眾鶴聞聽偈語後，即刻飛鳴而去。尊者跏趺而坐，寂然歸於寂滅化境。鶴勒那與寶印王共同造起寶塔以供奉。是年正是後漢桓帝十九年歲在乙巳。

第二十三祖鶴勒那

第二十三祖鶴勒那者，（勒那梵語，鶴即華言，以尊者出世，常感群鶴戀慕故云。）月氏國人也，姓婆羅門，父千勝，母金光。以無子故，禱于七佛金幢❶。即夢須彌山❷頂一神童，持金環云：「我來也。」覺而有孕。年七歲，遊行聚落❸，覩民間淫祀❹，乃入廟叱之曰：「汝妄興禍福，幻惑於人，歲費牲牢❺，傷害斯甚。」言訖，廟貌忽然而壞。由是鄉黨❻謂之聖子。年二十二，出家。三十，遇摩拏羅尊者，付法眼藏。

行化至中印度。彼國王名無畏海，崇信佛道。尊者為說正法次❼，王忽見二人緋❽、素服拜尊者。王問曰：「此何人也？」師曰：「此是日月天子❾，吾昔曾為說法，故來禮耳。」良久，不見，唯聞異香。王曰：「日月國土，總有多少？」尊者曰：「千釋迦佛所化世界，各有百億❿迷盧⓫日月，我若廣說，即不能盡。」王聞忻然⓬。

時尊者演⓭無上道，度有緣眾。以上足龍子早夭，有兄師子，博通彊記，事婆羅門。厥⓮師既逝，弟復云亡，乃歸依于尊者，而問曰：「我欲求道，當何用心？」尊者曰：「汝欲求道，無所用心。」曰：「既無用心，誰作佛事？」尊者曰：「汝若有用，即非功德。汝若無作，即是佛事。經云：『我所作功德，而無我所故。』」師子聞是言已，即入佛慧。

時尊者忽指東北問云：「是何氣象⓯？」師子曰：「我見氣如白虹，貫乎天地。復有黑氣五道，橫亘其中。」尊者曰：「其兆云何？」曰：「莫可知矣。」尊者曰：「吾滅後五十年，北天竺國當有難⓰起，嬰⓱在汝身。吾將滅矣，今以法眼付囑於汝，善自護持。」乃說偈曰：「認得心性時，可說不思議。了了無可得，得時不說知。」師子比丘聞偈欣愜⓲，然未曉將罹⓳何難，尊者乃密示之。言訖，現十八變而歸寂。闍維畢，分舍利，各欲興塔。尊者復現空中而說偈曰：「一法一切法，一切一法攝。吾身非有無，何分一切塔？」大眾聞偈，遂不復分，就馱都⓴之場而建塔焉。即後漢獻帝㉑二十年己丑歲也。

【注釋】❶幢　竿柱高聳，上用諸種絲帛裝飾，竿頭安置寶珠，表示魔眾生、制魔眾，一般置於佛像前。❷須彌山　印度神話中的山名，亦為佛教所採用，山高八萬四千由旬，山頂上為帝釋天，四面山腰為四天王天，周圍有七香山、七金山，第七金山外有鐵圍山所圍繞成的鹹海，鹹海四周為四大部洲。佛教造像、繪畫多用此山為題材，用以表示天上景觀。❸聚落　村落；人們聚居的地方。❹淫祀　不合禮制規定的祭祀。❺牲牢　供祭祀用的家畜。❻鄉黨　鄉里。❼次　停留之處。❽緋　朱紅色。❾日月天子　日天子，也名寶光天子、寶意天子，為觀音菩薩的化身，住於太陽中。月天子，月宮的天子，亦名寶吉祥，為大勢至菩薩的化身。❿百億　一千萬。億，十萬。⓫迷盧　即須彌山的異譯。⓬忻然　高興貌。⓭演　演示；演說。⓮厥　其。⓯氣象　天象；雲象。⓰難　劫難。⓱嬰　纏住。⓲欣愜　心中高興、暢快。⓳罹　遭受困難或不幸。⓴馱都　梵語，用來稱如來之體骨，即舍利的異名。㉑後漢獻帝　西元一八九至二二〇年在位。

【語譯】第二十三祖鶴勒那尊者，勒那為梵語，鶴為漢語，因為尊者出世，曾經感動群鶴依戀不去，故名。月氏國人，姓婆羅門，父親名叫千勝，母親名叫金光。其母親因為沒有兒子的緣故，便祈禱於七佛金幢之下。金光隨即夢見從須彌山頂上走下一個神童，手拿金環，說：「我來了。」她醒後就發覺懷孕了。鶴勒那七歲時，來到村落之中遊玩，看見許多民間不合禮制規定的淫祀，就進入寺廟內叱責道：「爾等妄興禍福，迷惑百姓，歲費牲牢無數，危害民間、擾亂民心以此為甚。」話剛說完，那寺廟外貌便忽然毀壞了。於是鄉里鄰人都稱他為聖子。鶴勒那二十二歲時，出家。他三十歲時，遇見摩拏羅尊者，傳受正法眼藏。

鶴勒那尊者行遊傳化至中印度。中印度國王名叫無畏海，崇信佛教。尊者為國王講說正法的時候，國王忽然看見二個人，一個人身穿朱紅色的衣服，另一人身穿白衣，前來拜見鶴勒那尊者。國王問道：「這是什麼人呀？」尊者答道：「這是日月天子，我往昔曾經為他們說法，所以今日前來禮拜而已。」過了很久，日月天子的人影不見了，惟能聞到異香撲鼻。國王問道：「日月國土，總共有多少？」尊者回答：「一千個釋迦佛所化的世界，各有一千萬個日月和須彌山，我就是想要詳細介紹，也無法說盡。」國王聞聽心中忻然。

當時尊者向大眾演示無上正法，超度有緣之人眾。尊者因為上首弟子龍子過早夭亡，龍子有一個兄長名叫師子，博學通達，記憶出眾，拜婆羅門為師。其後師子的師傅逝死，其弟弟亦夭亡了，就皈依尊者，並問尊者道：「我欲尋求大道，應當在何處用心？」尊者回答：「你欲尋求大道，無所用心。」師子問：「既然無所用心，那麼誰來興作佛事？」尊者答道：「你如若有所用心，即不是功德。你如若無所興作，那就是興作佛事。佛經上說：『我所作成之功德，正在於無有我所的緣故。』」師子聞聽此語後，即刻悟入諸佛之智慧。

此時，尊者忽然手指東北方問道：「那邊是什麼天象？」師子回答：「我看見有一道雲氣如同白虹，橫貫於天地之間。又有五道黑氣，橫亙在白虹之中。」尊者問：「它預兆著什麼？」師子答：「不知道啊。」尊者便說：「我滅度以後五十年，北天竺國中當有劫難興起，將纏住於你身。我即將寂滅了，今日就將正法眼藏付囑給你，你要善自護持。」隨即說偈語道：「認得心性之時，可說是不思議之偉業。了了無可得，得到之時不說知曉。」師子比丘聞聽尊者偈語，心中甚為高興暢快，只是未知曉將來要遭受何種不幸，尊者便秘密向他指示。尊者說完，就顯現十八變神通，然後歸入寂滅。火化完畢，眾徒欲分舍利，各自興造寶塔供奉。於是尊者就再次顯身於天空中，並說偈語道：「一法之中具有一切之法，而一切之法由一法來統攝。我的身體非有非無，何須分別一切塔？」大眾聞聽偈語後，就不再分舍利，而在尊者焚身之處建造供奉之塔。是年即後漢獻帝二十年歲在己丑。

第二十四祖師子比丘

第二十四祖師子比丘者，中印度人也，姓婆羅門。得法遊方，至罽賓國。有波利迦者，本習禪觀，故有禪定、知見❶、執相❷、捨相❸、不語❹五眾。尊者詰而化之，四眾皆默然心服。唯禪定師達磨達者，聞四眾被責，憤悱❺而來。尊者曰：「仁者習定，何當來此？既至于此，胡云習定？」曰：「我雖來此，心亦不亂。定隨人習，豈在處所！」尊者曰：「仁者既來，其習亦至。既無處所，豈在人習？」曰：「定習人故，非人習定。我雖來此，其定常習。」尊者曰：「人非習定，定習人故。當自來時，其定誰習？」彼曰：「如淨明珠，內外無翳。定若通達，必當如此。」師曰：「定若通達，一似明珠。今見仁者，非珠之徒。」彼曰：「其珠明徹，內外悉定。我心不亂，猶若此淨。」師曰：「其珠無內外，仁者何能定？穢物非動搖，此定不是淨！」達磨達蒙尊者開悟，心地朗然❻。尊者既攝五眾，名聞遐邇❼。

方求法嗣，遇一長者引其子，問尊者曰：「此子名斯多，當生便拳左手，今既長矣，而終未能舒，願尊者示其宿因。」尊者覩之，即以手接曰：「可還我珠！」童子遽開手奉珠，眾皆驚異。尊者曰：「吾前報為僧，有童子名婆舍，吾嘗赴西海齋，受嚫❽珠付之。今還吾珠，理固然矣。」長者遂捨其子出家，尊者即與授具，以前緣故名婆舍斯多。尊者即謂之曰：「吾師密有懸記❾，罹難非久，如來正法眼藏，今轉付汝，汝應保護，普潤❿來際。」偈曰：「正說知見時，知見俱是心。當心即知見，知見即于今。」尊者說偈已，以僧伽梨衣密付斯多，俾⓫之⓬他國，隨機演化⓭。斯多受教，直抵南天⓮。尊者以難不可苟⓯免，獨留罽賓。時本國有外道二人，一名摩目多，二名都落遮，學諸幻法，欲共謀亂，乃盜⓰

為釋子形象，潛入王宮，且曰：「不成即罪歸佛子⑰。」妖既自作，禍亦旋踵⑱。事既敗，王果怒曰：「吾素歸心三寶，何乃搆害⑲，一至于斯！」即命破毀伽藍⑳，袪除㉑釋眾㉒。又自秉㉓劍，至尊者所，問曰：「師得蘊空㉔否？」尊者曰：「已得蘊空。」曰：「離生死否？」尊者曰：「已離生死。」曰：「既離生死，可施我頭。」尊者曰：「身非我有，何恡於頭！」王即揮刃斷尊者首，涌白乳，高數尺。王之右臂旋亦墮地，七日而終。太子光首歎曰：「我父何故自取其禍？」時有象白山仙人者，深明因果，即為光首廣宣宿因，解其疑網㉕。事具《聖冑集》㉖及《寶林傳》。遂以師子尊者報體㉗而建塔焉。當魏齊王㉘二十年己卯歲也。當作「高貴鄉公㉙六年」。蓋齊王芳立十五年而廢矣。《正宗記》云《寶林傳》誤作「己卯」，當是齊王芳丁卯歲也。然則乃是八年也。

師子尊者付婆舍斯多心法、信衣㉚，為正嗣㉛，外傍出達磨達四世二十二師。

【注釋】❶知見　就意識、覺了曰知，就眼識、推求曰見。此指修習知見之法者。❷執相　固執於事物之相而不離。此指修習執相之法者。❸捨相　以平等而無執著之心對待事物之相。此指修習捨相之法者。❹不語　修習不語之法者認為真如可證知而不可言說。❺憤悱　鬱結的意思。❻朗然　明朗的樣子。❼遐邇　遠近。❽嚫　布施。❾懸記　指佛、菩薩事先所作的預言或記載。❿潤　滋潤。此指以佛法化育眾生。⓫俾　使。⓬之　至；到。⓭隨機演化　應眾生的機緣不同，而作相異的說法，演示教化。⓮南天　即南天竺。⓯苟　姑且；暫顧一時。⓰盜　此為假扮之意。⓱佛子　佛陀的弟子。一般借指佛教信徒。⓲旋踵　一轉足，比喻很短的時間。⓳搆害　加害。⓴伽藍　佛寺。㉑袪除　驅除。㉒釋眾　即僧眾。釋，指釋迦牟尼。僧尼尊奉佛教創始者，便以釋為姓。㉓秉　執持。㉔蘊空　蘊為積聚、類別之意。對一切有為法所作分類，有色、受、想、行、識五蘊。《般若心經》云：「色不異空，空不異色，色即是空，空即是色。受想行識，亦復如是。」㉕疑網　即「疑惘」。㉖聖冑集　唐代僧人玄偉編撰於唐光化二年，又名《玄門聖冑集》，五卷，為收錄《寶林傳》以後禪宗傳法宗師之機緣、傳法偈句等之禪宗燈史，今已散佚。聖冑，即聖冑大師，為南朝梁武帝對菩提達磨的敬稱，故推知此書收錄有西天二十八祖傳法事跡。㉗報體　報身之體。報身，佛之三身之一，智法所聚為報身。㉘魏齊王　指三國魏齊王曹芳，西元二四〇年至二五四年在位。㉙高貴鄉公　即三國魏高貴鄉公曹髦，西元二五四至二六〇年在位。㉚信衣　禪宗用以顯示傳承師法之法衣。㉛正嗣　正宗之法嗣。

【語　譯】第二十四祖師子比丘尊者，中印度人，姓婆羅門。師子比丘得傳正法以後，四方遊歷傳化，來到罽賓國。當地有個名叫波利迦的人，修習傳授禪觀，因而有禪定、知見、執相、捨相、不語五類徒眾。尊者通過詰難之法來化導他們，知見、執相、捨相、不語四類徒眾都默然心服。惟有禪定師名叫達磨達者，聞聽那四類徒眾皆被責服，便憤悱而來。尊者隨即問道：「仁者修習禪定，當為何事而來此處？既然來到此處，怎麼能說是修習禪定呢？」達磨達回答道：「我雖然來到這裡，但心亦不會混亂。禪定隨人修習，豈能因處所而有異！」尊者問道：「仁者既然來此，所修習的禪定亦當同來。既然無有處所，豈是隨人所修習的？」達磨達答道：「禪定隨人修習，非是人隨禪定修習。因而我雖然來到此地，但依然在修習禪定。」尊者問道：「人不是隨禪定修習，而是禪定隨人修習。那麼當你來此以後，這禪定又是誰在修習？」達磨達回答：「如同清淨明亮的寶珠，內外皆無瑕翳。修習禪定如若通達無礙，亦必當如同此寶珠一樣。」尊者便道：「修習禪定如若通達無礙，就必當如寶珠一樣。然而今日觀察仁者，實非如寶珠之屬。」達磨達說：「此寶珠明麗透徹，內外皆定無殊。我心不混亂，宛如此寶珠之清淨透徹。」尊者問道：「此寶珠無有內外之別，仁者怎麼能定？汙穢之物亦非是動搖之物，可見此定並不一定清淨！」達磨達承蒙尊者開悟，心底朗然明瞭。尊者既已攝服此五類人眾，其名聲就傳遍遐邇。

尊者正在尋求傳法門徒，遇見一個長者帶著他的兒子，來問尊者說：「這孩子名叫斯多，當他出生時就左手握拳，至今已經長大了，然而拳頭始終未能舒展，願尊者開示其中的宿世因緣。」尊者一看，即刻伸手向前，說道：「可以歸還我的珍珠了！」那孩童急忙展開左手，奉上珍珠，眾人都感到十分驚異。尊者解釋道：「我前世身為僧人，有一個孩童名叫婆舍，當我遠赴西海出席齋會時，便將接受布施而來的珍珠交給他保管。今日他還我珍珠，是理所當然之事呀。」那長者就捨其孩子出家，尊者隨即為那孩童授具足戒，並因為前世之緣而命名他為婆舍斯多。尊者隨即對斯多說：「我的師傅曾秘密向我指示懸記，預言我不久將要遭受劫難，因而我現在將如來正法眼藏轉付給你，你應當好生保護，以便將來普化眾生。」並說偈語道：「正說知見之時，知見俱是心。當此心即為知見，知見即在現今。」尊者說偈語完畢，就把僧迦梨衣秘密傳付給斯多，命他到其他國家去，隨機演示教化。斯多接受尊者的教誨，徑直來到了南天竺國。尊者認為劫難不能苟且躲避，就留在了罽賓國。

此時，罽賓國中有兩名外道，一個叫摩目多，另一個叫都落遮，學得諸般幻術，準備共謀反亂，於是就假扮成僧人的模樣，偷偷地潛入王宮之內，並且說：「如若事情不成功，即會歸罪於佛徒。」妖孽既是自作，其殺身之禍也就旋踵而至。反亂之事既然敗露，國王果然憤怒地說：「我平素歸心於三寶，為什麼要害我到這樣的地步！」即刻命令國中破毀佛寺，驅除僧眾。國王還親自手持利劍，來到尊者的居所，問道：「師傅是否已得蘊空之境？」尊者回答：「已得蘊空之境。」國王再問：「已離生死之境了嗎？」尊者對道：「已離生死之境。」國王便說：「既然已離生死，可將你的頭顱施捨給我。」尊者說：「身體已非我所有，施捨頭顱又有什麼可膽怯的！」國王隨即揮動利劍，斬斷尊者的脖子，尊者頸中湧出白色的乳汁，高達數尺。然而國王的右臂也隨即墜地，過了七天後死去。太子光首歎惜道：「我的父親為什麼要自取禍害？」當時有一個象白山的仙人，深明其中因果，便為光首廣宣宿世因緣，解答他的疑惘。此事本末詳細記載於《聖胄集》與《寶林傳》兩書。於是光首建造寶塔供奉師子尊者之報體。是年正為三國魏齊王二十年歲在己卯。當作「高貴鄉公六年」。因為魏齊王曹芳在位十五年後被廢黜。《正宗記》說《寶林傳》誤作「己卯」，應當是齊王曹芳丁卯歲。然則此當是八年。

師子尊者傳付婆舍斯多心法、信衣，作為正宗之法嗣，而此外又旁出達磨達一支四世二十二位祖師。

【說明】達磨達有弟子因陀羅與瞿羅忌利婆等二人。因陀羅有弟子達磨尸利帝、那伽難提、破樓求多難、波羅婆提等四人，瞿羅忌利婆有弟子波羅跋摩、僧迦羅叉等二人，為三世弟子。達磨尸利帝有弟子摩帝隸披羅、訶利跋茂等二人，破樓求多難有弟子和修盤頭、達摩訶帝、旃陀羅多等三人，波羅跋摩有弟子勒那多羅、盤頭多羅、婆羅婆多等三人，僧迦羅叉有弟子毗舍也多羅、毗樓羅多摩、毗栗舠多羅、優波羶馱、婆難提多等五人，為四世弟子。此二十二師因無傳法語錄，故未被載錄。

第二十五祖婆舍斯多

第二十五祖婆舍斯多者，罽賓國人也，姓婆羅門，父寂行，母常安樂。初，母夢得神劍，因而有孕。既誕，拳左手。遇師子尊者顯發❶宿因，密受心印。後適南天，至中印度。

彼國王名迦勝，設禮供養。時有外道號無我尊，先為王禮重，嫉祖之至，欲與論義，幸而勝之，以固❷其事，乃於王前謂祖曰：「我解默論❸，不假❹言說。」祖曰：「孰知勝負？」曰：「不爭勝負，但取其義。」祖曰：「汝以何為義？」曰：「無心❺為義。」祖曰：「汝既無心，安得義乎？」曰：「我說無心，當名非義。」祖曰：「汝說無心，當名非義。我說非心，當義非名。」曰：「當義非名，誰能辨義？」祖曰：「汝名非義，此名何名？」曰：「為辨非義，是名無名。」

祖曰：「名既非名，義亦非義，辨者是誰？當辨何物？」如是往返五十九翻❻，外道杜口信伏。

于時祖忽然面北，合掌長吁❼曰：「我師師子尊者今日遇難，斯可傷焉。」即辭王南邁❽，達于南天，潛隱❾山谷。

時彼國王名天德，迎請供養。王有二子，一凶暴而色力❿充盛，一和柔而長嬰疾苦。祖乃為陳因果，王即頓釋所疑。又有咒術師忌祖之道，乃潛置毒藥于飲食中，祖知而食之，彼返⓫受禍，遂投祖出家。祖即與授具。

後六十載，太子德勝即位，復信外道，致難于祖。太子不如蜜多以進諫被囚。王遽問祖曰：「予國素絕妖訛，師所傳者當是何宗？」祖曰：「王國昔來實無邪法，我所得者即是佛宗。」王曰：「佛滅已千二百載，師從誰得耶？」祖曰：「飲光大士親受佛印，展轉至二十四世師子尊者，我從彼得。」王曰：「予聞師子比丘不能免於刑戮，何能傳法後人？」祖曰：「我師難未起時，密授我信衣法偈，以顯師承。」王曰：「其衣何在？」祖即於囊中出衣示王，王命焚之，五色相鮮⓬，薪盡如故。王即追悔致禮。師子真嗣既明，乃赦太子。

太子遂求出家。祖問太子曰：「汝欲出家，當為何事？」曰：「我若出家，不為其事。」祖曰：「不為何事？」曰：「不為俗事。」祖曰：「當為何事？」曰：「當為佛事。」祖曰：「太子智慧天至，必諸聖降迹。」即許出家。六年侍奉，後於王宮受具。羯磨之際，大地震動，頗多靈異。祖乃命之曰：「吾已衰朽，安可久留？汝當善護正法眼藏，普濟群有⓭。聽吾偈曰：『聖人說知見，當境無是非。我今悟真性，無道亦無理。』」不如蜜多聞偈，再啟⓮祖曰：「法衣宜可傳授。」祖曰：「此衣為難故，假以證明。汝身無難，何假其衣？化被十方，人自信向。」不如蜜多聞語，作禮而退。祖現于神變，化三昧火自焚，平地舍利可高一尺。德勝王創浮圖而秘之。當東晉明帝⓯太寧三年乙酉歲也。

【注釋】❶顯發　發明；披露。❷固　穩固；鞏固。❸默論　不用語言而通過形體動作等進行辯論。❹假　依靠。❺無心　一時休止心識而使不生，謂之無心。《宗鏡錄》四五云：「有心皆苦，無心即樂。」❻翻　通「番」。❼吁　歎氣之聲。❽邁　跨；直進。❾潛隱　埋名隱姓。❿色力　即生命力。色指眼耳鼻舌身五根，力指作用。⓫返　反而。⓬鮮　有光彩的。⓭群有　即「諸有」。⓮啟　請示；說明。⓯東晉明帝　西元三二三年至三二六年在位。

【語譯】第二十五祖婆舍斯多尊者，罽賓國人，姓婆羅門，父親名叫寂行，母親名叫常安樂。當初，母親於夢中得到神劍，因而懷孕。斯多出生時，就拳曲左手。後來遇到師子尊者，披露發明其中的宿世因緣，並秘密傳授斯多無上心印。斯多尊者後去南天竺，來到中印度國。

中印度國王名叫迦勝，設禮供養尊者。當時有一個外道名叫無我尊，在尊者之前已為國王所禮重，此時嫉妒尊者的到來，準備與尊者論辯義理，希望僥倖得勝，用以鞏固他在王國中的地位，就在國王面前對尊者說：「我會默論之法，可不用依靠語言進行論說。」尊者說：「那麼如何知道誰勝誰負？」無我尊說：「不為爭勝負，只是用以曉明其中義理。」尊者問道：「你用什麼作為論義？」無我尊回答：「以無心作為論義。」尊者問：「你既已無心，怎麼能得其義呀？」無我尊答道：「我所說的無心，當是名稱而非是義。」尊者說：「你所說的無心，當是名稱而非是義。我所說的非心，當是義而不是名稱。」無我尊問道：「當是義而非是名稱，那誰能夠辨別其義？」尊者說：「你所說的是名稱而不是義，那此名稱是什麼名稱？」無我尊道：「為了辯論此不是義而為強作一名，此名沒有名稱。」尊者再問：「名既然不是名，義亦就不成為義，那辯論者是什麼人，所論辯者是什麼東西？」兩人如此往返論辯五十九番，那外道無我尊啞口無言，誠心信服。

此時，斯多尊者忽然面向北方，合掌長歎道：「我的師傅師子尊者今日遭遇劫難，太可悲傷啊。」隨即辭別國王，直向南去，抵達南天竺，埋名隱姓，隱居在山谷之中。

當時南天竺國王名叫天德，迎請尊者入國中供養。國王有兩個兒子，一個性情凶暴然而生命力旺盛，另一個性格溫柔卻長期被疾病苦痛所纏繞。為此，尊者向國王陳述其中的因果，使國王頓時解開了心中的疑慮。又有一個咒術師，忌恨尊者的道行，就偷偷地把毒藥放進尊者的飲食之中，尊者明知飲食中有毒而吃了下去，不料那咒術師反而自己受到禍難，於是就皈依尊者出家。尊者隨即為他傳授具足戒。

過了六十年，太子德勝即位，又信奉外道，便故意對尊者發難。太子不如蜜多因為勸諫國王而被囚禁。國王突然責問尊者說：「我國中向來已絕滅妖異怪魔之事，師傅所傳授者當是什麼教宗？」尊者說：「貴王國中往昔確實沒有邪法，我所傳得者即是佛陀之心宗。」國王問：「佛陀涅槃已有一千二百年，師傅是從什麼人處得傳此佛法呀？」尊者回答：「飲光大士親受佛陀心印，輾轉相傳至二十四世祖師子尊者，我從師子尊者處得傳佛法。」國王責問道：「我聽說師子比丘不能躲免殺身之禍，怎麼能將佛法傳授給後人？」尊者說：「我師傅在劫難未起時，就將信衣、法偈秘密地傳授給我，用以明確顯示師承來歷。」國王問道：「其信衣在什麼地方？」尊者就從衣囊中拿出信衣，指示給國王看，國王就命臣下焚燒信衣，但信衣在火光中五色輝映，更加鮮麗，木柴燒完了，信衣卻依然如故。國王即刻表示追悔，向尊者致禮賠罪。師子尊者的真傳法嗣既已明確，國王就赦免了太子。

太子不如蜜多於是請求出家。尊者問太子道：「你欲出家，當為什麼事？」太子回答：「我如若出家，不為其事。」尊者問：「不為什麼事？」太子答：「不為俗事。」尊者問：「當為什麼事？」太子答：「當為佛事。」尊者道：「太子的智慧是天生的，必定是諸聖人降生。」即允許太子出家。不如蜜多侍奉尊者六年，後來在王宮中接受具足戒。剃度之時，大地震動，出現許多靈異現象。尊者就命令不如蜜多說：「我已經衰朽不堪，怎麼可以久留於塵世？你當善自護持正法眼藏，普濟諸有情。你聽我說偈語：『聖人所說的知見，當境而無是非之別。我現今悟徹真性，沒有道亦沒有理。』」不如蜜多聞聽偈語畢，再次請示尊者說：「法衣也應當傳授。」尊者說：「傳授此法衣是因為有劫難，要憑藉此衣證明師承的緣故。你之一生不遇劫難，何須憑藉此法衣？你化育於十方，人眾自然崇信嚮往。」不如蜜多聽完，便施禮退下。尊者顯現神通，化作三昧真火自焚，平地上堆積的舍利高達一尺。德勝王建造佛塔用來秘藏這些舍利。是年為東晉明帝太寧三年歲在乙酉。

第二十六祖不如蜜多

第二十六祖不如蜜多者，南印度德勝王之太子也。既受度得法，至東印度。彼王名堅固，奉外道師長爪梵志。暨尊者將至，王與梵志同覩白氣貫于上下。王曰：「斯何瑞也？」梵志預知尊者入境，恐王遷善，乃曰：「此是魔來之兆耳，何瑞之有！」即鳩❶諸徒眾議曰：「不如蜜多將入都城，誰能挫之？」弟子曰：

「我等各有咒術，可以動天地，入水火，何患哉！」尊者至，先見宮牆有黑氣，乃曰：「小難耳。」直詣王所。王曰：「師來何為？」尊者曰：「將度眾生。」曰：「以何法度？」尊者曰：「各以其類度之。」時梵志聞言，不勝其怒，即以幻法化大山於尊者頂上。尊者指之，忽在彼眾頭上。梵志等怖懼投尊者，尊者愍其愚惑，再指之，化山隨滅。乃為王演說法要，俾趣真乘。

又謂王曰：「此國當有聖人而繼於我。」是時有婆羅門子，年二十許，幼失父母，不知名氏。或自言瓔珞，故人謂之瓔珞童子。遊行閭里❷，丐求度日，若常不輕❸之類。人問：「汝何行急？」即答云：「汝何行慢？」或問：「何姓？」乃云：「與汝同姓。」莫知其故。後王與尊者同車而出，見瓔珞童子稽首於前，尊者曰：「汝憶往事否？」曰：「我念遠劫中，與師同居。師演摩訶般若❹，我轉❺甚深❻修多羅。今日之事，蓋契昔因。」尊者又謂王曰：「此童子非他，即大勢至菩薩❼是也。此聖之後，復出二人，一人化南印度，一人緣在震旦❽，四五年內，卻返此方。」遂以昔因，故名般若多羅。付法眼藏，偈曰：「真性心地藏，無頭亦無尾。應緣而化物，方便呼為智。」尊者付法已，即辭王曰：「吾化緣已終，當歸寂滅。願王於最上乘❾無忘外護❿。」即還本座，跏趺而逝，化火自焚。王收舍利，塔而瘞之。當東晉孝武帝⓫太元十三年戊子歲也。

【注　釋】❶鳩　糾合。❷閭里　眾人所住之處。閭，巷里之門。❸常不輕　在過去無量阿僧祇劫中，有一菩薩比丘，凡有所見，不問四眾，皆恭敬施禮，口說：「我不敢輕于汝等，汝等皆當作佛。」經歷多年，雖遭受辱罵、毆打，而不改其口，故人稱之為「常不輕」。後得正果，廣為四眾說法。❹摩訶般若　涅槃三德之一，指照了諸法實相之智慧。❺轉　依物之因緣而生起日轉。❻甚深　法之幽妙稱深，深之極稱甚，有義、實體、內證、依止、無上五類甚深。❼大勢至菩薩　略稱勢至，菩薩名。《觀無量壽經》云：「以智慧光普照一切，令離三途，得無上力，是故號此菩薩名大勢至。」❽震旦　中國的古稱。❾最上乘　此指佛法。❿外護　佛所制定的戒法，護持我身口意之非稱內護；檀越供奉衣服飲食為外護。⓫東晉孝武帝　西元三七三年至三九六年在位。

【語　譯】第二十六祖不如蜜多尊者，南印度國德勝王的太子。他既已受二十五祖引度而得正法，後行化至東印度。東印度國王名叫堅固，信奉外道之師長爪梵志。等到不如蜜多尊者將至國境，國王與梵志同時看見有一道白氣橫貫於天空上下升騰。國王問道：「這是什麼祥瑞啊？」梵志預知尊者已進入國境，擔心國王遠惡遷善，就說：「這是邪魔來臨的前兆而已，有什麼祥瑞！」梵志隨即糾合諸門徒商議道：「不如蜜多即將進入都城，誰能夠挫敗他？」弟子說：「我等各有咒術法道，可以驚動天地，進入水火之中，有什麼可害怕的！」尊者來到國中，看見王宮的牆上有黑氣籠罩，就說道：「小劫難而已。」徑直來到國王所在之處。國王問：「師傅來此幹什麼？」尊者答道：「將引度眾生。」國王問：「用什麼法術來引度？」尊者答道：「各因眾人的機緣不同而施其法，以此引度他們。」此時梵志聞聽尊者所說的話，心中不勝其憤怒，立即用幻術化來一座大山壓向尊者的頭頂。尊者用手指一指此山，忽然此大山壓向諸外道的頭上。梵志等人十分恐懼，奔向尊者之處，尊者憐憫他們愚昧迷惑，就再次用手指一指，所幻化的大山隨即消失。尊者於是為國王演說佛法要旨，使他趨向微妙正法。

尊者又對國王說：「貴國中當有聖人而繼我傳法。」此時，有一個婆羅門之子，年紀約為二十來歲，幼年時父母雙亡，人們不知他的名姓。有時他自稱瓔珞，所以鄉人稱他為瓔珞童子。瓔珞童子遊玩行走於閭里，乞求食物度日，其言行如同常不輕菩薩一樣。有人問道：「你為何走得那麼急？」他即刻答道：「你為何走得那麼慢？」有人問他：「你姓什麼？」他就答道：「與你同姓。」沒有人知曉其中緣故。後來尊者與國王同車出行，看見瓔珞童子在車前稽首，尊者就問：「你是否還記得往事？」童子回答：「我回憶在遠劫中，與師傅同室而居。師傅演示摩訶般若，我轉甚深修多羅。今天之事，完全契合昔日因緣。」尊者又告訴國王道：「這童子不是他人，即是大勢至菩薩轉世。此聖人之後，還將出世二人，一人傳化於南印度，另一人的因緣遠在震旦，四五二十年後，他再返回此地。」尊者就因宿世因緣，命名童子叫般若多羅。尊者向般若多羅付囑正法眼藏，並說偈語道：「真性心地藏，沒有頭亦沒有尾。應緣而化物，方便呼作為智。」尊者傳付佛法完畢，就向國王辭別說：「我的傳化因緣已經終結，當歸於寂滅之境。願國王不要忘記外護最上乘佛法。」隨即歸還本座，跏趺而逝去，化三昧真火自焚。國王收拾舍利，建塔埋葬。是年為東晉孝武帝太元十三年歲在戊子。

第二十七祖般若多羅

第二十七祖般若多羅者，東印度人也。既得法已，行化至南印度。彼王名香至，崇奉佛乘，尊重供養，度越倫等❶，又施無價寶珠。

時王有三子，其季開士❷也。尊者欲試其所得，乃以所施珠問三王子曰：「此珠圓明，有能及此否？」第一子月淨多羅、第二子功德多羅皆曰：「此珠七寶中尊，固無踰也。非尊者道力，孰能受之？」第三子菩提多羅曰：「此是世寶，未足為上。於諸寶中，法寶為上。此是世光，未足為上。於諸光中，智光❸為上。此是世明❹，未足為上。於諸明中，心明為上。此珠光明不能自照，要假智光，光辨於此。既辨此已，即知是珠。既知是珠，即明其寶。若明其寶，寶不自寶。若辨其珠，珠不自珠。珠不自珠者，要假智珠而辨世珠。寶不自寶者，要假智寶以明法寶。然則師有其道，其寶即現。眾生有道，心寶亦然。」尊者歎其辨慧，乃復問曰：「於諸物中，何物無相？」曰：「於諸物中，不起❺無相。」又問：「於諸物中，何物最高？」曰：「於諸物中，人我❻最高。」又問：「於諸物中，何物最大？」曰：「於諸物中，法性最大。」尊者知是法嗣，以時尚未至，且默而混之。

及香至王厭世❼，眾皆號絕❽，唯第三子菩提多羅於柩前入定。經七日而出，乃求出家。既受具戒，尊者告曰：「如來以正法眼付大迦葉，如是展轉，乃至於我。我今囑汝，聽吾偈曰：『心地生諸種，因事復生理。果滿菩提圓，華開世界起。』」尊者付法已，即於座上起立，舒左右手，各放光明二十七道，五色光耀。又踊身虛空，高七多羅樹，化火自焚。空中舍利如雨，收以建塔。當宋孝武帝❾

大明元年丁酉歲也。

《正宗記》云：宋孝武之世也。又注云：以達磨六十七年筭之，當在宋孝武建元元年❿甲午也。

【注　釋】❶倫等　同類；同等。❷開士　開悟之士，以法開導之士。❸智光　智慧之光。智慧能破無明之暗，故用光作比喻。❹明　智慧的別名。❺不起　即無生。❻人我　常一之體，有主宰之用者為我，於人身固執之謂之人我。❼厭世　厭惡塵世之意，即逝死。❽號絕　號哭至悲。❾宋孝武帝　西元四五四年至四六四年在位。❿建元元年　南朝孝武帝時無「建元」年號，當為「孝建」之誤，即西元四五四年。

【語　譯】第二十七祖般若多羅尊者，東印度人。尊者既得正法後，行化至南印度。南印度國王名叫香至，崇奉佛眾，尊重供養，規格超過同類，又施捨了無價的寶珠。

當時，國王有三個兒子，其第三子是一個開士。尊者心欲試驗他們的修習所得，就用國王所施捨的寶珠來詢問三個王子，道：「此寶珠既圓又明，是否還有其他物品能及它？」大王子月淨多羅和次王子功德多羅都說：「此寶珠在七寶之中最為尊貴，必定沒有其他物品能及得上。不是尊者道力深厚，誰又能接受此寶物？」但三王子菩提多羅卻說道：「這只是世間之寶，不足以稱作最尊貴的。在諸種寶物之中，以法寶為最尊貴。這只是世間之光，未足以稱最者。在諸種光之內，以智光稱最。這只是世間之明，還不算是最明者。在諸明之中，以心明稱最。這寶珠的光明不能自我照耀，要憑藉著智光，才能辨別此物。既辨別此物後，方才知曉是珍珠。既已知曉是珍珠，方才明瞭是寶物。如若明瞭其為寶物，那麼可知寶物並不能自顯其為寶物。如若知曉其為珍珠，那麼珍珠也不能自知其是珍珠。珍珠不能自知其是珍珠者，是要憑藉智慧之珠來辨別世間之珠。寶物不能自顯其為寶物者，是要憑藉智慧之寶來明瞭法寶。然則師傅擁有其道，這寶物即出現。眾生如若擁有其道，心寶亦是一樣顯現。」尊者讚歎菩提多羅辯論慧敏，就再問道：「在諸般物中，何物無相？」菩提多羅答道：「在諸般物中，不起無相。」尊者又問：「在諸般物中，何物最高貴？」菩提多羅答道：「在諸般物中，人我最高貴。」尊者再問：「在諸般物中，何物最廣大？」菩提多羅答道：「在諸般物中，法性最廣大。」尊者知道菩提多羅是法嗣，但因為時機尚未來臨，姑且以他語混雜而不說破。

等到香至王逝死，眾人都號哭至悲，惟有三王子菩提多羅在靈柩前進入禪定。經過七天後，菩提多羅出禪定，就請求出家。他既已受具足戒，尊者才告訴他道：「如來將正法眼藏付囑給大迦葉，如此輾轉相傳，才傳至我。我今日付囑給你，你聽我說偈語道：『心地可生長有諸種花木，憑藉外緣而復呈現生機。果滿如菩提之圓明，花開因世界而起。』」尊者付佛法完畢，即從座上起立，舒展左右手，各放出二十七道光明，光分五色，相映成輝。尊者又跳身於虛空中，有七棵多羅樹高，化三昧火自焚。天空中舍利落下如雨，眾人收拾舍利，建塔供奉。是年即南朝宋孝武帝大明元年歲在丁酉。《正宗記》稱：宋孝武帝之世。又注曰：以達磨六十七年計算，應當在宋孝武帝建元元年歲在甲午。

【說　明】禪宗西天第二十八祖菩提達磨（達磨，也寫作達摩）因同時又為東土初祖，故載錄於卷三「中華五祖」之首。

卷三

中華五祖並旁出尊宿法系表

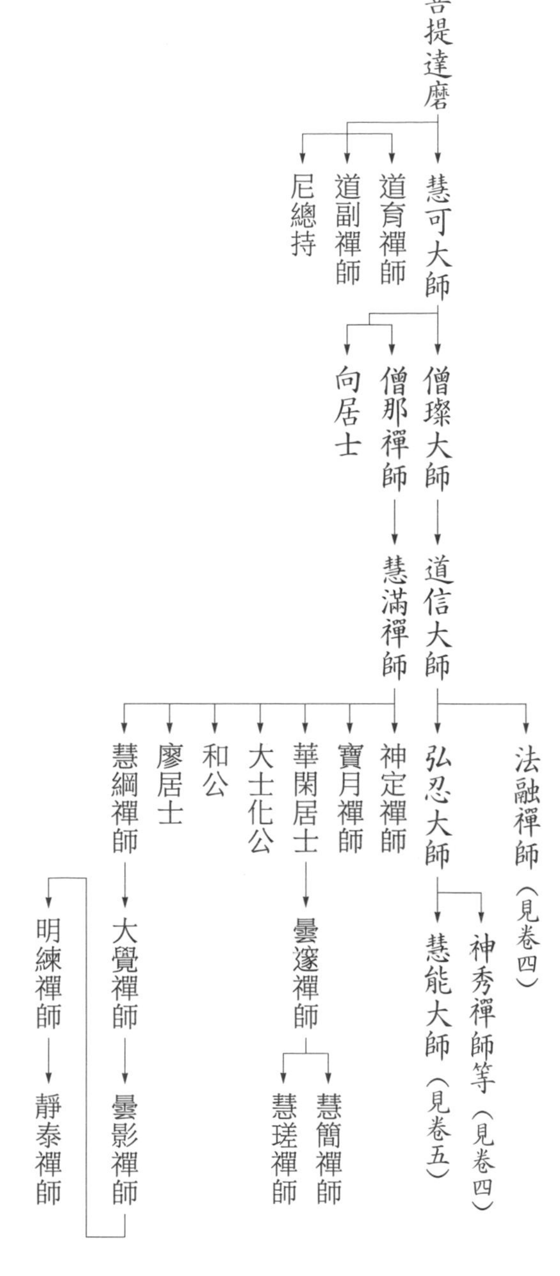

卷三

中華五祖並旁出尊宿共二十五人

【題解】禪宗傳法世系較為可信的，當自「東土初祖」菩提達磨始。達磨秉承其師西天第二十七祖般若多羅的遺教，來東土中華弘法，故而其身分特殊，既為西天第二十八祖，又為中華初祖。自達磨以下至第三十二祖弘忍大師，是上接西天祖師傳世順序而排列，後世一般稱為東土五祖或中土五祖。

第二十八祖菩提達磨

第二十八祖菩提達磨者，南天竺國香至王第三子也。姓刹帝利，本名菩提多羅，後遇二十七祖般若多羅至本國受王供養，知師密迹❶，因試令與二兄辨所施寶珠，發明❷心要❸。既而尊者謂曰：「汝於諸法，已得通量。夫達磨者，通大之義也。宜名達磨。」因改號菩提達磨。師乃告尊者曰：「我既得法，當往何國而作佛事？願垂開示。」尊者曰：「汝雖得法，未可遠遊，且止南天。待吾滅後六十七載，當往震旦，設大法藥[4]，直接上根[5]。慎勿速行，衰於日下[6]。」師又曰：「彼有大士，堪為法器否？千載之下，有留難[7]否？」尊者曰：「汝所化之方，獲菩提者不可勝數。吾滅後六十餘年，彼國有難，水中文[8]布，自善降之。汝至時，南方勿住。彼唯好有為功業[9]，不見佛理。汝縱到彼，亦不可久留。聽吾偈曰：『路行跨水復逢羊[10]，獨自悽悽[11]暗度江。日下可憐雙象馬[12]，二株嫩桂久昌昌[13]。』」復演八偈，皆預讖[14]佛教隆替[15]。事具《寶林傳》及《聖胄集》。師恭稟教義，服勤左右，垂四十年，未嘗廢闕。迨[16]尊者順世[17]，遂演化本國。

時有二師，一名佛大先，一名佛大勝多，本與師同學佛陀跋陀[18]小乘[19]禪觀。佛大先既遇般若多羅尊者，捨小趣大，與師並化，時號「二甘露門[20]」矣。而佛大勝多更分途而為六宗：第一有相宗，第二無相宗，第三定慧宗，第四戒行宗，第五無得宗，第六寂靜宗。各封己解，別展化源[21]，聚落[22]崢嶸[23]，徒眾甚盛。大師喟然[24]而歎曰：「彼之一師已陷牛迹[25]，況復支離繁盛而分六宗！我若不除，永纏邪見。」言已，微現神力，至第一有相宗所。

問曰：「一切諸法，何名實相？」彼眾中有一尊長薩婆羅答曰：「於諸相中不互諸相，是名實相。」師曰：「一切諸相而不互者，若名實相，當何定耶？」

彼曰：「於諸相中實無有定，若定諸相，何名為實？」師曰：「諸相不定，便名實相。汝今不定，當何得之？」彼曰：「我言不定，不說諸相。當說諸相，其義亦然。」師曰：「汝言不定，當為實相。定不定故，即非實相。」彼曰：「彼定既不定，即非實相。知我非故，不定不變。」師曰：「汝今不變，何名實相？已變已往，其義亦然。」彼曰：「不變當在，在不在故，故變實相，以定其義。」師曰：「實相不變，變即非實。於有無中，何名實相？」薩婆羅心知聖師懸解潛達㉖，即以手指虛空曰：「此是世間有相，亦能空故，當我此身，得似否？」師曰：「若解實相，即見非相。若了非相，其色亦然。當於色中，不失色體。於非相中，不礙有故。若能是解，此名實相。」彼眾聞已，心意朗然，欽禮信受。

師又瞥然匿跡，至第二無相宗所，問曰：「汝言無相，當何證之？」彼眾中有智者波羅提答曰：「我明無相，心不現故。」師曰：「汝心不現，當何明之？」彼曰：「我明無相，心不取捨。當於明時，亦無當者。」師曰：「於諸有無，心不取捨。又無當者，諸明無故。」彼曰：「入佛三昧，尚無所得，何況無相，而欲知之？」師曰：「相既不知，誰云有無？尚無所得，何名三昧？」彼曰：「我說不證，證無所證。非三昧故，我說三昧。」師曰：「非三昧者，何當名之？汝既不證，非證何證？」波羅提聞師辨析，即悟本心，禮謝於師，懺悔往謬。師記曰：「汝當得果，不久證之。此國有魔，非久降之。」言已，忽然不現。

至第三定慧宗所，問曰：「汝學定慧，為一為二？」彼眾中有婆蘭陀者答曰：「我此定慧，非一非二。」師曰：「既非一二，何名定慧？」彼曰：「在定非定，處慧非慧。一即非一，二亦不二。」師曰：「當一不一，當二不二。既非定慧，約何定慧？」彼曰：「不一不二，定慧能知。非定非慧，亦復然矣。」師曰：「慧非定故，然何知哉？不一不二，誰定誰慧？」婆蘭陀聞之，疑心冰釋。

至第四戒行宗所，問曰：「何者名戒？云何名行？當此戒行，為一為二？」彼眾中有一賢者答曰：「一二二一，皆彼所生。依教無染㉗，此名戒行。」師曰：「汝言依教，即是有染。一二俱破，何言依教？此二違背，不及於行。內外非明，何名為戒？」彼曰：「我有內外，彼已知竟。浙本「已」字作「己」，依《廣燈》㉘也。邵本作「無」字，依《寶林》也。洪舊本作「己」字，《正宗記》作「以」字。未詳孰是。既得通達，便是戒行。若說違背，俱是俱非。言及清淨，即戒即行。」師曰：「俱是俱非，何言清淨？既得通故，何談內外？」賢者聞之，即自慚服。

至第五無得宗所，問曰：「汝云無得，無得何得？既無所得，亦無得得。」彼眾中有寶靜者答曰：「我說無得，非無得得。當說得得，無得是得。」師曰：

「得既不得，得亦非得。既云得得，得得何得？」彼曰：「見得非得，非得是得。若見不得，名為得得。」師曰：「得既非得，得得無得。既無所得，當何得得？」寶靜聞之，頓除疑網。

至第六寂靜宗所，問曰：「何名寂靜？於此法中，誰靜誰寂？」彼有尊者答曰：「此心不動，是名為寂。於法無染，名之為靜。」師曰：「本心不寂，要假寂靜。本來寂故，何用寂靜？」彼曰：「諸法本空，以空空㉙故。於彼空空，故名寂靜。」師曰：「空空已空，諸法亦爾。寂靜無相，何靜何寂？」彼尊者聞師指誨，豁然開悟。

既而六眾咸誓歸依。由是化被南天，聲馳五印㉚，遠近學者，靡然㉛嚮風。經六十餘載，度無量眾。

後值異見王㉜輕毀三寶，每云：「我之祖宗皆信佛道，陷于邪見，壽年不永，運祚㉝亦促。且我身是佛，何更外求？善惡報應，皆因多智之者妄構其說。至於國內耆舊㉞為前王所奉者，悉從廢黜。」師知已，歎彼德薄，當何救之？又念無相宗中二首領，其一波羅提者，與王有緣，將證其果；其二宗勝者，非不博辯，而無宿因。時六宗徒眾亦各念言：佛法有難，師何自安？師遙知眾意，即彈指㉟

應之。六眾聞之云：「此是我師達磨信響，我等宜須速行，以副慈命。」言已，至師所，禮拜問訊。師曰：「今一葉翳虛，孰能剪拂？」宗勝曰：「我雖淺薄，敢憚其行！」師曰：「汝雖辯慧，而道力未全。」宗勝自念：「我師恐我見王作大佛事，名譽顯達，映奪尊威。縱彼福慧[36]為王，我是沙門，受佛教旨，豈難敵也？」言訖，潛去，至王所廣說法要及世界苦樂、人天善惡等事。王與之往返徵詰，無不詣理。王曰：「汝今所解，其法何在？」宗勝曰：「如王治化，當合其道。王所有道何在？」王曰：「我所有道，將除邪法。汝所有法，將伏何人？」師不起于座，懸知宗勝義墮，遽告波羅提曰：「宗勝不稟吾教，潛化於王，須臾即屈。汝可速救。」波羅提恭稟師旨，云：「願假神力。」言已，雲生足下，至王前，默然而住。時王正問宗勝，忽見波羅提乘雲而至，愕然忘其問答，曰：「乘空之者，是正是邪？」答曰：「我非邪正，而來正邪。王心若正，我無邪正。」王雖驚異，而驕慢方熾，即擯宗勝令出。波羅提曰：「王既有道，何擯沙門？我雖無解，願王致問。」王怒而問曰：「何者是佛？」答曰：「見性是佛。」王曰：「師見性否？」答曰：「我見佛性。」王曰：「性在何處？」答曰：「性在作用[37]。」王曰：「是何作用？我今不見。」答曰：「今見作用，王自不見。」王曰：「於我有否？」答曰：「王若作用，無有不是。王若不用，體亦難見。」王曰：「若當用時，幾處出現？」答曰：「若出現時，當有其八。」王曰：「其八出現，當為我說。」波羅提即說偈曰：「在胎為身，處世名人。在眼曰見，在耳曰聞。在鼻辨香，在口談論。在手執捉，在足運奔[38]。偏現俱該沙界[39]，收攝在一微塵[40]。識者知是佛性，不識喚作精魂。」王聞偈已，心即開悟，乃悔謝前非。咨詢法要，朝夕忘倦，迄于九旬[41]。

時宗勝既被斥逐，退藏深山，念曰：「我今百歲，八十為非，二十年來，方歸佛道。性雖愚昧，行絕瑕疵。不能禦難，生何如死！」言訖，即自投崖。俄有一神人以手捧承，置于巖石之上，安然無損。宗勝曰：「我忝[42]沙門，當與正法為主，不能抑絕王非，是以捐身自責，何神祐助，一至於斯！願垂一語，以保餘年。」於是神人乃說偈曰：「師壽於百歲，八十而造非。為近至尊[43]故，熏修[44]而入道。雖具少智慧，而多有彼我。所見諸賢等，未嘗生珍敬[45]。二十年功德，其心未恬靜。聰明輕慢故，而獲至於此。得王不敬者，當感果如是。自今不疏怠，不久成奇智。諸聖悉存心，如來亦復爾。」宗勝聞偈欣然，即於巖間宴坐。

時異見王復問波羅提曰：「仁者智辯，當師何人？」答曰：「我所出家，即娑羅寺烏沙婆三藏[46]為授業師。其出世[47]師者，即大王叔菩提達磨是也。」王聞師名，驚駭久之，曰：「鄙薄[48]忝嗣王位，而趣邪背正，忘我尊叔。」遽敕近臣[49]特加迎請。師即隨使而至，為王懺悔往非。王聞規誡，泣謝于師。又詔宗勝歸國。大臣奏曰：「宗勝被謫投崖，今已亡矣。」王告師曰：「宗勝之死，皆自於吾。如何大慈，令免斯罪？」師曰：「宗勝今在巖間宴息[50]，但遣使召，當即至矣。」王即遣使入山，果見宗勝端居禪寂。宗勝蒙召，乃曰：「深媿王意，貧道[51]誓處巖泉。且王國賢德如林，達磨是王之叔，六眾所師，波羅提法中龍象[52]，願王崇仰二聖，以福皇基。」使者復命。未至，師謂王曰：「知取得宗勝否？」王曰：「未知。」師曰：「一請未至，再命必來。」良久，使還，果如師語。師遂辭王曰：「當善修德，不久疾作。吾且去矣。」經七日，王乃得疾，國醫診治，有加無瘳。貴戚近臣憶師前記，急發使告師曰：「王疾殆至彌留，願叔慈悲，遠來軫救[53]。」師即至王所，慰問其疾。時宗勝再承王召，即別巖間。波羅提久受王恩，亦來問疾。波羅提曰：「當何施為，令王免苦？」師即令太子為王宥[54]罪施恩，崇奉僧寶。復為王懺悔，云「願罪消滅」。如是者三，王疾有間[55]。

師心念震旦緣熟，行化時至，乃先辭祖塔，次別同學，後至王所，慰而勉之曰：「當勤修白業56，護持三寶。吾去非晚，一九即迴。」王聞師言，涕淚交集，曰：「此國何罪，彼土何祥？叔既有緣，非吾所止。唯願不忘父母之國，事畢早迴。」王即具大舟，實以眾寶，躬率臣寮，送至海壖57。

【注釋】❶密迹　未顯明的宿世因緣。❷發明　發現闡明。❸心要　此指法門之至極，或心性上的精要之精義。心為心髓，要為精要。❹法藥　妙法能醫治眾生的眾苦，故名之為藥。❺上根　指根性敏銳者。❻日下　此指都城。❼留難　邪魔阻止人們行善事，為修行之障難。❽文　波紋。❾有為功業　《俱舍論光記》五云：「因緣造作名為。色心等法，從因緣生，有彼為故，名曰有為。」功業，功德事業。❿羊　指羊城，即廣州。⓫悽悽　不安的樣子；急迫的樣子。⓬雙象馬　指古代陵墓前成雙成對放置的石象、石馬等。此借喻京都戰火劫難後的荒涼景象。⓭昌昌　興盛繁榮貌。般若多羅此偈語預告了菩提達磨日後在中華傳教之經歷。⓮讖　預言。⓯隆替　興隆衰廢。⓰迨　等到；及。⓱順世　又稱順化，指僧侶之死。⓲佛陀跋陀　西域僧人。⓳小乘　即小乘佛教，自稱上座部佛教，原為後來的大乘佛教對原始佛教和部派佛教的貶稱。後世學術界沿用之，而無褒貶之義。今小乘主要流傳於南亞、東南亞各國及我國雲南等地，屬南傳佛教。⓴甘露門　至甘露涅槃之門戶，即如來教法。㉑化源　教化的本源。《行宗記》一上曰：「化源者，即如來設化之本。」㉒聚落　村落。此指僧人聚集的寺廟。㉓崢嶸　高聳貌。㉔喟然　歎氣貌。㉕牛迹　佛經上稱佛為牛王，佛之教化為牛跡。此指沉溺於佛法之表象，而不悟佛之心要。㉖懸解潛達　懸解，即解倒懸之意，謂在困苦的境地中獲得解救。潛，深藏。達，大道。㉗無染　即無染識，妙觀察智的異名。妙觀察智為蓮華部之主，蓮花出淤泥而不染，故名。㉘廣燈　即《天聖廣燈錄》，北宋人李遵勖撰，對《景德傳燈錄》之章次、內容略有更易、擴充。㉙空空　十八空之一。《智度論》四六云：「何等為空空？一切法空。是空亦空，是名空空。」㉚五印　東、南、西、北、中印度，即指印度全境。㉛靡然　風吹草偃貌。此比喻信徒聞祖師教化而欽服信從的樣子。㉜異見王　古代南印度的一個國王，信從外道。㉝運祚　命運福祉。㉞耆舊　此指老年僧侶。㉟彈指　用以警告。嘉祥《法華義疏》一二云：「為令覺悟，是故彈指。」㊱福慧　指福德與智慧之兩種莊嚴。㊲作用　有為法的生滅。㊳運奔　運動奔跑。㊴沙界　恆河沙之世界。用恆河沙以比喻數量之多。㊵微塵　色體之極小者名極微，七倍極微名之為微塵。用以形容極小。

㊶旬　此指十年。㊷忝　辱。舊時謙辭。㊸至尊　此指達磨祖師。㊹熏修　熏陶感化。㊺珍敬　尊重；尊敬。㊻三藏　經、律、論三者各包藏文義，故名三藏。經說定學，律說戒學，論說慧學，因之而通三藏達三學者，被尊稱之為三藏法師，簡稱三藏。㊼出世　超出世間，入於涅槃。㊽鄙薄　鄙陋淺薄。舊時謙詞。㊾近臣　國王的親近大臣。㊿宴息　宴坐棲息。51貧道　此為僧人自稱之詞。52龍象　因水行以龍力最大、陸行以象力最大，故用以比喻諸阿羅漢中修行勇猛、有最大力者。後作為僧人之敬稱。53軫救　通「診救」。54宥　寬容；饒恕。55有間　此指病勢稍有好轉。56白業　即善業。因善為清白之法而感受清白無垢之果，故名。57壖　岸邊之地。

【語　譯】第二十八祖菩提達磨尊者，南天竺國香至王的第三個兒子。他種姓剎帝利，本名為菩提多羅，後來遇到二十七祖般若多羅尊者至南天竺國接受香至王的供養。般若多羅尊者知曉菩提多羅的前世因緣，所以試著通過讓他與其兩個兄長辯論國王所施捨的寶珠，讓他闡發心性之精髓。不久，般若多羅尊者對菩提達磨說道：「你對於諸種法道，已經達得融會貫通之程度。所謂達磨，就是通達大方的意思，你應該取名叫達磨。」於是他便改稱菩提達磨。達磨對般若多羅尊者請求道：「我既已得傳佛法，應當去哪一個國家傳布佛事呢？願師傅詳加開示。」般若多羅尊者說：「你雖然已得傳正法，但卻不可以遠遊他鄉，暫且停留在南天竺國。等到我寂滅以後六十七年時，你就應當去震旦（中華），設置無上廣大法藥，直接引渡根性敏銳者。你切切不要匆匆登程，使佛法在中華衰微廢罷。」達磨又問道：「那個國家中是否有能承接佛法法器的大士？千年以後，是否會發生什麼災難？」般若多羅尊者說：「你所傳布教化的地方，獲得菩提果的人不可勝計。但我寂滅六十餘年以後，那個國家會有劫難發生。水面上漣漪的波紋，你自己好好地鋪布。你到了那裡，不要居住在南方。南方之人只喜好有為的功業，看不見佛法妙理。你縱然到了那裡，也不可久留。你聽我說偈語：『路行跨水復逢羊，獨自悽悽暗度江。日下可憐雙象馬，二株嫩桂久昌昌。』」尊者又演說了其他八首偈語，都是預言佛教與教派興隆衰廢的事機。此偈語具載於《寶林傳》與《聖胄集》。達磨恭敬地秉承尊者的教義，殷勤地服侍在尊者左右，長達四十年，從未有缺禮與懈惰的事情。等到般若多羅尊者逝死後，達磨才在本國演說佛法，教化信徒。

當時有二個禪師，一個名叫佛大先，另一個名叫佛大勝多，本來與達磨祖師同學佛陀跋陀的小乘禪觀。後來佛大先遇到般若多羅尊者，就捨棄小乘而修大乘，與達磨祖師一起教化眾生，當時號稱為「二甘露門」。然而佛大勝多卻又將徒眾分為六宗：第一稱有相宗，第二無相宗，第三定慧宗，第四戒行宗，第五無得宗，第六寂靜宗。各宗囿於己見，展拓旁門別途，卻將它視為教化之本源，其所居寺院高聳廣大，其徒眾甚為興盛。達磨祖師喟然而歎道：「他們的老師已經陷於牛跡，何況他們卻更為支離繁瑣地分成六個不同的宗派！我如若不去驅除迷障，他們將永遠被邪見所纏繞。」祖師說完，小施神力，就來到了第一有相宗的處所。

祖師問道：「一切諸法，什麼被稱為實相？」有相宗徒眾中有一個名叫薩婆羅的尊長回答道：「在諸相中，不以諸相為彼此者，即名為實相。」祖師問道：「如若一切諸相中，不以諸相為彼此者被稱為實相，那是依據什麼來定的呢？」薩婆羅回答：「在諸相中根本沒有定，如若有定，怎麼能稱作實？」祖師問道：「諸相不定，便稱作實相。你現今稱不定，那麼當從什麼處獲得實相？」薩婆羅回答：「我是說不定，不是說諸相。如果說諸相，其意義亦是一樣的。」祖師說道：「你說不定應該是實相。定即是不定，那就不是實相了。」薩婆羅說道：「那定既然是不定，即不是實相。如同知道我不是我一樣，不定即是不變。」祖師說道：「你現今不變，為何稱作實相？已經變化遷流了，其意義亦是一樣的。」薩婆羅回答：「不變就應當在，因此在即是不在，所以變了實相，用以確定其意義。」祖師說道：「實相是不變的，變了即不是實相。在有無之中，什麼被稱作實相？」薩婆羅心中深知祖師是用深藏妙意的佛法大道來解救陷於迷途中的徒眾，就以手指著虛空說道：「這是世間的有相，亦能表示虛空，以虛空來比我此身，是否還得相似？」祖師說道：「如若要理解實相，即會看見無相。如若理解無相，即能明瞭萬物亦是假有。應當在萬物之中，而不喪失假有的形體。在無相之中，而不妨礙有相的感受。如若能如此理解，就名之為實相。」那些徒眾聽完，心中豁然開悟，衷心地向祖師施禮，信心皈依。

達磨祖師又突然從這兒匿去了蹤跡，來到第二無相宗的所在，問道：「你們說無相，應當怎麼來證明？」僧眾中有一個智者名叫波羅提的人回答說：「我辨明了無相，所以心中不顯現對象的形象。」祖師問道：「你的心中不顯現，卻怎麼來知曉它？」波羅提回答：「辨明了無相，心中就會不加以取捨。就是對著陽光之時，亦就當沒有對著。」祖師說道：「對於在諸有無現象，心底不加以取捨。又對著光明而當沒有對著，那諸光明就沒有了。」波羅提說道：「進入禪定後，尚且一無所得，何況是無相，你還想知道它？」祖師問道：「相是什麼既然不知道，憑誰說什麼有無？倘若一無所得，怎麼能稱作禪定？」波羅提回答：「我說不證明，是因為證無所證。因為並不是禪定，所以我說是禪定。」祖師問道：「不是禪定，那將稱作什麼？你既然不證明，那不證明是什麼證明？」波羅提聞聽祖師的辨析，即刻悟徹本心，便向祖師敬禮謝罪，懺悔往昔之謬誤。祖師預言道：「你當得正果，不久就將證明。這國中有魔事，不用多久就將被你降服。」達磨祖師說完，忽然不見了影蹤。

祖師來到第三定慧宗的所在，問道：「你們所學的定慧，是一還是二？」他們當中有一個名叫婆蘭陀的人回答說：「我們這個定慧，不是一也不是二。」祖師問道：「既然不是一也不是二，為何名叫定慧？」婆蘭陀解釋道：「既在定中而不是定，既處慧中又不是慧。一即是非一，二亦是不二。」祖師問道：「當一之時卻不作一，當二之時卻不作二。既然不是定慧，那什麼是定慧？」婆蘭陀回答：「不是一不是二，定慧能知曉。不是定不是慧，亦是同樣的道理啊。」祖師問道：「慧不是定，是怎麼知道的？不是一不是二，那麼誰是定誰是慧呢？」婆蘭陀聽完，心中疑惑渙然冰釋。

達磨祖師來到第四戒行宗的處所，問道：「什麼叫作戒？什麼叫作行？此戒此行，是一還是二？」僧眾中有一個賢者解答道：「一二二一，都是那因緣所生發的。內心依據教旨行事即為不染，就叫作戒行。」祖師問道：「你說依據教旨行事，這就是有染了。一二之意俱已破了，還說什麼依據教旨？這二種說法互相矛盾，不能訴諸行動。內外都不明確，怎麼能名之為戒？」賢者回答：「我有內外，完全知曉彼此。既然已得到了通達，那就是戒行。如若說是矛盾，即是全是全非。說到清淨，那即是戒即是行。」祖師問道：「全是全非，為何還要說什麼清淨？既然獲得通達，為何還要談論內外之分？」賢者聞聽之下，即刻自感慚愧而欽服了祖師。

達磨祖師來到第五無得宗之所在，問道：「你們說無得，無得是什麼得？既然是無得，亦沒有能得。」那些僧眾中有一個名叫寶靜的人回答道：「我們是說無得，不是說沒有能得。應當說是能得，無得即是得。」祖師問道：「得既然是不得，得亦就不是得。既然說是能得，能得是什麼得？」寶靜回答：「能看見的得不是得，非得即是得。如若看見不得，就叫作能得。」祖師問道：「得既然不是得，能得也是無所得。既然無所得，卻是什麼能得？」寶靜聞聽完畢，頓時消除了心中疑團。

達磨祖師來到第六寂靜宗的住所，問道：「什麼叫作寂靜？在此佛法中，什麼是寂什麼是靜？」他們中間有一個尊者回答說：「此心不動，就名之為寂。與教法無染，是名之為靜。」祖師問道：「本心如若不寂，所以要憑藉寂靜之法。本來就寂，何須要用寂靜之法？」尊者回答：「諸法本空，以空空之故。就以空空而言，所以就名之為寂靜。」祖師問道：「以空空為空，諸法亦是相同的。寂靜無相，那麼什麼寂什麼靜？」那尊者聞聽祖師的教誨，豁然開悟。

不久，有相等六宗都起誓願皈依。於是達磨祖師的教化覆被於南天竺，聲名傳馳於全印度，遠近學者都靡然嚮慕風教。經過六十餘年，達磨祖師化渡了無數的信眾。

後來遇到異見王輕率地毀棄佛法僧三寶，常說：「我的祖宗都信仰佛乘，由此陷於邪見，使得壽命不長久，福祉亦很短促。況且我身即是佛，又何必更向外求？善惡報應，都是那些多智之士虛構的說法。現今國內為前國王所供奉的耆舊僧侶，一概廢黜其供奉用度。」達磨祖師知曉此事，悲歎異見王福德淺薄，當用什麼方法加以拯救？他又思量無相宗中有二個首領，其一就是波羅提，與異見王有緣分，即將證得道果了；另一個是宗勝，並不是不博學善辯，然而與國王沒有宿世之緣。當時六宗弟子亦各自暗思道：佛法有難，祖師怎能自我安閒？祖師遙知眾徒的心意，就彈指回應。六宗弟子聞聽後說：「這是我們師傅達磨祖師的信響，我們應該快速趕去，聽受師傅的慈命。」說完，他們來到達磨祖師處，禮拜問訊。祖師說：「現今有一片樹葉障蔽了天空，誰能加以剪除？」宗勝說道：「我雖然淺薄，但不敢害怕去走一遭！」祖師說道：「你雖然聰慧善辯，可是道力未全。」宗勝心中自思道：「我師傅害怕我去見了異見王後，興作大佛事，使我名譽顯達，奪去了他的尊威。縱然那國王福德智慧雙全，但我為接受佛陀教旨的沙門，難道還敵不過他？」宗勝想畢，就偷偷地離去，來到國王之居所，為國王廣說佛法要旨以及世界苦樂、人生善惡等事理。國王與宗勝往返辯論詰難，所說無不達理。國王問道：「你今日所解釋的，其法在什麼地方？」宗勝回答：「這個如同大王治國教化民眾，應當合於正道。國王所有的道在什麼地方？」國王說：「我所有的道，就是要除去邪法。你所有的法，將降服在誰人手下？」祖師沒有離開座位，就已逆知宗勝的辯論處於下風，就緊忙告訴波羅提說：「宗勝不秉承我的教旨，偷偷地去化導國王，再過一會兒就將理屈詞窮。你可速去救援。」波羅提恭敬地秉承師傅的教旨，說：「希望借神力相助。」他話剛說完，白雲就已生在腳下，托起波羅提來至國王之前，默然地停住。此時國王正在責問宗勝，忽然看見波羅提乘著祥雲趕來，不禁大吃一驚，忘記了自己的問答，說道：「駕雲而來者，是正人還是邪魔？」波羅提回答：「我非所謂邪正，而是來規正邪見的。大王之心若正，我即無邪正之別。」國王雖然感到十分驚異，然而正值其驕慢興頭上，就命令宗勝離去。波羅提說道：「國王既是有道者，為什麼要趕走沙門？我雖然不明白事理，但還是希望國王發問。」國王惱怒地問道：「什麼是佛？」波羅提回答：「見性是佛。」國王問道：「大師是否能見性？」波羅提回答：「我能見佛性。」國王問道：「性在何處？」波羅提回答：「性在作用中。」國王問道：「是什麼作用？我並沒有見到。」波羅提回答：「現今正在作用，大王自己看不見。」國王問道：「我是否亦有？」波羅提回答：「大王如若作用，沒有不是的。大王如若不作用，連自己身體亦難以看見。」國王問道：「如若作用之時，它分幾處出現？」波羅提回答：「如若出現時，當分八處出現。」國王問道：「這八種出現情況，你當為我解說。」波羅提就說偈語道：「在胎為身，處世名人。在眼曰見，在耳曰聞。在鼻辨香，在口談論。在手執捉，在足運奔。普遍出現在無所不包的沙界，又收攝在一顆微小的塵埃中。認識的知道是佛性，不認識的稱作精魂。」國王聞聽了這段偈語，心中即刻開悟，於是向波羅提懺悔以前的過失。他經常諮詢佛法要旨，朝昏不息，忘記了疲倦，直至九十歲才死去。

當時宗勝既已被國王斥逐出王宮，就跑到深山中隱居，暗自思量道：「我如今已經一百歲了，八十歲前行事不端，近二十年來方皈依佛道。我資性雖然愚昧，但行為絕無瑕疵。現今不能拯救佛難，真是生不如死！」宗勝想畢，就投崖自盡。立刻有一個神人用手托住宗勝，將他放置在巖石之上，宗勝由此安然無損。宗勝說道：「我忝為沙門，本當以護持正法為使命，今日卻不能去除國王之偏見，所以欲殺身自責，沒想到神人竟然如此佑助我！希望神人垂示一句話，使我得以保養餘年。」於是那神人就說了一偈：「大師壽命已過於百歲，而八十年所作都不是。因為親近至尊的緣故，在佛法的熏修下修入了佛道。雖然具有一些智慧，尚多有彼我之見。遇見諸位賢人，未嘗生起尊敬之心。雖有二十年功德，但內心還未能恬靜。因為自持聰明而生輕慢之心，而落至今天這般地步。被國王不尊敬，應當感知這是當然的結果。你若自今以後不再疏慢怠惰，不久就會成就奇智。諸聖人都是潛心修煉才得道的，如來亦是這樣的。」宗勝聞聽偈語，心底高興起來，就在山巖間靜靜地坐禪修習。

此時異見王又問波羅提道：「仁者智慧論辯出眾，是拜誰為師的？」波羅提答道：「我出家時的授業之師，即是裟羅寺烏沙婆三藏法師。我的出世師，即是大王的叔叔菩提達磨。」國王聞聽達磨祖師的名字，驚駭了很長時間，說：「我德性鄙薄，慚愧地繼承了王位，卻又趨向邪見，違背正法，忘記我尊敬的叔叔。」急忙敕令近臣，專程迎請祖師。祖師即刻隨從使臣前來，幫助國王懺悔往昔之罪過。國王聆聽規誡，流著眼淚向祖師謝罪。國王又下詔令請宗勝回國中。大臣上奏道：「宗勝被貶斥後投崖自盡，現在已經死了。」國王告訴祖師說：「宗勝的死，都是因為我的過錯。怎麼能大發慈悲，以免去這一罪過？」祖師說：「宗勝現今正在巖石間坐禪棲息，只要派遣使者徵召，就會即刻而至。」國王隨即派遣使者進入深山，果然看見宗勝端坐入禪。宗勝得知國王徵召，就說：「深愧大王的美意，貧道已立誓身處巖石水泉之間。況且王國之中賢德之士多如林木，達磨祖師是大王的叔叔，為佛家六眾的導師，波羅提為佛法中的龍象，惟願大王崇信這二位聖人，以增加身家國業的福祉。」使者歸來覆命。使者未至王宮，祖師問國王道：「你知道取得宗勝回來了嗎？」國王答：「不知道。」祖師說：「第一次召請不來，再次召請必然會來。」過了很長的時間，使者回來，果然如同達磨祖師所說的。達磨祖師於是向國王辭別說：「你應當善自修德，不久你將得病。我暫且歸去了。」過了七天，國王果然得了急病，請來國中醫生診治，但病情卻有增無減。貴戚近臣回憶起祖師辭別前的預言，就急忙發遣使臣告訴祖師說：「大王病重危急，將至彌留之際了，希望王叔大發慈悲，遠道去診救。」祖師即刻來到國王所在的宮殿，慰問他的疾病。此時，宗勝因為國王的再次召請，便離開巖泉勝處而前來。波羅提也因為久受國王恩惠，前來問候。波羅提問道：「應當怎樣做，才能使國王免去疾病之苦？」祖師即令太子代替國王赦免罪人，廣施恩惠，崇信供奉僧寶。又為國王懺悔，說「希望罪錯消滅」。這樣做了三遍，國王的病勢就有了好轉。

達磨祖師心想自己與震旦（中華）的因緣已經成熟，遊歷教化的時機已經來到，就首先拜辭先師列祖的墓塔，隨後又辭別同學，然後來到王宮，慰問並勉勵國王道：「你當勤奮修習善業，護持三寶。我這一去不會太久的，經過一個九年就會回來。」國王聞聽祖師之語，涕淚交流，說：「這個國家有什麼罪過，那個國土又有什麼祥瑞？叔叔既與其有緣，就不是我所能阻止的了。只願叔叔不要忘記父母之國，傳教之事完畢後，早日還轉故鄉。」國王隨即準備了大船，裝滿各種寶物，親自率領百官臣屬，把達磨一行送到海灘邊。

師汎❶重溟❷，凡三周寒暑，達于南海❸，實梁普通八年丁未歲九月二十一日也。廣州刺史❹蕭昂❺具主禮迎接，表❻聞武帝❼。帝覽奏，遣使齎❽詔迎請，十月一日至金陵❾。

嵩禪師以梁僧寶唱❿《續法記》為據，作《正宗記》，言達磨以梁武普通元年庚子歲至此土，其年乃後魏明帝正光元年也。若如此，則與後入滅、啟壙⓫等年皆相合。若據此稱普通八年丁未歲九月二十一日至南海，十月一日至金陵，則甚誤也。蓋普通八年三月已改為大通元年，則九月不應尚稱普通八年也。南海者，今廣州也，去金陵數千里，刺史奏聞，而武帝詔迎，豈可十日之間便至金陵耶？又按《南史》⓬蕭昂本傳不言昂為廣州刺史，但〈王茂⓭傳〉末有廣州長史⓮蕭昂，然不知何年在任。今可止云：達于南海，實梁普通元年，廣州刺史具主禮迎接，表聞武帝。帝覽奏，遣使齎詔迎請，十月一日至金陵。

帝問曰：「朕⓯即位已來，造寺寫經，度僧不可勝紀，有何功德？」師曰：

「並無功德。」帝曰：「何以無功德？」師曰：「此但人天小果，有漏之因，如影隨形，雖有非實。」帝曰：「如何是真功德？」答曰：「淨智[16]妙圓，體自空寂[17]，如是功德，不以世求。」帝又問：「如何是聖諦第一義[18]？」師曰：「廓然無聖[19]。」帝曰：「對朕者誰？」師曰：「不識。」帝不領悟。師知機不契，是月十九日，潛迴《廣燈》「迴」作「過」字。江北。

十一月二十三日，屆[20]于洛陽，當後魏孝明太和十年也。當云：後魏孝明正光元年也。若據太和十年，乃後魏文帝時，是年即南齊武帝永明四年丙寅歲也。寓止于嵩山[21]少林寺[22]，面壁而坐，終日默然。人莫之測，謂之壁觀婆羅門[23]。

時有僧神光者，曠達[24]之士也，久居伊、洛[25]，博覽群書，善談玄理，每歎曰：「孔、老之教[26]，禮術風[27]規，《莊》、《易》[28]之書，未盡妙理。近聞達磨大士住止少林，至人[29]不遙，當造玄境。」乃往彼，晨夕參承。師常端坐面牆，莫聞誨勵。光自惟[30]曰：「昔人求道，敲骨取髓，刺血濟飢，布髮淹泥，投崖飼虎，古尚若此，我又何人？」其年十二月九日夜，天大雨[31]雪，光堅立不動，遲明[32]，積雪過膝。師憫而問曰：「汝久立雪中，當求何事？」光悲淚曰：「惟願和尚[33]慈悲，開甘露門，廣度群品[34]。」師曰：「諸佛無上妙道，曠劫[35]精勤，難行能行，非忍而忍。豈以小德小智，輕心慢心，欲冀真乘！徒勞勤苦。」光聞師誨勵，潛取利刀，自斷左臂，置于師前。師知是法器，乃曰：「諸佛最初求道，為法忘形。汝今斷臂吾前，求亦可在。」師遂因與易名曰慧可。光曰：「諸佛法印㊱，可得聞乎？」師曰：「諸佛法印，匪㊲從人得。」光曰：「我心未寧，乞師與安。」師曰：「將心來，與汝安。」曰：「覓心了㊳不可得。」師曰：「我與汝安心竟。」

後孝明帝聞師異跡，遣使齎詔徵㊴，前後三至，師不下少林。帝彌加欽尚，就賜磨衲袈裟㊵二領、金鉢、銀水缾、繒㊶帛等，師牢㊷讓三返，帝意彌堅，師乃受之。自爾緇白之眾㊸，倍加信向。

迄九年，已欲西返天竺，乃命門人曰：「時將至矣，汝等盍㊹各言所得乎？」時門人道副對曰：「如我所見，不執文字，不離文字，而為道用。」師曰：「汝得吾皮。」尼總持曰：「我今所解，如慶喜見阿閦佛國㊺，一見更不再見。」師曰：「汝得吾肉。」道育曰：「四大本空，五陰㊻非有，而我見處，無一法可得。」師曰：「汝得吾骨。」最後慧可禮拜，後依位而立。師曰：「汝得吾髓。」乃顧慧可而告之曰：「昔如來以正法眼付迦葉大士，展轉囑累㊼，而至於我。我今付汝，汝當護持。并授汝袈裟，以為法信。各有所表，宜可知矣。」可曰：「請師指陳。」師曰：「內傳法印，以契證心[48]；外付袈裟，以定宗旨[49]。後代澆薄[50]，疑慮競生，云吾西天之人，言汝此方之子，憑何得法？以何證之？汝今受此衣法，卻後難生，但出此衣并吾法偈，用以表明其化無礙。至吾滅後二百年，衣止不傳，法周沙界。明道者多，行道者少。說理者多，通理者少。潛符密證，千萬有餘。汝當闡揚[51]，勿輕未悟。一念迴機，便同本得。聽吾偈曰：『吾本來茲土，傳法救迷情。一花開五葉[52]，結果自然成。』」師又曰：「吾有《楞伽經》[53]四卷，亦用付汝。

此蓋依《寶林傳》之說也。按宣律師[54]《續高僧傳．可大師傳》云：初，達磨以《楞伽經》授可曰：「我觀漢地[55]唯有此經，仁者依行，自得度世。」若如傳所言，則是二祖[56]未得法時，達磨授《楞伽》使觀之耳。今《傳燈》乃于付法傳衣之後言師又曰：「吾有《楞伽經》四卷，亦用付汝。」則恐誤也。兼言「吾有」，則似世間未有也。此但可依馬祖[57]所言，云又引《楞伽經》文以印眾生心地，則于理無害耳。

即是如來心地要門[58]，今諸眾生開示悟入。吾自到此，凡五度中毒。我常自出而試之，置石石裂。緣吾本離南印來此東土[59]，見赤縣神州[60]有大乘氣象，遂踰海越漠[61]，為法求人。際會[62]未諧[63]，如愚若訥。今得汝傳授，吾意已終。」

別記[64]云：師初居少林寺九年，為二祖說法，秖[65]教曰：「外息諸緣，內心無喘，心如牆壁，可以入道。」慧可種種說心理道性未契，師秖遮其非，不為說無念[66]心體。慧可曰：「我已息諸緣。」師曰：「莫不成[67]斷滅[68]去否？」可曰：「不成斷滅。」師曰：「何以驗之，云不斷滅？」可曰：「了了[69]常知[70]故，言之不可及。」師曰：「此是諸佛所傳心體，更勿疑也。」

言已，乃與徒眾往禹門[71]千聖寺，止三日。

有期城太守[72]楊衒之[73]，早慕佛乘，問師曰：「西天五印，師承為祖。其道如何？」師曰：「明佛心宗[74]，行解[75]相應，名之曰祖。」又問：「此外如何？」

師曰：「須明他心，知其今古，不厭有無。於法無取，不賢不愚，無迷無悟。若能是解，故稱為祖。」又曰：「弟子歸心三寶亦有年矣，而智慧昏蒙，尚迷真理。適聽師言，罔知攸[76]措。願師慈悲，開示宗旨。」師知懇到[77]，即說偈曰：「亦不覩惡而生嫌，亦不觀善而勤措。亦不捨智而近愚，亦不拋迷而就悟。達大道兮過量，通佛心兮出度。不與凡聖同躔[78]，超然名之曰祖。」衍之聞偈，悲喜交并，曰：「願師久住世間，化導群有。」師曰：「吾即逝矣，不可久留。根性萬差，多逢患難。」衍之曰：「未審何人，弟子為師除得？」師曰：「吾以傳佛秘密，利益迷途。害彼自安，必無此理。」衍之曰：「師若不言，何表通變觀照[79]之力？」師不獲已，乃為讖曰：「江槎[80]分玉浪，管[81]炬開金鎖。五口相共行，九十無彼我。」衍之聞語，莫究其端，默記于懷，禮辭而去。師之所讖，雖當時不測，而後皆符驗。

時魏氏奉釋，禪儁如林，光統律師、流支三藏者，乃僧中之鸞鳳[82]也，覩師演道，斥相指心，每與師論議，是非蜂起。師遐振玄風，普施法雨[83]，而偏局之量[84]，自不堪任，競起害心，數加毒藥。至第六度，以化緣已畢，傳法得人，遂不復救之，端居而逝。即後魏孝明帝太和十九年丙辰歲十月五日也。依《續法記》則十月五日乃孝莊帝永安元年，即梁大通二年戊申歲，其年即明帝武泰元年也。二月，明帝崩[85]。四月，莊帝即位，改元建義。至九月，又改永安也。後云「汝主已厭世」，謂是歲明帝崩也。據《傳燈》云丙辰歲即西魏文帝大統二年，東魏靜帝天平三年，梁大同二年，與厭世之說全乖[86]也。又太和十九年乃後魏文帝時，即南齊明帝建武二年乙亥歲，殊相遼邈[87]耳。

其年十二月二十八日，葬熊耳山[88]，起塔於定林寺。

後三歲，魏宋雲[89]奉使西域迴，遇師于葱嶺[90]，見手攜隻履，翩翩[91]獨逝。雲問：「師何往？」師曰：「西天去。」又謂雲曰：「汝主已厭世。」雲聞之茫然，別師東邁。暨復命，即明帝已登遐[92]矣，而孝莊即位。雲具奏其事，帝令啟壙，唯空棺，一隻革履[93]存焉。

若依《續法記》，則後三歲乃莊帝永安三年庚戌歲，當梁武中大通二年也。其年十二月莊帝方崩。奉使迴時，帝尚存耳。若據《傳燈》則後三歲乃己未歲，即西魏文帝大統五年，東魏靜帝興和元年，當梁武大同五年也。如此則豈復有孝莊帝耶？又稱宋雲遇師于葱嶺，尤誤也。宋雲使西域迴時，已在魏明帝正光年中矣。然則遇師于葱嶺者，蓋是魏末遺使往西域迴耳。但當云：後三歲魏使有自西域迴者，遇師於葱嶺，見手攜隻履，翩翩獨逝。問：「師何往？」曰：「西天去。」又謂使曰：「汝主已厭世。」使聞之茫然，別師東邁。暨復命，即明帝已登遐矣，而孝莊即位。奉使具奏其事，帝令啟壙，唯空棺，一隻革履存焉。

舉朝為之驚歎。奉詔取遺履，於少林寺供養。至唐開元十五年丁卯歲，為信道者竊在五臺[94]華嚴寺，今不知所在。初，梁武遇師，因緣未契，及聞化行魏邦[95]，遂欲自撰師碑而未暇也。後聞宋雲事，乃成之。代宗諡圓覺大師，塔曰空觀。

師自魏丙辰歲告寂，迄皇宋景德元年甲辰，得四百六十七年矣。

當云：自魏至庚子歲告寂，迄皇宋景德元年甲辰，得四百七十五年矣。凡此年代之差，皆由《寶林傳》錯誤，而楊文公[96]不復考究耳。

【注釋】❶汎　通「泛」。漂浮。❷重溟　重洋。❸南海　古郡名，轄境相當於今廣東滃江、大羅山以南，珠江三角洲及綏江流域以東。❹刺史　古代地方官名，執掌一州軍政大權，權力頗大。❺蕭昂　梁武帝的堂弟，字子明，天監（五〇二～五一九年）初累遷司徒右長史，出為輕車將軍，監南兗州，封湘陰侯，官終江州刺史，大同元年（五三五年）卒，諡曰恭。❻表　上奏章。❼武帝　南朝梁武帝蕭衍（五〇二～五四八年在位），篤信佛教，淹貫經論，禮敬高僧，興造佛寺，制作儀法。自己嚴奉律行，曾三度設無遮大會，捨身佛寺，使境內佛教大興。後於叛將侯景攻破建康時餓死，終年八十六歲。❽齎　攜帶。❾金陵　南朝梁首都，在今江蘇南京。❿寶唱　吳郡（今江蘇蘇州）人，俗姓岑，博學能文，名冠當世，撰有《經律異相》、《名僧傳》、《續法記》等著作，梁時奉敕為新安寺主，掌華林園寶雲殿經藏，後不知所終。⓫壙　墓穴。⓬南史　紀傳體史書，唐代李延壽撰，八十卷，記載南朝宋、齊、梁、陳四朝歷史。⓭王茂　字休遠，太原祁縣人，仕梁為鎮軍將軍，封望蔡縣侯，出為江州刺史，天監十四年（五一五年）卒，諡忠烈。⓮長史　古代地方官名，南朝時刺史帶將軍稱號者，其屬官有長史，多兼任首郡太守。⓯朕　皇帝自稱。⓰淨智　淨智相，指由真如內熏之力與法外熏之力而如實修行的結果，圓滿方便，以生純淨圓常之相。⓱空寂　無諸相曰空，無起滅曰寂。此指禪悟後的體驗。⓲聖諦第一義　諸佛辨苦集滅道四諦，真實不虛，故名聖諦。第一義，指事理最初緊要者，又指無上甚深之妙理。⓳廓然無聖　意為坦蕩蕩的世界上根本沒有聖者。⓴屆　抵達。㉑嵩山　古稱中嶽，在河南登封北，有三座高峰，東為太室山，中為峻極山，西為少室山。㉒少林寺　位於少室山麓，為佛教禪宗祖庭，建於北魏孝文帝太和十九年（四九五年）。寺西北二里許，有建於宋代的初祖庵，庵後山上有達磨洞，傳為菩提達磨面壁九年之處。㉓婆羅門　當時世人對來自印度的僧侶之敬稱。㉔曠達　放任達觀。㉕伊洛　指洛陽附近的伊水、洛河流域。㉖孔老之教　指孔子創立的儒教與以老子為教主的道教。㉗風　風教。㉘莊易　指《莊子》與《周易》二書。㉙至人　指思想道德等都達到最高境界的人。《荀子・天論》云：「故明于天人之分，則可謂之至人。」㉚自惟　自念；自思。㉛雨　降下。㉜遲明　天光初現之時。㉝和尚　對德高年尊之僧人的敬稱。㉞群品　「諸有」之意。㉟曠劫　極言過去世之長。㊱法印　指諸佛諸祖互相印可、心心相傳之法。㊲匪　通「非」。㊳了　全然。㊴徵　徵召。㊵磨衲袈裟　相傳出產於朝鮮半島古國高麗，為世人所珍寶。㊶繒　絲織品。㊷牢　堅決。㊸緇白之眾　緇，黑色，此指穿黑色僧衣之僧尼。白，此指穿素白之衣的居士。㊹盍　何不。㊺阿閦佛國　阿閦佛，如來名之一，往昔東方阿比羅提國之大日如來，發願修行後成佛於東方，其國名善快。佛經載如有人勤修六度，發願往生其國，死後可如願轉生其地。㊻五陰　即五蘊，色、受、想、行、識五法之名。《增一阿含經》二七曰：「色如聚沫，受如浮泡，想如野馬，行如芭蕉，識為幻法。」㊼囑累　叮囑付託。

㊽證心　證道之心。㊾宗旨　禪宗教旨。㊿澆薄　指人情輕薄。51闡揚　闡明、弘揚。52一花開五葉　為後世禪宗分為五家之讖語。五葉指禪宗五家，一為溈仰宗，二為臨濟宗，三為曹洞宗，四為雲門宗，五為法眼宗。另有一種解釋，認為「五葉」是指菩提達磨以下二祖慧可、三祖僧璨、四祖道信、五祖弘忍、六祖慧能五位禪宗祖師。53楞伽經　全稱《楞伽阿跋多羅寶經》，四卷，南朝宋求那跋陀羅譯。楞伽，山名；阿跋多羅，入之意，謂佛入此山說的寶經。是經書宣說世界萬有由心所造，認識對象不在外界而在內心。54宣律師　唐代高僧道宣，曾隱居於終南山，精於律學，為唐代律宗祖師，撰有《續高僧傳》三十卷等。律師，指精通律學的僧侶。55漢地　漢民所居之地。56二祖　指禪宗東土第二祖慧可。57馬祖　唐代禪僧，俗姓馬，弟子有百丈懷海等一百三十多人，影響頗大，故被尊稱為馬祖。58要門　緊要門徑。59東土　中國位於印度之東，故被印度人稱作東土。60赤縣神州　古時對中國的別稱。61漠　沙漠；大漠。62際會　遇合。63諧　和合；成功。64別記　其他記載。65秖　通「衹」。66無念　正念之異名。《傳心法要》曰：「一念不起，即十八界空，即身便是菩提華果，即心便是靈智。」67莫不成　難道。68斷滅　諸法因果各別，故非為常；因果相續，故非為斷。撥無此因果相續之理，稱之斷滅之見。69了了　明白。70常知　即常智。智絕緣慮，謂之常智。71禹門　山西河津西北龍門的別稱，相傳為大禹所鑿。72太守　南北朝時郡一級地方行政長官。73楊衒之　北魏時士大夫，撰有《洛陽伽藍記》五卷，載錄北魏都城洛陽佛教寺塔興廢事跡。74佛心宗　簡稱心宗，即禪宗。75行解　修行與知解。76攸　所。77懇到　即懇至，懇切誠摯。78躔　日月星辰經行的軌道。79觀照　以智慧而照見事理。80槎　浮在水上的木筏。81管　鑰匙。82鸞鳳　鸞鳥與鳳凰，古人認為是鳥之中最尊貴者。83法雨　妙法能滋潤眾生，故以雨為比喻。《涅槃經》二曰：「無上法雨，雨汝身田，令生法芽。」84偏局之量　偏，偏執。局，狹隘。量，器量。85崩　駕崩，古稱帝王之死。86乖　乖離；不合。87遼邈　遠。88熊耳山　在河南的西部，為伊、洛兩河的分水嶺。89宋雲　燉煌人，北魏孝明帝熙平元年（五一六年），奉胡太后之命，與僧人惠生出使西域，求取佛經，於正光三年（五二三年）回國。90葱嶺　古人對帕米爾高原和崑崙山、喀喇崑崙山脈西部諸山之總稱。91翩翩　輕快飄忽貌。92登遐　死的別稱。93革履　用獸皮製作的鞋。94五臺　即五臺山，在山西北部，為佛教四大名山之一。95邦　國。96楊文公　即楊億（九七四～一〇二〇年），北宋建州浦城（今屬福建）人，字大年，性格耿介，崇尚名節，博學善文，嫻習典章制度。官拜至翰林學士，諡曰文。

【語　譯】達磨祖師漂浮於重洋之上，經過了三個寒暑交替，才來到中國的南海郡，時為南朝梁武帝普通八年歲在丁未（五二七年）九月二十一日。廣州（今屬廣東）刺史蕭昂備設主人之禮儀，迎接達磨祖師，並即刻上表章奏聞梁武帝。梁武帝閱覽了奏章，即派遣使臣攜帶詔令前去迎請，十月一日，達磨祖師抵達金陵（今江蘇南京）。嵩禪師根據梁代僧人寶唱《續法記》所撰寫的《正宗記》，稱達磨於梁武帝普通元年歲在庚子（五二〇年）抵達中國，此年為後魏孝明帝正光元年。如若是這樣的話，則與後來達磨祖師入寂滅、開啟墓穴等事的年代都符合。如若根據此書記載稱祖師於普通八年歲在丁未九月二十一日抵達南海，十月一日至金陵，則甚為謬誤。因為普通八年三月已經改年號稱大通元年，那麼九月就不應還稱普通八年。南海郡，即今廣州，離開金陵有數千里遠，刺史上表章奏聞，而至梁武帝下詔迎請，豈能在十天之內便趕到金陵啊？又按《南史》蕭昂本傳未說蕭昂曾任廣州刺史，只是〈王茂傳〉末記載有廣州長史蕭昂，但是不知他於何年在任。今日只可以說：達磨抵達南海，實在梁普通元年，廣州刺史具備主人禮儀迎接，上表章奏聞梁武帝。梁武帝閱覽奏章後，派遣使臣攜帶詔令迎請，於十月一日至金陵。

梁武帝問道：「朕自即位以來，營造佛寺，譯寫經書，剃度的僧人不可勝記，請問這有什麼功德？」達磨祖師回答：「並沒有什麼功德。」梁武帝問道：「為什麼沒有功德？」祖師答道：「這些只是人天小果，有漏之因，如影隨形，雖然有，卻不是實有。」梁武帝問道：「什麼才是真功德？」祖師回答：「淨智之相微妙圓滿方便，其體性自然空寂，像這樣的功德，是不能以塵世中的觀念求得的。」梁武帝又問：「什麼是聖諦第一義？」祖師答道：「廓然無聖。」梁武帝即問道：「那麼回答朕問話的人是誰？」祖師回答：「不知道。」梁武帝不能領悟。達磨祖師知道機緣不契合，就於這月十九日悄悄地渡過長江，來到江北。

十一月二十三日，達磨抵達洛陽（今屬河南）之境，時當後魏孝明帝太和十年（四八六年）。應當說：後魏孝明帝正光元年（五二〇年）。如若是太和十年，乃是後魏孝文帝時，是年即是南朝齊武帝永明四年歲在丙寅（四八六年）。達磨居住於嵩山少林寺，面壁而坐，終日默然無語。人們都不能推測他這樣做的原因，就稱他為「壁觀婆羅門」。

當時有個名叫神光的僧人，是一個曠達之士，長期居住在洛陽附近，博覽群書，善於談論玄理，常常歎惜說：「孔子、老子的說教，用禮儀為法術、風教為規範，《莊子》、《周易》二書，亦未能曲盡玄妙之理。近日聽說達磨大士棲住在少林寺，至人已離自己不遠，我應當親去探訪他那玄微的境界。」於是神光前去拜見達磨，早晚參拜，恭候在一旁。祖師一直面壁端坐，所以神光並不能聞聽祖師的教誨與勉勵。神光暗思道：「古人為了求道，有敲開骨頭取出骨髓、從身上刺出血來救濟飢餓的人、割下珍貴的頭髮鋪在泥沼上讓人行走，或者捨身投崖去餵飼老虎之類行為，古人尚且如此，我又算是什麼人呢？」是年十二月九日深夜，天上下起了大雪，神光站在洞外，一動也不動，到曙光初照之時，積雪已沒過了他的膝蓋。達磨祖師憐憫地問道：「你久久地站立在雪中，是要求什麼事？」神光悲苦地流下了眼淚，說道：「只希望大和尚慈悲為懷，大開甘露之門，普度眾生。」祖師道：「諸佛有無上微妙法道，在曠劫之中精進勤勉，能實行難以實行之事，能忍耐難以忍耐之情而獲得的。豈能通過小德行、小智慧，以輕率之心、怠慢之心，就想獲得佛法真乘！真是白費勤苦。」神光聽了祖師的教誨激勵，就悄悄地取來利刀，砍下自己的左臂，放置在祖師的面前。祖師知道神光是堪承大業的法器，就說道：「諸佛於最初求道之時，為了證法而忘記了形骸。你今日在我面前砍斷了手臂，所追求的亦可以得到了。」祖師於是為他改名叫慧可。慧可問道：「諸佛的法印，可以說給我聽嗎？」祖師回答：「諸佛的法印，不是能從別人那裡獲得的。」慧可說：「我的心未得安寧，乞請師傅為我安定下來。」祖師道：「把你的心拿來，我為你安寧。」慧可過了一會兒說道：「我的心完全不能尋得。」祖師就說道：「我已為你安心完畢。」

後來北魏孝明帝聽說了達磨祖師的神異事跡，就派遣使臣攜帶詔旨前來徵召，前後來了三次，祖師都未離開少林寺。孝明帝更加欽佩信崇，就賜與磨衲袈裟二領與金鉢、銀水瓶、繒帛等物品，祖師堅決推辭，前後三次，但孝明帝賜予之意更為堅決，祖師才加以接受。自此以後，眾多的僧尼、居士對祖師倍加崇信嚮望。

到了第九年，達磨祖師準備西返天竺故鄉，就令諸門人說：「回去的時間即將來臨了，你們何不各自說說自己所獲的心得啊？」此時門人道副首先回答說：「如我所見，是不執著於文字，也不離棄文字，這就為道用。」祖師評道：「你只是得到了我的皮毛。」接著女尼總持說道：「據我今日所理解的，就好像是慶喜見到了阿閦佛國，見了一次之後就不能再見。」祖師評道：「你只是得到了我的肉。」道育接著說道：「地、水、火、風四大本空，色、受、想、行、識五蘊也不是實有的，在我看來，本就沒有一法可學得。」祖師評道：「你得到了我的骨頭。」最後輪到慧可，他只是向祖師施了一禮，隨後依次序站到自己的位置上，一句話也沒有說。祖師稱讚說：「你得到了我的精髓。」達磨祖師隨後回頭看著慧可說道：「往昔如來將正法眼藏囑付給迦葉大士，輾轉囑託，而傳至於我。我今日傳付給你，你應當善自護持。我把袈裟一併授予你，作為傳法之信物。諸物各有自己的含義，你應該知曉啊。」慧可請求道：「請師傳指示。」祖師說道：「內傳法印，用以契合證道之心；外付袈裟，用以確定禪乘教旨。後世人情輕薄，將會疑慮叢生，說我是西天之士，稱你為東土之人，憑什麼獲得佛法？用什麼來證明？你今日接受這法衣、法印，日後發生佛難之時，只要出示此法衣以及我所說的傳法偈語，用來表明其傳化無有阻礙。到我寂滅二百年之後，法衣就不再往下傳授，佛法已周遍世界。但那時明白佛道的人多，而行佛道的人少。說佛理的人多，而通佛理的人少。私下的文字，秘密的證說，有成千上萬。你當闡發弘揚教旨，不要輕視未悟入佛理的人。其心中一念回復正道，就跟沒有走彎路的人一樣了。你聽我的偈言：『我來到東土，本是為傳布正法以拯救愚迷之情。此後一花生出五個分枝，結果自然成。』」達磨祖師又說道：「我有《楞伽經》四卷，亦傳付給你。此大概是依據《寶林傳》的記載。按道宣律師《續高僧傳．可大師傳》云：當初，達磨大士把《楞伽經》傳授給慧可說：「我觀察漢地只有此經書，仁者依此修行，自然得以度脫世人。」如若根據傳文所說，則是二祖慧可未得傳正法時，達磨傳授《楞伽經》，讓他閱讀。現今《傳燈錄》卻在付法傳衣後稱達磨祖師又說：「我有《楞伽經》四卷，亦傳付給你。」則恐怕是錯誤的。他兼言「我有」，就好像是世間未有此書一樣。這兒只可依照馬祖所說的，曰又引《楞伽經》經文以印證眾生心地，那麼從道理上說就無有妨礙了。這就是如來心地之要門，可令眾生由此開示悟入佛道。我自從來到此地，已經五次中毒了。我曾經取出那毒藥試驗過，將它放置在石頭上，石頭即刻碎裂。我離開南印度來到這東土的原因，是因為看見赤縣神州有大乘氣象，所以就遠渡重洋，跨越大漠，為佛法尋求傳人。只為際會未和合，故如愚昧之人一樣少言寡語。今日得到了你傳授正法，我的目的已達到了。」別記說：祖師當初居住在少林寺九年，為二祖慧可說法，只教他說：「外息諸緣，內心不喘息，如同牆壁一般，就可以證入佛道。」慧可通過種種方式解說心性，都未能契合佛理，而祖師只是指出不對之處，並未為他講解無念心體。最後慧可說道：「我已經息諸緣了。」祖師詰問道：「難道已經去除了斷滅之見了?」慧可回答：「不成斷滅。」祖師問道：「你說不成斷滅，用什麼來檢驗呢?」慧可回答：「了了常知故，言之不可及。」祖師便道：「這就是諸佛所傳之心體，不要再加懷疑了。」祖師說完，就與眾弟子前往禹門千聖寺，住了三天。

有個名叫楊衒之的期城太守，早就欽慕佛乘，前來問達磨祖師道：「西天五印度，佛祖世代相師承。其道行怎麼樣?」祖師回答：「明瞭佛法心宗，修行就與知解相應，就名之為佛祖。」楊衒之又問道：「此外又怎麼樣呢?」祖師答道：「還須明瞭他人之心智，知曉其古今源流，不厭惡有無之別。於法無所取，不賢明亦不愚蠢，沒有迷惘亦沒有悟徹。如能懂得這一道理，就稱之為佛祖。」楊衒之又說道：「弟子歸心三寶亦有些年頭了，然而智慧昏蒙不明，並迷失真理。剛才聞聽大師之言，甚感不知所措。希望大師大發慈悲之心，為我開示心法宗旨。」祖師知道他心意懇切誠摯，就說了一偈道：「亦不因為看見惡行而生出厭惡，亦不因為看到了善舉而勤勉行動。亦不捨棄智慧而走向愚昧，亦不拋棄迷惑而走近覺悟。達大道呵就要超凡，通佛心呵就要出俗。不與凡人或聖人同軌道，超脫一切就名之為佛祖。」楊衒之聽了，悲喜交加，說道：「希望大師久住世間，化導眾生。」祖師說：「我即將去了，不可以久留。眾生的根性各不相同，千差萬別，故而我將多逢患難。」楊衒之問道：「未知是什麼人要害您，弟子可能為大師除去嗎?」祖師說道：「我因為傳布諸佛秘法，為諸迷失精進途徑的人帶來利益。因此害得他們心中不安，必然沒有說出此人的道理。」楊衒之說：「大師如若不說，怎麼能表示佛乘通達變化觀照事理的神力?」達磨祖師不得已，就說了一段讖語：「江槎分玉浪，管炬開金鎖。五口相共行，九十無彼我。」楊衒之聽了，不知究竟，只得默記在心，禮拜祖師之後，辭別而去。達磨祖師所說的讖言，雖然當時沒法測知，但日後都應驗了。

當時北魏皇帝崇奉佛教，禪門俊士如林，光統律師、流支三藏二人，就是僧人中之鸞鳳，目睹達磨祖師演說佛道，就常常揮手指心，與祖師辯駁議論，由此是非蜂起。達磨祖師遠振玄風，普施法雨，而氣量偏執狹隘的人不堪忍受，競相生出害人之心，多次在祖師的飲食中施加毒藥。等到第六次下毒時，達磨祖師因為化導之因緣已經完畢，正法也已有了傳人，就不再自救，端坐圓寂。時為後魏孝明帝太和十九年丙辰歲十月五日。依照《續傳法記》，則十月五日為北魏孝莊帝永安元年（五二八年），即梁武帝大通二年戊申歲，是年亦為北魏孝明帝武泰元年。是年二月，北魏孝明帝駕崩。四月，北魏孝莊帝即位，改元建義。至九月，又改元永安。後文說「你家皇帝已厭世」，即指是年北魏孝明帝駕崩之事。據《傳燈錄》云，丙辰歲（五三六年）即是西魏文帝大統二年，東魏孝靜帝天平三年，梁武帝大同二年，由此與「厭世」之說法完全矛盾。又太和十九年（四九五年）乃在北魏孝文帝之時，即為南朝齊明帝建武二年乙亥歲，相差極遠啊。是年十二月二十八日，葬達磨祖師於熊耳山，在定林寺內起墓塔供奉。

此後三年，魏臣宋雲出使西域還，在葱嶺遇到達磨祖師，看見祖師手提一隻鞋子，獨自翩翩而行。宋雲問道：「大師往何處去？」祖師回答：「去西天。」又對宋雲說：「你家皇帝已厭世了。」宋雲聽後，茫然不解，就辭別祖師東歸。等到宋雲覆命，北魏孝明帝已經駕崩，魏孝莊帝亦即位了。宋雲詳細地上奏他在葱嶺遇見達磨祖師一事，魏孝莊帝便命令開啟祖師的墳墓，只見墓棺空空，只留下一隻革履。如若依據《續傳法記》，則後三年乃是魏孝莊帝永安三年庚戌歲（五三〇年），正當梁武帝中大通二年。是年十二月魏孝莊帝才駕崩。然而使臣奉使歸來之時，魏孝莊帝還活著呢。如若依據《傳燈錄》，則此後三年乃是己未歲（五三九年），即為西魏文帝大統五年，東魏孝靜帝興和元年，正當梁武帝大同五年。如果是這樣的，豈能有魏孝莊帝耶？又說宋雲在葱嶺遇見祖師，尤其錯誤。宋雲出使西域歸來時，是在魏孝明帝正光年間（五二〇～五二五年）。然而在葱嶺遇見祖師者，大概是在北魏末遣使去西域歸來罷了。此處應當云：此後三年，北魏使臣有從西域歸來者，在葱嶺遇見達磨祖師，看見祖師手提一隻鞋子，獨自翩翩而行。使臣問道：「大師往何處去？」祖師回答：「回西天去。」又對使臣說：「你家皇帝已經厭世了。」使臣聽後，茫然不解，辭別祖師東歸。等到復命時，魏孝明帝已經駕崩，魏孝莊帝即位了。使臣詳細上奏其遇見祖師之事，皇帝命令開啟祖師的墳墓，只見墓棺空空，只留下一隻革履。滿朝官員都大為驚歎。人們奉皇帝詔令取出那隻遺留的鞋子，送到少林寺中供養。到了唐代開元十五年丁卯歲（七二七年），這鞋子被信道者偷到了五臺山華嚴寺，後來就不知其所在了。當初梁武帝遇到達磨祖師，因緣未得契合，等到聞聽祖師在魏國大行教化，就準備為他撰寫一篇碑文，而未得空暇。後來聽說了宋雲遇見祖師之事，才寫成碑文。唐代宗賜達磨祖師諡曰圓覺大師，墓塔名為空觀。

達磨祖師從北魏丙辰歲圓寂，至宋代景德元年甲辰歲（一〇〇四年），為四百六十七年。此應當云：從北魏庚子歲圓寂，至宋代景德元年甲辰歲，為四百七十五年。凡此書中年代差別，都是由於《寶林傳》的記載錯誤，加上楊文公對此不詳加考訂推究而致。

【說　明】據歷代禪宗語錄或燈錄記載，禪門弟子最喜歡參的、並吸引無數學子孜孜以求的主要話頭之一，就是「如何是祖師西來意」。這祖師即是指菩提達磨。這話頭的意思是問：達磨祖師從西方（印度）來傳個什麼？即達磨禪法的宗旨是什麼？在達磨來華傳禪之前，禪學已在中土廣為傳播，並在與中國傳統文化的相互滲透、融合中不斷演變和發展。當達磨遊化嵩、洛時，中原就已有菩提流支禪系、僧稠禪系、僧實禪系等在傳播，其與達磨及其弟子之間還曾展開殊死的競爭。在達磨之前，中土禪仍然較多地承襲印度禪定傳統，強調靜坐調身、禁欲制心等。而達磨順應中土佛教和禪學的發展趨勢，在禪學理論上，將般若實相的心性本淨學說與禪法相結合，以「安心」為宗旨，教人在思想上做到無貪無著、苦樂隨緣，以消除客觀外界對人的主觀認識的干擾，以契悟佛法真理，達到「無自無他、凡聖等一」的境界。因此，以本來清淨的自心自性為依持的達磨「安心」禪法，將複雜的傳統禪法加以簡化，改變此前中土流行的偏重於身體訓練的禪法，而以心理訓練為中心，提倡隨緣而行，不僅使修禪更為方便易行，而且更容易與日常的行事相結合，為偏重理悟的中國禪學思想和禪行實踐的發展奠定了堅實的理論基礎，並為富有中土特色的中國禪宗的形成開拓了道路。由此，菩提達磨被禪宗奉為中土初祖，其禪法也被稱作「達磨禪」，被認為是最上乘的如來禪。

菩提達磨的弟子除二祖慧可之外，另旁出道育禪師、道副禪師和女尼總持三人，因無「機緣語句」，故未加收錄。道育、總持的事跡已不可考，道副（四六三～五二四年）也名僧副，太原祁縣（今屬山西）人，從達磨祖師出家，被稱為「偏頭副」。南朝齊建武年間（四九四～四九八年）遊南方，住持鍾山（今江蘇南京市東）定林寺。梁武帝時住開善寺，後入蜀傳禪，禪行大行。後又回金陵以卒。據《續高僧傳》載，達磨的弟子還有曇林法師。曇林曾在中原鄴下（今河北磁縣南）宣講《勝鬘經》，聽者眾多。北周武帝滅佛，曇林與慧可「同學，共護經像」。在動亂中，曇林被「賊斫臂」，故世稱「無臂林」。

第二十九祖慧可大師

第二十九祖慧可大師者，武牢❶人也，姓姬氏。父寂，未有子時，嘗自念言：「我家崇善，豈無令子❷？」禱之既久，一夕感異光照室，其母因而懷妊。及長，遂以照室之瑞，名之曰光。自幼志氣不群，博涉❸《詩》《書》❹，尤精玄理❺，而不事家產，好遊山水。後覽佛書，超然自得，即抵洛陽龍門❻香山，依寶靜禪師，出家受具於永穆寺。浮游❼講肆❽，徧學大、小乘義。年三十二，卻返香山，終日宴坐。又經八載，於寂默中儵❾見一神人謂曰：「將欲受果，何滯此耶？大道匪遙，汝其南矣。」光知神助，因改名神光。翌日，覺頭痛如刺，其師欲治之。空中有聲曰：「此乃換骨❿，非常痛也。」光遂以見神事白于師，師視其頂骨，即如五峰秀出矣，乃曰：「汝相吉祥，當有所證。神令汝南者，斯則少林達磨大士必汝之師也。」光受教，造于少室⓫。其得法傳衣事迹，〈達磨〉章具之矣。

自少林託化西歸，大師繼闡玄風，博求法嗣。至北齊天平二年，當作天保二年，乃辛未歲也。天平，東魏年號。二年，乙卯也。有一居士，年踰四十，不言名氏，聿⓬來設禮，而問師曰：「弟子身纏風恙[13]，請和尚懺罪。」師曰：「將罪來，與汝懺。」居士良久云：「覓罪不可得。」師曰：「我與汝懺罪竟，宜依佛、法、僧住。」曰：「今見和尚，已知是僧。未審何名佛、法？」師曰：「是心是佛，是心是法，法佛無二，僧寶亦然。」曰：「今日始知罪性不在內，不在外，不在中間，如其心然，佛法無二也。」大師深器之，即為剃髮，云：「是吾寶也，宜名僧璨。」其年三月十八日，於光福寺受具，自茲疾漸愈。

執侍經二載，大師乃告曰：「菩提達磨（舊本云「達磨菩提」。）遠自竺乾[14]，以正法眼藏密付於吾。吾今授汝，并達磨信衣。汝當守護，無令斷絕。聽吾偈曰：『本來緣有地，因地種華生。本來無有種，華亦不曾生。』」大師付衣法已，又曰：「汝受吾教，宜處深山，未可行化，當有國難。」璨曰：「師既預知，願垂示誨。」師曰：「非吾知也。斯乃達磨傳般若多羅懸記云『心中雖吉外頭凶』是也。吾校年代，正在于汝。當諦[15]思前言，勿罹世難。然吾亦有宿累，今要酬之。善去善行，俟時傳付。」

大師付囑已，即于鄴都[16]隨宜[17]說法，一音[18]演暢，四眾歸依。如是積三十四載，遂韜光混迹[19]，變易儀相，或入諸酒肆，或過于屠門，或習街談[20]，或隨廝役㉑。人問之曰：「師是道人，何故如是？」師曰：「我自調心，何關汝事？」又於筦城縣㉒匡救寺三門㉓下談無上道，聽者林會。時有辨和法師㉔者，于寺中講《涅槃經》，學徒聞師闡法，稍稍㉕引去。辯和不勝其憤，興謗于邑宰㉖翟仲侃。仲侃惑其邪說，加師以非法㉗。師怡然委順㉘，識真者謂之償債。時年一百七歲，即隋文帝開皇十三年癸丑歲三月十六日也。後葬於磁州滏陽縣東北七十里。唐德宗諡大祖禪師。

皓月供奉㉙問長沙岑和尚：「古德㉚云：『了即業障㉛本來空，未了應須償宿債。』只如㉜師子尊者、二祖大師，為什麼得償債去？」長沙云：「大德㉝不識本來空。」彼云：「如何是本來空？」長沙云：「業障是。」又問：「如何是業障？」長沙云：「本來空是。」彼無語。長沙便示一偈云：「假有元非有，假滅亦非無。涅槃償債義，一性更無殊。」

自師之化，至皇宋景德元年甲辰，得四百一十三年。當作「一十二年」。

【注釋】❶武牢　即虎牢，唐人因唐高祖李淵之祖父名虎，故改「虎」為「武」以避諱，其地在今河南洛陽之東、滎陽之西。❷令子　佳兒。令，善、美之意。❸涉　涉獵，閱讀、瀏覽之意。❹詩書　《詩經》與《尚書》，此泛指儒家經書。❺玄理　此指道教玄微之說教。❻龍門　又名伊闕，在河南洛陽市南，因龍門山與香山夾峙伊河如門，故名。著名的龍門石窟即在此地。❼浮游　四處行遊，蹤跡不定。❽講肆　禪宗、律宗以外諸宗多講說經義，故被禪宗稱為講宗，其聚講經義之處即被稱為講肆。❾倏　極快。❿換骨　原為道教修煉用語，指修煉得道者，脫凡胎而成聖胎，換凡骨而成仙骨。⓫少室　即少室山，少林寺在其山麓。⓬聿　文言語助詞，用於話語之首，有時有「惟」、「所以」之意。⓭風恙　風邪之疾。⓮竺乾　即天竺。⓯諦　仔細地。⓰鄴都　北齊都城，在今河北磁縣南。⓱隨宜　因事之所宜而採取相應對策。⓲一音　《維摩詰經》云：「佛以一音演說法，眾生各各隨所解。」意為佛以一音說一切教法，平等無二，眾生因機緣自異，而各得圓音一義。⓳韜光混迹　收斂聲名才華，隱藏才幹行跡。⓴街談　民間談吐。㉑廝役　舊稱執勞役供使喚的人。㉒筦城縣　即管城縣，今河南鄭州。㉓三門　即山門。㉔法師　指能講說佛法的僧人。㉕稍稍　漸漸。㉖邑宰　縣令；縣長。㉗非法　非議、毀壞法令。㉘委順　委曲順從。㉙供奉　內供奉之略稱，即供奉於皇宮大內中道場的僧官名。㉚古德　古時德高望重之僧人。㉛業障　妨礙正道的惡業障礙。㉜只如　譬如。㉝大德　原為佛之稱號，後用以稱呼賢德的僧人。

【語譯】 第二十九祖慧可大師（四八七～五九三年），虎牢（今河南洛陽東）人，俗姓姬氏。他父親名叫寂，當初沒有孩子之時，曾經自思道：「我家崇向善道，難道會沒有佳兒？」祈禱既久，一天晚上，感到有一道異常的光芒照在室內，其妻子因此懷孕了。待小孩長大後，姬寂因為有祥光普照居室的祥瑞，就為孩兒取名叫光。姬光自幼就志氣不凡，廣博地閱覽《詩經》、《尚書》等儒家經書，尤其精通道教玄微之說，而對家事產業卻無興趣，喜好行遊於湖光山色之間。後來，姬光閱讀了佛教經書，超然契合，自覺有得，隨即抵達洛陽龍門香山，皈依寶靜禪師，並在永穆寺出家接受具足戒。此後，他四處漫遊於各地佛法講肆，全面學習大乘、小乘教義。三十二歲時，他重返香山，終日禪坐。又經過了八年，他在寂默之中忽然看見一個神人對他說道：「你要想得到正果，為什麼還滯留在此處？大道並不遙遠，你朝南而行呀。」姬光知道有神人來幫助自己，於是改名叫神光。次日，神光感覺頭痛得如同針刺一樣，他的師傅正要加以診治。此時天空有一個聲音說道：「這乃是換骨，並不是尋常的頭痛。」神光就把見到神人之事告訴了其師傅，其師傅觀看神光的頭頂骨，發現其形狀如同五峰秀出，就說：「你的骨相吉祥，應當有所證明了。神人令你往南去，這說明少林寺達磨大士一定是你的導師。」神光接受了教誨，來到了少室山。神光領受正法眼藏及得傳法衣之事跡，具載於前述之〈菩提達磨〉章。

自從少林寺達磨大士假託圓寂西歸以後，慧可大師（達磨改神光名為慧可）就繼續闡揚玄風，廣尋傳宗法嗣。至北齊天平二年，當作天保二年，即辛未歲（五五一年）。天平，為東魏年號。二年，乃乙卯歲（五三五年）。有一個居士，年齡已超過四十歲，不自報姓名，逕來向慧可大師施禮，並問道：「弟子身纏風邪之疾，請求大和尚為我懺悔罪過。」大師說道：「把罪惡取來，我幫你懺悔。」那居士沉默良久，說道：「尋覓罪過，卻找不到。」大師便說：「我幫你懺悔罪過已完畢，你應當皈依於佛、法、僧三寶。」居士問道：「今日得見大和尚，已知曉僧之意。不知道什麼叫佛、法？」大師答道：「這心即是佛，這心即是法，法、佛本無二，僧寶亦是這樣的。」居士便道：「今日才知道罪性不在內，不在外，不在中間，如心一樣，佛、法亦是無二。」大師對他深為器重，隨即為他剃髮，說道：「你是吾的珍寶啊，法名應叫僧璨。」是年三月十八日，僧璨在光福寺接受具足戒，自此以後，他的疾病亦漸漸痊癒。

僧璨侍從慧可大師左右過了二年，大師告訴他說：「菩提達磨祖師從遙遠的天竺國而來，將正法眼藏秘密傳付給了我。我今日將正法傳託給你，還有達磨祖師的傳法信衣。你應當善自護持，不要讓法嗣斷絕。你聽我說偈言：『本來因為有地，因地種花生長。本來沒有種植，花亦不曾生長。』」大師付託衣、法完畢，又說：「你接受了我的教旨，應當隱居在深山之中，不可行遊傳化，因為將有國難會發生。」僧璨問道：「師父既已預知未來，願垂示教誨於我。」大師說道：「這並不是我能預知呀。這是達磨祖師所傳的般若多羅祖師預言中說的，即『心中雖吉外頭凶』。我推算其年代，正應在你身上。你應當仔細地思考前賢的預語，不要罹遭世間的劫難。然而我也有宿世業因的牽累，現今要去酬還。你離去後好自為之，等待時機傳付佛法。」

慧可大師傳付佛法完畢，便去鄴都（今河北磁縣南）隨宜講說佛法，一音演示暢達，四眾紛紛皈依。就這樣過了三十四年，大師才韜光匿跡，改換容貌，時而出入酒店，時而過訪屠夫家，時而仿習民間街巷談吐，時而與隨從廝役為伍。有人問他：「大師是一位有道之人，為什麼要這樣做？」大師便說：「我自在調護心性，又關你什麼事？」大師又在管城縣（今河南鄭州）匡救寺山門下講談無上佛道，聆聽者會聚如林。當時有一個辨和法師正在寺院中講說《涅槃經》，但學徒知道慧可大師在外面闡揚正法，就漸漸被吸引而去。辨和法師為此不勝憤怒，就在管城縣令翟仲侃處誹謗大師。翟仲侃被邪說所迷惑，便把非議毀壞法令的罪名硬加在大師的頭上。大師怡然就刑，委曲順從，識道之士都說大師這是在償還宿世之債。大師時年一百零七歲，即隋文帝開皇十三年癸丑歲（五九三年）三月十六日。皓月供奉曾問長沙岑和尚道：「古德說：『了即業障本來空，未了應是償宿債。』譬如師子尊者、二祖大師，為什麼要去償還宿債？」長沙岑和尚說：「大德不識本來空。」皓月問道：「什麼是本來空？」岑和尚回答：「業障就是。」皓月又問道：「什麼是業障？」岑和尚回答：「本來空就是。」皓月無語。

岑和尚便說了一首偈語：「假有原本不是有，假滅亦不是無。涅槃和償債之義，就如一性更無異意。」大師後來埋葬在磁州滏陽縣（今河北磁縣）東北七十里處。唐德宗賜大師謚曰大祖禪師。

自大師圓寂，至宋代景德元年甲辰歲（一〇〇四年），共四百一十三年。當作「四百一十二年」。

【說　明】達磨在東土傳佛法之初並不順利，因為此前中土盛行的是讀經講法、尋章摘句、執著名相的佛法，故當達磨倡導離棄經典章句，主張坐禪入定，於冥冥中悟徹佛法的，即重悟解的新法時，自然會招致佛教中傳統勢力的竭力反對，甚至被視為「魔法」，如道宣《續高僧傳》所言：「一時令望，咸共非之。」那些佛教同門於非議、譏謗達磨、慧可諸人之餘，更加以人身迫害，如達磨六度中毒，慧可遭到辨和法師的陷害而被殺，慧可的傳人三祖僧璨為躲避迫害，只得深藏山林多年等事，可見當時鬥爭之殘酷。但達磨、慧可及其弟子門人，於艱難困苦之中篳路藍縷，堅持不懈，終得善果，使禪宗後來居上，成為中國佛教的第一大宗。

慧可大師旁出法嗣七世共十七人

僧那禪師

僧那禪師，姓馬氏，少而神儁，通究墳典❶。年二十一，講《禮》❷《易》于東海❸，聽者如市。暨南徂❹相部❺，學眾隨至。會二祖說法，與同志❻十人投祖出家。自爾手不執筆，永捐世典❼，唯一衣一鉢，一坐一食，奉頭陀行。

既久侍于祖，後謂門人慧滿曰：「祖師心印，非專苦行，但助道耳。若契本心，發隨意❽真光❾之用，則苦行如握土成金。若唯務苦行，而不明本心，為憎愛所縛，則苦行如黑月夜履❿于險道。汝欲明本心者，當審諦推察，遇色遇聲，未起覺觀⓫時，心何所之？是無耶？是有耶？既不墮有無處所，則心珠獨朗，常照世間，而無一塵許間隔，未嘗有一剎那⓬頃斷續之相。故我初祖兼付《楞伽經》四卷，謂我師二祖曰：『吾觀震旦唯有此經可以印心，仁者依行，自得度世。』又二祖几⓭說法竟，乃曰：『此經四世之後變成名相⓮，深可悲哉！』我今付汝，宜善護持，非人慎勿傳之。」付囑已，師乃游方⓯，莫知其終。

【注釋】❶墳典　泛指古書。❷禮　即《禮記》，十三經之一。❸東海　即東海郡，治所在今山東郯城北。❹徂　往。❺相部　相州，今河南安陽。❻同志　志趣相同者。❼世典　俗世典籍，即佛經之外的書籍。❽隨意　又作自恣，夏安居時隨他人之意而恣舉其所犯之罪過，而向眾人所作的懺悔。❾真光　此指佛法。❿履　行走。⓫覺觀　粗思曰覺，細思曰觀，皆為妨礙定心者，因而以覺觀之有無，來判定心之淺深。⓬一剎那　指極短暫的時間。⓭几　差不多。⓮名相　一切事物皆有名有相，耳可聞謂名，眼可見謂相，都是虛假而非契合於法之實性者。⓯游方　雲遊四方。

【語譯】僧那禪師，俗姓馬氏，少年神俊聰穎，通究古書。他二十一歲時，在東海郡（今山東郯城北）講說《禮記》、《周易》，聽者眾多，如同集市。僧那後南往相州（今河南安陽），從學徒眾隨從而至。正好二祖慧可在那裡演說佛法，僧那就與十個志趣相同者一起投奔二祖出家。自此以後，僧那手不執筆，永棄俗世典籍，惟有一件衣服、一只托鉢，晝夜長坐，一天一食，奉行頭陀苦行。

僧那禪師侍奉二祖很長時間，後來對門人慧滿說道：「祖師所傳的心印，並非專於苦行，而是以苦行幫助修道而已。如若契合本心，發揮隨意真光的作用，那麼苦行之作用就好像是點石成金。如若只知苦行，而不明瞭本心，使本心為憎恨愛欲所束縛，那麼苦行之結果就像是在月黑夜深而行走於險惡的山路上。你要明瞭本心，就應當審視細思推究觀察，遇到色與聲而未起發覺觀之時，心往何處去？是有呀？是無呀？既然不墜落於有無之處所，那麼心珠獨得明朗，常照耀於世間，而無有一塵之空間間隔，未嘗有一剎那的時間斷續之相。所以我初祖菩提達磨大師在付法之時，兼付《楞伽經》四卷，對我師二祖說道：『我看震旦惟有此經文可以印心，仁者依據此經修行，自然能度化世人。』又二祖在說法幾乎完畢時，才說道：『此經傳至四世之後演變成為名相之物，深為可悲啊！』我今天將《楞伽經》傳付給你，你要善加護持，非是傳人慎勿傳授。」僧那禪師付囑完畢，就雲遊四方而去，再沒有人知道其結果如何。

【說明】初祖達磨西來，本是以《楞伽經》印心的，即以《楞伽經》為指導來簡化修行方法，倡不拘形式、專重心悟的禪法，以破除妄想執著而顯示真如實相。故當時二祖慧可、三祖僧璨皆被稱作「楞伽師」，在慧可門下也出現一些專以《楞伽經》為修持依據的禪師，即「口說玄理，不出文記」；也出現一些注經作疏、重「教」的楞伽經師，如慧可預言的「此（楞伽）經四世之後，變為名相」。

向居士

向居士幽棲林野，木食澗飲，北齊天保初，聞二祖盛化，乃致書通好，曰：

「影由形起，響逐聲來。弄影勞形❶，不識形為影本；揚聲止響，不知聲是響根。除煩惱而趣涅槃，喻去形而覓影；離眾生而求佛果，喻默聲而尋響。故知迷悟一途，愚智非別。無名作名，因其名則是非生矣；無理作理，因其理則爭論起矣。

幻化非真，誰是誰非？虛妄無實，何空何有！將知得無所得，失無所失。未及造謁，聊申此意，伏望答之。」「弄影」當作「棄影」，惟恐當時筆誤耳。蓋第三十卷鎮國大師答皇太子問心要云：「若求真去妄，猶棄影勞形；若體妄即真，似處陰休影。」此用《莊子》之說，「勞形」謂走而避影也。

二祖大師命筆迴示曰：「備觀來意皆如實，真幽❷之理竟不殊。本迷摩尼❸謂瓦礫❹，豁然自覺是真珠。無明❺智慧等無異，當知萬法即皆如。愍此二見❻之徒輩，申辭措筆作斯書。觀身與佛不差別，何須更覓彼無有之餘！」居士捧披❼祖偈，乃伸禮覲❽，密承印記。

【注釋】❶弄影勞形　「弄」當為「棄」字之誤。《莊子》云：有人欲棄去自己的身影，而在太陽下拚命奔走，直至萎頓在地，然而身影依舊相隨。❷真幽　真實幽微。❸摩尼　又作末尼，意為寶珠。❹礫　碎石子。❺無明　愚呆。《本業經》上曰：「無明者，名不了一切法。」❻二見　有、無二見。固執實有物之見，或增益實性之妄見，稱有見；固執實無物之見，或損減實性之妄見，稱無見。❼披　翻看。❽覲　舊稱下級晉見上級。

【語譯】向居士隱居在林野之間，以果實為食，飲用山澗清水，北齊天保（五五〇～五五九年）初年，聽說二祖慧可教化盛行，就致書二祖通好，說：「影子因形體而出現，響隨聲音而來。要棄去影子而勞動形體，是不認識形實為影之本的緣故；發出聲音卻要止住響，是不知道聲音實是響之根源的緣故。欲除煩惱而趨向涅槃，好比是棄去形體而尋覓影子；遠離眾生而尋求佛果，好比是不發出聲音而尋響。因此知道迷惑與覺悟是一樣的，愚蠢與智慧本無差別。以無名為名，因其名而生出了是非；以無理為理，因其理而產生了爭論。幻化不是真實，誰是誰非？虛妄不是實有，什麼是空什麼是有！因而知道得無所得，失無所失。未及拜謁大師，聊以此書申明此意，伏望答之。」「弄影」當作「棄影」，這只怕是當時的筆誤。因本書第三〇卷鎮國大師答太子問心要說：「若求真去妄，猶如想棄去影子而勞動形體；若體會虛妄即是真實，好似身處陰暗中而除去影子。」此是用《莊子》

之說，「勞形」是說快速奔走而避棄身影。二祖大師命筆回信道：「詳觀來信之意皆如其實，真實幽微之理全然不殊。迷失本心，摩尼珠被當作瓦礫；豁然開悟，自我覺悟才是珍珠。無明與智慧相同無異，當知萬法皆是如此。因為憐憫這些二見之輩，故命筆措辭寫作此書信。觀察此身與佛並沒有差別，又何須更去尋覓那無有之餘！」向居士奉讀二祖的書信，謹申禮拜，秘密承受法印證記。

【說　明】慧可的禪法，從他給向居士的回信中可見一斑，即認為「無明」與「智慧」並無本質區別，眾生與佛於本質上也是平等而無差別的，解脫與否完全繫於個人迷悟之間。這些觀點繼承菩提達磨的「理入」之旨，即悟此身與佛並無差別，即身是佛，並有所發展，影響日後禪學思想甚大。故慧可雖奉行頭陀行，過著遊方生活，並未建立穩固的傳法基地，但因其傳法隨宜，立說新穎，故聽講者甚多，當時就有「言滿天下」之譽。

慧可大師下二世

前僧那禪師法嗣

相州慧滿禪師

相州隆化寺慧滿禪師，滎陽❶人也，姓張氏。始于本寺遇僧那禪師開示❷，志存儉約，唯畜❸二鍼，冬則乞補❹，夏則捨之。自言：「一生心無怯怖，身無蚤虱❺，睡而不夢。」常行乞食，住無再宿，所至伽藍，則破柴製履。貞觀十六年，於洛陽會善寺側宿古墓中，遇大雪。旦入寺，見曇曠法師。曠怪所從來，師曰：「法有來耶？」曠遣尋來處，四邊雪積五尺許。曠曰：「不可測也。」

尋聞有括錄事❻，諸僧逃隱。師持鉢周行聚落，無所滯礙，隨得隨散，索爾❼虛閑。有請宿齋者，師曰：「天下無僧，乃受斯請也。」又嘗示人曰：「諸佛說心，令知心相❽是虛妄。今乃重加心相，深違佛意。又增論議，殊乖大理。」故常齎《楞伽經》四卷以為心要，如說而行。蓋遵歷世之遺付也。後於陶冶❾中無疾坐化❿，壽七十許。

【注釋】❶滎陽　郡名，治所在今河南滎陽。❷開示　開示佛之知見而使之悟入。❸畜　通「蓄」。❹乞補　乞食、修習。❺蚤虱　跳蚤，寄生在人畜身上吸血的小蟲。❻括錄事　指隋代淘汰僧侶之事。❼索爾　空盡之意。❽心相　心之行相。《圓覺經》云：「妄認四大為自身相，六塵緣影為自心相。」❾陶冶　即陶鑄，引申為修行之意。❿坐化　指僧人端坐而逝，也稱坐脫。

【語譯】相州（今河南安陽）隆化寺慧滿禪師，滎陽（今屬河南）人，俗姓張氏。慧滿禪師在隆化寺始遇僧那禪師，因其開示而悟入，志存簡約，只蓄有二枚針，冬天乞食修習，夏天則棄去。他自言道：「我一生心無恐怖，身無跳蚤，睡覺從不做夢。」慧滿常行乞食，不在一個地方住兩宿，每至佛寺中，就破開木柴製作鞋子。唐太宗貞觀十六年（六四二年），慧滿宿於洛陽（今屬河南）會善寺側古墓之中，夜中遇到大雪。次日凌晨，他進入會善寺，遇見曇曠法師。曇曠法師驚異地問慧滿從哪裡而來，慧滿答道：「佛法有來處嗎？」曇曠便派人出寺尋找他的來處，只見佛寺四周積雪深達五尺左右。曇曠歎道：「不可測量啊。」

不久，社會上流傳要淘汰僧侶，諸僧人聞知後，四出逃隱。慧滿禪師卻手持食缽遍行於村落中，毫無滯留疑礙之神色，獲得的施捨物品，隨得隨散發，身無一物，心底虛明無礙。有人請禪師住宿用齋，慧滿便道：「到天下沒有僧人之時，我才接受此請。」他又曾開示眾人說：「諸佛說心，要讓人知道心相實是虛妄。今日卻重加心相，深違佛之本意。而且又增多議論，完全與佛理不符合。」因此慧滿一直攜帶《楞伽經》四卷，作為學法的心要，並按照經說而修行。他這是遵循歷世祖師的遺傳啊。慧滿禪師後來在修行之中無疾坐化，壽命約七十餘歲。

【說明】慧滿禪師的弟子有峴山神定禪師、寶月禪師、華閑居士、大士化公、和公、廖居士和定林寺慧綱諸人。華閑居士傳曇邃，曇邃再傳延陵慧簡和彭城慧槎；慧綱傳六合大覺，大覺傳高郵曇影，曇影傳泰山明練，明練傳揚州靜泰。以上十四人因無「機緣語」，未收錄。

第三十祖僧璨大師

第三十祖僧璨大師者，不知何許人也。初以白衣❶謁二祖，既受度傳法，隱于舒州❷之皖公山❸。屬❹後周武帝❺破滅佛法，師往來太湖縣司空山❻，居無常處，積十餘載，時人無能知者。至隋開皇十二年壬子歲，有沙彌❼道信，年始十四，來禮師曰：「願和尚慈悲，乞與解脫法門。」師曰：「誰縛汝？」曰：「無人縛。」師曰：「何更求解脫乎？」信於言下大悟。服勞❽九載，後于吉州受戒，侍奉尤謹。師屢試以玄微，知其緣熟，乃付衣法。偈曰：「華種雖因地，從地種華生。若無人下種，華地盡無生。」師又曰：「昔可大師付吾法，後往鄴都行化，三十年方終。今吾得汝，何滯此乎？」即適羅浮山⑨，優游⑩二載，卻旋舊址。逾月，士民奔趨，大設檀供⑪。師為四眾廣宣心要訖，于法會大樹下合掌立終。即隋煬帝大業二年丙寅十月十五日也。唐玄宗諡鑑智禪師、覺寂之塔。至皇宋景德元年甲辰歲，凡四百載矣。

初，唐河南尹⑫李常素仰祖風，深得玄旨，天寶乙酉歲，遇荷澤神會⑬，問曰：「三祖大師葬在何處？或聞入羅浮不迴，或說終于山谷⑭，未知孰是？」會曰：「璨大師自羅浮歸山谷，得月餘方示滅⑮。今舒州見有三祖墓。」常未之信也。會謫⑯為舒州別駕⑰，因詢問山谷寺眾僧曰：「聞寺後有三祖墓，是否？」時上座⑱慧觀對曰：「有之。」常欣然與寮佐同往瞻禮，又啟壙取真儀⑲闍維之，得五色舍利三百粒，以百粒出己俸建塔焉，百粒寄荷澤神會以徵前言，百粒隨身，後於洛中⑳私第設齋以慶之。時有西域三藏犍那等在會中，常問三藏：「天竺禪門祖師多少？」犍那答曰：「自迦葉至般若多羅，有二十七祖。若敘師子尊者傍出達磨達四世二十二人，總有四十九祖。若從七佛至此璨大師，不括橫枝，凡三十七世。」常又問：「會中耆德㉑曰：嘗見祖圖，或引五十餘祖，至於枝派㉒差殊，宗族不定；或但有空名者。以何為驗？」時有智本禪師者，六祖門人也，答曰：「斯乃後魏初佛法淪替㉓，有沙門曇曜㉔，於紛紜中以素絹單錄得諸祖名字，或忘失次第，藏衣領中，隱于巖穴。經三十五載，至文成帝㉕即位，法門中興，曇曜名行俱崇，遂為僧統㉖，乃集諸沙門，重議結集，目為《付法藏傳》㉗。其間小有差互，即曇曜抄錄時怖懼所致。又經一十三年，帝令國子博士㉘黃元真與北天竺三藏佛陀扇多、吉弗烟等重究梵文，甄別宗旨，次敘師承，得無紕謬㉙也。」

【注釋】❶白衣　古代平民著白衣，因以稱無功名的人。❷舒州　今安徽潛山。❸皖公山　又名皖山、天柱山，在安徽潛山西北。❹屬　適值；正好。❺後周武帝　即北朝周武帝宇文邕，在西元五六〇至五七八年在位期間，禁止佛道二教，大量淘汰僧侶。❻司空山　山名，在今安徽太湖境內，有二祖禪堂、傳衣石等古蹟。❼沙彌　指七歲以上二十歲以下受過十戒的出家男子。❽服勞　從事寺院中的雜務勞動。❾羅浮山　在廣東東江北岸，風景優美，道教稱為第七洞天，東晉葛洪曾修道於此。❿優游　悠閒自得的樣子。⓫檀供　施捨供養。⓬河南尹　河南，今河南洛陽。尹，唐代府一級地方行政長官。⓭荷澤神會　六祖慧能弟子，後於滑臺、南陽等處設無遮大會，申明南宗頓悟之義，確立了六祖南宗的主導地位。⓮山谷　即山谷寺，又名幽谷寺，在皖公山。宋代詩人黃庭堅遊此，愛其幽雅，遂自號山谷居士。⓯示滅　示現涅槃之境，逝世的委婉說法。⓰謫　貶官。⓱別駕　官名，為刺史的佐吏。⓲上座　為寺院之長，也用以尊稱法臘（出家年歲）高者或有德行的僧人。⓳真儀　此指高僧之屍體。⓴洛中　即洛陽。㉑耆德　年高而有德行學問的人。㉒枝派　即支派。㉓淪替　淪落衰微。㉔曇曜　北魏僧人。北魏文成帝時為昭玄統，綏輯僧眾。整修寺宇，開大同石窟寺大像，翻譯佛經，使北魏佛法再興。㉕文成帝　北魏文成帝拓跋濬，西元四二五至四六五年在位期間，一反北魏太武帝拓跋燾毀禁佛法的政策，倡導佛教。㉖僧統　北魏時僧官名，總領全國僧事。㉗付法藏傳　全名為《付法藏因緣傳》，六卷，記載迦葉等二十四人付法因緣。㉘國子博士　官名，國子監之教官。㉙紕謬　紕漏謬誤。

【語　譯】 第三十祖僧璨大師（?～六〇六年），不知是什麼地方的人。他最初以白衣身分來拜見二祖慧可大師，到接受剃度得傳正法之後，就隱居於舒州（今安徽潛山）的皖公山。正逢後周武帝滅佛，僧璨就往來於太湖縣（今屬安徽）司空山，居處不定，就這樣過了十多年，當時無人能知曉他的來歷。至隋文帝開皇十二年壬子歲（五九二年），有一個名叫道信的小沙彌，剛十四歲，前來禮拜僧璨大師道：「願大和尚慈悲為懷，乞請告訴我解脫的法門。」大師反問道：「誰束縛住了你？」道信回答：「沒有人束縛我。」大師追問道：「那為什麼還要尋求解脫的法門啊？」道信於言下豁然大悟。道信在僧璨身邊服勞了九年，隨後在吉州（今江西吉安）接受具足戒，受戒後侍奉更加恭敬。僧璨屢次用玄微的妙理來試驗道信，知道傳法機緣已成熟，就付囑衣、法給道信，並說偈頌道：「花的種子要種於地下，栽種於地的花種才能生長開花。如若無人下花種，開花之地就會全無花生長。」僧璨又說：「昔日慧可大師傳付給我衣法後，即去鄴都行遊教化，過了三十年方圓寂。今日我已傳法於你，為什麼還滯留在這兒？」隨即去了羅浮山，過了兩年閒適的生活，才又還到舊居。在一個多月的時間內，士民爭相前來，大設施捨供養。僧璨為四眾廣宣佛法心要，一天講法完畢後，就在法會的大樹下站著合掌圓寂了。是年即隋煬帝大業二年丙寅歲（六〇六年）十月十五日。唐玄宗賜僧璨諡曰鑑智禪師，他的墓塔名覺寂之塔。是年至宋代景德元年甲辰歲（一〇〇四年），正好是四百年。

當初唐代河南尹李常平素就欽仰三祖僧璨的風采，深得玄微的教旨，於天寶乙酉歲（七四五年）遇見荷澤神會禪師，問道：「三祖大師葬在什麼地方？有人說大師進入羅浮山後而未歸還，有人傳說大師死在山谷寺，不知何者正確？」神會回答：「僧璨大師從羅浮山歸山谷寺，過了一個多月才圓寂。現今在舒州有三祖之墓。」李常對此並不相信。正好李常被貶官為舒州別駕，因而向山谷寺眾僧詢問道：「聽說寺後有三祖之墓，有沒有啊？」當時上座慧觀回答道：「有啊。」李常便欣然會同僚屬佐吏前往瞻仰禮拜，又開啟三祖之墓穴，取出三祖的真儀，火化後得到五色舍利三百粒，把一百粒放入用自己的俸祿錢建造的佛塔中，一百粒寄給荷澤神會禪師以驗證前言，還有一百粒隨身攜帶，後來在洛中自己的私第中設齋會加以慶賀。當時西域僧人三藏犍那等人也在法會中，李常詢問三藏道：「天竺禪門祖師有幾位？」犍那回答道：「從迦葉下至般若多羅，共有二十七位祖師。如若追述師子尊者的旁出門徒達磨達等四世二十二人，總共有四十九位祖師。如若從七佛下至僧璨大師，不包括橫出別支，凡有三十七世。」李常又問道：「齋會中的耆德說道：他曾經看見過載有祖師承接關係的圖表，有的引錄了五十餘位祖師，甚至於支派差異，宗派門徒亦不能確定，有的甚至只有一個空名。憑藉什麼加以驗證呢？」此時有一個名叫智本禪師者，是六祖慧能大師的門人，回答道：「這是因為在北魏初期佛法淪落衰微之時，有一個名叫曇曜的沙門，在紛紜混亂中用白絹抄錄諸位祖師的名字，有忘記或錯失諸祖師前後次序者，藏在衣領內，隱居在巖洞中。過了三十五年，北魏文成帝即位，佛法才得以中興恢復，曇曜也因名聲、行跡都極崇尊，被任為僧統，於是便召集眾沙門，重新商議結集之事，名之為《付法藏傳》。書中小有差錯互倒，即是因曇曜抄錄時恐懼所造成的。又經過了十三年，天子命令國子博士黃元真與北天竺僧人三藏佛陀扇多、吉弗煙等人重新推究梵文，甄別宗派教旨，隨後敘述祖師的師承源流，才得以沒有紕漏謬誤。」

【說明】三祖僧璨的禪學思想主要見於其所撰的〈信心銘〉中，〈信心銘〉收錄於本書第三〇卷。

第三十一祖道信大師

第三十一祖道信大師者，姓司馬氏，世居河內，後徙於蘄州之廣濟縣。師生而超異，幼慕空宗❶諸解脫門，宛如宿習。既嗣祖風，攝心❷無寐，脅不至席者僅❸六十年。

隋大業十三載，領徒眾抵吉州，值群盜❹圍城，七旬不解，萬眾惶怖。師愍之，教令念《摩訶般若》。時賊眾望雉堞間若有神兵，乃相謂曰：「城內必有異人，不可攻矣。」稍稍引去。

唐武德甲申歲，師卻返蘄春，住破頭山❺，學侶❻雲臻❼。一日，往黃梅縣，路逢一小兒，骨相❽奇秀，異乎常童。師問曰：「子何姓？」答曰：「姓即有，不是常姓。」師曰：「是何姓？」答曰：「是佛性。」師曰：「汝無姓耶？」答曰：「性空故。」師默然，識其法器，即俾侍者至其家，於父母所乞令出家。父母以宿緣故，殊無難色，遂捨為弟子，名曰弘忍。舊本無「名曰弘忍」四字，今此添入。若不言名，以至付法傳衣者，是何人耶？兼後有「忍曰」二字，亦自不明耳。以至付法傳衣。偈曰：「華種有生性，因地華生生。大緣與性合，當生生不生。」遂以學徒委之。

一日，告眾曰：「吾武德中遊廬山❾，登絕頂，望破頭山，見紫雲如蓋，下有白氣，橫分六道。汝等會否？」眾皆默然，忍曰：「莫是和尚他後橫出一枝佛法否？」師曰：「善。」

後貞觀癸卯歲，太宗嚮師道味❿，欲瞻風彩⓫，詔赴京。師上表遜謝，前後三返，竟以疾辭。第四度命使曰：「如果不起，即取首來。」使至山諭旨，師乃引頸就刃，神色儼然。使異之，迴以狀聞。帝彌加歎慕，就賜珍繒，以遂其志。

迄高宗永徽辛亥歲閏九月四日，忽垂誡門人曰：「一切諸法，悉皆解脫。汝等各自護念⓬，流化未來。」言訖，安坐而逝，壽七十有二。塔于本山。明年四月八日，塔戶無故自開，儀相如生。爾後，門人不敢復閉。代宗諡大醫禪師、慈雲之塔。自圓寂至皇宋景德元年甲辰，凡三百五十六載。當云「三百五十四載」。

【注　釋】❶空宗　佛教中以空理為宗旨的宗派，指小乘中的成實宗與大乘中的三論宗。❷攝心　收攝散亂之心於一處。❸僅　竟然。❹群盜　此指隋末參與起義的農民等。❺破頭山　即破額山。湖北黃梅西北三十里有一座雙峰山，山有東西兩峰。據《名勝志》載，其西峰名破額山，上建有正覺寺，為四祖道信道場，故也名四祖寺；東峰名馮茂山，建有東山寺，為五祖弘忍道場。❻學侶　從師學法之僧侶。❼雲臻　雲，比喻多。臻，至；達到。❽骨相　指人的骨骼相貌。❾廬山　在江西九江南，風光殊佳，為古今風景勝地。❿道味　道德風骨。⓫風彩　即風采。⓬護念　嘉祥《法華義疏》九曰：「令外惡不侵為護，內善得生為念。」

【語　譯】第三十一祖道信大師，俗姓司馬氏，世代居住於河內郡（今河南沁陽），後來徙居於蘄州廣濟縣（今湖北廣濟北）。道信生下來不同凡響，幼年時欽慕空宗中的各種解脫法門，就好像是平昔早已熟習的一樣。大師既已承嗣僧璨大師所傳之列祖禪風，便集中精力，徹夜不寐，護持不懈，兩脅不沾睡席竟將近六十年。

隋代大業十三年（六一七年），道信率領徒眾抵達吉州（今江西吉安），正好遇到「群盜」圍攻州城，過了七十天還不能解圍，城中居民為此十分害怕。道信對此甚為憐憫，就教大家誦念《摩訶般若經》。當時，圍城者望見城牆的雉堞之間似乎有神兵神將來往，就相互議論道：「城內一定有奇異之人，我們不可以攻城。」便漸漸引兵退去。

唐代武德甲申歲（六二四年），道信返回蘄春（今屬湖北），居住在破頭山，從師學法的僧侶雲集而來。一天，道信往黃梅縣（今湖北黃梅西北）去，路上遇見一個小孩，其骨相神奇清秀，與尋常孩童大為不同。

道信問那小孩道：「你姓什麼？」那小孩回答：「姓是有，卻不是尋常之姓。」道信問道：「是什麼姓？」小孩答道：「是佛性。」道信再問：「你沒有姓嗎？」小孩回答：「這是因為性空的緣故。」道信默然不語，知道這小孩是一個法器，便叫一名侍者到那小孩家中，乞請他父母同意讓那小孩出家。那小孩的父母親看到孩子有宿緣，一點也不阻攔，即捨自己的孩子為道信的弟子，取法名叫弘忍，此後道信向弘忍傳付了法眼法衣。道信說傳法偈頌道：「花之種具有生生之性，故因地而花生。大緣與性合，故當生生不生。」又將門下弟子都委託弘忍化導。

有一天，道信告訴眾門人道：「我在武德年間行遊於廬山，登上絕頂，眺望破頭山，看見山頭上紫雲盤繞如同車蓋，下面有白氣，橫分為六道。你們能領會其中含義嗎？」眾徒都默然不答，只有弘忍說道：「難道是和尚的法嗣將來要橫出一支宗派嗎？」道信答：「說得對。」

到了貞觀癸卯歲（六四三年），唐太宗因嚮慕道信的道德風骨，想一睹其風采，便下詔命令道信赴京師。道信上表章辭謝，使者前後往返了三次，但道信始終稱病不去。第四次，唐太宗命令使者說：「如果大師依舊託病不肯起程，你就取他的首級來報。」使者來到破頭山宣諭聖詔，道信便將頭頸伸向刀刃，神色儼然不變。使者大為驚異，就即刻還京向天子奏報。唐太宗於是更加欽佩道信，賜下珍貴的絲帛，以成全道信居山不出的志向。

至唐高宗永徽辛亥歲（六五一年）閏九月四日，道信忽然垂誡門人道：「一切諸法，全都是教人解脫的法門。你們要各自護念，流傳教化未來之人。」道信說完，安坐圓寂，終年七十二歲。門人在破頭山上為他造了墓塔。次年四月八日，塔門無緣無故地自動打開，塔內大師的儀相依舊如生前一樣。自此以後，門人不敢再關閉墓門。唐代宗賜道信大師諡曰大醫禪師，墓塔名慈雲之塔。自大師圓寂之日至宋代景德元年甲辰歲（一〇〇四年），凡三百五十六年。應當說「三百五十四年」。

【說　明】禪宗自初祖達磨自三祖僧璨，都「行無轍迹，動無彰記」，遊方各地，隨處行化，其弟子則行頭陀行，一衣一鉢，一坐一食，居無定所。四祖道信其初也行頭陀行，後來開始安居雙峰山，聚徒眾至五百，習禪修道，既教禪，又傳戒，倡導念佛與成佛合一的方便法門，即息一切妄念而專於念佛，心心相續，念佛心即是佛，由此創立了自家門風。道信為適應眾徒生活需要，便改革單純依賴布施的頭陀生活為農禪自給的叢林生活，即要求弟子白天從事耕作，入夜勤於坐禪修習。後世禪宗叢林制度可說肇始於此。

第三十二祖弘忍大師

第三十二祖弘忍大師者，蘄州黃梅人也，姓周氏。生而嶷岐❶，童游時，逢一智者，歎曰：「此子闕❷七種相，不逮如來。」後遇信大師，得法嗣，化於破頭山。

咸亨中，有一居士姓盧，名慧能，自新（舊本誤作「蘄」字。）州來參謁。師問曰：「汝自何來？」曰：「嶺南❸。」師曰：「欲須❹何事？」曰：「唯求作佛。」師曰：「嶺南人無佛性，若為得佛？」曰：「人即有南北，佛性豈然？」師知是異人，乃訶曰：「著❺槽廠❻去。」能禮足而退，便入碓坊❼，服勞於杵臼❽之間，晝夜不息。

經八月，師知付授時至，遂告眾曰：「正法難解，不可徒記吾言，持為己任。汝等各自隨意述一偈，若語意冥符❾，則衣法皆付。」時會下七百餘僧，上座神秀者，學通內外[10]，眾所宗仰，咸共推稱云：「若非尊秀，疇[11]敢當之。」神秀竊聆眾譽，不復思惟，乃於廊壁書一偈[12]云：「身是菩提樹，心如明鏡臺。時時勤拂拭，莫遣[13]有塵埃。」師因經行，忽見此偈，知是神秀所述，乃讚歎曰：「後代依此修行，亦得勝果[14]。」其壁本欲令處士[15]盧珍[16]繪《楞伽變相》[17]，及見題偈在壁，遂止不畫，各令誦念。能在碓坊，忽聆誦偈，乃問同學：「是何章句[18]？」同學曰：「汝不知和尚求法嗣，令各述心偈？此則秀上座所述，和尚深加歎賞，必將付法傳衣也。」能曰：「其偈云何？」同學為誦，能良久曰：「美則美矣，了則未了。」同學訶曰：「庸流何知，勿發狂言！」能曰：「子不信耶？願以一偈和之。」同學不答，相視而笑。能至夜，密告一童子，引至廊下，能自秉燭，令童子於秀偈之側寫一偈云：「菩提本非樹，心鏡[19]亦非臺。本來無一物，何假拂塵埃[20]？」大師後見此偈，云：「此是誰作？亦未見性。」眾聞師語，遂不之顧。迨夜，乃潛令人自碓坊召能行者[21]入室，告曰：「諸佛出世為一大事，故隨機小大而引導之，遂有十地[22]、三乘[23]、頓漸[24]等旨，以為教門[25]。然以無上微妙、秘密圓明、真實正法眼藏付于上首大迦葉尊者，展轉傳授二十八世，至達磨屆于此土，得可大師承襲，以至于吾。今以法寶及所傳袈裟用付於汝，善自保護，無今斷絕。聽吾偈曰：『有情來下種，因地果還生。無情既無種，無性亦無生。』

能居士跪受衣法，啟曰：「法則既授，衣付何人？」師曰：「昔達磨初至，人未知信，故傳衣以明得法。今信心已熟，衣乃爭端，止於汝身，不復傳也。且當遠隱，俟時行化。所謂受衣之人，命如懸絲㉖也。」能曰：「當隱何所？」師曰：「逢懷即止，遇會且藏。」能禮足已，捧衣而出。是夜南邁㉗，大眾莫知。忍大師自此不復上堂，凡三日，大眾疑怪致問。祖曰：「吾道行矣，何更詢之！」復問：「衣法誰得耶師？」師曰：「能者得。」於是眾議盧行者名能，尋訪既失，懸知㉘彼得，即共奔逐。

忍大師既付衣法，復經四載，至上元二年乙亥歲，乃唐高宗時也，至肅宗時復有上元年號，其二年歲在辛丑也。忽告眾曰：「吾今事畢，時可行矣。」即入室，安坐而逝，壽七十有四。建塔於黃梅之東山。代宗皇帝諡大滿禪師、法雨之塔。自大師滅度至皇宋景德元年甲辰，凡三百三十年。

【注釋】❶嶷岐　《詩經・生民》云：「誕實匍匐，克岐克嶷。」後世常用來形容幼年聰慧。❷闕　通「缺」。❸嶺南　即五嶺以南的兩廣地區。❹須　需要。❺著　教；使。❻槽廠　此指僧人的住所。❼碓坊　舂米工場。碓，用石製成的舂米工具。❽杵臼　舂米工具。❾冥符　暗中契合。❿內外　內典與外典。指佛教經籍為內典，俗世經籍為外典。⓫疇　疇類；

等類。此指眾僧。⑫一偈　神秀此偈頌頗能體現北宗攝心看淨、漸修成佛的特色，即其把身心比作菩提樹和明鏡臺，為保持身心清淨，就須時常拂拭，以不被外界塵埃所汙染。⑬遣　使。⑭勝果　勝妙之證果。佛教認為二乘之果並不圓滿，是果而非勝；十地之法也未圓滿，是勝而非果；獨有佛果為究竟圓滿之妙果，故稱勝果。⑮處士　舊稱有才德而隱居不仕的人。⑯盧珍　唐代畫家，善於繪佛像、變相、人物等，唐憲宗元和年間為內供奉。⑰楞伽變相　楞伽，山名，在師子國（今錫蘭島），山勢險峻，常人難到。如來曾於此說大乘經，名《楞伽經》。變相，簡稱「變」，唐後流行的繪畫形式之一，用以描繪佛經故事，宣傳教義。變相依據所畫之內容，而有不同名稱。據《楞伽經》所繪之變相，便稱《楞伽變相》。⑱章句　詩歌，此指偈頌。⑲心鏡　心如明鏡，能照萬物，故稱心鏡。⑳何假拂塵埃　慧能此偈，《壇經》一作「菩提本無樹，明鏡亦非臺。佛性常清淨，何處有塵埃？」（參見北京中華書局郭朋校釋本）有學者認為「本來無一物」仍是「本無」思想，是受老莊、玄學思想影響下，對「性空」的不確切詮釋。慧能此偈與神秀一偈針鋒相對，認為人人所具有的本性、佛性本來是清淨，只要自識本性，就能立地成佛，而不須「時時勤拂拭」，故主張明心見性，頓悟成佛。㉑行者　指在佛寺中服雜役而沒有剃髮出家者。㉒十地　亦作「十住」，指佛教修行過程中的十個階位。㉓三乘　謂引導教化眾生達到解脫的三種方法或途徑。一般稱聲聞、緣覺、菩薩（或佛）為三乘。㉔頓漸　頓悟與漸悟。頓悟相對於漸悟而言，指無須經過長期修習，一旦把握佛教正法，即可突然覺悟。㉕教門　教法為入道之門，故名。㉖懸絲　用以形容生命處於極端危險之中。㉗邁　去。㉘懸知　推知。

【語譯】第三十二祖弘忍大師（六〇一～六七四年），蘄州黃梅縣（今湖北黃梅西北）人，俗姓周氏。弘忍生下來就聰穎傑出，幼年出遊時，遇到一個智者，對他歎惜道：「這孩子缺少七種相，故而不及如來。」後來弘忍遇見道信大師，得為法嗣，在破頭山教化眾人。

唐高宗咸亨（六七〇～六七四年）年間，有一個居士姓盧，名叫慧能，自新州（今廣東新會）來此拜見弘忍大師。大師問道：「你從何處而來？」慧能答道：「嶺南。」大師再問：「想做什麼事？」慧能回答：「我只求成佛。」大師便說：「嶺南人沒有佛性，怎麼能成佛？」慧能便道：「人雖然有南方人、北方人的不同，佛性難道也是這樣的嗎？」大師知道他不同凡響，就假意呵責道：「到宿舍中去。」慧能頂禮膜拜之後退下，直接進入碓房，天天在那兒用杵臼舂米，晝夜不息。

過了八個月，弘忍大師覺得付授衣法之時已經來到，就告訴眾徒說：「佛乘正法難以用語詞解說，你們不可徒然記誦我的話語，並把它作為修習之目的。你們各人隨意作一首偈頌，如果其語意契合佛法，我就把衣、法傳付給他。」當時佛寺中有僧侶七百餘人，其中上座神秀博學，通達內外典，為眾徒所宗仰，故眾人一起推譽道：「若不是尊敬的神秀，誰敢擔當此事。」神秀在暗中聽到眾人的稱譽，就不再思考，在走廊的牆壁上題寫了一首偈頌：「身是菩提樹，心如明鏡臺。時時勤拂拭，莫遣有塵埃。」弘忍大師走過此處，忽然看見了這一偈頌，知道是神秀所寫的，就讚歎道：「後代依據此法修行，亦能獲得勝果。」這牆壁本來準備讓處士盧珍畫《楞伽變相》的，現在有了這首偈頌，就不讓畫了，讓眾僧人各自誦念。慧能正在碓房幹活，忽然聞聽有人誦念偈句，就詢問同學道：「這是什麼章句？」同學答道：「你不知道和尚想求法嗣，命令每個人各述心偈嗎？這是神秀上座所述的偈頌，和尚深加歎賞，必定要付法傳衣給他了。」慧能問道：「他的偈頌說什麼？」同學為他背誦了偈頌，慧能聽後，過了一會說道：「美是美了，要說了悟卻是未達到。」那同學呵責他說：「平庸之輩知道什麼，不要亂發狂言！」慧能說道：「你不相信啊？我願以一首偈頌相和。」那同學不回答，只是與旁邊的人相視而笑。慧能到了夜裡，悄悄地叫一個童子引他到走廊下，慧能自己手持蠟燭，令童子在神秀所書的偈頌旁另寫了一首偈頌：「菩提本非樹，心鏡亦非臺。本來無一物，何假拂塵埃？」弘忍大師後來看見了這偈句，就問：「這是誰作的？亦未能見佛性。」眾僧聽大師如此評語，就不屑一顧了。等到晚上，弘忍大師才悄悄地令人把慧能行者從碓房中召到自己的居室，告訴他說：「諸佛出世是一件大事，所以隨各人的機緣大小而加以引導，於是就有十地、三乘、頓悟與漸悟等教旨，作為本教的法門。然後把無上微妙、秘密圓明、真實清淨正法眼藏傳付給上首弟子大迦葉尊者，後來輾轉傳授了二十八世，直至達磨尊者來到此土，尋得慧可大師承襲法統，以至於我。我今日將法寶與達磨所傳的袈裟付囑於你，你要好好保護，不要斷絕了傳人。你聽我說偈頌：『有情來下種，因地果還生。無情既無種，無性亦無生。』」慧能居士跪著接受了衣與法，問道：「正法既已傳授，那法衣將付囑給什麼人？」大師說道：「昔日達磨大士初至此土，人們還未能崇信，所以傳授法衣以作為得傳正法之信物。今日人們信心已經建立了，而法衣乃是引起爭端之物，故傳到你為止，不再下傳。而且你應當遠離此處隱居起來，等待時機適合再行遊化導。這正是所謂受法衣之人，命如懸絲呀。」慧能問道：「我應當隱居在什麼地方？」大師即道：「逢到『懷』字即可止，遇上『會』字就可藏。」慧能頂禮膜拜了大師雙腳後，就捧法衣而出。當天夜間，慧能向南急走，眾人毫不知情。弘忍大師自此不再上堂說法，就這樣過了三天，眾人都感到奇怪，來詢問原因，大師回答：「我的法道已經南行了，為何再來詢問呀！」眾人再問道：「衣法被誰獲得了？」大師回答：「能者得了。」於是眾人議論盧行者名慧能，趕緊尋訪才知道他已失蹤，由此知道衣法已為慧能所獲得，就一起出寺追逐他去了。

弘忍大師付傳了衣法後，又過了四年，至上元二年乙亥歲（六七五年），此乃是唐高宗之時，至唐肅宗時又有上元年號，其二年為辛丑歲（七六一年）。忽然告訴眾徒道：「我今日諸事都已做完，可以走了。」隨即進入居室，安然坐化，享年七十四歲。他的墓塔建在黃梅縣的東山上。唐代宗賜弘忍大師謚曰大滿禪師，墓塔名法雨之塔。自大師寂滅至宋代景德元年（一〇〇四年）甲辰歲，為三百三十年。

【說　明】五祖弘忍禪法上承道信，但進一步融合《般若經》與《金剛經》的思想，倡導「即心是佛」、「心淨成佛」，「息其言語，離其經論」，而不立文字，頓入法界。因此弘忍主張將對禪境的體驗完全貫徹於人的日常生活之中，認為人之行、住、坐、臥皆是修習悟道成佛之行為或活動，人之一切行為、言論與思維活動皆體現佛的教化，坐禪時之靜默與日常生活中之活動毫無區別。因弘忍於黃梅雙峰山東山寺聚徒傳法，故人們稱其禪法為「東山法門」。「東山法門」開創了禪宗發展的新階段。

卷四

道信大師旁出法嗣法系表

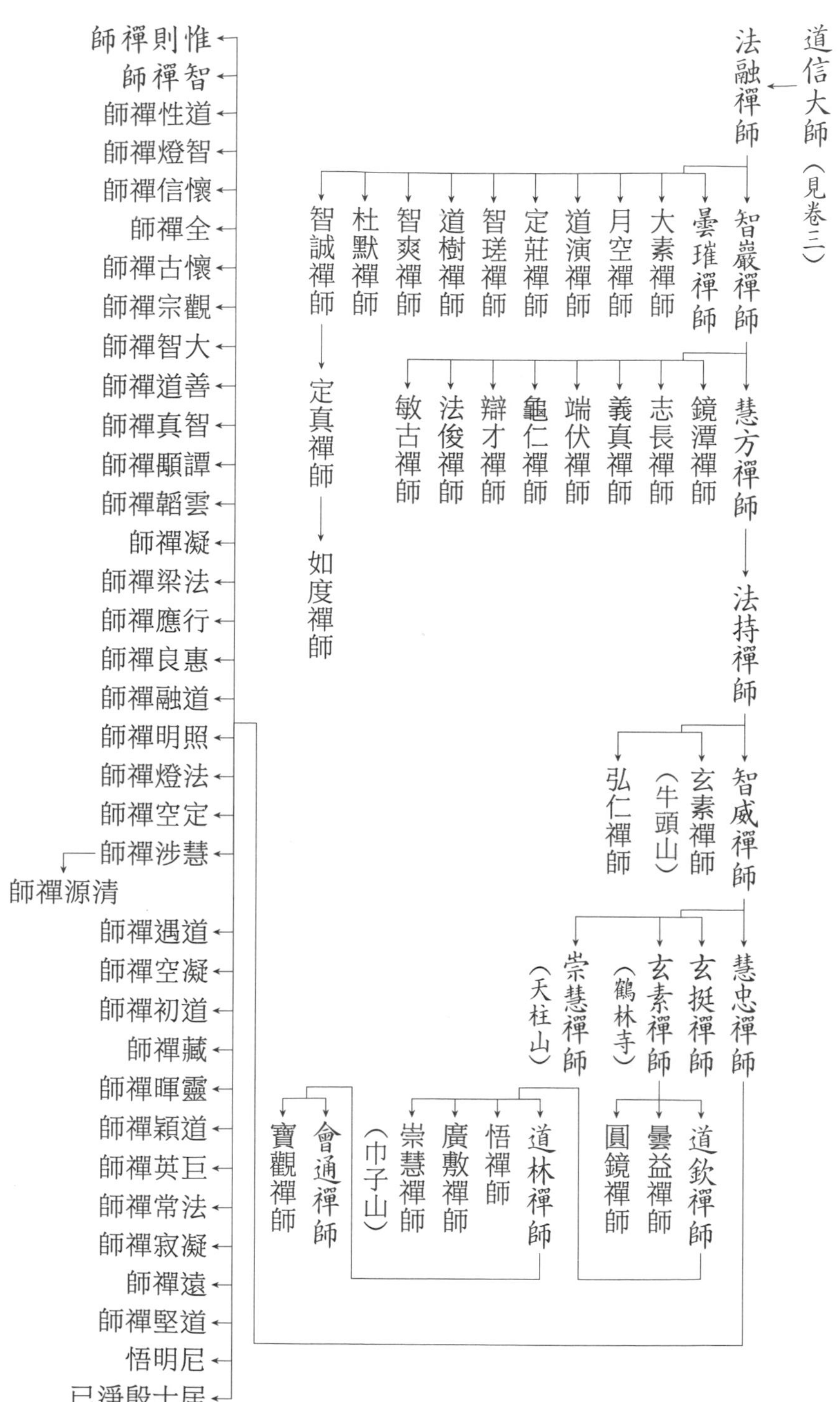

弘忍大師旁出法嗣法系表

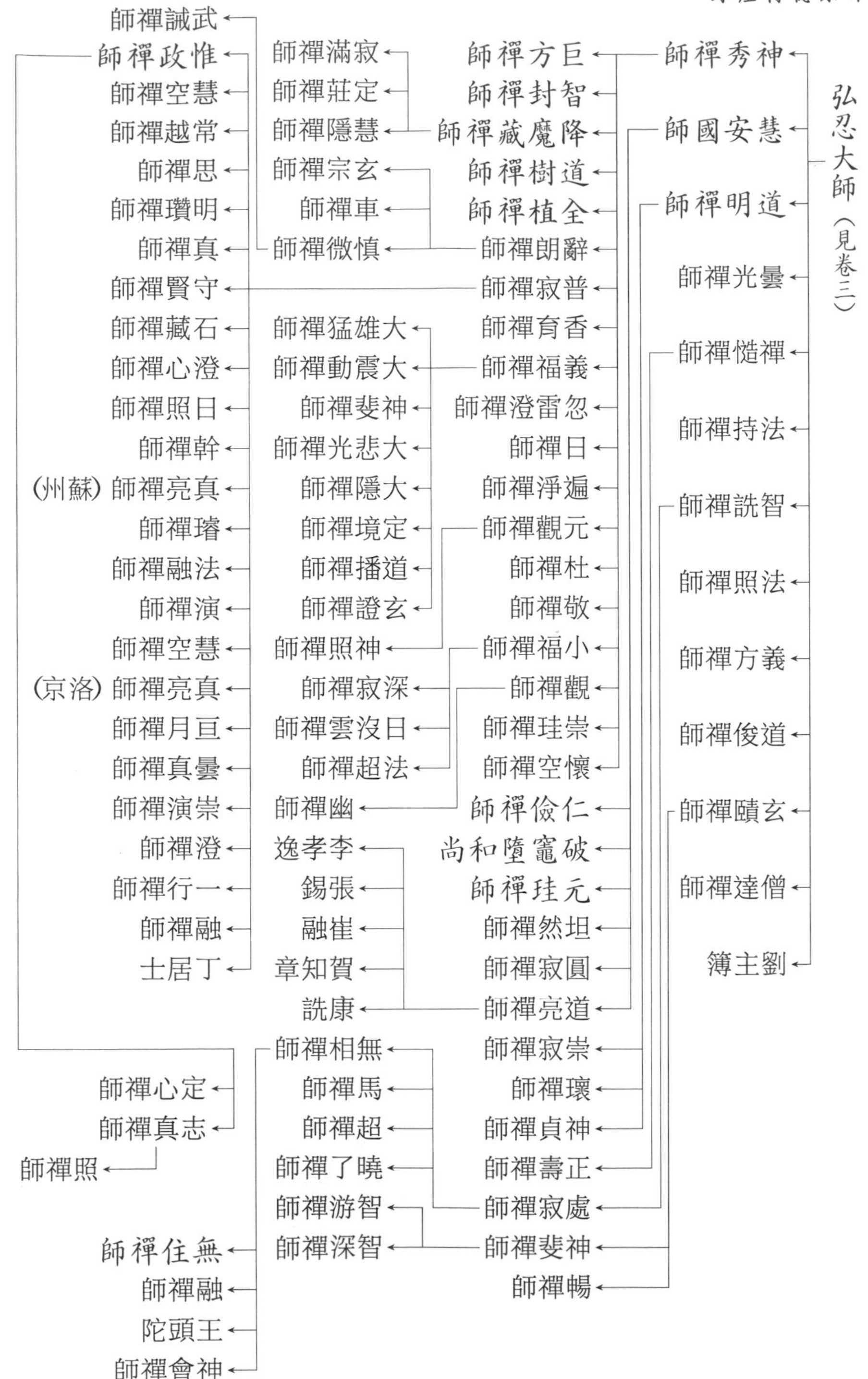

卷四

第三十一祖道信大師旁出法嗣

金陵牛頭山六世祖宗

【題解】傳說法融在牛頭山「得自然智慧」，四祖道信大師「就而證之」，於是法融就成為四祖的旁出法嗣，開創牛頭宗，傳六世後湮沒無聞。牛頭禪法倡導「虛空為道本」、「無心合道」和「無情有性」、「無情成佛」等觀點，將玄學帶進了佛學，使印度禪進一步中國化，為禪宗的建立和弘揚作出了獨特的建樹。

第一世法融禪師

第一世法融禪師者，潤州延陵人也，姓韋氏。年十九，學通經史。尋閱《大部般若》❶，曉達真空❷。忽一日，歎曰：「儒道世典，非究竟❸法。《般若》正觀❹，出世舟航❺。」遂隱茅山❻，投師落髮。後入牛頭山幽棲寺❼北巖之石室，有百鳥銜花之異。

唐貞觀中，四祖遙觀氣象，知彼山有奇異之人，乃躬自尋訪，問寺僧：「此間有道人❽否？」曰：「出家兒那箇不是道人？」祖曰：「阿❾那箇是道人？」僧無對。別僧云：「此去山中十里許，有一懶融，見人不起，亦不合掌，莫是道人？」祖遂入山，見師端坐自若，曾無所顧。祖問曰：「在此作什麼？」師曰：「觀心❿。」祖曰：「觀是何人？心是何物？」師無對，便起作禮。師曰：「大德高棲⓫何所？」祖曰：「貧道不決所止，或東或西。」師曰：「還識道信禪師否？」曰：「何以問他？」師曰：「嚮德滋⓬久，冀一禮謁。」曰：「道信禪師，貧道是也。」師曰：「因何降此？」祖曰：「特來相訪，莫⓭更有宴息之處否？」師指後面云：「別有小庵⓮。」遂引祖至庵所。遶庵，唯見虎狼之類。祖乃舉兩手作怖勢，師曰：「猶有遮箇⓯在。」祖曰：「適來見什麼？」師無語。少選⓰，祖卻於宴坐石上書一「佛」字，師覩之竦然。祖曰：「猶有這箇在。」師未曉，乃稽首請說真要。祖曰：「夫百千法門，同歸方寸⓱，河沙⓲妙德，總在心源⓳。一切戒門⓴、定門、慧門，神通變化，悉自具足㉑，不離汝心。一切煩惱業障，本來空寂。一切因果，皆如夢幻。無三界可出，無菩提可求。人與非人，性相平等。大道虛曠，絕思絕慮。如是之法，汝今已得，更無闕少，與佛何殊？更無別法，汝但任心自在[22]，莫作觀行，亦莫澄心，莫起貪瞋[23]，莫懷愁慮，蕩蕩[24]無礙，任意縱橫，不作諸善，不作諸惡，行住坐臥，觸目遇緣，總是佛之妙用。快樂無憂，故名為佛。」師曰：「心既具足，何者是佛？何者是心？」祖曰：「非心不問佛，問佛非不心。」師曰：「既不許作觀行，於境起時，心如何對治？」祖曰：「境緣無好醜，好醜起於心。心若不彊名，妄情從何起？妄情既不起，真心任徧知。汝但隨心自在，無復對治，即名常住[25]法身，無有變異。吾受璨大師頓教法門，今付於汝。汝今諦受吾言，只住此山。向後當有五人達者，紹汝玄化。」圭峰[26]判為：「泯絕無寄，宗引破相[27]，教而印之。」有僧問南泉[28]：「牛頭未見四祖時，為什麼鳥獸銜華來供養？」南泉云：「只為步步蹋佛階梯。」洞山[29]云：「如掌觀珠，意不暫捨。」僧云：「見後為什麼不來？」南泉云：「直饒不來，猶校[30]王老師一線道。」洞山云：「通身去也。」又一尊宿[31]答前兩問，皆云：「賊不打貧兒家。」僧問一老宿：「牛頭未見四祖時如何？」云：「如條[32]貫[33]葉。」僧云：「見後如何？」云：「秋夜紛紛。」又僧問吳越永明潛禪師[34]：「牛頭未見四祖時如何？」潛云：「牛頭。」僧云：「見後如何？」潛云：「牛頭。」諸方多舉唱[35]，不可備錄。祖付法訖，遂返雙峰山終老。師自爾法席大盛。

唐永徽中，徒眾乏糧，師往丹陽緣化[36]。去山八十里，躬負米一石八斗，朝往暮還，供僧三百，二時[37]不闕。三年，邑宰蕭元善請於建初寺[38]講《大般若經》[39]，聽者雲集。至《滅靜品》[40]，地為之震動。講罷歸山。

博陵王[41]問師曰：「境[42]緣[43]色發時，不言緣色起。云何得知緣，乃欲息其起？」師答曰：「境色初發時，色境二性空。本無知緣者，心量[44]與知同。照本發非發，爾時起自息。抱暗生覺[45]緣，心時緣不逐。至如未生前，色心[46]非養育。從空本無念[47]，想受[48]言念生。起發未曾起，豈用佛教令？」問曰：「閉目不見色，境慮乃便多。色既不關心，境從何處發？」師曰：「閉目不見色，內心動慮多。幻識假成用，起名終不過。知色不關心，心亦不關人。隨行有相轉，鳥去空中真。」問曰：「境發無處所，緣覺了知生。境謝覺還轉，覺乃變為境。若以心曳心，還為覺所覺。從之隨隨[49]去，不離生滅際。」師曰：「色心前後中，實無緣起境。一念自凝忘，誰能計動靜？此知自無知，知知緣不會。當自檢本形，何須求域外[50]？前境不變謝，後念不來今。求月執玄影，討迹逐飛禽。欲知心本性，還如視夢裡。譬之六月冰，處處皆相似。避空終不脫，求空復不成。借問鏡中像，心從何處生？」問曰：「恰恰[51]用心時，若為安隱[52]好？」師曰：「恰恰用心時，恰恰無心用。曲譚名相勞，直說無繁重。無心恰恰用，常用恰恰無。今說無心處，不與有心殊。」問曰：「智者引妙言，與心相會當。言與心路別，合則萬倍乖。」師曰：「方便說妙言，破病大乘道。非關本性譚，還從空化造。無念為真常[53]，終當絕心路。離念性不動，生滅無乖悞[54]。谷響既有聲，鏡像能迴顧。」問曰：

「行者體境有，因覺知境亡。前覺及後覺，并境有三心。」師曰：「境用非體覺，覺罷不應思。因覺知境亡，覺時境不起。前覺及後覺，并境有三遲[55]。」問曰：「住定俱不轉，將為正三昧[56]，諸業不能牽。不知細無明，徐徐躡其後。」師曰：「復聞別有人，虛執起心量。三中事不成，不轉還虛妄。心為正受縛，為之淨業障。心塵萬分一，不了說無明。細細習因[57]起，徐徐名相生。風來波浪轉，欲靜水還平。更欲前途說，恐畏後心驚。無念大獸吼[58]，性空下霜雹。星散穢草[59]摧，縱橫飛鳥落。五道[60]定紛綸，四魔[61]不前卻。既如猛火燎，還如利劍斫。」問曰：「賴覺知萬法，萬法本來然。若假照用心[62]，只得照用心，不應心裡事。」師曰：「賴覺知萬法，萬法終無賴。若假照用心，應不在心外。」問曰：「隨隨無簡擇[63]，明心不現前。復慮心闇昧，在心用功行，智障[64]復難除。」師曰：「有此不可有，尋此不可尋。無簡即真擇，得闇出明心。慮者心冥昧[65]，存心託功行。何論智障難，至佛方為病。」問曰：「折中消息[66]間，實亦難安怗[67]。自非用行人[68]，此難終難見。」師曰：「折中欲消息，消息非難易。先觀心處心，次推智中智，第三照推者，第四通無記[69]，第五解脫名，第六等真偽，第七知法本，第八慈[70]無為，第九偏空陰[71]，第十雲雨被[72]。最盡彼無覺，無明生本智。鏡像現三業[73]，幻人化四衢。不住空邊盡，當照有中無。不出空有內，未將空有俱。號之名折中，折中非言說。安怗無處安，用行何能決！」問曰：「別有一種人，善解空無相。口言定亂一，復道有中無。同證用常寂，知覺寂常用。用心會真理，後言用無用。智慧方便多，言亂與理合。如如理[74]自如，不由識心[75]會。既知心會非，心心復相泯。如是難知法，永劫不能知。同此用心人，法所不能化。」師曰：「別有證空者，還如前偈論。行空守寂滅，識見暫時翻。會真是心量，終知未了原。又說息心用，多智疑相似。良[76]由性不明，求空且勞己。永劫住幽識[77]，抱相都不知。放光便動地[78]，於彼欲何為！」問曰：「前件看心者，復如羅縠[79]難。」師曰：「看心有羅縠，幻心何待看！況無幻心者，從容下口[80]難。」問曰：「久有大基業，心路差互間。得覺微細障，即達於真際[81]。自非善巧[82]師，無能決此理，仰惟我大師，當為開要門，引導用心者，不令失正道。」師曰：「法性本基業，夢境成差互。實相微細身，色心常不悟。忽逢混沌[83]士，哀怨愍群生。託疑廣設問，抱理內常明。生死幽徑徹，毀譽心不驚。野老[84]顯分答，法相媿來儀。蒙發群生藥，還如色性為[85]！」

顯慶元年，邑宰蕭元善請出山，住建初，師辭不獲免，遂命入室上首[86]智巖付囑法印，今以次傳授。將下山，謂眾曰：「吾不復踐此山矣。」時鳥獸哀號，踰月不止。庵前有四大桐樹，仲夏(87)之月，忽自凋落。明年丁巳閏正月二十三日，終於建初，壽六十四，臘(88)四十一。二十七日，窆(89)于雞籠山(90)，會送者萬餘人。其牛頭山舊居金源、虎跑泉、錫杖泉、金龜等池、宴坐石室，今悉存焉。

【注　釋】❶大部般若　佛經名。❷真空　真如之理性離絕一切迷情所見之相，稱真空。非空之空為大乘至極之真空。❸究竟　事理的最高境界。❹正觀　離癡而見法，名之正觀。❺舟航　佛教常用舟航以比喻度世之般若智慧，恰如渡生死海的舟船。❻茅山　在江蘇西南部，傳說漢代茅氏三兄弟在此修道，故名，為道教的第八洞天。❼牛頭山幽棲寺　山在江蘇南京南，寺在山之深處，南朝宋大明年間初建。法融禪師受學、隱修、寂滅建墓塔於此，故後人稱其禪法為牛頭宗。❽道人　得道之人；修道之人。❾阿　吳方言中語助詞，表示詢問，相當於北方話中的「可」。❿觀心　觀察心性如何。佛教認為心為萬法之主，無一事在心外者，故觀心即觀察一切。⓫高棲　詢問別人棲息處所的尊詞。⓬滋　很；甚。⓭莫　莫不是；或許。⓮庵　小房屋；小寺觀。⓯遮箇　即「這個」。此指恐懼之心。⓰少選　過了一會兒。⓱方寸　心。⓲河沙　恆河中的沙粒，比喻數量之極多。⓳心源　佛教認為心是萬法之根源。《菩提心論》曰：「妄心若起，知而勿隨。妄若息時，心源空寂。萬法斯具，妙用無窮。」⓴門　法門。㉑具足　諸法具備充足圓滿之意。㉒自在　心離煩惱的束縛而通達無礙。㉓瞋　憤怒。㉔蕩蕩　水奔流貌。㉕常住　指法無生滅變遷。㉖圭峰　唐代高僧宗密，住終南山草堂寺圭峰蘭若，故人稱之為圭峰。㉗破相　三宗之二，謂一切染淨之法，都為因緣而生，因此無自性，如夢如幻，諸相惟是空，即空亦是空，故名破相。㉘南泉　唐代高僧普願，俗姓王氏，住池州南泉院，世稱南泉禪師，俗稱王老師。㉙洞山　唐代高僧良价，住洪州洞山，徒眾甚盛。㉚校　計較。㉛尊宿　德尊年老者，也稱老宿。㉜絛　繩；線。㉝貫　貫穿。㉞吳越永明潛禪師　即道潛，俗姓武，河中（今山西永濟）人，五代時吳越王迎居杭州永明寺，從受菩薩戒，宋初死。㉟舉唱　作為公案、話頭教導或參修。㊱緣化　即化緣。佛教認為能布施者與佛有緣，故稱募化為化緣。㊲二時　即朝夕二時講經功課。㊳建初寺　在今南京市郊，初建於三國時。㊴大般若經　《大般若波羅蜜多經》之略稱，六百卷，唐代高僧玄奘所譯。㊵品　經論中子目的名稱。㊶博陵王　即李焯，唐宗室。(42)境　心之所遊履攀緣者，稱之為境，如色為眼識所遊履，便謂之色境。(43)緣　憑藉；順著一方走。(44)心量　心起妄想及種種度量外境者為凡夫的心量，離絕一切之所緣能緣而住於無心者為如來真證的心量。(45)覺　智障無明者昏昏如睡，聖慧一起，翻然大悟，如睡夢而得覺醒，故名之為覺。(46)色心　有形質礙之法而無知覺之用者，稱之為色；無形質可見而有知覺之用者，稱之為心。在於諸法稱作色心，在於有情稱作心身。身即色。(47)無念　無妄念，即正念。念，指心於所對之境記憶不忘，又指心之發動而流轉於三世者。(48)想受　指六識心想及苦樂二受。想，使事物之相浮現於心而為言語之因。受，心領納所接觸外境而加以效法者。(49)隨隨　順從的樣子。(50)域外　指心外。(51)恰恰　剛好；恰好。(52)安隱　同「安穩」。(53)真常　指如來所得之法真實常住。(54)悮　同「誤」。(55)遲　等候。(56)正三昧　正受三昧。梵語三昧，漢譯作正受，即禪定的異名。(57)習因　修習續接前念之善而起後念之善。(58)大獸吼　即獅子吼。大獸，此指獅子。(59)穢草　衰草；野草。(60)五道　道為有情往來之所，分地獄道、餓鬼道、畜生道、人道和天道五類。(61)四魔　一為煩惱魔，指貪欲煩惱能損害身心；二為陰魔，指色等五陰能生種種苦惱；三為死魔，指死能斷人之命根；四為他化自在天之魔（欲界第六天之魔王），指此魔王能害人之善事。(62)照用心　即用心。《盂蘭盆經疏》上曰：「菩薩用心，不務專己。」(63)簡擇　即「揀擇」。(64)智障　障礙菩提的無明稱智障。(65)冥昧　昏暗愚昧。(66)消息　消滅增長，指生滅、盛衰。《易・丰》曰：「日中則昃，月盈則食，天地盈虛，與時消息。」(67)安怗　安帖；安穩。(68)用行人　修行佛道之人。用，須、要之意。(69)無記　三性之一。《俱舍論》二曰：「無記者，不可記為善不善性，故名無記。」(70)慈　與樂曰慈，拔苦曰悲。(71)陰　指色聲等有為法；又指諸有為法積聚而為體。(72)被　澤被之意。(73)三業　身、口、意三者所造之業。(74)如理　如實之意。(75)識心　諸識之心王。《楞嚴經》一曰：「一切世間十種眾生，同將識心居住身內。」(76)良　很；真的。(77)幽識　幽遠不明之識。(78)放光便動地　佛講經前放光明震動大地，為大乘之通相。(79)羅縠　《祖庭事苑》云：菩薩智與如來智，如明眼人隔輕縠睹眾色像。用以比喻菩薩與佛見性相同而無差。縠，縐紗。(80)下口　吃東西。(81)真際　真實之邊際，即空平等的真性。(82)善巧　善良巧妙之方便。(83)混沌　糊塗貌。(84)野老　鄙野之老者。此為法融禪師之自稱。(85)為　語助詞，表示感慨或詰問的語氣。(86)入室上首　禪規稱久參之弟子入師室參問道法，世俗稱得師法者，為入室弟子。上首，即首座，居席之首端，處眾僧之上，故名。(87)仲夏　夏季之第二個月，即農曆五月。(88)臘　亦稱法臘，指僧侶出家之年歲。(89)窆　埋葬。(90)雞籠山　在今江蘇南京城內，狀如雞籠，故名。一名雞鳴山。

【語　譯】第一世法融禪師（五九四～六五七年），潤州延陵（今江蘇鎮江）人，俗姓韋氏。法融十九歲時，博通經史。隨後他又閱讀了《大部般若》，因而通曉悟達真空之法。有一天，法融忽然歎惜道：「儒學俗世典籍，不是最高境界的教理。《般若》正觀，才是出世之航船。」於是他就隱居在茅山，皈依禪師削髮出家。後來，法融禪師棲止於牛頭山幽棲寺北巖的石室內，出現百鳥銜花而來之奇異景象。

唐太宗貞觀年間（六二七～六四九年），四祖道信大師遙觀天象，知道牛頭山中隱有奇異之人，就親自前往尋訪，問寺中一僧人道：「這裡有道人嗎？」那寺僧反問道：「出家兒哪個不是道人？」四祖再問道：「阿哪個是道人？」那寺僧不能回答。此時其他寺僧就說：「離開這裡十許里的山中，有一個被稱作懶融的僧人，看見人來不起座，亦不合掌施禮，莫非他就是你要找的道人？」四祖就進入山中，看見法融端坐自如，竟然無所顧見。四祖問道：「你在這裡做什麼？」法融回答：「在觀心。」四祖再問：「觀者是何人？心是何物？」法融不能回答，就起來施禮。法融問道：「大德高棲於何處？」四祖回答：「貧道居無定所，有時在東，有時在西。」法融問：「你可認識道信禪師嗎？」四祖反問道：「為什麼要問他？」法融回答：「仰慕他德行已很久了，希望能拜見他。」四祖便說道：「貧道就是道信禪師。」法融問道：「禪師為什麼降臨這裡？」四祖回答：「我特來訪問你，你還另有棲息之處嗎？」法融指著後面說：「那裡另有一座小庵。」隨即引導四祖來到小庵前。小庵的周圍，只見虎狼之類猛獸。四祖就舉起雙手作出恐怖的樣子，法融便說：「你心中還有這個存在。」四祖便問：「你剛才看見了什麼？」法融無語。過了一會兒，四祖就在坐禪的石上書寫了一個「佛」字，法融一見，心中竦然。四祖便說：「你心中還有這個存在。」法融未能曉悟，就向四祖稽首，請問佛法真如旨要。四祖說道：「千百眾法門，同歸於方寸，數量多如恆河之沙粒的微妙德行，總在於心源。一切戒律、禪定、智慧法門，及各種神通變化，你都自然具足，並不離你之心。一切煩惱業障，本來就空寂虛無。一切因果，都宛如夢幻。沒有三界可以脫離，沒有菩提可以尋求。人與非人，本性與本相都平等。大道虛渺空曠，絕無思慮。如此之法，你今日都已得到，更無缺少，與佛陀有什麼差別呢？更無其他的道法了，你只要任隨心境自在，不必觀想修行，亦不必強使心境清淨澄明，不要生起貪婪、憤怒之意，不要胸懷憂慮，坦坦蕩蕩，無有阻礙，任意縱橫，不用做諸種善行，不要做諸種惡業，行、住、坐、臥之間，觸目所遇都是機緣，都是佛法的神妙作用。快樂無有憂慮，故名之為佛。」法融又問道：「此心既已具足，那麼什麼是佛？什麼是心？」四祖回答：「不是心就不會問佛，能問佛是什麼，自然不會不是你的心。」法融又問道：「既然不許觀想修行，那麼當對境生心之時，又該如何對待處理？」四祖回答：「外境本沒有好醜之分，所謂好醜是因心的作用而生起。心若不強生名相作用，妄情又從何處而生起？妄情既然不生起，真心就能任運自在而遍知無遺了。你只要隨心自在，不用刻意對待處理，就名之為常住法身，更沒有別的變化了。我接受僧璨大師的頓悟禪教法門，今日傳付給你。你今日謹記我所說的話，只居住在此山。後來當有五個人來到這裡，繼承你的玄化。」圭峰宗密禪師對此判別道：「泯沒絕滅而無有寄託，有宗旨引導破除諸相，教而後印可。」有一僧人問南泉普願禪師道：「牛頭法融未見到四祖之時，為什麼鳥獸銜花來供養？」南泉禪師回答：「只因為他步步踏在佛階梯上。」洞山良价禪師亦說：「如用手掌觀看珍珠，心中不能暫時捨卻。」僧人又問：「見四祖後為什麼鳥獸不來？」南泉禪師答道：「還幸虧它不再來，尤且計較王老師之一線道。」洞山禪師說：「和身體一起去了。」又有一個尊宿回答前面所述的兩問題，都說：「賊不打貧家兒。」又有一僧人問一尊宿道：「牛頭禪師未見到四祖時如何？」那尊宿回答道：「如用繩線貫穿著樹葉。」那僧人又問：「見到以後如何？」那尊宿回答：「如秋夜樹葉落紛紛。」又有僧人問吳越永明道潛禪師道：「牛頭禪師未見四祖之時如何？」道潛回答：「牛頭。」僧人再問：「見後又如何？」道潛回答：「牛頭。」諸方僧侶多舉唱這一話頭，此處不能詳細敘述。四祖傳付正法完畢，就返回雙峰山終老。從此以後，法融禪師法席大盛。

唐代永徽（六五〇～六五五年）年中，法融禪師因為徒眾缺乏糧食，就往丹陽（今江蘇南京）去化緣。丹陽離牛頭山八十里，法融禪師親自背負一石八斗米，早去暮歸，供養三百個僧人，卻從不耽誤早晚二時的講經功課。永徽三年（六五二年），丹陽縣令蕭元善迎請法融禪師在建初寺講說《大般若經》，聽講者雲集座下。禪師講至《滅靜品》，大地都為之震動。法融禪師講經完畢後歸於山寺中。

博陵王李焯詢問法融禪師道：「境緣色而發生之時，不說其是緣色而生起。為什麼得知緣，就欲平息其生起？」禪師回答說：「境與色初發之時，色、境二性俱空。本來沒有知緣，在於心量與知相同。洞照根本之發生不是發生，至那個時候其生起便自平息。從暗中而發生覺緣，那心起時緣不相逐。至如其未生之前，色心非由養育而成。從空本來就無妄念，因想受而說念之發生。起發實未曾起發，豈能用佛教旨來命令？」博陵王問道：「閉住眼睛就不見諸色，而境之思慮卻因此增多。色既然不與心相關，那境從何處而發生？」禪師回答：「閉住眼睛不見諸色，內心中思慮活動卻反而增多了。幻化之識由假借而成作用，終歸不過是起於名相而已。知、色與心不相關，心也與人不相關。隨行有相轉之變，鳥兒飛去而空中真實在。」博陵王問道：「境之發動沒有處所差異，緣覺悟而了知其產生。境雖幻滅而覺還在轉動，覺就變成了境。如若用心來曳動心，還將為覺所覺悟。相從跟隨而去，不能脫離於生滅之際。」禪師答道：「色心前後中，實無緣起之境。一念剎那間自是凝神而忘機，誰能思慮其動靜？此知自是無知，而知道知緣者不能會悟此意。應當自我檢察本來之形，何必探求於心外？前面之境不變化幻滅，後面之念就不會來到。欲求皓月卻抓黑影，欲尋覓爪跡而去追逐飛鳥。如此欲知心之本性，就好像是在看夢境。比如六月中的冰塊，到處都相似。欲避空卻終於不能解脫，欲求空又不能成功。借問明鏡中的人像，心從何處發生？」博陵王問道：「正當用心之時，怎麼才能安穩正好？」禪師答道：「正當用心之時，恰恰無心可用。委婉曲折的談論為名相所勞苦，直截了當的說法就無有繁重之累。無心恰是在用心，常用心者恰是未用心。今日所說的無心之處，並不同有心相區別。」博陵王問道：「智者引說的妙言，與心相一致。言語與心有區別，若強合則將萬倍乖戾。」禪師答道：「用微妙之言講說方便之門，用大乘之道破除眾生迷惘之病。此與本心之談論全不相干，卻是從空之中化造而出。無念即是真實常住，終要絕滅心路。離開正念性不移動，生與滅亦無有乖誤。空谷傳響是因為有了聲音，明鏡之中的人像亦能回顧。」博陵王問道：「修行者體會到境之有，因為覺悟而知境之亡。前面之覺與後面之覺，加上境就有了三心。」禪師答道：「境之作用不是因體會而覺悟，覺悟了就不應再思慮。因覺悟而知境之亡，覺悟之時境並不發生。前面之覺與後面之覺，加上境就成為三遲。」博陵王問道：「住與定俱不轉化，將為正受三昧，諸種業因不能牽引。不知細微之無明，慢慢地跟攝在後面。」禪師答道：「又聞另外有人，虛妄固執而發生心量。三件事中皆不能成功，不轉化還成虛妄。心為正受所約束，淨業因此而受障礙。心塵只要存在萬分之一，就不能了悟而說無明。習因由此而細微地發生，名相亦因此而慢慢地生現。風吹來波浪翻滾，水欲靜止波浪漸漸平靜。我更想講說前途之事，只恐怕讓後人心驚。無念如同獅子吼一樣發聵振聾，性空如同天空中出現霜霄後一樣萬里無雲。野火散去衰草摧毀無餘，迅疾縱橫者是飛鳥降落。有情往來之五道平定了紛亂，使四魔不向前而退卻。這既如同猛火燎原，還似利劍揮斬。」博陵王問道：「依賴覺悟而知曉萬法，萬法本來就是如此。如若憑藉照用心，就只得照用心，而不相應心底之事。」禪師答道：「依賴覺悟而知曉萬法，而萬法卻終無所依賴。如若假借照用心，相應不在心外。」博陵王問道：「相隨而行沒有簡擇，明悟之心不現於面前。又憂慮心底暗昧，在於心之作用與功行，智障又難以驅除。」禪師回答道：「具有此類不可具有者，尋找此類不可尋找者。沒有揀擇即是真抉擇，獲得暗昧即現出了明悟之心。思慮者心中昏暗愚昧，將心託付於功行。何須議論智障之難，此至佛之境界才成為病痾。」博陵王問道：「折中消長之間，亦實在難以安帖。自不是用行人，此難終難以出現。」禪師回答道：「欲折中消長，但這卻並不容易。首先是觀心處心，然後是推尋智中智，第三是觀照推尋者，第四通達無記之性，第五名解脫，第六是等同真偽，第七是知悟正法之本，第八是以無為為樂，第九是遍及空陰諸法，第十是如同雲雨一樣澤被眾生。最要緊的是窮盡那無覺之境，從無明之中生發出本有智慧。鏡中之像現出身、口、意三業，迷幻眾人而化成四通之大道。不住止而窮盡空之邊界，應當觀照有中之無。不出於空、有之內，亦未與空、有相俱。此便稱之為折中，折中亦非僅是言說。欲安帖卻無處可安帖，用行又何能決定！」博陵王問道：「另外有一種人，善於解說空無之相。以口說確定紛亂與一致，又論說有中之無。同證作用常寂，而知覺寂滅常用。用心領會真理，然後再說用與無用。智慧中多有方便之門，言語混亂卻反與真理相合。如同如理自如，不因識心而領會。既然明知用心領會是不對的，而心與心又相泯滅。如果這樣就難以知曉正法，永遠亦不能知曉。與這種用心相同的人，是正法所不能化導的。」禪師回答道：「另外有一種論證空的人，還如同前述偈頌所議論的。遵行空說而謹守寂滅，識見暫時翻轉。領悟真理是心量，知曉終因卻未能明瞭本原。又說平息心與用，智慧太多與此相似。這真的是因為心性不明的緣故，求空而徒使自己倦勞。永遠住幽識，死抱名相而全不知正道。佛放出光明便能震動大地，於此還想做什麼！」博陵王問道：「前面所說的觀看心識者，還如人隔著羅縠觀看眾色像一樣而難以明悟佛性。」禪師回答道：「察看心識以領悟真諦者有如是隔著羅縠而觀物，而虛幻之心又何須察看！何況沒有虛幻之心者，更是難以從容下口。」博陵王問道：「久已擁有大基業，心路亦在參差之間。能夠覺察細微之智障，即能通達真實之邊際。如不是明悟之導師，不能判決此道理。惟仰仗我大師，應當為眾生打開向佛之要門，引導用心向佛者，而不使其迷失正道。」禪師回答道：「法性即是大基業，夢境卻翻作參差。實相原為細微之身，色心卻常不能明悟。忽然遭逢混沌之士，心中哀傷而憐憫眾生。雖然懷抱真理並內心明瞭，卻假託疑問而廣為提問。已透徹生死輪迴之幽徑，面對毀譽而內心不驚。貧道顯明地分析解答，法相卻因不孚來儀而羞愧。蒙君發明眾生之法藥，還如色性啊！」

顯慶元年（六五六年），縣令蕭元善迎請法融禪師出山，移住於建初寺，法融禪師堅決推辭，但未被接受，就吩咐入室弟子、上首智巖前來付囑法印，並命令他要以此代代傳授。禪師將下牛頭山前，對眾僧說道：「我不會再踐履此山了。」當時鳥獸哀號之聲，歷時一個月還未停止。佛庵前面有四棵大桐樹，就在仲夏五月間突然無故凋零。次年丁巳歲（六五七年）閏正月二十三日，法融禪師死於建初寺，終年六十四歲，法臘四十一歲。二十七日，埋葬於雞籠山上，前來送葬者多達一萬餘人。法融禪師牛頭山舊居前的金源、虎爬、錫杖諸泉與金龜池、宴坐石室，至今還都存在。

【說　明】以「虛空為道本，森羅為法用」為特點的法融牛頭禪法出入於三論、般若，並融合道家「道無所不遍」、玄學「有無為本」的思想，以倡導「無情有性」、「無情成佛」論，影響甚大。對牛頭禪「無情成佛」論，早期南宗中人如六祖慧能門下的神會、百丈懷海、大珠慧海等予以駁斥批評，但其後南宗接受了牛頭禪法，如「南禪五家」之一曹洞宗創始人洞山良价就公然拈出「無情說法」的公案而悟入，由此使牛頭禪成為禪宗思想的源頭之一。

第二世智巖禪師

第二世智巖禪師者，曲阿人也，姓華氏。弱冠❶智勇過人，身長七尺六寸。隋大業中為郎將❷，常以弓掛一濾水囊，隨行所至汲用。累從大將征討，頻立戰功。

唐武德中，年四十，遂乞出家，入舒州皖公山，從寶月禪師為弟子。後一日宴坐，覩異僧身長丈餘，神姿爽拔❸，詞氣清朗，謂師曰：「卿❹八十生❺出家，宜加精進。」言訖不見。嘗在谷中入定，山水暴漲，師怡然❻不動，其水自退。有獵者遇之，因改過修善。

復有昔同從軍者二人，聞師隱遁，乃共入山尋之。既見，因謂師曰：「郎將狂耶，何為住此？」答曰：「我狂欲醒，君狂正發。夫嗜色淫聲，貪榮冒❼寵，流轉❽生死，何由自出？」二人感悟，歎息而去。

師貞觀十七年歸建業，入牛頭山，謁融禪師，發明大事。禪師謂師曰：「吾受信大師真訣，所得都亡。設有一法勝過涅槃，吾說亦如夢幻。夫一塵飛而翳❾

天，一芥❿墮而覆地，汝今已過此見，吾復何云？山門⓫化導，當付之於汝。」

師稟命為第二世，後以正法付方禪師。住白馬、棲玄兩寺⓬，又遷住石頭城⓭。於儀鳳二年正月十日示滅，顏色⓮不變，屈伸如生，室有異香，經旬不歇。遺言水葬，壽七十有八，臘三十有九。

【注釋】❶弱冠　二十歲。❷郎將　隋、唐時武將名。❸爽拔　豪爽出眾。❹卿　古代對貴官或有身分者的尊稱。❺八十生　八十，泛指數量之多。生，同「世」。❻怡然　和氣愉悅貌。❼冒　貪求。❽流轉　指有為法的因果相續而生起，即一切凡夫作善惡之業，感苦樂之果，而輪迴於六道之中。❾翳　遮蔽。❿芥　芥菜子，比喻極小的東西。⓫山門　寺院的外門，此指寺院。⓬白馬棲玄寺　白馬寺在今江蘇南京，初建於東晉大興二年（三一九年）。棲玄寺亦在南京。⓭石頭城　古城名，遺址在今江蘇南京城內清涼山，城當交通要道，為一軍事重鎮，廢於唐代。⓮顏色　臉色。

【語譯】第二世智巖禪師（六〇〇～六七七年），曲阿（今江蘇丹陽）人，俗姓華氏。他二十歲便身高七尺六寸，而且智勇過人。隋朝大業年間（六〇五～六一八年），他官拜郎將，常在弓上掛著一個濾水囊，隨行軍所至汲水飲用。他多次隨從大將軍征討各地，並屢立戰功。

唐代武德年間（六一八～六二六年），智巖年屆四十歲，遂乞求出家，進入舒州（今安徽潛山）皖公山，依從寶月禪師，成為佛門弟子。此後有一天，智巖禪師正在坐禪時，忽然看見有一個相貌奇特的僧人，身高一丈有餘，神采豪爽，風度出眾，言語清雅爽朗，對智巖說道：「卿已八十世出家，應當努力精進。」話說完就不見了。智巖曾經在山谷中入定，突然山水暴漲，然而禪師怡然不動，於是山水自然退去。有一個打獵者看見這一情景，因而改過修善。

又有二個過去與智巖禪師一起從軍的人，聽說智巖出家隱居，就一起進入深山尋訪。三人見面以後，那二人對智巖說道：「郎將瘋了呵，為什麼要住在這裡？」智巖答道：「我的瘋狂正在發作。沉溺於美食、女色、淫佚、聲樂之中，貪圖榮華富貴，因而陷入生死輪迴之中，怎麼才能得以自拔呢？」那二人聞言感悟，歎惜著離去了。

貞觀十七年（六四三年），智巖禪師回到了建業（今江蘇南京），進入牛頭山，參謁法融禪師，以發明佛法大事。法融禪師對智巖說道：「我接受了道信大師所傳的佛法真訣後，其餘所獲得的都已忘失。假設有一法勝過涅槃，那我所說的亦便如夢幻。一粒塵埃飛起而遮住了天空，一粒芥子墜地而覆蓋了大地，你今日的修為已經超過這種見識，我還說什麼呢？山門化導之事，當託付給你。」智巖禪師秉承師命而為牛頭禪之第二世，後來又將正法傳付給慧方禪師。智巖禪師曾住在白馬、棲玄兩寺內，後來又遷居於石頭城，於儀鳳二年（六七七年）正月十日圓寂，而其臉色不變，身體手足彎曲柔軟，就如活著時一樣，而且所居之室內彌漫著異香，過了十多天還未消散。智巖禪師遺言水葬，享年七十八歲，法臘三十九歲。

【說明】智巖禪師旁出法嗣有東都鏡潭禪師、襄州志良禪師、湖州義真禪師、益州端伏禪師、龍光龜仁禪師、襄陽辯才禪師、漢南法俊禪師和西川敏古禪師八人，因無機緣語句，故未收錄。

第三世慧方禪師

第三世慧方禪師者，潤州延陵人也，姓濮氏。投開善寺出家，及進具❶，洞明❷經論。後入牛頭山，謁巖禪師，諮詢秘要❸。巖觀其根器❹堪任正法，遂示以心印。師豁然領悟，於是不出林藪❺，僅❻踰十年，四方學者雲集。

師一日謂眾曰：「吾欲他行，隨機利物，汝宜自安也。」乃以正法付法持禪師，遂歸茅山。數載，將欲滅度，見有五百許人，髻❼髮後垂，狀如菩薩，各持幡華，云請法師講；又感山神現大蟒身至庭前，如將泣別。師謂侍者洪道曰：「吾去矣，汝為吾報諸門人。」及門人奔至，師已入滅。時唐天冊元年八月一日。山林變白，谿澗絕流七日，道俗悲慕，聲動山谷。壽六十有七，臘四十。

【注釋】❶進具　沙彌年滿二十歲，而進受比丘之具足戒。❷洞明　完全明白；洞徹。❸秘要　不妄示人的切要法門。❹根器　以樹根比喻人之性。根能製作物品稱為器。❺藪　大的湖泊。❻僅　幾乎；將近。❼髻　髮結。

【語譯】第三世慧方禪師（六二九～六九五年），潤州延陵（今江蘇鎮江）人，俗姓僕氏。慧方年少時在開善寺出家為沙彌，等到年滿二十歲接受具足戒時，已洞徹經論要旨。他後來來到牛頭山，拜見智巖禪師，諮詢不妄示人的佛教法門。智巖禪師看到他的根器能擔當傳揚正法之重任，就向他傳示佛法心印。慧方豁然領悟，於是隱居在森林湖藪之中，長達十年之久，四方學佛法者雲集於座下。

有一天早晨，慧方禪師對眾徒說道：「我準備去其他地方，隨機行善，利益眾生，你們應自己安習修行。」並將正法眼藏傳付給法持禪師，然後歸於茅山。數年後，慧方禪師將要滅度，看見有五百多人，髻髮垂在腦後，形如菩薩，各人手持旗幡、異花，口稱來請法師講經；又感動了山神在門庭前現出大蟒之身，好像要向禪師泣別的樣子。慧方禪師對侍者洪道說道：「我去了，你為我轉告諸位門人。」等到諸門人奔來，禪師已經圓寂。時為唐代天冊萬歲元年（六九五年）八月一日。山林樹葉顏色變白，溪澗流水斷絕了七天，僧俗人眾悲傷哀悼，哭聲震動了山谷。慧方禪師享年六十七歲，法臘四十歲。

第四世法持禪師

第四世法持禪師者，潤州江寧人也，姓張氏。幼歲出家，年三十遊黃梅，忍大師座下聞法，心開。後復遇方禪師為之印可❶，乃繼迹❷山門，作牛頭宗祖。及黃梅謝世❸，謂弟子玄賾曰：「後傳吾法者，可有十人，金陵法持是其一也。」後以法眼付智威禪師，於唐長安二年九月五日終於金陵延祚寺無常院，遺囑令露骸松下，飼諸鳥獸。迎出日，空中有神幡從西而來，遶山數匝❹，所居故院竹林變白，七日而止。壽六十有八，臘四十一。

【注釋】❶印可　指佛教師宿印證許可弟子所悟得者。❷繼迹　此指繼承衣鉢。❸謝世　即逝死。❹匝　環繞一周。

【語譯】第四世法持禪師（六三五～七〇二年），潤州江寧（今江蘇南京）人，俗姓張氏。禪師幼年出家，年三十歲時遊學於黃梅縣（今湖北黃梅西北），在弘忍大師座下聞聽正法而心中開悟。後來，禪師又遇到慧方禪師為他印可，於是就駐錫山門，成為牛頭宗的祖師。

等到黃梅弘忍大師逝死前，對弟子玄賾說道：「後世傳揚我之宗法者，可有十個人，金陵法持即是其中一個。」法持禪師後來將正法眼藏傳付給智威禪師，唐代長安二年（七〇二年）九月五日，死於金陵（今江蘇南京）延祚寺無常院，留下遺囑令徒眾將自己的遺骸暴露在松樹之下，餵飼飛鳥野獸。徒眾將禪師遺骸迎出之日，天空中有神幡從西方而來，環繞山嶺數匝，禪師所居庭院中的竹林葉子亦變成了白色，經過七天才恢復原貌。禪師享年六十八歲，法臘四十一歲。

【說　明】法持禪師旁出法嗣牛頭山玄素禪師和天柱弘仁禪師二人，因無機緣語句，故未收錄。

第五世智威禪師

第五世智威禪師者，江寧人也，姓陳氏。住迎青山。始丱❶歲，忽一日家中失之，莫知所往。及父母尋訪，乃知已依天寶寺統法師出家矣。年二十，受具。後聞法持禪師出世，乃往禮謁，傳受正法焉。自爾江左❷學徒，皆奔走門下。其中有慧忠者，目為法器。師嘗有偈示曰：「莫繫念，念成生死河❸。輪迴❹六趣海❺，無見❻出長波❼。」慧忠偈答曰：「念想由來幻，性自無終始。若得此中意，長波當自止。」師又示偈曰：「余❽本性虛無，緣妄生人我。如何息妄情，還歸空處坐。」慧忠偈答曰：「虛無是實體❾，人我何所存？妄情不須息，即汎般若船❿。」師知其了悟，乃付以山門。遂隨緣化導，於唐開元十七年二月十八日終於延祚寺。將示滅，謂弟子云：「將屍林中施諸鳥獸。」壽七十有七。

【注　釋】❶丱　古代兒童束髮成兩角的樣子，也稱總角。❷江左　古地區名，在今蘇南、皖南一帶。魏禧《日錄雜說》：「江東稱江左，江西稱江右，蓋自江北視之，江東在左，江西在右耳。」❸生死河　指生死輪迴，如同江河奔流不盡。❹輪

迴　指眾生在三界六道的生死世界循環不已，如同車輪迴旋不停。❺六趣海　眾生由於業因的差別而趨向之處有六所，稱之六趣，亦稱六道。因六趣生死無有邊際，故以海為喻。❻無見　損滅實性的妄見。❼長波　巨浪。❽余　我。❾實體　即「實相」。❿般若船　將般若智慧比喻為渡過生死海之船筏。

【語　譯】第五世智威禪師（六五三～七二九年），江寧（今江蘇南京）人，俗姓陳氏。家住迎青山。智威禪師還是兒童時，忽然有一天家中失去了他的蹤跡，沒有人知道他去了什麼地方。等到他父母多方尋訪，才知曉他已經皈依天寶寺統法師出家了。智威年滿二十歲，就接受了具足戒。此後智威聞知法持禪師出世傳法，就前往拜見，接受法持禪師傳付正法眼藏。此後江左地區的學佛之眾，都奔走於智威禪師的門下。其中有一個名叫慧忠的僧人，被智威禪師視為法器。智威禪師曾說偈頌指示道：「莫繫念，念成生死河。輪迴於六趣海，無見生出滔天巨浪。」慧忠也用偈頌答道：「念想由來虛幻，本性自無始終。若得此中意，滔天巨浪應當自止。」智威禪師又說偈頌道：「我的本性虛無，因為妄念而生出人我。如何平息妄情，還歸於空處坐。」慧忠再用偈頌答道：「虛無是實體，人我何所能存在？妄情不須平息，即乘般若船。」禪師知道他已經了悟，就將山門內的化導之責交付給他。智威禪師此後隨各人機緣而加以化導，在唐代開元十七年（七二九年）二月十八日逝死於延祚寺。禪師在圓寂前，對弟子說道：「將我遺骸放在樹林中，施捨給飛鳥走獸。」智威禪師享年七十七歲。

第六世慧忠禪師

第六世慧忠禪師者，潤州上元人也，姓王氏。年二十三，受業於莊嚴寺。其後聞威禪師出世，乃往謁之。威才見，曰：「山主❶來也！」師感悟微旨，遂給侍左右。後辭，詣諸方巡禮❷。威於具戒院，見凌霄藤❸遇夏委悴❹，人欲伐之，因謂之曰：「勿剪。慧忠還時，此藤更生。」及師迴，果如其言。即以山門付囑訖，出居延祚寺。

師平生一衲不易，器用唯一鐺❺。嘗有供僧穀兩廩❻，盜者窺伺，虎為守之。縣令張遜者，至山頂謁問：「師有何徒弟？」師曰：「有三、五人。」遜曰：「如何得見？」師敲禪牀❼，有三虎哮吼而出，遜驚怖而退。後眾請入城，居莊嚴舊寺。師欲於殿東別創法堂❽。先有古木，群鵲巢其上，工人將伐之。師謂鵲曰：「此地建堂，汝等何不速去！」言訖，群鵲乃遷巢他樹。初築基，有二神人定其四角，復潛資夜役，遂不日而就。繇是四方學徒雲集座下矣。得法者有三十四人，各住一方，轉化多眾。師嘗有〈安心偈〉示眾曰：「人法❾雙淨，善惡兩忘。直心❿真實，菩提道場⓫。」

唐大歷三年，石室前掛鐺樹、掛衣藤忽盛夏枯死。四年六月十五日，集僧布薩⓬訖，命侍者淨髮浴身。至夜，有瑞雲覆其精舍⓭，空中復聞天樂⓮之聲。詰旦⓯，怡然坐化。時風雨暴作，震折林木，復有白虹貫于巖壑。五年春，荼毗，獲舍利不可勝計。壽八十七。

【注　釋】❶山主　山門之主。❷巡禮　遊學禮拜。❸凌霄藤　亦稱紫葳，落葉木質藤本植物，夏秋季節開橙紅色花朵，生長於長江流域及華北等地，常栽培於庭院中。❹委悴　枯萎。❺鐺　古時一種器物，像鍋，下有腳。❻廩　穀倉。❼禪牀　指修禪時坐的坐具。❽法堂　佛寺中演說大法之堂。❾人法　人指受教之眾生，法指佛之教法。❿直心　正直而無諂曲之心。《維摩經》云：「直心是菩薩淨土。」又云：「直心是道場。」⓫菩提道場　指摩竭陀國尼連禪河邊菩提樹下的金剛座，釋迦牟尼於此成就菩提之道，故名。⓬布薩　譯作淨住、長養。指出家僧侶每半月（十五日至二十九日或三十日）集眾僧說戒經，使其住於淨戒中，以長養善法。⓭精舍　寺院的別名，為精行者所居，故名。此名從印度的祇園精舍而來。⓮天樂　天神之音樂。《法華經·化城喻品》云：「四王諸天為供養佛，常擊天鼓，其餘諸天作天伎樂。」⓯詰旦　次日早晨。

【語　譯】第六世慧忠禪師（六八三～七六九年），潤州上元（今江蘇南京）人，俗姓王氏。慧忠禪師二十三歲時，於莊嚴寺接受佛法出家。其後慧忠聞知智威禪師出世傳法，就前往拜見。智威禪師一見慧忠就說道：「山主來了！」慧忠禪師感悟其微妙的禪旨，就在智威禪師身邊奉侍。後來慧忠辭別智威禪師，去諸處寺院遊學，禮拜高僧。智威禪師在具戒院看見凌霄藤在暑天枯萎了，有僧人想砍掉它，智威阻止道：「不要砍。等到慧忠回來時，這凌霄藤自會復活。」等到慧忠回來時，果然如智威禪師所說的，這凌霄藤又復活了。智威禪師立即將山門交付給慧忠，然後移居於延祚寺。

慧忠禪師平生沒有更換一件衲衣，所用器具只有一口鐺。寺內曾有兩廩供養眾僧的糧食，常有偷盜者窺視光顧，於是就有老虎前來把守倉門。縣令張遜，到山頂來拜謁，問道：「大師有幾個徒弟？」慧忠禪師回答：「有三、五個。」張遜請求道：「怎麼沒見到？」慧忠禪師便敲擊禪牀，有三隻老虎咆哮而出，張遜驚恐不堪，匆忙歸去。後來眾人請求禪師下山入城，居住在莊嚴寺舊院。禪師準備在大殿東面另建一座法堂。此處長著一株古樹，群鵲在樹幹上築巢，工匠要砍伐古樹。禪師對群鵲說道：「這個地方要建築法堂，你們為什麼不快快離去！」話剛說完，群鵲就遷巢於其他樹上。在剛開始打地基時，有二個神人前來確定法堂的四角，又在夜裡悄悄地施展神力以為幫助，所以沒有幾天法堂就完工了。由此四方學者雲集在禪師座下，其中得法者就有三十四個人，他們各居一方，轉相傳化眾生。禪師曾撰有〈安心偈〉指示眾人道：「人與法俱清淨，善與惡兩相忘。直心真實，即是菩提道場。」

唐代大曆三年（七六八年），慧忠禪師所居石室前的掛鐺樹、掛衣藤，忽然間於盛夏時節枯萎而死。大曆四年（七六九年）六月十五日，禪師會集眾僧布薩完畢，命令侍者為他剃髮沐浴。到了夜裡，只見祥雲覆蓋在禪師所居的精舍之上，天空之中又迴盪著天樂之聲。到了次日早晨，慧忠禪師怡然坐化。此時風雨忽然大作，電閃雷鳴，折斷無數林木，繼有白虹橫貫於山巖深壑之間。大曆五年（七七〇年）春天，禪師遺骸火化，獲得舍利不可計量。慧忠禪師享年八十七歲。

道信大師下二世

前法融禪師旁出法嗣

鍾山曇璀禪師

金陵鍾山❶曇璀禪師者，吳郡人也，姓顧氏。初謁牛頭融大師，大師目而奇之，乃告之曰：「色聲為無生❷之鴆❸毒，受想❹是至人之坑穽❺。子知之乎？」師默而審之，大悟玄旨。尋晦迹❻鍾山，多歷年所❼，茅庵瓦缶❽，以終老焉。唐天授三年二月六日，恬然入定，七日而滅，壽六十二。

【注釋】❶鍾山 位於江蘇南京城東。❷無生 涅槃之真理無有生滅，故名。❸鴆 毒鳥名，將鴆的羽毛放在酒中，就成為毒酒。❹受想 五蘊中的受蘊與想蘊。對境而承受事物之心的作用，稱受蘊。對境而想像事物之心的作用，稱想蘊。❺坑穽 捕捉野獸用的深坑陷阱。穽，通「阱」。❻晦迹 隱藏行跡。❼年所 年數。❽缶 小口大肚的瓦器。

【語譯】金陵（今江蘇南京）鍾山曇璀禪師（六三二～六九二年），吳郡（今江蘇蘇州）人，俗姓顧氏。曇璀當初謁見牛頭山法融禪師時，法融一看他就很賞識，對他說：「色與聲是損害無生涅槃的鴆毒，受蘊與想蘊是成為至人途中的深坑陷阱。你知道這一道理嗎？」曇璀聽後默然審思，既而大悟其中玄妙禪旨。不久，曇璀禪師隱居於鍾山，經過了多年，茅草之庵，瓦缶之器，相伴以終老。唐代天授三年（六九二年）二月六日，曇璀禪師恬然入定，七天之後圓寂，享年六十二歲。

【說明】法融禪師旁出法嗣除曇璀外，尚有九人：荊州大素禪師，幽棲月空禪師，白馬道演禪師，新安定莊禪師，彭城智瑳禪師，廣州道樹禪師，湖州智爽禪師，新州杜默禪師，上元智誠禪師；智誠再傳定真禪師，定真再傳如度禪師。共三世十一人，因無機緣語句，故未收錄。

道信大師下六世

前智威禪師旁出法嗣

安國寺玄挺禪師

宣州安國寺玄挺禪師者，不知何許人也。嘗一日有長安講《華嚴經》❶僧來問五祖❷云：「真性❸緣起❹，其義云何？」祖默然。時師侍立次，乃謂曰：「大德正與一念❺問時，是真性中緣起。」其僧言下大悟。

又或問：「南宗❻自何而立？」師曰：「心宗❼非南北。」

【注釋】❶華嚴經　《大放光佛華嚴經》之略名，為華嚴宗據以立宗的重要經典，有東晉僧人佛陀跋陀羅所譯六十卷本、唐代僧人實叉難陀所譯八十卷本和般若所譯四十卷本三種。❷五祖　此指智威禪師，因他為牛頭宗第五世祖師，故名。❸真性　不妄為真，不變為性。真性為人所本來具有的心體。❹緣起　事物等待緣而起發，即一切有為法皆等待緣而起發；又事物的起因亦稱緣起。❺一念　一個念頭出現，喻極其短促的時間。❻南宗　以六祖慧能為代表的禪宗一派，因初期流行於南方，故名。而相對於此，以神秀禪師為代表的禪宗一派，便被稱作北宗。❼心宗　傳心之宗，即禪宗。

【語譯】宣州（今安徽宣城）安國寺玄挺禪師，不知是什麼地方的人。有一天，一個在長安（今陝西西安）講說《華嚴經》的僧人前來詢問智威禪師道：「真性緣起，其意是指什麼？」智威禪師默然不對。當時玄挺侍立在智威禪師身旁，見狀便說道：「大德正產生要詢問的念頭時，就是真性中緣起。」那僧人聽後即時大悟。

又有人問玄挺禪師道：「南宗自什麼時候創立？」禪師回答道：「心宗沒有南北之分。」

鶴林玄素禪師

潤州鶴林玄素禪師者，潤州延陵人也，姓馬氏。唐如意年中，受業於江寧長壽寺，晚參智威禪師，遂悟真宗❶。後居京口鶴林寺❷。嘗一日有屠者禮謁，願就所居辦供❸。師欣然而往，眾皆訝之。師曰：「佛性平等，賢愚一致。但可度者，吾即度之，復何差別之有！」

或有僧問：「如何是西來意❹？」師曰：「會即不會，疑即不疑。」師又曰：「不會不疑底，不疑不會底。」

又有僧扣門，師問：「是什麼人？」曰：「是僧。」師曰：「非但是僧，佛來亦不著❺。」曰：「佛來為什麼不著？」師曰：「無汝止泊❻處。」

天寶十一年十一月十一日中夜❼，無疾而滅，壽八十五。建塔於黃鶴山。敕諡大津禪師、大和寶航之塔。

【注釋】❶真宗　真實之宗旨；明瞭真如法相實理之宗旨。《五會法事讚本》云：「念佛成佛是真宗。」❷鶴林寺　位於鎮江市黃鶴山下，初建於晉代，自玄素禪師居此弘傳祖道，遂成為禪寺，高僧輩出，代有聞達。❸辦供　籌辦供養物品而作佛事。❹西來意　初祖達磨自西天來此東土傳禪法，究竟意思如何。即推究佛祖之心印。❺不著　不顧。❻止泊　住宿。❼中夜　半夜。

【語譯】潤州鶴林寺玄素禪師（六六八～七五二年），潤州延陵（今江蘇鎮江）人，俗姓馬氏。唐代如意元年（六九二年）中，在江寧（今江蘇南京）長壽寺出家受戒，晚年參謁智威禪師，於是悟徹真宗。後來玄素禪師居住於京口（今江蘇鎮江）鶴林寺。有一天，一個屠夫前來拜謁，希望在他的住所中設供齋。禪師欣然前往，眾僧對此都感到十分驚訝。禪師說：「佛性平等，對賢哲和愚人都一樣。只要有可度化者，我即刻予以度化，又為什麼要區別對待！」

有僧人問道：「什麼是達磨祖師的西來意？」玄素禪師回答：「領悟的即是不領悟，疑惑的就是不疑惑。」禪師接著又說：「不用領悟不疑惑的，不用疑惑沒有領悟的。」

又有僧人來扣禪房的門，玄素禪師問道：「是什麼人？」那人回答：「是僧人。」禪師回答：「不要說是僧人，就是佛來我也不顧。」那人問道：「佛來為什麼不顧？」禪師答道：「沒有你棲身之處。」

唐代天寶十一年（七五二年）十一月十一日半夜，玄素禪師無病而終，享年八十五歲。徒眾建墓塔於黃鶴山上。朝廷下詔賜禪師諡曰大津禪師，墓塔名大和寶航之塔。

天柱山崇慧禪師

舒州天柱山❶崇慧禪師者，彭州人也，姓陳氏。唐乾元初，往舒州天柱山創寺。永泰元年敕賜，號天柱寺。

僧問：「如何是天柱境？」師曰：「主簿山高難見日，玉鏡峰❷前易曉人❸。」

問：「達磨未來此土時，還有佛法也無？」師曰：「未來時且置，即今事作麼生❹？」曰：「某甲❺不會，乞師指示。」師曰：「萬古長空，一朝風月❻。」良久，又曰：「闍梨❼會麼？自己分上作麼生，干❽他達磨來與未來作麼？他家來，大似賣卜漢❾相似。見汝不會，為汝錐破❿卦文⓫，才生吉凶。在汝分上，一切自看。」僧問：「如何是解卜底人？」師曰：「汝才出門時，便不中⓬也。」

問：「如何是天柱家風[13]？」師曰：「時有白雲來閉戶，更無風月四山流。」

問：「亡僧遷化[14]向什麼處去也？」師曰：「灊嶽峰[15]高長積翠，舒江[16]明月色光暉。」

問：「如何是大通智勝佛[17]？」師曰：「曠大劫[18]來，未曾擁滯[19]，不是大通智勝佛是什麼？」曰：「為什麼佛法不現前？」師曰：「只為汝不會，所以成[20]不現前。汝若會去，亦無佛道可成。」

問：「如何是道？」師曰：「白雲覆青嶂[21]，蜂鳥步[22]庭花。」

問：「從上諸聖有何言說？」師曰：「汝今見吾有何言說？」

問：「宗門中事，請師舉唱。」師曰：「石牛[23]長吼真空外，木馬[24]嘶時月隱山。」

問：「如何是和尚利人處？」師曰：「一雨普滋，千山秀色。」

問：「如何是天柱山中人？」師曰：「獨步千峰頂，優游九曲泉。」

問：「如何是西來意？」師曰：「白猿抱子來青嶂，蜂蝶銜花綠蘂[25]閑。」

師居山演道，凡二十二載，大曆十四年七月二十二日歸寂，起塔于寺北。真身[26]見在[27]。

【注釋】❶天柱山　又名皖山、灊山，位於安徽灊山西北。❷玉鏡峰　與主簿山同為天柱山中兩座山峰。❸曉人　睡醒的人。此指山峰高峻，淩晨日光照耀山頂，故人容易醒睡。❹作麼生　唐、宋時口語，又作「作麼」，即「怎生」，意為如何、怎樣、為什麼。❺某甲　即「某家」，唐、宋時自稱之詞。家，人稱語尾助詞。他家，即為第三人稱之詞。❻萬古長空二句　意為長空雖已經延續久遠的歲月，但風月依然如故，就好像僅經過了一天時間而已。暗指佛法一如風月，雖歲月流逝，而佛法永遠不變不移。萬古，指久遠的歲月。風月，清風明月，指美好的景色。❼闍梨　阿闍梨之略稱，意為正行，指僧徒之師，謂能糾正弟子的品行；亦稱軌範師，謂能作為弟子的軌範。後泛指僧人。❽干　關涉。❾賣卜漢　算命先生。❿錐破　刺破；說穿。⓫卦文　解釋八卦的文字。古人常用《周易》八卦之文算命占卜。⓬中　適合；恰好。⓭家風　即門風，此指某宗派修道習禪的風格習慣。⓮遷化　指死亡。⓯灊嶽峰　天柱山主峰。⓰舒江　即皖江，源出天柱山，南流入長江。⓱大通智勝佛　三千塵點劫昔出世的如來之名。此佛在世時，有十六位王子出家為沙彌，從佛聽講《法華經》。佛入定後，十六沙彌各升法座，為大眾開講佛法。⓲曠大劫　即「曠劫」。⓳擁滯　即「壅滯」。⓴成　定；必。㉑青嶂　青山。嶂，如屏障一樣的山峰。㉒步　此指蜂、鳥優閒地飛來飛去的樣子。㉓石牛　用石頭雕刻成的牛。㉔木馬　用木材製成的馬。㉕橤　即「蕊」，花心。㉖真身　指高僧死後形成的木乃伊。㉗見在　現今還存在。

【語　譯】舒州（今安徽灊山）天柱山崇慧禪師（？～七七九年），彭州（今四川彭縣）人，俗姓陳氏。唐代乾元（七五八～七六〇年）初年，禪師到天柱山創建寺院。永泰元年（七六五年）下詔賜寺額，名天柱寺。

有僧人前來問道：「什麼是天柱山的境界？」崇慧禪師回答：「主簿山高難見日，玉鏡峰前易曉人。」

有僧人問道：「達磨祖師沒有來到中土之時，中土還有沒有佛法？」崇慧禪師答道：「還沒有來時的事暫且先放一邊，眼前的事怎麼樣了？」那僧人說：「某甲不懂，乞請大師指點。」禪師便說：「萬古長空，一朝風月。」過了一段時間，禪師又說道：「闍梨懂了嗎？自己分上的事怎麼樣了，與他達磨來與沒有來有什麼關係？他來中土，就好像是一個給人算命的漢子。他看見你不能領會，就為你占上一卦，再說破卦文是吉是凶。其實都在你自己身上，一切都要你自己體會。」那僧人又問道：「誰是懂得占卜的人？」禪師便說：「你才出門之時，就已經不行了。」

有僧人問道：「什麼是天柱山家風？」崇慧禪師答道：「時有白雲來閉戶，更無風月四山流。」

有僧人問道：「僧人死後向什麼地方去啊？」崇慧禪師答道：「灊嶽峰高長積翠，舒江明月色光暉。」

有僧人問道：「什麼是大通智勝佛？」崇慧禪師答道：「曠大劫來時，也未曾壅滯，這不是大通智勝佛又是什麼？」那人再問：「為什麼佛法不顯現？」禪師答道：「只因為你沒領悟，所以必定不顯現。你如若領悟了，亦無佛可成。」

有僧人問道：「什麼是道？」崇慧禪師答道：「白雲覆青嶂，蜂鳥步庭花。」

有僧人問道：「古代諸聖有什麼言說？」崇慧禪師答道：「你現在看見我有什麼言說呢？」

有僧人問道：「禪宗門中的事，請大師舉唱。」崇慧禪師便道：「石牛長吼真空外，木馬嘶時月隱山。」

有僧人問道：「什麼是和尚有益於他人的地方？」崇慧禪師答道：「一雨普滋，千山秀色。」

有僧人問道：「怎樣才是天柱山中人？」崇慧禪師答道：「獨步千峰頂，優游九曲泉。」

有僧人問道：「什麼是達磨祖師西來意？」崇慧禪師答道：「白猿抱子來青嶂，蜂蝶銜花綠蕊閑。」

崇慧禪師居住山林演說佛道，達二十二年之久，於唐代大曆十四年（七七九年）七月二十二日圓寂，建墓塔於寺院北面。禪師真身至今還保存著。

【說　明】牛頭宗禪師說法時甚為注意文句的文學性，其雅緻微妙的精闢法語往往能傳誦千古，並為後世禪者所津津樂道，其中以天柱山崇慧禪師為最。崇慧禪師回答僧人提問的語句，如「主簿山高難見日，玉鏡峰前易曉人」之類，皆是以文學的意境，來平實地表現本地風光，以布達禪道心要，從而開啟了唐末五代與宋初禪門的法語風格。

道信大師下七世

前鶴林玄素禪師法嗣

杭州徑山道欽禪師

杭州徑山❶道欽禪師者，蘇州崑山人也，姓朱氏。初服膺❷儒教，年二十八，玄素禪師遇之，因謂之曰：「觀子神氣溫粹，真法寶也。」師感悟，因求為弟子。素躬與落髮，乃戒之曰：「汝乘流❸而行，逢『徑』即止。」師遂南行，抵臨安，見東北一山，因訪於樵子❹。曰：「此徑山也。」乃駐錫❺焉。

有僧問：「如何是道？」師云：「山上有鯉魚，水底有蓬塵❻。」

馬祖令人送書到，書中作一圓相。師發緘❼，於圓相中作一畫，卻封迴。忠國師❽聞，乃云：「欽師猶被馬師惑。」

僧問：「如何是祖師西來意？」師曰：「汝問不當。」曰：「如何得當？」師曰：「待吾滅後，即向汝說。」

馬祖令門人智藏❾來問：「十二時❿中以何為境？」師曰：「待汝迴去時有信。」藏曰：「如今便迴去。」師曰：「傳語卻須問取曹溪⓫。」

唐大曆三年，代宗詔至闕下⓬，親加瞻禮。一日，師在內庭⓭，見帝起立。

帝曰：「師何以起？」師曰：「檀越⑭何得向四威儀⑮中見貧道？」帝悅，謂忠國師曰：「欲錫欽師一名。」忠欣然奉詔，乃賜號國一⑯焉。後辭歸本山，於貞元八年十二月示疾，說法而逝，壽七十有九。敕諡曰大覺禪師。

【注　釋】❶徑山　在浙江杭州境內，道欽禪師於此山創興聖萬壽禪寺，為著名的禪宗五山之一。❷服膺　欽服；崇奉。❸乘流　順流。❹樵子　樵夫。❺駐錫　即僧侶息止於某處寺廟、不再行遊之意。錫，指錫杖，杖頭有環，搖動作響，僧侶用來乞食或行走時驅除蟲獸的器具，故又稱聲杖、鳴杖。其形制有二股十二環、四股十二環以及六環等，相傳二股十二環之制為迦葉佛所定，表示世諦第一諦的二諦與十二因緣；四股十二環為釋迦牟尼所定，表示四諦十二因緣；六環為密教所用，表示六大，杖頭還有五輪之形，表示寶塔。故而錫杖也有智杖、德杖之名。❻蓬塵　塵土。蓬，一種野草，花白色。❼緘　封口。❽忠國師　即慧忠禪師，六祖慧能弟子，息止於南陽白崖山，後被唐代宗召拜為國師，故也稱南陽國師。❾智藏　馬祖道一禪師的弟子，常奉師命出使四方，皆不辱使命，晚年講法於虔州西山堂。❿十二時　一天十二個時辰，此指一天之中。⓫曹溪　六祖慧能在曹溪講道多時，故後人常以曹溪指代六祖。⓬闕下　皇宮之下，借指京師。⓭內庭　皇宮內。⓮檀越　佛家用以稱呼施主，為梵文的音譯。⓯四威儀　僧侶坐作進退有威德、有儀則稱威儀。一行、二住、三坐、四臥各有儀則，不損威德，稱之為四威儀。⓰國一　國中一人之意。

【語　譯】杭州（今屬浙江）徑山道欽禪師（七一四～七九二年），蘇州崑山（今屬江蘇）人，俗姓朱氏。道欽禪師其初崇奉儒教，二十八歲時，玄素禪師遇到了他，就勸說他道：「我觀察你的神態氣質溫和純粹，真是佛法之寶啊。」道欽聞言感悟，便請求玄素禪師接受自己為弟子。玄素禪師親自為他落髮授戒，並告誡說：「你當順流而下，逢『徑』即止。」道欽禪師便向南而去，抵達臨安縣（今屬浙江），看見城東北有一座山，就向樵夫打聽山名。樵夫回答道：「那是徑山。」道欽禪師於是駐錫徑山，傳布禪法。

有僧人問欽道禪師道：「什麼是道？」禪師回答：「山上有鯉魚，水底有蓬塵。」

一天，馬祖派人送來了一封書信，信中只畫了一個圓形圖像。道欽禪師打開書信，在圓形圖像中加畫了一劃，然後封好來信交來人帶回。慧忠國師聽說此事後，說道：「道欽禪師還是被馬祖所迷惑了。」

有僧人問道：「什麼是達磨祖師西來意？」禪師回答：「你問得不恰當。」那僧人問：「怎樣才恰當？」禪師回答：「等我圓寂之後，就對你說。」

馬祖令門人智藏來問難道：「一天十二個時辰中以什麼為境？」道欽禪師便說：「等你回去時，我有書信給你。」智藏道：「我現在便要回去。」道欽禪師就說：「那你傳話給馬祖，這要向曹溪大師六祖問取。」

唐代大曆三年（七六八年），唐代宗下詔禮請道欽禪師來到京師，親加瞻仰禮遇。有一天，道欽禪師在內庭，看見天子來到，就起立迎接。唐代宗問道：「禪師為什麼要起立？」道欽禪師回答：「檀越如何能從四威儀中見貧道？」天子心中愉快，就對慧忠國師說道：「我想要賜給道欽禪師一個名號。」慧忠國師欣然奉詔，便賜道欽禪師「國一」的稱號。此後道欽禪師辭別天子，回歸徑山傳法，於唐德宗貞元八年（七九二年）十二月得病，在說法時圓寂，終年七十九歲。天子敕謚曰大覺禪師。

【說明】玄素禪師另有旁出法嗣二人：金華曇益禪師與吳門圓鏡禪師，因無機緣語句，故未收錄。

道信大師下八世

前徑山道欽禪師法嗣

杭州鳥窠道林禪師

杭州鳥窠❶道林禪師，本郡富陽人也，姓潘氏。母朱氏，夢日光入口，因而有娠。及誕，異香滿室，遂名香光焉。九歲出家，二十一於荊州果願寺受戒。後詣長安西明寺❷復禮法師❸學《華嚴經》、《起信論》❹。復禮示以《真妄❺頌》，俾修禪那❻。師問曰：「初云何觀？云何用心？」復禮久而無言，師三禮而退。屬唐代宗詔徑山國一禪師至闕，師乃謁之，遂得正法。

及南歸，先是孤山❼永福寺有辟支佛塔❽，時道俗共為法會❾，師振錫而入。有靈隱寺❿韜光法師⓫問曰：「此之法會，何以作聲？」師曰：「無聲誰知是會？」後見秦望山⓬有長松，枝葉繁茂，盤屈如蓋，遂棲止其上，故時人謂之鳥窠禪師。復有鵲巢于其側，自然馴狎⓭，人亦目為鵲巢和尚。

有侍者會通，忽一日欲辭去。師問曰：「汝今何往？」對曰：「會通為法出家，以和尚不垂慈誨，今往諸方學佛法去。」師曰：「若是佛法，吾此間亦有少許。」曰：「如何是和尚佛法？」師於身上拈起布毛吹之，會通遂領悟玄旨。

元和中，白居易⓮出守茲郡，因入山禮謁，乃問師曰：「禪師住處甚危險。」師曰：「太守危險尤甚。」曰：「弟子位鎮江山，何險之有！」師曰：「薪火相交，識性⓯不停，得非險乎？」又問：「如何是佛法大意？」師曰：「諸惡莫作，眾善奉行。」白曰：「三歲孩兒也解恁麼⓰道。」師曰：「三歲孩兒雖道得，八十老人行不得。」白遂作禮。

師於長慶四年二月十日告侍者曰：「吾今報⑰盡。」言訖坐亡，壽八十有四，臘六十三。有云師名圓修者，恐是謚號。

【注釋】❶窠　鳥獸等動物的巢穴。❷西明寺　唐高宗於顯慶三年（六五八年）為皇太子建立，並迎玄奘三藏居之，而以道宣律師為上座，不久又於寺中建禪院，由是朝廷有大祀，多於此寺舉辦。❸復禮法師　唐代僧人，曾奉敕進入賢首譯場，翻譯《華嚴經》。因其德尊年高，而為僧俗所禮重。❹起信論　《大乘起信論》之略名，古印度馬鳴大師所作，主要內容為使信徒起正信而演說大乘之極理。譯本有二：一為南朝梁僧真諦所譯，一卷；二為唐僧實叉難陀譯，二卷。❺真妄　佛教認為一切諸法皆有真妄兩面，隨無明之染緣而起之法為妄，隨三學之淨緣而起之法為真。❻禪那　意同「禪定」，定慧均等之妙體曰禪那。佛教認為修得此禪那者，死後必生於色界之四禪天。❼孤山　位於杭州西湖之中，為著名風景名勝區。❽辟支佛塔　供奉辟支佛的佛塔。辟支佛，辟支迦佛陀的略稱，意譯為緣覺、獨覺，與聲聞合稱二乘，與聲聞、菩薩合稱三乘，據《大智度論》卷一八、《大乘義章》卷一七載，其義有二：其一指出生於「佛法已滅」的無佛之世，而因其前世修行之宿慧，「自以智慧得道」；其二指「自覺不從他聞」，觀悟十二因緣之理而得道。佛典一般側重於後一義。❾法會　佛教為說法、供佛、施僧等而舉行的儀式、集會。❿靈隱寺　在杭州西湖西北靈隱山下，初建於東晉咸和（三二六～三三四年）初，再建於唐代大曆六年（七七一年），後世屢有興廢，現存。寺前飛來峰巖石稜聳奇秀，其上有五代、宋、元所鐫的佛教石像洞窟。⓫韜光法師　蜀人，唐穆宗時結庵於杭州西巢拘塢，清簡自守，不事交遊，曾與杭州太守白居易以詩相通，白居易為題其禪堂曰法安。⓬秦望山　在杭州餘杭縣南，秦始皇曾登臨此山，東望會稽，故名。⓭馴狎　禽獸養熟，順從人意，並與人戲玩。⓮白居易　唐代著名大詩人，號香山居士，歷官翰林學士，蘇州、杭州二州刺史，刑部侍郎，尚書等。其中年皈依佛門，親近高僧，受淨戒，習禪法。⓯識性　即心性，稱不變之心體。《止觀大意》認為「不變隨緣故為心，隨緣不變故為性」，但禪宗一般對心性並不作區別，如黃蘗《傳心法要》認為「心性不異，即性即心。心不異性，名之為祖」。⓰恁麼　如此；什麼；怎麼。⓱報　即報果，指酬報善惡業因的苦樂結果。

【語譯】杭州烏窠道林禪師（七四一～八二四年），杭州富陽（今屬浙江）人，俗姓潘氏。當初，他的母親朱氏，曾夢見陽光進入自己口內，由此懷孕。等到分娩之時，滿屋異香，於是取名香光。他九歲出家，二十一歲時在荊州（今湖北江陵）果願寺受戒法。此後他又來到長安（今陝西西安）西明寺，向復禮法師學習《華嚴經》、《起信論》。復禮法師又向道林曉示《真妄頌》，指導他修習禪定。道林問道：「其開篇說怎麼觀行？說怎麼用心？」復禮法師沉默很久而沒有回答，於是道林三拜而退。正好此時唐代宗詔請徑山國一禪師來到京師，道林得以拜謁，遂獲得正法。

後來道林禪師離開長安南歸，此前杭州孤山永福寺內有一座辟支佛塔，當時僧俗信眾聚集於此舉行法會，禪師便一面振動錫杖發出聲響一面進入會場。靈隱寺韜光法師便問道：「這是法會，你為什麼要弄出聲響？」禪師答道：「沒有聲響，誰人知道此是法會？」此後道林禪師看見城外秦望山上長著一棵巨松，枝葉茂盛，盤曲如車蓋，便歇息居止在這棵松樹上，故人們就稱他為烏窠禪師。後來又有喜鵲來到禪師身旁築了一個小巢，自由自在馴順可親，時時戲玩，於是人們也稱他為鵲巢和尚。

有一天，有一個名叫會通的侍者，忽然要辭別道林禪師。禪師問道：「你現在打算去什麼地方？」會通回答：「會通是為求佛法才出家的，可和尚不肯發慈心垂示教誨，故而我現在想去他方求學佛法。」禪師說道：「如若說是佛法，我這裡倒也有一些。」會通便問道：「什麼是和尚的佛法？」禪師便從自己身穿的衣服上拈起一縷布線吹著，會通由此領悟了佛法玄妙宗旨。

唐憲宗元和（八〇六～八二〇年）年間，白居易出京就任杭州刺史，因而入山禮謁道林禪師，對禪師說道：「禪師的住所非常危險呀。」禪師答道：「太守比我還要危險。」白居易不以為然：「弟子官拜鎮守一方江山之職，哪裡會有什麼危險！」禪師說道：「薪火相交，心性不停，能不危險嗎？」白居易問道：「什麼是佛法大意？」禪師回答：「諸種惡業一概不去做，眾多善行要一一奉行。」白居易便說：「三歲小孩也知曉這麼說話。」禪師即道：「三歲孩童雖然能夠這麼說話，但是八十歲老翁卻不能夠這麼去做。」白居易遂向禪師施禮。

唐穆宗長慶四年（八二四年）二月十日，道林禪師告訴侍者說：「我今日報果已盡。」說完即坐化了，終年八十四歲，法臘六十三歲。有人說禪師名叫圓修，這恐怕是他的謚號。

【說　明】烏窠道林禪師是一個頗有特色的禪僧，其以機辯淵默顯示平實之法要的啟發式教法尤為千古禪門所樂道。

又道欽國一禪師另有旁出法嗣三人，為木渚山悟禪師、青陽廣敷禪師和杭州巾子山崇慧禪師，因無機緣語句，故未收錄。

道信大師下九世

前杭州烏窠道林禪師法嗣

杭州招賢寺會通禪師

杭州招賢寺會通禪師，本郡人也，姓吳氏，本名元卿。形相端嚴，幼而聰敏。唐德宗時為六宮使❶，王族咸美之。春時，見昭陽宮❷華卉敷榮❸，翫❹而久之，倏聞空中有聲曰：「虛幻之相，開謝不停，能壞善根❺，仁者安可嗜之？」師省念稚齒❻崇善，極生厭患。帝一日遊宮，問曰：「卿何不樂？」對曰：「臣幼不食葷羶⑦，志願從釋⑧。」曰：「朕視卿若昆仲⑨，但富貴欲出于人表者不違卿，唯出家不可。」既浹⑩旬，帝覩其容顇⑪，詔王賓⑫相⑬之，奏曰：「此人當紹隆三寶。」帝謂師曰：「如卿願，任選日遠近奏來。」師荷⑭德致謝。尋得鄉信，言母患，乞歸寧省⑮。帝厚其所賜，敕有司⑯津遣⑰師至家。

未幾，會韜光法師勉之謁鳥窠，為檀越，與結庵創寺。寺成，啟曰：「弟子七歲蔬食，十一受五戒⑱，今年二十有二，為出家，故休官，願和尚授與僧相。」曰：「今時為僧，鮮有精苦者，行多浮濫⑲。」師曰：「本淨非琢磨，元明不隨照。」曰：「汝若了淨智妙圓⑳，體自空寂，即真出家，何假外相！汝當為在家菩薩㉑，戒施俱修，如謝靈運㉒之儔㉓也。」師曰：「然理雖如此，於事何益？儻垂攝受㉔，則誓遵師教！」如是三請，皆不諾。時韜光堅白鳥窠曰：「宮使㉕未嘗娶，亦不畜侍女，禪師若不拯接，誰其度之？」鳥窠即與披剃具戒。師常卯齋㉖，晝夜精進，誦大乘經而習安般㉗三昧。尋固辭遊方，鳥窠以布毛眎㉘之，悟旨。時謂「布毛侍者」。〈鳥窠〉章敘訖。

暨鳥窠歸寂，垂二十載，武宗㉙廢其寺。師與眾僧禮辭靈塔㉚而邁，莫知其終。

【注　釋】❶六宮使　唐代宮城內的職官名。❷昭陽宮　宮殿名，古代戲劇、小說中一般用以作為皇后所居之處。❸敷榮　茂盛繁榮。❹翫　即「玩」。❺善根　身、口、意三業之善牢固而不能拔動，故稱之為根；又善能夠生出妙果，生出餘善，故名之為根。❻稚齒　此指少年。❼羶　羊身上的氣味。❽釋　指釋迦牟尼，此指其所創立的佛教。❾昆仲　兄弟。❿浹　濕透，此指經過。⓫容顇　容顏憔悴。顇，通「悴」。⓬王賓　唐代以相面術聞名者。⓭相　相面。⓮荷　指受人之恩惠而說的客氣話。⓯寧省　歸家省視雙親。⓰有司　指有關官府。⓱津遣　唐代制度，官員可乘驛馬或官船進出京師。津，渡口。⓲五戒　指戒殺生、戒偷盜、戒邪淫、戒妄語、戒飲酒五事，遵守此五戒者即為優婆塞（居士）。⓳浮濫　浮躁、浮誇而不守戒律。⓴淨智妙圓　淨智，指淨智相，二相之一。《起信論》上曰：所謂淨智相，是由真如內熏之力與法外熏之力而如實修行的結果，功德圓滿方便，破和合之識，滅轉識之相，而顯現法身清淨智慧之相。由淨智相而現的一切勝妙圓足之境界與功德之相，利益眾生，稱作不思議相。㉑在家菩薩　指不出家、不經過披剃之儀而修習佛道，只接受五戒、八戒或十善戒者，也即是優婆塞、優婆夷。㉒謝靈運　南朝宋居士，歷官太尉參軍、永嘉太守等，襲封康樂郡公，為南北朝著名詩人。謝靈運幼年皈依三寶，深入經藏，與高僧竺道生、遠公等遊，服膺頓悟之意，撰有《辯宗論》、《金剛般若經注》等。㉓儔　同輩之人。㉔攝受　又稱攝取，佛以慈心攝取眾生。一般作為請求和尚高僧為自己授戒傳法、超度解脫的尊辭。㉕宮使　因會通禪師曾官拜六宮使，故以此尊稱。㉖卯齋　卯，卯時，指早晨五時至七時。齋，齋食。㉗安般　梵語，即數息觀，指坐禪時數出入的氣息，用以阻止心緒散亂堅守意識的方法。㉘眎　指示。㉙武宗　唐代皇帝，在會昌年間毀滅佛法，汰去僧尼二十六萬人，焚燒經書，毀棄佛像，以佛寺為官署，佛史稱作會昌法難。㉚靈塔　放置高僧骨殖的墓塔。

【語　譯】杭州（今屬浙江）招賢寺會通禪師，杭州本地人，俗姓吳氏，本名叫元卿。他形象端正莊嚴，幼年便聰明敏慧。唐德宗時，會通擔任守衛管理皇宮事務的六宮使，王族中人都十分羨慕他。有一年春天，會通看見昭陽宮中花卉茂盛繁榮，故而賞玩了很長時間，忽然聽到有一個聲音在空中傳來：「這只是虛幻之外相，花開花謝輪迴不停，能毀壞人先天具有的善根，仁者怎麼可以沉溺於此？」他猛然反省自己少年得志，官顯位高，一下子生起厭惡憂患之意。有一天，天子遊玩宮中，問道：「你為什麼不快樂？」會通回答道：「微臣自幼年起就不吃葷腥食物，現今只希望出家向佛。」天子不同意：「朕把卿看成是自家兄弟，即使卿要求獲得超過眾人的榮華富貴，朕也一定答應，不會有所吝惜，惟有出家一事不可以。」過了一旬，天子眼看著會通的容顏憔悴，就詔命王賓來為他相面，王賓隨即上奏天子道：「這個人應當紹續隆興佛法三寶。」於是天子就對他說道：「就如卿所願，准許卿出家，任便卿選定出家的日期與出家所住寺院遠近上奏。」會通因得到天子恩准而致謝。不久他收到家鄉來信，說是母親患了重病，於是會通即刻乞求天子讓他歸家鄉省視母親。天子賜給他很豐厚的物品，並敕令有關官府調派官船護送他回到家鄉杭州。

不久，正好韜光法師勉勵他去拜謁鳥窠禪師，作為檀越，為鳥窠禪師結造庵堂，創建佛寺。佛寺完工後，會通向鳥窠禪師請求道：「弟子自七歲起就蔬食了，十一歲時接受了五戒，今年二十二歲，為能出家，故而辭官而歸，希望和尚為我披剃授戒。」鳥窠禪師拒絕道：「現今出家為僧者，很少有精勤刻苦的，其行為大多浮誇而不遵守戒律。」會通說道：「本質清淨者並不是依靠琢磨而成，原本明亮者並不隨著外在光線照耀而發光。」鳥窠禪師便道：「你如若明瞭淨智相及其妙圓之境界，內心自然歸於空寂之境，這就是真出家，何必還要假求外在的形相！你應當成為在家菩薩，戒律、施捨一起修習，如同前賢謝靈運一樣。」會通道：「雖然道理確實如此，但對我修煉又有何益處？如蒙大師慈悲為懷，收我為徒，我立誓遵守師父的教誨！」就這樣再三請求，但鳥窠一直不肯應諾。此時韜光法師堅決地勸說鳥窠禪師道：「宮使未曾娶妻，亦不曾蓄養侍女，禪師如若不加拯接，還有誰能引渡他？」於是鳥窠禪師即刻給會通披剃授戒。會通常常是卯時齋食，晝夜精進不息，誦讀大乘經藏，修習安般三昧。不久，會通固辭鳥窠禪師，欲遠遊四方求學佛法，鳥窠便用布線向他示意，會通頓時悟徹宗旨。當時人便稱會通禪師為「布毛侍者」。本卷〈鳥窠道林禪師〉章記載了此事。

等到鳥窠禪師圓寂後，過了將近二十年，唐武宗毀佛，廢毀他所居的寺院。會通禪師與寺內眾僧禮拜鳥窠禪師的靈塔後離去，後來就不知他的所終了。

【說　明】鳥窠道林禪師另有旁出法嗣靈巖寶觀禪師一人，因無機緣語句，故未收錄。

前慧忠禪師法嗣

天台山佛窟巖惟則禪師

天台山❶佛窟巖惟則禪師者，京兆人也，姓長孫氏。初謁牛頭忠禪師，大悟玄旨，後隱於天台瀑布之西巖。唐元和中，法席漸盛，始自目其巖為佛窟焉。

一日示眾云：「天地無物也，我無物也，然未嘗無物。斯則聖人如影，百年如夢，孰為生死哉？至人❷以是獨照，能為萬物之主。吾知之矣，汝等知之乎？」

有僧問：「如何是那羅延❸箭？」師云：「中的❹也。」

忽一日告門人曰：「汝當自勉，吾何言哉！」後二日夜，安坐示滅，壽八十，臘五十有八。

【注釋】❶天台山　山在浙江天台，為仙霞嶺餘脈，風景秀麗，天台瀑布聞名遐邇。道教徒認為其山八重四面，上應台宿，故名天台。❷至人　此指佛祖。❸那羅延　天上力士之名，端正猛健。一說是梵天王的異名。❹的　靶心；目標。

【語譯】天台山佛窟巖惟則禪師，京兆（今陝西西安）人，俗姓長孫氏。他初次拜謁牛頭山慧忠禪師，就大悟佛法玄旨，後來隱居於天台山瀑布的西巖上。唐憲宗元和（八〇六～八二〇年）年中，學徒漸眾，法席興盛，此時惟則禪師才命名其所居西巖為佛窟巖。

有一天，惟則禪師指示眾徒說：「天與地沒有物，我亦沒有物，但並不是真沒有物。如此則聖人就如物之影，百年一霎就如夢幻，哪裡有什麼生與死啊？佛祖因此獨具慧眼洞照世界，而能成為萬物之主人。此道理我已經知道了，你們知道嗎？」

有一個僧人問道：「什麼是那羅延之箭？」禪師回答：「能射中靶心。」

忽然有一天，惟則禪師告訴門人道：「你們應當自勉，我還有什麼話說啊！」此後兩天的晚上，禪師安坐圓寂，終年八十歲，法臘五十八歲。

天台山雲居智禪師

天台山雲居智禪師。嘗有華嚴院僧繼宗問：「見性成佛，其義云何？」師曰：「清淨之性，本來湛然，無有動搖，不屬有無、淨穢、長短、取捨，體自儵然❶。如是明見，乃名見性。性即佛，佛即性，故云見性成佛。」曰：「性既清淨，不屬有無，因何有見？」師曰：「見無所見。」曰：「無所見，因何更有見？」師曰：「見處亦無。」曰：「如是見時，是誰之見？」師曰：「無有能見者。」曰：「究竟其理如何？」師曰：「汝知否？妄計❷為有，即有能所❸，乃得名迷。隨見生解，便墮生死。明見之人即不然。終日見，未嘗見。求見處體相不可得，能所俱絕，名為見性。」曰：「此性遍一切處否？」師曰：「無處不遍。」曰：「凡夫具否？」師曰：「上言無處不遍，豈凡夫而不具乎？」曰：「因何諸佛菩薩不被生死所拘，而凡夫獨縈此苦？何曾得遍？」師曰：「凡夫於清淨性中計有能所，即墮生死。諸佛大士善知清淨性中不屬有無，即能所不立。」曰：「若如是說，即有了不了❹人。」師曰：「了尚不可得，豈有能了人乎？」曰：「至理❺如何？」師曰：「我以要言之，汝即應念清淨性中無有凡聖，亦無了人不了人。凡之與聖，二俱是名。若隨名生解，即墮生死。若知假名不實，即無有當名者。」又曰：「此是極究竟處。若云『我能了，彼不能了』，即是大病。見有淨穢、凡聖，亦是大病。作無凡聖解，又屬撥無因果❻。見有清淨性可棲止，亦大病。作不棲止解，亦大病。然清淨性中，雖無動搖，具不壞方便應用❼，及興慈運悲。如是興運之處，即全清淨之性，可謂見性成佛矣。」繼宗踊躍，禮謝而退。

【注釋】❶倏然　無拘無束、自由自在之貌。❷計　即計度，以意識之作用，思量分別種種事物。❸能所　二法對待之時，自動之法稱能，不動之法稱所，如能緣所緣、能見所見之類。❹了不了　即了義與不了義。顯了分明說示究竟之實義稱了義，未了未盡之說稱不了義。了義與不了義，為方便（不了義）與真實（了義）的異名。❺至理　至極的道理。❻撥無因果　否定因果之道理，是五見中的邪見。撥無，斷除而無其事。撥，斷絕、掃除之意。❼不壞方便應用　不壞，法身堅固不能破壞。方便，宣揚佛法信仰、把握真如的法門。應用，佛為救濟眾生而應現的妙用。

【語　譯】天台山雲居智禪師。曾經有華嚴院僧人繼宗問道：「見性成佛之旨意是什麼？」禪師回答：「清淨的本性，本來就湛然澄澈，沒有動搖，也與有無、淨穢、長短、取捨沒有關係，本體自然超脫。如是這樣明白地認識，才叫作見性。性即是佛，佛即是性，所以說見性成佛。」繼宗問道：「本性既然清淨，與有無沒有關係，那為什麼還有見？」禪師答道：「見無所見。」繼宗問道：「既然無所見，那為什麼又有見呢？」禪師回答：「見處也沒有。」繼宗再問：「若如此見時，是誰之見呢？」禪師答道：「沒有能見的人。」繼宗便問：「到底其禪理是什麼？」禪師便道：「你知道嗎？以妄念推度就是有，即有能見所見，才得名迷。隨其所見而生悟解，便會墜入生死輪迴中。具有明見的人就不是這樣的。他終日見，未嘗見。求見之處體相不可得，能所俱絕，就名之為見性。」繼宗問道：「此性遍及一切處所嗎？」禪師回答：「沒有一處不遍及的。」繼宗問道：「凡夫俗子也具有嗎？」禪師回答：「前面已經說了沒有一處不遍及的，難道凡夫俗子會不具有嗎？」繼宗問道：「那為什麼諸佛、菩薩不被生死輪迴所拘束，而唯獨凡夫俗子遭受此苦？哪兒是遍及一切處所呢？」禪師答道：「凡夫俗子身處清淨本性中推度具有能所，故而墜入生死輪迴之中。而諸佛、大士卻明白清淨本性中不存在有無，就能所不立。」繼宗說道：「如若這樣說來，就存在著了義人與不了義人。」禪師責問道：「了義尚且不可能達到，難道更有能了義的人嗎？」繼宗問：「最精深的道理是什麼？」禪師回答：「我將主要的意思說說，你即能想到清淨本性之中沒有凡夫與聖人，亦沒有了義人與不了義人的區別。凡夫與聖人，兩者皆只是名而已。如若隨名稱而生理解，就要墜入生死輪迴之中。如若知道此為假借之名而不是真實，那就沒有事物名稱了。」禪師又說道：「這就是最精妙之處。如若說『我能夠明瞭，他不能夠明瞭』，即成為大錯誤。如若認為有淨與穢、凡與聖之差別者，也有大病。如作沒有凡聖區別理解的，又屬於否定因果報應的惡見。如若認為清淨本性之中可以棲息居止的，亦屬於大錯誤。如作不能棲息居止於其中理解的，同樣亦是大錯誤。然而清淨本性之中，雖然沒有動搖，卻具有不壞方便應用，施行慈心悲願。如此施行之際，就完全體現了清淨本性，才可說是見性成佛了呀。」繼宗於言下大悟，不禁歡喜踴躍，禮謝禪師而退。

【說　明】慧忠禪師的法嗣，除佛窟巖惟則禪師與雲居智禪師外，還有旁出法嗣三十三人：牛頭山道性禪師，江寧智燈禪師，解縣懷信禪師，鶴林全禪師，北山懷古禪師，明州觀宗禪師，牛頭山大智禪師，白馬善道禪師，牛頭山智真禪師、譚顒禪師、雲韜禪師、凝禪師、法梁禪師，江寧行應禪師，牛頭山惠良禪師，興善道融禪師，蔣山照明禪師，牛頭山法燈禪師、定空禪師、慧涉禪師，幽棲道遇禪師，牛頭山凝空禪師，蔣山道初禪師，幽棲藏禪師，牛頭山靈暉禪師，幽棲道穎禪師，牛頭山巨英禪師，釋山法常禪師，龍門凝寂禪師，莊嚴遠禪師，襄州道堅禪師，女尼明悟，居士殷淨已；牛頭山慧涉禪師又傳潤州棲霞寺清源禪師。以上三十四人因無機緣語句，故未收錄。

牛頭宗由法融禪師創立，至五祖智威禪師時才開始興旺，此後經六祖慧忠禪師與鶴林玄素禪師的努力，始發展至高峰。牛頭禪風，既平易而又奇特，既有機鋒又有實語，影響頗大，而與曹溪南宗、神秀北宗鼎立為三。此後南宗大興，牛頭宗逐漸融入其間，而湮沒無聞了。

第三十二祖弘忍大師旁出法嗣

北宗神秀禪師

【題　解】五祖弘忍東山門下有「十大弟子」分地弘化、各為一方人物之說，但以慧能南宗與神秀北宗影響最大。神秀主張漸悟，與慧能的頓悟說相對立。神秀北宗主要盛行於中原嵩洛、關中地區，神秀並任唐代國師，故得到唐廷的支持，而盛極一時。至「安史之亂」後，北宗開始衰微，直至唐武宗滅法，以寺院為主要依託的北宗禪才完全衰落無聞。

北宗神秀禪師者，邪舍三藏誌云：「艮地生玄旨，通尊媚亦尊，比肩三九族，足下一毛分。」開封尉氏人也，姓李氏。少親儒業，博綜多聞，俄捨愛出家，尋師訪道。至蘄州雙峰東山寺，遇五祖忍師以坐禪❶為務，乃歎伏曰：「此真吾師也。」誓心苦節，以樵汲自役，而求其道。忍默識之，深加器重，謂之曰：「吾度人多矣，至於悟解，無及汝者。」忍既示滅，秀遂住江陵當陽山❷。

唐武后❸聞之，召至都下，於內道場❹供養，特加欽禮。命於舊山置度門寺❺，以旌其德。時王公士庶皆望塵拜伏。暨中宗❻即位，尤加禮重。大臣張說❼嘗問法要，執弟子之禮。師有偈示眾曰：「一切佛法，自心本有。將心外求，捨父逃走❽。」

神龍二年，於東都天宮寺❾入滅，賜諡大通禪師。羽儀❿法物⓫，送殯⓬於龍門。帝送至橋，王公士庶皆至葬所，張說及徵士⓭盧鴻一⓮各為碑誄⓯。門人普寂⓰、義福⓱等並為朝野所重。

【注釋】❶坐禪　佛教修行方法，即靜坐思維之意。據《摩訶止觀》卷二，坐禪者須於靜室或遠離喧鬧處獨自一人跏趺而坐，頭正背直，不動不搖，不委不倚，更不能臥牀睡眠，以九十天為一期。❷當陽山　在湖北當陽境內，山下有清泉名玉泉，故也稱玉泉山。❸武后　即武則天，唐高宗之皇后，後自稱則天金輪皇帝，成為中國歷史上唯一的女皇帝（六八四～七〇四年在位）。武后師事高僧神秀、法藏、義淨等人，度僧、造寺、塑像、寫經，歷年不倦。❹內道場　設在皇宮內廷的道場。唐代由武則天始設於東都大內，常使僧侶百餘人於其中陳佛像經典而念誦，以祈福禳災。❺度門寺　在湖北當陽玉泉山，唐證聖元年由武后敕建，以彰顯神秀禪師的功德。❻中宗　唐中宗，武后之子，七〇五至七一〇年在位。❼張說　字道濟，洛陽（今屬河南）人，唐玄宗開元年間為中書令，封燕國公。其博通能文，信佛法，問禪法於神秀禪師，得其心要。❽捨父逃走　神秀以遇見危險卻捨棄父親自己逃走的行為為不孝之極，由此說明離開自心而向外尋求佛法的做法同樣為背離佛陀教旨的大惡行。❾天宮寺　唐貞觀六年唐太宗捨唐高祖東都舊宅而建，高僧法護、明導等多人曾駐錫於此。五代周世宗廢佛教後廢棄無聞。❿羽儀　指古時儀仗隊中用鳥的羽毛裝飾的旌旗之類。⓫法物　指宗廟樂器、車駕、鹵簿等。⓬送殯　送葬。⓭徵士　古代稱曾經朝廷徵聘而不肯受職的隱士。⓮盧鴻一　字浩然，一作名鴻，字顥然，范陽（今河北涿州）人，善篆籀，工畫山水樹石，得平遠之趣，隱居嵩山。唐玄宗徵召入京，拜諫議大夫，固辭歸山，賜隱居服。⓯碑誄　碑，碑文。誄，用以表彰死者德行並致哀悼的文辭。⓰普寂　河東（今山西）人，俗姓馮，從神秀禪師六年，盡得其道。神秀奉詔入京，眾依普寂，故自以七祖自居（北宗以神秀為五祖弘忍大師嫡傳，尊為六祖）。後居嵩山嵩陽寺，徒眾萬餘。開元二十七年（七三九年）圓寂，享年八十九歲。⓱義福　潞州（今山西長治）人，俗姓姜。侍神秀禪師，得其密傳。神秀入京，義福繼為玉泉寺主。後住藍田化感寺達二十年，奉詔住京師慈恩寺，號大智禪師。開元二十年（七三二年）圓寂於嵩山。

【語　譯】北宗神秀禪師（六〇六～七〇六年），邪舍三藏所記讖語道：「艮地生玄旨，通尊媚亦尊，比肩三九族，足下一毛分。」開封尉氏（今屬河南）人，俗姓李氏。他少年時精研儒學，博聞廣學，不久割捨所愛而出家為僧，尋訪導師，求證大道。神秀來到蘄州（今湖北蘄春）雙峰山東山寺，遇見五祖弘忍大師以坐禪修習為要務，不禁歎服道：「這才真正是我的導師啊。」便矢志不渝地侍從五祖大師，以打柴、汲水等重活來刻苦磨鍊自己志向，以此求得大道。弘忍大師雖未加稱許，但深為器重，對他說：「我引度了很多人，至於悟解佛道方面，卻沒有及得上你的。」弘忍大師圓寂後，神秀禪師就居住於江陵（今屬湖北荊州）當陽山。

唐則天武后聽說後，便下詔迎請神秀禪師至京師，在內道場中供養，特加禮遇，十分欽重。武后還命令在當陽山下修治度門寺，以彰顯神秀禪師的功德。當時上自王公、百官、士大夫，下至普通百姓，莫不望塵拜伏。唐中宗即位後，更為禮重神秀禪師。大臣張說因為曾向禪師詢問佛法要旨，所以對禪師行弟子禮。禪師作有一偈頌明示眾人：「一切佛法，自心中本來就具有。若捨心而外求，就如捨棄父親而逃難一樣為大惡行。」

唐中宗神龍二年（七〇六年），神秀禪師在東都（今河南洛陽）天宮寺圓寂，天子賜諡曰大通禪師。唐帝還賜與羽儀法物，送葬於城南龍門。唐中宗親自送葬至城門橋前，王公、士大夫、庶民百姓都送至埋葬之所，張說與徵士盧鴻一各自書寫了碑文與誄辭。神秀禪師的門人如普寂、義福等人也並為朝野官民所禮重。

【說　明】據《楞伽師資記》說，神秀禪師於五祖弘忍門下「受得禪法，禪燈默照，言語道斷，心行處滅，不出文記」，即保持了四祖道信、五祖弘忍的樸素禪風，繼承了自達磨以來歷代傳承的「觀心」禪法，門下極盛，所謂「三山之道俗戀之如父母，三河之士女仰之猶山嶽」，相傳武則天也竟然不計君臣之別，親加跪禮，被尊為「兩京法主，三帝國師」。由此神秀所傳禪法成為得到統治階層承認與首肯的官禪，儼然成為當時中國禪門之中心，影響極大。但自唐代中期以後，南宗取代了北宗的地位，禪宗史從此改寫，於是神秀之禪法、事跡幾近湮沒。

嵩嶽慧安國師

邪舍三藏誌云：「九女出人倫，八女絕婚姻，朽牀添六腳，心祖眾中尊。」

嵩嶽❶慧安國師，荊州支江人也，姓衛氏。隋文帝❷開皇十七年括❸天下私度❹僧尼。勘師，云：「本無名。」遂遁于山谷。大業中，大發丁夫開通濟渠❺，饑殍❻相枕。師乞食以救之，獲濟者甚眾。煬帝徵師，不赴，潛入太和山❼。暨帝幸江都，海內擾攘❽，乃杖錫登衡嶽寺，行頭陀行。

唐貞觀中，至黃梅謁忍祖，遂得心要。麟德元年，遊終南山⑨石壁，因止焉。高宗嘗召，師不奉詔。遍歷名迹，至嵩少⑩，云：「是吾終焉之地也。」自爾禪者輻湊⑪。

有坦然、懷讓⑫二人來參問曰：「如何是祖師西來意？」師曰：「何不問自己意？」曰：「如何是自己意？」師曰：「當觀密作用⑬。」曰：「如何是密作用？」師以目開合示之。然言下知歸，更不他適；讓機緣不逗⑭，辭往曹溪。

武后徵至輦下⑮，待以師禮，與神秀禪師同加欽重。后嘗問師甲子⑯，對曰：「不記。」后曰：「何不記耶？」師曰：「生死之身，其若循環。環無起盡，焉用記為？況此心流注⑰，中間無間。見漚⑱起滅者，乃妄想耳。從初識⑲至動相⑳滅時，亦只如此。何年月而可記乎？」后聞，稽顙㉑信受㉒。尋以神龍二年，中宗賜紫袈裟㉓，度弟子二七人，仍延入禁中㉔供養。三年，又賜摩衲㉕一副，辭歸嵩嶽。

是年三月三日，囑門人曰：「吾死已，將屍向林中，待野火焚之。」俄爾萬迴公㉖來，見師猖狂㉗，握手言論，傍侍傾耳，都不體會㉘。至八日，閉戶偃㉙身而寂，春秋㉚一百二十八。隋開皇二年壬寅生，唐景龍三年己酉滅，時稱老安國師。門人遵旨，舁㉛置林間，果野火自然㉜。闍維得舍利八十粒，內五粒色紅紫，留於宮中。至先天二年，門人建浮圖。

【注　釋】❶嵩嶽　即中嶽嵩山。❷隋文帝　隋朝開國皇帝（五八一～六〇四年在位），篤信佛法，以弘法為己任，廢除北周武宗廢佛之令，聽民立寺出家，搜求經像，廣置寺塔，又從法經律師受菩薩戒。但為強化佛教徒之管理，對私度僧尼也作出限制。❸括　搜括，此指按簿籍登錄僧尼姓名。❹私度　俗人出家為僧尼需要舉行一定儀式，隋、唐以後還要報有關官府備案，由官府發給相應的證件。未經此儀式而為僧尼者，即被稱為私度。❺通濟渠　古運河名，隋大業元年（六〇五年）開挖，西起東都洛陽，東於江蘇盱眙附近入淮河，對當時及後世唐、宋中原和江淮地區之間經濟文化交流、發展，起著很大的作用。❻餓殍　餓死的人。❼太和山　即武當山的別名，在湖北西北部，為道教名山。❽擾攘　紛雜混亂。❾終南山　在陝西西安南，也稱南山，為關中名山。❿嵩少　此指少林寺所在的少室山。⓫輻湊　很密地聚集在一起。⓬懷讓　六祖弟子，後住南嶽般若寺，傳江西馬祖。⓭密作用　密，隱秘不顯的。作用，指有為法之生滅。⓮逗　留住。⓯輦下　指京都。輦，指帝王所坐的車。⓰甲子　古人用天干地支計數，甲為十天干之首，子為十二地支之首，故人們以甲子比喻年歲。⓱流注　指有為法剎那間前滅後生，相續不絕，如同水的流動灌注一般。⓲漚　水泡。⓳初識　指生命最初一剎那間之識，故也稱初剎那識。《仁王經》中曰：「諸有情于久遠劫，初剎那識異于木石。」⓴動相　為風大之自性，可令四大所造的物質運動相續不絕之性，即物質運動的本性。㉑稽顙　即叩頭。顙，額頭。㉒信受　信心接受。㉓賜紫袈裟　為朝廷寵遇僧人的表示。古代官服顏色以紫色為貴重。㉔禁中　帝王所住的宮殿之內。㉕摩衲　即磨衲袈裟。㉖萬迴公　唐代高僧，閿鄉縣（今屬河南）張氏之子。其兄戍役安西（即安西都護府，在今新疆天山之南以及中亞一帶），父母思念之，萬迴便往安西探視，朝離家門，暮持兄之家書返家，故而人稱萬迴。唐高宗時得度出家，武則天時詔入內道場，賜法衣，號法雲公。玄宗未登基時，萬迴曾撫其背言：「五十年太平天子。」神異事跡甚多。一天忽求閿鄉河水，飲畢而逝，賜號國公。㉗猖狂　此指言語直率無忌。㉘體會　領會；悟徹。㉙偃　仰面。㉚春秋　以春秋兩季代表一年四季，借指年齡。㉛舁　抬東西。㉜自然　即「自燃」。

【語　譯】嵩嶽慧安國師（五八二～七〇九年），邪舍三藏所記讖語說：「九女出人倫，八女絕婚姻，朽牀添六腳，心祖眾中尊。」荊州支江（今湖北枝江）人，俗姓衛氏。隋文帝開皇十七年（五九七年），全國籍括各地私度的僧尼。當查到慧安禪師時，禪師道：「我本來就無名。」隨後隱居於山谷中。隋煬帝大業（六〇五～六一八年）年中，為開挖通濟渠，朝廷大肆徵發強壯丁夫，到處都有餓死的人，死屍互相疊枕。慧安禪師四處化緣以為救濟，很多人由此而獲救。隋煬帝聞聽此事，下令徵召禪師，禪師不赴，潛入太和山隱居。直至隋煬帝遊幸江都（今江蘇揚州），海內大亂，慧安禪師乃持錫杖登上南嶽衡嶽寺，修頭陀行。唐代貞觀（六二七～六四九年）中，禪師前往黃梅拜謁五祖弘忍大師，遂悟得禪法心要。唐高宗麟德元年（六六四年），禪師行遊至終南山石壁，因而息止於此。唐高宗曾徵召禪師，禪師仍不奉詔。此後禪師遍遊名山古蹟，來到少室山，便說：「這是我的歸終之地啊。」自此以後，參禪者聚集於此。

有一天，坦然、懷讓兩位禪師前來參拜，問道：「什麼是達磨祖師西來意？」慧安禪師反問道：「為什麼不問你自己的意旨？」兩人問道：「什麼是自己的意旨？」慧安禪師答道：「應當觀察隱密的內心作用。」兩人再問：「什麼是隱密的內心作用？」慧安禪師用眼睛的一張一閉來明示他們。坦然禪師當場領悟了禪法旨歸，就不再遊學他處；懷讓因為機緣未合，就辭別慧安禪師而前往曹溪。

則天武后徵召慧安禪師至京都，以國師的禮節相待，與神秀禪師同受武后的欽重。武后曾問慧安禪師的年齡，禪師回答說：「不記得了。」武后問道：「怎麼會不記得呢？」禪師回答：「生死輪迴之身，就如車輪不停循環旋轉。輪環沒有起點與終點，怎麼用得著記憶啊？何況此心如流水貫注，中間毫無間隔。有人看見了水泡的生成和破滅，只不過是妄想而已。從初剎那識到動相滅絕之時，亦只是如此。有什麼年月而可記呢？」武后聽後，叩首致禮，信心接受。神龍二年（七〇六年），唐中宗賜予禪師紫袈裟，度弟子二七十四人，並迎請禪師入禁中供養。景龍三年（七〇九年），唐中宗又賜予禪師一襲磨衲袈裟，禪師於是辭別天子，回歸嵩山故居。

是年三月三日，慧安禪師囑咐門人說：「我死後，就把屍體放置在樹林中，等待野火焚燒它。」一會兒，萬迴公前來探視禪師，相見簡慢，不施禮儀，握手懇談，旁邊侍從的弟子傾耳細聽，但都不能領悟其意。到八日，禪師關閉門戶，安臥而死，享年一百二十八歲。隋朝開皇二年壬寅歲出生，唐代景龍三年己酉歲逝死，時人尊稱為老安國師。門人遵照禪師遺志，將屍首抬至樹林中，果然野火自燃。火化後，獲得舍利八十粒，其中有五粒呈現紅紫色，被留在皇宮中供奉。至唐玄宗先天二年（七一三年），其門人為他建造靈塔。

【說明】慧安亦稱道安，是五祖弘忍弟子中年齡最大者，比弘忍年長二十歲，因而被稱作老安。其禪風與慧能南宗有相近處，不重禪定的漸修而重當下的頓悟自證，並注意以行為動作來啟發學人擺脫言相的執著，如上述所記「以目開合示之」者即是一例。

袁州蒙山道明禪師

袁州蒙山❶道明禪師者，鄱陽人，陳宣帝❷之裔孫也。國亡，落於民間，以其王孫❸，嘗受署，因有「將軍」之號。少於永昌寺出家，慕道頗切。往依五祖法會，極意研尋，初無解悟。及聞五祖密付衣法與盧行者，即率同志數十人躡❹迹追逐，至大庾嶺❺，師最先見，餘輩未及。盧行者見師奔至，即擲衣鉢於磐石曰：「此衣表信，可力爭耶！任君將❻去。」師遂舉之，如山不動，踟躕❼悚慄❽，乃曰：「我來求法，非為衣也。願行者開示於我。」祖曰：「不思善，不思惡，正恁麼時，阿那箇是明上座本來面目❾？」師當下大悟，遍體汗流，泣禮數拜，問曰：「上來密語密意❿外，還更別有意旨否？」祖曰：「我今與汝說者，即非密也。汝若返照自己面目，密卻在汝邊。」師曰：「某甲雖在黃梅隨眾，實未省自己面目。今蒙指授入處，如人飲水，冷暖自知。今行者即是某甲師也。」祖曰：「汝若如是，則是吾與汝同師黃梅，善自護持。」師又問：「某甲向後宜往何所？」祖曰：「逢『袁』可止，遇『蒙』即居。」師禮謝，遽⓫迴至嶺下，謂眾人曰：「向陟⓬崔嵬⓭遠望，杳無蹤迹，當別道尋之。」皆以為然。

師既迴，遂獨往廬山布水臺。經三載後，始往袁州蒙山，大昌玄化。初名慧明，以避師上字，故名道明。弟子等盡遣過嶺南，參禮六祖。

【注釋】❶蒙山　在湖南新喻北，盤據百餘里，巖峰奇秀，喬木千尋，常有煙靄蒙罩其上，故名。❷陳宣帝　南朝陳第四位君主，名頊，五六九至五八二年在位。❸王孫　古代對貴族子弟的通稱。❹躡　踩；追隨。❺大庾嶺　位於江西、廣東之際，為五嶺之一，嶺路險峻，上多梅樹，故也名梅嶺。❻將　拿；持。❼踟躕　心中猶豫而走來走去的樣子。❽悚慄　恐懼貌。❾本來面目　指人的本心或本性，為後世禪師參究的有名「話頭」。後世禪師所說的「本地風光」、「自己本分」等語，意義相同。❿上來密語密意　上來，剛才。密語，根據密意所講說的話語。密意，無法直接說出的佛法真諦。⓫遽　急速。⓬陟　登高。⓭崔嵬　高峻貌，此指高山。

【語　譯】袁州（今江西宜春）蒙山道明禪師，鄱陽（今江西波陽）人，為南朝陳宣帝的裔孫。陳國被隋朝滅亡後，道明流落在民間，因為他貴為王孫，曾受過官職，故有「將軍」的稱號。道明禪師少年時在永昌寺出家，仰慕佛道之心十分急切。後來他前依五祖法會，雖竭力鑽研修習，但並未有領悟。直到聽說五祖弘忍大師密付衣法給盧行者（即六祖慧能），就率領志同道合者數十人跟隨盧行者的行跡追逐，一直追到大庾嶺，道明禪師最早看到盧行者，而同來者還未及趕至。盧行者看見道明禪師急奔而至，便將傳法衣鉢擲在磐石上，對他說：「這袈裟是傳法的信物，豈可以用武力相爭奪啊！任君拿去。」道明禪師即刻前去拿法衣，不料此法衣重如大山，無法舉起，不禁心中猶豫恐懼起來，乃說道：「我是來尋求佛法的，不是為衣鉢而來。希望行者向我開示佛法。」盧行者宣說道：「不思慮善，不思慮惡，正處在這一時刻，阿哪一個是明上座的本來面目？」道明禪師言下即悟，遍體流汗，哭著向盧行者致敬禮拜，並問道：「除了剛才的密語密意以外，還有沒有其他的意旨？」盧行者道：「我現今給你說的，就不是秘密了。你如果能用佛性觀照自己的本來面目，即可發現秘密就在你身邊。」道明禪師說道：「我雖在黃梅那兒隨眾參禪，其實並沒有認識自己的本來面目。今日承蒙你指導入門途徑，就如人飲水，冷暖自知。現今行者就是我的師父了。」盧行者道：「你如是這樣，那就讓我與你都以黃梅大師為師吧。你要好自為之，善護佛法。」道明禪師又問道：「我今後應去什麼地方？」盧行者答道：「逢『袁』可息止，遇『蒙』可居住。」道明禪師向盧行者致敬禮謝後，急忙回到大庾嶺下，對隨後趕來的眾人說道：「我剛才登上山頂，向遠方眺望，卻杳無盧行者的蹤跡，應當從其他道路上尋找。」眾人都信以為真，轉向別處。

道明禪師回來後，不久就獨自前往廬山布水臺。過了三年以後，禪師才到袁州蒙山，全力弘揚禪法。禪師其初名叫慧明，因為要迴避六祖慧能禪師的法名，故改名叫道明。道明禪師將門下弟子等人全部遣往嶺南，參謁禮拜六祖。

【說　明】弘忍大師旁出法嗣除已見收錄的神秀、慧安與道明三人外，尚有揚州奉法寺曇光禪師、隨州禪慥禪師、金州法持禪師、資州智詵禪師、舒州法照禪師、越州義方禪師、枝江道俊禪師、常州玄賾禪師、越州僧達禪師與白松山劉主簿等十人。又隨州禪慥禪師再傳正壽禪師，道明禪師再傳洪州崇寂禪師、江西環禪師與撫州神貞禪師，資州智詵禪師再傳資州處寂禪師，玄賾禪師再傳義興神斐禪師與湖州暢禪師，是為五祖第二世弟子。又資州處寂禪師再傳益州無相禪師、益州長松山馬禪師、超禪師與梓州曉了禪師等四人，義興神斐禪師再傳西京智游禪師與東都智深禪師，是為五祖第三世弟子。以上諸禪僧因無機緣語句，故未收錄。

本書記載五祖弘忍大師旁出法嗣名字與《楞伽師資記》所載頗有異同。據《楞伽師資記》載，弘忍認為「後傳吾道者，只可十耳」。其中神秀「玄理通快，必多利益」；資州智詵、白松山劉主簿「兼有文性」；莘州慧藏、隨州玄約「憶不見之」；嵩山老安「深有道行」；潞州法如、韶州慧能、揚州高麗僧智德「並堪為人師，祖一方人物」；越州義方「仍便講說」。此外玄賾當與神秀一起「以佛日再暉，心燈再照」。諸人事跡於今可考者除神秀、慧能、老安（慧安）三人外，尚有法如（六三八～六八九年），潞州（今山西長治）人，俗姓王，在五祖身邊奉侍十六載，後居嵩山少林寺開禪，門徒甚眾；智詵（六〇九～七〇二年），汝南人，俗姓周，初從玄奘法師學經論，後從五祖得法，回四川資州德純寺，化導眾生，其弟子化出淨眾系與保唐系，盛行於南方；智賾是五祖晚年的弟子，侍從五祖達五載，為五祖造塔者。

資州智詵禪師存目

弘忍大師下二世

前神秀禪師法嗣

【題　解】神秀一生度人無數，得法大弟子有四人，即普寂、義福、敬賢與惠福，其中尤以普寂、義福地位重要，但慧能弟子神會在為南宗爭正統時，所抨擊者主要即此二人，因此在視慧能南宗為禪宗正統的《景德傳燈錄》中，對北宗神秀的四大弟子並無具體記載，僅普寂、義福被列入無機緣語句之中，反映了本書撰者對北宗的偏見。

五臺山巨方禪師

五臺山巨方禪師，安陸人也，姓曹氏。幼稟業❶於明福院朗禪師，初講經論❷，後參禪會❸。及造❹北宗，秀師問曰：「白雲散處如何？」師曰：「不昧。」秀又問：「到此間後如何？」師曰：「正見一枝生五葉。」秀默許之。入室侍對，庶幾❺無爽❻。尋至上黨寒嶺居焉。數歲之間，眾盈千數。後於五臺山闡化，涉二十餘載，入滅，年八十一。以唐開元十五年九月三日奉全身入塔。

【注釋】❶稟業 秉承前人事業，此指出家受戒。❷經論 佛經三藏中的經藏和論藏。經為如來金口之說法，論是後來菩薩、祖師等對經的注釋議論。❸禪會 參學禪道的法會。❹造 到。❺庶幾 差不多；將近。❻爽 失；差。

【語譯】五臺山巨方禪師（六四七～七二七年），安陸（今屬湖北）人，俗姓曹氏。他幼年依從明福院朗禪師出家受戒，開始時講授經論，後來參學禪法。直至他參見北宗神秀禪師，神秀禪師問道：「白雲散處怎麼樣？」巨方回答：「不黑暗。」神秀禪師又問道：「到這裡以後怎麼樣？」巨方回答：「正看見一根枝幹上生長有五片葉子。」神秀禪師暗暗稱許。巨方入方丈室侍從應對，幾乎沒有差錯。不久，巨方禪師來到上黨（今山西長治）寒嶺居住。數年以後，徒眾數以千計。巨方禪師後來在五臺山闡揚教法，經過二十多年後圓寂，享年八十一歲。唐代開元十五年（七二七年）九月三日，徒眾將巨方禪師的屍身放置於靈塔中。

河中府中條山智封禪師

河中府中條山❶智封禪師，姓吳氏。初習《唯識論》❷，滯于名相，為知識❸

所詰，乃發憤罷講，遊行，登武當山，見秀禪師，疑心頓釋。思養聖胎❹，乃辭去，居于蒲津❺安峰山，不下十年，木食澗飲。屬州牧❻衛文昇請歸城內，建新安國院居之，緇素歸依，憧憧❼不絕。使君❽問曰：「某今日後如何？」師曰：「日從濛汜❾出，照樹全無影。」使君初不能諭，拱揖❿而退。少選⓫開曉，釋然⓬自得。師來往中條山二十餘年，得其道者不可勝紀。滅後，門人於州城北建塔焉。

【注釋】❶中條山　位於山西永濟東南，山狹而長，西接華山，東連太行山，故名中條山。❷唯識論　佛經名，前後三譯本，一為北魏僧人菩提流支所譯，一卷，也名《楞伽經唯識論》；二為南朝陳僧人真諦所譯，一卷，名《大乘唯識論》；三為唐代僧人玄奘所譯，一卷，題名《唯識二十論》。❸知識　我所知所識的人，即朋友的異名。❹聖胎　十住、十行、十迴向的三賢位，稱作聖胎。《仁王經》中曰：「是為菩薩初長養心，為聖胎故。」十住也稱十地，指既得般若心後，進而住於佛地之位，分作十等。十行，菩薩所作的利他行為，也分十等。以大悲心救護一切眾生稱迴向，共有十等，稱十迴向。❺蒲津　位於陝西朝邑縣東的黃河西岸，為古代山河要隘。❻州牧　州府官長。❼憧憧　此指人群往來不息的樣子。❽使君　漢代稱刺史為使君，後世用作尊稱州郡長官。❾濛汜　古代神話中認為極西日沒之處。《楚辭・天問》曰：「出自湯谷，次于濛汜。」意為太陽早晨從東方湯谷升起，傍晚沒入極西的濛汜。❿拱揖　兩手相合舉起稱拱，拱手致禮稱揖。⓫少選　過了一會兒。⓬釋然　消除疑慮的樣子。

【語譯】河中府（今山西永濟縣西）中條山智封禪師，俗姓吳氏。禪師最初學習《唯識論》，滯惑於名相之上，遭到知識的詰問，才發憤停止講說經論，行遊四方，登上武當山，拜見神秀禪師，疑惑頓然消釋。禪師思養聖胎，就辭別神秀禪師，居住在蒲津安峰山上，一連十年未曾下山，採摘果實充饑，用山澗清水解渴。正好州牧衛文昇請禪師歸住城內，並建造新安國院讓他居住，僧俗皈依者往來不絕。使君衛文昇問道：「我今天以後將如何？」禪師回答：「太陽從濛汜升起，照在樹上完全不見影子。」使君開始不能領悟，拱手作揖致禮而退。沒過多久就明白了，怡然自得。智封禪師往來於中條山二十多年，從他那裡悟得禪法的人不可勝記。禪師圓寂後，門人在州城之北建靈塔。

兗州降魔藏禪師

兗州降魔藏禪師，趙郡人也，姓王氏，父為亳掾❶。師七歲出家，時屬野多妖鬼，魅惑❷於人。師孤形制伏，曾無少畏，故得降魔名焉。即依廣福院明讚禪師出家，服勤受法。後遇北宗盛化，便誓摳衣❸。秀師問曰：「汝名降魔，此無山精木怪❹，汝翻作魔耶？」師曰：「有佛有魔。」秀曰：「汝若是魔，必住不思議境界❺。」師曰：「是佛亦空，何境界之有！」秀懸記之曰：「汝與少皞❻之墟有緣。」師尋入泰山❼，數稔❽，學者雲集。一日，告門人曰：「吾今老朽，物極有歸。」言訖而逝，壽九十一。

【注釋】❶掾　古代州郡長官的屬吏。❷魅惑　鬼魅施展邪力誘惑人們。❸摳衣　把長衣下襬提起掖在腰間，此指出門遠行的裝束。摳，提起；提挈。❹山精木怪　傳說中的山中精靈、怪獸。❺不思議境界　真如的異名。因為真如是斷絕思慮言議之法界，故名。❻少皞　也作少昊，上古帝王名，修太昊（伏羲）之法，故名少昊。相傳其遺跡在今山東境內。❼泰山　位於山東境內，為五嶽之一，稱東嶽。❽稔　穀熟。穀一熟為一年，代指年。

【語譯】兗州（今屬山東）降魔藏禪師，趙郡（今河北趙縣）人，俗姓王氏，其父親為亳州（今屬安徽）屬掾。禪師七歲時離家外出，正遇上原野中出現許多妖精鬼怪，施展邪力誘惑人們。禪師孤身一人將其制伏，沒有一點點畏懼表情，所以獲得了「降魔」的名號。此後禪師皈依廣福院明讚禪師出家為僧，服侍勤勉，接受佛法。後來北宗盛行，禪師便立下誓言，摳衣攜裝，前往受法。神秀禪師問道：「你名叫降魔，可這裡沒有山精木怪，你反而成為魔了吧？」降魔藏禪師回答：「有佛就有魔。」神秀禪師說：「你如若是魔，一定停留在不思議境界。」降魔藏禪師回答：「就是佛亦是空，哪有什麼境界！」神秀禪師預言道：「你與少皞之墟有緣。」降魔藏禪師不久進入泰山修習，經過數年，學者雲集門下。有一天，禪師告訴門人說：「我現今已經老朽不堪，物體到了極點就要還歸原處。」言罷而死，享年九十一歲。

【說明】降魔藏禪師又傳西京寂滿禪師、西京定莊禪師與南嶽慧隱禪師，因無機緣語句，故未收錄。

壽州道樹禪師

壽州道樹禪師，唐州人也，姓聞氏。幼探經籍，年將五十，因遇高僧誘諭，遂誓出家，禮本部明月山慧文為師。師恥乎年長，求法淹遲❶，勵志遊方，無所不至。後歸東洛❷，遇秀禪師，言下知微，晚成法器。乃卜❸壽州三峰山，結茅❹而居。常有野人❺，服色素朴，言譚詭異❻，於言笑外化作佛形及菩薩、羅漢、天仙等形，或放神光，或呈聲響。師之學徒覩之，皆不能測。如此涉十年，後寂無形影。師告眾曰：「野人作多色❼伎倆❽，眩惑❾於人。只消❿老僧不見不聞，伊⑪伎倆有窮，吾不見不聞無盡。」唐寶曆元年示疾而終，壽九十二，明年正月遷塔。

【注釋】❶淹遲 遲晚。❷東洛 唐代東都洛陽。❸卜 選擇。❹結茅 結，構建房屋。茅，草屋。❺野人 古代用來稱呼居住在山嶺原野中的居民。❻詭異 怪異；不尋常。❼色 種。❽伎倆 隨機應變的才能。❾眩惑 惑亂。眩，眼花。❿消 需。⑪伊 他。

【語譯】壽州（今安徽壽縣）道樹禪師（七三四～八二五年），唐州（今河南泌陽）人，俗姓聞氏。禪師少年時探究儒家經籍，年齡將近五十歲，因遇到高僧開導勸諭，於是起誓出家，禮拜本地明月山慧文和尚為師。道樹禪師因為年長求法遲晚而感羞恥，就勵志遊學四方，無所不至。後來禪師回到東都洛陽，遇見神秀禪師，在言辭之間悟知佛法微旨，晚年終於成為法器。於是道樹禪師選擇壽州三峰山，構建茅屋居住。山上常有野人出沒，穿著樸素，言談詭異，在言語笑談之外還能化作佛陀形象以及菩薩、羅漢、天仙等形象，有時候身放神光，有時候發出聲響。道樹禪師的弟子看到這些，都不能測知其中的原因。就這樣過了十年，然後寂然無影。禪師告訴徒眾說：「野人使出多種伎倆，來惑亂人的視聽。但只需老僧不去看他不去聽他，他的伎倆終有窮盡之時，而我的不見不聞之法卻沒有窮盡之日。」唐代寶曆元年（八二五年），禪師病死，終年九十二歲。明年正月，門人將屍首遷葬於靈塔。

淮南都梁山全植禪師

淮南❶都梁山❷全植禪師，光州人也，姓芮氏。初結庵居止，太守衛文卿命本州長壽寺開法聚徒。文卿問曰：「將來佛法隆替❸若何？」師曰：「真實❹之物，無古無今，亦無軌躅❺。有為之法，四相❻遷流，法當隉厄❼，君侯❽可見。」師年九十三而終，唐會昌四年甲子九月七日入塔。

【注釋】❶淮南　淮南道，唐初所設行政區域，為今湖北長江以北、漢水以東，以及安徽、江蘇長江以北、淮河以南地區。❷都梁山　位於江蘇盱眙東南。❸隆替　興衰。❹真實　佛法離迷情、絕虛妄，故名真實。❺軌躅　蹤跡。❻四相　此指人的生、老、病、死四種狀態。❼隉厄　堵塞阻隔；災難。❽君侯　漢代對列侯的尊稱，後世也用作對地方長官的尊稱。

【語譯】淮南道都梁山全植禪師（七五二～八四四年），光州（今河南潢川）人，俗姓芮氏。禪師開始時在鄉野建庵居息，光州太守衛文卿請他至州城內長壽寺開法會，聚集徒眾。衛文卿問道：「將來佛法興衰情形如何？」禪師回答：「佛法真實之物，沒有古今，亦沒有蹤跡可尋。而一切有為之法，生、老、病、死四種狀態遷流不息，理當遭受劫難，君侯可以看見那一天。」全植禪師九十三歲時逝死，於唐代會昌四年（八四四年）甲子歲九月七日入葬靈塔。

【說明】神秀禪師法嗣還有荊州辭朗禪師、嵩山普寂禪師、大佛山香育禪師、西京義福禪師、忽雷澄禪師、東京日禪師、太原遍淨禪師、南嶽元觀禪師、汝南杜禪師、嵩山敬禪師、京兆小福禪師、晉州霍山觀禪師、潤州茅山崇珪禪師與安陸懷空禪師等十四人。荊州辭朗禪師又傳紫金玄宗禪師、明州大梅山車禪師與塼界慎徽禪師三人，西京義福禪師又傳大雄猛禪師、西京大震動禪師、神斐禪師、西京大悲光禪師、西京大隱禪師、定境禪師、道播禪師與玄證禪師八人，南嶽元觀禪師又傳神照禪師，京兆小福禪師又傳京兆藍田深寂禪師、太白山日沒雲禪師與東白山法超禪師三人，霍山觀禪師又傳峴山幽禪師，是為神秀禪師第二世弟子。塼界慎徽禪師再傳武誠禪師，是為神秀禪師第三世弟子。以上諸人因無機緣語句，故未收錄。

嵩山普寂禪師存目

前嵩嶽慧安國師法嗣

洛京福先寺仁儉禪師

洛京福先寺仁儉禪師，自嵩山罷問，放曠郊鄽❶，時謂之騰騰❷和尚。唐天冊萬歲中，天后❸詔入殿前。仰視天后，良久曰：「會麼？」后曰：「不會。」師曰：「老僧持不語戒。」言訖而出。翌日，進短歌❹一十九首。天后覽而嘉之，厚加賜賚❺，師皆不受。又令寫歌辭傳布天下，其辭並敷演真理，以警時俗。唯〈了元歌〉一首盛行於世。

【注釋】❶鄽　市場。❷騰騰　懶散、隨便貌。白居易〈戲贈蕭處士清禪師〉詩：「又有放慵巴郡守，不營一事共騰騰。」❸天后　武后又稱則天皇后，簡稱天后。❹短歌　篇幅短小的詩歌。❺賜賚　賞賜。

【語譯】洛京（今河南洛陽）福先寺仁儉禪師，自從在嵩山慧安國師處悟得禪法後，就隨性放曠於郊外市內，時人稱呼他為騰騰和尚。

唐代天冊萬歲（六九五年）中，則天武后徵召禪師入宮，來到大殿前。禪師仰面注視武后很久後，問道：「領會了嗎？」武后回答：「沒領會。」禪師便說：「老僧修持不語戒。」說完就走出了大殿。第二天，禪師進呈自己所作的短歌十九首。武后閱後大加稱讚，厚加賞賜，但禪師均未接受。武后又讓禪師撰寫禪歌傳布天下，其歌詞皆敷陳演說佛法真理，用來警策時俗。但只有〈了元歌〉一首盛傳於世。

嵩嶽破竈墮和尚

嵩嶽破竈墮和尚，不稱名氏，言行叵測，隱居嵩嶽。山塢❶有廟甚靈。殿中唯安一竈，遠近祭祠不輟，烹殺物❷命甚多。師一日領侍僧入廟，以杖敲竈三下，云：「咄❸！此竈只是泥瓦合成，聖從何來？靈從何起？恁麼烹宰物命！」又打三下，竈乃傾破墮落。安國師號為「破竈墮」。須臾，有一人青衣峨冠❹，忽然設拜師前。師曰：「是什麼人？」云：「我本此廟竈神，久受業報❺。今日蒙師說無生法❻，得脫此處，生在天中，特來致謝。」師曰：「是汝本有之性，非吾彊言❼。」神再禮而沒。少選，侍僧等問師云：「某等諸人久在和尚左右，未蒙師苦口❽直為某等。竈神得什麼徑旨❾，便得生天？」師曰：「我只向伊道本是泥瓦合成，別也無道理為伊。」侍僧等立而無言。師曰：「會麼？」主事❿云：「不會。」師曰：「本有之性，為什麼不會？」侍僧等乃禮拜。師曰：「墮也，墮也！破也，破也！」後有義豐禪師舉[11]白安國師，國師歎曰：「此子會盡，物我一如。可謂如朗月處空，無不見者。難講[12]伊語脉[13]。」豐禪師乃低頭叉手而問云：「未審[14]什麼人講他語脉？」國師曰：「不知者。」

又僧問：「物物無形時如何？」師曰：「禮即唯汝非我，不禮即唯我非汝。」其僧乃禮謝。師曰：「本有之物物，非物也。所以道心[15]能轉物[16]，即同如來。」

又僧問：「如何是修善行人？」師曰：「捻[17]槍帶甲。」云：「如何是作惡行人？」師曰：「修禪入定。」僧云：「某甲淺機[18]，請師直指。」師曰：「汝問我惡，惡不從善；汝問我善，善不從惡。」良久又曰：「會麼？」僧云：「不會。」師曰：「惡人無善念，善人無惡心。所以道善惡如浮雲，俱無起滅處。」其僧從言下大悟。

有僧從牛頭[19]處來，師乃曰：「來自何人法會？」僧近前叉手，繞師一匝而出，師曰：「牛頭會下，不可有此人。」僧乃迴師上邊[20]叉手而立，師云：「果然，果然！」僧卻問云：「應物不由他時如何？」師曰：「爭得[21]不由他？」僧云：「恁麼即順正歸原[22]去也。」師曰：「歸原何順？」僧云：「若非和尚，幾錯招愆㉓。」師曰：「猶是未見四祖時道理也。見後道將來。」僧卻遶師一匝而出，師曰：「順正之道，今古如然。」僧作禮。

又僧侍立久，師乃曰：「祖祖佛佛，只說如人本性本心，別無道理。會㉔取，會取。」僧禮謝，師乃以拂子㉕打之曰：「一處如是，千處亦然。」僧乃叉手近前，應喏㉖一聲，師曰：「更不信，更不信。」

僧問：「如何是大闡提㉗人？」師曰：「尊重禮拜。」又問：「如何是大精進㉘人？」師曰：「毀辱嗔恚㉙。」其後莫知所終。

【注　釋】❶塢　四周高、中間低的平地。❷物　此指牛、羊等牲畜。❸咄　呵斥聲。❹青衣峨冠　古代道士的裝束。峨冠，高帽。峨，高峻貌。❺業報　指響應善惡業因之苦樂果報。❻無生法　指遠離生滅的真如之理、涅槃之體。❼彊言　強辯。❽苦口　即苦口婆心，指以慈悲之懷懇切勸導。❾徑旨　秘訣；密旨。❿主事　禪寺內監寺、維那、典坐等稱主事。⓫舉　解說。亦作「舉似」，說給某人聽。⓬遘　把握。⓭語脈　話語；詞鋒。⓮審　知曉。⓯道心　求菩提之心。⓰轉物　依據事物的因緣而生起。⓱捻　搓。⓲機　即根機，指本來自己固有的，並為教法所激發而活動的心性。⓳牛頭　即牛頭山，為法融禪師所創的牛頭宗之祖山。⓴上邊　右面。古人以右為上。㉑爭得　怎麼。㉒順正歸原　意為順循正法，出生滅界，還歸於真寂本元。順正，即順化。歸原，即歸元，又名歸真、歸寂、歸化等。㉓愆　過失。㉔會　應當。㉕拂子　即拂塵，用麈尾或馬尾做成的拂除塵埃的器具。㉖喏　答應的聲音。㉗闡提　一闡提者略語。一闡提，意為不能成佛，指心中生起大邪大惡之見而斷絕一切善根。㉘精進　即勇猛修持善法，斷絕惡法。精，精純而沒有邪惡摻雜。進，不斷升華上進而不懈惰。㉙恚　憤恨不平。

【語　譯】嵩山破竈墮和尚，從不對人稱說自己的姓名，而且言行怪異，不可理解，隱居於中嶽嵩山。山塢中有一座小廟，頗為靈驗。廟殿中只安放了一個爐竈，但遠近前來祭祀祈禱的人卻絡繹不絕，因而烹殺很多生靈作為祭品。有一天，破竈墮和尚領著侍僧來到小廟內，用木杖敲了爐竈三下，怒斥道：「咄！這竈只不過用泥土磚瓦合成的，神聖從何而來？靈驗從何而顯示？竟然如此濫殺生靈！」又舉起木杖敲打了三下，那爐竈頃刻間就傾斜破裂，墜落在地。慧安國師因此稱呼和尚為「破竈墮」。過了一會兒，有一個身穿青衣、頭戴峨冠的人忽然出現，向破竈墮和尚禮拜致謝。和尚喝道：「是什麼人？」那個人回答道：「我本來是這廟中的竈神，在此久受業報。今天承蒙大師演說無生之法，使我得以從此處解脫，轉生天上，所以特來致謝。」和尚道：「這是你本有的心性所得，並不是由於我的強辯直論。」那竈神再次拜謝後消失。過了片刻，侍僧們問和尚說：「我們眾僧長期侍從在和尚身邊，卻未蒙和尚苦口婆心徑直為我們講說佛法。那竈神得了什麼密旨，就得轉生天上？」和尚道：「我只是向他說了爐竈本是泥土磚瓦合成的，別的也沒有向他說什麼禪理。」侍僧們站著無言可對。和尚追問道：「領會了嗎？」主事僧回答：「沒有領會。」和尚喝道：「這是本有的心性，為什麼不能領會？」侍僧們這才致禮拜謝。和尚叫道：「墮落了，墮落了！毀壞了，毀壞了！」後來有一個名叫義豐的禪師將此事告訴了慧安國師，慧安國師讚歎道：「這人已經全領會了，外物與本我泯滅如一。可說是如明月掛在夜空，沒有看不見的人。實在難以把握他的話意。」義豐禪師就低頭叉手問道：「不知道誰能把握他的話意？」慧安國師回答：「不知道的人。」

又有僧人問道：「萬物都無形狀時是怎樣的？」破竈墮和尚回答：「禮拜就只有你沒有我，不禮拜就只有我沒有你。」那個僧人就致禮拜謝。和尚又說：「本有的萬物，並不是物。因此道心能依因緣而轉化萬物，就同如來一樣。」

又有僧人問道：「什麼是修習善行的人？」破竈墮和尚回答：「搓出長槍，穿起盔甲。」那僧人再問：「什麼是修習惡行的人？」和尚回答：「修習禪心，進入禪定。」那僧人不理解，說：「我根機淺薄，還請和尚直指心性。」和尚便道：「你問我什麼是惡，惡不自善而出；你問我什麼是善，善不自惡而起。」過了片刻，和尚又問道：「領會了嗎？」那僧人回答：「沒有領會。」和尚便道：「惡人沒有善良的念頭，善人沒有惡毒的心思。所以說善與惡就如是天上的浮雲，都沒有興起與滅絕之處。」那僧人即於言下大悟。

有個僧人從牛頭山道場而來，破竈墮和尚就問道：「從什麼人的法會來？」那僧人來到和尚面前，雙手合十施禮，然後圍著和尚走了一圈退出。和尚說道：「牛頭山法會下，不會有這個人。」那僧人就回轉身，走到和尚右面雙手合十而立，和尚便道：「果然如此，果然如此！」那僧人卻問道：「應響之物由不得他時怎麼辦？」和尚反問道：「怎麼由不得他？」那僧人說：「這麼就順正還歸本元去了。」和尚問道：「還歸本元還順什麼？」那僧人回答：「如若不是和尚指出，幾乎錯誤而招致過失。」和尚喝道：「還是沒有拜見四祖時的見識啊。見到後再說上來。」那僧人卻圍繞著和尚走了一圈出去，和尚說：「順正的道理，古今都一樣。」那僧人就施禮拜謝。

又有一個僧人在破竈墮和尚身邊侍立了很久，和尚才說道：「歷代佛與祖師，只是說如人本性本心，並無別的道理。領悟吧，領悟吧！」那僧人禮謝，和尚就用拂塵敲打他，並說道：「一處是如此，一千處也是這樣。」那僧人便雙手合十走向前，應答了一聲，和尚嚷道：「還是不相信，還是更不相信。」

有僧人問道：「什麼是大闡提人？」破竈墮和尚回答：「尊重祖師，禮拜佛陀。」那僧人又問道：「什麼是大精進人？」和尚回答：「毀壞、侮辱佛法，憤恨、惱怒佛祖。」破竈墮和尚後來的行蹤就無人知曉了。

【說　明】破竈墮和尚破竈是一個有名的公案，以此說明泥瓦合成的竈身與人的血肉形體一樣，是有生有滅的，人們不得解脫的根源就在妄想執著於虛幻的形體，而竈神的解脫就是因為打破了形體，而見無生無滅的本有之性。

嵩嶽元珪禪師

嵩嶽元珪禪師，伊闕人也，姓李氏。幼歲出家，唐永淳二年受具戒，隸閑居寺，習毗尼❶無懈。後謁安國師，印以真宗，頓悟玄旨，遂卜廬於嶽之龐塢。

一日，有異人者峨冠袴褶❷而至，從者極多，輕步舒徐❸，稱謁大師。師覩其形貌奇偉非常，乃諭之曰：「善來❹！仁者胡為而至？」彼曰：「師寧❺識我耶？」師曰：「吾觀佛與眾生等，吾一目之，豈分別耶？」彼曰：「我此嶽神也，能生死於人，師安得一目我哉！」師曰：「吾本不生，汝焉能死！吾視身與空等，視吾與汝等，汝能壞空與汝乎？苟能壞空及壞汝，吾則不生不滅也。汝尚不能如是，又焉能生死吾耶？」神稽首曰：「我亦聰明正直於餘神，詎❻知師有廣大之智辯乎？願授以正戒，令我度世。」師曰：「汝既乞戒，即既戒也。所以者何？戒外無戒，又何戒哉！」神曰：「此理也我聞茫昧，止求師戒我身為門弟子。」師即為張座，秉鑪❼正几曰：「付汝五戒❽，若能奉持，即應曰能；不能，即曰否。」神曰：「謹受教。」師曰：「汝能不婬❾乎？」曰：「亦娶也。」師曰：「非謂此也，謂無羅欲❿也。」曰：「能。」師曰：「汝能不盜乎？」曰：「何乏⓫我也，焉有盜取哉？」師曰：「非謂此也，謂饗而福淫，不供而禍善也。」曰：「能。」師曰：「汝能不殺乎？」曰：「實司⓬其柄，焉曰不殺？」師曰：「非謂此也，謂有濫誤疑混也。」曰：「能。」師曰：「汝能不妄乎？」曰：「我正直，焉能有妄乎？」師曰：「非謂此也，謂先後不合天心[13]也。」曰：「能。」師曰：「汝不遭酒敗乎？」曰：「能。」師曰：「如上是為佛戒也。」又言：「以有心奉持而無心拘執，以有心為物而無心想身。能如是，則先天地生不為精[14]，後天地死不為老，終日變化而不為動，畢盡寂默而不為休。悟此則雖娶非妻也，雖饗非取也，雖柄非權也，雖作非故也，雖醉非惛[15]也。若能無心於萬物，則羅欲不為婬，福淫禍善不為盜，濫誤疑混不為殺，先後違天不為妄，惛荒顛倒不為醉，是謂無心也。無心則無戒，無戒則無心。無佛無眾生，無汝及無我。無汝孰為戒哉？」神曰：「我神通亞佛。」師曰：「汝神通十句、五能五不能，佛則十句、七能三不能。」神悚然避席，跪啟曰：「可得聞乎？」師曰：「汝能戾[16]上帝，東天行而西七曜[17]乎？」曰：「不能。」師曰：「汝能奪地祇[18]，融五嶽[19]而結四海乎？」曰：「不能。」師曰：「是謂五不能也。佛能空一切相，成萬法智，而不能即[20]滅定業。佛能知群有性，窮億劫事，而不能化導無緣。佛能度無量有情，而不能盡眾生界[21]。是為三不能也。定業亦不牢久，無緣亦謂一期[22]，眾生界本無增減，亘[23]無一人能主其法。有法無主，是謂無法。無法無主，是謂無心。如我解，佛亦無神通也，但能以無心通達一切法爾。」神曰：「我誠淺昧，未聞空義。師所授戒，我當奉行。今願報慈德，效我所能。」師曰：「吾觀身無物，觀法無常，塊然㉔更有何欲？」神曰：「師必命我為世間事，展我小神功，使已發心㉕、初發心、未發心、不信心㉖、必信心五等人目我神蹤，知有佛有神，有能有不能，有自然有非自然者。」師曰：「無為是，無為是。」神曰：「佛亦使神護法，師寧隳㉗叛佛耶？願隨意垂誨。」師不得已而言曰：「東巖寺之障，莽然㉘無樹，北岫㉙有之而背非屏擁。汝能移北樹於東嶺乎？」神曰：「已聞命矣。然昏夜間必有喧動，願師無駭。」即作禮辭去。師門送而且觀之，見儀衛㉚逶迤㉛，如王者之狀，嵐靄煙霞紛綸，間錯幢幡環珮㉜，凌空隱沒焉。其夕，果有暴風吼雷，奔雲震電，棟宇搖蕩，宿鳥聲喧。師謂眾曰：「無怖！無怖！神與我契矣。」詰旦和霽，則北巖松栝㉝盡移東嶺，森然㉞行植。師謂其徒曰：「吾沒後，無令外知，若為口實㉟，人將妖我。」

以開元四年丙辰歲囑門人曰：「吾始居寺東嶺，吾滅，汝必寘吾骸于彼。」言訖，若委蛻㊱焉，春秋七十三，門人建塔焉。

【注釋】❶毗尼　梵語，又譯作毗奈耶，為佛經三藏之一的律藏。❷袴褶　袴，即褲。褶，衣服兩層折疊。❸舒徐　從容不迫的樣子。❹善來　印度僧人歡迎來客的禮貌用語。❺寧　難道。❻詎　豈。❼鑪　通「爐」。❽五戒　在家弟子所遵守的戒律，分殺生、偷盜、邪淫、妄語與飲酒五事。❾婬　即「淫」。《說文解字》段玉裁注：「婬之字，今多以淫代之，淫行而婬廢矣。」❿無羅欲　為不放縱淫欲的意思。羅，也作囉，為佛法五十字咒門之一，《大日經》曰：「囉字門一切法離諸塵染故。」⓫乏　缺少。⓬司　執掌。⓭天心　即天意本心。⓮精　傳說中的精靈、靈怪。⓯惛　糊塗；不明瞭。《晉書・王沉傳》曰：「心以利傾，智以勢惛。」⓰戾　違背。⓱七曜　古人以日、月與金、木、水、火、土五大行星為七曜。⓲地祇　土地社稷之神。⓳五嶽　中國五大名山的總稱，即東嶽泰山、中嶽嵩山、西嶽華山、南嶽衡山和北嶽恆山。⓴即　和融不二不離的意思。㉑眾生界　上自佛界下至地獄界的十界中，除佛界外的其他九界總稱眾生界。㉒一期　指人的一生。㉓亘　從這裡延伸至那裡；從古至今。㉔塊然　安然無動於衷的樣子。㉕發心　發願求無上菩提之心。慧遠《維摩經疏》曰：「期求正真道，名為發心。」㉖信心　相信接受所聞聽所解釋的佛法而沒有懷疑之心。㉗隳　毀壞。㉘莽然　光禿禿的樣子。㉙岫　山峰。㉚儀衛　儀仗、侍衛。㉛逶迤　一路斜曲的樣子。㉜環珮　玉製的服飾。㉝栝　檜樹。㉞森然　樹木繁多貌。㉟口實　以似是而非之理由為藉口。㊱委蛻　如蛇、蟬等棄去其所蛻下之皮。委，棄的意思。

【語　譯】嵩嶽元珪禪師（六四四～七一六年），伊闕（今河南伊川）人，俗姓李氏。他幼年出家，唐代永淳二年（六八二年）受具足戒，居住在閑居寺，勤習戒律，絕無懈怠。後來元珪禪師拜謁慧安國師，以印證佛法宗旨，頓時領悟了禪法玄旨，於是就在嵩山龐塢擇地建屋而居。

有一天，有一位頭戴峨冠、身穿盛服的奇異之人前來，隨從極多，那人步履輕盈，從容不迫，口稱來拜謁大師。元珪禪師看見此人相貌奇異偉岸，不同於常人，就對他說道：「歡迎歡迎！仁者為什麼到這裡來啊？」那人問道：「大師難道認識我嗎？」禪師回答道：「我對佛與眾生都一視同仁，平等相待，哪裡會有分別啊？」那人說：「我就是這嵩山的山神，能讓人生，也能讓人去死，大師怎能將我與一般人同樣看待呢！」禪師回答道：「我本無生，你怎麼能使我死！我看身軀與虛空等同，看我與你等同，你能毀壞虛空與你自己嗎？如若能夠毀壞虛空與你自己，我就不生不滅了。你還做不到這樣，又怎麼能使我生使我死呀？」那山神稽首謝罪道：「比起其他神祇來，我也算是聰明正直的神了，哪知大師擁有廣大無涯的智辯啊？誠願大師授我正戒，讓我度越塵世。」禪師說道：「你既然已求受戒，那就已受戒了。這樣說的原因是什麼？因為戒外無戒，又有什麼可戒的啊！」山神請求道：「此禪理，我聽得迷茫糊塗，我只要求大師為我授戒，使我成為佛門弟子。」禪師就為此張設座位，點起香燭，端正香案，說道：「我教你五戒，你若能奉持，就回答說『能』；不能奉持，就說『否』。」山神回答：「謹受教誨。」禪師問道：「你能不淫邪嗎？」山神回答：「我已經娶妻了。」禪師解釋道：「不是指這個，是指不放縱自己的肉慾。」山神回答：「能。」禪師問道：「你能不偷盜嗎？」山神奇怪地問道：「大師怎麼把我看得那樣貧窮，我怎麼會去偷盜啊？」禪師解釋道：「不是說這個，是說不因受饗而賜福於惡人，不因得不到供品而降禍於善人。」山神便回答：「能。」禪師問道：「你能不殺生嗎？」山神疑慮道：「我實司掌生死之權柄，怎麼能說不殺生？」禪師解釋道：「不是指這個，是說不濫殺無辜、誤判案例、釋放疑凶、混亂刑政。」山神回答：「能。」禪師問道：「你能不妄語嗎？」山神回答：「我性情正直，怎麼會妄語呢？」禪師解釋道：「不是指這個，是指說話前後不符合天意本心。」山神回答：「能。」禪師問道：「你能不酗酒敗事嗎？」山神回答：「能。」禪師便道：「以上就是佛戒啊。」又說道：「以有心奉行持守佛戒而無心拘執，以有心為外物而無心想自身。能夠這樣的話，那麼在天地生成以前誕生也不能算是精怪，在天地毀滅後死亡不算老，終日變化不定而不是動，整天寂寞無聲而不算休息。領悟了這個道理，那麼雖然娶了妻子卻像沒娶一樣，雖然享用了祭品卻不是獲取，雖然大柄在手卻像沒有權，雖然作為了卻不是故意的，雖然飲酒沉醉卻不能稱酒水糊塗。若能對萬物無作為之心，那麼有羅欲也不能算作荒淫，賜福惡人、禍害善人也不能算作偷盜，濫殺無辜、誤判案例、釋放疑凶、混亂刑政也不能算作殺生，說話前後違背天意本心也不能算作妄語，飲酒後行為糊塗荒唐顛倒也不能算作酒醉，這就叫作無心。無心就無戒，無戒就無心。沒有佛就沒有眾生，也就沒有你，也就沒有我。沒有你，誰來持戒呢？」山神說道：「我的神通僅次於佛。」禪師說道：「天地間有十大神通，你五種能做到，五種不能做到；佛對於這十大神通，卻是七種能夠做到，三種不能做到。」山神聞言大驚離席，跪地問道：「可以說來聽聽嗎？」禪師說道：「你能違背上帝的意志，能使天道自東而日月等七曜自西運行嗎？」山神回答：「不能。」禪師問道：「你能奪取地祇養育萬物的權利，熔化五嶽而讓四海之水結成寒冰嗎？」山神回答：「不能。」禪師便道：「這就是五種不能夠。佛能使一切相為空，成萬法智慧，但卻不能即滅已定的生死苦樂的因果。佛能明瞭眾生之本性，窮究億萬劫前後發生的事情，但卻不能度無緣之人。佛能普度有情眾生，但卻不能使眾生皆成佛。這就是佛的三個不能夠啊。但已定的業因也不久遠，無緣也只是盡人一生而已，眾生界本無增減，從古至今沒有一個人能主其法。有法而無主，就稱之為無法。無法又無主，就稱之為無心。如我所理解的，佛也沒有神通，佛只是能以無心通達一切法而已。」山神說道：「我實在是淺薄愚昧，未曾聽說過色相皆空之意。大師所授的五戒，我定當奉行。今天為報答大師的慈悲恩德，我願進獻自己的所能。」禪師說道：「我觀自身如同無物，觀看萬法也屬無常，整天安然孤寂生活，又有什麼欲望呢？」山神說道：「大師一定要讓我做一件世間事，以施展我小小的神功，使已發心、初發心、未發心、不信心、必信心五種人看見我施展神功所留下的事跡，使其知道確實有佛與神，有能的有不能的，有自然之物有非自然之物。」禪師連聲道：「不要這樣，不要這樣。」山神說：「連佛也派神祇護持佛法，大師難道要背棄佛意嗎？請隨意吩咐。」禪師不得已地說道：「東面山巖作為本寺院的屏障，卻光禿禿的沒有草木，北面的山峰上有草木卻在寺背後不能屏蔽寺院。你能把北峰的草木移栽到東嶺上去嗎？」山神答應道：「我已聞命了。但是夜搬動時，一定會有喧譁動搖聲響，請大師不要驚駭。」山神說完就施禮辭去。禪師把山神送出大門外，觀看山神的離去，看見他的儀仗、侍衛一路透迤而去，如同帝王的排場，山嵐、暮靄、煙氣、雲霞紛紜繚繞，旌旗環珮錯雜其間，凌空而升，隱沒於虛空之中。這天夜間，果然有暴烈的大風，震耳的驚雷，奔騰的怒雲，耀眼的閃電，屋宇動搖，棲息的鳥雀發出驚恐的鳴叫。禪師安慰徒眾說：「不要恐怖！不要恐怖！山神與我有過約定了。」次日清晨，風和雨霽，那北峰上的松樹、檜樹已經全部移栽到了東嶺，茂盛而齊整。禪師告誡弟子說：「我死後，不要讓外人知曉這件事情，如若成為別人的口實，人們將會把我視作妖孽。」

唐代開元四年（七一六年）丙辰歲，元珪禪師囑咐門人說：「我最初居住在寺東的山巖上，我圓寂後，你們一定要把我的遺骸葬在那裡。」言終而逝，就像蟬、蛇棄去所蛻之皮一樣脫去了自己的臭皮囊，享年七十三歲，門人為他建造了靈塔。

【說　明】山神本只屬道教或民間傳說中的神祇，但元珪禪師卻為山神授戒，雖其內容有些離奇，但我們卻可由此看到禪宗對戒律的特殊理解：即當你發心學佛「乞戒」時，你已在持戒了。因為「戒」並非是外在的、形相的條文律令，而是內在的、自覺的佛慧，只要把握內在的佛性，那你的一切行為「即既戒也」，所以說「戒外無戒」。為此，元珪禪師授山神的五戒，被賦予全新的含義，只要「無心」，正確地瞭解、判斷自我，按自己的本來面目生活，就無往而不戒。

又慧安國師法嗣除上述仁儉禪師、破竈墮和尚與元珪禪師外，還有常山坦然禪師、鄴都圓寂禪師與西京道亮禪師三人；道亮禪師又傳揚州大總管李孝逸、工部尚書張錫、國子祭酒崔融、秘書監賀知章與睦州刺史康詵五人。以上八人因無機緣語句，故未收錄。

前資州智詵禪師法嗣

資州處寂禪師存目

弘忍大師下三世

前嵩山普寂禪師法嗣

終南山惟政禪師

終南山惟政禪師，平原人也，姓周氏。受業於本州延和寺詮澄法師，得法於嵩山普寂禪師。既決了真詮❶，即入太一山❷中，學者盈室。

唐大和中，文宗❸嗜蛤蜊❹，沿海官吏先時遞進，人亦勞❺止。一日，御饌❻中有擘❼不張者，帝以其異，即焚香禱之。俄變為菩薩形，梵相具足。即貯以金粟檀香合❽，覆以美錦，賜興善寺❾，令眾僧瞻禮。因問群臣：「斯何祥也？」或言：「太一山有惟政禪師深明佛法，博聞彊識。」帝即令召至，問其事。師曰：「臣聞物無虛應，此乃啟陛下之信心耳。故契經❿云：『應以此身得度者，即現此身，而為說法。』」帝曰：「菩薩身已現，且未聞說法。」師曰：「陛下覩此為常非常耶？信非信耶？」帝曰：「希奇之事，朕深信焉。」師曰：「陛下已聞說法了。」時皇情悅豫⓫，得未曾有，詔天下寺院各立觀音像，以答殊休⓬。因留師於內道場，累辭入山。復詔令住聖壽寺。

至武宗即位，師忽入終南山隱居。人問其故，師曰：「吾避仇矣。」後終於山舍，年八十七，闍維，收舍利四十九粒。以會昌三年九月四日入塔。

【注釋】❶真詮　顯現真理的文句。詮，顯現之意。❷太一山　也作太乙山，即終南山。❸文宗　即唐文宗，性仁厚，精於吏事，政治清平。當時僧制紊亂，弊端百出，乃敕暫免度僧，整頓僧尼名籍。後為剪除宦官勢力，激成「甘露之變」，被宦官所弒，在位十四年。❹蛤蜊　介屬，圓殼軟體，肉味鮮美。❺勞　病；憂愁。❻御饌　皇帝食用的飯食。❼擘　分開。❽金粟檀香合　金粟，首飾或器皿上鑲嵌的金星。檀香合，用檀香木做的盒子。❾興善寺　亦名大興善寺，在長安城內，初建於隋文帝時，規制宏偉，毀於隋末，唐代重建。唐玄宗後，不空三藏以此為灌頂道場。❿契經　因經文契人之機、合法之理，故名。⓫悅豫　即愉悅。⓬休　吉慶；美善；福祿。

【語　譯】終南山惟政禪師（七五七～八四三年），平原（今屬山東）人，俗姓周氏。他依從德州（今山東陵縣）延和寺詮澄法師出家，從嵩山普寂禪師處悟得佛法。禪師既悟佛法真詮後，隨即入終南山中，從他學禪者擠滿了居室。

唐代大和（八二七～八三五年）年間，唐文宗喜愛吃蛤蜊，沿海官吏預先傳送進獻，百姓疲於服役。有一天，唐文宗吃御饌時，有一隻蛤蜊怎麼也剝不開，天子很感奇怪，就焚香祈禱。一會兒，這蛤蜊被剝開了，只見裡面的蛤蜊肉化成觀音菩薩的形象，而且法相具全。唐文宗就把這蛤蜊收藏在金粟檀香盒中，上面覆蓋著精美的錦緞，賜予大興善寺，讓眾僧瞻仰禮拜。唐文宗因此事問群臣道：「這是什麼祥兆啊？」有人回奏道：「太一山的惟政禪師深通佛法，博學廣聞，強記多識。」於是天子即刻詔請禪師，詢問此事的緣由。禪師回答道：「臣聽說物像的出現從來沒有無緣無故的，這是菩薩因此啟發陛下的向佛信心而已。所以契經上說：『如此人應當以此身獲得超度，菩薩即顯現此身，並為他說法。』」天子說道：「觀音菩薩的法身已經出現，但並沒有聽到他說法。」禪師問道：「陛下看此事是正常的，還是不正常的？對此事是相信的，還是不相信的？」天子回答：「對如此稀奇的事，朕深信不疑啊。」禪師便說道：「陛下已經聽到說法了。」當時天子感到從未有過的愉悅，詔令天下寺院中都塑立觀音菩薩像，用以答謝這特殊的吉慶。唐文宗因而留禪師在內道場，禪師經數次辭別才得以回到太一山。不久，天子又詔令禪師住持聖壽寺。

至唐武宗即位，惟政禪師忽然遁入終南山隱居。有人問他原因，禪師回答：「我這是為了避仇啊。」此後禪師死於山居中，享年八十七歲，火化後，收得舍利四十九粒，並於會昌三年（八四三年）九月四日入葬靈塔。

【說明】嵩山普寂禪師法嗣除終南山惟政禪師外，又傳廣福慧空禪師、常越禪師、襄州夾石山思禪師、明瓚禪師、敬愛寺真禪師、兗州守賢禪師、定州石藏禪師、南嶽澄心禪師、南嶽日照禪師、洛京同德寺幹禪師、蘇州真亮禪師、瓦棺寺璿禪師、弋陽法融禪師、廣陵演禪師、陝州慧空禪師、洛京真亮禪師、澤州亘月禪師、亳州曇真禪師、都梁山崇演禪師、京兆章敬寺澄禪師、嵩陽寺一行禪師、京兆山北寺融禪師與曹州定陶丁居士等二十三人。終南山惟政禪師再傳衡州定心禪師與敬愛寺志真禪師。敬愛寺志真禪師再傳嵩山照禪師。以上諸人因無機緣語句，故未收錄。

前資州處寂禪師法嗣

益州無相禪師存目

弘忍大師下四世

前益州無相禪師法嗣

益州保唐寺無住禪師

益州保唐寺無住禪師，初得法於無相大師❶，乃居南陽白崖山，專務宴寂❷。

經累歲，學者漸至，勤請不已。自此垂誨，雖廣演言教，而唯以「無念❸」為宗。

唐相國❹杜鴻漸❺出撫坤維❻，聞師名，思一瞻禮，大曆元年九月遣使到山延請。時節度使❼崔寧❽亦命諸寺僧徒遠出迎引，十月一日至空慧寺。時杜公與戎帥❾召三學❿碩德⓫俱會寺中。致禮訖，公問曰：「頃聞師嘗駐錫於此，而後何往耶？」曰：「無住性好疏野，多泊山門。自賀蘭⓬、五臺周游勝境⓭，聞先師居貴封⓮大慈寺，說最上乘，遂遠來摳衣，忝預函丈⓯。後棲遲⓰白崖，已逾多載。今幸相公⓱見召，敢不從命！」公曰：「弟子聞金和尚說無憶⓲、無念、莫妄⓳三句法門，是否？」曰：「然。」公曰：「此三句是一是三？」曰：「無憶名戒，無念名定，莫妄名慧。一心不生，具戒定慧，非一非三也。」公曰：「後句『妄』字莫是從『心』之『忘』乎？」曰：「從『女』者是也。」公曰：「有據否？」曰：「《法句經》⓴云：『若起精進心，是妄非精進。若能心不妄，精進無有涯。』」公聞，疑情盪㉑焉。又問：「師還以三句示人否？」曰：「對初心㉒學人，還令息念，澄停㉓識浪㉔，水清影現。悟無念體，寂滅現前，無念亦不立也。」于時庭樹鴉㉕鳴，公問：「師聞否？」曰：「聞。」鴉去已，又問：「師聞否？」曰：「聞。」公曰：「鴉去無聲，云何言聞？」師乃普告大眾：「佛世難值㉖，正法難聞，各各諦聽。聞無有聞，非關聞性㉗。本來不生，何曾有滅？有聲之時，是聲塵㉘自生。無聲之時，是聲塵自滅。而此聞性，不隨聲生，不隨聲滅。悟此聞性，則免聲塵之所轉。當知聞無生滅，聞無去來。」公與僚屬、大眾稽首。又問：「何名第一義㉙？第一義者從何次第㉚得入？」師曰：「第一義者無有次第，亦無出入。世諦㉛一切有，第一義即無。諸法㉜無性㉝性說，名第一義。佛言：有法名俗諦，無性第一義。」公曰：「如師開示，實不可思議。」公又曰：「弟子性識㉞微淺，昔因公暇，撰得《起信論章疏》㉟兩卷，可得稱佛法否？」師曰：「夫造章疏，皆用識心，思量分別，有為有作㊱，起心動念，然可造成。據《論》文云：『當知一切法，從本以來，離言說相，離名字相，離心緣㊲相，畢竟㊳平等，無有變異，唯有一心㊴，故名真如。』今相公著㊵言說相，著名字相，著心緣相，既著種種相，云何是佛法？」公起作禮曰：「弟子亦曾問諸供奉㊶大德，皆讚弟子不可思議。當知彼等但徇㊷人情㊸，師今從理解說，合心地㊹法，實是真理不可思議。」公又問：「云何不生？云何不滅？如何得解脫？」師曰：「見境心不起，名不生。不生即不滅，既無生滅，即不被前塵所縛，當處解脫。不生名無念，無念即無滅，無念即無縛，無念即無脫。舉要而言，識心即離念，見性即解脫。離識心、見性外，更有法門證無上菩提㊺者，無有是處。」公曰：「何名識心、見性？」師曰：「一切學道人，隨念流浪㊻，蓋為不識真心。真心者，念生亦不順生，念滅亦不依寂。不來不去，不定不亂，不取不捨，不沉不浮。無為無相㊼活鱍鱍㊽，平常自在㊾此心體，畢竟不可得，無可知覺。觸目皆如，無非見性也。」公與大眾作禮稱讚，踴躍而去。

無住禪師後居保唐寺而終。

【注　釋】❶無相大師　新羅國王子，俗姓金，故稱金和尚，唐代開元十六年（七二八年）至中國，從資州處寂禪師得五祖弘忍禪法，後開法於成都淨眾寺二十餘年，蜀人敬之若聖。寶應元年（七六二年）圓寂，壽七十九歲。❷宴寂　此指禪定。❸無念　無妄念。《傳心法要》曰：「一念不起，即十八界空，即身便是菩提華果，即心便是靈臺。」❹相國　即宰相。❺杜鴻漸　字之巽，濮陽（今屬河南）人。「安史之亂」時，勸說唐肅宗按軍朔方，登基以繫人望。後累遷至西川節度使、河西節度使，代宗時拜宰相，卒，諡文憲。杜鴻漸性畏怯，無遠略，晚歲崇信佛乘。❻坤維　坤，八卦之一，代指地。維，繫物的大繩，借喻鎮守一方軍政大事的地方長官。唐代西川成都為政治、經濟與軍事重鎮。此以坤維借喻鎮守西川的長官。❼節度使　唐代於重要地區設立的縱攬數州軍政事務的地方長官。❽崔寧　衛州（今河南衛輝）人，寶應初（七六二年）為利州刺史，升成都尹、四川節度使。大曆末（七七九年）入朝，為靈州大都督。後因事被唐德宗賜死。❾戎帥　軍事首領，此指節度使。❿三學　指戒、定、慧三學：一戒學，以戒律防禁身、口、意所作的惡業；二定學，以禪定使自己靜慮澄心；三慧學，以智慧觀達真理而截斷妄惑。依戒律而助禪定，依禪定而發智慧。一般統稱三學為經藏之學。⓫碩德　此指學識淵博、德高望重的僧侶。⓬賀蘭　即賀蘭山，在甘肅夏縣西，因山上樹木青白色，遠望似驍馬，當地土著民稱驍馬為賀蘭，故名。⓭勝境　名勝之地；風景優美之地。⓮貴封　貴，對人的敬辭。封，封疆。⓯函丈　講席。《禮記・曲禮》上曰：「若非飲食之客，則布席，席間函丈。」鄭玄注曰：「謂講問之客也。函，猶客也，講問宜相對容丈，足以指畫也。」⓰棲遲　遊息。《詩經・

陳風・衡門》：「衡門之下，可以棲遲。」⑰相公　唐、宋時人對宰相的尊稱。⑱憶　即憶持，記憶受持而不忘記。⑲妄　虛妄不實，此指不知真如而妄執於一切生死之法。⑳法句經　佛經名，二卷，法救尊者撰，吳維祇難等譯，即《法句譬喻經》中三十九品的法句，共有七百五十二偈。㉑盪　通「蕩」。㉒初心　指初發信心而未經深行者。《往生要集中本》曰：「初心觀行不堪深奧。」㉓澄停　澄清停止。㉔識浪　將心體之真如譬喻為海，諸識因緣而動，宛如波浪起伏。㉕鵶　即烏鴉。㉖值　碰到。㉗聞性　能聞聽聲音的功能。㉘塵　指以一切世間事與法來汙染真性者，有色、聲、香、味、觸、法等六塵。㉙第一義　事理最初緊要者稱第一義；又以無上甚深之妙理為第一義。此指佛法真諦。㉚次第　次序。㉛世諦　世俗人所知的道理，又名俗諦、俗世諦等。《涅槃經》曰：「如出世人所知者，第一義諦；世間人所知，名為世諦。」㉜諸法　即萬法，總稱萬事萬物的軌則，與真如相對。㉝無性　性，即體。一切諸法無實體，稱之無性。㉞性識　眾生的根性心識。㉟起信論章疏　《起信論》為《大乘起信論》的略名，天竺人馬鳴所撰，內容為使信眾起正信而演說大乘極理。章疏，古代注釋經籍以分章析句來解說其意義稱章句，簡稱章；疏通文句辭意者稱疏。㊱有為有作　凡是因緣所生的事物，皆屬有為。有作，意同有為。為，造作。作，身、口造作之意。㊲心緣　起心而攀緣外在之境，即思慮探知心外事物之意。㊳畢竟　到底；究竟。㊴一心　指萬事萬物的實體真如，即所謂「一心具十法界」。㊵著　通「着」。有的意思。㊶供奉　內供奉的略稱，為供奉於大內禁中內道場的僧官名。㊷徇　曲從。㊸人情　情面；情誼。㊹心地　以心比大地，大地能生長五穀草木，修行者依心而起，即心為萬法之本，能生一切諸法。㊺無上菩提　菩提有三等，為聲聞、緣覺和佛。佛所得的菩提至高無上，故名。㊻流浪　漂泊不定。㊼無為無相　本來如此、非因緣造作所生的稱無為。真理絕色、聲、香、味、觸、生、住、壞、男、女等十相稱無相。㊽鱍鱍　魚跳躍擺尾聲。陸游〈雨〉詩：「池魚鱍鱍隨溝出。」㊾自在　進退無礙；心離煩惱的束縛，通達無礙。

【語譯】益州（今四川成都）保唐寺無住禪師（七一四～七七四年），最初從無相大師處得傳佛法，就居住在南陽（在今四川什邡縣西）白崖山，專心精修禪法。經數年，參禪學法者不斷前來，而延請去講禪法的人也絡繹不絕。從此禪師向僧俗教誨禪法，雖然廣弘言教，但只以「無念」為宗旨。

唐代宰相杜鴻漸出京鎮撫西川，聽說了無住禪師的大名，想瞻禮拜謁一次，所以於大曆元年（七六六年）九月，派遣使者上山延請禪師。此時節度使崔寧也命令諸寺院僧人遠出迎接，十月一日，禪師來到了空慧寺。當時杜鴻漸與節度使已召集三學大德高僧會聚於寺內。施禮畢，杜公問道：「我剛才聽說大師曾經駐錫於此，後來又到什麼地方去了啊？」禪師回答：「無住性好疏寂簡野，多數時候住泊於寺院內。自賀蘭山、五臺山等出發周遊各地名勝古蹟，聽到先師無相禪師居住在關中大慈寺，演說最上乘正法，就摳衣遠來，忝與此講席。後來遊息於白崖山，已有多年。今日幸遇相公召見，貧道怎敢不從命！」杜公問道：「弟子聽說金和尚講說無憶、無念、莫妄這三句求道法門，是不是啊？」禪師回答：「是的。」杜公問道：「這三句是指一句，還是三句？」禪師回答：「無憶名叫戒，無念名叫定，莫妄名叫慧。如一心不生，便具備戒、定、慧，所以不是一句，也不是三句。」杜公問道：「第三句中的『妄』字，莫非是從『心』的『忘』字吧？」禪師回答：「是從『女』的『妄』字。」杜公問道：「這可有根據嗎？」禪師回答：「《法句經》中說：『如生起精進之心，即是虛妄而不是精進。如能本心不虛妄，就會精進沒有止境。』」杜公聽了，往日疑惑頓時蕩然無存。杜公又問道：「大師是否還用這三句法指示徒眾？」禪師回答：「對於初發信心的學人，還是先令他們平息妄念，澄清止息其識浪，水清而靜，物相才能顯現影子。領悟了無念本體，寂滅顯現眼前，而無念也就沒有了。」正在此時，庭院中的樹上傳來烏鴉的鳴叫聲，杜公便問道：「大師聽到了烏叫聲嗎？」禪師回答：「聽到了。」烏鴉飛走了，杜公再問道：「大師傅聽到了嗎？」禪師回答：「聽到了。」杜公便問道：「烏鴉飛走已沒有聲音了，為什麼還說聽到了？」禪師於是告誡眾人說：「佛在世之世難以碰到，正法難以聽見，各位仔細聽著。不管聽見還是沒有聽見，都與聽的本性沒有關係。聽本來就沒有產生，又怎麼會有滅呢？聽到有聲音之時，是自心染上了聲塵。沒有聽到聲音之時，是自心去掉了聲塵。而這聽的本性，不隨著聲音的產生而生，也不隨著聲音的消失而滅。領悟了這聽的本性，就能避免被聲塵所轉變。你們應當知道，聽是無生無滅的，也是無去無來的。」杜公與僚屬以及僧俗大眾都稽首禮拜。杜公又問道：「什麼叫作第一義？第一義按照什麼次序才能領悟？」禪師回答：「第一義沒有次序，也沒有出入。世俗諦一切皆有，第一義一切皆空。諸法無性之性，即名為第一義。佛說：有為法名為俗世諦，無性才是第一義。」杜公讚美道：「如大師所開示的禪理，真正是微妙的不可思議。」杜公又問道：「弟子悟性微淺，過去利用處理政務的餘暇，撰寫了《起信論章疏》兩卷，可稱得上是佛法嗎？」禪師回答道：「撰寫章疏，都要運用識心，思考內容斟酌，有為有作，起心動念，然後才能寫成。據《大乘起信論》說：『應知道一切法，其本質就是離絕言說相，離絕名字相，離絕心緣相，始終如常，毫無變化。只有這種絕對心性，才名之為真如。』現在相公貪戀言說相，貪戀名字相，貪戀心緣相，既貪戀種種相，又怎麼會是佛法呢？」杜公起身禮拜道：「弟子也曾問過諸位內供奉大德，他們都稱讚弟子已得不可思議之佛法。現知他們只是礙於人情才這麼說的，大師現在依佛法解說，契合心地之法，才真正是禪理不可思議。」杜公又問道：「什麼叫不生？什麼叫不滅？怎樣才能獲得解脫？」禪師回答：「看見外境而心不起念，就稱不生。不生就是不滅。既然無生無滅，就不會被眼前諸塵所束縛，當時就能獲得解脫。不生又叫無念，無念就無滅，無念就沒有束縛，無念就不存在解脫。簡要而言，識心就離絕了妄念，見性就獲得了解脫。除識心、見性以外，其他能印證無上菩提的法門，都是不對的。」杜公問道：「什麼叫識心、見性？」禪師回答：「一切學道的人，都隨著心念而活動，這是因為不識真心的緣故。所謂真心，不會隨著心念的產生而產生，也不會隨著心念的息滅而息滅。不前來也不離去，不定也不亂，不取也不捨棄，不沉也不浮起。這種無為無相、活潑鮮靈，而又平常自然、自在無礙的心體，根本不能獲得，也無法感知覺察。觸目皆是，沒有不是見性。」杜公與眾人聽後施禮稱頌，歡欣鼓舞地離去。

無住禪師後來居住在成都的保唐寺，直至圓寂。

【說明】本書所載無住禪師生平事跡頗多缺漏。無住禪師，俗姓李，陝西鳳翔郿縣（今陝西眉縣）人。初修儒術，通經史。唐代開元年間遇慧安國師弟子陳楚璋居士，默傳心法，遂歸佛教。後依太原謁自在禪師，從之剃髮。天寶八年（七四九年）謁無相禪師於成都淨眾寺，嗣其法緒。復入山中結茅而居。無相圓寂，眾請住持保唐寺開法，教化大行，聳動西陲。大曆九年（七七四年）圓寂，壽六十一歲。

益州無相禪師法嗣除無住禪師外，還有荊州明月山融禪師、漢州雲頂山王頭陀與益州淨眾寺神會禪師三人，因無機緣語句，故未收錄。

卷五

慧能大師法嗣法系表

弘忍大師（見卷三）→ 慧能大師

- 堀多三藏
- 法海禪師
- 志誠禪師
- 曉了禪師
- 智隍禪師
- 法達禪師
- 智通禪師
- 志徹禪師
- 智常禪師
- 志道禪師
- 印宗和尚
- 行思禪師 → 石頭希遷大師等（見卷一四）
- 懷讓禪師 → 馬祖道一禪師等（見卷六）
- 玄覺禪師
- 本淨禪師
- 玄策禪師
- 令韜禪師
- 慧忠國師 → 應真禪師等（見卷一三）
- 神會禪師 → 福琳禪師等（見卷一三）
- 祇陀禪師
- 淨安禪師
- 尋禪師
- 定真禪師
- 堅固禪師
- 道進禪師
- 善快禪師
- 緣素禪師
- 宗一禪師
- 善現禪師
- 梵行禪師
- 自在禪師
- 咸空禪師
- 泰祥禪師
- 法淨禪師
- 辯才禪師
- 吳頭陀
- 道英禪師
- 智本禪師
- 法真禪師
- 玄楷禪師
- 曇璀禪師
- 韋據
- 孫菩薩

卷五

第三十三祖慧能大師

【題解】中國佛教之所以有別於印度佛教，就在於其與中國傳統文化密切結合、渾為一體，而其中禪宗便是最富有本土文化特色、最為典型的中國佛教。在禪宗發展史上，雖有南、北宗之分，但今日人們所說的禪宗，主要就是指慧能所創主頓悟說的南宗。雖然慧能只是中土禪宗之六祖，但究其實，中國禪宗的真正創立者，毫無疑問應為慧能。自菩提達磨開始，以藉教悟宗而標榜的禪法在中國出現，傳承至五祖弘忍，使其逐漸本土化，至慧能而真正創宗立派，獨立門戶，使禪宗成為隋唐佛教八大宗之一。由於禪宗在其形成與發展過程中，深受中國原有的道家、儒家思想的影響，並因其不強調讀經講經與坐禪，主張頓悟，簡便易行，故很容易推廣，因此當其他各宗派先後衰微之時，禪宗卻得以繼續存在和發展，幾乎一枝獨秀，在中國形成「十寺九禪」的局面，並傳播至海外。

第三十三祖慧能大師者，俗姓盧氏，其先范陽人。父行瑫，武德中左宦❶于南海之新州，遂占籍❷焉。三歲喪父，其母守志❸，鞠養❹及長。家尤貧窶❺，師樵采以給❻。一日，負薪至市中，聞客讀《金剛經》❼，悚然❽，問其客曰：「此何法也？得於何人？」客曰：「此名《金剛經》，得於黃梅忍大師。」師遽告其母以為法尋師之意。直抵韶州，遇高行士⑨劉志略，結為交友⑩。尼無盡藏者，即志略之姑也，常讀《涅槃經》，師暫⑪聽之，即為解說其義。尼遂執卷問字，師曰：「字即不識，義即請問。」尼曰：「字尚不識，曷⑫能會義？」師曰：「諸佛妙理，非關文字。」尼驚異之，告鄉里耆艾⑬云：「能是有道之人，宜請供養⑭。」於是居人競來瞻禮。近有寶林古寺⑮舊地，眾議營緝⑯，俾師居之。四眾霧集⑰，俄成寶坊⑱。

師一日忽自念曰：「我求大法，豈可中道而止！」明日遂行，至樂昌縣西山石室間，遇智遠禪師。師遂請益，遠曰：「觀子神姿爽拔⑲，殆⑳非常人。吾聞西域菩提達磨傳心印于黃梅，汝當往彼參決㉑。」師辭去，直造黃梅之東禪㉒，即唐咸亨二年也。忍大師一見，默而識之。後傳衣法，令隱于懷集四會之間。

至儀鳳元年丙子正月八日，屆南海，遇印宗法師於法性寺㉓講《涅槃經》。師寓止㉔廊廡㉕間，暮夜，風颺㉖刹㉗幡。聞二僧對論，一云：「幡動。」一云：「風動。」往復酬答，曾未契理㉘。師曰：「可容俗流㉙輒預高論㉚否？直㉛以風幡非動，動自心耳。」印宗竊聆㉜此語，竦然異之。翊日㉝，邀師入室，徵㉞風幡之義。師具以理告，印宗不覺起立云：「行者定非常人，師為是誰？」師更無所隱，直敘得法因由。於是印宗執弟子之禮，請受禪要[35]，乃告四眾曰：「印宗具足凡夫，今遇肉身菩薩[36]。」即指座下盧居士云：「即此是也。」因請出所傳信衣，悉令瞻禮。至正月十五日，會諸名德，為之剃髮。二月八日，就法性寺智光律師受滿分戒[37]。其戒壇[38]，即宋朝[39]求那跋陀三藏[40]之所置也。三藏記云：「後當有肉身菩薩在此壇受戒。」又梁末真諦三藏[41]於壇之側手植二菩提樹，謂眾曰：「卻後一百二十年，有大開士[42]於此樹下演[43]無上乘，度無量眾。」師具戒已，於此樹下開東山法門[44]，宛如宿契。

明年二月八日，忽謂眾曰：「吾不願此居，要歸舊隱。」時印宗與緇白[45]千餘人，送師歸寶林寺。韶州刺史韋據請於大梵寺[46]轉妙法輪[47]，并受無相心地戒[48]。門人紀錄，目為《壇經》[49]，盛行于世。後返曹溪[50]，雨大法雨[51]，學者不下千數。

中宗神龍元年降詔云：「朕請安、秀二師宮中供養，萬機之暇，每究一乘[52]。二師並推讓云：『南方有能禪師，密受忍大師衣法，可就彼問。』今遣內侍[53]薛簡馳詔迎請，願師慈念，速赴上京[54]。」師上表辭疾，願終林麓。薛簡曰：「京城禪德[55]皆云，欲得會道，必須坐禪習定。若不因禪定而得解脫者，未之有也。

未審師所說法如何？」師曰：「道由心悟，豈在坐也？經云：『若見如來，若坐若臥，是行邪道。』何故？無所從來，亦無所去。若無生滅，是如來清淨禪[56]。諸法空寂，是如來清淨坐。究竟無證，豈況坐耶？」簡曰：「弟子之迴，主上必問，願和尚慈悲，指示心要[57]。」師曰：「道無明暗，明暗是代謝[58]之義。明暗無盡，亦是有盡。」簡曰：「明喻智慧，暗況煩惱。修道之人，儻[59]不以智慧照破煩惱，無始生死，憑何出離？」師曰：「若以智慧照煩惱者，此是二乘[60]小兒，羊鹿[61]等機。上智大根，悉不如是。」簡曰：「如何是大乘見解？」師曰：「明與無明[62]，其性無二。無二之性，即是實性。實性者，處凡愚而不減，在賢聖而不增，住煩惱而不亂，居禪定而不寂，不斷不常，不來不去，不在中間及其內外，不生不滅，性相如如[63]，常住[64]不遷，名之曰道。」簡曰：「師說不生不滅，何異外道？」師曰：「外道所說不生不滅者，將滅止生，以生顯滅，滅猶不滅，生說無生。我說不生不滅者，本自無生，今亦無滅，所以不同外道。汝若欲知心要，但一切善惡都莫思量，自然得入清淨心體，湛然常寂，妙用恆沙。」簡蒙指教，豁然大悟，禮辭歸闕，表奏師語。有詔謝師，并賜摩衲袈裟、絹五百匹、寶鉢一口。十二月十九日，敕改古寶林為中興寺。三年十一月十八日，又敕韶州刺史重加崇飾，賜額為法泉寺，師新州舊居為國恩寺。

【注　釋】❶左宦　即貶官。古人以左為下為卑。❷占籍　落戶定居。❸守志　即守節，指婦女守寡。❹鞠養　撫養；養育。❺窶　貧窮。❻給　供給，此指維持家用。❼金剛經　《金剛般若波羅蜜經》的簡稱，有多種譯本，其中以十六國時後秦僧人鳩摩羅什的一卷譯本流傳最廣。《金剛經》認為「凡所有相，皆是虛妄」，即一切有形質的事物與形象皆虛幻不實，主張世人應「離一切諸相」而都不迷戀或執著追求。此說對禪宗思想的形成影響很大。❽悚然　恐懼、驚訝的樣子。❾高行士　舊指擺脫名利不求仕進的人士。❿交友　即朋友。⓫暫　很短的時間。⓬曷　為什麼；怎麼。⓭耆艾　老人。耆，六十至八十歲的老人。艾，蒼白色，古代用作對老年人的尊稱。⓮供養　進奉香燈、飲食、財物等資助三寶稱供養。⓯寶林古寺　在廣東韶關，初建於六朝時，唐高宗時慧能大師加以擴建，唐中宗時改稱中興寺，不久重建，名法泉寺，宋太宗時重修，改稱南華寺，今存。⓰營緝　營造；修繕。⓱霧集　意同「雲集」，比喻聚集之人眾多。⓲寶坊　對佛寺的美稱。⓳爽拔　爽，心靈明澈。拔，突出；超逸。⓴殆　只怕。㉑參決　此為求教之意。凡禪門集眾人為坐禪、說法、念誦，稱之為參。決，受決，指從佛那裡獲得自己將來要成佛的預言。㉒東禪　即東禪寺，位於黃梅縣城西南，也名蓮華寺，弘忍禪師說法之所。㉓法性寺　在廣州，宋代以前為乾明、法性二寺，至宋代合而為一，統名法性寺。㉔寓止　寓居；休息。㉕廊廡　廊，屋外有遮蔭的過道。廡，大屋旁的小屋。㉖颺　風吹起。㉗剎　佛寺。㉘契理　契合佛理。㉙俗流　俗人。慧能此時還未披剃受戒，是居士的裝束，故以此自稱。㉚高論　不平凡的、見解高明的義理，此是對兩僧議論的恭詞。㉛直　坦率；簡明直接。㉜聆聞　聽。㉝翊日　即翌日。㉞徵　徵求；印證。㉟禪要　禪門心要。㊱肉身菩薩　也稱生身菩薩，即以父母所生之身而至菩薩之位的人。㊲滿分戒　具足戒的異名。㊳戒壇　授佛戒之壇。㊴宋朝　此為南北朝時劉氏所建之宋，一般也稱劉宋，以與趙匡胤所建的宋朝相區別。㊵求那跋陀三藏　于闐人，南朝梁太清初（五四七年）來到揚州，欲翻譯佛經，正遇到侯景反，就南下嶺南避難。㊶真諦三藏　即拘那羅陀，天竺人，精通三藏，南朝梁太清初（五四七年）來到揚州，欲翻譯佛經，正遇到侯景反，便南下避難，居於廣州，而譯經不輟。死於南朝陳太建元年（五六九年），終年七十一歲。譯有《攝大乘論》等二百餘卷。㊷大開士　即以佛法開導四眾的大和尚。用以尊稱德高望重的僧人。㊸演　演說；演示。㊹東山法門　五祖弘忍大師所住的黃梅山，在縣城之東，稱東山，故五祖之法門也被稱作東山法門。㊺緇白　也作緇素，指僧俗。㊻大梵寺　位於韶關，唐代開元二年（七一四年）曾名開元寺，宋代先後改名作崇寧寺、天寧寺、報恩光孝寺等。[47]轉妙法輪　演說佛法微妙義理。[48]無相心地戒　禪宗所傳戒法，以無相不可得之心地為戒體、戒相，有十重戒、四十八輕戒。[49]壇經　《六祖大師法寶壇經》的簡稱，一般稱作《六祖壇經》，一卷。慧能弟子法海集錄六祖慧能在大梵寺說法語錄而成，後人陸續有所增訂，分為行由、般若、疑問、定慧、坐禪、懺悔、機緣、頓漸、宣詔、咐囑十門。此書據「自性本自清淨」立說，宣揚「明心見性」、「頓悟成佛」，為禪宗重要典籍。中國佛教著作被稱作「經」的，只此一部。[50]曹溪　河流名，在廣東曲江東南，西流三十里合於溱水。溪畔有寺，邑人曹叔良捨宅所建，故名。六祖慧能居此，大興南宗。[51]雨大法雨　佛乘大法能滋潤枯渴的眾生，故名大法雨。雨，降下，此為普施之意。[52]一乘　唯一成佛的教法。[53]內侍　宦官。[54]上京　指京都，此指唐代首都長安。[55]禪德　對有德行之禪師的尊稱。[56]如來清淨禪　簡稱如來禪，《楞伽經》所說四種禪之一，為如來所得的禪定，得此禪定即達到最終解脫。[57]心要　禪宗以心傳心的要法。[58]代謝　新舊交替。[59]儻　如若；假使。[60]二乘　指聲聞、緣覺。[61]羊鹿　《法華經·譬喻品》以三車比喻三乘，即引導眾生達到解脫的三種教法。以羊車比喻聲聞，即聽聞佛講法而覺悟者，只以自身解脫、求得阿羅漢位為目的。以鹿車比喻緣覺，即未聽佛宣講教法，自己解悟十二因緣而得道者。以牛車比喻大乘，即獲得菩薩智慧，以普渡眾生為目的者。[62]無明　此泛指不明佛教的愚昧無知。[63]如如　《楞伽經》所說的五法之一。因為法性之理體不二平等，故名如。彼此諸法皆如此，故名如如。[64]常住　永恆存在而不遷流。

【語　譯】第三十三祖慧能大師（六三八～七一三年），俗姓盧氏，其祖先為范陽（今北京市大興、宛平一帶）人。他父親盧行瑫，唐高祖武德（六一八～六二六年）年間，被貶官南海郡的新州（今廣東新興），就落戶定居於那裡。慧能三歲時死了父親，他的母親守節不嫁，撫養慧能長大成人。因為家裡十分貧窮，慧能就打柴出賣以維持家用。有一天，慧能擔負木柴來到市場中，聽見一個外鄉人在誦讀《金剛經》，不覺心底悚然有所感悟，就問那人道：「這是什麼法典？從哪兒獲得的？」那人回答：「這書名《金剛經》，從黃梅弘忍大師那兒得到的。」慧能趕忙回家告訴母親，自己為佛法求師的打算。慧能隨後徑直來到韶州（今廣東韶關），遇見志行高潔的士人劉志略，結為朋友。有一個名叫無盡藏的比丘尼，是劉志略的姑母，經常誦讀《涅槃經》，慧能聽了不多久，就為她解說經義。無盡藏於是拿著經卷向他問字，慧能說：「字我是不認識，如是意義就請提問。」無盡藏奇怪地說：「文字尚且不認識，怎麼能懂得意義？」慧能回答道：「諸佛的精妙義理，與文字並沒有關係。」無盡藏感到十分驚訝，就告訴了鄉里父老說：「慧能是一位有道之人，應加以禮敬供養。」於是鄉人競相前來禮拜慧能。附近有一座寶林古寺，眾人商議後予以修繕，讓慧能居住於此。於是鄰近四眾雲集而來，不久這裡就成了莊嚴高大的廟宇。

有一天，慧能忽然自語道：「我離家尋求解脫大法，怎麼可以半途而廢！」第二天，他就走了，在樂昌縣（今屬廣東，在韶關西北）西山石室之中，遇到了智遠禪師。慧能向他請教，智遠禪師說道：「我看你的儀態神采爽明超逸，只怕不是尋常之人。我聽說西域菩提達磨祖師把佛法心印傳給了黃梅弘忍大師，你應當到那裡去參決。」慧能告辭而去，徑直來到黃梅東禪寺，是年為唐代咸亨二年（六七一年）。弘忍大師一見到慧能，心裡就看中了他。後來弘忍大師把禪法與法衣都傳授給了慧能，並叫他隱居在懷集（今屬廣西）、四會（今屬廣東）兩地之間。

到了儀鳳元年（六七六年）丙子歲正月八日，慧能大師抵達南海郡（今廣東廣州），正值印宗法師在法性寺講說《涅槃經》。慧能大師在廊屋內休息，夜裡，大風吹起了寺內的旗幡。慧能聽見兩位僧人在爭論，一個說：「這是風在動。」另一個說：「這是旗幡在動。」兩人往返問答，都沒有契合佛法真諦。慧能大師就說道：「能否容許俗流參與兩位的高論？簡而言之，風與旗幡都沒有動，這動來自你們的心中罷了。」印宗法師私下聽到了這句話，悚然起敬，十分驚異。第二天，印宗將慧能邀請到自己房內，徵詢風幡之語的奧義。慧能就把道理都告訴了他，印宗聽後，不禁從座位上站起，說道：「行者一定不是尋常之人，大師究竟是什麼人？」慧能沒有再隱瞞，直截了當地敘述了自己得傳佛禪心法的經過。於是印宗就向慧能施弟子禮，請慧能講授禪門要法，並告訴四眾說：「我印宗只是一個接受了具足戒的凡夫，今天幸遇肉身菩薩。」他指著座下居士裝束的慧能說道：「就是這一位。」因而請求慧能取出五祖所傳的法嗣信衣，讓僧眾瞻仰禮拜。到了正月十五日，印宗召集諸位大德高僧和尚，為慧能剃髮。二月八日，慧能在法性寺，智光律師為他授具足戒。其授戒的戒壇，就是劉宋時僧人求那跋陀三藏所建置的。求那跋陀三藏曾留下預言說：「此後將有肉身菩薩在這個戒壇上受戒。」還有南朝梁末年僧人真諦三藏在戒壇旁邊親手栽種了兩株菩提樹，並對眾人說道：「自此一百二十年以後，當有一位開悟大士在這樹下演說無上佛乘，引度無數眾生。」慧能接受具足戒完畢，就在那菩提樹下開講東山法門，宛如宿世有默契的一樣。

明年二月八日，慧能大師忽然對眾人說道：「我不願意居住在這裡，要回到得法以前居住過的寺廟去。」於是印宗法師與僧俗一千多人，護送慧能回到了寶林寺。韶州刺史韋據禮請慧能在大梵寺演講如來妙法，並接受了無相心地戒。門人把慧能的說法話語記錄下來，編成一書，名曰《壇經》，盛行於世。此後慧能返回曹溪，廣宣佛法，普度眾生，前來學法的人不下千人。

神龍二年（七〇六年），唐中宗下詔說：「朕恭請嵩山慧安、玉泉寺神秀二位國師入宮中虔誠供養，並於日理萬機之餘暇，時時研究一乘教法。兩位國師都謙讓說：『南方有位慧能禪師，秘密接受了弘忍大師傳下的衣鉢教法，可以向他詢問。』現在派內侍薛簡奉詔飛馬前往迎請，誠願禪師慈懷顧念，迅速赴京。」慧能大師卻上奏表辭謝，推說身體有病，願意終老山林。薛簡對慧能說道：「京城中的禪師大德都說，要想悟道，必須坐禪習定。如若未經過禪定修習而得到解脫的人，是從未有過的。不知道大師對此怎麼看？」慧能回答：「道是由自心悟出的，哪能在於打坐呢？佛經上說：『如若見到如來或者坐著，或者臥著，那是在行邪道。』這是為什麼？因為如來沒有所來之處，也沒有所去之處。若無生無滅，那就是如來清淨禪。一切法虛空寂靜，那就是如來清淨坐。至高無上的解脫妙法原本無法驗證，何況是打坐呢？」薛簡說道：「弟子返回後，皇上一定有所詢問，誠願大師慈悲為懷，開示禪門要法。」慧能說道：「道沒有光明與黑暗之分，光明、黑暗是相互更替變化的意思。光明與黑暗是無窮盡的，又是有窮盡的。」薛簡問道：「用光明比喻智慧，用黑暗比喻煩惱。修習佛法的人，如若不用智慧的光明照破煩惱之黑暗，那麼無始無終的生死輪迴，依靠什麼才能超脫？」慧能回答道：「煩惱即是菩提，如若用智慧的光明去照破煩惱之黑暗，那只是聲聞、緣覺二乘小兒的觀點，乘坐羊車、鹿車之人的根機。具有大智慧、上等根機的人，都不是這樣的。」薛簡問道：「什麼是大乘的見解？」慧能回答：「般若光明與煩惱無明，其本性沒有分別。這沒有分別的本性，就是實性。所謂實性，就是處於凡夫愚人的境地也不減少，處於賢人聖哲的境地也不增多，居住在煩惱的黑暗之中而不會紛亂，進入禪定而不會寂靜，既不中斷也不永恆不變，既沒有來處也沒有去處，既不在中間也不在內外，既不生也不滅，其本性、現象真實平等如一，永恆存在而不遷流變化，這就叫做道。」薛簡問道：「大師所說的不生不滅，與外道的教義有什麼差別？」慧能回答：「外道所說的不生不滅，是用滅來制止生，是用生來顯示滅，滅如同不滅，生也可以說是無生。我所說的不生不滅，是本來就沒有生，所以現在也就沒有滅，因此不相同於外道。你如若想理解大乘禪門心要，只要你一切善惡都不要思量，自然就能進入清淨心體，湛然明淨，永恆靜寂，其妙用就如同恆河灘上的沙粒多得數不盡。」薛簡承蒙指教，豁然大悟，向慧能施禮辭別，回到京城，將慧能說教寫入表章，奏告天子。唐中宗下詔書感謝慧能大師，並賜予摩衲袈裟一襲以及絹綢五百匹、寶鉢一口。十二月十九日，又敕令古寶林寺改名為中興寺。神龍三年（七〇七年）十一月十八日，天子又下敕令讓韶州刺史重新修飾寺院，並賜寺額為法泉寺，並賜修慧能大師在新州的舊居為國恩寺。

一日，師謂眾曰：「諸善知識❶，汝等各各淨心，聽吾說法。汝等諸人，自心是佛❷，更莫狐疑❸。外無一物而能建立，皆是本心生萬種法故。經云：『心生種種法生，心滅種種法滅。』若欲成就種智❹，須達一相三昧，一行三昧❺。若於一切處而不住相，彼相中不生憎愛，亦無取捨，不念利益成壞等事，安閑恬靜，虛融澹泊，此名一相三昧。若於一切處，行住坐臥，純一直心，不動道場❻，真成淨土❼，名一行三昧。若人具二三昧，如地有種，能含藏長養，成就其實。一相一行，亦復如是。我今說法，猶如時雨，溥❽潤大地。汝等佛性，譬諸種子，遇茲霑洽[9]，悉得發生。承吾旨者，決獲菩提。依吾行者，定證妙果[10]。」

先天元年，告諸徒眾曰：「吾忝受忍大師衣法，今為汝等說法，不付其衣。蓋汝等信根[11]淳熟[12]，決定不疑，堪任大事。聽吾偈曰：『心地含諸種，普雨悉皆生。頓悟華情已，菩提果自成。』」師說偈已，復曰：「其法無二，其心亦然。其道清淨，亦無諸相。汝等慎勿觀淨[13]及空其心[14]。此心本淨，無可取捨。各自努力，隨緣好去。」

師說法利生，經四十載，其年七月六日，命弟子往新州國恩寺建報恩塔，仍令倍工。又有蜀僧名方辯，來謁師云：「善捏塑。」師正色[15]曰：「試塑看。」方辯不領旨，乃塑師真[16]，可[17]高七寸，曲盡其妙。師觀之曰：「汝善塑性，不善佛性。」酬以衣物，僧禮謝而去。先天二年七月一日，謂門人曰：「吾欲歸新州，汝速理舟檝。」時大眾哀慕，乞師且住。師曰：「諸佛出現，猶示涅槃。有來必去，理亦常然。吾此形骸，歸必有所。」眾曰：「師從此去，早晚卻迴？」師曰：「葉落歸根，來時無口[18]。」又問：「師之法眼，何人傳授？」師曰：「有道者得，無心者通。」又問：「後莫有難否？」曰：「吾滅後五、六年，當有一人來取吾首。聽吾記[19]曰：『頭上養親，口裡須餐，遇滿之難，楊柳為官。』

又云：「吾去七十年，有二菩薩從東方來，一在家，一出家，同時興化，建立吾宗，締緝[20]伽藍，昌隆法嗣[21]。」言訖，往新州國恩寺，沐浴訖，跏趺[22]而化，異香襲人，白虹屬地。即其年八月三日也。時韶、新兩郡各修靈塔[23]，道俗莫決所之。兩郡刺史共焚香祝云：「香煙引處，即師之欲歸焉。」時鑪香騰涌，直貫曹溪。以十一月十三日入塔，壽七十六。前韶州刺史韋據撰碑。門人憶念取首之說，遂先以鐵葉、漆布固護師頸。塔中有達磨所傳信衣，西域屈眴布[24]也，緝木綿華心織成，後人以碧絹為裡。中宗賜磨衲、寶鉢，方辯塑真，道具等，主塔侍者尸[25]之。

開元十年壬戌八月三日夜半，忽聞塔中如拽鐵索聲，僧眾驚起，見一孝子從塔中走出，尋見師頸有傷，具以賊事聞於州縣。縣令楊侃、刺史柳無忝得牒[26]，切加擒捉。五日，於石角村捕得賊人，送韶州鞫問[27]。云：「姓張名淨滿，汝州梁縣人，於洪州開元寺[28]受新羅[29]僧金大悲錢二十千，令取六祖大師首，歸海東[30]供養。」柳守聞狀，未即加刑，乃躬至曹溪，問師上足令韜曰：「如何處斷？」韜曰：「若以國法論，理須誅夷[31]；但以佛教慈悲，冤親平等，況彼求欲供養，罪可恕矣。」柳守嘉歎曰：「始知佛門廣大。」遂赦之。邇後[32]，甚有名賢贊述，及檀施[33]珍異，文繁不錄。

上元元年，肅宗[34]遣使就請師衣鉢，歸內[35]供養。至永泰元年五月五日，代宗夢六祖大師請衣鉢。七日，敕刺史楊瑊云：「朕夢感能禪師請傳法袈裟卻歸曹溪，今遣鎮國大將軍㊱劉崇景頂戴㊲而送，朕謂之國寶。卿可於本寺如法安置，專令僧眾親奉宗旨者，嚴加守護，勿令遺墜。」後或為人偷竊，皆不遠而獲，如是者數四。憲宗諡大鑒禪師，塔曰元和靈照。皇朝㊳開寶初，王師㊴平南海劉氏㊵，殘兵作梗㊶，師之塔廟，鞠㊷為煨燼㊸，而真身㊹為守塔僧保護，一無所損。尋有制興修，功未竟。會太宗㊺即位，留心禪門，頗增壯麗焉。

大師自唐先天二年癸丑入滅，至今景德元年甲辰歲，凡二百九十二年矣。得法者，除印宗等三十三人，各化一方，標㊻為正嗣，其外藏名匿迹者不可勝紀。今於諸家傳記中略錄十人，謂之旁出。

【注　釋】❶善知識　一般指道德高尚、知識淵博、富有智慧，並能指導他人信奉佛法的人，既可用於稱呼出家人，也是對在家信徒的稱譽性稱謂。❷自心是佛　慧能認為每個人先天具有的自我本性，一切具足，不僅蘊含著全部佛法道理，是人成佛解脫的內在根據。❸狐疑　古人認為狐狸生性多疑，故稱遇事猶豫不決為狐疑。❹種智　即一切種智，指佛的智慧達到了無所不知的境界。❺一相三昧二句　一相三昧即一行三昧。此處慧能將兩者分開講說，以一相三昧指主觀上對一切現象沒有偏執，從不執著於「相」上論；以一行三昧指無論行或坐，都須保持此種心態，從不執著於修禪時的身體姿態上論。但兩者在意義上並無區別。❻道場　得道之行法稱作道場。《維摩經・菩薩品》曰：「直心是道場。」❼淨土　佛菩薩所居住之處清淨而無一切塵垢汙染，故名淨土。❽溥　通「普」。❾霑洽　濕潤；沾染。❿妙果　指真正妙不可言的佛果。⓫信根　信心三寶四諦的能力。⓬淳熟　即精純、熟練。⓭觀淨　指於修習禪定中觀想思考寧靜之境界，即追求從主觀上排除了世間紛亂之後的境界。⑭空其心　含義同於觀淨。⑮正色　正經地；嚴肅地。⑯真　真容，即人的塑像。⑰可大約。⑱無口　其意雙關，其表面上指人死後再不能開口說話，而其實意為慧能一生等於什麼話也沒有說過。因禪宗主張以心傳心，無言傳教，強調自證自悟。⑲記　懸記，即讖語、預言。此懸記應驗故事見後。⑳締緝　締，締造；經營。緝，修葺。㉑昌隆法嗣　這也是一個懸記，但這兩位菩薩為誰，有許多不同說法，卻都與這懸記內容不甚吻合。㉒跏趺　亦稱「結跏趺坐」、「跏坐」，佛陀之坐法，大約有兩種：一稱降魔坐，坐下後以右足壓在左腿上，再以左足壓在右腿上，手亦以左壓右，足心、手心皆向上，禪宗多傳此坐。二稱吉祥坐，坐法與降魔坐相反，以左足壓在右腿上，再以右足壓在左腿上，手亦以右壓左，足心、手心皆向上，傳說如來在菩提樹下成正覺時，正吉祥坐。又有以左或右一足壓在另一腿上，稱半跏。㉓靈塔　奉放高僧遺骨的墓塔。㉔屈眴布　用木棉花心織成的大細布，青黑色，產於西域。㉕尸　古代代表死者接受祭祀的人，此指設置靈位神牌。㉖牒　公文；訴狀。㉗鞫問　審訊犯人。㉘開元寺　唐代開元二十六年（七三八年）敕令各州郡建置開元寺，為國家祈禱祭祀會集之所。洪州開元寺亦建於此時。㉙新羅　朝鮮半島上的古國名。㉚海東　新羅位於黃海之東，故也稱海東。㉛誅夷　夷，殺滅。古代法律規定毀壞屍體的罪名與殺人相同，當處死刑。㉜邇後　通「爾後」。此後之意。㉝檀施　檀越施捨。㉞肅宗　唐玄宗子，七五六至七六一年在位。㉟內　大內，即皇宮。㊱鎮國大將軍　唐代高級武官名。㊲頂戴　敬禮。梁武帝《金剛般若懺文》曰：「頂戴奉持，終不離捨。」㊳皇朝　宋代人對宋朝的尊稱。㊴王師　宋人尊稱本代軍隊。㊵南海劉氏　指五代時期割據嶺南地區的南漢政權，其國王姓劉，故稱南海劉氏。㊶作梗　搗亂。㊷鞫　竟然。㊸煨燼　灰燼之意。㊹真身　此指慧能的屍體。㊺太宗　宋朝皇帝，宋太祖趙匡胤之弟，九七六至九九七年在位。㊻摽　通「標」。標示；標志。

【語　譯】有一天，慧能大師對眾人說道：「諸位善知識，請你們各自排除雜念，清淨自心，聽我宣講正法。你們每個人自身具有的本心就是佛，再也不要有所懷疑。身外沒有任何事物能夠存在，都是本心生萬種法的緣故。因此佛經上說：『心生而種種現象即生，心滅而種種現象即滅。』如果要想成就了悟一切的種智，就必須達到一相三昧，一行三昧。如果在一切心與境相涉之處，不見住相，在那相之中不生愛憎情感，也無所取捨，不顧念利益成敗得失等等事情，安閒恬靜，虛懷和融，淡泊不競，這就叫作一相三昧。如果在一切心與境相涉之處，無論行止坐臥，都能心直純一，道場不動搖，真正成為沒有一切塵垢汙染的淨土，這就叫作一行三昧。如若人具有這兩種三昧，就如同是下在土地中的種子，能孕育生長，結出果實。一相一行，也是這樣的。我現在講說佛法，就好像是一場及時雨，滋潤了大地。你們諸位本來具有的佛性，就如同是那土地中的種子，遇到這甘霖的濕潤，都會萌芽生長。接受我教旨的人，毫無疑問將獲得覺智。依循我說的去修行的人，一定會印證真正妙不可言的佛果。」

唐玄宗先天元年（七一二年），慧能大師告訴眾徒說：「我忝受弘忍大師所傳的佛法、衣鉢，現今為你們講說佛法，不再傳付法衣。因為你們的信根已經精純、牢固，堅定不疑，能承擔弘法重任。你們聽我說偈頌：『心地之上孕育著各種種子，遇到普降的法雨就都會萌芽生長。頓悟就像是一旦花開，獲得菩提智慧就好像是花開後結成果實一樣自然。』」慧能說偈頌完後，又說道：「其教法並沒有兩種，其心也是這樣的。其本性清淨無染，也沒有各種形相。你們千萬不要執著地觀察清淨境界，也不要空寂自心。此心本來潔淨無垢，無可取捨。你們各自努力，隨緣行事。」

慧能大師演說佛法利益眾生，經時四十年。這一年七月六日，慧能命令弟子們去新州國恩寺建造報恩塔，並叫他們加倍施工。又有一個來自四川的僧人名叫方辯，來謁見慧能說：「我擅長於捏泥做雕塑。」慧能表情嚴肅地說：「你試捏一個給我看看。」方辯沒能領悟話中玄旨，就塑造了一座慧能大師的肖像，高約七寸，十分逼真，曲盡其妙。慧能觀看後說道：「你只懂得雕塑之性，卻不理解佛性。」就送給他一些衣物作為酬謝，方辯致禮拜謝後走了。先天二年（七一三年）七月一日，慧能告訴門人說：「我想要返回新州，你們快準備船具。」一時眾人悲哀留戀，乞求大師再住一些時候。慧能大師說道：「諸佛來到人世間，尚且要歸於涅槃。有來必定有去，這是理所當然的。我這副形骸，也必定會得其歸所的。」徒眾便說：「師父這次去了，什麼時候回來啊？」慧能說道：「葉落歸根，回來之時已經不張口了。」又有門人問道：「師父的正法眼，誰來承傳？」慧能回答：「有道的人得到，無執著之心的人通悟。」又有人問道：「將來是否會有災難嗎？」慧能回答：「我圓寂以後五、六年，會有一個人來偷取我的首級。你們聽我的預言：『上為養雙親，下為要糊口，遇到「滿」的劫難時，「楊柳」為官長。』」慧能又說道：「我圓寂以後七十年，有兩位菩薩從東方來，一位是在家的居士，一位是出家的僧人，同時弘教傳法，建立了我們的宗派，修建許多寺院，使我宗派的法嗣昌隆。」慧能交代完畢，就前往新州國恩寺，沐浴完畢，跏趺圓寂，其遺體發出異香襲人而來，出現了一條白色的霓虹橫貫天地。這時是其年八月三日。當時韶州、新州兩地各修造了一座靈塔，僧俗大眾無法抉擇慧能大師的肉身該藏在哪座靈塔中。於是韶州、新州兩州刺史就共同燒香祈禱說：「香煙飄引而去的方向，就是大師想要歸去的地方。」當時香爐中香煙騰湧，徑直飄向曹溪。十一月十三日，慧能大師的肉身遷入靈塔，享年七十六歲。前任韶州刺史韋據撰寫了墓碑碑文。門人想到師父生前有人偷盜首級的預言，就預先用鐵皮、漆布牢牢包裹著遺體的頸部。靈塔中還放置著菩提達磨祖師傳下來的傳法信衣，這信衣是用產於西域的屈眴布做成，這布是用木棉花心織成的，後人用青碧色的絹綢做襯裡。唐中宗賜予的磨衲袈裟、寶鉢，弟子方辯所塑的慧能大師像，以及慧能大師日常所用的法物等，守護靈塔的侍僧用來作了神位。

開元十年（七二二年）壬戌歲八月三日半夜，守塔侍者忽然聽到靈塔內發出好像攥拉鐵索的聲響，僧人們聞聲驚起，看見一個孝子裝束的人從靈塔中慌慌張張跑出，僧人很快就發現慧能大師的肉身頸部有刀傷痕跡，就立即向州縣衙門報案，說發生了盜賊之事。縣令楊侃、州刺史柳無忝接到報案狀子，嚴令即刻擒拿盜賊。五日，在石角村捕獲了盜賊，送到韶州衙門審訊。那盜賊供認道：「我姓張，名叫淨滿，汝州梁縣（今河南臨汝）人，在洪州（今江西南昌）開元寺內接受了新羅國僧人金大悲的二十貫錢，令我來盜取六祖大師的頭顱，想帶回大海之東的家鄉供養。」柳刺史審得了案情，沒有立即處刑，而是親自來到曹溪，向慧能大師的高足令韜問道：「怎麼處置這個盜賊？」令韜回答道：「如若依照國法論罪，理當處以死刑；只是佛法教旨以慈悲為懷，仇人與親人一視同仁，何況那人這樣做也是想要供養，其罪可以饒恕啊。」柳刺史讚歎道：「自今始知佛門廣大。」就釋免了那人的罪名。此後，有很多名賢聞人撰寫了讚歎文章，並施捨了不少珍異物品，文繁不錄。

上元元年（七六〇年），唐肅宗派遣使者至曹溪，恭請慧能大師的法衣、寶鉢，帶回京師宮中供養。至永泰元年（七六五年）五月五日，唐代宗夢見六祖大師前來取法衣、寶鉢。七日，唐代宗敕告韶州刺史楊瑊道：

「朕夢中感應慧能大師請求將傳法袈裟送還曹溪，現在派遣鎮國大將軍劉崇景頂戴護送，朕將此衣鉢視作國寶。卿可在曹溪本寺中如法安置此國寶，專令僧眾中親耳聆聽過六祖大師法教的人嚴加守護，勿令遺失毀壞。」此後衣鉢有時被人偷竊，但都沒走多遠就被擒獲了，這樣的事情發生了四次。唐憲宗賜慧能大師謚曰大鑒禪師，靈塔也賜名叫元和靈照塔。宋朝開寶（九六八～九七六年）初年，宋朝軍隊攻滅了割據嶺南地區的南漢政權，可是南漢殘兵作亂，慧能大師的靈塔竟然被毀，燒成灰燼，但慧能大師的真身受到護塔僧人的竭力保護，絲毫無損。不久，宋太祖下敕令重修靈塔，但未能完成。正逢宋太宗即位，他留心禪門，將塔廟修飾得更為壯麗。

慧能大師自唐代先天二年癸丑歲圓寂，至今景德元年（一〇〇四年）甲辰歲，共計二百六十二年。慧能大師門下得教法的弟子，除了印宗等三十三人，各自弘揚教法於一方，表為慧能大師正宗法嗣，此外藏名匿跡的人不可勝記。現在從諸家傳記中略為著錄十個人，稱之為旁出法嗣。

【說　明】慧能雖被人視為承接五祖弘忍東山法門的禪宗六祖，但其禪學理論與實踐卻使菩提達磨以來的如來禪發生了根本性的變革，即使「藉教悟宗」的如來禪發展成為「藉師自悟」的祖師禪。而以佛性清淨空寂、即心即佛、佛性即覺性人性等觀點為基礎的頓悟論，實為慧能祖師禪法的核心。雖然頓悟說不始於慧能，早在東晉、南北朝時的竺道生就認為佛理為不可分之整體，故倡頓悟佛理之說。支道林亦有「小頓悟」說，而教門諸家，如淨土宗的念佛法門，即是一種漸門；天台、華嚴諸宗，亦言頓又言漸，以頓為究竟，但不廢漸；就是以漸修為特色的北宗神秀也說「一念淨心，頓起佛地」。但這種頓悟，是建立在「悟不自生，必藉信漸」的基礎上，故其說或屬「漸修頓悟」，或屬「頓悟漸修」。而慧能倡導的頓悟論則與此截然不同，與漸修絕然對立，毫無關係。它是「以不二之悟，符不分之理」，來對整體的、至高無上的般若佛性、真如之「理」瞬間完成的「悟」，所以是不立文字、直指人心，所以是「明心見性」、「見性成佛」，在頓悟前不需點點滴滴的「拂拭」修持功夫，「一悟」而永恆，超凡入聖。可見慧能頓悟論是對教門之漸，乃至如來禪之漸與一切繁雜的修習方式、修行儀式的徹底否定，以此擺脫各種清規戒律的束縛，實現心靈的自由，從而使佛性人性化，禪學儒學化，使傳統佛學的漸悟、注重修行向頓悟、無修轉變，也從而使「一悟成佛」的頓悟禪法成為包括廣大平民在內的社會各階層的快捷方便的解脫法門，迅速發展，壓倒盛行一時的北宗禪法，而成為禪宗的主流，而成為中國化佛教的主流。

第三十三祖慧能大師法嗣第一世

【題解】南宗慧能大師因感自身遭遇，有鑑於「法衣所在，是非隨之」的殘酷事實，決定不再傳衣，變單線傳法為多端弘道，得道法嗣多達四十三人，「其外藏名匿迹者不可勝紀」，據慧能逝世一百多年後的柳宗元於《賜謚大鑒禪師碑銘》中說，慧能「其說具在，今布天下，凡言禪者皆本曹溪」，此後「一花開五葉」，衍化為五家七宗：首先分為南嶽懷讓、青原行思兩系；後來南嶽系再分為溈仰、臨濟兩派，青原系分為曹洞、雲門、法眼三派，合稱五家；宋代時，臨濟宗又分出黃龍、楊岐二派，合五家稱作七宗。本書自此至卷二六皆為慧能大師法嗣的求法事跡、悟法機緣語句。

西域堀多三藏

西域堀多三藏者，天竺人也，東遊韶陽，見六祖，於言下契悟。後遊五臺，至定襄縣歷村，見一僧結庵❶而坐。三藏問曰：「汝孤坐奚為？」曰：「觀靜。」三藏曰：「觀者何人？靜者何物？」其僧作禮，問曰：「此理何如？」三藏曰：

「汝何不自觀自靜？」彼僧茫然，莫知其對。三藏曰：「汝出誰門耶？」曰：「神秀大師。」三藏曰：「我西域異道❷最下根者，不墮此見。兀然❸空坐，於道何益！」其僧卻問：「三藏所師何人？」三藏曰：「我師六祖。汝何不速往曹溪，決其真要？」其僧即捨庵，往參六祖，具陳前事。六祖垂誨，與三藏符合，其僧信入。三藏後不知所終。

【注釋】❶結　構建。❷異道　即外道。❸兀然　勞苦用心的樣子。

【語譯】西域堀多三藏，天竺（古印度）人，東遊韶陽（今廣東韶關），拜見六祖慧能大師，在六祖的教化之下契合悟禪。後來堀多三藏去五臺山遊歷，來到了定襄縣（今屬山西）歷村，看見一個僧人在其所蓋的小茅庵內坐禪。堀多三藏問道：「你一個人孤零零坐在這裡幹什麼？」那僧人回答：「觀察寂靜。」堀多三藏問道：「進行觀察的是什麼人？寂靜又是什麼東西？」那僧人起身施禮，問道：「這話是什麼意思？」堀多三藏說道：「你為什麼不觀察自心，探求自心的清靜呢？」那僧人茫然不解，不知道怎麼對答。堀多三藏問道：「你出自誰的門下啊？」那僧人回答：「神秀大師。」堀多三藏說道：「我們西域外道中根機最為下等的人，也不持這種修持方法。一個人兀然空坐，對於悟道有什麼益處！」那僧人反問道：「大師又師從什麼人呢？」堀多三藏回答：「我拜六祖大師為師。你為什麼不盡快趕往曹溪，參決佛法真諦呢？」那僧人立即捨棄了小茅庵，前往參見六祖大師，詳細地彙報了前面發生的事。六祖大師對他的開示，與堀多三藏所說的完全契合，那僧人便領悟入禪。堀多三藏後來不知所終。

【說明】此章與後面〈吉州志誠禪師〉章兩則記載，清晰地表明主張漸悟的北宗神秀與主張頓悟的南宗慧能對「觀靜」、「長坐」的不同觀點。神秀強調坐禪在修行過程中的作用，要求修習者「住心觀靜、長坐不臥」，以此作為達到悟道解脫的一種手段。但慧能卻稱為觀靜而拘束身體的長坐只是空坐、枯坐、死坐，「是病非禪」，認為只有保持「無念」、「無住」的心理狀態，無論是坐是臥都不妨礙其明心見性，了悟佛性；並主張修禪者要「自觀自靜」，自證自悟，而不必執著於住臥行坐之不同與教法經文中之妙旨。

韶州法海禪師

韶州法海禪師者，曲江人也。初見六祖，問曰：「即心即佛，願垂指喻。」

祖曰：「前念不生即心，後念不滅即佛。成一切相即心，離一切相即佛。吾若具說，窮劫不盡。聽吾偈曰：『即心名慧，即佛乃定。定慧等持❶，意中清淨。悟此法門，由汝習性❷。用本無生，雙修❸是正。』」法海信受，以偈贊曰：「即心元是佛，不悟而自屈。我知定慧因，雙修離諸物❹。」《壇經》云門人法海者，即禪師是也。

【注釋】❶等持　不加區別地同等對待和修持。❷習性　通過誦讀佛經和依照佛法修持而形成的種性。❸雙修　指定慧雙修。❹離諸物　即離一切相的意思，是見性成佛的同義詞。

【語譯】韶州（今廣東韶關）法海禪師，曲江（今屬廣東）人。法海禪師第一次拜見六祖大師時問道：「即心即佛的旨要是什麼，誠願大師垂示教誨。」六祖大師回答：「前面的念頭不再出現就是心，後面的念頭不加消滅就是佛。能變化一切現象的就是心，能離絕一切現象的就是佛。我如若要這樣一一列舉，那是永遠也說不完的。你還是聽我的偈頌：『即心叫作慧，即佛就是定。定慧同持有，意識之中自然清淨。要領悟這一法門，完全取決於你修性。用本就無生，只有雙修才是正確的。』」法海禪師信心接受，並作了一首偈語讚歎道：「即心原是佛，不能悟徹而委屈自己。我領會了定慧的真實含義，定慧雙修才能離絕一切相。」《壇經》中所說的門人法海，就是指法海禪師。

吉州志誠禪師

吉州志誠禪師者，吉州太和人也。少於荊南❶當陽山玉泉寺❷奉事神秀禪師，後因兩宗❸盛化，秀之徒眾往往譏南宗曰：「能大師不識一字，有何所長！」秀曰：「他得無師之智❹，深悟上乘，吾不如也。且吾師五祖親付衣法，豈徒然哉！吾所恨不能遠去親近，虛受國恩❺。汝等諸人無滯於此，可往曹溪質疑。他日迴復，還為吾說。」師聞此語，禮辭至韶陽，隨眾參請，不言來處。時六祖告眾曰：「今有盜法之人潛在此會。」師出禮拜，具陳其事。祖曰：「汝師若為示眾？」對曰：「常指誨❻大眾，令住心❼觀靜，長坐不臥。」祖曰：「住心觀靜，是病非禪。長坐拘身，於理何益？聽吾偈曰：『生來坐不臥，死去臥不坐。元是臭骨頭❽，何為立功過❾？』」師曰：「未審大師以何法誨人？」祖曰：「吾若言有法與人，即為誑汝。但且隨方解縛，假名三昧。聽吾偈曰：『一切無心自性戒❿，一切無礙自性慧⓫，不增不退自金剛，身去身來本三昧。』」師聞偈悔謝，即誓依歸，乃呈一偈曰：「五蘊幻身⓬，幻何究竟？迴趣真如，法還不淨。」祖然之。尋迴玉泉。

【注釋】❶荊南　今湖北荊州、荊門一帶。❷玉泉寺　初建於隋代開皇（五八一～六〇〇年）年間，唐、宋以來屢加修繕。寺前有北宋所造的十三級鐵塔，周圍有玉泉八景，為佛教名勝。❸兩宗　指禪宗中南宗與北宗兩派。因慧能一派主要傳化於南方，故稱南宗，神秀一派傳教於中原，故稱作北宗。❹無師之智　先天的、無須教誨的智慧。❺國恩　指神秀入內道場，受到唐朝皇帝的特殊禮遇。❻指誨　指示、教誨。❼住心　修習者精神專一，集中注意力。❽臭骨頭　即臭皮囊。信佛、道教者厭惡人的肉體，認為其中有涕、痰、糞、尿等汙物，故名。❾功過　此處意為坐與臥對修禪者而言並沒有功與過的區別。❿自性戒　不需要佛的制止，自性可受持之戒。為十善戒之一。⓫慧　通達無為之空理稱慧，相對應於通達有為之事相的智。⓬五蘊幻身　五蘊為一切有為法的概括，狹義為現實人的代稱，廣義指物質世界（色蘊）和精神世界（受、想、行、識四蘊）的總和。大乘佛教認為五蘊合成的人我與法我皆非實體。《般若心經》曰：「色不異空，空不異色，色即是空，空即是色；受想行識，亦復如此。」

【語譯】吉州（今江西吉安）志誠禪師，吉州太和（今江西泰和）人。志誠少年時在荊南當陽山玉泉寺奉事神秀禪師。後來禪宗南、北兩派教化都很興盛，而神秀禪師的弟子往往譏諷南宗說：「慧能大師不識一字，有什麼長處！」但神秀禪師卻說：「慧能他具有無須教誨的大智慧，深悟佛法的最高境界，我不如他啊。況且我的師父五祖大師親自傳付衣法給他，難道是毫無緣由的嗎！我很遺憾不能遠道前去親近請益，而在這裡枉自享受皇上的恩典。你們諸人不要滯留在這裡，可以去曹溪參問請教，以解答心中的疑慮，他日回來以後再講給我聽。」志誠禪師聽了這話後，就向神秀禮拜辭別，來到韶州寶林寺，隨眾僧參謁請教，而沒有說明自己的來歷。當時六祖大師告訴眾僧說：「今天有一個盜聽佛法的人混雜在法會中。」志誠禪師便站出來禮拜六祖大師，詳細訴說了事情經過。六祖大師問道：「你師父是怎麼教化眾僧的？」志誠禪師回答：「我師父曾指點、教誨眾僧，要定心觀想清淨的境界，長坐不臥。」六祖大師說道：「定心觀想清淨的境界，只是一種病態，而並不是真正的參禪。長久靜坐拘束身心，對領悟禪理有什麼益處？你且聽我說偈頌：『人活著時坐而不臥，人死去後長臥不坐。原來只是一具臭骨頭，又何必把長久打坐作為每日修行的功課？』」志誠禪師問道：「不知道大師用什麼修習之法教誨徒眾？」六祖大師回答：「我如果說有修習之法教給眾人，那就誑騙了你。我只是根據各人的機緣為其解脫心中的束縛，這本沒有名稱，為說法方便，借用了三昧之名。你且聽我說偈頌：『一切無心即是自性戒，一切無礙即是自性慧，自性不因外境而增加或減損就是堅不可摧的金剛之身，身體自由活動、來去自如就是三昧。』」志誠禪師聽了偈頌後悔過拜謝，即刻立誓皈依，並呈上偈頌說：「由五蘊構成空幻之身，空幻之身又怎能真實？只有回歸真如本性而講戒定慧才是真實的，離開本性一切教法都不清淨。」六祖大師認可了志誠禪師的看法。不久，志誠禪師回到了荊南玉泉寺。

【說　明】此章中記載北宗領袖神秀禪師評介慧能大師「得無師之智，深悟上乘，吾不如也」之語，可能出自南宗弟子對其祖師慧能的美化，但也由此說明在南、北宗分派之初，雖然兩派徒眾之間時有齟齬，而並未如後世所說的那樣水火不容，故志誠禪師既可禮辭神秀而至曹溪聽慧能說法，悟道後又得以再歸於玉泉寺。

匾擔山曉了禪師

匾擔山曉了禪師者，傳記不載，唯北宗門人忽雷澄❶撰塔碑盛行于世，略曰：師住匾擔山，法號曉了，六祖之嫡嗣也。師得無心❷之心，了無相❸之相。無相者森羅眩目❹，無心者分別熾然❺。絕一言一響，響莫可傳，傳之行矣；言莫可窮，窮之非矣。師自得無無之無❻，不無於無也。吾今以有有之有，不有於有也。

不有之有，去來非增。不無之無，涅槃非滅。嗚呼！師住世❼兮曹溪明，師寂滅兮法舟❽傾。師譚無說兮寰宇盈，師示迷徒兮了義乘❾。匾擔山色垂茲色，空谷❿猶留曉了名。

【注　釋】❶忽雷澄　北宗神秀禪師的弟子。❷無心　以真心離絕妄念。❸無相　以真理離絕世間一切現象。❹森羅眩目　森羅，即森羅萬象，將世間一切現象羅列於眼前。眩目，眼花撩亂。❺熾然　明白的樣子。❻無　世俗以否定事物的存在稱無，而佛教認為「無」指世間一切現象皆是因緣所生，剎那生滅，假而不實，也名作空。但此「無」並非是「虛無」。相對於「無」的為「有」，有假有、實有、妙有等區別。慾界、色界和無色界三界所實際存在的稱實有；因緣依他之法，如鏡花水月，雖沒有實性，但也非虛無之法，故稱假有；圓成實性、非有之有稱妙有。❼住世　在世，意為活著。❽法舟　佛教認為佛法能度人出得生死海，故用舟船作為比喻。❾義乘　義理之教，指大乘佛教。❿空谷　空曠的山谷。

【語　譯】匾擔山曉了禪師，傳記中不載他事跡，只有北宗神秀禪師的門人忽雷澄撰寫的曉了禪師靈塔碑文盛行於世，碑文略說：禪師居住在匾擔山，法號叫作曉了，為六祖慧能大師的嫡傳法嗣。禪師得無心之真如心，領悟無相之實相。無相者卻紛然羅列而使人眼花撩亂，無心者虛妄分別而慾念熾盛。每一句話每一個聲響結束，聲響就不再傳播，但禪師所說的教法卻盛行四方；話語不可以探究，探究就違背了佛法。禪師自從得沒有虛無之「無」，就不以為「無」就是虛無；我現今有了具有實有之「有」，也不以為「有」就是實有。不是實有之有，事物的來來去去，對它並沒有一絲增多。不是虛無的無，涅槃也不能使它有所減少。嗚呼！禪師在世之時啊曹溪六祖教法彰明天下，禪師寂滅之後啊就好像渡人出生死海的法舟傾覆了。禪師說法無著啊卻名滿寰宇，禪師曉示迷路的徒眾啊使他們明瞭義乘真諦。匾擔山景色長存，空曠的山谷中還迴響著曉了之名。

河北智隍禪師

河北❶智隍禪師者，始參五祖法席❷，雖嘗咨決，而循乎漸行。後往河北，結庵長坐，積二十餘載，不見惰容❸。及遇六祖門人策禪師遊歷于彼，激以勤求法要，師遂捨庵，往參六祖。祖愍其遠來，便垂開抉。師於言下豁然契悟，前二十年所得心都無影響。其夜，河北檀越士庶忽聞空中有聲曰：「隍禪師今日得道也。」後迴河北，開化四眾。

【注釋】❶河北　河北道，轄區包括今河北省、北京市、天津市的全部、內蒙古的一部以及東北地區。❷法席　傳法之所。席，教席。❸惰容　懈怠的神色。

【語譯】河北智隍禪師，開始時在五祖弘忍大師的法席上參見問法，雖然曾經通過咨詢五祖而自認為體驗了禪境，但只是依照漸修之法修行。後來，智隍禪師來到河北，構建了小茅庵，在庵中長坐，經過了二十多年，臉上卻沒有一絲懈怠的神色。等到遇到了六祖大師的門人玄策禪師遊歷至那裡，激勵他要勤奮追求佛法真要，智隍禪師於是捨棄了小茅庵，前往曹溪參拜六祖大師。六祖大師憐憫他遠來求法，就垂示教法開導他。智隍禪師在言談之下豁然契合領悟，此前二十年修行所得的心得，一時都完全消失，了無蹤跡可尋。這一天夜裡，河北地區檀越士庶弟子忽然聽見天空中有一個聲音說道：「智隍禪師今天得悟禪法了。」智隍禪師後來回到河北，弘揚佛法，教化四眾弟子。

洪州法達禪師

洪州法達禪師者，洪州豐城人也。七歲出家，誦《法華經》，進具之後，來禮祖師，頭不至地。祖訶曰：「禮不投地，何如不禮！汝心中必有一物，蘊❶習何事耶？」師曰：「念《法華經》已及三千部。」祖曰：「汝若念至萬部，得其經意，不以為勝，則與吾偕行❷。汝今負此事業❸，都不知過。聽吾偈曰：『禮本折慢幢❹，頭奚❺不至地？有我罪即生，亡功❻福無比。』」祖又曰：「汝名什麼？」對曰：「名法達。」祖曰：「汝名法達，何曾達法？」復說偈曰：「汝今名法達，勤誦未休歇。空誦但循聲，明心號菩薩。汝今有緣故，吾今為汝說。但信佛無言，蓮華從口發❼。」師聞偈，悔過曰：「而今而後，當謙恭一切。惟願和尚大慈，略說經中義理。」祖曰：「汝念此經，以何為宗？」師曰：「學人愚鈍，從來但依文誦念，豈知宗趣❽！」祖曰：「汝試為吾念一遍，吾當為汝解說。」師即高聲念經，至《方便品》，祖曰：「止。此經元來以因緣出世為宗，縱說多種譬喻，亦無越於此。何者？因緣唯一大事，一大事即佛知見❾也。汝慎勿錯解經意，見他道『開示悟入⑩』，自是佛之知見，我輩無分。若作此解，乃是謗經毀佛也。彼既是佛，已具知見，何用更開？汝今當信，佛知見者，只汝自心，更無別體。蓋為一切眾生自蔽光明，貪愛塵境⑪，外緣⑫內擾，甘受驅馳。便勞他從三昧起，種種苦口⑬，勸令寢息，莫向外求，與佛無二。故云開佛知見。汝但勞勞⑭執念謂為功課⑮者，何異犛牛愛尾⑯也！」師曰：「若然者，但得解義，不勞誦經耶？」祖曰：「經有何過，豈障汝念？只為迷悟在人，損益由汝。聽吾偈曰：『心迷《法華》轉⑰，心悟轉《法華》。誦久不明己，與義作讎家。無念念即正，有念念成邪。有無俱不計，長御白牛車⑱。』」師聞偈，再啟曰：「經云：諸大聲聞⑲乃至菩薩，皆盡思度量，尚不能測於佛智。今令凡夫但悟自心，便名佛之知見。自非上根，未免疑謗。又經說三車，大牛之車與白牛車如何區別？願和尚再垂宣說。」祖曰：「經意分明，汝自迷背。諸三乘⑳人不能測佛智者，患在度量也。饒㉑伊盡思共推，轉加懸遠㉒。佛本為凡夫說，不為佛說。此理若不肯信者，從他退席。殊不知坐卻白牛車，更於門外覓三車。況經文明向汝道，無二亦無三，汝何不省三車是假？為昔時故；一乘是實，為今時故。只教汝去假歸實。歸實之後，實亦無名。應知所有珍財，盡屬於汝，由汝受用，更不作父想，亦不作子想㉓，亦無用想㉔，是名持《法華經》。從劫至劫，手不釋卷，從晝至夜，無不念時也。」師既蒙啟發，踊躍歡喜，以偈贊曰：「經誦三千部，曹溪一句亡。未明出世旨，寧歇累生狂！羊鹿牛權設，初中後善揚㉕。誰知火宅㉖內，元是法中王㉗。」祖曰：「汝今後方可名為念經僧也。」師從此領玄旨，亦不輟誦持。

【注釋】❶薀　通「蘊」。積聚之意。❷偕行　並肩同行。❸事業　功績；功德。❹慢憧　怠慢；心思不定。❺奚　為何。❻亡功　亡，可作「忘」解，也可作「無」解。功，功德。❼蓮華從口發　口吐蓮花之意。蓮華，即蓮花。❽宗趣　即宗旨。❾知見　此指智慧。❿開示悟入　開指開佛知見，即打開封閉佛智慧的一切世俗認識；示指示佛知見，即指示原來不為人們所認識的佛智慧；悟指悟佛知見，即認識與理解佛智慧；入指入佛知見，即將佛之智慧變成自己的智慧，從而成就佛道。⓫塵境　為六塵之心所對的色、聲、香、味、觸、法。由眼、耳等六根入身汙染清淨心，故名之為六塵。⓬外緣　自外給予力來幫助事物生起之緣，稱為外緣。⓭種種苦口　指根據不同機緣，運用各種方式進行教化。⓮勞勞　辛苦地。⓯功課　指每日按時誦經念佛。⓰犛牛愛尾　語出《法華經．方便品》，用以比喻人們愚昧無知，處於生死輪迴之中，仍執迷不悟，追逐各種慾望，不知這些欲望正是導致生死輪迴之原因。這就像犛牛愛惜自己的長尾巴一樣可悲。犛牛，即牦牛。⓱轉　轉經，指一遍又一遍地念誦佛經。⓲白牛車　《法華經》以白牛車比喻一佛乘，即獲得了佛的智慧。⓳大聲聞　指聆聽過佛陀講法的佛弟子。⓴三乘　指聲聞、緣覺、菩薩。㉑饒　儘管。㉒懸遠　懸殊、遙遠。㉓更不作父想二句　《法華經》載：大富長者曾將自己的財寶分給兒子們。此以大富長者（父）代指佛陀，以大富長者的兒子（子）代指眾生。㉔亦無用想　也不要有維護和使用這些財富的想法，即不要有意識地向自身追求佛。㉕初中後善揚　此句意思為初善、中善、後善都是善法，但最後又都統一於「一佛乘」。初，初善，指羊車所比喻的聲聞教法。中，中善，指鹿車所比喻的緣覺教法。後，後善，指牛車比喻的菩薩教法。善，善法。㉖火宅　著火的房間，用以比喻眾生生死輪迴的三界。㉗法中王　指經過長期修行而超脫生死輪迴的修行者。

【語 譯】洪州（今江西南昌）法達禪師，洪州豐城（今屬江西）人。他七歲時出家，念誦《法華經》，於受具足戒以後，前來拜謁六祖大師，但禮拜時頭卻沒有觸到地面。六祖大師叱責道：「禮拜卻頭不觸地，那還不如不行禮！你心中必然有什麼東西積藏著，平日都修習什麼啊？」法達禪師回答：「我念誦《法華經》已達三千遍了。」六祖大師說道：「你如果誦讀《法華經》達到一萬遍，並領悟了經文妙意，又不因此自負，那就可與我並肩同行。你現今自負有這樣的功德，卻全然不知道自己的過失。你聽我說的偈頌：『行禮本是為消除自己狂妄簡慢之心，那為什麼頭不觸地？以我為實有而罪錯就產生，沒有功德而福報才無與倫比。』」六祖大師又問道：「你叫什麼名字？」法達禪師回答：「我名叫法達。」六祖大師便說道：「你名字叫作法達，又何曾通達佛法？」六祖大師又說了一首偈頌：「現今你名叫法達，勤奮誦讀經書而不休息。只在口中逐字循聲誦讀是徒勞無功的，明心見性才能被稱為菩薩。你也算是有緣分的，所以我為你宣說教義。只要相信佛本未曾宣說過，那蓮花就會從口中湧出。」法達禪師聽了偈頌後，悔過道：「從今以後，我當謙虛而恭敬地對待所有人。只請大師大發慈悲，為我稍微講解一下佛經中的義理。」六祖大師問道：「你誦念這《法華經》，是以什麼作為宗旨的？」法達禪師回答：「學生天性愚鈍，從來只是依據經文誦念，哪裡知道什麼宗旨！」六祖大師就說道：「你為我試念一遍，我當為你解說宗旨。」法達禪師就高聲念誦經文，當讀到《方便品》時，六祖大師便說道：「停。這部經書原來是以佛因緣出世作為宗旨。縱然經文中用了好多種譬喻，都沒有超出這個範圍。為什麼呢？因為這因緣只是一件大事，這所謂一件大事，就是佛的知見。你要謹慎小心，不要錯誤理解經義，看見經文上說『開示悟入』，就以為那是佛的知見，與我們這些人是沒有緣分的。如若作這樣的理解，那就是誹謗經書、詆毀佛。他既然是佛，就已經具有了佛的知見，哪還用再加開示？你現今應當相信，所謂佛的知見，只是你自心，再也沒有別的本體。因為一切眾生自己遮蔽了本性之光明，迷戀於世間一切現象，讓外在的各種現象和內心的情慾擾亂了自己的清淨本心，甘願聽從物慾的支配驅使。所以只好有勞佛陀從三昧中出來，苦口婆心地用各種方法進行教化，勸誘世人止息擾亂的自心，不要向外尋覓真如，這樣就與佛沒有二樣了。所以說開示佛的知見。你只是以辛勞誦讀經書作為每天必做的功課，那與犛牛只知愛惜尾巴有什麼不同！」法達禪師問道：「如果是這樣的話，那只要能解得經義，而不必勞神誦讀經文了嗎？」六祖大師回答：「經文有什麼過失，怎麼會妨礙你誦讀呢？因為迷惑悟徹與否都在於個人，損失收益與否也由你自己掌握。你且聽我說的偈頌：『心中迷惑，那《法華經》反會成為修道的障礙；自心悟徹，那《法華經》就為我所用。長久念誦經文卻不明經義，那就與經義成了生死冤家。無念而念誦經文就是正，有念而念誦經文即成邪。有念無念都不去追求，內心就如駕馭白牛拉的車一樣長久地自由自在。』」法達禪師聽了這首偈頌，再問道：「經文上說：自諸大聲聞直至菩薩，都冥思苦想，尚且不能猜悟到佛的智慧。今天讓凡夫俗子只要悟得自心，就稱獲得了佛的知見。如若不是上等天資的人，就難免會產生疑惑誹謗了。另外，《法華經》又說到羊、鹿、牛三車的問題，這大牛拉的車與白牛拉的車是怎麼區別的？誠請大師再為我開示解說。」六祖大師回答：「經文的意義十分清楚，只是你自己愚迷而違背了。諸位聲聞、緣覺、菩薩等三乘人不能測悟佛的智慧，問題就出在於他們思考、分析佛的智慧上。儘管他們盡心竭慮冥思苦想，卻反離佛的智慧更為遙遠。佛本來就是為芸芸眾生講說的，不是為佛自己講說的。如果連這個道理都不肯相信的人，就讓他退席好了。居然不知道自己已經坐在白牛車上，還要到門外去尋找羊、鹿、牛拉的三車。何況經文上明確地告訴了你，只有唯一的佛乘大道，而沒有第二條也沒有第三條，你為什麼還不理解所謂羊、鹿、牛三車只不過是一種假借的名詞？為過去的緣故，一乘是實相；為現在的緣故，只是教你去掉假的而歸依實相。歸依實相之後，實相也就沒有名了。你應該懂得，所有的財寶全都屬於你自己所有，完全由你享用，而不要再作父親的想法，也不要再作子孫的想法，也不要有維護和使用的想法，這才叫做持修《法華經》。如果是這樣，那就如同在從前一劫到後一劫的漫長時間內，都手不釋卷，從白天到夜晚，沒有不誦念經文的時候。」法達禪師受到六祖大師的啟發，歡喜雀躍，十分高興，用一首偈頌來讚美道：「我誦讀了《法華經》三千遍，經過曹溪大師隻言片語的啟發，才知道那都是枉費工夫。未能理解佛因緣出世的宗旨，又怎能消除使我累世沉淪於輪迴之中的狂妄無知？所謂羊車、鹿車、牛車都只是權宜設教，所謂初善、中善、後善都是為逐步宣揚佛法的手段。又有誰知道在這如同著了火的房間一樣的三界之中，人們能夠瞬間完成由凡入聖的轉變。」六祖大師至此首肯道：「你今後才配稱作念經僧人了。」法達禪師從此領悟了禪旨，但也沒有停止念誦經文。

【說 明】此章是慧能大師假借《法華經》而說法，但其觀點與《法華經》的意思時有異同。如《法華經》調和大小乘佛教的不同理論，認為一切眾生都能成佛，此說對禪門南宗的思想發展影響甚大，但《法華經》認為「佛之知見」即佛所具有的智慧，人是需要學習和領受的，可慧能卻主張佛的智慧以及佛都存在於自心中，不需要從外部輸入。因而慧能明確宣揚：自我的本性即佛，人應該認識自己本性佛，而不能於自身之外追求佛。

壽州智通禪師

壽州智通禪師者，壽州安豐人也。初看《楞伽經》約千餘遍，而不會三身❶四智❷，禮師求解其義。祖曰：「三身者，清淨法身，汝之性也；圓滿報身，汝之智也；千百億化身，汝之行也。若離本性，別說三身，即名有身無智❸。若悟三身無有自性❹，即名四智菩提。聽吾偈曰：『自性具三身，發明成四智。不離見聞緣，超然登佛地。吾今為汝說，諦信❺永無迷。莫學馳求者，終日說菩提。』」師曰：「四智之義可得聞乎？」祖曰：「既會三身，便明四智，何更問耶？若離三身，別譚四智，此名有智無身❻也。即此有智，還成無智。」復說偈曰：「大圓鏡智性清淨，平等性智心無病。妙觀察智見非功，成所作智同圓鏡。五八六七果因轉❼，但用名言無實性。若於轉處不留情，繁興❽永處那伽定❾。」轉識為智者，教中云：轉前五識為成所作智，轉第六識為妙觀察智，轉第七識為平等性智，轉第八識為大圓鏡智。雖六七因中轉，五八果上轉，但轉其名而不轉其體也。師禮謝，以偈贊曰：「三身元我體，四智本心明。身智融無礙，應物任隨形。起修皆妄動，守住匪真精。妙旨因師曉，終亡汙染❿名。」

【注釋】❶三身　指佛的三身，有種種說法：一作法身、報身、應身，二作自性身、受用身、變化身，三作法身、應身、化身等等。然一切「三身」可歸為四類：一法性、法界，為成佛之根據，即法身；二修習佛法所得之佛果，為佛之本身，即報身；三為大乘菩薩說法而變現之身，即應身；四佛為利樂世間眾生而變現之色身或其他種種之幻化身，即化身。❷四智　即轉識成智或轉識得智。印度瑜伽行派和中國法相宗（唯識宗）認為，通過特定的修行而領悟了佛法「真理」，凡夫有漏（有煩惱）的八識就可轉為無漏（無煩惱）的八識，從而獲得四智（四種智慧）：一，眼耳鼻舌身五識可轉為「成所作智」，得此智後，能出入十方世界，以身口意三業為眾生行善；二，第六識（意識）可轉為「妙觀察智」，得此智後，能根據有情眾生的不同根機自在說法，教化眾生；三，第七末那識可轉為「平等性智」，得此智後，能平等普渡一切眾生；四，第八阿賴耶識可轉為「大圓鏡智」，得此智後，能如大圓鏡的光明，遍映萬象，纖毫不遺。而具備此四智，即達到佛果，實現由凡入聖之飛躍。❸有身無智　四智存在於自己本性中，離自己本性而論三身，所談只是不起智用的空論，而非是真正之三身。禪宗認為離開人之自我本性，一切現象都是虛幻不真實的。❹三身無有自性　禪宗認為三身都從唯一的自我本性中產生，而並非是三身中各有一個自性。❺諦信　深信不疑。❻有智無身　離絕三身談四智，就如離絕自性談四智，此智只是名言概念而已，非真正的智慧。❼五八六七果因轉　在有情眾生的八識之中，前五識（眼耳鼻舌身識）和第八阿賴耶識必須至眾生成就佛果時才能轉為成所作智和大圓鏡智。此稱前五識與第八識的「果上轉」。眾生的第六識（意識）與第七末那識在眾生未達到佛果時即可轉為「妙觀察智」和「平等性智」，此稱第六識與第七識的「因中轉」。❽繁興　指紛亂嘈雜的世俗世界。❾那伽定　指身變龍以保長壽，以待彌勒佛出世而定止於深淵。那伽，有龍、象、無罪、不來等多種含義，即有精神專一的「定」的意思。❿汙染　指心被世間的五塵所玷汙沾染。《無量壽經》下曰：「猶如蓮華，無汙染故。」

【語　譯】壽州智通禪師，壽州安豐（今安徽壽縣南）人。他當初閱讀《楞伽經》，約一千餘遍，但仍未能領會三身與四智的意義，就來參拜六祖大師，請求為他講解。六祖大師說道：「所謂三身，是指清淨法身，這是你先天就具有的本性；圓滿報身，這是你先天就具有的智慧；千百億化身，這是你應該具有的一切行為。如若離開了本性，另外講說三身，就叫作有身無智。如若領悟三身並沒有自性，就叫作四智菩提。你且聽我說的偈頌：『自性中具有三身，發明而實現了四智。不摒棄人所共見共聞之緣，超然地達到了佛的境地。我今天為你演說教法，你要深信不疑，永不迷惑。不要學那些整天在自身外尋找佛的人，那不過是整天空談覺悟成佛罷了。』」智通禪師問道：「四智的意義，可以講給我聽一聽嗎？」六祖大師說道：「既然理解了三身，就應明白四智，何必再問呢？如若離開了三身，另外講論四智，那就叫作有智無身。就算有了智慧，還是等於沒有智慧。」六祖大師又說一首偈頌：「大圓鏡智就是本性清淨，平等性智就是自心沒有偏見弊病。妙觀察智可以洞察一切卻不需思慮，成所作智如同明鏡照物歷歷分明。前五識與第八識、第六識與第七識果上因中相轉，只是名稱的變化而不是本體的變異。如在轉識成智時實現徹底的轉變，儘管身處塵世而本心寧靜永處那伽定中。」所謂轉識為智，教義上稱：轉前五識為成所作智，轉第六識為妙觀察智，轉第七識為平等性智，轉第八識為大圓鏡智。雖然第六識與第七識是在「因」中轉，第五識與第八識是在「果」上轉，但這只是名稱的改變，而不是本體的變異。智通禪師向六祖大師致禮拜謝，並作偈頌稱歎道：「三身原本在我體內，四智原本在自心中。三身與四智融合而無礙，就如水映月隨物而現其形。想通過修行而獲得三身、四智都是妄執的認識，執著於三身、四智也不是真正的精妙玄旨。三身四智的精妙玄旨，因為大師的指點而明白，從此再不會有被汙染之名了。」

【說　明】從此章所載慧能大師對三身與四智、八識與四智之關係所作的解釋，可看出慧能的禪學思想對法相宗（唯識宗）理論的吸收和發展。

江西志徹禪師

江西志徹禪師者，江西[1]人也，姓張氏，名行昌，少任俠[2]。自南北分化，二宗主雖亡彼我，而徒侶競起愛憎。時北宗門人自立秀師為第六祖，而忌能大師傳衣為天下所聞。然祖是菩薩，預知其事，即置金十兩於方丈❸。時行昌受北宗門人之囑，懷刃入祖室，將欲加害。祖舒頸而就，行昌揮刃者三，都無所損。祖曰：「正劍不邪，邪劍不正。只負汝金，不負汝命。」行昌驚仆，久而方蘇，求哀悔過，即願出家。祖遂與金云：「汝且去，恐徒眾翻害於汝。汝可他日易形而來，吾當攝受❹。」行昌禀旨宵遁，終投僧出家，具戒精進。

一日，憶祖之言，遠來禮覲❺。祖曰：「吾久念於汝，汝來何晚？」曰：「昨蒙和尚捨罪，今雖出家苦行，終難報於深恩，其唯傳法度生乎？弟子嘗覽《涅槃經》，未曉『常無常❻』義，乞和尚慈悲，略為宣說。」祖曰：「無常者，即佛性也。有常者，即善惡一切諸法分別心也。」曰：「和尚所說，大違經文也。」祖曰：「吾傳佛心印，安敢違於佛經！」曰：「經說佛性是常，和尚卻言無常。善惡諸法乃至菩提心，皆是無常，和尚卻言是常。此即相違，令學人❼轉加疑惑。」祖曰：「《涅槃經》，吾昔者聽尼無盡藏讀誦一遍，便為講說，無一字一義不合經文，乃至為汝，終無二說。」曰：「學人識量淺昧，願和尚委曲❽開示。」祖曰：

「汝知否，佛性若常，更說什麼善惡諸法，乃至窮劫，無有一人發菩提心者。故吾說無常，正是佛說真常之道也。又一切諸法若無常者，即物物皆有自性，容受生死，而真常性有不遍之處。故吾說常者，正是佛說真無常義也。佛比為凡夫外道執於邪常，諸二乘人於常計無常，共成八倒❾，故於涅槃了義❿教中，破彼偏見，而顯說真常、真我、真淨。汝今依言背義，以斷滅⓫無常及確定死常，而錯解佛之圓妙最後微言，縱覽千遍，有何所益？」行昌忽如醉醒，乃說偈曰：「因守無常心，佛演有常性。不知方便者，猶春池執礫。我今不施功，佛性而見前。非師相授與，我亦無所得。」祖曰：「汝今徹也，宜名志徹。」師禮謝而去。

【注　釋】❶江西　指唐代江南西道，包括今江西省全部、湖南省大部與安徽省的皖南地區等。❷任俠　仗俠行事。❸方丈　禪寺主持的住所。《維摩詰經》載，身為菩薩的維摩詰居士所住臥室，一丈見方，但容量無限。禪寺比附此說，用以稱主持所居之室。❹攝受　也名攝取，佛以慈悲之心拯救眾生。此指慧能接受行昌為徒。❺覲　舊稱下級晉見上級為覲見，此指拜見六祖慧能。❻常無常　常指永恆不變，真實而不虛假；無常指變動不居，虛假而不真實。此下對話，行昌所說的為《涅槃經》經文，而慧能大師則據禪宗教義對《涅槃經》重新解釋。❼學人　學生；弟子。❽委曲　婉轉曲折。❾八倒　愚昧的凡夫誤認生死輪迴的無常、無樂、無我、不淨為常、樂、我、淨，此為凡夫「四倒」。二乘人誤認涅槃的常、樂、我、淨為無常、無樂、無我、無淨，此為二乘人「四倒」。❿了義　沒有隱瞞地說出終極真理。⓫斷滅　一切事物和現象的因果各有不同，所以不是常；而其因果相續，所以不是斷。將因果相續之理除拔而去，稱作斷滅，為邪見之極惡者。

【語　譯】江西志徹禪師，江西人，俗姓張，名叫行昌，少年時好仗俠行事。自從禪宗南北分派以來，身為兩派領袖的神秀禪師和慧能大師雖然不分彼此，但是其徒弟們卻相互敵視。當時北宗門人自立神秀禪師為禪宗第六祖，但又忌諱慧能大師得到五祖弘忍大師傳授衣鉢的事情被天下人所知曉，欲對慧能大師有所不利。慧能大師已得到了菩薩智慧，能預知將要發生的事情，就在方丈室中放了十兩黃金。當時行昌接受了北宗門人的囑託，胸懷利刃，進入六祖大師的臥室，準備行刺。六祖大師從容伸出脖子讓他砍，行昌揮刀連砍了三次，都不能傷害六祖大師。六祖大師說道：「正直之劍一定沒有邪氣，邪惡之劍一定不正。我只欠你黃金，並不欠你命。」行昌連驚帶怕，昏倒在地，過了很久才蘇醒過來，哀求六祖大師寬恕，表示願意悔過自新，披剃出家。六祖大師把黃金交給行昌，對他說道：「你暫且回去，恐怕眾僧知道後反而會傷害你。你日後改變了相貌再來，我定會接受你。」行昌秉承六祖大師的旨意，連夜逃走，然後依寺出家為僧，受了具足戒，勤奮修行。

有一天，行昌想起六祖大師的囑咐，就遠道趕來參拜。六祖大師問道：「我一直很想念你，你為什麼隔了這麼久才來？」行昌回答：「以前承蒙大師饒恕我的罪過，現今我雖然出家為僧，勤修苦行，仍然覺得難以報答大師的深恩，想來唯一的辦法就是追隨大師弘揚佛法，以拯救世間芸芸眾生吧？弟子曾經閱讀《涅槃經》，不能理解『常與無常』的意義，請求大師慈悲為懷，為我略為講解一下。」六祖大師回答：「所謂無常者，就是佛性。所謂有常者，就是一切善惡諸法的分別心。」行昌奇怪地問道：「大師所講的，與經文的意思是完全違背的。」六祖大師說道：「我傳授佛心印，怎麼敢違背佛經呢？」行昌就說：「經文上指出佛性是永恆不變的常，而大師卻說是無常。經文上指出一切善惡諸法乃至覺悟成佛之菩提心都是無常，可大師卻說是常。這就是相違之處，令學生聽了更加疑惑不解。」六祖大師說道：「《涅槃經》，我過去曾聽比丘尼無盡藏誦讀了一遍，就為她解說經文中的義理，沒有一字一句不符合經文的本意，乃至於為你解說，始終沒有不同的說法。」行昌說道：「學生天性愚昧，學識淺薄，誠願大師詳細地為我講說。」六祖大師說道：「你知道嗎，佛性如若是常，那還要講說什麼善惡諸法，以至於歷盡無數劫，也沒有一個人萌發覺悟佛法的菩提心。所以我說的無常，正是佛所說的真常之道理。此外，一切諸法如若都是無常，那麼萬物都具自性，忍受生死輪迴，如此則真常之性就不能處處存在了。所以我所說的常，正是佛所說的真無常的意思。凡夫與外道愚昧無知，執著於邪常之見，那些聲聞、緣覺二乘人又把常看成是無常，由此形成八倒，佛正是因為這個原因，才在《涅槃經》中破除那些偏見，明白宣揚真常、真我、真清淨。你現在是死摳文字而違背了經義，以至於斷滅了無常，以及確定了死常，而錯誤理解了佛的最圓滿、最精妙的最後說教，即使你閱讀《涅槃經》達到一千遍，又有什麼益處呢？」行昌聞言而悟，如同大醉方醒，就說偈頌道：「因為愚昧凡夫執著於無常之心，所以佛演示永恆不變的本性。那些不懂得佛靈活說法的人，就好像是在春天的池塘中揀到一塊瓦礫卻視為寶物一樣愚昧。我今天不假任何功用，而佛性自然顯現於眼前。如若不是大師傳授，我也本一無所得。」六祖大師許可道：「你現在算悟徹了，應取名叫志徹。」志徹禪師行禮拜謝而離去。

【說明】神秀禪師、慧能大師在世之時，禪宗南、北兩宗還沒有出現嚴重的對立，以廣東韶州為傳法基地的慧能南宗勢力也較小，還未能對神秀北宗地位構成威脅，因而當時北宗僧侶不可能派人行刺慧能大師。南、北兩宗為爭奪正宗地位而激烈爭鬥，是在慧能大師逝死以後才出現的。

信州智常禪師

信州智常禪師者，本州貴溪人也。髫年❶出家，志求見性。一日，參六祖，祖問：「汝從何來？欲求何事？」師曰：「學人近往洪州建昌縣白峰山禮大通和尚，蒙示見性成佛之義，未決狐疑。至吉州遇人指迷，令投謁和尚，伏願垂慈攝受。」祖曰：「彼有何言句，汝試舉似於吾，與汝證明。」師曰：「初到彼三月，未蒙開示，以為法切，故於中夜獨入方丈，禮拜哀請。大通乃曰：『汝見虛空否？』對曰：『見。』彼曰：『汝見虛空有相貌否？』對曰：『虛空無形，有何相貌？』彼曰：『汝之本性猶如虛空，返觀自性，了無一物可見，是名正見。無一物可知，是名真知。無有青黃長短，但見本源清淨，覺體圓明，即名見性成佛，亦名極樂世界❷，亦名如來知見。』學人雖聞此說，猶未決了，乞和尚誨示，令無凝滯。」祖曰：「彼師所說，猶存見知，故令汝未了。吾今示汝一偈曰：『不見一法存無見，大似浮雲遮日面。不知一法守空知，還如太虛❸生閃電。此之知見瞥然❹興，錯認何曾解方便？汝當一念自知非，自己靈光❺常顯見。』」師聞偈已，心意豁然，乃述一偈曰：「無端起知解，著相求菩提。情存一念悟，寧越昔時迷？自性覺源體，隨照枉遷流。不入祖師室，茫然趣兩頭。」

【注釋】❶髫年　指幼年。小兒垂髮稱髫。❷極樂世界　極樂為梵文意譯，也譯作安樂國、安養國，或稱淨土。據《阿彌陀經》載，這是阿彌陀佛成道時依著願力而建立的，遠在西方十萬億佛土之外的世界，那裡「無有眾苦，但受諸樂，故名極樂」。俗稱「西天」。隨著大乘佛教的盛行，極樂世界成為絕大多數佛教徒特別是中國淨土宗信徒所嚮往的世界。❸太虛　天空。❹瞥然　眼睛一瞥之間，形容極短的時間。❺靈光　神異的光輝。

【語　譯】信州（今江西上饒）智常禪師，信州貴溪（今屬江西）人。他幼年出家，立志求明心見性。有一天，他去參拜六祖大師，六祖大師問道：「你從哪裡來？想求什麼事？」智常禪師回答：「學生近日去洪州建昌縣（今江西永修）白峰山禮拜大通和尚，承蒙他講授了見性成佛的教義，但心中仍然存有疑慮。在吉州（今江西吉安）遇到人指點迷津，令我來投拜大師，懇請大師慈悲為懷，接受護示。」六祖大師問道：「大通和尚說了什麼話，你試講幾句讓我聽一下，我再給你印證指明。」智常禪師說道：「我到那裡的最初三個月中，未曾得到他什麼教誨，我因為求法心切的緣故，所以在一天半夜裡獨自走進方丈室，施禮拜請哀求。大通和尚才說道：『你看到虛空了嗎？』我回答說：『看到了。』他又問道：『你所看到的虛空有形狀相貌嗎？』我回答道：『虛空沒有形狀，哪有什麼相貌？』他就說道：『你的本性就如同虛空一樣，返觀自性，根本沒有一物可以看見，這就叫作正見；沒有一物可以認知，這就叫作正知。沒有青黃之類顏色與長短的尺度之區別，只看見本性清淨純潔，智慧本體圓滿澄明，這就叫作見性成佛，也叫作極樂世界，也叫作如來知見。』學生雖然聞聽了這些說教，但仍然未能理解，請求大師教誨開導，令我沒有疑慮執著。」六祖大師說道：「你那位禪師所講的，仍然存在著『見』與『知』的毛病，所以不能使你明瞭。我現在指示你一首偈頌：『口說沒有見到一事一物卻仍然心存無見，就好像是浮雲遮蔽了陽光。口說不知道一事一物卻仍然執著於空知，恰如天空中的閃電一樣轉瞬即逝。這些知、見即使僅在心中片刻停留，也會錯認方法為目的，又怎能明心見性？你如若在一念而知這是錯誤的，那麼自我本性的靈光就會常常顯現。』」智常禪師聽了這首偈後，心底立即豁然領悟，也說了一首偈頌：「毫無理由地執著於無見、空知的解釋，而想從可見有形的現象中尋求覺悟成佛。存在著自以為證悟的一個念頭，又怎能消除過去的迷惑？自我本性就是覺悟的根源，而按照無見、空知來思考並念念不斷，到頭來只是枉費心力。要是不向大師請教，我直至現在還將會在這無見、空知的兩端中茫然地追求著。」

廣州志道禪師

廣州志道禪師者，南海人也。初參六祖曰：「學人自出家覽《涅槃經》僅[1]

十餘載，未明大意，願和尚垂誨。」祖曰：「汝何處未了？」對曰：「諸行無常❷，是生滅法。生滅滅已，寂滅為樂❸。於此疑惑。」祖曰：「汝作麼生疑？」對曰：「一切眾生皆有二身，謂色身、法身也。色身無常，有生有滅。法身有常，無知無覺。經云『生滅滅已，寂滅為樂』者，未審是何身寂滅？何身受樂？若色身者，色身滅時，四大分散，全是苦，苦不可言樂。若法身寂滅，即同草木瓦石，誰當受樂？又法性是生滅之體，五蘊是生滅之用。一體五用，生滅是常。生則從體起用，滅則攝用歸體。若聽❹更生，即有情之類不斷不滅。若不聽更生，即永歸寂滅，同於無情之物。如是則一切諸法，被涅槃之所禁伏，尚不得生，何樂之有？」

祖曰：「汝是釋子❺，何習外道斷常邪見，而議最上乘法？據汝所解，即色身外別有法身，離生滅求於寂滅，又推涅槃常樂，言有身受者。斯乃執吝生死，耽❻著世樂。汝今當知，佛為一切迷人，認五蘊和合為自體相，分別一切法為外塵相，好生惡死，念念遷流，不知夢幻虛假，枉受輪迴，以常樂涅槃翻為苦相，終日馳求。佛愍此故，乃示涅槃真樂。剎那無有生相，剎那無有滅相，更無生滅可滅，是則寂滅見前。當見前之時，亦無見前之量，乃謂常樂。此樂無有受者，亦無不受者，豈有一體五用之名？何況更言涅槃禁伏諸法，令永不生？斯乃謗佛毀法。聽吾偈曰：『無上大涅槃，圓明常寂照❼。凡愚謂之死，外道執為斷。諸求二乘人，目以無為作。盡屬情所計，六十二見❽本。妄立虛假名，何為真實義？唯有過量人，通達無取捨。以知五蘊法，及以蘊中我，外現眾色象，一一音聲相，平等如夢幻。不起凡聖見，不作涅槃解，二邊三際斷❾。常應諸根用，而不起用想。分別一切法，不起分別想。劫火❿燒海底，風鼓山相擊，真常寂滅樂，涅槃相如是。吾今彊言說，令汝捨邪見。汝勿隨言解，許汝知少分。』師聞偈踊躍，作禮而退。

【注　釋】❶僅　長達。❷諸行無常　一切事物變化無常，不能永恆存在，此為印證是否真正佛法的三個重要標準（三法印）之一。❸寂滅為樂　佛教認為生成和毀滅的過程就是苦的表現，無生無滅才是「樂」。❹聽　讓。❺釋子　釋迦牟尼的弟子，即僧人。❻耽　嗜好；歡喜。❼寂照　真理之本體稱寂，真智之功用稱照。❽六十二見　佛教所說的外道的六十二種錯誤觀點，此借指一切錯誤觀點。❾二邊三際斷　二邊，指生死。三際，指過去、現在、未來三世。斷，滅絕。❿劫火　壞劫時發生的大火災。佛經上說成劫之後有壞劫，壞劫之末有火、風、水三劫，盪盡世界。

【語　譯】廣州志道禪師，南海（今廣東佛山）人。他初次參見六祖大師時問道：「學生自從出家以來，閱讀《涅槃經》長達十多年，卻仍未理解此經大意，誠願大師垂示教誨。」六祖大師問道：「你什麼地方不理解？」志道禪師回答：「經中有一偈頌說：一切事物都是變化無常的，有生成也有毀滅。如果沒有生成和毀滅，達到寂滅（涅槃）境界才真正是樂。我對此有疑惑。」六祖大師問道：「你為什麼會產生疑惑？」志道禪師回答：「一切眾生都有二身，稱色身與法身。色身是變化無常的，有生成也有毀滅。法身是永恆的，沒有意識也沒有感覺。經文上說『如果沒有生成和毀滅，達到寂滅境界才真正是樂』，不知道是哪一個身達到寂滅境界，是哪一個身享受極樂？如若說是色身，色身在毀滅之時，組成色身的地、水、火、風四大散離，全是痛苦的事，而痛苦是不能說成是極樂的。如若說是法身寂滅，那就同草木瓦石一樣毫無知覺，誰又應當享受極樂呢？另外，法性是生成毀滅變化的本體，五蘊是生成毀滅變化的作用。這是一體五蘊，即生成毀滅變化應該是永恆的。生成就是從本體中生出作用，毀滅就是攝取作用返歸於本體。如若一任其再生，那就是有情眾生不斷不滅。如若不讓其再生，那就永遠歸於寂滅，而與草木瓦石無情之物相同了。這樣的話，一切眾生都被無生無死的涅槃所禁止、束縛，尚且不得再生，還將有什麼極樂呢？」六祖大師說道：「你是僧人，為什麼學習外道有關生死的錯誤見解，並用來議論至高無上的佛法？據你所說的，即在色身之外還另有一個法身，脫離了生死輪迴而追求涅槃，又推斷涅槃是永恆極樂的，主張有一個能享受永恆極樂的身體。這是執著不捨生死，沉溺於世俗快樂。你現在應該知道，一切愚昧無知的人認為五蘊聚合構成了人的自體實相，錯誤地分別一切外在的世間現象，貪求生存，憎惡死亡，時時刻刻心存這些念頭，不知道這一切都如同夢中幻影一樣是虛假不真實的，徒勞無益地陷入生死輪迴，反而將永恆極樂的涅槃視為苦的表現，而終生追求長生的樂趣。佛因為憐憫這些愚昧無知者的緣故，才顯示涅槃真正的極樂。於剎那之間沒有了生的現象，於剎那之間沒有了滅的現象，更沒有生死可滅，這就是涅槃的顯現。當涅槃顯現的時候，又覺察不到它的蹤跡，這就叫作永恆極樂。這種永恆的極樂既沒有享受者，也沒有不能享受者，哪裡又有一體五蘊的名稱？何況又說什麼涅槃禁止、束縛一切事物，使其永遠不能再生？這可是誹謗佛法的語言。你且聽我說偈頌：『至高無上的大涅槃，圓滿顯明、永恆常在、靈光不昧。愚昧無知的人錯誤理解它為死亡，外道又認為它即斷絕。那些二乘人，更視它是不能通過做功德善事達到的。這些都是錯誤理解涅槃的世俗偏見，是產生六十二種錯誤見解的根本原因。錯誤設立種種虛假的名稱，什麼才是真實的存在？惟有那些具有超常智慧的人，通曉涅槃的真諦即在於不追求涅槃、也不捨棄涅槃。由此知道構成人體的五種物質和精神要素，以及其中作為主宰的自我，還有自身之外的一切事物與現象、聲音相貌，都毫無例外的是夢中的幻影。不產生區別凡與聖的見識，不執著於無生無死的涅槃真諦，也就斷絕了生死兩邊和過去、現在、未來三世的輪迴。時時順應各種感官所具有的作用，但心中又不執著於這些作用。要善於分辨一切事物與現象，卻又不執著辨明一切。即使劫火把大海燒乾，劫風把高山吹得相互碰撞，這真實永恆極樂的寂滅，才真正是涅槃的表現。我今天為你詳細地解說涅槃，只是要讓你消除偏見。只要你不是望文生義，我就承認你稍微懂了一些佛法。』」志道禪師聽了這首偈頌後歡喜跳躍，向六祖大師禮拜而退。

【說　明】慧能是用禪宗理論解釋涅槃，把涅槃看成是自我本性的顯現。

廣州法性寺印宗和尚

廣州法性寺印宗和尚者，吳郡人也，姓印氏。從師出家，精涅槃大部。唐咸亨元年，抵京師，敕居大敬愛寺。固辭，往蘄春，謁忍大師。後於廣州法性寺講《涅槃經》，遇六祖能大師，始悟玄理，以能為傳法師。又採自梁至唐諸方達者之言，著《心要集》❶，盛行于世。先天二年二月二十一日，終于會稽山❷妙喜寺❸，壽八十有七。會稽王師乾立塔銘焉。

【注　釋】❶心要集　印宗撰，收錄南朝梁至唐代天下達者語言，以及百家諸儒士三教文字，以彰明佛法。❷會稽山　在浙江紹興境內。❸妙喜寺　在紹興境內，為六朝古剎，唐代元和（八〇六～八二〇年）年間重建，因位於龜山之側，俗名龜山寺。

【語　譯】廣州（今屬廣東）法性寺印宗和尚（六二七～七一三年），吳郡（今江蘇蘇州）人，俗姓印。他從法師出家，精通《涅槃經》。唐代咸亨元年（六七〇年），印宗和尚來到京城長安，天子詔令他居住於大敬愛寺，他極力推辭，離京前往蘄春（今屬湖北），拜謁五祖弘忍大師。後來印宗和尚在廣州法性寺宣講《涅槃經》，遇到六祖慧能大師，才悟徹佛的玄妙真理，便拜慧能大師為傳法之師。印宗又搜集了自南朝梁至唐代的天下通達佛法者語錄文字等，撰成《心要集》，盛行於世。唐玄宗先天二年（七一三年）二月二十一日，印宗和尚死於會稽山妙喜寺內，終年八十七歲。會稽（今浙江紹興）人王師乾為他建了靈塔，並撰寫了塔銘。

吉州青原山行思禪師

吉州青原山❶行思禪師，本州安城人也，姓劉氏。幼歲出家，每群居論道，師唯默然。後聞曹溪法席，乃往參禮。問曰：「當何所務，即不落階級❷？」祖曰：「汝曾作什麼？」師曰：「聖諦❸亦不為。」祖曰：「落何階級？」曰：「聖諦尚不為，何階級之有！」祖深器之。會下學徒雖眾，師居首焉，亦猶二祖不言，少林❹謂之得髓❺矣。

一日，祖謂師曰：「從上衣法雙行，師資遞授，衣以表信，法乃印心。吾今得人，何患不信？吾受衣以來，遭此多難。況乎後代，爭競必多。衣即留鎮山門，汝當分化一方，無令斷絕。」師既得法，住吉州青原山靜居寺。

六祖將示滅，有沙彌希遷即南嶽石頭和尚。問曰：「和尚百年後，希遷未審當依附何人？」祖曰：「尋『思』去。」及祖順世❻，遷每於靜處端坐，寂若忘生。第一座❼問曰：「汝師已逝，空坐奚為？」遷曰：「我稟遺誡，故尋思爾。」第一座曰：「汝有師兄行思和尚，今住吉州，汝因緣在彼。師言甚直，汝自迷耳。」遷聞語，便禮辭祖龕，直詣靜居。師問曰：「子❽何方而來？」遷曰：「曹溪。」師曰：「將得什麼來？」曰：「未到曹溪亦不失。」師曰：「恁麼用去曹溪作什麼？」曰：「若不到曹溪，爭❾知不失？」遷又問曰：「曹溪大師還識和尚否？」師曰：「汝今識吾否？」曰：「識。又爭能識得？」師曰：「眾角雖多，一麟足矣。」遷又問：「和尚出嶺❿多少時？」師曰：「我卻不知汝早晚⓫離曹溪。」曰：「希遷不從曹溪來。」師曰：「我亦知汝去處也。」曰：「和尚幸是大人⓬，莫造次⓭。」

他日，師復問遷：「汝什麼處來？」曰：「曹溪。」師乃舉拂子⓮曰：「曹溪還有遮⓯箇麼？」曰：「非但曹溪，西天亦無。」師曰：「子莫曾到西天否？」曰：「若到即有也。」師曰：「未在，更道。」曰：「和尚也須道取一半，莫全靠學人。」師曰：「不辭向汝道，恐已後無人承當。」

師令希遷持書與南嶽讓和尚曰：「汝達書了，速迴。吾有箇斧子⑯，與汝住山⑰。」遷至彼，未呈書便問：「不慕諸聖、不重己靈⑱時如何？」讓曰：「子問太高生⑲，何不向下⑳問？」遷曰：「寧可永劫沉淪㉑，不慕諸聖解脫。」讓便休。遷迴至靜居，師問曰：「子去未久，送書達否？」遷曰：「信亦不通，書亦不達。」師曰：「作麼生？」遷舉前話了，卻云：「發時蒙和尚許斧子，便請取。」師垂一足，遷禮拜，尋辭往南嶽。玄沙㉒云：「大小石頭和尚被讓師推倒，至今起不得。」

荷澤㉓神會來參，師問曰：「什麼處來？」會曰：「曹溪。」師曰：「曹溪意旨如何？」會振身㉔而已。師曰：「猶滯瓦礫在。」曰：「和尚此間莫有真金與人否？」師曰：「設有與汝，向什麼處著？」玄沙云：「果然。」雲居錫㉕云：「只如玄沙道『果然』，是真金？是瓦礫？」

僧問：「如何是佛法大意？」師曰：「廬陵米作麼價？」

師既付法石頭，唐開元二十八年庚辰十二月十三日，升堂告眾，跏趺而逝。僖宗諡弘濟禪師、歸真之塔。

【注釋】❶青原山　在江西吉安東南十五里，山勢盤旋，內有靜居寺，為唐代高僧行思禪修之處。❷階級　次序等級。此指漸修之法。❸聖諦　聖者所認識和講說的真理，一般指佛的認識與說教。佛教各派對「聖諦」解釋各異，此指禪宗「不落階級」的頓悟教義。❹少林　指初祖菩提達磨。❺得髓　參見本書卷三「菩提達磨章」。❻順世　指逝死。❼第一座　即上座，也作首座，居教席之端，處僧眾之上，故名。❽子　古代對男子的尊稱。❾爭　怎麼。❿出嶺　嶺指五嶺，曹溪位於五嶺之南，南嶽衡山在五嶺之北，故離曹溪經五嶺北去衡山稱出嶺。此以嶺借喻修習佛法途中的障礙，出嶺借喻悟徹佛法真要。⓫早晚　何時。李白〈口號贈楊徵君〉：「不知楊伯起，早晚向關西？」⓬大人　對尊長的稱呼。⓭造次　魯莽；輕率。⓮拂子　即拂塵。⓯遮　通「這」。⓰斧子　此比喻覺悟佛法的微妙方法。⓱住山　住持山門。⓲靈　即靈光，人人固有的佛性。⓳高生　高深。⓴向下　禪宗南派以「向上一句」指於言下頓悟佛法的一句話，向下當指頓悟以外的教法。㉑永劫沉淪　此指陷入六道輪迴之中永遠不得超度。㉒玄沙　五代師備禪師，於福州建玄沙寺，為當地巨剎，師備禪師也被稱作玄沙和尚。㉓荷澤　神會禪師因曾長住洛陽荷澤寺，故被稱為荷澤大師。㉔振身　抖動身體。㉕雲居錫　指宋代清錫禪師，主持洪州雲居山真如院，故名。

【語　譯】吉州（今江西吉安）青原山行思禪師（？～七四〇年），吉州安城（今江西永福東南）人，俗姓劉。行思禪師幼年出家為僧，每逢眾僧群居議論佛道，他總是默然不語。後來行思禪師聞聽曹溪六祖大師弘傳佛法，就前去參拜。行思禪師問道：「應該如何修行，才不陷於劃分的次序等級之中？」六祖大師問道：「你曾經修行過什麼？」行思禪師回答：「我連佛法真諦也不學。」六祖大師便問：「那麼陷於什麼次序等級？」行思禪師回答：「連佛法真諦也不學，還有什麼次序等級可陷的！」六祖大師對他十分器重。當時六祖大師的弟子雖然眾多，但以行思禪師居其首座，這就好像是二祖慧可大師不曾言說佛法，而初祖菩提達磨祖師卻稱說他獲得了禪學精髓。

有一天，六祖大師對行思禪師說道：「此前傳法袈裟與佛的正法眼藏一起流傳於世，各代祖師間遞相傳授，袈裟作為傳法的信物，正法眼藏用以印證心法。我今日獲得了傳法之人，何須擔心沒有信據？我自從接受五祖傳授袈裟以來，遭受了許多劫難。何況後世徒眾，為此而產生的競爭必然更多。因此，傳法袈裟留下鎮伏此處山門，你應當分立門庭，教化一方，不要讓教法失傳。」行思禪師領受了法旨，就居住在吉州青原山靜居寺修行傳法。

六祖將要逝死時，有一個名叫希遷的沙彌即南嶽衡山的石頭和尚。問道：「和尚百年之後，不知道希遷應當依附什麼人？」六祖回答：「尋『思』去。」等到六祖大師逝死後，希遷每每在僻靜處端坐思考，心中平靜得好像是忘記了還活著一樣。第一座問道：「你師父已經逝死，你如此空坐是為了什麼？」希遷回答：「我這是秉承師父的遺訓，正在尋思啊。」第一座便說道：「你有一個師兄叫行思和尚，現在正居住於吉州，你的因緣在那裡。你師父說的話甚為簡明直接，是你自己迷惑不理解罷了。」希遷聽了此話，便禮拜辭別了六祖的靈龕，直接前往青原山靜居寺。行思禪師問道：「你從什麼地方而來？」希遷回答：「從曹溪來。」行思禪師問道：「帶著什麼東西來？」希遷回答：「即使沒有到過曹溪，也不會丟失什麼。」行思禪師問道：「這樣的話，你到曹溪去幹什麼？」希遷反問道：「如若沒有到曹溪去，怎麼知道沒有丟失呢？」希遷又問道：「曹溪六祖大師還認得和尚你嗎？」行思禪師反問道：「你現在認識我嗎？」希遷回答：「認識。但又怎麼才能認識？」行思禪師回答：「頭上擁有許多角的動物不少，但麒麟只要有一個角就足夠了。」希遷又問道：「和尚北出五嶺有多少時候了？」行思禪師反問道：「我卻不知道你是什麼時候離開曹溪的？」希遷辯道：「希遷不是從曹溪來的。」行思禪師便說：「我也知道你的去處。」希遷說道：「和尚還虧是長者，不要輕率亂說。」

此後有一天，行思禪師又問希遷道：「你從什麼地方而來？」希遷回答：「從曹溪來。」行思禪師就舉起拂塵問道：「曹溪大師那裡還有這個麼？」希遷回答：「不但是曹溪大師那裡，就是西天佛陀也沒有這個。」行思禪師便問道：「你莫非曾到過西天？」希遷回答：「我若是到過，就知道有了。」行思禪師不許可：「不好，你重新說。」希遷便道：「和尚也應該講說一半，不能完全依靠學生。」行思禪師說道：「我並不推辭向你講說，只是擔心以後沒有人承當得起。」

行思禪師令希遷送一封書信給南嶽的懷讓和尚，說：「你送了書信後，趕緊回來。我有一把斧子，要交付給你主持山門。」希遷來到懷讓和尚處，沒有進呈書信就問道：「不欽慕諸佛教法、不倚重自己靈性之時怎麼辦？」懷讓禪師回答道：「你問得太過高深了，為什麼不向下詢問呢？」希遷說道：「我寧可永遠沉淪在六道輪迴之中，也不欽慕諸佛解脫法門。」懷讓和尚就作罷了。希遷回到靜居寺，行思禪師問道：「你怎麼回來得這麼快，書信送到了嗎？」希遷回答：「信也沒有傳到，書也沒有送達。」行思禪師問道：「為什麼？」希遷就把前面與懷讓和尚的對話說給行思禪師聽，然後說道：「我出發前承蒙和尚答應傳給我斧子，便請取來。」行思禪師垂下一隻腳，希遷行禮拜謝，不久就辭別行思禪師前往南嶽。玄沙禪師說：「大小石頭和尚都被懷讓禪師推倒，至今還不能起來。」

荷澤神會來靜居寺參見，行思禪師問道：「你從什麼地方而來？」神會回答：「從曹溪來。」行思禪師問道：「曹溪大師的宗旨是什麼？」神會禪師只是抖動了一下身體而已。行思禪師便說：「心中還帶著些瓦礫。」神會禪師問道：「和尚這裡莫非有真金送人嗎？」行思禪師反問道：「假設有真金給你，你放在什麼地方？」玄沙說道：「果然如此。」雲居山清錫禪師說道：「只如玄沙禪師所說的『果然如此』，是指真金？還是指瓦礫？」

有一個僧人問道：「什麼是佛法大意？」行思禪師說道：「廬陵（今江西吉安）市場上米作什麼價格？」

行思禪師將正法眼傳付給石頭希遷禪師後，於唐玄宗開元二十八年（七四〇年）庚辰歲十二月十三日，升法堂告別眾僧，然後跏趺而死。唐僖宗賜行思禪師諡曰弘濟禪師，其靈塔名歸真之塔。

【說明】行思禪師在六祖慧能大師的眾多弟子中並不十分著名，直至其弟子石頭希遷禪師時，行思一系才興盛起來，被稱為「青原系」。到唐末五代時期，青原行思一系又逐漸分化出曹洞、雲門和法眼三派。

南嶽懷讓禪師

南嶽懷讓禪師者，姓杜氏，金州人也。年十五，往荊州玉泉寺，依弘景律師出家，受具之後，習毗尼藏❶。一日，自歎曰：「出家者，為無為法❷。」時同學坦然知師志高邁，勸師謁嵩山安和尚。安啟發之，乃直詣曹溪參六祖。祖問：

「什麼處來？」曰：「嵩山來。」祖曰：「什麼物恁麼來？」曰：「說似一物即不中❸。」祖曰：「還可修證否？」曰：「修證即不無，汙染即不得。」祖曰：「只此不汙染，諸佛之所護念❹。汝既如是，吾亦如是。西天般若多羅讖汝足下出一馬駒❺，蹋殺天下人。病在汝心，不須速說。」師豁然契會，執侍左右一十五載。唐先天二年始往衡嶽❻，居般若寺❼。

開元中，有沙門道一（即馬祖大師也。）住傳法院，常日坐禪。師知是法器，往問曰：「大德坐禪圖什麼？」一曰：「圖作佛。」師乃取一塼，於彼庵前石上磨。一曰：「師作什麼？」師曰：「磨作鏡。」一曰：「磨塼豈得成鏡耶？」師曰：「坐禪豈得作佛耶？」一曰：「如何即是？」師曰：「如人駕車，不行，打車即是，打牛即是？」一無對。師又曰：「汝學坐禪，為學坐佛？若學坐禪，禪非坐臥。若學坐佛，佛非定相。於無住法❽，不應取捨。汝若坐佛，即是殺佛。若執坐相，非達其理。」一聞示誨，如飲醍醐❾，禮拜，問曰：「如何用心，即合無相三昧❿？」師曰：「汝學心地法門，如下種子。我說法要，譬彼天澤⓫，汝緣合故，當見其道。」又問曰：「道非色相，云何能見？」師曰：「心地法眼能見乎道，無相三昧亦復然矣。」一曰：「有成壞否？」師曰：「若以成壞聚散而見道者，非見道也。聽吾偈曰：『心地含諸種，遇澤悉皆萌。三昧華無相，何壞復何成！』」一蒙開悟，心意超然。侍奉十秋，日益玄奧。

師入室[12]弟子總有六人，師各印可，云：「汝等六人同證吾身，各契一路。一人得吾眉，善威儀。常浩。一人得吾眼，善顧盼。智達。一人得吾耳，善聽理。坦然。一人得吾鼻，善知氣。神照。一人得吾舌，善譚說。嚴峻。一人得吾心，善古今。道一。」又曰：「一切法皆從心生。心無所生，法無能住。若達心地，所作無礙。非遇上根，宜慎辭哉！」

有一大德問：「如鏡鑄像，像成後，鏡明向什麼處去？」師曰：「如大德為童子時相貌何在？」法眼[13]別云：「阿那箇是大德鑄成底像？」曰：「只如像成後，為什麼不鑑照？」師曰：「雖然不鑑照，謾[14]他一點不得。」

後馬大師闡化[15]於江西。師問眾曰：「道一為眾說法否？」眾曰：「已為眾說法。」師曰：「總未見人持箇消息來。」眾無對。因遣一僧去，云：「待伊上堂時，但問：『作麼生？』伊道底言語，記將來。」僧去，一如師旨，迴謂師曰：「馬師云：自從胡亂[16]後，三十年不曾闕鹽醬[17]喫。」師然之。

天寶三年八月十一日，圓寂於衡嶽。敕諡大慧禪師、最勝輪之塔。

【注　釋】❶毗尼藏　即佛經三藏之一的律藏。❷無為法　離絕因緣造作之法，有三無為、六無為等區別。其中三無為中的擇滅無為、六無為中的真如無為，即為無為法中最高者涅槃。❸說似一物即不中　禪宗認為人的本心與本性是離言絕相的，明心見性的禪境體驗不能用語言來確切描繪。上句問「什麼物恁麼來」是機語，暗指是否明見本性，因語言對描述悟境有局限性，故答「說似一物即不中」。此語後來常被禪僧所引用。❹護念　即護持。❺馬駒　指出自懷讓禪師門下的道一禪師，因其俗姓馬，故稱馬師、馬祖，其學徒眾多，形成很大影響。❻衡嶽　即南嶽衡山。❼般若寺　六朝陳僧人慧思大師創建，唐代中期改名為福嚴寺。❽無住法　法無自性，無自性所以無所住留，隨緣而起。故無住者為萬法之本。《維摩經・觀眾生品》曰：「從無住本立一切法。」❾醍醐　經過多次製煉的乳酪，味極甘美。佛教多以醍醐比喻一乘教義，而以醍醐灌頂比喻以智慧灌輸於人，使人徹悟。❿無相三昧　三三昧之一，是與滅諦之滅、靜、妙、離四離相相應的三昧。⓫澤　雨露。⓬入室　比喻學問技能獲得師傅真傳，達到高深的地步。⓭法眼　即五代昇州（今江蘇南京）清涼寺文益禪師，卒諡大法眼禪師。⓮謾　欺騙。⓯闡化　闡揚教化。⓰胡亂　此指安史之亂。因安祿山等人皆為少數民族人，故稱「胡人」。⓱鹽醬　以鹽醬下飯，是十分儉樸的生活。此處以日常飲食中不可缺少的鹽醬暗指僧人日常生活中不可或缺的佛法修持。

【語　譯】南嶽懷讓禪師（六七七～七四四年），俗姓杜，金州（今陝西安康）人。他十五歲時，前往荊州（今屬湖北）玉泉寺，皈依弘景律師出家，接受具足戒之後，修習毗尼藏戒律。有一天，懷讓禪師自歎道：「所謂出家，就是為了尋求無為涅槃之法。」當時同學坦然禪師知道懷讓禪師志向高遠，就勸說他前往嵩山禮謁慧安和尚。慧安和尚對他加以啟發，於是懷讓禪師就徑直前往曹溪拜謁六祖大師。六祖大師問道：「你從什麼地方而來？」懷讓禪師回答：「從嵩山來。」六祖大師問道：「什麼東西這樣而來？」懷讓禪師回答：「說像一個東西就不可以了。」六祖大師問道：「還需借助修持證悟嗎？」懷讓禪師回答：「修持證悟則不會沒有，汙染牽累則不行。」六祖大師說道：「只此沒有汙染牽累，都因有諸佛護持。你既是這樣的，我也是這樣的。西天般若多羅大師預言說你的門下將出一匹馬駒子，可以征服天下人。病根就在你自己的心裡，不須急著說出。」懷讓禪師於言下豁然契合領悟，就在六祖大師身邊服侍了十五年。唐玄宗先天二年（七一三年），懷讓禪師才前往南嶽衡山，居住在般若寺。

開元年間（七一三～七四一年），有沙門道一即馬祖大師。居住在傳法院，日日坐禪修行。懷讓禪師知道他是可傳佛法的大器，就前往問道：「大德坐禪圖什麼呢？」道一回答：「圖作佛。」懷讓禪師就取來一塊磚，在道一所在的庵前石板上磨著。道一問道：「禪師在幹什麼？」懷讓禪師回答：「磨作鏡子。」道一道：「磨磚怎麼能夠成鏡子呢？」懷讓禪師便說道：「那麼坐禪又怎麼能夠成佛？」道一問道：「那怎麼做才是正確的？」懷讓禪師說道：「如果有人駕馭牛車，車子不走，是打車對呢，還是打牛對呢？」道一不能回答。懷讓禪師又問道：「你是為了學坐禪呢，還是為了學坐佛？如若是為了學坐禪，但禪並不是坐與臥。如若是為了學坐佛，但佛是沒有固定之相的。對於不停變化的現象，不應有所取捨。你若是學坐佛，那就是殺佛。你若是固執於坐相，就不能通達佛法真理。」道一聽了懷讓禪師的指示教誨，如若飲下甘美的醍醐一樣清醒，就施禮拜謝，並問道：「怎麼用心修持，才符合無相三昧？」懷讓禪師回答：「你學習心地法門，就如同是播下種子。我演說佛法禪要，就好像是那普天雨露，你如若因緣會合，就應當看見其中的道理。」道一又問道：「道不是色相，為什麼說能看見？」懷讓禪師回答：「心地法眼能看見道，無住三昧也是這樣的。」道一問道：「有生成與毀滅嗎？」懷讓禪師回答：「如若是以生成、毀滅、聚集、離散來見道，那並不是真正的見道。你且聽我說偈頌：『心地上含有種子，遇到雨露全都萌芽生長。三昧之花沒有形相，怎麼毀滅又怎麼生成！』」道一承蒙懷讓禪師開悟，心意格外超然。他侍奉懷讓禪師過了十個春秋，其對佛法的領悟日益高深玄妙。

懷讓禪師的入室弟子總共有六人，懷讓禪師都加以印證認可，說道：「你們六個人共同印證我之身，各自契合一個方面。其中一個人獲得我之眉，擅長於威儀形象。指常浩。一個人獲得了我之眼，擅長於顧盼鑒別。指智達。一個人獲得了我之耳，擅長於聽辨理論。指坦然。一個人獲得了我之鼻，擅長於辨別氣息。指神照。一個人獲得了我之舌頭，擅長於言談演說。指嚴峻。一個人獲得了我之心，擅長於認識古今變化。指道一。」懷讓禪師又說道：「一切法都從心上產生。心無所生，法也就不能住。如若通達心地之法，所作所為都沒有障礙。不是遇到上等稟賦的人，自己的言辭應該謹慎啊！」

有一位大德問道：「如果對著鏡子塑造人像，塑像完成以後，鏡中形象到什麼地方去了？」懷讓禪師反問道：「如大德為童子之時的相貌又在什麼地方？」法眼文益禪師另外說道：「阿哪個是大德塑造成的人像？」那大德問道：「只如塑像完成之後，為什麼不能如同鏡子一樣映照形象？」懷讓禪師回答：「雖然它不能像鏡子一樣映照，但一點都不能欺騙。」

後來馬祖道一大師在江西闡揚教法，懷讓禪師問眾徒說：「道一為眾人說法嗎？」眾僧回答：「已經為眾人說法了。」懷讓禪師說道：「總不見有人帶個消息來。」眾僧不能回答。懷讓禪師於是派遣一個僧人前去，囑咐道：「你等到道一上法堂之時，只須問：『為什麼？』他回答的話語，你記下後帶回來。」那僧人到了道一之處，完全按照懷讓禪師的囑咐行事，回來對懷讓禪師說道：「馬師說：自從胡人擾亂之後，三十年來還不曾缺少鹽和醬吃。」懷讓禪師首肯了道一之言。

唐玄宗天寶三年（七四四年）八月十一日，懷讓禪師圓寂於南嶽衡山，天子敕賜懷讓禪師諡曰大慧禪師，靈塔名最勝輪之塔。

【說　明】懷讓一系到其弟子馬祖道一時，才真正得以興盛，被稱作南嶽一系。至唐末，南嶽下又分出溈仰和臨濟兩派。

溫州永嘉玄覺禪師

溫州永嘉玄覺禪師者，永嘉人也，姓戴氏。丱歲❶出家，遍探三藏，精天台止觀圓妙法門❷，於四威儀中，常冥❸禪觀❹。後因左溪朗禪師❺激勵，與東陽策禪師同詣曹溪。初到振錫，攜缾繞祖三匝。祖曰：「夫沙門❻者，具三千威儀，八萬細行❼。大德自何方而來，生大我慢？」師曰：「生死事大，無常迅速。」祖曰：「何不體取無生、了無速乎？」曰：「體即無生，了本無速。」祖曰：「如是！如是！」于時大眾無不愕然。師方具威儀參禮，須臾告辭。祖曰：「返太速乎！」師曰：「本自非動，豈有速耶？」祖曰：「誰知非動？」曰：「仁者自生分別❽。」祖曰：「汝甚得無生之意。」曰：「無生豈有意耶？」祖曰：「無意，誰當分別？」曰：「分別亦非意。」祖歎曰：「善哉！善哉！少留一宿。」時謂「一宿覺」矣。策公乃留，師翌日下山，迴溫州。學者輻湊❾，號真覺大師。著〈證道歌〉❿一首，及〈禪宗悟修圓旨〉，自淺之深。慶州刺史魏靖⓫緝而序之，成十篇，目為《永嘉集》，並盛行于世。

〈慕道志儀〉第一。夫欲修道，先須立志。及事師儀則，彰乎軌訓，故標第一，明慕道儀式。

〈戒憍奢⓬意〉第二。初雖立志修道，善識軌儀，若三業憍奢，妄心擾動，何能得定？故次第二，明戒憍奢意也。

〈淨修三業〉第三。前戒憍奢，略標綱要。今子細⓭檢責，令過不生。故次第三，明淨修三業，戒乎身口意也。

〈奢摩他頌[14]〉第四。已檢責身口，令麤過不生。次須入門修道漸次，不出定慧五種起心[15]，六種料簡[16]。故次第四，明奢摩他頌也。

〈毗婆舍那[17]頌〉第五。非戒不禪，非禪不慧。上既修定，定久慧明。故次第五，明毗婆舍那頌也。

〈優畢叉[18]頌〉第六。偏修於定，定久則沉。偏學於慧，慧多心動。故次第六，明優畢叉頌等於定慧，令不沉動，使定慧均等，捨於二邊。

〈三乘漸次〉第七。定慧既均，則寂而常照[19]。三觀一心[20]，何疑不遣？何照不圓？自解雖明，悲他未悟，悟有深淺。故次第七，明三乘漸次也。

〈事理不二[21]〉第八。三乘悟理，理無不窮。窮理在事，了事即理。故次第八，明事理不二，即事而真，用祛[22]倒見[23]也。

〈勸友人書〉第九。事理既融，內心自瑩，復悲遠學，虛擲寸陰[24]。故次第九，明勸友人書也。

〈發願文〉第十。勸友人雖是悲他，專心在一，情猶未普。故次第十，明發願文，誓度一切。

復次〈觀心[25]十門〉。初則言其法爾，次則出其觀體，三則語其相應[26]，四則警其上慢[27]，五則誡其疏怠，六則重出觀體，七則明其是非，八則簡其詮[28]旨，九則觸途成觀，十則妙契玄源。

第一言法爾者。夫心性虛通，動靜之源莫二；真如絕慮，緣計之念非殊。惑見紛馳，窮之則唯一寂。靈源[29]不狀，鑒之則以千差。千差不同，法眼之名自立。一寂非異，慧眼[30]之號斯存。理量雙銷，佛眼[31]之功圓著。是以三諦一境[32]，法身之理常清。三智一心[33]，般若之明常照。境智冥合[34]，解脫之應隨機。非縱非橫，圓伊[35]之道玄會。故知三德[36]妙性，宛爾[37]無乖；一心深廣，難思何出？要而非路，是以即心為道者，可謂尋流而得源。

第二出其觀體者，只知一念，即空不空，非空非不空。

第三語其相應者。心與空相應，則譏毀讚譽，何憂何喜？身與空相應，則刀割香塗，何苦何樂？依報[38]與空相應，則施與劫奪，何得何失？心與空不空相應，則愛見[39]都忘，慈悲普救。身與空不空相應，則內同枯木，外現威儀。依報與空不空相應，則永絕貪求，資財給濟。心與空不空、非空非不空相應，則實相初明，開佛知見。身與空不空、非空非不空相應，則一塵入正受[40]，諸塵[41]三昧起。依報與空不空、非空非不空相應，則香臺寶閣，嚴土[42]化生[43]。

第四警其上慢者，若不爾者，則未相應也。

第五誡其疏怠者。然渡海應上船，非船何以能渡？修心必須入觀，非觀何以明心？心尚未明，相應何日？思之勿自恃也。

第六重出觀體者，只知一念即空不空，非有非無，不知即念即空不空，非非有，非非無。

第七明其是非者。心不是有，心不是無。心不非有，心不非無。是有是無，即墮是非。有非無即墮非，如是只是是非之非，未是非是非非之是。今以雙非破兩是，是破非，是猶是非。又以雙非破兩非，非破非，非即是是。如是只是非是非非之是，未是不非不不非、不是不不是。是非之惑，綿微[44]難見，神清慮靜，細而研之。

第八簡其詮旨者，然而至理無言，假文言以明其旨。旨宗[45]非觀，籍修觀以會其宗。若旨之未明，則言之未的[46]。若宗之未會，則觀之未深。深觀乃會其宗的，言必明其旨。旨宗既其明會，言觀何得復存耶？

第九觸途成觀者。夫再演言詞，重標觀體，欲明宗旨，無異言觀。有逐言移，言移則言理無差，無差則觀旨不異。不異之旨即理，無差之理即宗旨。一而二名，言觀明其弄胤㊼耳。

第十妙契玄源者。夫悟心之士，寧執觀而迷旨；達教之人，豈滯言而惑理？理明則言語道斷，何言之能議；旨會則心行㊽處滅，何觀之能思？心言不能思議者，可謂妙契寰中㊾矣。

師先天二年十月十七日安坐示滅，十一月十三日塔于西山之陽㊿。敕諡無相大師，塔曰淨光。皇朝淳化中，太宗皇帝詔本州重修龕塔。

【注釋】❶丱歲　幼年。❷天台止觀圓妙法門　天台，指天台宗，是中國佛教宗派之一。天台宗重視《法華經》，故也稱法華宗。其認為一切事相都是法性真如的表現，並用「一念三千」與「三諦圓融」予以發揮，主張定（止）慧（觀）雙修。故止觀圓妙法門，概指天台宗的全部理論和實踐。❸冥　暗合；默契。❹禪觀　坐禪而觀念真理。❺左溪朗禪師　即唐代僧人玄朗，字慧明，浙江東陽人，雙林傅大士的後裔，精通三藏經論，於儒籍道典、百家之說無不該覽，而致心物表，行頭陀行，隱居浙江浦陽左溪巖三十餘年，不更不移，弘揚天台教法。天寶十三年（七五四年）圓寂，終年八十一歲。諡明覺，世稱左溪尊者。❻沙門　梵文音譯，也譯作沙門那、桑門，原指古印度反對婆羅門教的各派出家者，佛教用以專指佛教僧侶。❼三千威儀二句　三千、八萬比喻數量眾多，並非實指。威儀、細行指戒律之外的各種微細的儀則規定。❽分別　認識之意。❾輻湊　意為很密地聚集在一起。❿證道歌　影響甚廣，歷代多有注釋，如唐僧法泉《證道歌頌》一卷、宋僧知訥《證道歌注》一卷、元僧永盛《證道歌注》一卷等。⓫魏靖　唐玄宗開元年間曾任慶州刺史、庫部郎中、秦州都督等官。⓬憍奢　通「驕奢」。即驕慢。⓭子細　即仔細。⓮奢摩他頌　奢摩他，梵文音譯，也作舍摩他、舍摩陀等，禪定七名之一，意為止、寂靜、能滅等，即守心住緣，離絕散亂，故名為止，止心不亂，又名為定。頌，此為口訣之意。⓯五種起心　即五種修持之法：一扇底迦，意為息災或寂災；二布瑟徵迦，意為增益或增長；三阿毗遮魯迦，意為調伏或降伏；四阿羯沙尼，意為鉤召或攝召；五伐施迦羅拏，意為敬愛或慶愛。⓰料簡　為解釋之異名。⓱毗婆舍那　又作毗鉢舍那，意為觀、見、種種觀察等。於法推求料簡為觀，觀達名慧。⑱優畢叉　又作優畢捨，意為捨、平等等，即持心平等，不偏於一方。⑲寂而常照　真如之妙用照明十方稱照，真如之妙體離絕諸過失稱寂。妙用的當前之相為寂體稱照寂，寂體的當前之處為妙用稱寂照。⑳三觀一心　天台宗認為：空觀，觀察諸法的空諦。假觀，觀察諸法的假諦。中觀有二意，觀諸法非空非假即是中，稱雙非之中觀；觀諸法亦空亦假即是中，稱雙照之中觀。但三觀不出一心，只一觀而三觀，故稱作一心三觀，亦即三觀一心。㉑事理不二　因緣所生的有為法稱事，不生不滅的無為法稱理，即事為森羅萬象之相，理為真如之體。天台宗認為一切有為法不論染與淨，總是具備於真如之體的德相，故而事、理之本質為一，不可妄分。㉒祛　驅除。㉓倒見　顛倒的妄見，有四種：以無常為常，以苦為樂，以無我為我，以不淨為淨。㉔寸陰　指短暫的時間。㉕觀心　佛教心為一切事物和現象之主，心外沒有一事。因此觀心就是觀察自心內外一切事物與現象。㉖相應　契合於理之意。㉗上慢　自滿；簡慢。㉘詮　真理。㉙靈源　即心。㉚慧眼　慧能觀照，故名慧眼。為五眼之一。《思益經》三曰：「若有所見，不名慧眼。慧眼不見有為法，不見無為法。」㉛佛眼　五眼之一。佛名覺者，覺者之眼圓通，能洞照明瞭一切事物和現象的實相，故名佛眼。㉜三諦一境　三諦即空諦、假諦和中諦。天台宗認為空、假、中就修德之智上說是三觀，就性德之理上說是三諦，三諦同時圓融於一境，故名一境三諦，也即三諦一境。㉝三智一心　天台宗將聲聞緣覺之智（一切智）、菩薩之智（道種智）、佛智（一切種智）分別配以空、假、中三諦，此三智雖有上下之別，但佛智中可容納其他二智，即佛智照空、假、中三諦皆見實相，三智在一心同時發現，故稱一心三智，也即三智一心。㉞冥合　自然吻合；自然合理。㉟圓伊　即圓通三德之意。梵文「伊」為上二下一的三點構成，稱作伊字三點，其不縱不橫，而有三角之關係，故用以譬喻事物的不一不異，或非前非後。《涅槃經》以伊字三點譬喻法身、般若、涅槃（解脫）三德。㊱三德　《涅槃經》所說的大涅槃所具有的三德：一法身德，為佛的本體，以永恆不變化不毀滅的法性為身；二般若德，般若即智慧，指法相如實覺悟；三解脫德，指遠離一切束縛而獲得的大自在。這三者各有常、樂、我、淨四德，故名三德。這三德不一不二、不縱不橫，如伊字三點，被稱為大涅槃之秘密藏。㊲宛爾　宛然。㊳依報　心身所依賴生活的一切世界事物，稱之為依報。㊴愛見　執著於人而起愛護之情。㊵正受　即三昧，為禪定的異名。㊶諸塵　指色、聲、香、味、觸五塵。㊷嚴土　莊嚴國土。㊸化生　指依託無所，忽然而生者，如諸天、諸地獄及大劫之初的人等。為四生之一。㊹綿微　微細。㊺旨宗　即「宗旨」，此指佛法真諦。㊻的　靶心；準星。㊼弄胤　此指佛法微旨。弄，樂曲。胤也作引，曲調。㊽心行　心底時時刻刻遷流不息，故稱心行；善惡的言行稱作心行；心中念念不忘也稱心行。㊾寰中　天地；宇宙。㊿陽　山南水北稱陽。

【語　譯】溫州永嘉（今屬浙江）玄覺禪師，永嘉人，俗姓戴。他幼年出家為僧，遍閱經、律、論三藏，精通天台宗止觀圓妙法門，在行、住、坐、臥四威儀中，常常默契於禪觀。後來玄覺禪師因為左溪玄朗禪師的激勵，就與東陽（今屬浙江）玄策禪師一起前往曹溪拜謁六祖大師。玄覺禪師初見曹溪大師，振動錫杖，提著淨瓶，繞著六祖大師轉了三圈。六祖大師問道：「所謂沙門，應當具備三千威儀，八萬細行。大德從什麼地方而來，竟然如此傲慢自負？」玄覺禪師說：「人的生死是一件大事，變化十分迅速。」六祖大師問道：「那為什麼不體驗領悟無生無死的禪理，明瞭沒有迅速變化的真理呢？」玄覺禪師說：「領悟就是無生無滅，明瞭本無快慢。」六祖大師說道：「正是這樣，正是這樣！」當時在場的眾僧沒有不感到驚愕的。玄覺禪師至此才向六祖大師鄭重行禮，停了一會兒，又向六祖大師告辭。六祖大師說道：「你回去得太快了！」玄覺禪師說道：「本來就沒有動，哪裡有什麼快慢呀？」六祖大師問道：「誰知道沒有動呢？」玄覺禪師回答：「是大師自己產生這樣的認識。」六祖大師說道：「你深得無生無滅的含義。」玄覺大師問道：「無生無滅難道還有意義嗎？」六祖大師反問道：「沒有意義，誰能認識呢？」玄覺禪師回答：「認識本身也不是意義。」六祖大師讚歎道：「說得好，說得好！請留住一宿吧。」當時人稱為「一宿覺」。於是玄策禪師留下修行，而玄覺禪師第二天就辭別六祖大師下山，回到了溫州。學道問禪的人會聚而來，稱為真覺大師。玄覺禪師撰有〈證道歌〉一首和〈禪宗悟修圓旨〉一篇，自淺及深講述證悟佛法之方法。慶州（今甘肅慶陽）刺史魏靖將此彙集成書，並撰寫了序言，分作十篇，書名為《永嘉集》，盛行於世。其內容簡介如下：

〈慕道志儀〉為第一篇。人們想要修習佛道，首先必須立志。還要記住侍奉師長的儀規細則，都著明於軌則訓詞之中，所以標列為第一篇，用以顯明仰慕佛道的儀式。

〈戒憍奢意〉為第二篇。前面雖已說了立志修道，善於識別軌則儀式，但是如果身、口、意三業驕奢傲慢，自心虛妄擾動，怎麼能入定？所以標列為第二篇，用以表明戒絕驕慢之意義。

〈淨修三業〉為第三篇。前面所說的戒絕驕慢之意，只是略為表明其綱要。現在要求仔細檢查自己的言行，使不犯過失。所以標列為第三篇，用以說明要淨持三業，就在於戒絕身、口、意三不淨業的產生。

〈奢摩他頌〉為第四篇。已經仔細檢查了自己的言行，使不犯大過失。其次，還必須了解入門修習佛道的階段次序，不出禪定、智慧五種修持之法，與六種解釋之外。所以標列為第四篇，用以表明修習奢摩他定之意義。

〈毗婆舍那頌〉為第五篇。沒有戒律就不能修持禪定，不修持禪定就不能獲得智慧。既已修持了禪定，禪定時間久了就使智慧彰明。所以標列為第五篇，用以表明修習毗婆舍那觀之意義。

〈優畢叉頌〉為第六篇。偏於禪定的修持，禪定日久就將沉溺其中。偏於智慧的修持，智慧多了反會引起心動不寧。所以標列為第六篇，用以說明修持優畢叉是平等修持定、慧而不偏於一方，使不產生沉溺、心動的現象，使定和慧均等，而捨棄兩邊極端。

〈三乘漸次〉為第七篇。定和慧既然已經均等修持，則自心靜寂而佛光常照。如此三觀一心，又有什麼疑慮不能解？什麼慧力不能圓滿？自我解脫之道理雖然已經明白了，但是普渡眾生的真理卻還未能徹悟，說明其覺悟還是有深淺程度的差異。所以標列為第七篇，用以表明聲聞、緣覺、菩薩三乘修行的次第順序。

〈事理不二〉為第八篇。既以聲聞、緣覺、菩薩三乘悟解道理，那道理就沒有不被窮究的。窮究道理在於事，明瞭事即是明瞭道理。所以標列為第八篇，用以說明事、理之本質為一，不可妄分，即事而真，以此驅除顛倒的妄見。

〈勸友人書〉為第九篇。事、理既已融會貫通，內心也自然瑩明，又悲哀友人近棄佛道，卻遠學無關明心見性、解脫身心的學問，浪費了短暫而寶貴的人生大好光陰。所以標列為第九篇，用以表明勸誘友人向佛的心意。

〈發願文〉為第十篇。勸說友人向佛雖然屬於悲他行為，但其目的還在於一個人，其拯救眾生之情還未能普施。所以標列為第十，用以表明自己立誓普度一切眾生的心願。

此外，禪師還寫有〈觀心十門〉。首先談論觀心之法，其次指出觀心之體，其三敘說觀心相應之相，其四警戒其自滿，其五告誡其簡疏懈惰，其六再次指出觀心之體，其七明辨觀心諸法的正確與錯誤，其八簡要敘述其中要旨，其九是說不論何時何地都能觀心，其十是指達到神妙契合佛法真要的境界。

第一節談論觀心之法。認為心性虛融相通，活動與寂靜的本源不是兩個；真如離絕思慮，因緣與計謀的念頭也沒有區別。迷惑妄見紛紜雜現，但窮根溯源卻只是一個寂滅之理。心靈之源無法描繪，但仔細加以分別卻千差萬別。因為有千差萬別的不同，所以法眼的名稱自然成立。因為只有寂滅沒有差異，所以慧眼的名號就得以存在。一切事物、現象的本質和數量的差別全部消除，由此才顯明佛眼的功德圓滿。因此空諦、假諦和中諦三諦一境，而法身之理永遠清淨。一切智、道種智、一切種智三智一心，而智慧的光明永遠照耀。三諦一境與三智一心自然吻合，解脫之應驗隨從各人的機緣而顯現。不是縱不是橫，圓通法身、般若、解脫三德之道悠然會通。因此知曉法身、般若、解脫三德微妙之性宛然真實，沒有絲毫乖違；具備萬法實體真如的一心深遠廣大，難以思量從什麼地方得以出來？簡要說來那裡沒有進出的路徑，所以認為本心就是佛道的觀點，可說是溯流而得其源頭。

第二節指出觀心之體，只要牢記一個念頭，既是空又是不空，既不是空又不是不空。

第三節敘說觀心相應之相。認為心與空相應，那麼譏諷、詆毀與贊成、稱譽，又有什麼可感到擔憂的，又有什麼可感到高興的？身與空相應，那麼用刀在身上砍割與在身上塗抹香料，又有什麼可感到痛苦的，又有什麼可感到快樂的？依報與空相應，那麼接受施捨與被人劫奪了財物，又獲得了什麼，又失去了什麼？心與空不空相應，那麼一切憐愛之情都已忘懷，而以慈悲為懷，普救眾生。身與空不空相應，那麼內心如同枯木，而身上顯現出不可侵犯的威儀。依報與空不空相應，那麼就將永遠斷絕無厭的貪求，而資金財物充裕敷用。心與空不空、非空非不空相應，那就實相初明，開示佛之知見。身與空不空、非空非不空相應，那麼一塵進入禪定，諸塵也隨之起發於三昧境界。依報與空不空、非空非不空相應，那麼香臺寶閣就將化生於莊嚴國土。

第四節警戒自滿者，如若不是這樣，那就不會有相應的果報。

第五節告誡簡疏懈惰者。因為橫渡大海一定要用船，沒有船怎麼能渡？修心必須入觀，不能入觀怎麼能夠明心見性？其心尚且未能明瞭，相應之果報什麼時候才會出現？要慎思其因果，不要自以為是。

第六節再次提出觀心之體，指出常人只是知道一念既空不空，既不是「有」又不是「無」，卻不知道當前之心念既空不空，既不是「非有」，又不是「非無」。

第七節明辨觀心諸法的正確與錯誤。指出心既不是「有」，心也不是「無」。心既不是「非有」，心也不是「非無」。肯定是「有」或肯定是「無」，即墮入是與非之中。認為有「非無」者即墮入於「非」的偏見，這樣只是「是」與「非」之「非」，不是那不是「是」不是「非」之「是」。現在用雙「非」來破除兩「是」，以「是」破除「非」，那「是」還是「非」。又用雙「非」來破除兩「非」，以「非」破除「非」，那「非」就是「是」。這樣只是不是「是」不是「非」之「是」，不是那不是「非」不是「不非」、不是「是」不是「不是」。是與非之概念的迷惑，微細之處難以察別，只有心神清明，思慮寧靜，才能仔細分析而予以判別。

第八節簡要敘述其中要旨，但是最高的道理是不言說的，需要假借文字語言來探明其妙旨。佛法真諦不是通過觀察就能得到的，但可憑藉修持、觀察以領悟其宗旨。如果其主旨未能明瞭，那麼說法就不能直指其中心。如果其宗義未能領悟，那麼觀察就不能深刻。只有深刻觀察才能領悟其宗義，言語才能明瞭其主旨。宗旨既已明悟，那麼言語、觀察怎麼還能再存在呢？

第九節是說不論何時何地都能觀心。指出一再演示言辭之用，重複標示觀心之體，是因為想判明宗旨，並沒有區別於語言與觀察。有的逐漸改變言語，言語改變則論說真理沒有差距，沒有差距則觀察主旨沒有異同。沒有異同的主旨就是真理，沒有差距的真理就是宗旨。一物而有兩個名稱，語言與觀察只是為明瞭佛法之微旨而已。

第十節是說達到神妙契合佛法真要之法。那些悟徹本心的人，難道會執著於觀察而迷失宗旨嗎？通達教旨的人，難道會滯留於語言而惑亂真理嗎？真理明瞭則語言之路就會斷絕，還能用什麼語言來議論？宗旨會悟則心行之處就會寂滅，還能用怎樣的觀察來思考？心念不可思考、語言不可議論者，可說是妙契於天地了。

玄覺禪師於唐玄宗先天二年（七一三年）十月十七日安坐圓寂，十一月十三日葬於城外西山向陽處的靈塔內。唐天子敕令賜謚曰無相大師，賜塔名淨光。宋朝淳化年間（九九〇～九九四年），宋太宗詔令溫州官府重新修繕玄覺禪師的神龕靈塔。

【說　明】六祖慧能大師雖然宣揚不立文字、以心傳心的頓悟禪法，但這一不可言說的教法卻頗使常人無從捉摸，不是讓一些修持者流於空疏、狂率，就是讓另一些修持者知難而退。於是自慧能大師的弟子起，就制定了一些軌則儀式，讓修持者循序而進。精通天台宗止觀法門的玄覺禪師，即吸收並借用了天台宗的一些思想、概念、術語等，來構建其分階段循序修持頓悟禪法的理論體系以及修持頓悟禪法的法門（方法）。

司空山本淨禪師

司空山本淨禪師者，絳州人也，姓張氏。幼歲披緇❶于曹溪之室，受記❷隸司空山無相寺❸。唐天寶三年，玄宗遣中使❹楊光庭入山，采常春藤❺，因造丈室，禮問曰：「弟子慕道斯久，願和尚慈悲，略垂開示。」師曰：「天下禪宗碩學❻咸會京師，天使❼歸朝，足可咨決。貧道隈❽山傍水，無所用心。」光庭泣拜，師曰：「休禮貧道。天使為求佛耶？問道耶？」曰：「弟子智識昏昧，未審佛之與道，其義云何？」師曰：「若欲求佛，即心是佛❾。若欲會道，無心是道❿。」曰：「云何即心是佛？」師曰：「佛因心悟，心以佛彰。若悟無心，佛亦不有。」曰：「云何無心是道？」師曰：「道本無心，無心名道。若了無心，無心即道。」

光庭作禮信受。既迴闕庭[11]，具以山中所遇奏聞。即敕光庭詔師，十二月十三日到京，敕住白蓮亭。越明年正月十五日，召兩街[12]名僧碩學赴內道場，與師闡揚佛理。

時有遠禪師者，抗聲[13]謂師曰：「今對聖上校量[14]宗旨，應須直問直答不假繁辭[15]。只如禪師所見，以何為道？」師答曰：「無心是道。」遠曰：「道因心有，何得言無心是道？」師曰：「道本無名，因心名道。心名若有，道不虛然。窮心既無，道憑何立？二俱虛妄，總是假名。」遠曰：「禪師見有身心，是道已否？」師曰：「山僧身心本來是道。」曰：「適言無心是道，今又言身心本來是道，豈不相違？」師曰：「無心是道，心泯道無；心道一如，故言無心是道。身心本來是道，道亦本是身心。身心本既是空，道亦窮源無有。」曰：「觀禪師形質甚小，卻會此理。」師曰：「大德只見山僧相，不見山僧無相。見相者是大德所見。經云：『凡所有相，皆是虛妄。』若見諸相非相，即悟其道。若以相為實，窮劫不能悟道。」曰：「今請禪師於相上說於無相。」師曰：「《淨名經》[16]云：『四大無主，身亦無我。無我所見，與道相應。』大德若以四大有主是我，若有我見[17]，窮劫不可會道也。」遠公聞語失色，逡巡[18]避席[19]。師有偈曰：「四大無主復如水，遇曲逢直無彼此。淨穢兩處不生心，壅決何曾有二意！觸境但似水無心，在世縱橫有何事？」復云：「一大如是，四大亦然。若明四大無主，即悟無心。若了無心，自然契道。」

又有志明禪師者問曰：「若言無心是道，瓦礫無心，亦應是道？」又云：「身心本來是道，四生十類[20]皆有身心，亦應是道？」師曰：「大德若作見聞覺知之解，與道懸殊，即是求見聞覺知之者，非是求道之人。經云：『無眼、耳、鼻、舌、身、意。』六根尚無，見聞覺知憑何而立？窮本不有，何處存心？焉得不同草木瓦礫？」志明杜口而退。師又有偈曰：「見聞覺知無障礙，聲香味觸常三昧。如鳥空中只麼[21]飛，無取無捨無憎愛。若會應處本無心，始得名為觀自在[22]。」

又有真禪師者問云：「道既無心，佛有心否？佛之與道，是一是二？」師曰：「不一不異。」曰：「佛度眾生，為有心故。道不度人，為無心故。一度一不度，何得無二？」師曰：「若言佛度眾生、道無度者，此是大德妄生二見[23]。如山僧即不然。佛是虛名，道亦妄立。二俱不實，總是假名。一假之中何分二？」問曰：「佛之與道，從是假名，當立名時，是誰為立？若有立者，何得言無？」師曰：「佛之與道，因心而立。推窮立心，心亦是無。心既是無，即悟二俱不實。知如夢幻，即悟本空。彊立佛、道二名，此是二乘人見解。」師乃說〈無修無作[24]偈〉曰：「見道方修道，不見復何修？道性如虛空，虛空何所修？遍觀修道者，撥火覓浮漚[25]。但看弄傀儡[26]，線斷一時休。」

又有法空禪師者問曰：「佛之與道，俱是假名，十二分教[27]，亦應不實。何以從前尊宿皆言修道？」師曰：「大德錯會經意。道本無修，大德彊修。道本無作，大德彊作。道本無事，彊生多事。道本無知，於中彊知。如此見解，與道相違。從前尊宿不應如是。自是大德不會，請思之。」師又有偈曰：「道體本無修，不修自合道。若起修道心，此人不會道。棄卻一真[28]性，卻入鬧浩浩[29]。忽逢修道人，第一莫向道。」

又有安禪師者問曰：「道既假名，佛云妄立，十二分教亦是接物度生[30]，一切是妄，以何為真？」師曰：「為有妄故，將真對妄。推窮妄性本空，真亦何曾有故？故知真妄總是假名。二事對治，都無實體。窮其根本，一切皆空。」曰：「既言一切是妄，妄亦同真。真妄無殊，復是何物？」師曰：「若言何物，何物亦妄。經云：『無相似，無比況[31]，言語道斷，如鳥飛空。』」安公慚伏，不知所措。師又有偈曰：「推真真無相，窮妄妄無形。返觀推窮心，知心亦假名。會道亦如此，到頭亦只寧㉜。」

又有達性禪師者問曰：「禪師至妙至微，真妄雙泯，佛道兩亡，修行性空，名相不實，世界如幻，一切假名。作此解時，不可斷絕眾生善惡二根。」師曰：「善惡二根，皆因心有。窮心若有，根亦非虛。推心既無，根因何立？經云：『善不善法㉝，從心化生。善惡業緣，本無有實。』」師又有偈曰：「善既從心生，惡豈離心有？善惡是外緣，於心實不有。捨惡送何處，取善令誰守？傷嗟二見人，攀緣兩頭走。若悟本無心，始悔從前咎。」

又有近臣問曰：「此身從何而來？百年㉞之後復歸何處？」師曰：「如人夢時，從何而來？睡覺時，從何而去？」曰：「夢時不可言無，既覺不可言有。雖有有無，來往無所。」師曰：「貧道此身亦如其夢。」又有偈曰：「視生如在夢，夢裡實是鬧㉟。忽覺萬事休，還同睡時悟。智者會悟夢，迷人信夢鬧。會夢如兩般，一悟無別悟。富貴與貧賤，更亦無別路㊱。」

上元二年五月五日歸寂，敕諡大曉禪師。

【注釋】❶披緇　即出家。緇，指緇衣，黑色的僧衣。❷受記　從佛陀處接受自己將來成佛的預言。此指領悟佛法真要。❸無相寺　寺在安徽太湖司空山，相傳為三祖僧璨大師所創，唐代元和年間重建。❹中使　奉皇帝之命出使的太監。❺常春

藤　常綠藤本植物，晚秋開花，次年果實成熟，可栽培供觀賞，根、莖可入藥，有祛風活血等功效。❻碩學　品德高尚、學問淵博之士。❼天使　對天子所派遣的使臣之尊稱。❽隈　山和水彎曲之處。❾即心是佛　也作即心即佛、即心成佛。禪宗認為人心先天就蘊含著包括佛法在內的一切，故成佛解脫過程就是修「心」過程，因而成佛不需長期修行，不需經過若干修行階位，一旦覺悟，就可於瞬間完成由凡入聖的轉變，即頓悟成佛。禪宗以前佛教諸派都將佛作為外在的崇拜對象，而禪宗則將這崇拜對象拉回到每人心中。❿無心是道　《宗鏡錄》四五曰：「一念妄心僅動，即具世間諸苦，如人在荊棘林，不動則刺不傷。妄心不起，恆處寂滅之樂。一念妄心才動，即被諸有刺傷。故經云：有心皆苦，無心即樂。」⓫闕庭　即宮廷。⓬兩街　左、右街僧錄司的簡稱。兩街隸屬鴻臚寺，執掌佛教教門公事，如掌寺院僧尼名冊及僧官補授等。⓭抗聲　高聲。⓮校量　即「較量」。⓯繁辭　繁複的言辭。⓰淨名經　《維摩詰所說經》的異名，也稱《維摩經》或《維摩詰經》。因維摩詰居士又譯作淨名居士，故名。此經講深通大乘教義的維摩詰居士與文殊師利等討論佛法，宣揚達到解脫並不一定要經過嚴格的出家修行生活，如身處俗世間而不迷戀、執著於一切世俗現象，即為真正的「菩薩行」。⓱我見　《唯識論》四曰：「我見者，謂我執，于非我法，妄計為我，故名我見。」⓲逡巡　心中有顧慮，游移不前的樣子。⓳避席　古人席地而坐，離座起立，表示敬意。⓴四生十類　四生指胎生、卵生、濕生（如蟲依濕而成形）、化生。四生外加有色生、無色生、有想生、無想生、非有想生、非無想生，通稱十類。㉑只麼　通「這麼」。㉒觀自在　法藏《心經略疏》曰：「于事理無礙之境，觀達自在，故立此名。」㉓二見　一有見，固執實有物之見，又為增益實性之妄見；二無見，固執實無物之見，又為損減實性之妄見。㉔無修無作　離絕修持、有為之情念。㉕浮漚　水面上的泡沫，易生易滅，常用以比喻人生的短暫或世情的變幻無常。㉖傀儡　木偶。㉗十二分教　也稱十二部經，指佛經體例上的十二種類別，有契經、重頌、授記等。㉘一真　又名一如、一實。即絕對無二的真理。平等不二為一，離絕虛妄為真。㉙鬧浩浩　即鬧哄哄。㉚接物度生　接引諸有情、濟度眾生。㉛比況　譬喻。㉜只寧　這個；如此。㉝善不善法　五戒十善為世間的善法，三學六度為出世間的善法，雖然兩者深淺不同，但都為順理益己之法，故稱為善法。五逆十惡等，在現在世違理損壞他人，在未來世感苦果而損壞自己身心，故為不善之法。㉞百年　對死亡的婉轉稱呼。㉟鬧　喧叫；鬧亂。㊱更亦無別路　此意指宦途危機四伏，苦海無涯，一心向佛，等同富貴與貧賤，才能回頭是岸，悠遊以盡天年。

【語　譯】司空山本淨禪師（？～七六一年），絳州（今山西新絳）人，俗姓張。他幼年於曹溪六祖大師所在之寺內出家，並領悟佛法真要，後居住於司空山無相寺。唐代天寶三年（七四四年），唐玄宗派遣中使楊光庭入山採摘常春藤，楊光庭因而來到本淨禪師所在寺院，禮拜詢問道：「弟子仰慕佛道已久，誠願和尚慈悲為懷，略微為我指示教誨。」本淨禪師說道：「天下禪宗的碩學高僧都會聚在京城，天使歸朝之後，足可斷決。貧道陋居深山遠水之處，無所用心，難以解答。」楊光庭聽後，泣拜請求，本淨禪師於是說道：「不要禮拜貧道。天使是想求做佛呢？還是想問道？」楊光庭問道：「弟子天資淺薄愚昧，不知道佛與道，其意義分別是什麼？」本淨禪師說道：「如若想求做佛，那即心就是佛。如若想要悟道，那無心就是道。」楊光庭問道：「什麼是即心是佛？」本淨禪師回答：「佛因自心而覺悟，自心因佛而彰明。如若領悟了無心，那佛也就不存在了。」楊光庭問道：「什麼是無心是道？」本淨禪師回答：「道本來無心，所以無心即稱道。如若明瞭無心，即領悟了無心即道。」楊光庭施禮拜謝，信心接受。楊光庭回到京師，便將山中所遇之事原原本本奏告天子。唐玄宗即令楊光庭攜詔書迎請本淨禪師，禪師於是年十二月十三日來到京城，賜住白蓮亭。明年正月十五日，天子召集兩街高僧碩學同赴內道場，與本淨禪師辯論禪理，以闡揚佛法。

當時，有一位遠禪師，高聲對本淨禪師說道：「現在當著聖上的面辯論佛學禪識，應該直問直答，不假託繁複的言辭以求規避。就如禪師所見，什麼是道？」本淨禪師回答：「無心即是道。」遠禪師問道：「道因為有心才存在，怎麼能說無心即是道呢？」本淨禪師回答：「本來沒有『道』這個名稱，是因心而名之為道的。心之名稱如若是有的，那道也不是虛無的。但是現在窮究其心既然沒有，道又根據什麼得以建立呢？其實兩者都屬虛妄之物，總是虛假的名稱。」遠禪師問道：「禪師現在具有身心，是否就是道？」本淨禪師回答：「山僧的身心本來即是道。」遠禪師問道：「禪師剛才說無心即是道，現在又說身心本來即是道，豈不前後矛盾？」本淨禪師回答：「無心即是道，是說心若泯滅，道亦消失；心與道如一，所以說無心即是道。而身心本來就是道，道也本來就是身心。身心本來既是空虛的，而窮根溯源地去尋覓道，也根本不能找到。」遠禪師說道：「看禪師身材甚為瘦小，卻領會這個道理。」本淨禪師說道：「大德只看見山僧的外相，卻不見山僧本無相。外相只是大德所看見的。佛經中說：『凡所有相，都是虛妄的。』如若看見一切相都不是實有的，即覺悟了大道。如若認為一切相都是實有的，那麼永遠也不能覺悟佛道。」遠禪師便說：「現在請禪師於一切相上講說無相之理。」本淨禪師說道：「《淨名經》中稱：『地、水、風、火四大沒有主宰，此身也沒有我。沒有我所見的，所以與道相應。』大德如若認為四大有主宰就是自我，如若存在我見，那麼永遠也不能領悟大道。」遠禪師聽了本淨禪師所言後，黯然失色，逡巡避席，以示敬意。本淨禪師又說了一首偈頌：「地、水、風、火四大沒有主宰就如同是水，遇到彎曲與遭遇筆直的地方並沒有什麼區別。潔淨、汙穢兩個地方都未曾生出喜惡之心，面對壅塞或暢流又何曾出現兩樣心情！接觸色、聲、香、味諸境只如水無心，那麼在世間隨意縱橫又會有什麼事呢？」本淨禪師又說道：「一大是這樣的，四大也是如此。如若明悟四大沒有主宰的妙義，也就領悟了無心之理。如若明瞭無心之理，自然就契合了大道。」

又有志明禪師問道：「如果說無心即是道，那麼瓦礫無心，也應該是道了？」接著又問道：「如身心本來就是道，那四生十類都有身心，那麼也應是道了？」本淨禪師回答道：「大德如若作見、聞、覺、知的解釋，那就離大道太遠了，就只是一個尋求見、聞、覺、知的人，而不是尋求佛道的人。佛經上說：『沒有眼、耳、鼻、舌、身、意。』連六根都不存在，見、聞、覺、知又依靠什麼得以建立？推窮其本源實為虛無，心又存於什麼地方？怎麼能不同於草木瓦礫？」志明禪師閉口而退。本淨禪師又說了一首偈頌：「見、聞、覺、知不成為障礙，聲、香、味、觸永遠是三昧。如同鳥兒在空中這麼悠然地飛翔，沒有取沒有捨也沒有愛憐與憎惡。如若領會相應之處本就無心，那才能名為觀自在。」

又有真禪師提問道：「道既然無心，那佛是否有心？佛與道，是一回事，還是兩回事？」本淨禪師回答：「既不是一回事，也不是兩回事。」真禪師問道：「佛度化眾生，那是因為有心。而道不度化人，那是因為無心。一個度化人，一個不度化人，為什麼說沒有不同？」本淨禪師回答：「如若說佛度化眾生，而道不度化人，那只是大德妄生的二見。如山僧就不是這樣的。佛是虛妄的名稱，道也是假借名稱才得以建立。兩者都不是實有的，都是虛假的名稱。同樣的虛假中，怎能分作兩個？」真禪師問道：「縱然佛與道都是假借的名稱，然而當初建立其名稱之時，是誰人所為？如有建立名稱的，又怎麼可以說是無呢？」本淨禪師回答道：

「佛與道，都是因心而建立的名稱。推究所建立之心，就會發現心也是無。心既然是無，就可領悟佛與心兩者都不是實有的。知道這如同夢幻一般虛妄，即領悟了萬物本來是空之理。硬要建立佛、道兩者名稱，這是二乘人的見解。」本淨禪師因而宣說〈無修無作偈〉道：「見道才修持道，不見又怎麼修持？道之本性如同虛空，虛空又怎麼修持？遍觀修道的人，就好像是在撥動火堆尋覓水泡一樣沒結果。只要看看舞弄的木偶，操縱的繩線一旦斷絕就完蛋了。」

又有法空禪師問道：「佛與道都是假借的名稱，那麼十二分教也應是虛妄不實的。那為什麼從前的高僧都說要修道呢？」本淨禪師回答：「大德這是錯誤理解經意了。道本來不須修持，大德卻執意要修持。道本來不須作為，大德卻執意要作為。道本來沒有事情，大德卻偏生出許多事情。道本來沒有知識，大德卻執意要從其中獲取知識。這樣的見解，與道相違背。從前的高僧不應該是這樣的。這自然是大德沒有領會大道，還請大德再想一想。」本淨禪師又說了一首偈頌：「道的本體本來不須修持，不修持自然合乎大道。如若興起修道之心，只說明此人沒有悟道。拋棄一真之性，卻進入鬧哄哄的所在。忽然遭逢修道的人，第一要緊的是不要向他宣說大道。」

又有安禪師問道：「道既然是假借的名稱，佛也是妄念所建立的，十二分教也是為了接引度化眾生，世間一切都是虛妄的，那什麼才是真的呢？」本淨禪師回答：「因為有虛妄的緣故，所以把真與虛妄相對比。推究虛妄之性也本是空，那真也何嘗存在？所以知道真與虛妄都是假借的名稱。兩者相對而言，都沒有實有之本體。窮盡其根本，一切都是空。」安禪師問道：「既然說世間一切都是虛妄的，虛妄又同於真實。真與虛妄沒有區別，那又是什麼東西呢？」本淨禪師回答：「如果說是什麼東西，那什麼東西也屬虛妄。佛經中說：『沒有相似，沒有譬喻，語言之路斷絕，如同鳥兒飛翔天空自由自在。』」安禪師慚愧歎服，不知所措。本淨禪師又說了一首偈頌：「推究真而真沒有實相，窮盡虛妄而虛妄也沒有形狀。反觀而推察本心，知道本心也只是假借的名稱。領悟大道也是這樣的，到頭來也只是如此。」

又有達性禪師問道：「經禪師至微深妙的談論，知道真與虛妄雙滅，佛與道兩亡，修行性空，名相不是實有，世界如同夢幻，一切都是假借的名稱。但作這樣的解釋，則不能斷絕眾生的善與惡二根。」本淨禪師回答：「眾生的善與惡二根，都因心才有。推究心如為實有，那麼二根也就不虛妄。推究心既然沒有，二根又憑藉什麼得以建立？佛經上說：『善法與不善之法，都從心演化產生。善緣惡業，本來就沒有實性。』」本淨禪師又說了一首偈頌：「善既然是從心產生，惡難道能離開心而存在？善與惡都是外在的因緣，對於自心來說實不存在。捨棄惡而將惡送往什麼地方，獲取善又讓什麼人來守護？感傷歎息那些二見之人，攀附著外緣不停地奔走在善與惡兩端。如若領悟本就無心，才後悔從前的錯誤。」

又有大臣問道：「這身體從什麼地方而來？百年之後又回歸到什麼地方去？」本淨禪師反問道：「這如同人在做夢時，夢從什麼地方而來？一覺睡醒時，夢又歸向哪裡？」那大臣說道：「做夢時不可說沒有，睡醒後不可說有。雖然有有與沒有的分別，但其來往卻沒有處所。」本淨禪師便說道：「貧道這身體也如同那夢一樣。」本淨禪師又說了一首偈頌：「觀察生如同在夢中，夢中實在鬧哄哄。忽然睡醒夢中萬事都消失了，還如同睡夢時覺悟一般。智者從夢境中領悟了大道，迷惑的人堅信鬧哄哄的夢境。領悟與做夢是兩件事情，但一旦領悟就不須再悟了。富貴與貧賤，再也沒有區別了。」

唐肅宗上元二年（七六一年）五月五日，本淨禪師圓寂，天子敕令賜諡號曰大曉禪師。

婺州玄策禪師

婺州玄策禪師者，婺州金華人也。出家遊方，屆于河朔❶。有智隍禪師者，曾謁黃梅五祖，庵居二十年，自謂正受。師知隍所得未真，往問曰：「汝坐於此作麼？」隍曰：「入定。」師曰：「汝言入定，有心耶？無心耶？若有心者，一切蠢動之類❷皆應得定。若無心者，一切草木之流亦合得定。」曰：「我正入定時，則不見有有無之心。」師曰：「既不見有有無之心，即是常定，何有出入？若有出入，則非大定❸。」隍無語，良久問：「師嗣誰？」師曰：「我師曹溪六祖。」曰：「六祖以何為禪定？」師曰：「我師云：『夫妙湛圓寂，體用如如❹。五陰❺本空，六塵非有。不出不入，不定不亂。禪性無住，離住禪寂。禪性無生，離生禪想。心如虛空，亦無虛空之量。』」隍聞此說，遂造于曹溪，請決疑翳❻，而祖意與師冥符，隍始開悟。師後卻歸金華，大開法席。

【注　釋】❶河朔　今河北一帶。❷蠢動之類　指蟲類。蟲類從蟄眠中蘇醒過來稱蠢動。❸大定　佛心澄明稱大定，為諸佛三德之一。❹如如　指以如理的真正智慧來契合印證真如實際。❺五陰　即五蘊。❻翳　障蔽眼珠之白膜，引申為遮蓋。

【語　譯】婺州（今浙江金華）玄策禪師，婺州金華縣人。玄策禪師出家遊學四方，來到河朔地區。有一個名叫智隍的禪師，曾經參見過黃梅五祖弘忍大師，已在小庵中靜坐了二十年，自認為已經真正體驗了禪境。玄策禪師知道智隍禪師沒有得到真正的禪法，就前往問道：「你坐在這裡幹什麼？」智隍回答：「入定。」玄策禪師問道：「你既然說是入定，那麼是有心入定呢？還是無心呢？如若是有心的話，那麼包括一切蟲類在內的有情之物都應能入定。如若是無心的話，那麼一切草木之類無情之物也可入定了。」智隍說道：「當我入定之時，就看不見有心或無心。」玄策禪師說道：「既然看不到有心或無心，那就是尋常之定，又哪裡會有出定與入定的區別？如果有出定與入定的區別，就一定不是大定。」智隍無言以對，過了許久問道：「你師從哪一位高僧？」玄策禪師回答：「我師從曹溪六祖大師。」智隍禪師問道：「六祖大師以什麼為禪定？」

玄策禪師回答：「我師父說：『法身微妙湛然圓滿寂靜，法性體用契合真如。五蘊本即虛空，六塵也不是真實的存在。沒有出定也沒有入定，沒有禪定也沒有精神散亂。禪的本性是不執著，離開執著禪性寂。禪的本性是沒有生死，所以不能產生禪思冥想。心如虛空，也沒有虛空的度量。』」智隍禪師聽了這些話，就徑直前去曹溪參見六祖大師，請求決斷心中疑惑，而六祖大師所宣講的禪理，與玄策禪師所說的完全相符，智隍於是才豁然開悟。玄策禪師後來回到了家鄉金華，廣開法席教化大眾。

曹溪令韜禪師

曹溪令韜禪師者，吉州人也，姓張氏。依六祖出家，未嘗離左右。祖歸寂，遂為衣塔主❶。唐開元四年，玄宗聆其德風❷，詔令赴闕，師辭疾不起。上元元年，肅宗遣使取傳法衣入內供養，仍敕師隨衣入朝，師亦以疾辭。終于本山❸，壽九十五，敕諡大曉禪師。

【注　釋】❶衣塔主　負責守護衣塔的僧人。衣塔，存放六祖傳法袈裟的寶塔。❷德風　道德風采。❸山　山門，即寺廟。

【語　譯】曹溪令韜禪師，吉州（今江西吉安）人，俗姓張。令韜禪師皈依六祖大師出家，未嘗離開六祖大師的左右。六祖大師圓寂以後，令韜禪師就成為主持守護衣塔之人。唐代開元四年（七一六年），唐玄宗聽說了令韜禪師不同凡人的德行風采，下詔讓禪師前來京師，但令韜禪師託病推辭，沒有應詔。上元元年（七六〇年），唐肅宗派遣使臣前來寺中取六祖大師的傳法袈裟，拿到京城皇宮內供養，並敕令禪師隨從傳法袈裟一起入朝，但令韜禪師還是託病辭謝。後來令韜禪師圓寂於本寺中，終年九十五歲，天子敕令賜諡號曰大曉禪師。

西京光宅寺慧忠國師

西京❶光宅寺❷慧忠國師❸者，越州諸暨人也，姓冉氏。自受心印，居南陽白崖山黨子谷，四十餘祀❹不下山門，道行聞于帝里❺。唐肅宗上元二年，敕中使孫朝進賫詔徵赴京，待以師禮。初居千福寺❻西禪院。及代宗臨御，復迎止光宅精藍❼十有六載，隨機說法。

時有西天大耳三藏到京，云得他心慧眼❽。帝敕令與國師試驗。三藏才見師，便禮拜，立于右邊。師問曰：「汝得他心通耶？」對曰：「不敢。」師曰：「汝道老僧即今在什麼處？」曰：「和尚是一國之師，何得卻去西川❾看競渡❿？」師再問：「汝道老僧即今在什麼處？」曰：「和尚是一國之師，何得卻在天津橋⓫上看弄猢猻⓬？」師第三問，語亦同前。三藏良久罔⓭知去處，師叱曰：「遮野狐精⓮，他心通在什麼處！」三藏無對。

僧問仰山⓯曰：「大耳三藏第三度為什麼不見國師？」仰山曰：「前兩度是涉境心，後入自受用⓰三昧，所以不見。」又有僧舉前語問玄沙，玄沙曰：「汝道前兩度還見麼？」玄覺云：「前兩度若見，後來為什麼不見，且道利害⓱在什麼處？」僧問趙州⓲曰：「大耳三藏第三度不見國師，未審國師在什麼處？」趙州云：「在三藏鼻孔上。」僧問玄沙：「既在鼻孔上，為什麼不見？」玄沙云：「只為太近。」

一日，喚侍者，侍者應諾。如是三召，皆應諾。師曰：「將謂吾孤負[19]汝，卻是汝孤負吾。」僧問玄沙：「國師喚侍者，意作麼生？」玄沙云：「卻是侍者會。」雲居錫云：「且道侍者會不會？若道會，國師又道『汝孤負吾』；若道不會，玄沙又道『卻是侍者會』。且作麼生商量[20]？」玄覺徵問僧：「什麼是侍者會處？」僧云：「若不會，爭解恁麼應？」玄覺云：「汝少會在[21]。」又云：「若於遮裡商量得去，便見玄沙。」僧問法眼：「國師喚侍者，意作麼生？」法眼云：「且去，別時來。」雲居錫云：「法眼恁麼道，為復明國師意，不明國師意？」僧問趙州：「國師喚侍者，意作麼生？」趙州云：「如人暗裡書字，字雖不成，文彩已彰。」

南泉[22]到參，師問：「什麼處來？」對曰：「江西來。」師曰：「還將得馬師真[23]來否？」曰：「只遮是。」師曰：「背後底聻[24]！」南泉便休。長慶稜[25]云：「大似[26]不知。」保福展云：「幾不到和尚此間。」雲居錫云：「此二尊者盡扶背後，只如南泉休去，為當扶面前，扶背後？」

麻谷[27]到參，繞禪牀三匝，於師前振錫而立。師曰：「既如是，何用更見貧道？」麻谷又振錫，師叱曰：「遮野狐精出去！」

師每示眾云：「禪宗學者，應遵佛語。一乘了義[28]，契自心源。不了義者，互不相許，如師子身虫[29]。夫為人師，若涉名利，別開異端，則自他[30]何益？如世大匠，斤[31]斧不傷其手。香象[32]所負，非驢能堪。」

有僧問：「若為得成佛去？」師曰：「佛與眾生一時放卻，當處解脫[33]。」

問：「作麼生得相應去？」師云：「善惡不思，自見佛性。」

問：「若為得證法身？」師曰：「越毗盧[34]之境界。」曰：「清淨法身作麼生得？」師曰：「不著佛求耳。」

問：「阿那箇是佛？」師曰：「即心是佛。」曰：「心有煩惱㉟否？」師曰：「煩惱性自離。」曰：「豈不斷耶？」師曰：「斷煩惱者，即名二乘。煩惱不生，名大涅槃。」

問：「坐禪看淨㊱，此復若為？」師曰：「不垢不淨，寧用起心㊲而看淨相？」

又問：「禪師見十方虛空，是法身否？」師曰：「以想㊳心取之，是顛倒見㊴。」

問：「即心是佛，可更修萬行㊵否？」師曰：「諸聖皆具二嚴㊶，豈撥無因果耶？」又曰：「我今答汝，窮劫不盡。言多去道遠矣。所以道：說法有所得，斯則野干鳴㊷。說法無所得，是名師子吼。」

南陽張濆行者問：「伏承和尚說無情㊸說法，某甲㊹未體其事，乞和尚垂示。」師曰：「汝若問無情說法，解他無情，方得聞我說法，汝但聞取無情說法去！」濆曰：「只約㊺如今有情方便㊻之中，如何是無情因緣？」師曰：「如今一切動用之中，但凡聖兩流都無少分㊼起滅㊽，便是出識，不屬有無，熾然㊾見覺，只聞無其情識繫執。所以六祖云：『六根對境㊿，分別非識。』」

有僧到參禮，師問：「蘊何事業(51)？」曰：「講《金剛經》。」師曰：「最初兩字是什麼？」曰：「如是。」師曰：「是什麼？」無對。

有人問：「如何是解脫？」師曰：「諸法不相到[52]，當處解脫。」曰：「恁麼即斷去也。」師曰：「向汝道諸法不相到，斷什麼！」

師見僧來，以手作圓相，相中書「日」字，僧無對。

師問本淨禪師：「汝已後見奇特言語如何淨？」曰：「無一念心愛。」師曰：「是汝屋裡事[53]。」

肅宗問：「師得何法？」師曰：「陛下見空中一片雲麼？」帝曰：「見。」師曰：「釘釘著，懸掛著[54]？」又問：「如何是十身調御[55]？」師乃起立，曰：「還會麼？」曰：「不會。」師曰：「與老僧過淨缾[56]來。」又曰：「如何是無諍三昧[57]？」師曰：「檀越蹋毗盧頂上行。」曰：「此意如何？」師曰：「莫認自己清淨法身。」又問師，師都不視之。曰：「朕是大唐天子，師何以殊不顧視？」師曰：「還見虛空麼？」曰：「見。」師曰：「他還眨目視陛下否？」

魚軍容[58]問：「師住白崖山，十二時中如何修道？」師喚童子來，摩頂曰：「惺惺[59]直然[60]惺惺，歷歷[61]直然歷歷，已後莫受人謾[62]。」

師與紫璘供奉論議。既升坐，供奉曰：「請師立義，某甲破。」師曰：「立義竟。」供奉曰：「是什麼義？」師曰：「果然不見，非公境界。」便下座。一日，師問紫璘供奉：「佛是什麼義？」曰：「是覺義。」師曰：「佛曾迷否？」曰：「不曾迷。」師曰：「用覺作麼？」無對。又問：「如何是實相？」師曰：「把將虛底來。」曰：「虛底不可得。」師曰：「虛底尚不可得，問實相作麼？」

僧問：「如何是佛法大意[63]？」師曰：「文殊堂[64]裡萬菩薩。」曰：「學人不會。」師曰：「大悲千手眼[65]。」

耽源[66]問：「百年後有人問極則事，作麼生？」師曰：「幸自可憐生[67]，須要[68]箇護身符子作麼？」

師以化緣將畢，涅槃時至，乃辭代宗。代宗曰：「師滅度後，弟子將何所記？」師曰：「告檀越造取一所無縫塔[69]。」曰：「就師請取塔樣。」師良久，曰：「會麼？」曰：「不會。」師曰：「貧道去後，有侍者應真卻知此事。」大曆十年十二月九日，右脇長往[70]，弟子奉靈儀[71]於黨子谷建塔。敕諡大證禪師。

代宗後詔應真入內，舉問前語。真良久，曰：「聖上會麼？」曰：「不會。」真述偈曰：「湘之南，潭[72]之北，中有黃金充一國[73]。無影樹下合同船，瑠璃殿[74]上無知識。」應真後住耽源山。

【注釋】❶西京　指唐代都城長安，相對於東京洛陽，故名。❷光宅寺　在長安光宅坊，唐高宗儀鳳二年（六七七年）設置，武后時建置七寶臺。❸國師　古代帝王封賜高僧的尊號，意為「一國師表」，始於北齊文宣帝封賜法常為國師。❹祀　年。❺帝里　皇帝所住之鄉里，也即京城。❻千福寺　在陝西西安，亦名大聖千福寺，本為章懷太子宅，咸亨二年捨為寺。天寶初年於此建法華道場，造多寶塔。後改名興元寺，俗稱鐵塔寺，今存。❼精藍　即佛寺。❽他心慧眼　即他心通，六神通之一，能知曉他人心思的神通。❾西川　四川成都一帶。❿競渡　賽船。相傳先秦楚國大夫屈原於五月五日投汨羅江，後世民俗就於每年此日以龍舟競渡，表示紀念。⓫天津橋　在河南洛陽南，隋煬帝時建舟橋於洛水之上，北宋初年重建為石橋，橫貫洛水，為唐、宋時洛陽勝景之一。⓬弄猢猻　即耍猴戲。猢猻，猴子。⓭罔　不。⓮野狐精　即狐狸精，民間傳說狐狸修煉成精，化為人形，能變幻迷惑人。⓯仰山　即唐代僧人慧寂禪師，南嶽懷讓禪師下四世法嗣。⓰自受用　佛之三身之一的受用身又分作他受用、自受用兩種。只有佛有此境界，其他菩薩不能見聞，為佛自受用法樂的佛身，稱作自受用身，由大圓鏡智所化成。⓱利害　此為關鍵、要害之意。⓲趙州　唐代僧人從諗禪師，住趙州觀音院弘法，世稱趙州禪師，其玄言法語遍布天下，時稱趙州門風。⓳孤負　通「辜負」。⓴商量　斟酌；商討。㉑在　表示動作的延續，意同「著」。白居易〈別春爐〉詩：「晚風猶冷在，夜火且留看。」㉒南泉　即唐代池州南泉山普願禪師，馬祖法嗣。㉓真　真容；肖像。此指馬祖道一禪師的禪學精要。㉔聻　古人認為人死為鬼，鬼死為聻。多用作罵人語。㉕長慶稜　即五代泉州長慶寺慧稜禪師，與漳州保福寺從展禪師同師雪峰禪師。㉖大似　極其相似。㉗麻谷　即唐代僧人寶徹，馬祖法嗣，住在麻谷山，世稱麻谷徹。㉘了義　指明確知道解釋究竟之實義。未能明瞭未能究竟之實義，便稱不了義。了義與不了義又分別為方便、真實的異名。㉙師子身虫　獅子身中的害蟲，比喻惡比丘毀壞佛法。㉚自他　自利利他，菩薩萬行都不出此二者。㉛斤　斧子。㉜香象　青色而帶香氣的大象。㉝當處解脫　即立地成佛的意思。㉞毗盧　毗盧舍那的略稱，為法身佛的通稱。㉟煩惱　貪欲、憤恨、愚癡等種種迷惑煩惱擾亂身心，故稱煩惱。㊱看淨　即觀靜之意。㊲起心　即起事心，三心之一，指執著於眼等六識外境而起種種之業。㊳想　指認識直接反映的影相以及據此而形成的種種名言概念。㊴顛倒見　即見顛倒，於事理之法而出自邪念計度者，也即邪見。㊵萬行　一切之修行。㊶二嚴　一為智慧莊嚴，研究智慧而使身心莊嚴；另一為福德莊嚴，積累福德而使身心莊嚴。㊷野干鳴　即野狐禪之意。野干，狐狸。㊸無情　佛教一般認為「有情」才能具有佛性，但天台宗湛然據《大乘起信論》所說「真如緣起」，認為磚瓦草木等「無情」之物也具佛性，即「萬物」由「一心」、「本覺」隨緣所生，故萬物中亦體現了「一心」、「本覺」，由此「一塵、一心，即一切生佛之心性」。㊹某甲　通「某家」。自稱之詞。㊺約　環束；纏束。㊻有

情方便　指引度解脫眾生所採取的各種靈活方法。㊼少分　少許；一點點。㊽起滅　事物的生與滅。因緣和合便生起，因緣離散則滅謝。㊾熾然　火盛貌。㊿六根對境　眼、耳、鼻、舌、身、意六根對於色、聲、香、味、觸、法六境而生六識。(51)事業　此同功德之意。(52)相到　跟隨；依從。(53)屋裡事　比喻自心修行。(54)懸掛著　此用雲彩變化無狀，不能釘著、不能懸掛，也無從形容，來比喻自己所得佛法也是如此，不可言說。(55)十身調御　《雜阿含經》說佛陀有十個稱號，其中之一稱調御丈夫，意指佛能教化引度一切可度之人。(56)淨缾　以此暗示佛度眾生之意。宋人劉克莊〈清平樂〉詞：「乞取淨瓶一滴，普教大地清涼。」缾同瓶。(57)無諍三昧　禪定之一，能使自己或他人都不生爭訟煩惱。(58)魚軍容　唐代大宦官魚朝恩，瀘川人，性貪詐，唐代宗時號稱天下觀軍容宣慰處置使，專擅兵權，驕橫專斷，後被唐代宗所殺。(59)惺惺　聰明機靈之意。(60)直然已是。(61)歷歷　清楚分明的樣子。(62)謾　輕慢；欺瞞。此處慧忠告誡魚朝恩不要聰明反被聰明誤。(63)大意　神聖重大之意。(64)文殊堂　唐玄宗應西域僧人不空之請，命天下諸州祀文殊菩薩，故各地或建文殊寺，或在原來佛寺中設置文殊堂。(65)大悲千手眼　為顯示普渡眾生、有無限妙用，觀世音菩薩化身為千手千眼之相。(66)耽源　即唐代吉州耽源山應真禪師，慧忠國師的弟子。(67)幸自可憐生　幸自，意為正是。可憐生，可憐呀。生，語助詞。(68)須要　通「需要」。(69)無縫塔　用木或石疊累而成的塔皆有縫、稜、級、層，如用一塊石造塔，就無縫稜等，稱作無縫塔。因無縫塔形如鳥卵，故也稱卵塔。(70)長往　即死的別稱。(71)靈儀　靈柩；遺體。(72)潭　潭水，即今廣西境內的柳江。(73)黃金充一國　此指慧忠的法嗣將在湘水、潭水之間的湖南地區弘法傳教，影響深遠。(74)瑠璃殿　即琉璃殿，用琉璃磚瓦裝飾的宮殿。

【語　譯】西京（今陝西西安）光宅寺慧忠國師，越州諸暨（今屬浙江）人，俗姓冉。他自從六祖大師處印證了佛心印後，就居住於南陽（今屬河南）白崖山黨子谷內，四十餘年未曾走出山門，道德操行傳聞於京城。唐肅宗上元二年（七六一年），天子敕令中使孫朝進攜帶詔書徵召慧忠禪師進京，待以國師之殊禮。慧忠國師最初居住在千福寺西禪院，等到唐代宗即位（七六二年）君臨天下，又迎接慧忠國師居住於光宅寺，達十六年，慧忠國師在此隨緣演示佛法，化度有緣。

當時，有一個名叫大耳三藏的西天僧人來到西京長安城，自稱具有他心慧眼的神通。唐代宗敕令他去慧忠國師那裡試試真偽。大耳三藏一見慧忠國師，即刻禮拜致敬，立在國師的右邊。慧忠國師問道：「你得到他心神通了嗎？」大耳三藏回答：「不敢。」慧忠國師問道：「你說說看老僧目下正在什麼地方？」大耳三藏回答：「和尚作為一國之師，為什麼卻去西川觀看龍舟競渡？」慧忠禪師再問道：「你說說看老僧目下正在什麼地方？」大耳三藏回答：「和尚作為一國之師，為什麼卻去天津橋上觀看耍猴戲？」慧忠禪師第三次提問，問題同前兩次完全相同，但是大耳三藏卻遲疑了很久，弄不清楚國師這次去了什麼地方，於是慧忠國師呵斥道：「你這野狐狸精，他心通在什麼地方！」大耳三藏不能回答。有僧人問仰山慧寂禪師道：「大耳三藏第三次為什麼看不到國師的去處？」慧寂禪師回答：「前面兩次國師心涉及外境，後來國師進入了自受用禪定，所以大耳三藏不能發見。」又有僧人舉出前面所說的話來問玄沙師備禪師，玄沙禪師反問道：「你說前兩次大耳三藏還看見了嗎？」玄覺禪師說：「如若大耳三藏前兩次能看見，後來為什麼又看不見了，且說說其中關鍵在什麼地方？」有僧人問趙州從諗禪師道：「大耳三藏第三次看不見慧忠國師，不知道國師正在什麼地方？」趙州禪師回答：「正在大耳三藏的鼻孔上。」有僧人問玄沙禪師道：「既然國師正在大耳三藏的鼻孔上，那為什麼大耳三藏不能看見？」玄沙禪師回答：「就因為太近的緣故。」

有一天，慧忠國師招呼侍者，侍者隨即應諾。國師就這樣招呼了三次，侍者都一一應諾。慧忠國師歎道：「原以為是我辜負了你，卻原來是你辜負了我。」有僧人問玄沙禪師道：「慧忠國師招呼侍者，究竟是什麼意思？」玄沙禪師回答：「卻只有那侍者懂。」雲居清錫禪師說：「且說那侍者懂不懂？如說是懂了，可國師卻說『是你辜負我』；如果說他並不懂，可玄沙禪師卻又說『只有那侍者懂』。你且斟酌該怎麼回答？」玄覺禪師問一個僧人道：「那侍者哪一點懂了？」那僧人回答：「如不懂，他又為什麼會答應呢？」玄覺禪師說道：「你有一點兒懂了。」又說道：「如果在這裡能討論得出結果，便認識了玄沙禪師。」有僧人問法眼文益禪師道：「慧忠國師招呼侍者，究竟是什麼意思？」法眼禪師說道：「你且退下，其他時候再來。」雲居清錫禪師問道：「法眼禪師怎麼說，是已經懂了國師的意思，還是並沒懂國師的意思？」有僧人問趙州禪師道：「慧忠國師招呼侍者，究竟是什麼意思？」趙州禪師回答：「就像人在暗處寫字，字雖然未能寫成，但文采已經顯現。」

南泉普願禪師前來參謁，慧忠國師問道：「你從什麼地方而來？」普願禪師回答：「從江西馬祖處而來。」國師問道：「你還把馬祖的肖像帶來了嗎？」普願禪師自指道：「這個就是。」國師罵道：「背後的死鬼！」普願禪師便算了。長慶慧稜禪師說：「很像是不知道。」保福從展禪師說：「幾乎沒到國師此間參拜。」雲居清錫禪師說：

「這兩位尊者只是在人背後相扶持，比如南泉禪師離去，應當扶持面前，還是扶持背後？」

麻谷寶徹禪師前來參謁，環繞禪牀走了三圈，然後振動錫杖而站立。國師便道：「既然這樣，何須再來參見貧道？」麻谷禪師再次振動錫杖，慧忠國師呵斥道：「你這野狐狸精出去！」

慧忠國師常常指示眾僧道：「學習禪宗的人，應該遵守佛的教誨。明心成佛的惟一方法就是要明瞭義旨，要與本心契悟。未能明瞭義旨，互不相容，就如同是獅子身中的害蟲，將毀壞佛法。且為人老師的，如若涉及名與利，就會節外生枝，另立異端，那麼對自己對他人又有什麼益處？如世間能工巧匠，使用斧子是不會傷著自己手的。香象所背負的東西，不是驢子所能馱起的。」

有僧人問道：「怎麼做才能成佛？」慧忠國師回答：「將佛與眾生都一齊放棄，當時就得解脫。」

有僧人問道：「怎麼才能與佛旨相應？」慧忠國師回答：「善與惡都不思量，自然得見佛性。」

有僧人問道：「怎麼做才能證得法身？」慧忠國師回答：「超越毗盧佛的境界。」那僧人再問：「怎麼才能得清淨法身？」國師回答：「不執著於求佛而已。」

有僧人問道：「阿哪一個是佛？」慧忠國師回答：「即心是佛。」那僧人再問：「心有煩惱嗎？」國師回答：「若有煩惱，本性自離。」那僧人問道：「難道不能斷絕它嗎？」國師回答：「斷絕煩惱的舉動，就稱為二乘。煩惱無生無滅，就名為大涅槃。」

有僧人問道：「坐禪觀清淨，這又將怎麼做呢？」慧忠國師回答：「沒有汙垢，也沒有清淨，何須用起事心去觀察清淨之相？」

又有僧人問道：「禪師所看見的十方虛空，是否就是法身？」慧忠國師回答：「用想心所得到的，是顛倒見。」

有僧人問道：「既然即心是佛，可否再修習其他行嗎？」慧忠國師回答：「諸聖者都具有智慧與福德二種莊嚴，難道會否定因果報應嗎？」國師又說道：「我現在若要回答你，窮盡萬劫也不能說完。而且言辭越多反而離開佛道就越遠。所以說：說法要有所獲得，這就如野狐狸的鳴叫。說法而無所獲得，那才叫獅子吼。」

南陽（今屬河南）張濆行者問道：「承蒙和尚宣說無情說法，只是我未能體認其中奧妙，還請和尚垂顧啟示。」慧忠國師回答：「你如要問無情說法，只有理解無情之意，方能聽我說法，你就只聽無情說法去吧！」張濆問道：「只約就如今有情方便之中，什麼是無情因緣？」慧忠國師回答：「如今一切都在動與用之間，只要凡與聖兩邊都沒有一點點生起、滅謝，便是出離六識，不屬有無之境，猛然發見覺悟，只聽說其沒有感覺知識的束縛與執著。所以六祖大師說：『六根對六境而生六識，如將其分開就不是六識。』」

有僧人前來參見禮拜，慧忠國師問道：「你在積累什麼功德？」那僧人回答：「講說《金剛經》。」國師問道：「最初兩個字是什麼？」那僧人回答：「是『如是』。」國師追問道：「是什麼？」那僧人無言以對。

有僧人問道：「什麼是解脫？」慧忠國師回答：「一切法都不依從，就當時得解脫。」那僧人說道：「這麼就是斷絕了。」國師說道：「向你說了不依從，還斷絕什麼！」

慧忠國師看見有僧人來參拜，就用手做了個圓的形狀，又在圓形中間寫了個「日」字，那僧人回答不上來。

慧忠國師問司空山本淨禪師道：「你以後聽見奇妙特別的言辭，怎麼才能保持清淨？」本淨禪師回答：「沒有一瞬間的喜歡。」國師說道：「這只是你家裡的事情。」

唐肅宗問道：「國師從慧能大師修得了什麼法？」慧忠國師不答反問：「陛下看見了天空中的一片雲嗎？」唐肅宗回答：「看見了。」國師便問道：「雲是用釘子釘著的，還是懸掛著的？」唐肅宗又問道：「什麼是十身調御？」國師就站起身來，問道：「已領會了嗎？」唐肅宗回答：「不明白。」國師便說：「給老僧把那淨瓶遞過來。」唐肅宗又問道：「什麼是無諍三昧？」國師回答：「施主踩在毗盧佛頭頂上行走。」唐肅宗不明白：「這是什麼意思？」國師回答：「不要認自己的清淨法身。」唐肅宗再詢問什麼，慧忠國師都不再看他。唐肅宗不快道：「朕是大唐天子，國師為什麼不看我一眼？」國師說道：「陛下還看見天空了嗎？」唐肅宗回答：「看見了。」國師問道：「它是否也眨眼看陛下嗎？」

魚軍容問道：「國師住在白崖山，一天十二個時辰中怎麼修道？」慧忠國師喊了個小孩過來，摸著他的頭頂說道：「是惺惺就直說是惺惺，是歷歷分明就直說是歷歷分明，以後不會受人欺瞞。」

慧忠國師與紫璘供奉討論佛法。國師既坐上法座，紫璘供奉說道：「請國師立一個議題，讓我來破解。」國師說：「立議題完畢。」紫璘供奉問道：「是什麼題意？」國師歎道：「果然不能領會，這不是供奉的境界。」說完就下了法座。有一天，慧忠國師問紫璘供奉道：「佛是什麼意思？」紫璘供奉回答：「就是覺悟的意思。」國師問道：「佛是否曾經迷惑過？」紫璘供奉回答：「從沒有迷惑過。」國師便問道：「那還要覺悟什麼？」紫璘供奉無言以對。紫璘供奉又問道：「什麼是實相？」慧忠國師說道：「把虛的拿來。」紫璘供奉說道：「虛的無法得到。」國師便說：「虛的尚且得不到，卻問實相作什麼？」

有僧人問道：「什麼是佛法大意？」慧忠國師回答：「文殊堂中供奉著一萬尊菩薩。」那僧人說道：「學生不能領會。」國師就說：「千手千眼觀音菩薩。」

耽源應真禪師問道：「師父百年以後，若有人問最上乘之佛法，該怎麼辦？」慧忠國師笑道：「正是可憐呀，你尋求一張護身符作什麼？」

慧忠國師自知傳化教法的因緣將盡，涅槃時機已至，就向唐代宗辭別。唐代宗問道：「國師圓寂以後，弟子應該做些什麼？」國師說：「就請施主造一座無縫塔。」唐代宗說：「那就請國師拿來無縫塔的圖樣。」國師沉默了許久，然後問道：「明白了嗎？」唐代宗回答：「沒明白。」國師便說：「貧道歸去以後，有一個名叫應真的侍者知道這件事情。」大曆十年（七七五年）十二月九日，慧忠國師向右側臥而逝，弟子們奉侍靈柩回到黨子谷，建造靈塔供奉。天子賜國師謚號曰大證禪師。

唐代宗後來召見應真禪師進入內宮，詢問慧忠國師逝死前所說的事情。應真禪師也沉默了許久才問道：「皇上領會了嗎？」唐代宗回答：「沒有領會。」於是應真禪師就說了一首偈頌：「湘水之南，潭水之北，中間有一個用黃金建成的國度。無影的樹下合坐一艘船，琉璃殿上沒有知道佛法之人。」應真禪師後來前往吉州（今江西吉安）耽源山弘揚禪法。

【說　明】慧忠國師說法的主旨在破一切執著，即打破人們通常的思維定式，以巧辯證明有所肯定便錯。此一方法後來成為禪師開悟人們明心見佛的慣用手法，對後世禪風影響頗大。

西京荷澤神會禪師

西京荷澤神會禪師者，襄陽人也，姓高氏。年十四為沙彌，謁六祖。祖曰：「知識遠來大艱辛，將本❶來否？若有本則合識主❷，試說看。」師曰：「以無住為本，見即是主。」祖曰：「遮沙彌爭合取次❸語。」便以杖打。師於杖下思惟曰：「大善知識，歷劫難逢。今既得遇，豈惜身命？」自此給侍。

他日，祖告眾曰：「吾有一物，無頭無尾，無名無字，無背無面，諸人還識否？」師乃出曰：「是諸佛之本原，神會之佛性。」祖曰：「向汝道無名無字，汝便喚作本原、佛性！」師禮拜而退。師尋往西京受戒。唐景龍中，卻歸曹溪。祖滅後二十年間，曹溪頓旨沉廢❹於荊、吳，嵩嶽漸門盛行於秦、洛。乃入京，天寶四年方定兩宗，南能頓宗，北秀漸教。乃著《顯宗記》❺，盛行于世。

一日，鄉信至，報二親亡。師入堂白槌❻曰：「父母俱喪，請大眾念《摩訶般若》❼。」眾才集，師便打槌曰：「勞煩大眾。」

師於上元元年五月十三日中夜奄然而化，俗壽七十五。二年，遷塔於洛京❽龍門。敕於塔所置寶應寺。大曆五年，賜號真宗般若傳法之堂。七年，又賜般若大師之塔。

【注釋】❶本　此代指自我本性。❷主　主人，代指佛性。❸取次　意為草率。❹沉廢　沉淪衰落。❺顯宗記　是記宣傳六祖慧能大師的事跡與禪法，全文收錄於本書卷三〇，可參見。❻白槌　又作白椎。據《祖庭事苑》八載：世尊律儀曰，欲行佛事，必先稟白，行肅穆眾人之法。後世禪寺中一般命知法通律的老和尚當其任。槌，又作椎，擊打木塊發聲，佛寺以擊槌集會僧人。❼摩訶般若　《摩訶般若波羅蜜經》的省稱。❽洛京　唐代定洛陽為東京，故也稱洛京。

【語譯】西京（今陝西西安）荷澤神會禪師（六八六～七六〇年），襄陽（今湖北襄樊）人，俗姓高。神會十四歲時便為沙彌，謁見六祖大師。六祖大師說道：「知識遠來很艱辛，把本帶來了嗎？如若有本就應當認識主，不妨試說一下。」神會說道：「我以無住作為本，看見的就是主。」六祖大師說道：「這小沙彌怎麼如此草率說話？」說著就舉起禪杖來打。神會邊挨打邊思量道：「這種得道高僧，歷盡劫數也難以遭逢。現今既已遇到了，豈敢因顧惜身命而失去？」從此侍奉六祖大師。

有一天，六祖大師告訴眾人說：「我有一件物品，沒有頭也沒有尾，沒有名也沒有字，沒有背面也沒有正面，你們有沒有認識的？」神會禪師就站出來回答說：「這是諸佛的本原，又是神會的佛性。」六祖大師說道：「明明對你說了沒有名也沒有字，你還稱它是本原、佛性？」神會禪師禮拜而退。不久，神會禪師前往西京受戒。唐中宗景龍年間（七〇七～七一〇年），神會禪師又回到了曹溪。

六祖大師圓寂後二十年間，曹溪的頓悟宗旨僅局限在荊（今兩湖地區）、吳（今蘇南一帶）、嵩山附近傳播，而漸悟法門卻盛行於唐代兩京所在的秦（關中地區）、洛（今河南洛陽一帶）地區。於是神會禪師來到京城，於唐玄宗天寶四年（七四五年）才確定了南北兩宗的地位，指南派慧能的頓宗與北派神秀的漸宗。並撰寫了〈顯宗記〉一文，盛行於世。

有一天，神會禪師的家鄉送來了家信，告知他父母雙亡。神會禪師便上法堂敲椎告知眾僧道：「我父母均亡，請大眾誦念《摩訶般若經》。」眾僧剛剛會集，神會禪師就擊槌說道：「有勞諸位了。」

神會禪師於唐肅宗上元元年（七六〇年）五月十三日半夜悄然坐化，世俗年齡為七十五歲。上元二年，遷葬於東京洛陽郊外龍門的靈塔中。天子又敕令在禪師靈塔旁邊建置寶應寺。唐代宗大曆五年（七七〇年），賜寺名為真宗般若傳法之堂。七年，又賜靈塔名為般若大師之塔。

【說　明】孕育於嶺南地區的南宗慧能一派最終取代北宗神秀一派，獲得禪宗傳法的正統地位，神會禪師發揮了重大的作用。神會在慧能大師死後北上，初住南陽龍興寺，開元二十年（七三二年）左右在滑臺（今河南省滑縣東）大雲寺設無遮大會（僧俗皆可參加），與北宗神秀門徒辯論，以確定慧能大師為五祖弘忍大師的衣鉢傳人。時人更有以禪宗七祖尊稱神會禪師的，但未為後世所普遍認可。當「安史之亂」時，神會禪師又以財物錢帛作為軍費，資助大將郭子儀收復兩京，贏得唐王朝的好感，轉而支持南宗。於是慧能南宗禪學由此得以在北方京、洛等地廣為傳播，影響激增。

又六祖慧能大師的法嗣除上述十九人，還有韶州祇陀禪師、撫州淨安禪師、嵩山尋禪師、羅浮山定真禪師、南嶽堅固禪師、制空山道進禪師、善快禪師、韶山緣素禪師、宗一禪師、會稽秦望山善現禪師、南嶽梵行禪師、并州自在禪師、西京咸空禪師、峽山泰祥禪師、光州法淨禪師、清涼山辯才禪師、廣州吳頭陀、道英禪師、智本禪師、廣州清苑法真禪師、玄楷禪師、曇璀禪師、韶州刺史韋據和義興孫菩薩等二十四人，因無機緣語句，故未收錄。六祖大師法嗣除上述四十三人（其中十人為旁出法嗣），據《壇經》卷一〇所載，還有法珍、法如、方辯等人。

臥輪禪師偈（附）

有僧舉臥輪禪師偈云：「臥輪有伎倆❶，能斷百思想。對境心不起，菩提日日長。」六祖大師聞之曰：「此偈未明心地，若依而行之，是加繫縛❷。」因示一偈曰：「慧能沒伎倆，不斷百思想。對境心數起，菩提作麼長。」此二偈諸方多舉，故附於卷末。臥輪者，非名即住處也。

【注釋】❶伎倆　本領；本事。❷繫縛　為「煩惱」的同義詞。

【語譯】有位僧人舉出了臥輪禪師的一首偈頌道：「臥輪有伎倆，能斷絕各種心念。面對外境而心念不興起，菩提就能日日增長。」六祖大師聽過後說道：「這一首偈頌尚未能明見自己本心。如果依照它去修行，只能是作繭自縛。」因此他也說了一首偈頌道：「慧能沒有伎倆，並不斷絕各種心念。面對外境屢屢發起心念，菩提就這麼增長。」這兩首偈為許多人所舉用，故而附錄於本卷末。所謂臥輪，不是人名就是地名。

卷六

南嶽懷讓禪師法嗣法系表

懷讓禪師（見卷五）
- 馬祖道一禪師
- 常浩禪師
- 智達禪師
- 坦然禪師
- 神照禪師
- 嚴峻禪師
- 本如禪師
- 玄晟禪師
- 法空禪師

馬祖道一禪師法嗣法系表（上）

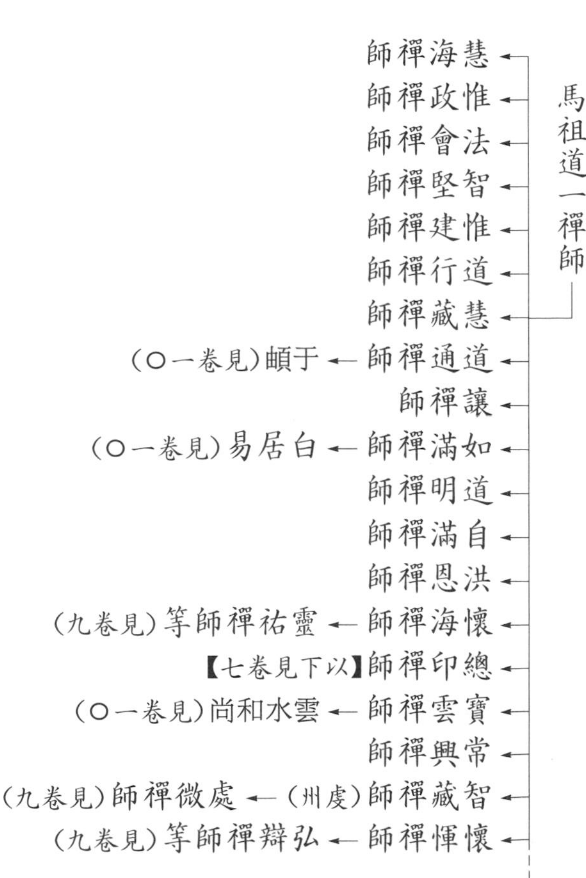

師禪哲明 ←
師禪義大 ←
師禪在自 ←
(〇一卷見)尚和化普 ← (州幽)師禪積寶 ←
師禪毓太 ←
(九卷見)師禪遂良 ← 師禪徹寶 ←
(〇一卷見)等師禪常道 ← 師禪安齊 ←
(〇一卷見)師禪原正 ← 師禪默靈 ←
(〇一卷見)師禪智迦 ← 師禪常法 ←
(〇一卷見)等師禪靈戒 ← 師禪湍靈 ←
(〇一卷見)等師禪智法 ← 師禪寬惟 ←
(九卷見)師禪超慧 ← 師禪會如 ←
師禪等無 ←
(〇一卷見)師禪廙藏 ← 師禪暢圓 ←
師禪常智 ← → 靈訓禪師等(見卷一〇)
【八卷見下以】師禪業無 ← → 常貞禪師等(見卷一〇)
師禪澄廣 ←
師禪願普 ← → 景岑禪師等(見卷一〇)
師禪峰隱 ←
尚和嶼佛 ←
尚和臼烏 ←
尚和善大 ←
尚和臼石 ←
尚和溪本 ←
尚和林石 ←
主座亮 ←
尚和眼黑 ←
尚和嶺米 ←
尚和峰齊 ←
尚和陽大 ←
尚和螺紅 ←

(山洋龜)師禪了無 ←
尚和山利 ←
尚和源乳 ←
尚和山松 ←
尚和川則 ←
師禪藏曇 ←
尚和靈百 ←
尚和牛金 ←
尚和安洞 ←
尚和地打 ←
尚和溪秀 ←
師禪藏神 ←
師禪覺善 ←
尚和塘水 ←
尚和寺古 ←
尚和樹椑 ←
尚和堂草 ←
師禪叔甄 ←
尚和溪濛 ←
尚和澗黑 ←
尚和平興 ←
尚和遙逍 ←
尚和溪福 ←
尚和老水 ←
尚和盃浮 ←
尚和山龍 ←
蘊龐 ←
尚和安齊 (〇一卷見) ← 師禪藏智 (山目天) ←
師禪英鎬 ←
師禪泰崇 ←

脩然禪師
策禪師
智聰禪師
神鑒禪師
智通禪師
（杭州）智藏禪師
韜懷禪師
（虔州）法藏禪師
懷則禪師
明幹禪師
洪潭禪師
懷坦禪師
元禮禪師
保慶禪師
志賢禪師
道晤禪師
法柔禪師
覺平禪師
勝辯禪師
慶雲禪師
玄虛禪師
清賀禪師
惟建禪師
洪濬禪師
神鄞禪師
道圓禪師
惟然禪師
曇覬禪師
（荊州新寺）寶積禪師
（河中府）法藏禪師
良津禪師

崇禪師
智周禪師
法宣禪師
惟直禪師
常徹禪師
暉禪師
道巖禪師
常堅禪師
寶貞禪師
靖宗禪師 → 神照禪師等（見卷一〇）
道方禪師
修廣禪師
定慶禪師
惟獻禪師
普滿禪師
明覺禪師
行明禪師
希頂禪師
定覺禪師
洪山大師
元堤禪師
（泉州）無了禪師
慧忠禪師
懷空禪師
道行禪師
（廬山）法藏禪師
寧賁禪師

卷六

南嶽懷讓禪師法嗣

【題解】自此至卷一三上半部，皆為南嶽懷讓禪師的法嗣，共七世。

江西道一禪師俗姓馬，時人稱馬祖。

江西道一禪師，漢州什邡人也，姓馬氏。容貌奇異，牛行虎視，引舌過鼻，足下有二輪文。幼歲依資州唐和尚❶落髮，受具於渝州圓律師。唐開元中，習禪定於衡嶽傳法院，遇讓和尚。同參九人，唯師密受心印。

讓之一，猶思之遷也，同源而異派❷。故禪法之盛，始于二師。劉軻❸云：「江西主大寂❹，湖南主石頭，往來憧憧❺，不見二大士，為無知矣。」西天般若多羅記達磨云：「震旦雖闊無別路，要假姪孫腳下行。金雞❻解銜一顆米，供養十方羅漢僧。」又六祖能和尚謂讓曰：「向後❼佛法從汝邊去，馬駒蹋殺天下人。」厥後❽江西法嗣布於天下，時號馬祖。

始自建陽佛迹嶺遷至臨川，次至南康龔公山❾。大曆中，隸名於開元精舍❿。時連帥⓫路嗣恭⓬聆風景慕⓭，親受宗旨。由是四方學者，雲集座下。

一日，謂眾曰：「汝等諸人，各信自心是佛，此心即是佛心。達磨大師從南天竺國來，躬至中華，傳上乘一心之法，令汝等開悟。又引《楞伽經》文，以印眾生心地，恐汝顛倒不自信。此心之法，各各有之，故《楞伽經》云：『佛語心為宗，無門[14]為法門。』又云：『夫求法者應無所求。』心外無別佛，佛外無別心。不取善，不捨惡，淨穢兩邊，俱不依怙[15]。達罪性空，念念不可得，無自性故。故三界唯心[16]。森羅萬象[17]，一法之所印。凡所見色，皆是見心。心不自心，因色故有心。汝但隨時言說，即事即理，都無所礙。菩提道果，亦復如是。於心所生，即名為色。知色空故，生即不生。若了此意，乃可隨時。著衣喫飯，長養聖胎，任運[18]過時，更有何事？汝受吾教，聽吾偈曰：『心地隨時說，菩提亦只寧[19]。事理俱無礙，當生即不生[20]。』」

僧問：「和尚為什麼說即心即佛？」師云：「為止小兒啼。」僧云：「啼止時如何？」師云：「非心非佛。」僧云：「除此二種人來，如何指示？」師云：「向伊道不是物。」僧云：「忽遇其中人來時如何？」師云：「且教伊體會大道。」

僧問：「如何是西來意？」師云：「即今是什麼意？」

龐居士[21]問：「如水無筋骨，能勝萬斛舟。此理如何？」師云：「遮裡無水亦無舟，說什麼筋骨！」

一日，師上堂，良久，百丈㉒收卻面前席，師便下堂。百丈問：「如何是佛法旨趣？」師云：「正是汝放身命處。」師問百丈：「汝以何法示人？」百丈豎起拂子，師云：「只遮箇？為當別有。」百丈拋下拂子。

僧問：「如何得合道？」師云：「我早不合道。」

僧問：「如何是西來意？」師便打，乃云：「我若不打汝，諸方笑我也。」

有小師行腳㉓迴，於師前畫箇圓相，就上禮拜了立。師云：「汝莫欲作佛否？」云：「某甲不解捏目㉔。」師云：「吾不如汝。」小師不對。

鄧隱峰㉕辭師，師云：「什麼處去？」對云：「石頭去。」師云：「石頭路滑㉖。」對云：「竿木隨身，逢場作戲㉗。」便去。才到石頭，即繞禪牀一匝，振錫一聲，問：「是何宗旨？」石頭云：「蒼天！蒼天！」隱峰無語，卻迴舉似於師。師云：「汝更去，見他道蒼天，汝便噓噓㉘。」隱峰又去石頭，一依前問「是何宗旨」，石頭乃噓噓，隱峰又無語，歸來。師云：「向汝道『石頭路滑』。」

有僧於師前作四畫，上一長，下三短，問云：「不得道『一長三短』，離此『四』字外，請和尚答。」師乃畫地一畫云：「不得道長短。答汝了也。」忠國師㉙聞，別云：「何不問老僧？」

有一講僧㉚來，問云：「未審禪宗傳持何法？」師卻問云：「座主㉛傳持何法？」彼云：「忝講得經論㉜二十餘本。」師云：「莫是師子兒㉝否？」云：「不敢。」師作噓噓聲。彼云：「此是法。」師云：「是什麼法？」云：「師子出窟法。」師乃默然。彼云：「此亦是法。」師云：「是什麼法？」云：「師子在窟法。」師云：「不出不入，是什麼法？」無對。（百丈代云：「見麼？」）遂辭出門。師召云：「座主！」彼即迴首，師云：「是什麼？」亦無對。師云：「遮鈍根阿師㉞。」

洪州廉使㉟問云：「弟子喫酒肉即是，不喫即是？」師云：「若喫是中丞㊱祿，不喫是中丞福。」

師入室弟子一百三十九人，各為一方宗主㊲，轉化無窮。師於貞元四年正月中，登建昌石門山㊳，於林中經行，見洞壑平坦處，謂侍者曰：「吾之朽質㊴，當於來月歸茲地矣。」言訖而迴。至二月四日，果有微疾，沐浴訖，跏趺入滅。元和中，追諡大寂禪師，塔曰大莊嚴。今海昏縣影堂㊵存焉。（《高僧傳》㊶云：大覺禪師。）

【注釋】❶唐和尚　即處寂禪師（六六五～七三六年），師從寶修禪師，居資州北山為苦行法，四十年不入村鎮，多有異跡。❷派　河流。❸劉軻　廣東曲江人，字希仁，童年嗜學，著書甚多，文章雄瞻，官至侍御史。❹大寂　馬祖死後被追諡大寂禪師。❺憧憧　往來不定貌。❻金雞　暗喻初祖菩提達磨像金雞一樣拿來西天一粒米（佛法），由此使禪宗傳遍中國境內。❼向後　往後。❽厥後　其後；此後。❾龔公山　位於江西贛縣東北，古代有隱士龔毫隱居於此，故名。❿開元精舍　也名開元寺，在今江西進賢，地近洪州（今南昌），初建於唐玄宗開元年間。⓫連帥　意為兩路帥臣。時路嗣恭任江西觀察使兼嶺南節度使。⓬路嗣恭　字懿范，初名劍客，唐玄宗因其政績顯著，可嗣續漢代能臣魯恭，故賜名嗣恭，官至兵部尚書，唐德宗時卒。⓭景慕　敬佩、仰慕。⓮無門　佛心的異名。⓯怙　依靠。⓰三界唯心　古代僧人曾概括《華嚴經》經義為一偈，曰：「三界唯一心，心外無別法。心佛及眾生，是三無差別。」⓱森羅萬象　指宇宙間存在的一切現象都森然羅列在眼前。⓲任運　指自然、任法之自我運動，而不加以人的造作行為。⓳只寧　只是這個。⓴不生　即涅槃。㉑龐居士　即龐蘊居士，字道玄，衡州人，為馬祖的俗家弟子。㉒百丈　即馬祖弟子百丈懷海禪師。㉓行腳　出門遠行。㉔捏目　裝模作樣；矯揉造作。㉕鄧隱峰　馬祖弟子，俗姓鄧，初參馬祖不契，往依石頭亦不捷，再歸馬祖，終於悟入。㉖石頭路滑　石頭，即石頭希遷禪師。路滑，意指希遷禪師機鋒圓滑，難以討巧。㉗逢場作戲　此為隨機應變之意。㉘噓噓　歎惜聲。此以「噓」暗指「虛」，即虛空，以回應希遷禪師所說的「蒼天」。㉙忠國師　即慧忠國師。㉚講僧　講說佛經的僧人。㉛座主　禪宗稱其他佛教宗派的一寺主持為座主，與上座、首座意同。㉜經論　三藏中的經藏和論藏。㉝師子兒　即獅子。佛經中常以威猛無懼的獅子比喻言說佛法者。㉞鈍根阿師　根機愚昧而不堪成就佛道者稱鈍根。阿師，對僧人的俗稱。㉟廉使　觀察使的別稱。㊱中丞　即御史中丞，唐代地方觀察使大都兼有御史中丞之銜，以重其職。㊲宗主　僧俗徒眾所共仰的人。㊳石門山　位於江西靖安北泐潭之右，上有寶蓮峰，峰側有宴坐峰，為馬祖道一禪師駐錫之所。㊴朽質　衰落之質，對遺體的婉轉稱呼。㊵影堂　奉祀先人造像之所。㊶高僧傳　即《宋高僧傳》，三十卷，宋僧贊寧撰，始自唐高宗時，至於宋初，凡錄五百三十三人，附錄一百三十人，分為十類。

【語　譯】江西道一禪師，漢州什邡（今屬四川）人，俗姓馬。他相貌奇特，行走起來像牛，看人虎視眈眈，伸出舌頭能碰到鼻尖，腳底下長有兩個如車輪一般的紋路。他幼年皈依資州（今四川資中）唐和尚出家落髮，在渝州（今重慶）圓律師處受具足戒。唐玄宗開元年間（七一三～七四一年），他在衡山傳法院修行禪定，遇到了懷讓禪師，得以悟徹禪要。當時參拜懷讓禪師的共有九人，只有馬祖密受了心印。懷讓禪師之有道一禪師，就與行思禪師之有希遷禪師一樣，他倆是同源而異流，所以禪法的興盛，就開始於這兩位禪師。劉軻說：「江西禪法以馬祖大寂禪師為首，湖南禪法以石頭希遷禪師為首，路上匆匆往來求法的僧人，如果沒有參見這兩位大士，就會被人恥笑為無知了。」西天般若多羅祖師曾對菩提達磨預言道：「震旦（中國）雖然幅員遼闊但卻沒有其他可以行走的道路，要憑藉徒侄徒孫們的雙腳來開闢行路。金雞懂得銜去一粒米，以供養十方羅漢僧人。」另外六祖慧能大師也曾對懷讓禪師預言道：「往後佛法從你這一支流傳下去，那馬駒將會踏殺天下人。」此後江西道一禪師的法嗣遍布於天下，當時號稱為馬祖。馬祖最初從建陽（今屬福建）佛迹嶺遷居於臨川（今江西撫州），隨後遷居南康（今屬江西）龔公山。唐代宗大曆年間（七六六～七七九年），馬祖在鍾陵（今江西進賢）開元精舍駐錫。當時兼任江西、嶺南兩路大帥的路嗣恭聽到馬祖的禪風，心生敬佩仰慕之情，親自前來拜訪，承受馬祖的教誨。於是四方學者，紛紛雲集於馬祖法座之下。

有一天，馬祖對眾人說道：「你們眾人要各自堅信自心即是佛，此心即是佛心。初祖達磨大師親自從南天竺國來到中華大地，傳布最上乘一心之佛法，使你們心中開悟。達磨祖師又引用《楞伽經》經文，來印證眾生之本心，這是擔心你們顛倒正見而不能自信正法。這印心之法門，所在都有，所以《楞嚴經》說：『佛說以心為宗旨，以無門為法門。』又說：『那些求法者應當別無所求。』因為除了心以外，沒有別的佛存在，除了佛以外，也沒有別的心存在。不追求善，也不捨棄惡，清淨與汙穢兩個極端，都不去依靠。所謂明達罪性空的境界，卻是剎那間也不能獲得的，這是沒有自性的緣故。所以欲界、色界和無色界三界唯有一心，心外無別法。森羅萬象，都是一法所映現的。因此觀看世間一切事物與現象，就是在觀察自心。心不會自己顯示心的存在，因為外界現象的映現而有了心。你們只要隨時記念這一法門，那麼眼前的事即是理，都將無所阻礙。菩提道果的印證，也同樣如此。心裡所萌生的念頭，就名之為『色』。知道色本空的道理，那麼生就是不生了。如若明瞭這一意思，才能隨時印證佛法。穿衣吃飯，都是在長養聖胎，隨它自然運動之時，還會發生什麼事？你們領受我的教法，且聽我說偈頌：『心地隨時印證，菩提也只是這個。事物與道理的認識都沒有阻礙，那麼當生之時即是不生。』」

有僧人問道：「和尚為什麼說即心即佛？」馬祖回答：「為了止住小兒的啼哭。」那僧人問道：「啼哭止住之時怎麼樣？」馬祖回答：「既不是心也不是佛。」那僧人再問道：「除了這兩種人來，和尚又怎麼指示？」馬祖回答：「對他說那不是東西。」那僧人追問道：「忽然遇到這兩種人來時，又將怎麼辦？」馬祖回答：「姑且教他體會佛法大道。」

有僧人問道：「什麼是達磨祖師西來意？」馬祖反問道：「就是眼前又是什麼旨意呢？」

龐居士問道：「如河水沒有筋骨，卻能承載起重達萬斛的巨舟。這個道理是怎麼樣的？」馬祖回答：「這裡既沒有河水也沒有巨舟，還說什麼筋骨不筋骨的！」

有一天，馬祖上法堂講法，過了好久未說話，百丈懷海禪師就把面前的坐席收起，馬祖也隨即退下法堂。懷海禪師問道：「什麼是佛法旨趣？」馬祖回答：「正好是你放身家性命的地方。」馬祖問懷海禪師道：「你用什麼法指示眾人？」懷海禪師豎起了拂塵，馬祖說道：「只是這個？我還以為應有別的。」懷海禪師就拋下了拂塵。

有僧人問道：「怎麼才能符合道？」馬祖回答：「我早就不合道了。」

有僧人問道：「什麼是達磨祖師西來意？」馬祖便打他，然後說道：「我如果不打你，四方禪僧就會笑話我了。」

有一個小和尚出遠門回來，在馬祖面前畫了一個圓圈，向上禮拜後站在那裡。馬祖問道：「你莫不是想做佛嗎？」那小和尚回答：「某甲不懂得裝模作樣。」馬祖歎道：「我不如你。」那小和尚不回答。

鄧隱峰向馬祖辭別，馬祖問道：「到什麼地方去？」鄧隱峰回答：「到石頭禪師那裡去。」馬祖提醒道：「石頭路滑。」鄧隱峰回答說：「木棍隨身，可以逢場作戲。」於是就去了。鄧隱峰剛到石頭希遷禪師那裡，就環繞禪牀走了一圈，振動錫杖發出一下聲響，問道：「這是什麼宗旨？」希遷禪師仰天歎道：「蒼天！蒼天！」鄧隱峰無語可對，就回來稟告馬祖。馬祖說道：「你再去，聽到他說蒼天，你就噓他兩聲。」鄧隱峰又來到希遷禪師那裡，完全依照上次的問話說「這是什麼宗旨」，希遷禪師先噓噓兩聲，鄧隱峰又無語以對，鎩羽而歸。馬祖說道：「我先前向你告誡過『石頭路滑』。」

有一個僧人在馬祖面前畫了地上四畫，最上一條長，下面三條短，說道：「不能說『一長三短』，離開了這『四』字外，請和尚回答。」馬祖就在地上畫了一畫，說道：「不能說長短。我已經回答你了。」慧忠國師聽說後，就別作一回答道：「為什麼不來問老僧？」

有一個講經僧來拜訪，問道：「不知道禪宗傳持什麼法？」馬祖反問道：「座主傳持什麼法？」講經僧回答：「馬馬虎虎可以講說經論二十多種。」馬祖問道：「座主莫非就是獅子吧？」講經僧面有得色：「不敢當。」馬祖便噓噓了兩聲。講經僧說道：「這就是法。」馬祖問道：「是什麼法？」那講經僧回答：「是獅子出洞法。」馬祖便沉默不語。講經僧又說：「這也是法。」馬祖問道：「又是什麼法？」講經僧回答：「是獅子在窟法。」馬祖便問道：「既不出又不入，那是什麼法？」講經僧不能回答，百丈懷海禪師代他作答道：「看見了麼？」就告辭出門。馬祖招呼道：「座主！」那講經僧隨即回過頭來，馬祖問道：「是什麼？」那講經僧還是不能回答。馬祖歎惜道：「這個鈍根阿師。」

洪州（今江西南昌）廉使問道：「弟子是飲酒吃肉對呢，還是不吃對？」馬祖回答：「若飲酒吃肉那是中丞所應得的俸祿，若不吃那就是中丞的福分。」

馬祖有入室弟子一百三十九人，各自成為一方僧俗所共仰的宗主，輾轉教化，徒眾多得無法計量。馬祖於唐德宗貞元四年（七八八年）正月中，登上建昌（今江西永修）石門山，在樹林行走，看見一處洞壑平坦的地方，就對侍從者說道：「我的朽質，當於下個月歸送此地啊。」馬祖說完即回去了。到二月四日，馬祖果然生了小病，沐浴完畢，即跏趺圓寂。唐憲宗元和年間（八〇六～八二〇年），馬祖被追謚為大寂禪師，其靈塔賜名曰大莊嚴塔。宋初，海昏縣（今江西修水）還保存著奉祀馬祖的造像影堂。《宋高僧傳》說：馬祖的謚號為大覺禪師。

【說　明】馬祖道一禪師因為門徒眾多，聲勢浩大，人們為表示特別尊崇，便稱他為「祖」，六祖慧能大師之後，僅此一人。因馬祖禪門崇盛，故人們往往以其弘法之地江西代指馬祖。又馬祖晚年住洪州開元寺，後人遂稱其所傳的宗旨為洪州宗。馬祖禪法仍是六祖慧能一路，主張「即心是佛」，但馬祖進而認為修禪者應將人的一切心念、行為，不論其善惡、苦樂，都視作佛性的表現，而非抽象地講真心、清淨心，因此馬祖提出「平常心是道」的命題，「只如今行住坐臥應機接物盡是道」，進一步將禪宗世俗化、通俗化。作為一種對人生境界、生活態度的「平常心是道」，是建立在「即心是佛」、「萬法性空」、「三界唯心」的哲理基礎上的，而自然與普通人「千般計較」、「百種須索」的日常生活有著本質差異。因此雖然人的「自性本來具足」，但因外境的汙染，而妨礙頓悟，故馬祖在「平常心是道」的旗幟下，大量運用隱語、動作、手勢、符號，乃至呵斥、拳打、腳踢、棒擊等以去除汙染，顯現自性，從而使禪風發生了一次奇異的變化。因此，禪宗發展至馬祖，成為由「祖師禪」向「分燈禪」轉變的一個關節點，而影響深遠。

又懷讓禪師除馬祖，還另有八名弟子，為南嶽常浩禪師、智達禪師、坦然禪師、潮州神照禪師、揚州大明寺嚴峻禪師、新羅國本如禪師、玄晟禪師和東霧山法空禪師，因無機緣語句，故未收錄。

懷讓禪師下二世

馬祖道一禪師法嗣上

越州大珠慧海禪師

越州大珠慧海禪師者，建州人也，姓朱氏。依越州大雲寺道智和尚受業。初至江西參馬祖，祖問曰：「從何處來？」曰：「越州大雲寺來。」祖曰：「來此擬須❶何事？」曰：「來求佛法。」祖曰：「自家寶藏❷不顧，拋家散走❸作什麼？我遮裡一物也無，求什麼佛法？」師遂禮拜，問曰：「阿那箇是慧海自家寶藏？」祖曰：「即今問我者，是汝寶藏。一切具足，更無欠少，使用自在，何假向外求覓？」師於言下自識本心，不由知覺，踊躍禮謝。

師事六載後，以受業師❹年老，遽歸奉養。乃晦迹❺藏用，外示癡訥。自撰《頓悟入道要門論》一卷，被法門師姪玄晏竊出江外❻，呈馬祖。祖覽訖，告眾云：「越州有大珠❼圓明，光透自在，無遮障處也。」眾中有知師姓朱者，迭相推識，結契來越上❽尋訪依附，時號大珠和尚者，因馬祖示出也。師謂曰：「禪客❾！我不會禪，並無一法可示於人故，不勞汝久立，且自歇去。」時學侶漸多，日夜叩激❿，事不得已，隨問隨答，其辯無礙。《廣語》⓫出別卷。

時有法師數人來謁，曰：「擬伸一問，師還對否？」師曰：「深潭月影，任意撮摩⓬。」問：「如何是佛？」師曰：「清潭對面⓭，非佛而誰？」眾皆茫然。法眼云：「是即沒交涉⓮。」良久，其僧又問：「師說何法度人？」師曰：「貧道未曾有一法度人。」曰：「禪師家渾⓯如此。」師卻問曰：「大德說何法度人？」曰：「講《金剛般若經》。」師曰：「講幾座來？」曰：「二十餘座。」師曰：「此經是阿誰說？」

僧抗聲曰：「禪師相弄[16]，豈不知是佛說耶？」師曰：「若言如來有所說法，則為謗佛[17]。是人不解我所說義。若言此經不是佛說，則是謗經。請大德說看。」無對。師少頃又問：「經云：『若以色見我，以音聲求我，是人行邪道，不能見如來。』大德且道：阿那箇是如來？」曰：「某甲到此卻迷去。」師曰：「從來未悟，說什麼卻迷？」僧曰：「請禪師為說。」師曰：「大德講經二十餘座，卻未識如來！」其僧再禮拜：「願垂開示。」師曰：「如來者，是諸法如義[18]。何得忘卻？」曰：「是諸法如義。」師曰：「大德！是亦未是？」曰：「經文分明，那得未是？」師曰：「大德如否？」曰：「如。」師曰：「木石如否？」曰：「如。」師曰：「大德如同木石如否？」曰：「無二。」師曰：「大德與木石何別？」僧無對。良久，卻問：「如何得大涅槃？」師曰：「不造生死業。」對曰：「如何是生死業？」師曰：「求大涅槃，是生死業。捨垢取淨，是生死業。有得有證，是生死業。不脫對治[19]門，是生死業。」曰：「云何即得解脫？」師曰：「本自無縛，不用求解。直用直行，是無等等[20]。」僧曰：「如禪師和尚者，實謂希有。」禮謝而去。

有行者問：「即心即佛，那箇是佛？」師云：「汝疑那箇不是佛，指出看！」

無對。師云：「達即徧境是，不悟永乖疏。」

有律師法明謂師曰：「禪師家多落空㉑。」師曰：「卻是座主家多落空。」法明大驚曰：「何得落空？」師曰：「經論是紙墨文字。紙墨文字者，俱空設於聲上，建立名句等法，無非是空。座主執滯教體㉒，豈不落空？」法明曰：「禪師落空否？」師曰：「不落空。」曰：「何卻不落空？」師曰：「文字等皆從智慧而生，大用現前，那得落空！」法明曰：「故知一法不達，不名悉達。」師曰：「律師不唯落空，兼乃錯用名言。」法明作色問曰：「何處是錯？」師曰：「律師未辨華、竺之音，如何講說？」曰：「請禪師指出法明錯處！」師曰：「豈不知『悉達』是梵語耶？」律師雖省過，而心猶憤然，具梵語「薩婆曷剌他悉陀」，中國翻云「一切義成」。舊云「悉達多」，猶是訛略梵語。又問曰：「夫經律論是佛語，讀誦依教奉行，何故不見性？」師曰：「如狂狗趁塊㉓，師子齩人。經律論是自性用，讀誦者是性法。」法明曰：「阿彌陀佛㉔有父母及姓否？」師曰：「阿彌陀姓憍尸迦，父名月上，母名殊勝妙顏。」曰：「出何教文？」師曰：「出《陀羅尼集》㉕。」法明禮謝，讚歎而退。

有三藏法師問：「真如有變易否？」師曰：「有變易。」三藏曰：「禪師錯也。」師卻問三藏：「有真如否？」曰：「有。」師曰：「若無變易，決定㉖是凡僧也。豈不聞善知識者，能迴三毒[27]為三聚淨戒[28]，迴六識為六神通[29]，迴煩惱作菩提，迴無明[30]為大智？真如若無變易，三藏真是自然外道[31]也。」三藏曰：「若爾者，真如即有變易。」師曰：「若執真如有變易，亦是外道。」曰：「禪師適來[32]說真如有變易，如今又道不變易，如何即是的當[33]？」師曰：「若了了見性者，如摩尼珠現色，說變亦得，說不變亦得。若不見性人，聞說真如變，便作變解，聞說不變，便作不變解。」三藏曰：「故知南宗實不可測。」

有道流[34]問：「世間有法過自然否？」師曰：「有。」曰：「何法過得？」師曰：「能知自然者。」曰：「元氣[35]是道[36]否？」師曰：「元氣自元氣，道自道。」曰：「若如是者，則應有二？」師曰：「知無兩人。」又問：「云何為邪？云何為正？」師曰：「心逐物為邪，物從心為正。」

有源律師來問：「和尚修道，還用功[37]否？」師曰：「用功。」曰：「如何用功？」師曰：「饑來喫飯，困來即眠。」曰：「一切人總如是，同師用功否？」師曰：「不同。」曰：「何故不同？」師曰：「他喫飯時不肯喫飯，百種須索[38]，睡時不肯睡，千般計校，所以不同也。」律師杜口。

有韞光大德問：「禪師自知生處否？」師曰：「未曾死，何用論生[39]？知生即是無生。法無離生，法說有無生。祖師云：『當生即不生。』曰：「不見性人，亦得如此否？」師曰：「自不見性，不是無性。何以故？見即是性，無性不能見。識即是性，故名識性。了即是性，喚作了性。能生萬法，喚作法性，亦名法身。馬鳴祖師云：『所言法者，謂眾生心，若心生故，一切法生。若心無生，法無從生，亦無名字。』迷人不知法身無象，應物現形，遂喚『青青翠竹總是法身，鬱鬱[40]黃華無非般若』。黃華若是般若，般若即同無情。翠竹若是法身，法身即同草木。如人喫筍，應總喫法身也。如此之言，寧堪齒錄[41]！對面迷佛，長劫希求，全體法中，迷而外覓。是以解道者，行住坐臥，無非是道。悟法者，縱橫自在，無非是法。」大德又問：「太虛[42]能生靈智否？真心緣於善惡否？貪欲人是道否？執是執非人向後心通否？觸境生心人有定否？住寂寞人有慧否？懷傲物人有我否？執空執有人有智否？尋文取證人、苦行求佛人、離心求佛人、執心是佛人，此智稱道否？請禪師一一為說。」師曰：「太虛不生靈智，真心不緣善惡，嗜欲深者機淺，是非交爭者未通，觸境生心者少定，寂寞忘機者慧沉，傲物高心者我壯，執空執有者皆愚，尋文取證者益滯，苦行求佛者俱迷，離心求佛者外道，執心是佛者為魔。」大德曰：「若如是應，畢竟無所有。」師曰：「畢竟是大德，不是畢竟無所有。」大德踊躍，禮謝而去。

【注　釋】❶擬須　擬，打算。須，需要。❷自家寶藏　指人人自身具備的佛性。❸散走　四處亂走。❹受業師　傳授自己學業的老師。❺晦迹　隱居；不讓人知道自己的蹤跡。❻江外　即江西。❼大珠　慧海俗姓朱，故馬祖以「珠」代「朱」。❽越上　即越州。❾禪客　對學禪僧人的尊稱。❿激　騷擾；打擾。⓫廣語　即《廣燈錄》，三十卷，宋仁宗時李遵勖撰。⓬撮摩　即「揣摩」。⓭清潭對面　用清潭為鏡映照自己的形貌，以水中身影比喻佛，暗指佛與自心是一無異。⓮交涉　關係；相關。⓯渾　全；完全。⓰相弄　戲弄。⓱謗佛　因現時說二十餘遍《金剛經》的是那法師而非佛，故認為佛說經即構成對佛的誹謗。但《金剛經》確實又是佛所說的，故認為此經不是佛所說的，又構成對《金剛經》的誹謗。慧海以此兩難說法來破解那法師對講經的執著、迷惑。⓲諸法如義　如法的種種相。法之諸相雖各自有異，但其理、體則一味平等，故「如」為「理」的異名，此理真實即名真如，此理為一即名一如。⓳對治　斷絕煩惱之意。⓴無等等　九界眾生不能等於理佛，能等於此理佛，則為無等之等。《維摩經》注：「佛道超絕，無與等者，唯佛佛自等，故言無等等。」㉑落空　歸於空疏；無用。㉒教體　釋迦牟尼一代教法之體性。㉓趁塊　趁，追逐。塊，肉塊。㉔阿彌陀佛　佛名，淨土宗的主要信仰對象，為西方極樂世界教主，能接引念佛人往生西方淨土，故又稱接引佛。㉕陀羅尼集　即《陀羅尼集經》，十二卷，唐代阿地瞿多譯，演說諸佛菩薩諸天之印咒。㉖決定　肯定；一定。㉗三毒　貪毒、瞋毒、癡毒。《智度論》曰：「有利益我者生貪欲，違逆我者而生瞋恚，此即使不從智生、從狂惑生，故是名為癡。三毒為一切煩惱根本。」㉘三聚淨戒　三聚該收一切眾生：一為正定聚，必定證悟者；二為邪定聚，畢竟不能證悟者；三為不定聚，在前兩者之間，有緣能證悟，無緣不能證悟。淨戒，清淨之戒行。㉙六神通　指天眼通、天耳通、他心通、宿命通、神足通、漏盡通。㉚無明　愚昧。㉛自然外道　佛教所稱的十三種外道之一，認為萬物皆為自然生成。㉜適來　剛才。㉝的當　正確；妥貼。㉞道流　道士。㉟元氣　指產生和構成天地萬物的原始物質，或指陰陽二氣混沌未分的實體。㊱道　宇宙萬物的本原、本體。《老子》曰：「有物混成，先天地生，……可以為天下母。吾不知其名，字之曰道。」㊲用功　律宗將就戒律，一般以苦行勵志來修行，以勤學強記為用功，與禪宗宣揚的修行很不相同。㊳須索　思索；追尋。㊴何用論生　佛教一般非常注重因果報應、生死輪迴之事，但禪宗尤其是南宗認為一切皆空，重視證悟「當下」自心，而較看輕來世之事。㊵鬱鬱　繁盛之貌。㊶齒錄　開口說出，用筆記錄。㊷太虛　浩瀚宇宙。

【語　譯】越州（今浙江紹興）大珠慧海禪師，建州（今福建建甌）人，俗姓朱。他起初皈依越州大雲寺道智和尚出家受業。慧海禪師第一次至江西參拜馬祖，馬祖問道：「你從什麼地方而來？」慧海禪師回答：「從越州大雲寺來。」馬祖問道：「來這裡打算做什麼事？」慧海禪師回答：「來求佛法。」馬祖說道：「自家的寶藏不屑一顧，而拋家亂走幹什麼？我這裡一件東西也沒有，你來求什麼佛法？」慧海禪師就禮拜問道：「阿哪個是慧海的自家寶藏？」馬祖回答：「眼下問我的，就是你的寶藏。你一切具備，毫不缺少，可以自在無礙的使用，哪裡還要向外尋覓呢？」慧海禪師一聽，立即識見了自我本心，不覺省悟，歡喜踴躍，禮謝馬祖。

慧海禪師侍從馬祖六年以後，因為自己的受業師道智和尚年老力衰，需人照料，所以急忙歸越州去奉養，並隱晦蹤跡，斂藏才華，做出一副痴愚木訥的樣子。慧海禪師撰有《頓悟入道要門論》一卷，被本門師侄玄晏偷偷地拿到江西，呈送給馬祖。馬祖閱讀完畢，就告訴眾僧說：「越州有一顆大明珠，圓滿澄明，慧光透徹自在，沒有被蒙蔽、障礙的地方。」眾僧中有人知道慧海禪師俗姓朱，就互相推舉，前來越州尋訪慧海禪師，請求依附，當時號稱慧海禪師為大珠和尚，就是因為馬祖曾加以稱讚的緣故。慧海禪師推辭道：「禪客！我不會禪法，所以沒有一法可以向你們傳示，不敢有勞你們在此久立，暫且歇息去吧。」此時前來求學的僧人漸漸增多，白日黑夜向慧海禪師叩頭請求，沒完沒了，慧海禪師不得已，只得隨問隨答，其論辯講說沒有一點滯礙之處。《廣燈錄》將此事歸入其他卷中。

當時有幾位法師前來謁見，問道：「想請問一個問題，禪師願意回答嗎？」慧海禪師回答：「深潭映現月影，隨人任意觀摩。」那法師問道：「什麼是佛？」慧海禪師反問道：「清潭水中映照的形貌，不是佛又是誰？」眾法師都茫然不解。法眼禪師說道：「這就是沒交涉。」過了片刻，那法師又問道：「禪師講說什麼法引度大眾？」慧海禪師回答：「貧道向未曾有一法引度眾生。」那法師不滿地說：「禪師們都是如此說話。」慧海禪師就反問道：「大德講說什麼法引度眾人？」那法師回答：「講說《金剛般若經》。」慧海禪師問道：「講說了多少遍？」那法師回答：「講說了二十多遍。」慧海禪師問道：「這部經書是誰說的？」那法師高聲責問道：「禪師不要戲弄人，難道不知道是佛說的嗎？」慧海禪師說道：「如果說是如來有所說法，那就是誹謗佛。這是有人不理解我說的意思。如果說這部經書不是佛所說的，那就是在誹謗佛經。其道理還請大德說說看。」那法師無言以對。慧海禪師過了片刻又問道：「《金剛經》中說：『如若想通過形象來認識我，通過聲音來尋求我，那是人在行邪道，並不能見如來。』大德姑且說說看：阿哪個是如來？」那法師說道：「某甲到這裡之後反而迷失了。」慧海禪師指出：「你從來就沒有領悟過，卻說什麼迷失？」那法師說道：「那就請禪師為我講說。」慧海禪師說道：「大德講說了二十餘遍《金剛經》，卻還不認識如來！」那法師再次禮拜請求道：「誠願禪師慈悲為懷，開示教誨。」慧海禪師說道：「所謂如來，就是諸法如義。怎麼會忘記？」那法師說道：「是諸法如義呀。」慧海禪師問道：「大德！是還是不是？」那法師說道：「經文上說得分明，怎麼會不是？」慧海禪師問道：「大德是否真實？」那法師回答：「真實。」慧海禪師問道：「木石是否真實？」那法師回答：「真實。」慧海禪師問道：「大德的真實是否與木石的真實相同？」那法師回答：「沒有區別。」慧海禪師問道：「那麼大德與木石怎麼區別？」那法師無言應對。過了好一會兒，那法師反問道：「怎麼才能得到大涅槃？」慧海禪師回答：「不要造生死之業。」那法師問道：「什麼是生死之業？」慧海禪師回答：「追求大涅槃，就是生死之業。捨棄汙垢而趨取清淨，就是生死之業。有得到有印證，就是生死之業。不脫離對治法門，就是生死之業。」那法師問道：「怎麼做才能得以解脫？」慧海禪師說道：「本來就沒有束縛，不用尋求解脫。任心而用，任心而行，那就是無等之等。」那法師說道：「如禪師這樣的和尚，真可說是罕有之人。」致禮拜謝而去。

有行者問道：「即心即佛，哪一個是佛？」慧海禪師說道：「你懷疑哪一個不是佛，指出來看看！」那行者無言回答。慧海禪師說道：「如若達悟了，則遍地都是佛，沒有覺悟，則與佛永遠相背離。」

有個名叫法明的律師對慧海禪師說：「禪師家多落空。」慧海禪師反擊道：「還是座主家多落空。」法明律師大驚道：「怎麼會落空？」慧海禪師說道：「經文、論說是用墨寫在紙上的文字。用墨寫在紙上的文字，都是憑空設立在聲音之上，建立名稱、章句等法則，這無非都是空。座主執著於佛之教體，難道不是落空？」法明律師問道：「禪師是否也落空？」慧海禪師回答：「不落空。」法明律師問道：「為什麼反而不落空？」慧海禪師說道：「文字等都從智慧中所生，大用於眼前，哪裡會落空！」法明律師說道：「由此知道有一法不通達，就不能叫做『悉（全都）達』。」慧海禪師說道：「律師不但落空，而且還錯用了名詞。」法明律師一聽大為憤怒，責問道：「什麼地方錯了？」慧海禪師回答：「律師未能辨別中華與天竺的語音，怎麼能夠講說佛法？」法明律師說道：「還請禪師指出法明的錯誤所在！」慧海禪師說道：「律師難道不知道『悉達』是梵語嗎？」法明律師雖然知道了過錯，但心中仍然憤憤不平，梵語全稱為「薩婆曷剌他悉陀」，華語意譯作「一切意成」。過去翻譯作「悉達多」，還是屬於錯誤地節略梵語。又問道：「經、律、論三藏是佛的語言，誦讀並依從教法奉行，為什麼不能見性？」慧海禪師回答：「如同狂狗追逐肉塊，獅子咬人。經、律、論三藏是自性之用，而誦讀者只是自性之法。」法明律師問道：「阿彌陀佛有父母以及姓嗎？」慧海禪師回答：「阿彌陀佛姓憍尸迦，父親名叫月上，母親名叫殊勝妙顏。」法明律師追問道：「這出自哪部經文？」慧海禪師回答：「出自《陀羅尼集經》。」法明律師施禮拜謝，讚歎而退。

有個三藏法師問道：「真如是否有變化？」慧海禪師回答：「有變化。」那三藏叫道：「禪師錯了。」慧海反問那三藏道：「是否有真如？」那三藏回答：「有。」慧海禪師說道：「如果認為沒有變化，那一定是一個凡僧。你難道沒有聽說，所謂善知識，能夠回轉貪、瞋、癡三毒為三聚淨戒，回轉眼、耳、鼻、舌、身、意六識為六神通，回轉煩惱為菩提，回轉無明為大智慧？真如如果沒有變化，那三藏真是自然外道了。」那三藏說道：「如果是這樣的，真如就有變化。」慧海禪師說道：「如果執著於真如是有變化的，也屬於外道。」那三藏問道：「禪師剛才說真如是有變化的，現在又說真如是沒有變化的，什麼才算是正確的？」慧海禪師回答：「如果是了然明心見性之理的人，就好像是摩尼珠五色輝耀，說它變化也對，說不變化也對。如果是不見性的人，聽說真如是變化的，就作變化的理解，聽說真如是不變化的，就作不變化的理解。」那三藏讚道：「由此知道南宗實在深不可測。」

有個道士問道：「世間是否有什麼法能超過自然的作用？」慧海禪師回答：「有。」那道士問道：「什麼法能超過？」慧海禪師回答：「能知道自然作用的。」那道士又問道：「元氣是不是道？」慧海禪師回答：「元氣自是元氣，道自是道。」那道士問道：「如果是這樣的話，那就應該是兩樣東西了？」慧海禪師回答：「能知道自然的沒有第二個人。」那道士再問道：「什麼是邪？什麼是正？」慧海禪師回答：「心追逐物就是邪，物依從心就是正。」

有個源律師前來問道：「和尚修道，還用功嗎？」慧海禪師回答：「用功。」源律師問道：「怎樣用功？」慧海禪師回答：「餓了就吃飯，困了就睡覺。」源律師奇怪道：「一切人都是這樣的，他們也同禪師一樣在用功嗎？」慧海禪師回答：「不一樣。」源律師追問：「為什麼不一樣？」慧海禪師回答：「有些人應當吃飯的時候不肯吃飯，卻在百般思索；應當睡覺的時候不肯睡覺，卻在千般計較，所以是不一樣的。」源律師杜口無言。

有個名叫韞光的大德問道：「禪師知道自己的往生之處嗎？」慧海禪師回答：「還未曾死去，哪裡用得著議論生？知道生的意義就在於無生(涅槃)。法不能離開生，法有無生之說。祖師曾說過：『當生就是不生。』」韞光大德問道：「沒有見性的人，是否也是這樣的？」慧海禪師回答：「自是他沒有見性，而並不是沒有本性。為什麼這樣說？見了即是性，沒有性就不能見。識了就是性，所以稱作識性。了悟了就是性，所以叫作了性。能夠生成世間一切現象的，叫作法性，也稱為法身。馬鳴祖師說過：『所說的法，是說眾生之本心，如若心生，那一切法隨之而生。如若心不生，那一切法都無從而生，也沒有名稱。』迷惑的人不知道法身沒有形象，隨應各種事物而顯現不同的形象，所以稱作『青青翠竹總是法身，鬱鬱黃花無非般若』。黃花如果就是般若，那般若就等同於無情之物。翠竹如果就是法身，那法身就等同於草木。好比人吃竹筍，那就是在吃法身了。像這樣的言論，難道可以口說筆錄的嗎！與佛對面相逢卻不認識，反而在漫漫的長劫中苦苦尋佛，佛完全體驗於心法之中，卻反而迷失了而向外尋覓。所以解悟佛道的人，行、住、坐、臥，沒有什麼不是佛道的。覺悟佛法的人，言行縱橫自在，而沒有什麼不是佛法的。」韞光大德又問道：「太虛之中能否產生靈通智慧？真心是否因善惡之緣而發生？貪欲的人是否有道？執著於是非的人以後能否心中通悟？觸境生心的人是否有定？限制於寂寞中的人是否有慧？心懷傲物的人是否有我？執著於空執著於有的人是否有智？尋文摘句以求印證的人、苦行求佛的人、離心求佛的人、執著於即心即佛的人，他們的智慧能稱作道嗎？請禪師一一為我解說。」慧海禪師回答：「太虛之中不能產生靈通智慧，真心並不因善惡之緣而發生，貪欲重的人根機淺，心中是非交爭的人不能通悟，觸境生情的人少定，寂寞忘機的人智慧沉淪，傲物心高的人自我壯大，執著於空執著於有的人都愚蠢，尋文摘句以求印證的人更加滯礙不進，苦行求佛的人皆迷惑不明，離開自心求佛的人是外道，執著於即心即佛的人是魔。」韞光大德說道：「如果是這樣的報應，那畢竟是一無所有了。」慧海禪師更正道：「畢竟是大德，而不是畢竟是一無所有。」韞光大德歡喜踴躍，施禮拜謝而去。

【說　明】「饑來喫飯，困來即眠」，是體現禪宗「平常心是道」思想的著名禪話。而「青青翠竹盡是法身，鬱鬱黃華無非般若」，本是牛頭禪對「無情有佛性」的形象比喻，但自慧海禪師以及慧海同門百丈懷海等人對此論的批判，至曹洞宗創始人洞山良价以「無情說法」公案而悟入，由此可見南宗禪佛性論的前後變化。

洪州百丈山惟政禪師

洪州百丈山❶惟政禪師，一日謂僧曰：「汝與我開田了，我為汝說大義。」

僧開田了，歸請師說大義，師乃展開兩手。

有老宿❷見日影透窗，問師曰：「為復窗就日，日就窗？」師曰：「長老❸房內有客，歸去好。」

師問南泉曰：「諸方善知識，還有不說似人底法也無？」南泉曰：「有。」

師曰：「作麼生？」曰：「不是心，不是佛。」師曰：「恁麼即說似人了也。」曰：「某甲即恁麼。」師曰：「師伯❹作麼生？」曰：「我又不是善知識，爭知有說不說底法？」師曰：「某甲不會，請師伯說。」曰：「我大殺❺為汝說了也。」

僧問：「如何是佛佛道齊？」師曰：「定也。」

師因入京，路逢官人命喫飯，忽見驢鳴。官人召云：「頭陀！」師舉頭，官人卻指驢，師卻指官人。法眼別云：「但作驢鳴。」

【注　釋】❶百丈山　也名大雄山，位於江西奉新、修水兩縣間。❷老宿　老年僧人。❸長老　住持僧的尊稱，也用以稱呼年長德尊的僧人。❹師伯　此處作師兄解。❺大殺　也作大煞，意為十分、極其。

【語　譯】洪州（今江西南昌）百丈山惟政禪師，有一天對一個僧人說道：「你為我開墾田地完了，我為你講說佛法大義。」那僧人開墾田地完了，歸來請惟政禪師講說佛法大義，禪師卻展開了雙手。

有一個老和尚看見太陽光透過了窗戶，就問惟政禪師道：「這到底是窗戶靠近陽光，還是陽光靠近窗戶？」惟政禪師說道：「長老房內有客人來了，還是歸去的好。」

惟政禪師問南泉普願禪師道：「各地得道高僧，還有沒有不說給人聽的法嗎？」南泉禪師回答：「有。」惟政禪師問道：「是怎麼樣的？」南泉禪師回答：「不是心，不是佛。」惟政禪師說道：「這麼即是說給人聽的法了。」南泉禪師說道：「我就是這樣的。」惟政禪師問道：「師兄怎麼樣呢？」南泉禪師回答：「我又不是得道高僧，怎麼知道有說和不說的法？」惟政禪師說道：「我不領會，請師兄解說。」南泉禪師說道：「我已經竭盡全力地給你解說了。」

有僧人問道：「什麼是佛佛道相齊？」惟政禪師回答：「就是定。」

惟政禪師在進京途中，遇到一位官員招呼吃飯，忽然聽到驢鳴，那官員招呼道：「頭陀！」惟政禪師抬起頭來，那官員卻指著驢子，惟政禪師卻反過來指著那官員。法眼禪師別作回答：「只作驢鳴即可。」

洪州泐潭法會禪師

洪州泐潭❶法會禪師，問馬祖：「如何是西來祖師意？」祖曰：「低聲！近前來！」師便近前，祖打一摑❷云：「六耳不同謀❸，來日來。」師至來日，獨入法堂云：「請和尚道。」祖云：「且去！待老漢上堂時，出來與汝證明。」師乃悟，云：「謝大眾證明。」乃繞法堂一匝，便去。

【注釋】❶泐潭　位於江西靖安北石門山麓。❷摑　用手掌打。❸六耳不同謀　兩個人以上不進行密謀。六耳，三個人。

【語譯】洪州（今江西南昌）泐潭法會禪師，問馬祖道：「什麼是達磨祖師西來的旨意？」馬祖說道：「小點聲！走近一點！」法會禪師就走上前來，不料卻被馬祖打了一巴掌，說：「六耳不同謀，你明天再來。」第二天，法會禪師獨自一人進入了法堂，請求道：「請和尚說。」馬祖說道：「你暫且回去！等到老漢上堂說法時，再來給你一個證明。」法會禪師至此忽然領悟，說道：「感謝大眾為我印證。」於是就繞法堂走了一圈，然後離開。

池州杉山智堅禪師

池州杉山智堅禪師，初與歸宗❶、南泉行腳時，路逢一虎，各從虎邊過了。

南泉問歸宗云：「適來見虎似箇什麼？」宗云：「似箇貓兒。」宗卻問師，師云：「似箇狗子。」宗又問南泉，泉云：「我見是箇大蟲❷。」

師喫飯次，南泉收生飯，云：「生。」師云：「無生。」南泉云：「無生猶是末。」南泉行數步，師召云：「長老！長老！」南泉迴頭云：「怎麼？」師云：「莫道是末。」

一日，普請❸擇蕨菜❹，南泉拈起一莖云：「遮箇大好供養。」師云：「非但遮箇，百味珍羞❺，他❻亦不顧。」南泉云：「雖然如此，箇箇須嘗他始得❼。」

僧問：「如何是本來身❾？」師云：「舉世無相似。」

玄覺云：「是相見❽語，不是相見語。」

【注釋】❶歸宗　即智藏禪師，也為馬祖的弟子。❷大蟲　老虎的別稱。❸普請　禪寺中集眾勞作稱普請。有時只是集合眾僧也稱普請。❹蕨菜　羊齒類植物，春冬出嫩葉，可食。❺珍羞　即「珍饈」。此喻豐富多彩的外在世界。❻他　此喻佛法。❼箇箇須嘗他始得　此指要以平等心對待萬物。嘗，品嚐。❽相見　指相見道。初生無漏智照見真理之位稱見道，其中斷二障之位、證性法二空所顯之真理為真見道，真見道後所得智分別思想所證之真理稱相見道。❾本來身　最初之身。此指本體。

【語譯】池州（今安徽貴池）杉山智堅禪師，當初與同門歸宗智藏禪師、南泉普願禪師一起外出時，在路上遇到一隻猛虎，三人各自從老虎身邊走了過去。南泉問歸宗道：「剛才看見的老虎像個什麼？」歸宗禪師回答：「像個貓兒。」歸宗亦問智堅禪師同樣的問題，智堅禪師回答：「像一條小狗。」歸宗又問南泉，南泉回答：「我看見的卻是一隻大蟲。」

智堅禪師吃飯時，南泉禪師收拾生飯，說道：「生的。」智堅禪師說：「不生。」南泉就說道：「不生還是末節小事。」南泉走了幾步，智堅禪師招呼道：「長老！長老！」南泉回過頭來問道：「怎麼了？」智堅禪師說道：「不要說是末節小事。」

有一天，寺中普請揀擇蕨菜，南泉拿起一根蕨菜說道：「這個是很好的供養之物。」智堅禪師說道：「不但是這個，就是百味珍饈，他也不顧。」南泉禪師說道：「雖然是這個道理，但也要一個個都品嚐過了才行。」

玄覺禪師說道：「這是相見之語，這不是相見之語。」

有僧人問道：「什麼是本來身？」智堅禪師回答：「舉世也找不到可用來比擬的東西。」

【說　明】老虎令人畏懼，說牠像貓像狗，以顯示心中無畏，但畢竟有所掩飾，有所恐懼，只有南泉平實地看見什麼就說什麼，不掩飾也不誇張，最為契合「平常心是道」。

洪州泐潭惟建禪師

洪州泐潭惟建禪師，一日在馬祖法堂後坐禪。祖見，乃吹師耳，兩吹，師起定，見是和尚，卻復入定。祖歸方丈，令侍者持一椀❶茶與師。師不顧，便自歸堂。

【注　釋】❶椀　木碗。

【語譯】洪州（今江西南昌）泐潭惟建禪師，有一天在馬祖的法堂後坐禪。馬祖看見後，就向他耳中吹氣，吹了兩下，惟建禪師從禪定中出來，看見是馬祖，就再入禪。馬祖回到方丈，讓侍者端一碗茶給惟建禪師，惟建禪師不屑一顧，徑直回到了自己的齋舍。

澧州茗溪道行禪師

澧州茗溪道行禪師。師有時云：「吾有大病，非世所醫。」後有僧問先曹山❶：「承古人有言：『吾有大病，非世所醫。』未審喚作什麼病？」曹云：「攢簇❷不得底病。」云：「一切眾生還有此病也無？」曹云：「人人盡有。」云：「人人盡有，和尚還有此病也無？」曹云：「正覓起處不得。」云：「一切眾生為什麼不病？」曹云：「眾生若病，即非眾生。」云：「未審諸佛還有此病也無？」曹云：「有。」云：「既有，為什麼不病？」曹云：「為伊惺惺。」

僧問：「如何修行？」師云：「好箇阿師，莫客作❸！」僧云：「畢竟如何？」師云：「安置❹即不堪。」

又僧問：「如何是正修行路？」師云：「涅槃後有。」僧云：「如何是涅槃後有？」師云：「不洗面。」僧云：「學人不會。」師云：「無面得洗。」

【注釋】❶先曹山　即晚唐本寂禪師，自洞山良价禪師處得心傳，後住撫州曹山，法席鼎盛。因其弟子慧霞繼其法席，世稱曹山霞，故本寂禪師也被人稱作先曹山以示區別。❷攢蔟　聚集；聚合。蔟，通「簇」。❸客作　即客作賤人，指到別人家中幹活的人，即傭人、雇工之類。《法華經・窮子喻品》載：流落在外的貧窮子弟回歸自己富裕的家，雖然享受著種種厚待，卻仍然自稱是客作賤人。以比喻須菩提等聲聞，雖然耳聞佛說大乘之法，但還未發大乘之心。❹安置　安排。

【語譯】澧州（今湖南澧縣東南）茗溪道行禪師。他有一次說道：「我有大病，不是世間醫生所能醫治的。」後來有僧人問曹山本寂禪師道：「聽說古人曾說：『我有大病，不是世間醫生所能醫治的。』不知道那是什麼病？」曹山本寂禪師回答：「是攢簇不得的病。」那僧人問道：「一切眾生是否也有這個病？」本寂禪師回答：「人人都有。」那僧人問道：「既然人人都有，那和尚是否也有這個病？」本寂禪師回答：「正在尋覓這病的根源，卻還未能尋到。」那僧人問道：「一切眾生為什麼不發病？」本寂禪師回答：「眾生如果發病，那就不是眾生了。」那僧人問道：「不知道諸佛是否也有這個病？」本寂禪師回答：「有。」那僧人問道：「既然也有，那為什麼不發病？」本寂禪師回答：「因為他們聰明。」

有僧人問道：「怎麼修行？」道行禪師叫道：「好個阿師，不要成為客作漢子！」那僧人追問：「究竟怎麼做？」道行禪師回答：「有意安排就不堪了。」

又有個僧人問道：「什麼是真正的修行之路？」道行禪師回答：「涅槃以後具有。」那僧人追問：「什麼是涅槃以後具有？」道行禪師回答：「不洗面。」那僧人回答：「學生不能領會。」道行禪師說道：「因為無臉可洗。」

撫州石鞏慧藏禪師

撫州石鞏慧藏禪師，本以弋獵❶為務，惡見沙門，因逐群鹿從馬祖庵前過，祖乃逆之。藏問：「和尚見鹿過否？」祖曰：「汝是何人？」曰：「獵者。」祖曰：「汝解❷射否？」曰：「解射。」祖曰：「汝一箭射幾箇？」曰：「一箭射一箇。」祖曰：「汝不解射。」曰：「和尚解射否？」祖曰：「解射。」曰：「和尚一箭射幾箇？」祖曰：「一箭射一群。」曰：「彼此是命，何用射他一群？」祖曰：「汝既知如是，何不自射？」曰：「若教某甲自射，即無下手處。」祖曰：「遮漢曠劫無明煩惱，今日頓息。」藏當時毀棄弓箭，自以刀截髮，投祖出家。

一日，在廚作務次，祖問曰：「作什麼？」曰：「牧牛。」祖曰：「作麼生牧？」曰：「一迴入草去，便把鼻孔拽來。」祖曰：「子真牧牛。」師便休。

師住後，常以弓箭接機❸。如〈三平和尚〉章述之。

師問西堂❹：「汝還解捉得虛空麼？」西堂云：「捉得。」師云：「作麼生捉？」堂以手撮❺虛空，師云：「作麼生恁麼捉虛空？」堂卻問：「師兄作麼生捉？」師把西堂鼻孔拽，西堂作忍痛聲云：「大殺拽人鼻孔，直得❻脫去。」師云：「直須❼恁麼捉虛空始得。」

眾僧參次，師云：「適來底什麼處去也？」有僧云：「在。」師云：「在什麼處？」其僧彈指❽一聲。

僧到禮拜，師云：「還將那箇❾來否？」僧云：「將得來。」師云：「在什麼處？」僧彈指三聲。

問：「如何免得生死？」師云：「用免作什麼？」僧云：「如何免得？」師云：「遮底不生死！」

【注釋】❶弋獵　射鳥打獵。❷解　懂得。❸接機　為禪宗所特有的術語，指師徒間或同學間通過隱喻暗示等曲折方法，對有關佛法的交流議論加以記錄，便稱公案。❹西堂　即馬祖弟子智藏禪師，因住虔州西山堂演法，故稱西堂禪師。❺撮　拉攏；聚合。❻直得　差一點；幾乎。❼直須　就須；就是要。❽彈指　彈指有三種含義：一表示許諾，二表示歡喜，三表示警告。❾那箇　此指佛性。

【語　譯】撫州（今屬江西）石鞏慧藏禪師，原本以射鳥打獵為生，厭惡看見僧人，有一次因追逐鹿群從馬祖的小庵前經過，馬祖就迎著攔阻了他。慧藏問道：「和尚看見一群鹿過去了嗎？」馬祖問道：「你是什麼人？」慧藏回答：「打獵的。」馬祖問道：「你善於射箭嗎？」慧藏回答：「善射。」馬祖問道：「你一箭能夠射到幾隻？」慧藏回答：「一箭射一隻。」馬祖便道：「你不善於射箭。」慧藏反問道：「和尚善於射箭嗎？」馬祖回答：「善射。」慧藏問道：「和尚一箭可射到幾隻？」馬祖回答：「一箭射一群。」慧藏不忍心地道：「彼此都是生命，為什麼要射牠一群？」馬祖便說道：「你既然知道是這樣，為什麼不射自己？」慧藏回答：「如果叫我射自己，還真的是無從下手。」馬祖便道：「這漢子積久難除的無明煩惱，今日頓時消失。」慧藏當即毀棄弓箭，自己用刀割斷了頭髮，投拜馬祖門下出家。

有一天，慧藏禪師正在廚房中幹活，馬祖問道：「做什麼？」慧藏禪師回答：「牧牛。」馬祖問道：「怎樣牧？」慧藏禪師回答：「牛一迴頭進入草叢中去，就一把揪住鼻孔拽牠回來。」馬祖讚許道：「你是真牧牛啊！」慧藏禪師便不再幹活。

慧藏禪師後來做住持時，常常用弓箭接機。如本書後卷〈三平和尚〉章所述。

慧藏禪師問西堂智藏禪師道：「你還會捉得虛空嗎？」西堂禪師回答：「會捉。」慧藏禪師問道：「怎麼捉？」西堂禪師就用手做出抓握虛空的樣子，慧藏禪師問道：「為什麼這樣捉虛空？」西堂禪師反問道：「師兄怎麼捉？」慧藏禪師一把拽住西堂禪師的鼻孔，西堂禪師忍痛大呼道：「重手重腳抓人的鼻孔，鼻子差一點給扯脫了。」慧藏禪師便道：「必須這麼捉虛空才行。」

眾僧人參拜時，慧藏禪師問道：「剛來的到什麼地方去了？」有一個僧人應道：「在這裡。」慧藏禪師問道：「在什麼地方？」那僧人彈指一聲。

有一個僧人前來參見，慧藏禪師問道：「是否已把那個東西帶來了？」那僧人回答：「已帶來了。」慧藏禪師問道：「在什麼地方？」那僧人彈指三聲。

有僧人問道：「怎樣才能避免生死輪迴？」慧藏禪師反問道：「要避免做什麼？」那僧人不理：「怎麼才能避免？」慧藏禪師說道：「這個沒生死的！」

【說　明】自從懷讓禪師用磨磚、用牛車的比喻啟發馬祖道一禪師以後，以牛喻佛就成為馬祖一系禪師接引弟子之家風。因此慧藏禪師說自己在「牧牛」，意為自己已明佛性；拽住牛鼻，意為自己通過不斷體驗修行而把握自己；稱廚房中幹活為「牧牛」，意指自己於最平常的勞作中無拘無束地體驗佛的存在，摒棄造作扭捏的修行程式，而真正符合「平常心是道」的禪宗精神。所以馬祖稱許道：「子真牧牛。」

唐州紫玉山道通禪師

唐州紫玉山道通禪師者，廬江人也，姓何氏。幼隨父守官泉州南安縣，因而出家。唐天寶初，馬祖闡化建陽，居佛迹巖，師往謁之。尋遷於南康龔公山，師亦隨之。貞元四年二月初，馬祖將歸寂，謂師曰：「夫玉石潤山秀麗，益汝道業，遇可居之。」師不曉其言。是秋，與伏牛山❶自在禪師❷同遊洛陽，迴至唐州，西見一山，四面懸絕，峰巒秀異，因詢鄉人，云：「是紫玉山。」師乃陟山頂，見有石方正，瑩然❸紫色，歎曰：「此其紫玉也。」始念先師之言，乃懸記耳，遂翦茅搆舍而居焉。後學徒四集。

僧問：「如何出得三界？」師云：「汝在裡許得多少時也？」僧云：「如何出離？」師云：「青山不礙白雲飛。」

于頔❹相公問：「如何是黑風❺吹其船舫❻，漂墮羅剎鬼國❼？」師云：「于頔客作漢，問恁麼事怎麼？」于公失色，師乃指云：「遮箇是漂墮羅剎鬼國。」于又問：「如何是佛？」師喚于頔，頔應諾。師云：「更莫別求。」有僧舉似藥山❽，藥山云：「縛殺遮漢也。」僧云：「和尚如何？」藥山亦喚云：「某甲。」僧應諾，藥山云：「是什麼？」

元和八年，弟子金藏參百丈❾迴，禮覲，師曰：「汝其來矣，此山有主也！」於是囑付金藏訖，策杖徑去襄州，道俗迎之。至七月十五日，無疾而終，壽八十有三。

【注　釋】❶伏牛山　位於河南嵩縣西南，汝河、白河發源於此。❷自在禪師　初皈依國一禪師受戒，後參馬祖發明心地。此後居伏牛山，四方禪僧多聚其門。❸瑩然　光明潔白之貌。❹于頔　唐代宰相，字允元，河南（今河南洛陽）人，為官有政績，但暴橫少恩。其在襄陽任官時，與龐大士友善，龐大士死，為撰語錄。❺黑風　指使天昏地暗、激盪海水的暴風。《長阿含經》：「有大黑風，暴起吹海水。」❻舫　小船。❼羅剎鬼國　食人鬼所住之地，在大海之中。《法華經・普門品》：「入于大海，假使黑風，吹其船舫，飄墮羅剎鬼國。其中若有乃至一人稱觀世音菩薩名者，是乘人等皆得解脫羅剎之難。」❽藥山　即唐代僧人惟儼禪師，謁見石頭禪師得悟，歸住澧州藥山，徒眾四集，禪風大盛。❾百丈　即百丈山懷海禪師。

【語　譯】唐州（今河南泌陽）紫玉山道通禪師（七三一～八一三年），廬江（今屬安徽）人，俗姓何。他幼年隨從任地方官的父親來到泉州南安縣（今屬福建），因於此地拜師出家。唐代天寶（七四二～七五六年）初年，馬祖在建陽（今屬福建）闡揚教化，居住於佛迹巖，道通禪師前往謁見。不久，馬祖遷居於南康（今江西星子）龔公山，道通禪師也隨從而往。唐德宗貞元四年（七八八年）二月初，馬祖將圓寂時，對道通禪師說道：「那玉石滋潤山體，景色秀麗，能夠幫助你修持、傳揚道業，你遇到時可以居住。」道通禪師不明白馬祖所說的意思。這一年秋天，道通禪師與伏牛山自在禪師一同遊覽洛陽，回轉至唐州城，看見西面有一座山，四面山崖懸絕，峰巒秀麗奇特，因而詢問當地人，回答說：「那是紫玉山。」道通禪師登上了山頂，看見山頂上有一塊石頭方方正正，現出瑩瑩紫色，不禁感歎道：「這就是紫玉啊！」才回憶起先師馬祖所說的話，乃是一則預言，於是就割下茅草構建禪舍，留居於此。其後四方學徒會聚於此。

有僧人問道：「怎麼才能從三界中解脫？」道通禪師反問道：「你在那裡面已經待了多少時間？」那僧人追問：「怎麼才能解脫？」道通禪師說道：「青山不礙白雲飛。」

于頔相公問道：「什麼是黑風吹動其船舫，飄泊墮入於羅剎鬼國？」道通禪師說道：「于頔客作漢，問這個事幹什麼？」于頔聞言變色，道通禪師就指著他說：「這個就是飄泊墮入於羅剎鬼國。」于頔又問道：「什麼是佛？」道通禪師招呼于頔，于頔隨聲應諾。道通禪師便說：「更不要別求。」有僧人將這事說給藥山惟儼禪師聽，藥山禪師說：「縛殺這漢子。」那僧人問道：「和尚怎麼樣？」藥山禪師也招呼道：「某人。」那僧人隨聲應答，藥山禪師便問：「是什麼？」

唐憲宗元和八年（八一三年），弟子金藏參拜百丈山懷海禪師回來，謁見行禮，道通禪師便說：「你總算回來了，這山門有主了！」於是囑咐金藏禪師完畢，就扶杖直接去了襄州（今湖北襄陽），僧俗出城迎接。到了七月十五日，道通禪師無疾而終，享年八十三歲。

【說　明】因「平常心是道」，所以不須出得三界，依然可以明心見性成佛，正所謂是青山雖高，但並不妨礙白雲飛度。

江西北蘭讓禪師

江西北蘭讓禪師。湖塘亮長老❶問：「伏承師兄畫得先師真❷，暫請瞻禮。」師以兩手撥胸開示之，亮便禮拜。師云：「莫禮！莫禮！」亮云：「師兄錯也，某甲不禮師兄。」師云：「汝禮先師真。」亮云：「因什麼教某甲莫禮？」師云：「何曾錯？」

【注　釋】❶湖塘亮長老　馬祖弟子，蜀人，悟宗旨後居住於洪州西山。❷真　肖像。此喻禪法真要。

【語　譯】江西北蘭讓禪師。湖塘亮長老問道：「謹聞師兄畫下了先師的真容，請讓我瞻仰禮拜。」讓禪師就用雙手撥開衣襟露出胸膛給他看，亮長老便禮拜。讓禪師說道：「不要拜！不要拜！」亮長老說道：「師兄錯了，我並沒有禮拜師兄。」讓禪師說道：「你這是禮拜先師的真容。」亮長老問道：「為什麼叫我不要禮拜？」讓禪師反問道：「何曾有錯？」

【說　明】南宗禪認為「即心即佛」，心外無法，而佛祖的真像、言語之類皆是外在的，不須頂禮膜拜，束縛自心而妨礙悟道。

洛京佛光如滿禪師

洛京佛光如滿禪師。曾住五臺山金閣寺❶。唐順宗問：「佛從何方來？滅向何方去？既言常住世，佛今在何處？」師答曰：「佛從無為❷來，滅向無為去。法身等虛空，常在無心處。有念歸無念，有住歸無住。來為眾生來，去為眾生去。清淨真如海❸，湛然體常住。智者善思惟，更勿生疑慮。」帝又問：「佛向王宮生，滅向雙林滅。住世四十九，又言無法說。山河及大海，天地及日月。時至皆歸盡，誰言不生滅？疑情猶若斯，智者善分別。」師答曰：「佛體本無為，迷情妄分別。法身等虛空，未曾有生滅。有緣佛出世，無緣佛入滅。處處化眾生，猶如水中月❹。非常亦非斷，非生亦非滅。生亦未曾生，滅亦未曾滅。了見無心處，自然無法說。」帝聞大悅，益重禪宗。

【注　釋】❶金閣寺　唐代宗大曆元年敕建於山西五臺山，寺內立高閣，三層九間，遂名金閣寺。❷無為　沒有生、住、異、滅四相之造作稱無為，即真理的異名。❸真如海　真如法性具有無量的功德，故名之為海。❹水中月　比喻諸法之無實體，為大乘十喻之一。《智度論》六曰：「解了諸法，如幻、如焰、如水中月……如鏡中像、如化。」又《法華玄義》二曰：「水不上升，月不下降，一月一時普顯眾水。」

【語譯】東京洛陽（今屬河南）佛光如滿禪師。曾住於五臺山金閣寺。唐順宗問道：「佛從何方而來？寂滅後又向何方而去？既然說佛永住於世間，那佛現今又在什麼地方？」如滿禪師回答：「佛從無為而來，寂滅後又歸向無為而去。法身等同於虛空，永恆處在無心之處。有念歸於無念，有住歸於無住。佛降生是為眾生而降生，佛寂滅也是為眾生而寂滅。清淨無染的真如海，湛然本體永住其中。智者好好地思索一下，不要再產生疑慮。」唐順宗又問道：「佛在王宮中降生，又在雙林中寂滅。住世間講法四十九年，卻又說沒有演說佛法。山河與大海，天地與日月。大劫至時全都歸於毀滅，誰說不生不滅？疑問還是如此之大，請智者分析解答。」如滿禪師回答：「佛之本體本無為，世人愚昧迷惑而強加區分。法身等同於虛空，從未有過生與滅。有緣佛出世說法，無緣佛入滅悟眾。佛處處化導眾生，就像是千江之水現出千江月。不是永恆也不是斷絕，不是生也不是滅。生也從未曾生過，滅也從未曾滅過。了然明見無心之處，自然就沒有佛法可演說了。」唐順宗聽了後心中非常愉悅，對禪宗就更為重視了。

袁州南源道明禪師

袁州南源道明禪師，上堂云：「快馬一鞭，快人一言❶。有事何不出頭來，無事各自珍重❷！」便下堂。有僧問：「一言作麼生？」師乃吐舌云：「待我有廣長舌相❸，即向汝道。」

洞山❹來參，方上法堂，師云：「已相看❺了也。」洞山便下去。至明日卻上，問云：「昨日已蒙和尚慈悲，不知什麼處是與某甲已相看處？」師云：「心心無間斷，流入於性海。」洞山云：「幾放過。」洞山辭去，師云：「多學佛法，廣作利益❻。」洞山云：「多學佛法即不問，如何是廣作利益？」師云：「一物莫違即是。」

僧問：「如何是佛？」師云：「不可道你是也。」

【注　釋】❶一言　一句話。❷珍重　道別之言，保重之意。❸廣長舌相　佛陀三十二相之一。《智度論》八曰：「如昔佛出廣長舌，覆面，至髮際，語婆羅門言：『汝見經書，頗有如此舌而作妄語否？』婆羅門言：『若人舌能覆鼻無虛妄，何況至髮際，我心信佛必不妄語。』」❹洞山　指良价禪師，晚年居筠州洞山。❺相看　相見。❻利益　此指弘法傳道、興善利民之事。

【語　譯】袁州（今江西宜春）南源道明禪師，有一天上堂說道：「快馬只須一鞭，快人只要一句話。有事為什麼不出頭說話，沒有事還請各位自己珍重。」說完就下堂散席。有僧人問道：「一句話作什麼？」道明禪師就吐舌頭說道：「等到我有了廣長舌相，就對你說。」

洞山良价禪師來參見，剛上法堂，道明禪師即說道：「已經相見了啊。」洞山禪師便下堂而退。到了明天，洞山再上堂，問道：「昨天承蒙和尚慈悲訓示，但學生不知道什麼地方是和尚與我相見之處？」道明禪師回答：「心與心之間沒有間斷，一直流入於性海。」洞山禪師說道：「幾乎放過。」洞山禪師辭別，道明禪師囑咐道：「多學佛法，廣作利益。」洞山禪師便問道：「多學佛法我就不問了，什麼是廣作利益？」道明禪師回答：「任一事物都不要違戾就是。」

有僧人問道：「什麼是佛？」道明禪師回答：「不可以說你就是啊。」

忻州酈村自滿禪師

忻州酈村自滿禪師，上堂云：「古今不異，法爾如然，更復何也。雖然如此，遮箇事大有人❶罔措在。」時有僧問：「不落古今，請師直道。」師云：「情知❷汝罔措。」僧欲進語，師云：「將謂老僧落伊古今？」僧云：「如何即是？」師云：「魚騰碧漢❸，階級❹難飛。」僧云：「如何即得免茲過咎？」師云：「若是龍形，誰論高下！」其僧禮拜，師云：「苦哉！屈哉！誰人似我。」

師一日謂眾曰：「除卻日明夜暗，更說什麼即得？珍重。」時有僧問：「如何是無諍❺之句？」師云：「喧天動地。」

【注釋】❶大有人　有相當多的人。❷情知　誠知；明知。❸碧漢　指天空。❹階級　此借喻北宗漸修之法。❺無諍　安住於四大皆空之理，而與物無爭。

【語譯】忻州（今山西忻縣）酈村自滿禪師，上法堂說道：「自古至今並沒有不同，佛法也是如此，更還有什麼。雖然如此，這個事情還是有不少人無所措置。」當時有僧人問道：「不談今也不論古，請和尚直截了當地講說。」自滿禪師說道：「本就知你無所措置。」那僧人想說話，自滿禪師截住道：「你將說老僧已落於古今的話頭？」那僧人問道：「怎麼才對？」自滿禪師回答：「魚兒能騰飛於碧空，卻難以翻越階級。」那僧人問道：「怎樣才能免除這一過失？」自滿禪師說道：「如若是龍，還有誰來議論牠飛騰的高低！」那僧人施禮拜謝，自滿禪師叫道：「痛苦啊！冤屈啊！什麼人才像我啊。」

自滿禪師有一天對眾人說道：「除了白天明、晚上暗，再說什麼才好？諸位珍重。」當時有一個僧人問道：「什麼是無諍之句？」自滿禪師回答：「喧天動地。」

朗州中邑洪恩禪師

朗州中邑洪恩禪師。仰山初領新戒❶，到謝戒，師見來，於禪牀上拍手云「和和❷」。仰山即東邊立，又西邊立，又於中心立，然後謝戒了，卻退後立。師云：「什麼處得此三昧？」仰云：「於曹溪脫印子學來❸。」師云：「汝道曹溪用此三昧接什麼人？」仰云：「接一宿覺❹，用此三昧。」仰云：「和尚什麼處得此三昧來？」師云：「某甲於馬大師❺處學此三昧。」問：「如何得見性？」師云：「譬如有屋，屋有六窗，內有一獼猴❻，東邊喚山山❼，山山應，如是六窗俱喚俱應。」仰山禮謝，起云：「所蒙和尚譬喻，無不了知。更有一事：只如內獼猴困睡，外獼猴欲與相見，如何？」師下繩牀，執仰山手作舞云：「山山與汝相見了。譬如蟭螟蟲❽在蚊子眼睫上作窠，向十字街頭叫喚云：土曠人稀，相逢者少。」

雲居錫云：「中邑當時若不得仰山遮一句語，何處有中邑也？」崇壽稠云：「還有人定得此道理麼？若定不得，只是箇弄精魂腳手❾。佛性義在什麼處？」玄覺云：「若不是仰山，爭得見中邑？且道什麼處是仰山得見中邑處？」

【注　釋】❶新戒　指沙彌初受具足戒。❷和和　即「呵呵」，笑聲。❸脫印子學來　《五燈會元》卷三作「印子上脫來」。印子，即印，指用手指作出種種形狀，作為法德的標誌。脫，為依樣學來之意。❹一宿覺　永嘉玄覺禪師初參六祖大師，語辭見契，六祖歎曰：「善哉！善哉！少留一宿。」時稱為「一宿覺」。參見本書卷五〈玄覺禪師〉章。❺馬大師　即馬祖道一大師。❻獮猴　猴類之一，也稱猢猻。❼山山　《五燈會元》卷三作「猩猩」，下面二「山山」同此。❽蟭螟蟲　傳說中一種極小的蟲。《抱朴子·刺驕》：「蟭螟屯蚊眉之中，而笑彌天之大鵬。」❾弄精魂腳手　弄，指玩弄、賣弄。精魂，指人的精氣魂魄。腳手，即角色。

【語　譯】朗州（今湖南常德）中邑洪恩禪師。仰山慧寂禪師初受新戒，到洪恩禪師處來拜謝授戒，洪恩禪師看見他來到，就在禪牀上拍手笑道：「呵呵。」仰山禪師隨即站立在禪牀東邊，又轉立在西邊，又站立在禪牀當中，然後拜謝授戒完畢，再退下站立。洪恩禪師問道：「你在什麼地方得到這三昧？」仰山禪師回答：「從曹溪大師演說法印中依樣學來。」洪恩禪師問道：「你說曹溪大師用這三昧接引什麼人？」仰山禪師回答：「接引一宿覺時，曾用這三昧。」仰山禪師隨即問道：「和尚在什麼地方得來這三昧？」洪恩禪師回答：「我在馬祖大師處學得這三昧。」仰山禪師問道：「怎麼才能明心見性？」洪恩禪師回答：「譬如有一間房屋，房屋有六扇窗，房屋中有一隻獮猴，從東面叫喚山山，裡面回應山山，就這樣六扇窗一一喚過，都得回應。」仰山禪師行禮拜謝，站起來說道：「承蒙和尚譬喻解說，使我沒有不明瞭的。現今還有一事相問：只是如房屋內的獮猴睡覺了，而房屋外的獮猴想與牠相見，又將怎麼辦？」洪恩禪師跳下禪牀，拉著仰山禪師的手揮舞著道：「山山與你相見了。譬如蟭螟蟲在蚊子眼睫毛上築巢，而向十字街頭叫喚道：因土地寬廣而人口稀少，相逢者不多。」雲居清錫禪師說：「中邑洪恩當時如若不得仰山這一句話，哪裡還會有中邑呢？」崇壽稠禪師說：「還有人能識得這道理嗎？如識不得，那只是一個賣弄精氣魂魄的腳色。佛性之義體現在什麼地方？」玄覺禪師說：「如若不是仰山，怎麼能見中邑？你們且說什麼地方是仰山能見中邑之處？」

洪州百丈山懷海禪師

洪州百丈山懷海禪師者，福州長樂人也。丱歲離塵❶，三學❷該練❸。屬❹大寂闡化南康，乃傾心依附，與西堂智藏禪師同號入室[5]，時二大士為角立[6]焉。一夕，二士隨侍馬祖翫[7]月次，祖曰：「正恁麼時如何？」西堂云：「正好供養。」師云：「正好修行。」祖曰：「經入藏，禪歸海。」

馬祖上堂，大眾雲集，方升坐，良久，師乃卷卻面前禮拜席，祖便下堂。

師一日詣馬祖法堂，祖於禪牀角取拂子示之，師云：「只遮箇，更別有。」祖乃放舊處，云：「你已後將什麼為人師？」卻取拂子示之，祖云：「只遮箇，更別有。」師以拂子掛安舊處，方侍立，祖叱之。

自此雷音[8]將震，果檀信[9]請於洪州新吳界，住大雄山。以居處巖巒峻極[10]，故號之百丈。既處之，未朞月[11]，玄[12]參之賓，四方麏[13]至。即有溈山[14]、黃蘗[15]當其首。

一日，師謂眾曰：「佛法不是小事。老僧昔被馬大師一喝，直得三日耳聾眼黑。」黃蘗聞舉，不覺吐舌，曰：「某甲不識馬祖，要且不見馬祖。」師云：「汝已後當嗣馬祖。」黃蘗云：「某甲不嗣馬祖。」曰：「作麼生？」曰：「已後喪我兒孫。」師曰：「如是，如是。」

一日，有僧哭入法堂來，師曰：「作麼？」曰：「父母俱喪，請師選日⑯。」師云：「明日來，一時埋卻。」

師上堂云：「併卻⑰咽喉脣吻⑱，速道將來。」溈山云：「某甲不道，請和尚道。」師云：「不辭與汝道，久後喪我兒孫。」五峰⑲云：「和尚亦須併卻。」師云：「無人處斫額⑳望汝。」雲巖㉑云：「某甲有道處，請和尚舉。」師云：「併卻咽喉脣吻，速道將來。」雲巖曰：「師今有也。」師曰：「喪我兒孫。」

師謂眾曰：「我要一人，傳語西堂，阿誰去得？」五峰云：「某甲去。」師云：「汝作麼生傳語？」五峰云：「待見西堂即道。」師云：「道什麼？」五峰云：「卻來說似和尚。」

師與溈山作務次，師問：「有火也無？」溈山云：「有。」師云：「在什麼處？」溈山把一枝木吹三兩氣，過與師。師云：「如蟲蝕木。」

問：「如何是佛？」師云：「汝是阿誰？」僧云：「某甲。」師云：「汝識某甲否？」僧云：「分明箇。」師乃舉起拂子云：「汝還見麼？」僧云：「見。」師乃不語。

因普請钁地㉒次，忽有一僧聞飯鼓㉓鳴，舉起钁頭㉔，大笑便歸。師云：「俊哉！此是觀音入理之門。」師歸院，乃喚其僧問：「適來見什麼道理，便恁麼？」對云：「適來只聞鼓聲動，歸喫飯去來㉕。」師乃笑。問：「依經解義，三世佛㉖怨。離經一字，如同魔說。如何？」師云：「固守動用，三世佛怨。此外別求，即同魔說。」

因僧問西堂云：「有問有答，不問不答時如何？」西堂云：「怕爛卻作麼？」師聞舉，乃云：「從來疑遮箇老兄。」僧云：「請和尚道。」師云：「一合相㉗不可得。」師謂眾云：「有一人長不喫飯不道饑，有一人終日喫飯不道飽。」眾皆無對。

雲巖問：「和尚每日驅驅㉘為阿誰？」師云：「有一人要。」巖云：「因什麼不教伊自作？」師云：「他無家活㉙。」

僧問：「如何是大乘頓悟法門？」師曰：「汝等先歇諸緣，休息萬事。善與不善，世出世間，一切諸法，莫記憶，莫緣念，放捨身心，令其自在。心如木石，無所辯別。心無所行，心地若空，慧日自現，如雲開日出相似。俱歇一切攀緣，貪嗔愛取，垢淨情盡。對五欲㉚八風㉛不動，不被見聞覺知所縛，不被諸境所惑，自然具足神通妙用，是解脫人。對一切境，心無靜亂，不攝不散，透一切聲色，無有滯礙，名為道人。但不被一切善惡、垢淨、有為、世間、福智拘繫，即名為佛慧。是非好醜、是理非理，諸知見總盡，不被繫縛，處心自在，名初發心㉜菩薩，便登佛地。一切諸法，本不自言空，不自言色，亦不言是非垢淨，亦無心繫縛人。但人自虛妄計著，作若干種解，起若干種知見。若垢淨心盡，不住繫縛，不住解脫，無一切有為無為解，平等心量，處於生死，其心自在，畢竟不與虛幻、塵勞蘊界㉝、生死諸入和合㉞，迥然無寄，一切不拘，去留無礙。往來生死，如門開相似。若遇種種苦樂、不稱意事，心無退屈，不念名聞、衣食，不貪一切功德利益，不為世法㉟之所滯。心雖親受苦樂，不干于懷，麤食接命㊱，補衣禦寒暑，兀兀㊲如愚如聾相似，稍有親分。於生死中，廣學知解，求福求智，於理無益，卻被解境㊳風漂，卻歸生死海㊴裡。佛是無求人，求之即乖理。是無求理，求之即失。若取於無求，復同於有求。此法無實無虛。若能一生心如木石相似，不為陰界㊵五欲八風之所漂溺，即生死因斷，去住自由，不為一切有為因果所縛，他時還與無縛身同利物。以無縛心應一切心，以無縛慧解一切縛，亦能應病與藥。」僧問：「如今受戒，身口清淨，已具諸善，得解脫否？」答：「少分㊶解脫，未得心解脫，未得一切解脫。」問：「云何是心解脫？」答：「不求佛，不求知解，垢淨情盡，亦不守此無求，為是亦不住盡處，亦不畏地獄縛，不愛天堂樂，一切法不拘，始名為解脫無礙，即身心及一切皆名解脫。汝莫言有少分戒，善將為便了。有常沙無漏戒、定慧門，都未涉一豪[42]在。努力猛作早與，莫待耳聾眼暗，頭白面皺，老苦及身，眼中流淚，心中慞惶[43]，未有去處，到恁麼時整理腳手不得也。縱有福智、多聞，都不相救。為心眼未開，唯緣念諸境，不知返照，復不見佛道，一生所有惡業，悉現於前，或忻或怖，六道[44]五蘊現前。盡見嚴好[45]舍宅，舟船車轝[46]，光明顯赫，為縱自心貪愛所見，悉變為好境。隨所見重處受生，都無自由分。龍畜良賤，亦總未定。」問：「如何得自由？」答：「如今對五欲八風，情無取捨，垢淨俱亡。如日月在空，不緣而照，心如木石，亦如香象截流而過，更無疑滯。此人天堂地獄所不能攝也。又讀經看教，語言皆須宛轉歸就自己。但是一切言教，只明如今覺性，自己俱不被一切有無諸法境轉，是導師[47]。能照破一切有無境法，是金剛，即有自由獨立分。若不能恁麼得，縱令誦得《十二章陀經》[48]，只成增上慢，卻是謗佛，不是修行。讀經看教，若准世間是好善事，若向明理人邊數，此是壅塞人。十地之人脫不去，流入生死河[49]。但不用求覓知解語義句。知解屬貪，貪變成病。只如今但離一切有無諸法，透過三句[50]外，自然與佛無差。既自是佛，何慮佛不解語！只恐不是佛，被有無諸法轉，不得自由。是以理未立，先有福智載去，如賤使貴。不如於理先立，後有福智。臨時作得。捉土為金，變海水為酥酪51，破須彌山為微塵，於一義作無量義，於無量義作一義。」

師有時說法竟，大眾下堂，乃召之。大眾迴首，師云：「是什麼？」藥山目之為「百丈下堂句」。

唐元和九年正月十七日歸寂，壽九十五。長慶元年，敕諡大智禪師，塔曰大寶勝輪。

【注釋】❶離塵　遠離六塵，即出家之意。❷三學　指戒學、定學、慧學，學佛者依戒而資定，依定而發慧，依慧而證理斷惡。❸該練　該，詳備。練，學習純熟。❹屬　恰逢；剛好。❺入室　禪規稱能進入師室參問佛道者為入室弟子，世俗一般指悟得師法者為入室弟子。❻角立　並立不相上下。❼翫　通「玩」。賞玩之意。❽雷音　此以雷聲比喻宣講佛法的聲音。❾檀信　檀越信施。❿峻極　山峰高峻異常，此也暗喻懷海禪師佛學高妙，不可測度。⓫朞月　一個月。⓬玄　黑色，指緇衣，即僧人。⓭麞　即獐子，性喜群居。⓮溈山　即靈祐禪師，懷海禪師高徒，住湖南潭州溈山。⓯黃蘗　也作黃檗，即希運禪師，懷海禪師高徒，幼出家於福州黃蘗山。⓰選日　古人迷信，如欲做大事，都要選擇黃道吉日，以求祈福避災。⓱卻　除去。⓲吻　嘴脣邊。⓳五峰　即懷海禪師高足常觀，後主持瑞州五峰山寺。⓴斫額　拍著額頭，表示省悟、佩服之意。㉑雲巖　懷海弟子曇晟，後主持於潭州雲巖寺。㉒钁地　撅地。㉓飯鼓　寺院中每到吃飯時擊鼓以召僧眾，稱為飯鼓。也有擊磬者，稱作飯磬。㉔钁頭　挖地的工具，即鐝頭。㉕去來　去的意思。「來」字語助詞，無義。㉖三世佛　指過去佛迦葉佛、現在佛釋迦牟尼佛和未來佛彌勒佛。㉗一合相　佛教認為世界是由微塵的聚合，故稱世界為一合相。㉘驅驅　辛苦忙碌貌。㉙家活　通「傢伙」。即工具。㉚五欲　指色、聲、香、味、觸之五境，起人的欲心，故名。又指財、色、飲食、名、睡眠等五欲。㉛八風　又名八法，指利、衰、毀、譽、稱、譏、苦、樂等世間八法能煽動人心，故名八風。《行宗記》一上：「智論云：衰利、毀譽、稱譏、苦樂四順四違，能動物情，名為八風。」㉜初發心　初發求菩提之心。《華嚴經・梵行品》：「初發心時便成正覺，知一切法真實之性，具足慧身，不由他悟。」㉝蘊界　指五蘊、十八界。五蘊指色、受、想、行與識蘊。十八界為六根、六境、六識的合稱。㉞和合　混合。㉟世法　即世諦之法、世間之法、因緣生之法、可毀之法。㊱接命　活命。㊲兀兀　勞苦用心的樣子。㊳解境　以真實之智解見法界。㊴生死海　比喻生死無有邊際，猶如大海。㊵陰界　即「蘊界」。㊶少分　稍稍；少許。㊷豪　通「毫」。㊸慞惶　彷徨。㊹六道　指地獄、餓鬼、畜生、阿修羅、人間與天上六者為眾生輪迴之道途，故名。㊺嚴好　莊嚴華麗。㊻轝　即「輿」。㊼導師　導人入佛道者，即佛、菩薩的通稱。㊽十二韋陀經　疑為《十二頭陀經》之訛。是經載佛陀對大迦葉說十二種頭陀行。一卷，南朝宋僧人求那跋陀譯。㊾生死河　六道生死輪迴不絕，如河水流動不息。㊿三句　指《大日經》三句，即：「佛言菩提心為因，得悲為根，方便為究竟。」51酥酪　乳酪上凝成的浮皮，味鮮美。

【語譯】洪州（今江西南昌）百丈山懷海禪師（七二〇～八一四年），福州長樂縣（今屬福建）人。懷海孩提之時即脫離凡塵，戒、定、慧三學都詳備純熟。恰逢馬祖道一禪師在南康（今屬江西）闡化佛法，懷海就一心一意皈依隨從，與西堂智藏禪師一起號稱為入室弟子，當時這兩位大士並行角立而不相上下。

有一天晚上，懷海禪師與西堂智藏禪師一起侍從馬祖賞玩月色，馬祖問道：「正在這個美妙時刻，你們怎麼想？」西堂智藏禪師回答：「正好供養。」懷海禪師回答：「正好修行。」馬祖聽後評介道：「經屬智藏，禪歸懷海。」

有一天馬祖登上法堂，眾人雲集，馬祖才坐上法座，但過了很久沒有說話，懷海禪師就把面前的眾人禮拜之席捲起，馬祖一見，即刻下了法堂。

有一天，懷海禪師來到馬祖的法堂，馬祖從禪牀角上取出拂塵，向懷海禪師示意，懷海禪師便說：「只有這個，還應有別的。」馬祖就將拂塵放回原處，並問懷海禪師道：「你以後靠什麼來做眾人之師？」懷海不回答，卻也取來拂塵示意，馬祖便說：「只有這個，還應有別的。」懷海禪師也將拂塵掛回原處，還身侍立一旁，馬祖便一聲大喝。

從此以後，懷海禪師宣講佛法之聲就如春雷一樣將要震動僧俗，果然有檀越信施，請懷海禪師去洪州新吳（今江西奉新）界大雄山為住持。人們因懷海禪師所住之大雄山峰巒高峻異常，故稱之為百丈山。懷海禪師在那裡還未住滿一個月，來參問玄機的僧俗賓客，就從四面八方成群結隊而至。其中以溈山靈祐禪師和黃蘗希運禪師為其首。

有一天，懷海禪師對徒眾說道：「領悟佛法不是一件小事情。老僧當年被馬祖大師厲聲一喝，震得三天耳聾眼黑。」黃蘗聽了這話，不覺吐了吐舌頭，說：「我不要認識馬祖，更不要看見馬祖。」懷海禪師說道：「你以後應當繼承馬祖的禪法。」黃蘗說道：「我不繼承馬祖。」懷海奇怪地問道：「為什麼？」黃蘗回答：「若繼承馬祖，以後會害了我的徒子徒孫。」懷海禪師讚許道：「是這樣，是這樣。」

有一天，有一個僧人哭著走進了法堂，懷海禪師問道：「做什麼？」那僧人說道：「父母都死了，請和尚選擇下葬的日子。」懷海禪師說道：「你明天來，即刻埋葬了。」

懷海禪師上法堂說道：「若將咽喉嘴唇一起閉住，怎麼說話，快快回答。」溈山靈祐說道：「我不說，還請和尚說。」懷海禪師說道：「並不是不能告訴你，只怕長此以往會斷子絕孫。」五峰常觀說道：「和尚也要一起閉住。」懷海禪師便道：「我在無人之處拍著額頭望你。」雲巖曇晟說道：「我自有說法，還請和尚舉出話頭。」懷海禪師便再說道：「若將咽喉嘴唇一起閉住，怎麼說話，快快回答。」雲巖曇晟說道：「師父現在就有咽喉嘴唇。」懷海禪師歎息道：「要斷子絕孫了。」

懷海禪師對徒眾說道：「我要派一個人傳話給西堂，哪一個能去呀？」五峰常觀回答：「我去。」懷海禪師問道：「你怎麼傳話？」五峰常觀回答：「等面見西堂時就說。」懷海禪師問道：「說什麼？」五峰常觀回答：「等回來後告訴和尚。」

懷海禪師與溈山靈祐幹活之時，懷海禪師問道：「你有火嗎？」溈山靈祐回答：「有。」懷海禪師再問道：「在什麼地方？」溈山靈祐就拿起一根木條吹了二、三口氣，然後交給懷海禪師。懷海禪師說道：「就像是蟲子蛀蝕木頭。」

有僧人問道：「什麼是佛？」懷海禪師不答反問：「你是誰？」那僧人回答：「某人。」懷海禪師又問道：「你認識某人嗎？」那僧人回答：「那是很明白的。」懷海禪師舉起拂塵問道：「你還看見麼？」那僧人回答：「看見。」懷海禪師就不再說話。

眾僧普請挖地時，忽然有一個僧人聽到飯鼓敲響了，就舉起钁頭，大笑著回去了。懷海禪師讚歎道：「真棒啊！這就是觀音入理的門徑。」懷海禪師回到寺院，就喚來那個僧人問道：「你剛才見到什麼道理，就這個樣子？」那僧人回答：「剛才我只聽到飯鼓聲響，就回來吃飯。」懷海禪師於是笑了。

有人問道：「依照佛經解說其義，卻讓三世佛怨憤；有一個字離開經文來解說，即同於惡魔說法。此話怎麼理解？」懷海禪師回答：「固守動與用，即讓三世佛怨憤；此外別作尋求，即等同於惡魔說法。」

有僧人問西堂智藏禪師道：「有提問才有回答，那麼不提問不回答之時怎麼樣？」西堂智藏禪師反問：「恐怕爛，還做什麼？」懷海禪師聽人轉告此語，就說道：「我從來就疑心這個老兄。」有僧人就說：「還請和尚說。」懷海禪師回答：「一合相不可得到。」隨後懷海禪師對眾人說道：「有一個人長時間不吃飯也不喊餓，有一個人終日吃飯也不說飽。」眾人都不能對答。

雲巖曇晟問道：「和尚每日辛苦忙碌是為了誰啊？」懷海禪師回答：「有一個人需要這樣。」雲巖曇晟追問道：「為什麼不叫他自己做？」懷海禪師回答：「他沒有傢伙。」

有僧人問道：「什麼是大乘頓悟法門？」懷海禪師回答：「你們首先停歇眾緣，休止一切事務。善與不善，出世間及在世間的一切諸法，都不要記憶，不要因緣思念，解放身心，使其自在無礙。心就如木石，沒有什麼可辨別的。心裡無有所行的，心地若空，智慧之日自然顯現，就如雲開日出一般。心中止息一切糾纏的外緣，貪欲憤怒，愛戀進取，汙垢清淨，有情情盡。面對五欲八風，而不被見、聞、覺、知所束縛，不被諸外境所迷惑，自然就會具備神通妙用，這就是能解脫的人。面對一切境相，心中沒有動靜，不攝取也不散亂，透過一切聲色，而沒有滯留妨礙，就稱為得道之人。只要不被一切善惡、汙垢清淨、有為無為、出世間在世間、福德智慧所羈絆，就稱之為佛慧。是與非，美與醜，是理與非理，諸知見總有盡時，而不被束縛，處心自在，就稱作初發心菩薩，就登佛地。一切諸法，本來就不自說空，也不自說色，也不說是與非、汙垢與清淨，也無心束縛人。只是人們自己虛妄計較，作若干種理解，起若干種知見。如若汙垢、清淨之心已盡，不被束縛，不被解脫，沒有一切有為無為的理解，以平等之心量，而處於生死之間，其心自在，終究不與虛幻、塵勞蘊界、生死等相混合，迥然無所寄寓，一切不加拘束，去留都無妨礙。如此往來於生死之界，就像門開著一樣通行無礙。如若遇到種種苦樂、不稱心如意之事，心中都不退縮屈服，不思念名聞、衣食，不貪戀一切功德利益，不被世間之法所阻礙。雖然親身受到各種苦樂，也不放在心上，粗食活命，破衣抵禦寒暑，勞苦忙碌，如愚昧如耳聾一樣，稍微有相應之分。在生死界中，廣泛學習知解，尋求福祉，尋求智慧，對佛理並無益處，卻反而被知解境之風所漂泊沉溺，卻反而歸到生死海裡。佛是無所求的人，求佛就違背了佛理。佛理是無所求之理，求佛理即反而失去了。如若執著於無所求，其所失又同於有所求。這佛法不是實也不是虛。如果能一生都心如木石一般，不被蘊界五欲八風所漂泊沉溺，那就斷絕了生死因，去住自由，不被一切有為因果所束縛，他時還與沒有束縛之身一起利益萬物。以沒有束縛之心相應一切心，以沒有束縛之智慧解脫一切束縛，也就能隨病症而給與相應的藥。」那僧人問道：「現在受了戒，身口都清淨，已經具備了諸善行，能解脫嗎？」懷海禪師回答：「稍稍解脫，沒有得到心解脫，也沒有能一切都解脫。」那僧人問道：「什麼是心解脫？」懷海禪師回答：「不求佛，不求知解，汙垢、清淨之情盡，也不執著這種無求，因此也不住盡處，也不畏懼地獄束縛，也不愛天堂快樂，不被一切法所拘執，才稱之為解脫無礙，即是身心及一切都稱作解脫。你不要有少許戒，有善行，就以為悟了。不知如恆河之沙一樣無數的無漏之戒、定慧法門，都一點也未曾涉足過。努力精進，勇猛探究，及早而為，不要等到耳聾眼花，鬚髮盡白，滿面皺紋，衰老痛苦累及自身，才眼中流淚，心中彷徨，沒有去處，到那個時候要整理手腳都不能夠了。縱然擁有福祉、智慧、名聞，都不能相救。因為心眼未開，只念及諸境，不知道返照自心，又不見佛道，所以一生的全部善惡因緣，都展現在眼前，有的欣喜，有的恐懼，六道五蘊都顯現面前。盡看見莊嚴華麗的房屋住宅，舟船車輿，光明顯赫，都是從自心貪愛所顯現，使一切惡境都變化為特別優美的境地。但隨所見、所愛之處，而使受生，都沒有自由的機緣。龍與畜生，高貴與卑賤，也總沒有一定。」那僧人問道：「怎麼才能得到自由的機緣？」懷海禪師回答：「現在面對五欲八風，情無取捨，汙垢、清淨之意都消亡。如同日月在天空，不因機緣而照耀，心如木石，也如香象過河，截流而渡，更加沒有疑惑滯礙。這種人，天堂、地獄就不能收攝。又誦讀經文，聽說教法，語言都必須婉轉歸就自己。只是這一切語言教化，僅明瞭現在的覺悟之性，使自己完全不被一切有、無諸法諸境所轉移的，就是你的導師。能照徹一切有、無諸境諸法的，就是金剛慧，就有自由獨立的機緣。如若不能這麼領會的，即使能誦《十二韋陀經》，也只是形成、增加自慢心理，反而是誹謗佛，而不是修行。誦讀經文，聽說教法，如是按照世人的看法，那是好事、善事，如是從明佛理人那邊看，那只是壅塞心智之人。十地之人解脫不了，流入生死河中。只是用不著尋求知解語義之句。知解屬於貪欲，貪欲就變成了病。只是現在離絕一切有、無諸法，透過佛言三句之外，自然就與佛沒有差別。既然自己是佛，哪裡用得著擔心佛不能理解此語句！只怕自己並不是佛，被有、無諸法所轉移，而不能自由自在。所以理未建立，就先被福祉智慧所載去，就如同是卑賤的使喚高貴的。不如首先建立理，然後再有福祉智慧。如此的話，若需要福祉智慧，臨時就可做得。撮土成金，變海水為酥酪，破碎須彌山為微塵，把一個意義看作是無窮之義，把無窮之義看作是一個意義。」

懷海禪師有時候說法完畢，當眾僧退堂，卻突然召喚他們。眾僧回頭，懷海禪師問道：「是什麼？」藥山禪師將此稱作「百丈下堂句」。唐朝元和九年（八一四年）正月十七日，懷海禪師圓寂，享年九十五歲。長慶元年（八二一年），唐穆宗詔賜懷海禪師諡曰大智禪師，其靈塔名大寶勝輪之塔。

【說　明】懷海禪師主張「歇諸緣，捨身心，心如木石」的頓悟法門，並在回答僧人提問如何是大乘頓悟法門時，用簡明扼要之語表述其不著、無求為宗的思想。他還常以難以理解的嚴厲而生硬的語言來啟示弟子自識佛性，認為弟子「見與師齊，減師半德；見過於師，方堪傳授」。即徒弟單單機械地繼承師父的見解，而不能超過，那是不行的，將「喪我兒孫」，而漸趨衰微。但懷海禪師的主要貢獻，在於農禪並舉的思想和創立叢林《清規》，是禪宗史上意義深遠的大事。

禪門規式❶（附）

百丈大智禪師以禪宗肇自少室，至曹溪以來多居律寺❷，雖別院，然於說法住持未合規度，故常爾❸介懷，乃曰：「祖之道欲誕❹布化，元冀來際❺不泯者，豈當與諸部阿笈摩教❻為隨行❼耶？」舊梵語「阿含」，新云「阿笈摩」，即小乘教也。或曰：「《瑜伽論》❽、《瓔珞經》❾是大乘戒律❿，胡不依隨哉？」師曰：「吾所宗非局⓫大小乘，非異大小乘，當博約折中，設於制範，務其宜也。」於是創意別立禪居，凡具道眼⓬有可尊之德者號曰長老，如西域道高臘⓭長呼須菩提⓮等之謂也。既為化主⓯，即處于方丈，同淨名⓰之室，非私寢⓱之室也。不立佛殿，唯樹法堂者，表佛祖親囑受，當代為尊也。所裒⓲學眾，無多少，無高下，盡入僧中，依夏次⓳安排。設長連牀⓴，施椸架㉑，掛搭道具㉒。臥必斜枕牀脣，右脅吉祥睡㉓者，以其坐禪既久，略偃息而已。具四威儀也。除入室請益，任學者勤怠，或上或下，不拘常準。其闔㉔院大眾，朝參夕聚，長老上堂升堂，主事徒眾鴈立㉕側聆，賓主問醻，激揚㉖宗要者，示依法而住也。齋粥隨宜，二時㉗均徧者，務于節儉，表法食雙運也。行普請法，上下均力也。置十務，謂之寮舍，每用首領一人管多人營事，令各司其局㉘也。主飯者目為飯頭，主菜者目為菜頭，他皆倣此。或有假號竊形，混于清眾㉙，并別致喧撓之事，即堂維那㉚檢舉，抽下本位掛搭㉛，擯令出院者，貴安清眾也。或彼有所犯，即以拄杖杖之，集眾燒衣鉢道具，遣逐從偏門而出者，示恥辱也。詳此一條制有四益：一不汙清眾，生恭信故。三業不善，不可共住，準律合用梵壇法㉜治之者，當驅出院。清眾既安，恭信生矣。二不毀僧形，循佛制故。隨宜懲罰，得留法服㉝，後必悔之。三不擾公門㉞，省獄訟故。四不洩于外，護宗綱㉟故。四來㊱同居，聖凡孰辨？且如來應世，尚有六群之黨㊲。況今像末㊳，豈得全無？但見一僧有過，便雷例㊴譏誚㊵，殊不知以輕眾壞法，其損甚大。今禪門若稍無妨害者，宜依百丈叢林㊶格式，量事區分㊷。且立法防姦，不為賢士。然寧可有格而無犯，不可有犯而無教。惟百丈禪師護法之益其大矣哉！

禪門獨行，由百丈之始。今略敘大要，徧示後代學者，令不忘本也。其諸軌度，山門備焉。

【注釋】❶禪門規式　即禪院的規章制度，因為百丈懷海禪師所創立，也稱《百丈清規》，為我國第一個禪寺規章制度。❷律寺　律宗僧人所居的寺院。❸常爾　經常。❹誕　產生；延續。❺來際　即「來世」。❻阿笈摩教　指小乘。阿笈摩，梵語，也譯作「阿含」，小乘經的總名。❼隨行　隨從。❽瑜伽論　《瑜伽師地論》的略名，唐僧人玄奘譯，一百卷。瑜伽師指有三乘之行的人。瑜伽師地指所依所行的十七境界。傳說佛滅後一千年中，無著菩薩自阿踰陀國講堂升夜摩天受彌勒菩薩為大眾說法，而成此論。❾瓔珞經　《菩薩瓔珞本業經》的略名，二卷，十六國姚秦僧人竺念佛譯，說四十二位之名義行業及菩薩戒等內容。❿戒律　防止僧尼為邪為非的戒條法律，有五戒、十善戒以至二百五十戒等名目。⓫扃　門戶。⓬道眼修道而得之眼。⑬臘　年齡。⑭須菩提　佛陀十大弟子之一，解空第一，佛陀使說般若之空理。後天竺用以尊稱有道年老者。⑮化主　教化之主，佛陀稱號之一，此指禪寺之主。⑯淨名　即淨名居士，通稱維摩詰居士，其所居之室稱方丈。⑰寢　睡覺。⑱裒　聚集。⑲夏次　夏安居時眾僧的次序。⑳長連牀　禪堂中設置的大牀，可連坐多人。㉑椸架　衣架。㉒道具　指三衣、什物等可資助一切學道者的用具。㉓吉祥睡　向右側睡，為佛陀涅槃時睡相。㉔闔　合。㉕雁立　整齊地站立在兩旁，像雁群飛行時一樣。㉖激揚　激勵；感動奮起。㉗二時　指早、晚二餐。㉘局　部分。㉙清眾　清修之眾，即僧人。㉚堂維那　也稱堂司，執掌僧堂之事的僧人。㉛掛搭　也作「掛單」。單，指僧堂東西兩序的名單，行腳僧投寺院暫住，衣鉢就掛搭在名單下面，故稱。也稱「掛錫（杖）」，《祖庭事苑》：「西域比丘，行必持錫，凡至室中，不得著地，必掛于壁牙上。今僧所止住處，故云掛錫。」㉜梵壇法　西域戒法。㉝法服　指僧衣。㉞公門　官府。㉟綱　綱維，即規則制度。㊱四來　來自四方之人。㊲六群之黨　佛陀在世時，有惡比丘六人，結黨多作非威儀之事。稱作六群比丘。佛陀制作戒律，多因此六群比丘而起。㊳像末　凡一佛出世，則以其佛為本，立正法、像法、末法三時。像法時有教有行，而像似之佛法行。末法時有教無行，無證果者。㊴雷例　雷同、一例。㊵誚　責罵。㊶叢林　僧眾和合住於一處，如樹木叢集為林，特指禪寺。㊷區分　處分。

【語　譯】百丈懷海禪師因為禪宗發端於少室山達磨初祖，至曹溪六祖大師以來大多居住在律寺中，雖然別院居住，但是禪僧說法、住持並不符合規則制度，所以常常牽掛於心，說道：「祖師創宗是要延續傳布教化，原本希望來世也不至泯滅，難道是為諸部阿笈摩教作隨行嗎？」舊依梵語作「阿含」，新譯作「阿笈摩」，即小乘教。有僧人問道：「《瑜伽師地論》、《菩薩瓔珞本業經》都是大乘的戒律，為什麼不依從遵行啊？」懷海禪師回答：「我所依從的並不分別大乘、小乘之門戶，也不相異於大乘、小乘戒律，而應當折中博詳簡約，設置制度規範，務求其便於施行。」於是創意別立禪寺，凡具有道眼而又有可尊重之德者，就稱為長老，如西域稱呼道德高、年歲長的人為須菩提等名稱一樣。既為一寺教化之主，就居住在方丈，其名與維摩詰居士所居之室名相同，是為了表示這不是私人睡覺之室。不創立佛殿，只建立法堂的原因，是表示禪宗由佛陀、祖師親自授受，為當代人所尊重。禪院所聚集的學法僧，不分人數多少，也不分地位高下，盡數排列入僧眾中，依據夏安居的次序安排食宿。在禪堂中放置長連牀，設置衣架，掛搭道具。睡臥必須斜枕牀邊，向右側吉祥睡，這是因為坐禪時間長了，稍微躺下休息一下而已。並要求具備四威儀。除入室請教外，一任學法僧人隨其勤勉懈惰，或上堂或下堂，並不拘執常規。其合院僧眾，早晨參禪，晚上聚會，長老上法堂，升法座，主事僧與僧眾雁立兩旁，側身聆聽，賓主問道，激揚教宗旨要，以顯示眾僧是依據法規而住寺。齋飯齋粥隨人之宜，二時均備，務必節儉，表明佛法、飲食雙運。推行普請法，表明上下均力。設置十務，稱之為寮舍，每務設首領一人，管理多人做事，令其各司其職。管理飯粥食品的叫飯頭，管理菜園的叫菜頭，其他職名都仿此。如若有僧人假借名號，匿藏行跡，混入僧眾，或者別致喧譁擾亂寺內的人，即令堂維那檢舉，抽出那僧人在本寺的掛搭，命令其離開寺院，這是以安定清修僧眾為重。或者有僧人犯法戒，就用拄杖杖責，並集合僧眾燒毀他的衣鉢道具，將他從偏門遣送出寺院，以給予其恥辱。詳細制定這一制度，有四個好處：第一是不使清修僧眾被汙染，以使其生出恭敬信心。三業不善，不可以共住，依據戒律應該使用西域戒法加以治理者，就應當驅除出寺院。清修僧眾既得以安定，恭敬信心就自然而生出。第二是不汙毀僧人形象，以遵循佛祖的規制。隨其罪錯輕重而給予懲罰，如留下僧衣，後來一定會有所後悔。第三是不擾動公門，以省免刑獄訴訟。第四是不露醜於外，以維護禪宗綱維。來自四方之人同居一處，誰能分辨其聖賢還是凡愚？況且如來在世之時，還有六群之黨。何況現今為像末之世，難道能完全沒有惡行之人？但是一看見僧人有過失，就雷同一例地加以譏諷責罵，卻完全不知道這是以輕視眾人而敗壞佛法，其損失甚大。現今禪院中若有人犯過失，但危害不大，應該依照百丈叢林清規條令，根據事情輕重而施以處分。況且立法為防止奸佞，並不是針對賢士。但是寧肯依從格令而使人無所違犯，而不可以當有人違犯卻沒有處分懲罰條令。由此可見百丈懷海禪師護持佛法的功德何其盛大啊！

禪寺的獨立設置，是從百丈禪師開始的。現在略微敘述一下《百丈清規》的大體要點，普遍指示後代學者，令其不忘本源。《清規》中的具體規章制度，寺院內都具有，此不備述。

【說　明】中唐時期，因為禪宗的迅速發展，使禪僧居於律寺的現狀難以繼續。此前馬祖道一禪師就已在江西倡導農禪結合的禪林生活，至此百丈懷海禪師依據禪僧的修持、生活特點，創立了一套適合於禪院的規章制度《百丈清規》，其中尤以普請法影響深遠。在印度，佛教僧尼不從事生產勞動，以免耕種時傷害生物，違背「不殺生」的戒律，而全靠乞食、布施為生。至此百丈懷海禪師改革以往僧人乞食為生，或僅靠寺田出租收入維持僧眾生活的寺院經濟制度，一除舊習，提倡實行「上下均力」的普請法，即要求禪僧們於參禪之餘，參加農業勞動，以適應自足自給自然經濟的國情。懷海禪師自己帶頭遵守清規，並流傳下「一日不作，一日不食」的名言。懷海禪師死後，唐武宗滅佛，當時佛教各宗派大都由此衰微，而禪宗因普請法而保障了禪僧生活的物質來源，從而為禪宗的發展提供了相應的物質保證，也促使禪宗進一步本土化。《百丈清規》後來經過多次修訂增補，現今流傳的版本是元朝元統三年（一三三五年）由朝廷指定百丈山住持德輝用幾種修訂過的傳本重加編定的，其內容已與原本有相當的距離。本書所載《禪門規式》雖為懷海禪師《百丈清規》的內容節要，但今天仍可由此窺見其精神。

卷七

懷讓禪師下二世

馬祖道一禪師法嗣中

潭州三角山總印禪師

潭州三角山總印禪師。僧問：「如何是三寶❶？」師曰：「禾、麥、豆。」曰：「學人不會。」師曰：「大眾欣然奉持。」

師上堂曰：「若論此事，眨上眉毛，早已蹉過❷也。」麻谷❸便問：「眨上眉毛即不問，如何是此事？」師曰：「蹉過也。」麻谷乃掀禪牀，師打之，麻谷無語。長慶代云：「悄然。」

【注釋】❶三寶　佛教稱佛、法、僧為三寶。❷蹉過　同「錯過」。❸麻谷　即蒲州麻谷山寶徹禪師，也為馬祖弟子。

【語譯】潭州（今湖南長沙）三角山總印禪師。有僧人問道：「什麼是三寶？」總印禪師回答：「禾、麥、豆。」那僧人說：「學生不懂。」總印說道：「大眾喜歡，不能離開。」

總印禪師上堂說道：「如要說這件事，眨動一下眉毛，就早已經錯過了。」麻谷寶徹禪師就問：「眨動眉毛就不問了，什麼是這件事？」總印說道：「錯過了。」麻谷就掀翻了禪牀，總印便打他，麻谷無語以對。

長慶慧稜禪師代為說道：「悄悄地。」

池州魯祖山寶雲禪師

池州魯祖山寶雲禪師。問：「如何是諸佛師？」師云：「頭上有寶冠者不是。」僧云：「如何即是？」師云：「頭上無寶冠。」

洞山來參，禮拜後侍立，少頃而出，卻再入來。師云：「只恁麼，只恁麼，所以如此。」洞山云：「大有人不肯。」師云：「作麼取汝口辯？」洞山乃侍奉數月。

僧問：「如何是不言言？」師云：「汝口在什麼處？」僧云：「無口。」師云：「將什麼喫飯？」僧無對。洞山代云：「他不饑，喫什麼飯？」

師尋常❶見僧來，便面壁。南泉聞云：「我尋常向僧道，向佛未出世時會取，尚不得一箇半箇。他恁麼地驢年❷去！」玄覺云：「為復唱和語，不肯語？」保福問長慶：「只如魯祖節文❸在什麼處，被南泉恁麼道？」長慶云：「退己讓於人，萬中無一箇。」羅山❹云：「陳老師當時若見，背上與五火抄❺。何故如此？為伊解放不解收。」玄沙云：「我當時若見，也與五火抄。」雲居錫云：「羅山、玄沙總恁麼道，為復一般，別有道理？若擇得出，許上座佛法有去處❻。」玄覺云：「且道玄沙五火抄，打伊著不著？」

【注　釋】❶尋常　平常；平日。❷驢年　古人用十二生肖記年，十二屬中沒有驢，故以驢年表示不可能，沒有實現的日子。❸節文　破綻。❹羅山　即五代道閑禪師，俗姓陳，曾住持福州羅山，故名。❺火抄　火鉗。❻有去處　喻修煉到家了。

【語　譯】池州（今屬安徽）魯祖山寶雲禪師。有僧人問道：「什麼是諸佛、祖師？」寶雲禪師回答：「頭上戴有寶冠的不是。」那僧人再問道：「什麼才是？」寶雲回答：「頭上沒有寶冠的。」

洞山良价禪師來參見，禮拜之後侍立一旁，過了片刻退出，然後再進來。寶雲禪師說道：「只這樣，只這樣，所以如此。」洞山良价說道：「頗有些人不肯。」寶雲禪師說道：「為什麼要你口辯呢？」洞山良价由此侍從奉禮寶雲禪師幾個月。

有僧人問道：「什麼是不言之言？」寶雲禪師反問道：「你的嘴巴在哪裡呢？」那僧人回答：「我沒有嘴巴。」寶雲禪師問道：「你用什麼吃飯？」那僧人無言應對。洞山良价代為回答：「他不餓，吃什麼飯？」

寶雲禪師平日看見僧人來，就面壁而坐。南泉普願禪師聽到後說道：「我平常對僧人們說，要向佛未出世時領會，還沒有一個半個領悟。他這麼做而要使僧徒省悟，真要等到驢年了！」玄覺禪師說道：「是重復唱和語句，還是不同意之語？」保福從展禪師問長慶慧稜禪師道：「只是如魯祖寶雲的破綻在什麼地方，卻被南泉普願這樣說？」長慶慧稜說道：「自己退後讓別人的，一萬人中沒有一個。」羅山道閑禪師說道：「陳老師我當時若看見，就給他背上五下火鉗。為什麼這樣？因為懂得放卻不懂得收。」玄沙師備禪師說道：「我當時若看見，也給他五下火鉗。」雲居清錫禪師問道：「羅山道閑、玄沙師備都這麼說，是同一個意思，還是各有道理？如若分別得出，就許可上座佛法有去處了。」玄覺禪師問道：「且說玄沙禪師的五下火鉗，打不打得著魯祖寶雲？」

洪州泐潭常興禪師

洪州泐潭常興禪師。僧問：「如何是曹溪門下客？」師云：「南來燕。」僧云：「學人不會。」師云：「養羽候秋風。」僧問：「如何是宗乘❶極則❷事？」師云：「秋雨草離披❸。」又南泉躬至，見師面壁，乃拊師背。問：「汝是阿誰？」曰：「普願。」師曰：「如何？」曰：「也尋常。」師曰：「汝何多事！」

【注釋】❶宗乘　各宗所弘之宗義及教典，多為禪宗或淨土宗標稱自家之語。❷則　準則。❸離披　分散貌。《楚辭・九辯》：「白露既下百草兮，奄離披此梧楸。」

【語譯】洪州（今江西南昌）泐潭常興禪師。有僧人問道：「什麼是曹溪門下客？」常興禪師回答：「南來燕。」那僧人說道：「學生不懂。」常興禪師說道：「養羽候秋風。」又有僧人問道：「什麼是宗乘最高準則之事？」常興禪師回答：「秋雨草離披。」南泉普願禪師來，看見常興禪師面壁而坐，就撫拍他的後背。常興禪師問道：「你是誰？」南泉回答：「普願。」常興禪師問道：「怎麼樣？」南泉說道：「也平常。」常興禪師說道：「你為什麼要多事！」

虔州西堂智藏禪師

虔州西堂智藏禪師者，虔化人也，姓廖氏。八歲從師，二十五具戒。有相者覩其殊表，謂之曰：「師骨氣非凡，當為法王❶之輔佐也。」師遂往佛迹巖，參禮大寂，與百丈海禪師同為入室，皆承印記。

一日，大寂遣師詣長安，奉書于忠國師。國師問曰：「汝師說什麼法？」師從東過西而立，國師曰：「只遮箇，更別有？」師卻過東邊立，國師曰：「遮箇是馬師底，仁者作麼生？」師曰：「早箇呈似和尚了。」尋又送書往徑山，與國一禪師。（語在〈國一〉章。）屬連帥路嗣恭延請大寂居府，應期盛化。師迴郡，得大寂付授衲袈裟，令學者親近。

僧問馬祖：「請和尚離四句❷，絕百非❸，直指某甲❹西來意。」祖云：「我今日無心情，汝去問取智藏。」其僧乃來問師，師云：「汝何不問和尚？」僧云：「和尚令某甲來問上座。」師以手摩頭云：「今日頭疼，汝去問海師兄。」其僧又去問海，（百丈和尚。）海云：「我到遮裡卻不會。」僧乃舉似馬祖，祖云：「藏頭白，海頭黑。」

馬祖一日問師云：「子何不看經？」師云：「經豈異耶？」祖云：「然。雖如此，汝向後為人也須得。」曰：「智藏病思自養，敢言為人。」祖云：「子末年⑤必興於世也。」

馬祖滅後，師唐貞元七年，眾請開堂⑥。

李尚書翺⑦嘗問僧：「馬大師有什麼言教？」僧云：「大師或說即心即佛，或說非心非佛。」李云：「總過遮邊。」李卻問師：「馬大師有什麼言教？」師呼：「李翺！」翺應諾，師云：「鼓角動也。」

制空禪師謂師曰：「日出太早生。」師曰：「正是時。」

師住西堂後，有一俗士問：「有天堂地獄否？」師曰：「有。」曰：「有佛法僧寶否？」師曰：「有。」更有多問，盡答言「有」。曰：「和尚恁麼道莫錯否？」師曰：「汝曾見尊宿來耶？」曰：「某甲曾參徑山和尚來。」師曰：「徑山向汝作麼生道？」曰：「他道一切總無。」師曰：「汝有妻否？」曰：「有。」師曰：「徑山和尚有妻否？」曰：「無。」師曰：「徑山和尚道無即得。」俗士禮謝而去。

師元和九年四月八日歸寂，壽八十，臘五十五。憲宗謚大宣教禪師，塔曰元和證真。至穆宗重謚大覺禪師。

【注　釋】❶法王　佛於法自在，故稱法王。《釋迦方誌》上：「凡人極位名曰輪王，聖人極位名曰法王。」❷四句　此指偈頌。因偈頌大都為四句，故稱。❸百非　此指種種雜說。❹某甲　此指初祖達磨祖師。❺末年　晚年。❻開堂　寺院長老新住持、初演法，稱之為開堂。❼李尚書翱　字習之，趙郡人，貞元年間中進士，元和初為國子博士，後歷官廬州刺史、中書舍人、尚書、山南東道節度使而卒，謚曰文。其為人峭鯁，善為文，辭致渾厚，見重當時。

【語　譯】虔州（今江西贛州）西堂智藏禪師（七三五～八一四年），虔化（今江西寧都）人，俗姓廖。他八歲時拜師，二十五歲受具足戒。有個相面的人看見他特異的儀表，就對他說道：「禪師骨相氣度非同一般，當成為法王的輔佐。」智藏於是前往佛迹巖，參見禮拜馬祖大寂禪師，與百丈懷海禪師一起成為馬祖的入室弟子，均承受了印記。

有一天，馬祖派智藏禪師到長安去，送信給慧忠國師。慧忠國師問道：「你師父說什麼法？」智藏禪師從東邊走到西邊，然後站在那裡，慧忠國師說道：「只有這個，還是另有別的什麼？」智藏禪師卻走回到東邊站立，慧忠國師說道：「這個是馬大師的，仁者的是什麼？」智藏禪師回答：「剛才已經告訴和尚了。」不久，智藏禪師又送信上徑山，給國一道欽禪師。事見〈國一道欽禪師〉章。正好連帥路嗣恭邀請馬祖留居府城，應時廣施教化。智藏禪師回來後，得到了馬祖傳付的百衲袈裟，讓學僧親近問道。

有僧人問馬祖道：「請和尚離開四句偈語，屏棄種種雜說，直截了當地說明祖師西來意旨。」馬祖說道：「我今天沒有心情，你去問智藏。」那僧人就來問智藏禪師，智藏禪師說道：「你為什麼不問和尚？」那僧人回答：「是和尚讓我來問上座的。」智藏禪師就用手按摩著頭說道：「我今天頭痛，你去問懷海師兄。」那僧人又去問懷海禪師，即百丈懷海和尚。懷海禪師說道：「我到這裡卻是不會。」那僧人於是告訴了馬祖，馬祖說道：「智藏頭白，懷海頭黑。」

馬祖有一天問智藏禪師道：「你為什麼不看經書？」智藏禪師反問道：「經書難道有什麼不同之處嗎？」馬祖說道：「是的。雖然這樣，但你以後教化別人也需要。」智藏禪師說道：「智藏有病想自己調養，哪敢說法教化別人。」馬祖說道：「你晚年必定興旺於世。」

馬祖圓寂後，智藏禪師於唐代貞元七年（七九一年），因眾人的懇請，而開堂說法。

李翱尚書曾經問一個僧人道：「馬大師有什麼言教？」那僧人回答：「馬大師有時候說即心即佛，有時候說非心非佛。」李尚書說道：「總要到一邊吧。」李尚書回頭問智藏禪師道：「馬大師有什麼言教？」智藏禪師喊道：「李翱！」李尚書答應，智藏禪師說道：「鼓角動了。」

制空禪師對智藏禪師說道：「太陽出得太早了。」智藏禪師說道：「正是時候。」

智藏禪師住持西堂以後，有一個俗士來詢問：「是否有天堂、地獄？」智藏禪師回答：「有。」那俗士又問道：「是否有佛、法、僧三寶？」智藏禪師回答：「有。」那俗士又問了很多問題，智藏禪師全都說「有」。那俗士就說：「和尚這麼說莫不會有錯嗎？」智藏禪師問道：「你曾經見過高僧了嗎？」那俗士回答：「我曾經參拜過徑山國一和尚。」智藏禪師問道：「徑山和尚向你說了什麼？」那俗士回答：「他說一切都是虛無的。」智藏禪師問道：「你是否有妻子？」那俗士回答：「有。」智藏禪師再問：「那徑山和尚是否有妻子？」那俗士回答：「沒有。」智藏禪師便說：「徑山和尚說沒有就對了。」那俗士致禮拜謝而去。

智藏禪師於唐憲宗元和九年（八一四年）四月八日圓寂，享年八十歲，法臘為五十五歲。唐憲宗賜智藏禪師諡曰大宣教禪師，靈塔名元和證真之塔。至唐穆宗改諡曰大覺禪師。

【說　明】「藏頭白，海頭黑」是一則有名的公案。對佛教而言，世間一切因緣而生，是有是無，是真是空，不能執著不離。因此對於「達磨祖師西來意」這一命題，如是按照邏輯去思索，恰恰進入了執著的迷途，而生出妄念。故而禪師遇到這樣的命題，最常用的方法就是截斷。因此馬祖藉口「無心情」，智藏禪師推說「頭痛」，以作為截斷的手段。如果說馬祖、智藏禪師的回答還給提問人一絲等待答案的期望，那麼懷海禪師的截斷手段更為簡略絕斷，乾脆回答「不會」，從而告訴提問者對於「祖師西來意」的任何回答都是多餘的，也是錯誤的。

京兆府章敬寺懷惲禪師

京兆府章敬寺❶懷惲禪師，泉州同安人也，姓謝氏。受大寂心印，初住定州柏巖，次止中條山。唐元和初，憲宗詔居上寺❷，玄學者奔湊。

師上堂示徒曰：「至理亡言，時人不悉，強習他事以為功能❸，不知自性元非塵境，是箇微妙大解脫門。所有鑒覺，不染不礙，如是光明，未曾休廢。曩❹劫至今，固無變易，猶如日輪，遠近斯照。雖及眾色，不與一切和合。靈燭❺妙明，非假鍛鍊。為不了故，取於物象。但如捏目，妄起空華，徒自疲勞，枉經劫數。若能返照，無第二人，舉措施為，不虧實相。」

僧問：「心法雙亡，指歸何所？」師曰：「郢人❻無汙，徒勞運斤。」曰：「請師不返之言。」師曰：「即無返句。」後人舉之於洞山，洞山云：「道即甚道，罕遇作家❼。」

百丈和尚令一僧來伺候，師上堂次，展坐具，禮拜了，起來拈師一隻靸鞋❽，以衫袖拂卻塵了，倒覆向下。師曰：「老僧罪過。」

或問：「祖師傳心地法門，為是真如心、妄想心、非真非妄心？為是三乘教外別立心？」師曰：「汝見目前虛空麼？」曰：「信知常在目前，人自不見。」師曰：「汝莫認影像？」曰：「和尚作麼生？」師以手撥空三下，曰：「作麼生即是。」師曰：「汝向後會去在！」

有一僧來，繞師三匝，振錫而立。師曰：「是！是！」長慶代云：「和尚佛法身心何在？」其僧又到南泉，亦繞南泉三匝，振錫而立。南泉云：「不是！不是！此是風力所轉，始終成壞。」僧云：「章敬道是，和尚為什麼道不是？」南泉云：「章敬即是，是汝不是。」長慶代云：「和尚是什麼心行[9]？」雲居錫云：「章敬未必道是，南泉未必道不是。」又云：「遮僧當初但持錫出去，恰好。」

師有小師[10]行腳迴，師問曰：「汝離此間多少年耶？」曰：「離和尚左右將及八年。」師曰：「辦得箇什麼？」小師於地畫一圓相，師曰：「只遮箇，更別有？」小師乃畫破圓相後禮拜。

僧問：「四大五蘊身中，阿那箇是本來佛性？」師乃呼僧名，僧應諾，師良久曰：「汝無佛性。」

唐元和十三年十二月二十二日示滅，建塔于灞水[11]。敕諡大覺禪師、大寶相之塔。

【注　釋】❶章敬寺　寺在長安。唐代大曆二年魚朝恩捨宅建寺，至魚朝恩死，始為僧眾梵修習靜之所。❷上寺　上等寺院，此指章敬寺。❸功能　本領；功德。❹曩　過去。❺靈燭　太陽。此喻人人固有的佛性。❻郢人　先秦楚國郢城的巧匠。《莊子．徐无鬼》：「郢人堊漫其鼻端，若蠅翼，使匠石斫之。匠石運斤成風，聽而斫之，盡堊而鼻不傷，郢人立不失容。」堊，白粉。漫，塗抹。運斤，揮動斧子。聽，不用眼睛。❼作家　禪宗稱大有機用者。❽靸鞋　鞋尖有皮帽的布鞋。也指草製的拖鞋。❾心行　心為念念遷流者，或心中念念不忘者，稱心行。❿小師　此指弟子。⓫灞水　關中八水之一，源出藍田谷，北流入渭水。

【語　譯】京兆府（今陝西西安）章敬寺懷惲禪師（？～八一八年），泉州同安（今屬福建）人，俗姓謝。懷惲禪師接受馬祖的心印後，起初居住在定州（今屬河北）柏巖，後來住於中條山。唐代元和（八〇六～八二〇年）初，唐憲宗下詔書邀請懷惲禪師住持章敬寺，參禪者四方問訊匯聚。

懷惲禪師上堂指示眾徒道：「至高至妙的道理不能用言語表達，現在的人不知道，勉強學習其他東西作為自己的本領，卻不明白自性原本不是塵境，是一個微妙的大解脫門。因此所有的鑑察覺悟，不染凡塵，不礙事理，像這樣的光明，從未曾休罷廢棄。從遙遠的過去直至現在，固然沒有變化更移，就好比太陽，不管遠近都被照耀。雖然陽光涉及眾多色相，但並不與一切因緣混合摻雜。太陽奇妙光明，並不是借助於鍛鍊而成。世人因為不明瞭其中道理的緣故，所以認為其為物體的境象。就好比是有人擠捏眼睛，妄想生出花朵，只是白白地使自己疲勞，枉自經歷了劫數。如若能返照自性，就沒有第二人了，其舉止行為，也不有損於實相。」

有僧人問道：「心與法都消亡，其宗旨歸於什麼地方？」懷惲禪師回答：「郢人鼻端沒有白粉，你只是白費揮動斧子的力氣。」那僧人說道：「請大師不說隱語。」懷惲禪師說道：「這兒沒有隱語。」後來有僧人拿這話來問洞山良价禪師，洞山回答：「說就算這麼說，但很少遇到高手。」

百丈懷海禪師派一個僧人來問候懷惲禪師，懷惲禪師上堂時，那僧人展開坐具，禮拜完畢，起身時拈起懷惲禪師的一隻靸鞋，用衣衫袖子拂拭灰塵乾淨後，倒覆著放下。懷惲禪師說道：「是老僧的罪過。」

有僧人問道：「祖師傳授心地法門，是真如之心、妄想之心、不是真如也不是妄想之心？還是三乘教外別立之心？」懷惲禪師反問道：「你看到眼前的虛空麼？」那僧人回答：「信知常在眼前，人們自己看不見。」懷惲禪師問道：「你莫非認作影像嗎？」那僧人反問道：「和尚怎麼樣？」懷惲禪師用手在空中撥了三下，說道：「這麼樣就是。」懷惲禪師又說道：「你往後領會去！」

有一個僧人來，繞著懷惲禪師走了三圈，振動著錫杖站下。懷惲禪師說道：「對！對！」長慶慧稜禪師代他說道：「和尚佛法身心在哪裡？」那僧人又到了南泉普願禪師那兒，也繞著南泉禪師走了三圈，振動著錫杖站下。南泉禪師說道：「不對！不對！這是風力轉動的，終究要停止的。」那僧人問道：「章敬大師說對，和尚為什麼說不對？」南泉禪師說道：「章敬大師即對，是你不對。」長慶慧稜禪師代為說道：「和尚是什麼心行？」雲居清錫禪師說道：「章敬大師不一定說對，南泉禪師不一定說不對。」又說道：「這個僧人當初只拿著錫杖出去，就正好。」

懷惲禪師的一個弟子行腳歸來，懷惲禪師問道：「你離開這裡多少年了？」那弟子回答：「離開和尚左右將近八年了。」懷惲禪師問道：「你能做個什麼？」那弟子就在地上畫了一個圓圈，懷惲禪師問道：「只有這個，還是有別的什麼？」那弟子就畫破圓圈，然後禮拜。

有僧人問道：「四大、五蘊組成的人身中，哪個是本來佛性？」懷惲禪師就喊那僧人的名字，那僧人答應。懷惲禪師過了好一會兒又說道：「你沒有佛性。」

懷惲禪師於唐代元和十三年（八一八年）二月二十二日圓寂，建靈塔於灞水之濱。唐帝敕賜懷惲禪師諡曰大覺禪師，靈塔名大寶相之塔。

【說　明】洪州禪甚愛用畫「圓相」之法來接機。所謂「圓相」，乃是暗喻自性圓滿自足。但若只是執著於「圓相」的形式，就反而會妨礙透徹領悟，為此懷惲禪師便追問「更別有」，那小師即「畫破圓相」。

定州柏巖明哲禪師

定州柏巖明哲禪師，嘗見藥山和尚❶看經，因語之曰：「和尚莫猱❷人好。」

藥山置經云：「日頭早晚❸也？」師云：「正當午❹也。」藥山云：「猶有文采在！」師云：「某甲亦無。」藥山云：「老兄好聰明。」師云：「某甲只恁麼，和尚作麼生？」藥山云：「跛跛挈挈❺，百醜千拙❻，且恁麼過時。」

【注　釋】❶藥山和尚　即惟儼禪師，俗姓韓，陝西絳州人，初依朝陽慧照出家，後謁石頭希遷得悟，其後住持澧州藥山。❷猻　即猻兒，妓女的俗稱。猻，猿類，輕捷能爬樹。明人楊慎《古音附錄》：「倡伎曰猻，亦本其戲弄若猴而名也。今俗謂狎妓曰調猻。」❸日頭早晚　是什麼時候。古人習慣以太陽在天空中的位置來確定時辰。今日農村中猶有此風習。此處語含雙關，隱指佛學修為程度如何。❹當午　中午。因與「日頭早晚」之口語相比，「當午」一語稍具文言色彩，故引來「猶有文采在」之嘲。❺跛跛挈挈　也作「波波結結」、「巴巴結結」，意謂勞勞碌碌。❻百醜千拙　意指生活頗為艱難不易，勉強支撐。拙，笨；粗糙。

【語　譯】定州（今屬河北）柏巖明哲禪師，曾見藥山惟儼和尚看佛經，因而對他說道：「和尚不要讓人作娼為好。」藥山和尚放下佛經問道：「日頭早晚了？」明哲禪師回答：「正當午時分。」藥山和尚說道：「還有文彩呢！」明哲禪師說道：「我也沒有。」藥山和尚說道：「老兄好聰明。」明哲禪師說道：「我只是這樣，和尚怎麼樣？」藥山和尚說道：「波波結結，百醜千拙，姑且這麼度日。」

【說　明】南宗禪僧喜用身邊日常生活語境接機說法，故於平常對話中語含禪機，考校彼此對佛法禪理之悟解。如此處明哲禪師與藥山和尚之對答，即是一典型事例。

信州鵝湖大義禪師

信州鵝湖❶大義禪師者，衢州須江人也，姓徐氏。李翺嘗問師：「大悲❷用千手眼作麼？」師云：「今上❸用公作麼？」有一僧乞置塔，李尚書問云：「教中不許將屍塔下過，又作麼生？」無對。僧卻來問師，師云：「他得大闡提❹。」

唐憲宗嘗詔入內，於麟德殿❺論議。有一法師問：「如何是四諦❻？」師云：「聖上一帝，三帝❼何在？」又問：「欲界無禪，禪居色界，此土憑何而立？」禪師云：「法師只知欲界無禪，不知禪界無欲。」法師云：「如何是禪？」師以手點空，法師無對。帝云：「法師講無窮經論，只遮一點尚不奈何。」師卻問諸碩德曰：「行住坐臥，畢竟以何為道？」有對曰：「知者是道。」師曰：「不可以智知，不可以識識，安得知者是道乎？」有對：「無分別是道。」師曰：「善能分別諸法相，於第一義而不動，安得無分別是道乎？」有對：「四禪❽八定❾是道。」師曰：「佛身無為，不墮諸數，安在四禪八定耶？」眾皆杜口。師又舉順宗問尸利禪師❿：「大地眾生如何得見性成佛？」尸利云：「佛性猶如水中月，可見不可取。」因謂帝曰：「佛性非見必見，水中月如何攫取？」帝乃問：「何者是佛性？」師對曰：「不離陛下所問。」帝默契真宗，益加欽重。

師於元和十三年正月七日歸寂，壽七十四。敕諡慧覺禪師、見性之塔。

【注　釋】❶鵝湖　在江西鉛山東北，湖濱有寺，名鵝湖寺。❷大悲　即觀音菩薩。❸今上　當今皇上。❹大闡提　大悲闡提，菩薩有大悲心，欲度盡一切眾生成佛，眾生無盡，則已終無成佛之期。❺麟德殿　唐代宮殿名。❻四諦　苦、集、滅、道四諦，也名四聖諦、四真諦。❼三帝　以「帝」替代同音字「諦」，欲以破法師對教義的執著。❽四禪　也譯作「四禪定」、「四靜慮」等，為色界四禪定，用以治惑、生諸功德。初禪已離「欲惡不善法」，感受離欲界生活的「喜」「樂」；至二禪斷滅「覺」「觀」，形成信根，感受禪定自身的喜樂；三禪捨去二禪之喜樂，得「正念」「正慧」，感受「離喜妙樂」；四禪捨去三禪的妙樂，得「念清淨」，感受「不苦不樂」的境界。❾八定　色界四禪定與無色界四禪定的合稱。無色界四禪定為第一空無邊處定、第二識無邊處定、第三無所有處定和第四非想非非想處定。❿尸利禪師　唐代僧人，因參石頭希遷禪師得法，弘法於京兆，其他不詳。

【語　譯】信州（今江西上饒）鵝湖大義禪師（七四五～八一八年），衢州須江（今浙江江山）人，俗姓徐。李翺尚書曾經問大義禪師道：「大悲菩薩要用千手千眼做什麼？」大義禪師回答：「當今皇上任用公做什麼？」有一個僧人請求建塔，李尚書問道：「教義不允許抬著屍體從塔下經過，又怎麼辦？」那僧人無言以對，就來問大義禪師，禪師說：「他得到了大闡提。」

唐憲宗曾經邀請大義禪師來到皇宮內，在麟德殿上與諸高僧講論佛法意旨。有一個法師問道：「什麼是四諦？」大義禪師反問道：「只有皇上一位皇帝，其他三帝在哪裡？」那法師又問道：「欲界沒有禪，禪位居色界，本方國土依據什麼而建立禪宗？」大義禪師回答：「法師只知道欲界沒有禪，卻不知道禪界沒有欲。」那法師再問道：「什麼是禪？」大義禪師用手指點空中，那法師無言應對。唐憲宗說道：「法師能講無窮的經論，只在這一點上，還是無可奈何。」大義禪師反問在座眾高僧大德道：「行住坐臥，究竟以什麼為道？」有的回答：「知道的是道。」大義禪師說道：「道不能靠智慧去知，也不能靠才識去識，怎麼能說知道的是道呢？」有人又回答：「沒有分別的就是道。」大義禪師說道：「善能夠分別諸法相，但對於第一義卻不能作用，怎麼能說沒有分別的就是道呢？」又有人回答：「四禪、八定就是道。」大義禪師說道：「佛身無為，不墮入於劫數，怎麼能說道在四禪、八定呢？」眾僧都啞口無言。大義禪師又舉出唐順宗問尸利禪師：「大地眾生怎麼才能夠見性成佛？」尸利禪師回答：「佛性好比是水中月，可以看見卻不可以獲取」這一話頭，對唐憲宗說道：「佛性不是要見就必定見到的，這水中月怎麼獲取？」唐憲宗就問道：「什麼才是佛性？」大義禪師回答：「不離陛下所問的。」唐憲宗默契佛理，對大義禪師更加欽佩尊重。

大義禪師於唐代元和十三年（八一八年）正月七日圓寂，享年七十四歲。唐帝賜大義禪師諡曰慧覺禪師，靈塔名見性之塔。

伊闕伏牛山自在禪師

伊闕❶伏牛山自在禪師者，吳興人也，姓李氏。初依徑山國一禪師，受具後，於南康見大寂發明心地，因為大寂送書於忠國師。國師問曰：「馬大師以何示徒？」對曰：「即心即佛。」國師曰：「是什麼語話！」良久，又問曰：「此外更有什麼言教？」師曰：「非心非佛。或云不是心，不是佛，不是物。」國師曰：「猶較此子❷。」師曰：「馬大師即恁麼，未審和尚此間如何？」國師曰：「三點如流水，曲似刈禾鐮❸。」

師後隱于伏牛山，一日謂眾曰：「即心即佛，是無病求藥句。非心非佛，是藥病對治句。」僧問：「如何是脫灑❹底句？」師曰：「伏牛山下古今傳。」

師後於隨州開元寺示滅，壽八十一。

【注釋】❶伊闕　在河南洛陽南，兩山對峙，望之如闕，伊水中流，故名。❷較些子　差一點。❸三點如流水二句　即「心」字。刈，割。❹脫灑　超脫；不拘束。

【語譯】伊闕伏牛山自在禪師（七四一～八二一年），吳興（今浙江湖州）人，俗姓李。自在禪師起初歸依徑山國一禪師，受具足戒後，在南康（今江西星子）謁見馬祖大寂禪師，發明心地，因而為馬祖送書信給長安慧忠國師。慧忠國師問道：「馬大師用什麼法開示徒眾？」自在禪師回答：「即心即佛。」慧忠國師說道：「這是什麼說話！」過了許久，又問道：「此外還有什麼言教？」自在禪師回答：「非心非佛。或者說不是心，不是佛，不是物。」慧忠國師說道：「還是差一點兒。」自在禪師問道：「馬大師就這樣了，不知道和尚這裡怎麼樣？」慧忠國師說道：「三點如流水，曲似刈禾鐮。」

自在禪師後來隱居在伏牛山，有一天，對眾僧說道：「即心即佛，是沒有病求藥的話。非心非佛，是藥與病對治的話。」有僧人問道：「什麼是脫灑的話？」自在禪師回答：「伏牛山下古今傳。」

自在禪師後來在隨州（今屬湖北）開元寺內圓寂，享年八十一歲。

幽州盤山寶積禪師

幽州盤山❶寶積禪師。僧問：「如何是道？」師曰：「出❷！」僧曰：「學人未領旨在。」師曰：「去！」

師上堂示眾曰：「心若無事，萬象不生。意絕玄機，纖塵何立？道本無體，因體而立名。道本無名，因名而得號。若言即心即佛，今時未入玄微。若言非心非佛，猶是指蹤之極則。向上一路❸，千聖不傳。學者勞形，如猿捉影。」「夫大道無中，復誰先後？長空絕際，何用稱量？空既如斯，道復何說？」「夫心月❹孤圓，光吞萬象。光非照境，境亦非存。光境俱亡，復是何物？禪德❺，譬如擲劍揮空，莫論及之不及，斯乃空輪❻無迹，劍刃無虧。若能如是，心心無知。全心即佛，全佛即人。人佛無異，始為道矣。」「禪德，可中❼學道，似地擎山，不知山之孤峻，如石含玉，不知玉之無瑕。若如此者，是名出家。故導師云：『法本不相礙，三際❽亦復然。無為無事人，猶是金鎖難。』所以靈源獨耀，道絕無生。大智非明，真空無迹。真如凡聖，皆是夢言。佛及涅槃，並為增語❾。禪德且須自看，無人替代。」「三界無法，何處求心？四大本空，佛依何住？璿機❿不動，寂爾無言。覿面⓫相呈，更無餘事。珍重！」

師將順世，告眾曰：「有人邈⓬得吾真否？」眾皆將寫得真呈師，師皆打之。

弟子普化出曰：「某甲邈得。」師曰：「何不呈似老僧？」普化乃打筋斗⑬而出。師曰：「遮漢向後如風狂⑭接人去在！」師既奄化⑮，敕諡凝寂大師、真際之塔。

【注　釋】❶盤山　在天津北，為京東第一名勝地，山勢峻峭，平地突起，盤旋上登，有上中下三盤，其主峰名掛月峰。❷出　語義雙關，既表示出去之意，其音也同於呵叱聲之「咄」字。❸向上一路　宗門的極處稱之為向上一路。❹心月　心性明淨，宛如明月。❺禪德　即禪師大德。❻空輪　為世界最下層的虛空。輪為圓滿之意。《佛祖統紀》：「《華嚴經》云：三千大千世界，以無量因緣，乃成大地，依于水輪風輪空輪。空無所依，眾生業感，世界安住。」❼可中　如果；假使。❽三際　即過去、現在、未來三世。❾增語　多餘之語。❿璿機　即璇璣，古代用以天文觀察的渾天儀。⓫覿面　當面。⓬邈　即「描」，描繪、畫之意。⓭打筋斗　翻跟斗。筋斗，也作「斤斗」。⓮風狂　即「瘋狂」。⓯奄化　即奄然順化，稱呼僧人逝死的婉轉說法。

【語　譯】幽州（今北京市）盤山寶積禪師。有僧人問道：「什麼是道？」寶積禪師呵叱道：「出！」那僧人說道：「學生未領會意旨。」寶積禪師再喝叱道：「去！」

寶積禪師上堂對眾僧說法道：「心裡如若沒有事，萬事萬物就不會產生。意識與玄妙之機相隔絕，纖塵怎麼能出現？道本來無體，因體而取名。道本來無名，因名而有號。如若說是即心即佛，現在還沒有契入玄機微旨。如若說是非心非佛，那是指示著蹤跡來尋佛法極則。向上一路，千聖不傳。學佛法者勞神費心，就好比是猿猴捕捉自己的影子。」他又說道：「那大道沒有中心，又怎麼會有先有後？長空沒有邊際，怎麼能加以稱重丈量？長空已是如此，對於大道還需要說什麼呢？」他又說道：「那心月孤寂圓滿，光亮吞沒一切景象。光亮不照境，境也不存在。光亮與境都消亡了，還有什麼東西呢？禪德，譬如拋擲寶劍，對空中揮舞，不要說觸及還是沒有觸及，因為此是沒有跡象的空輪，故劍刃沒有損傷。若能這樣，心與心所都無知。那全心就是佛，全佛就是人。人與佛沒有不同，才算是道啊。」他又說道：「禪德，如果學習道法，就好像是大地擎起山嶺，並不知道山嶺的高峻，如同石頭包含著美玉，並不知道美玉的純潔無瑕。如能這樣，就叫作出家。所以佛祖說道：『佛法本來就不相妨礙，過去、現在、未來三世也是如此。不要做那無事之人，猶被金鎖所難。』所以靈源獨自輝耀，大道斷絕不生。大智並不外現聰明，虛空並不顯示痕跡。所謂真如、凡人與聖人，都是夢中的說法。佛與涅槃，也都屬多餘之語。禪德只須自己觀看，沒有人能加以替代。」他又說道：「三界無法，哪裡去求心？四大本空，佛依靠什麼而留住？璇璣不轉動，寂靜無言。當面相呈，再沒有其他事情，大家各自珍重！」

寶積禪師臨終前，對眾僧說道：「是否有人能夠畫出我的肖像？」眾僧都把各自所描繪的禪師真容呈交給他，寶積禪師都一一打出。此時寶積禪師的弟子普化站出來說道：「我能畫得。」寶積禪師說道：「那為什麼不把畫呈給老僧看？」普化就翻著筋斗出去了。寶積禪師說道：「這傢伙往後會瘋狂地接引人！」寶積禪師圓寂後，被天子賜諡號曰凝寂大師，靈塔名真際之塔。

【說　明】出門暗示著僧人的圓寂。佛教認為圓寂不是死亡，而是一種再生，是更高形式的新生，正如步出舊屋之門，進入了光明的新世界，即西方極樂世界。因此，已悟禪旨的普化一反常人走著出門的常規，打著筋斗出門，既暗示寶積禪師即將圓寂，也表達了寶積禪師的精神追求，故而得到了他的印可。

毗陵芙蓉山太毓禪師

毗陵芙蓉山太毓禪師者，金陵人也，姓范氏。年十二，禮牛頭山第六世忠禪師，落髮。二十三，於京兆安國寺❶受具。後遇大寂，密傳祖意。唐元和十三年，止毗陵義興芙蓉山。

一日，因行食與龐居士，居士接食次，師云：「生心受施，淨名❷早訶。去此一機，居士還甘否？」居士云：「當時善現❸，豈不作家？」師云：「非關他事。」居士云：「食到口邊，被他奪卻。」師乃下食。居士云：「不消一句。」居士又問師：「馬大師著實❹為人處，還分付吾師否？」師云：「某甲尚未見他，作麼知他著實處？」居士云：「只此見知，也無討處。」師云：「居士也不得一向❺言說。」居士云：「一向言說，師又失宗。若作兩向三向，師還開得口否？」師云：「直似開口不得，可謂實也。」居士撫掌❻而出。

寶曆中，歸齊雲❼入滅，壽八十，臘五十八。大和二年，追諡大寶禪師、楞伽之塔。

【注釋】❶安國寺　在長安，唐代景雲年間，唐睿宗捨舊宅創建，召崇業律師為僧主，選京城學清淨僧三百人居之。❷淨名　即維摩詰居士。❸善現　即須菩提，釋迦牟尼十大弟子之一。❹著實　盡力。❺一向　頃刻；一瞬間。❻撫掌　拍手。❼齊雲　齊雲山，在安徽休寧境，中峰峻峭，三面絕壁，憑梯而上，上有石室，學道者居之。

【語譯】毗陵（今江蘇常州）芙蓉山太毓禪師（七四七～八二六年），金陵（今江蘇南京）人，俗姓范。太毓禪師十二歲時，禮拜牛頭山第六世慧忠禪師為師，落髮出家。他二十三歲時，在長安安國寺受具足戒。此後，太毓禪師遇到馬祖，密受傳祖師宗旨。唐代元和十三年（八一八年），太毓禪師留住常州義興（今江蘇宜興）芙蓉山。

有一天，太毓禪師在用餐時給龐居士盛飯，於龐居士接飯之時，太毓禪師說道：「心中產生出受施的念頭，維摩詰居士早就予以呵責。但錯過了這一機會，居士能甘心嗎？」龐居士說道：「當年須菩提，難道就不是高手嗎？」太毓禪師說道：「不關他的事。」龐居士說道：「食物到了嘴邊，卻被他奪去。」太毓禪師才給他食物。龐居士說道：「不用說一句話。」龐居士又問太毓禪師道：「馬大師盡力接引學人之處，可曾吩咐過禪師嗎？」太毓禪師說道：「我還沒有見到他，怎麼知道他盡力之處？」龐居士說道：「僅此就可知道，也沒有討取之處。」太毓禪師說道：「居士也不能一向言說。」龐居士說道：「一向言說，禪師又是錯失了宗旨。如若作二向、三向，禪師還開得了口嗎？」太毓禪師回答：「真是開不得口，可說是實情。」龐居士拍手而出。

唐敬宗寶曆年中（八二六年），太毓禪師回到齊雲山後圓寂，享年八十歲，法臘為五十八歲。唐文宗太和二年（八二八年），太毓禪師被追謚曰大寶禪師，靈塔被名為楞伽之塔。

蒲州麻谷山寶徹禪師

蒲州麻谷山寶徹禪師，一日，隨馬祖行次，問：「如何是大涅槃？」祖云：「急。」師云：「急箇什麼？」祖云：「看水。」

師與丹霞❶遊山次，見水中魚，以手指之。丹霞云：「天然，天然。」師至來日，又問丹霞：「昨日意作麼生？」丹霞乃放身作臥勢，師云：「蒼天！」又與丹霞行至麻谷山，師云：「某甲向遮裡住也。」丹霞云：「住即且從，還有那箇也無？」師云：「珍重！」

有僧問云：「十二分教，某甲不疑。如何是祖師西來意？」師乃起立，以杖繞身一轉，翹一足云：「會麼？」僧無對，師打之。

僧問：「如何是佛法大意？」師默然。其僧又問石霜❷：「此意如何？」石霜云：「主人勤拳❸帶累❹，闍梨❺拖泥涉水❻。」

耽源❼問：「十二面觀音❽是凡是聖？」師云：「是聖。」耽源乃打師一摑，師云：「知汝不到遮箇境界。」

【注　釋】❶丹霞　即丹霞山天然禪師，石頭希遷禪師的弟子。❷石霜　即石霜山性空禪師，百丈懷海禪師的弟子。❸勤拳　也作「擎拳」，拱手作禮，表示恭敬禮貌。❹帶累　牽連；連累。❺闍梨　即「闍黎」，和尚。❻拖泥涉水　即「拖泥帶水」，不爽快的樣子。❼耽源　即耽源應真禪師，南陽慧忠國師的弟子。❽十二面觀音　《佛祖通載》：「梁武（帝）令（張）僧繇寫誌公像，公以指剺面門分披出十二面觀音妙相。」

【語　譯】蒲州（今屬山西）麻谷山寶徹禪師，有一天伴隨馬祖出行時，問道：「什麼是大涅槃？」馬祖說道：「急。」寶徹禪師問道：「急個什麼？」馬祖說道：「看水。」

寶徹禪師與丹霞天然禪師行遊山林之時，看見溪水中的魚，就用手指著。丹霞禪師說道：「天然，天然。」寶徹禪師等到第二天，又問丹霞禪師道：「昨天是什麼意思？」丹霞禪師就倒下身體作出睡覺的樣子，寶徹禪師叫道：「蒼天！」後來寶徹禪師又與丹霞禪師一起行遊至麻谷山，寶徹禪師說道：「我要在這裡住下了。」丹霞禪師說道：「住下就姑且隨你，你還有沒有那個呢？」寶徹禪師便告別道：「珍重！」

有僧人問道：「十二分教，我並不懷疑。但什麼才是祖師西來意？」寶徹禪師就站起，把手杖繞身體轉了一圈，翹起了一隻腳，問道：「領會了嗎？」那僧人無言應對，寶徹禪師便打他。

有僧人問道：「什麼是佛法大意？」寶徹禪師默然以對。那僧人又問石霜性空禪師：「這個意思是什麼？」石霜禪師說道：「主人是擎拳帶累了別人，闍梨是拖泥帶水。」

耽源應真禪師問道：「十二面觀音是凡人還是聖人？」寶徹禪師回答：「是聖人。」耽源就打了寶徹禪師一巴掌，寶徹禪師於是說道：「知道你還沒到這個境界。」

杭州鹽官齊安禪師

杭州鹽官鎮國海昌院齊安禪師者，海門郡人也，姓李氏。生時神光照室，復有異僧謂之曰：「建無勝幢，使佛日❶迴照者，豈非汝乎？」遂依本郡雲琮禪師落髮受具。後聞大寂行化於龔公山，乃振錫而造焉。師有奇相，大寂一見，深器異之，乃命入室，密示正法。

僧問：「如何是本身盧舍那佛❷？」師云：「與我將那箇銅缾來。」僧即取淨缾來，師云：「卻送本處安置。」其僧送缾本處了，卻來再徵前語。師云：「古佛❸也過去久矣。」

有講僧來參，師問云：「座主蘊何事業？」對云：「講《華嚴經》。」師云：「有幾種法界？」對云：「廣說則重重無盡，略說有四種法界❹。」師豎起拂子云：「遮箇是第幾種法界？」座主沉吟，徐思其對。師云：「思而知，慮而解，是鬼家活計❺，日下孤燈，果然失照。」保福聞云：「若禮拜即喫和尚棒。」禾山❻代云：「某甲不煩，和尚莫怪。」法眼代拊掌三下。

僧問大梅：「如何是西來意？」大梅云：「西來無意。」師聞乃云：「一箇棺材，兩箇死屍。」玄沙云：「鹽官是作家。」

師喚侍者云：「將犀牛扇子來。」侍者云：「破也。」師云：「扇子破，還我犀牛來。」侍者無對。投子❼代云：「不辭將去，恐頭角不全。」資福❽代作圓相，心中書「牛」字。石霜代云：「若還和尚即無也。」保福云：「和尚年尊，別請人好。」

師一日謂眾曰：「虛空為鼓，須彌為椎，什麼人打得？」眾無對。有人舉似南泉，南泉云：「王老師不打遮破鼓。」法眼別云：「王老師不打。」

有法空禪師到，請問經中諸義，師一一答了，卻云：「自禪師到來，貧道總未得作主人。」法空云：「請和尚便作主人。」師云：「今日夜也，且歸本位安置，明日卻來。」法空下去。至明旦，師令沙彌屈❾法空禪師。法空至，師顧沙彌曰：「咄！遮沙彌不了事。教屈法空禪師，卻屈得箇守堂家人❿來。」法空無語。

法昕院主⓫來參，師問：「汝是誰？」對云：「法昕。」師云：「我不識汝。」昕無語。

師後不疾，宴坐示滅。敕諡悟空禪師。

【注　釋】❶佛日　以日光普照來譬喻佛能破除眾生的癡闇。❷盧舍那佛　為釋迦牟尼佛之報身，漢語譯名為淨滿，意為清淨圓滿。❸古佛　古時之佛，過去世之佛；也為辟支佛的別稱。又為高僧的尊稱。❹四種法界　法界指一切眾生身心的本體。四種法界，一為事法界，二為理法界，三為理事無礙法界，四為事事無礙法界。❺活計　謀生手段。❻禾山　即五代僧人無殷禪師，福州人，俗姓吳，住吉州禾山大智院。❼投子　即唐代僧人大同，懷寧人，俗姓劉，參翠微無學禪師得法，歸住故鄉投子山，學人從之。❽資福　即晚唐僧人如寶，住吉州資福寺。❾屈　屈就，此指請人前來的客氣話。❿守堂家人　看守房屋的僕人。家人，舊稱僕人。此指謹守佛經文句、不明佛法真諦的僧人。⓫院主　又名寺主，即寺中監事。

【語　譯】杭州（今屬浙江）鹽官（今浙江海寧鹽官鎮）鎮國海昌院齊安禪師（？～八四二年），海門郡（今屬江蘇）人，俗姓李。齊安禪師出生時，有神光照亮屋內，後來又有個異僧對他說道：「建立無勝幢，使佛日返照的，難道不是你嗎？」於是齊安禪師歸依本縣雲琮禪師，落髮出家，受具足戒。此後齊安禪師聽到馬祖大寂禪師在龔公山行教化，就振動錫杖前往拜謁。齊安禪師身有奇異之相，馬祖一見，就非常器重他，招呼他入室，秘密傳授禪門正法。

有僧人問道：「什麼是盧舍那佛的本身？」齊安禪師不答而說道：「給我把那個銅瓶拿過來。」那僧人立即把淨水銅瓶拿了過來，齊安禪師又說道：「再送回到原處放好。」那僧人把銅瓶送回原處後，再來問前面提過的問題。齊安禪師說道：「古佛早已過去了啊。」

有一個講經僧來謁見參禪，齊安禪師問道：「座主建立了什麼功德？」講經師回答：「講《華嚴經》。」齊安禪師問道：「有幾種法界？」講經師回答：「大而言之則無窮無盡，簡單說來有四種法界。」齊安禪師豎起拂塵問道：「這個是第幾種法界？」講經師沉吟不語，慢慢地思考應答之語。齊安禪師說道：「思索而後知道，考慮而後明白，那是鬼家的活計，就像陽光下的孤燈，肯定會失去光亮。」保福從展禪師聽了後說道：「如若禮拜，就會挨和尚的棒打。」禾山無殷禪師代為回答：「我不煩，和尚莫怪。」法眼文益禪師代為拍掌三下作答。

有僧人問大梅法常禪師道：「什麼是祖師西來意？」大梅禪師回答：「西來無意。」齊安禪師聽到後說道：「真是一副棺材，兩個死屍。」玄沙師備禪師說道：「鹽官齊安是個行家。」

齊安禪師招呼侍者道：「把犀牛扇子拿來。」侍者說道：「已破了。」齊安禪師說道：「扇子破了，就把犀牛還給我。」侍者無言應對。投子大同禪師代為回答：「不拒絕拿出來，只怕頭角已經不全了。」資福如寶禪師代為畫了一個圓相，在圓相當中寫了一個「牛」字。石霜性空禪師代為回答：「如若還給和尚就沒有了。」保福從展禪師說道：「和尚年紀大了，還是另請別人為好。」

有一天，齊安禪師對眾僧說道：「以虛空作鼓，以須彌山為鼓槌，什麼人能打得？」眾僧都無言應對。有人說給南泉普願禪師聽，南泉禪師就說道：「我王老師不打這個破鼓。」法眼文益禪師也說：「王老師不打。」

有位名叫法空的禪師到來，請教佛經中眾多經義，齊安禪師一一回答完畢後，就說：「自從禪師到來後，貧道總未能作為主人來招待。」法空就說道：「請和尚馬上就作主人。」齊安禪師說道：「今天晚了，你暫且回住處安歇，明天再來。」法空退下。到了明天早上，齊安禪師叫沙彌去請法空禪師。法空來到後，齊安禪師卻回頭看著沙彌說道：「咄！這個沙彌不會辦事。教你去請法空禪師，卻請了個看守房屋的僕人來。」法空無言可對。

法昕院主來參見，齊安禪師問道：「你是誰？」法昕回答：「法昕。」齊安禪師說道：「我不認識你。」法昕無語應對。

齊安禪師後來無病而於坐禪中圓寂，天子賜他謚號曰悟空禪師。

【說　明】禪宗高僧是很注重現實的，是很強調當即的，因而對於如「如何是本身盧舍那佛」之類不著邊際、無現實意義的問題，根本就懶於思考，懶於回答。

婺州五洩山靈默禪師

婺州五洩山靈默禪師者，毗陵人也，姓宣氏。初謁豫章馬大師，馬接之，因披剃受具。後謁石頭遷和尚，先自約曰：「若一言相契，我即住，不然便去。」石頭知是法器，即垂開示。師不領其旨，告辭而去。至門，石頭呼之云：「闍梨！」師迴顧，石頭云：「從生至老，只是遮箇漢，更莫別求！」師言下大悟，乃踢折拄杖而棲止焉。

洞山云：「當時若不是五洩先師，大❶難承當。然雖如此，猶涉在途。」長慶云：「險。」玄覺云：「那箇是涉在途處？」有僧云：「為伊三寸❷途中薦❸得，所以在途。」玄覺云：「為復薦得自己，為復薦得三寸？若是自己，為什麼成三寸？若是三寸，為什麼悟去？且道洞山意旨作麼生？莫亂說，子細❹看。」

唐貞元初，入天台山❺，住白沙道場❻，復居五洩。

僧問：「何物大於天地？」師云：「無人識得伊。」僧云：「還可雕琢也無？」師云：「汝試下手看。」

僧問：「此箇門中，始終事❼如何？」師云：「汝道目前底成來得多少時也？」僧云：「學人不會。」師云：「我此間無汝問底。」僧云：「豈無和尚接人處？」師云：「待汝求接我即接。」僧云：「便請和尚接。」師云：「汝欠少箇什麼？」

問：「如何得無心？」師云：「傾山覆海晏然❽靜，地動安眠豈采❾伊！」

師元和十三年三月二十三日，沐浴焚香端坐，告眾云：「法身圓寂，示有去來。千聖同源，萬靈歸一。吾今漚散，胡假興哀！無自勞神，須存正念。若遵此命，真報吾恩。儻固違言，非吾之子。」時有僧問：「和尚向什麼處去？」師曰：

「無處去。」曰：「某甲何不見？」師曰：「非眼所覩。」洞山云：「作家。」言畢，奄然順化，壽七十有二，臘四十一。

【注釋】❶大　很；甚；極。❷三寸　代指舌頭。此指參禪的話語。❸薦　認識。❹子細　即「仔細」。❺天台山　在浙江天台北，山勢高大，山北有石梁飛瀑，自古號為飛仙所居，山下國清寺，為四大禪寺之一。❻道場　原指佛成聖道之處，也指供養佛之處。隋朝大業九年，詔改天下寺院名道場。後也作為法座的異名。❼始終事　指明性成佛。❽晏然　平安貌。❾采　通「睬」。

【語　譯】婺州（今浙江金華）五洩山靈默禪師（七四七～八一八年），毗陵（今江蘇常州）人，俗姓宣。靈默禪師初次拜謁豫章（今江西南昌）馬大師，馬大師接引了他，他於是披剃受具足戒。靈默禪師後來謁見石頭希遷禪師，先相約道：「如若一句話相契合，我就留住，不投機就走。」石頭禪師知道他是法器，就開示接引。靈默禪師沒有領會石頭禪師的意旨，就告辭而去。走到門口，石頭禪師招呼道：「闍梨！」靈默禪師回過頭來看著，石頭禪師說道：「從出生到老死，只是這個漢子，更不要他求！」靈默禪師一聽，即刻大悟大徹，就踏斷了柱杖，留住了下來。洞山良价說道：「當時如若不是五洩先師，極難承受得起。但雖然如此，還是跋涉及道途之中。」長慶慧稜禪師說道：「險。」玄覺禪師問道：「哪一個是跋涉及道途之中？」有僧人說道：「因為他在三寸參禪的話語中領悟的，所以說跋涉道途之中。」玄覺禪師說道：「究竟是領悟了自己，還是領悟了話語？如若是自己，為什麼成了話語？如若是話語，為什麼能夠領悟？再說洞山禪師的語意是什麼？不要亂說，仔細思量。」唐代貞元（七八五～八〇四年）初，靈默禪師進入了天台山，住持白沙道場，後來又居住在五洩山。

有僧人問道：「什麼東西比天地還大？」靈默禪師回答：「沒有人能認識它。」那僧人又問道：「還可以雕琢它嗎？」靈默禪師說道：「你下手試試看。」

有僧人問道：「在這個門中，貫徹始終的事是怎樣的？」靈默禪師反問道：「你說目前的事已成了多少時候了？」那僧人問道：「難道沒有和尚接引學人的地方嗎？」靈默禪師說道：「等到你要求接引時我就接引。」那僧人便說：「那就請和尚接引。」靈默禪師問道：「你缺少個什麼？」

有僧人問道：「怎麼才能夠無心？」靈默禪師回答：「倒山翻海，安然無聲，大地動搖，安穩睡覺，何必理睬它！」

靈默禪師於唐憲宗元和十三年（八一八年）三月二十三日，沐浴焚香，端正而坐，告訴眾僧道：「法身圓寂，以顯示有去有來。千聖同源，萬靈歸一。我今天如浮漚散滅，哪裡用得著引發悲哀！眾人不用勞神，須存正念。如能遵循這一話語，就是真正地報答師恩。倘若定要違背我的話，就不是我的弟子。」當時有僧人問道：「和尚將去什麼地方？」靈默禪師回答：「到無處去。」那僧人問道：「我為什麼看不見？」靈默禪師回答：「不是眼睛所能看見的。」洞山良价禪師說：「行家。」說完，溘然逝世，享年七十二歲，法臘為四十一歲。

明州大梅山法常禪師

明州大梅山法常禪師者，襄陽人也，姓鄭氏。幼歲從師於荊州玉泉寺。初參大寂，問：「如何是佛？」大寂云：「即心是佛。」師即大悟。唐貞元中，居於天台山、餘姚南七十里梅子真[1]舊隱。

時鹽官會下一僧，入山采拄杖，迷路至庵所，問曰：「和尚在此山來多少時也？」師曰：「只見四山青又黃。」又問：「出山路向什麼處去？」師曰：「隨流去。」僧歸，說似鹽官。鹽官曰：「我在江西時曾見一僧，自後不知消息，莫是此僧否？」遂令僧去請出師。師有偈曰：「摧殘枯木倚寒林，幾度逢春不變心。樵客遇之猶不顧，郢人那得苦追尋。」

大寂聞師住山，乃令一僧到問云：「和尚見馬師得箇什麼，便住此山？」師云：「馬師向我道：即心是佛。我便向遮裡住。」僧云：「馬師近日佛法又別。」師云：「作麼生別？」僧云：「近日又道：非心非佛。」師云：「遮老漢惑亂人，未有了日。任汝非心非佛，我只管即心即佛。」其僧迴舉似馬祖，祖云大眾：「梅子熟也。」（僧問禾山：「大梅恁麼道，意作麼生？」禾山云：「真師子兒。」）自此學者漸臻，師道彌著。

師上堂示眾曰：「汝等諸人，各自迴心達本，莫逐其末。但得其本，其末自至。若欲識本，唯了自心。此心元是一切世間、出世間法根本，故心生種種法生，心滅種種法滅。心且不附一切善惡而生萬法，本自如如。」僧問：「如何是佛法大意？」師云：「蒲花柳絮，竹針麻線。」

夾山❷與定山同行，言話次，定山云：「生死中無佛，即非生死。」夾山云：「生死中有佛，即不迷生死。」二人上山參禮，夾山便舉問師：「未審二人見處那箇較親❸？」師云：「一親一疏。」夾山云：「那箇親？」師云：「且去，明日來。」夾山明日再上問師，師云：「親者不問，問者不親。」夾山住後自云：「當時失一隻眼。」

忽一日，謂其徒曰：「來莫可抑，往莫可追。」從容間復聞鼯鼠❹聲，師云：「即此物，非他物。汝等諸人善護持之，吾今逝矣。」言訖示滅，壽八十八，臘六十有九。智覺禪師延壽❺讚曰：「師初得道，即心是佛。最後示徒，物非他物。窮萬法源，徹千聖骨。真化不移，何妨出沒！」

【注釋】❶梅子真　漢代隱士。❷夾山　唐代僧人善會禪師，以敏慧強記聞名，遍遊禪寺，後住於澧州夾山大同院。❸親　接近真理。❹鼯鼠　鼠的一種，形似松鼠，前後肢間有膜，能飛。❺延壽　宋初僧人，杭州人，住持永明寺，世稱永明大師，禪淨雙修，聲被異域。諡曰智覺禪師。

【語譯】明州（今浙江寧波）大梅山法常禪師（七五二～八三九年），襄陽（今湖北襄樊）人，俗姓鄭。法常幼年時到荊州（今屬湖北）玉泉寺去拜師。他初次參見馬祖大寂禪師時，問道：「什麼是佛？」馬祖回答：「即心是佛。」法常禪師隨即大悟大徹。唐代貞元（七八五～八〇五年）中，法常禪師居住於天台山、餘姚縣（今屬浙江）南七十里古代隱士梅子真的舊日隱居處。

當時，鹽官齊安禪師法會中的一個僧人，因為入山採集做拄杖用的木材而迷了路，來到了法常禪師的佛庵，問道：「和尚在這山裡多少時間了？」法常禪師回答：「只見四周的山色青了又黃。」那僧人又問道：「出山的路是朝什麼方向去？」法常禪師回答：「隨著流水去。」那僧人回去後，把這事告訴了齊安禪師。齊安禪師說道：「我在江西時曾遇見過一位僧人，從那以後就不知道他的消息了，莫非就是這位僧人？」於是就派僧人前去請法常禪師出山。法常禪師寫了一首偈詩作回答：「摧殘枯木倚寒林，幾度逢春不變心。樵客遇之猶不顧，郢人那得苦追尋。」

馬祖聽說法常禪師住在大梅山後，就令門下一個僧人前來問道：「和尚參見馬大師後得到個什麼，就住在此山？」法常禪師回答：「馬大師向我說道：即心是佛，我就來到這裡住。」那僧人說道：「馬大師近來所講的佛法又不同了。」法常禪師問道：「怎麼個不同了？」那僧人說道：「近來又說：非心非佛。」法常禪師聽後說道：「這老漢惑弄人，沒有個了結的時候。任隨他非心非佛，我這裡只管是即心即佛。」那僧人回去後，將此事告訴了馬祖，馬祖便對眾僧讚歎道：「梅子熟了。」有僧人問禾山無殷禪師道：「大梅禪師這麼說，意思是什麼？」禾山禪師回答：「真正獅子兒。」從此以後，學法僧徒逐漸聚集其門下，師道更為顯著。

法常禪師上堂對眾僧說法道：「你們眾人，要各自返回自心，到達根本，不要追逐其枝末。只要得到根本，枝末自然就會來到。如若要認識根本，只有了悟自心。因為此心原本是一切世間事物和出世間事物的根本，所以此心產生了，那種種事物也就隨之產生，此心寂滅了，那種種事物也就隨之寂滅。心而且不附著一切善與惡而生出萬事萬物，本自合於真如之理。」有僧人問道：「什麼是佛法大意？」法常禪師回答：「蒲花柳絮，竹針麻線。」

有兩個僧人夾山與定山一同出行，一面走一面談論，定山說道：「生死輪迴中如沒有佛，也就沒有了生死。」夾山認為：「生死輪迴中如有了佛，就能夠不為生死所迷惑。」兩人爭論不休，便上山參禮法常禪師，夾山就把上述的話語說給法常禪師聽，並問道：「不知道我倆的見解，哪一個比較接近禪理？」法常禪師回答：「一個接近些，一個略遠些。」夾山追問道：「哪個接近一些呢？」法常禪師說道：「你們暫且回去，明天再來。」到了明天，夾山再來問這事，法常禪師就說道：「接近的不來問，問的不接近。」夾山禪師住持寺院之後曾自己說道：「當時失落了一隻眼。」

有一天，法常禪師忽然對他的弟子說道：「將要來臨的不可以抑制，已經過去的不可追及。」停歇之間，又聽到了鼯鼠的叫聲，法常禪師便說道：「就是這個東西，不是其他東西。你們各人好好地護持它，我現在逝去了。」說完就圓寂了，享年八十八歲，法臘為六十九歲。智覺禪師延壽讚辭道：「禪師得道之初，即心即是佛。最後開示門徒，此東西不是其他東西。窮盡萬物的本原，洞徹千聖的骨血。本性不可改變，哪裡會妨礙出世與寂滅！」

【說　明】「梅子熟也」是一個著名的禪門公案。南宗所謂即心即佛中的心，是「無造作、無是非、無取捨、無斷常、無凡聖」之「平常心」。因此馬祖所說的即心即佛，也就是心佛為一，其實質就是直指人心，見心明性成佛。而馬祖又說非心非佛，其實質是從反面講說，欲通過這一否定，而使人們跳出執著心、執著佛的危險思維定式，但最終目的並未有變化，即是從另一角度來體會曹溪南宗宗旨：心即是佛，從心明性。因此，法常禪師那貌似死認道理的大執著「任汝非心非佛，我只管即心即佛」，其實並沒有將即心即佛與非心非佛兩種說法相對立，也不亦步亦趨地學其師的提法，故而得到了馬祖的首肯。

荊州永泰寺靈湍禪師存目

京兆興善寺惟寬禪師

京兆興善寺❶惟寬禪師者，衢州信安人也，姓祝氏。年十三，見殺生者，衋然❷不忍食，乃求出家。初習《毗尼》❸，修止觀❹，後參大寂，乃得心要。唐貞元六年，始行化於吳、越間。八年，至鄱陽，山神求受八戒❺。十三年，止嵩山少林寺。

僧問：「如何是道？」師云：「大好山。」僧云：「學人問道，師何言好山？」

師云：「汝只識好山，何曾達道？」

問：「狗子還有佛性否？」師云：「有。」僧云：「和尚還有否？」師云：「我無。」僧云：「一切眾生皆有佛性，和尚因何獨無？」師云：「我非一切眾生。」僧云：「既非眾生，是佛否？」師云：「不是佛。」僧云：「究竟是何物？」師云：「亦不是物。」僧云：「可見可思否？」師云：「思之不及，議之不得，故云不可思議。」

元和四年，憲宗詔至闕下。白居易嘗詣師問曰：「既曰禪師，何以說法？」師曰：「無上菩提❻者，被於身為律，說於口為法，行於心為禪。應用者三，其致一也。譬如江、湖、淮、漢❼，在處立名。名雖不一，水性無二。律即是法，法不離禪。云何於中妄起分別？」又問：「既無分別，何以修心？」師云：「心本無損傷，云何要修理？無論垢與淨，一切勿起念。」又問：「垢即不可念，淨無念可乎？」師曰：「如人眼睛上，一物不可住。金屑雖珍寶，在眼亦為病。」又問：「無修無念，又何異凡夫耶？」師曰：「凡夫無明，二乘執著，離此二病，是曰真修。真修者不得勤，不得忘。勤即近執著，忘即落無明。此為心要云爾。」

有僧問：「道在何處？」師曰：「只在目前。」曰：「我何不見？」師曰：

「汝有我故，所以不見。」曰：「我有我故即不見，和尚見否？」師曰：「有汝有我，展轉❽不見。」曰：「無我無汝還見否？」師曰：「無汝無我，阿誰求見？」

元和十二年二月晦日❾，升堂說法訖，就化，壽六十三，臘三十九。歸葬于灞陵❿西原。敕諡大徹禪師、元和正真之塔。

【注釋】❶興善寺　即長安大興善寺。❷衋然　悲傷痛苦的樣子。❸毗尼　律藏的異名。❹止觀　也名定慧、寂照、明靜。止為止息妄念、停止於諦理而不動之意，觀為觀達之意，即觀智通達，契合真如。❺八戒　為八關齋戒的略稱，也稱八戒齋或八齋戒，為佛教在家男女信徒一日一夜中所受的八種戒齋法：一不殺生，二不偷盜，三不淫，四不妄語，五不飲酒，六不眠坐高廣華麗牀座，七不塗飾香鬘及歌舞視聽，八不食非時食。前七種為戒，後一種為齋。❻無上菩提　菩提分身聞、緣覺、佛三等，其中佛所得的菩提為最高，無有超過者，故稱無上。❼江湖淮漢　指長江、五湖、淮河、漢水。❽展轉　更加。❾晦日　陰曆的每月最末一天。❿灞陵　「灞」當作「霸」。霸陵為漢文帝之陵墓，在今陝西西安東。

【語譯】京兆（今陝西西安）興善寺惟寬禪師（七五五～八一七年），衢州信安（今浙江衢州）人，俗姓祝。惟寬禪師十三歲時，看見有人殺生，心中十分悲傷痛苦，就不忍心吃肉，而請求出家。惟寬禪師最初學習《毗尼藏》，修持止觀，後來參謁馬祖大寂禪師，於是獲得其禪法心要。唐代貞元六年（七九〇年），惟寬禪師開始行化於吳、越之間。貞元八年（七九二年），惟寬禪師來到鄱陽（今江西波陽），有山神來請求授受八戒。貞元十三年（七九七年），惟寬禪師留住於嵩山少林寺。

有僧人問道：「什麼是道？」惟寬禪師說道：「極好的一座山。」那僧人問道：「學生是求問大道，禪師為什麼說好山？」惟寬禪師回答：「你只認識好山，哪裡懂得道呢？」

有僧人問道：「狗子還有沒有佛性？」惟寬禪師回答：「有。」那僧人又問道：「和尚還有沒有佛性？」惟寬禪師回答：「我沒有。」那僧人奇怪道：「一切眾生都有佛性，和尚為什麼唯獨沒有呢？」惟寬禪師回答：「因為我不是一切眾生。」那僧人問道：「既然不是眾生，莫非是佛嗎？」惟寬禪師回答：「不是佛。」那僧人追問道：「那究竟是什麼東西？」惟寬禪師回答：「也不是東西。」那僧人問道：「可不可以看得到或思慮得出？」惟寬禪師回答：「思慮不能到達，議論不能認識，所以稱之為不可思議。」

元和四年（八〇九年），唐憲宗詔請惟寬禪師來到京城長安。侍郎白居易曾來拜訪惟寬禪師，問道：「既然稱作禪師，為什麼還要說法？」惟寬禪師回答：「所謂無上菩提，顯示於身是為律，講說於口是為法，作用於心是為禪。其應用雖然有三，其實質卻為一。譬如長江、五湖、淮河、漢水，在不同地方有不同的名稱。其名稱雖然不同，但水的性質並沒有差別。所以律就是法，法不能離開禪。為什麼要在這當中妄起分別之心呢？」白居易問道：「既然沒有分別，那用什麼來修心？」惟寬禪師回答：「此心本來沒有損傷，為什麼要加以修理？無論是汙垢還是清淨，一切念頭都不要興起。」白居易問道：「汙垢之念自然不能起，清淨之念不起也可以嗎？」惟寬禪師解釋道：「就如人的眼睛裡，一點東西也不能存留。金屑雖然說是珍寶之物，如若留在眼裡也是病症。」白居易又問道：「如都不加修心與思念，那又與凡夫俗子有什麼區別呢？」惟寬禪師回答：「凡夫俗子虛妄愚昧，二乘之人執著拘泥，除去了這兩種病症，就是真正的修行。真正的修行不可勤快，不可忘記。勤快就近於執著拘泥，忘記就陷於虛妄愚昧。這就叫心法的要旨。」

有僧人問道：「道在什麼地方？」惟寬禪師回答：「就在眼前。」那僧人問道：「我為什麼看不見？」惟寬禪師回答：「因為你有『我』，所以看不見。」那僧人問道：「我有『我』，所以看不見，和尚能看見嗎？」惟寬禪師回答：「有『你』有『我』，就更加看不見。」那僧人問道：「如果沒有『我』沒有『你』，還能看見嗎？」惟寬禪師反問道：「沒有『你』沒有『我』，還有誰去追求看見呢？」

元和十二年（八一七年）二月晦日，惟寬禪師升堂說法完畢，就圓寂了，享年六十三歲，法臘為三十九歲，歸葬於霸陵西原。唐天子詔賜惟寬禪師謚曰大徹禪師，靈塔名元和正真之塔。

【說　明】南宗禪初盛時，人們一般認為禪宗傳授是以心印心，不用語言文字戒律，因此有白居易「既曰禪師，何以說法」之問。對此，惟寬禪師作了否定的回答，指出佛法智慧「被於身為律，說於口為法，行於心為禪」，名稱雖有三但其實則一，故而持律、說法與修禪，只是成佛之不同途徑而已，本無實質分別。由此可見，南宗禪在流行過程中，對其他宗派教義加以吸收與融會，而為中國禪宗一枝獨秀的局面奠定了基礎。

湖南東寺如會禪師

湖南東寺❶如會禪師者，始興曲江人也。初謁徑山，後參大寂。學徒既眾，僧堂內牀榻為之陷折，時稱「折牀會」也。自大寂去世，師常患門徒以「即心即佛」之譚誦憶不已，且謂：「佛於何住，而曰即心？心如畫師，而云即佛？」遂示眾曰：「心不是佛，智不是道。劍去遠矣，爾方刻舟❷。」時號東寺為禪窟焉。

相國崔公群❸出為湖南觀察使，見師問曰：「師以何得？」師曰：「見性得。」師方病眼，公譏曰：「既云見性，其奈眼何！」師曰：「見性非眼，眼病何害！」公稽首謝之。法眼別云：「是相公眼。」

師問南泉：「近離什麼處來？」云：「江西。」師云：「將得馬師真來否？」泉云：「只遮是。」師云：「背後底你。」無對。長慶代云：「大似不知。」保福云：「幾不到和尚此間。」雲居錫云：「此二尊者盡扶背後，只如南泉休去，為當扶面前，扶背後？」

崔相公入寺，見鳥雀於佛頭上放糞，乃問師曰：「鳥雀還有佛性也無？」師云：「有。」崔云：「為什麼向佛頭上放糞？」師云：「是伊為什麼不向鷂子❹頭上放？」

仰山來參，師云：「已相見了，更不用上來！」仰山云：「恁麼相見，莫不當否？」歸方丈，閉卻門。仰山歸，舉似溈山。溈山云：「寂子❺是什麼心行？」仰山云：「若不恁麼，爭識得他？」

復有人問師曰：「某甲擬請和尚開堂得否？」師曰：「待將物裹石頭煖❻即得。」彼無語。（藥山代云：「石頭煖也。」）

唐長慶癸卯歲八月十九日歸寂，壽八十。敕諡傳明大師，塔曰永際。

【注釋】❶東寺　在湖南長沙。❷刻舟　即刻舟求劍，語出《呂氏春秋．察今》，以喻行事拘泥固執，不知變通。❸相國崔公群　崔群，字敦詩，唐代武城人，未冠舉進士，登甲科，累官至宰相，因受人攻擊而罷為湖南觀察使。唐穆宗時，歷官武寧、荊南節度使、吏部尚書而卒。❹鷂子　鷂鷹，一種猛禽。❺寂子　指仰山慧寂禪師，因其為溈山靈祐禪師之弟子，故溈山靈祐禪師以「寂子」呼之。❻煖　通「暖」。

【語　譯】湖南東寺如會禪師（七四四～八二三年），始興曲江（今廣東韶關）人。如會禪師起初拜謁徑山國一禪師，後來再參見馬祖大寂禪師。此後其學徒眾多，僧堂內的禪牀因此而陷折了，當時人們稱作「折牀會」。自從馬祖去世後，如會禪師經常擔心門徒只是將「即心即佛」的言談誦憶不止，而且說：「佛在什麼地方留住，而說『即心』？心就如畫師，而說『即佛』？」於是就開示眾徒道：「心不是佛，智慧不是道。寶劍離失已很遠了，你們才剛剛在船上做記號。」當時人們號稱東寺為禪窟。

相國崔群出任湖南觀察使，來拜訪如會禪師，問道：「禪師因為什麼而得法？」如會禪師回答：「因為見識本性而得法。」當時如會禪師正害眼病，所以崔公就嘲諷道：「既然說是見識本性，可病眼又將如何！」如會禪師回答：「見性並不通過眼睛，與眼睛害病又有什麼相干！」崔公於是稽首行禮致歉。法眼文益禪師另作回答：「這正是相公的眼睛。」

如會禪師問南泉普願禪師道：「你近來去過什麼地方？」南泉禪師回答：「江西。」如會禪師問道：「是否拿來了馬大師的肖像？」南泉禪師回答：「只這個就是。」如會禪師說道：「背後的你。」南泉無言應對。長慶慧稜禪師代為回答：「很像不知道。」保福從展禪師說道：「幾乎沒有到和尚這邊。」雲居清錫禪師說道：「這兩位尊者都是扶背後的，只是如南泉不去，是扶面前，還是扶背後？」

崔相公進入寺院，看見鳥雀在佛像頭上拉屎，就問如會禪師道：「鳥雀還有沒有佛性？」如會禪師回答：「有。」崔相公問道：「那為什麼在佛頭上拉屎？」如會禪師反問道：「那牠們為什麼不在鷂子頭上拉呢？」

仰山慧寂禪師前來參拜，如會禪師說道：「已經相見過了，不用再上來！」仰山禪師說道：「這樣相見，莫非不妥當嗎？」如會禪師便回歸方丈，關上了門。仰山禪師回去後，把這件事說給溈山靈祐禪師聽。溈山禪師說道：「寂子是什麼心行？」仰山禪師說道：「如若不是這樣，怎麼能認得他？」

又有人問如會禪師道：「我想請和尚開堂說法，行不行？」如會禪師回答：「等到用東西把石頭裹暖了就行。」那人無話可說。藥山惟儼禪師代為回答：「石頭已暖了。」

唐代長慶癸卯歲（八二三年）八月十九日，如會禪師圓寂，享年八十歲。天子賜如會禪師諡曰傳明大師，靈塔名永際之塔。

【說　明】我們閱讀禪門公案，可常常發現，那些禪師們每每用極為鮮靈的、活潑潑的語言來宣說相當深奧而繁複的佛教教義，如東寺如會禪師針對崔群的提問：有佛性的鳥雀為什麼在佛頭上拉屎？而調侃地反問：「是伊為什麼不向鷂子頭上放？」由此對禪宗「一切有情皆有佛性」這一命題作了生動而有趣的闡述。

鄂州無等禪師

鄂州無等禪師者，尉氏人也，姓李氏。初出家於龔公山，參禮馬大師，密受心要。後住隨州土門。嘗謁州牧王常侍❶者，師退，將出門，王後呼之云：「和尚！」師迴顧，王敲柱三下。師以手作圓相，復三撥之，便行。師後住武昌大寂寺❷。

一日，大眾晚參❸，師見人人上來師前道「不審❹」，乃謂眾曰：「大眾適來聲向什麼處去也？」有一僧豎起指頭，師云：「珍重！」其僧至來朝上參次，師乃轉身，面壁而臥，佯作呻吟聲云：「老僧三兩日來不多安樂，大德身邊有什麼藥物，與老僧些小❺。」僧以手拍淨缾云：「遮箇淨缾什麼處得來？」師云：「遮箇是老僧底，大德底在什麼處？」僧云：「亦是和尚底，亦是某甲底。」

唐大和四年十月示滅，壽八十二。

【注釋】❶常侍　唐代職官名，散騎常侍的略稱，為皇帝身邊的近臣。❷大寂寺　在湖北武漢市武昌黃鶴山中，唐代元和中，無等禪師駐錫於此，禪侶四至，遂成廟宇，天子賜院額曰大寂。❸晚參　指晚上參禪或念誦，相對於早參而言。❹不審　問候之語。❺些小　少許；一點兒。

【語譯】鄂州（今湖北武漢）無等禪師（七四九～八三〇年），尉氏縣（今屬河南）人，俗姓李。無等禪師起初在龔公山出家，參拜馬大師，秘密接受心法要旨。後來無等禪師留住隨州（今屬湖北）土門。無等禪師曾去謁見州牧王常侍，告辭後將要出門時，王常侍在後招呼道：「和尚！」無等禪師回過頭來看著，王常侍敲擊了拄杖三下。無等禪師就用手作了一個圓相，又撥了三下，隨後走了。無等禪師後來住持武昌（今湖北武漢）大寂寺。

有一天，大眾晚參，無等禪師看見每人都來到面前說「不審」，就對眾人說道：「大家剛才的聲音到什麼地方去了啊？」有一個僧人豎起了指頭，無等禪師就說道：「珍重！」那僧人到第二天早晨來參拜時，無等禪師轉過身去，面對牆壁而臥，假裝發出呻吟聲，說道：「老僧這兩、三天來很不舒服，大德身邊有什麼藥物，給老僧少許。」那僧人用手拍了拍淨瓶，說道：「這個淨瓶是從哪裡得來的？」無等禪師說道：「這個是老僧的，大德的在哪裡？」那僧人回答：「也是和尚的，也是我的。」

唐代大和四年（八三〇年）十月，無等禪師圓寂，享年八十二歲。

潭州龍牙山圓暢禪師存目

廬山歸宗寺智常禪師

廬山歸宗寺智常禪師，上堂云：「從上古德❶，不是無知解。他高尚之士，不同常流❷。今時不能自成自立，虛度時光。諸子莫錯用心，無人替汝，亦無汝用心處。莫就他覓，從前只是依他解，發言皆滯，光不透脫，只為目前有物。」

僧問：「如何是玄旨？」師云：「無人能會。」僧云：「向者如何？」師云：「有向即乖。」僧云：「不向者如何？」師云：「誰求玄旨？」又云：「去！無汝用心處。」僧云：「豈無方便門，令學人得入？」師云：「觀音妙智力，能救世間苦。」僧云：「如何是觀音妙智力？」師敲鼎蓋三下，云：「子還聞否？」僧云：「聞。」師云：「我何不聞？」僧無語，師以棒趁❸下。

師嘗與南泉同行，後忽一日相別，煎茶次，南泉問云：「從前與師兄商量語句，彼此已知。此後或有人問畢竟事，作麼生？」師云：「遮一片地大好卓❹庵。」泉云：「卓庵且置，畢竟事作麼生？」師乃打卻茶銚❺便起，泉云：「師兄喫茶了，普願未曾喫茶。」師云：「作遮箇語話，滴水也銷❻不得。」

僧問：「此事久遠，如何用心？」師云：「牛皮鞔❼露柱❽，露柱啾啾❾叫。凡耳聽不聞，諸聖呵呵笑。」

師因俗官來，乃拈起帽子兩帶云：「還會麼？」俗官云：「不會。」師云：「莫怪，老僧頭風❿，不卸帽子。」

師入園取菜次，師畫圓相，圍卻一株，語眾云：「輒不得動著遮箇。」眾不敢動。少頃，師復來，見菜猶在，便以棒趁眾僧云：「遮一隊漢，無一箇有智慧底。」

師問新到僧：「什麼處來？」僧云：「鳳翔來。」師云：「還將得那箇來否？」僧云：「將得來。」師云：「在什麼處？」僧以手從頂擎捧呈之。師即舉手作接勢，拋向背後，僧無語。師云：「遮野狐兒⑪。」

師剗⑫草次，有講僧來參，忽有一蛇過，師以鋤斷之。僧云：「久嚮歸宗，元來是箇麤行⑬沙門。」師云：「座主，歸茶堂內喫茶去。」

雲巖⑭來參，師作挽弓勢。巖良久，作拔劍勢。師云：「來太遲生。」

有僧辭去，師喚：「近前來，吾為汝說佛法。」僧近前，師云：「汝諸人盡有事在，汝異時卻來遮裡，無人識汝。時寒，途中善為去。」

師上堂云：「吾今欲說禪，諸子總近前。」大眾進前，師云：「汝聽觀音行，善應諸方所。」僧問：「如何是觀音行？」師乃彈指云：「諸人還聞否？」僧曰：「聞。」師云：「一隊漢向遮裡覓什麼？」以棒趁出，大笑歸方丈。

僧問：「初心⑮如何得箇入處？」師敲鼎蓋三下，云：「還聞否？」僧云：

「聞。」師云：「我何不聞？」師又敲三下，問：「還聞否？」僧云：「不聞。」師云：「我何以聞？」僧無語。師云：「觀音妙智力，能救世間苦。」

江州刺史李渤⑯問師曰：「教中所言：須彌納芥子⑰。渤即不疑。芥子納須彌。莫是妄譚否？」師曰：「人傳使君讀萬卷書籍，還是否？」李曰：「然。」師曰：「磨頂⑱至踵⑲如椰子大，萬卷書向何處著？」李俛首而已。李異日又問云：「大藏教明得箇什麼邊事？」師舉拳示之，云：「還會麼？」李云：「不會。」師云：「遮箇措大⑳，拳頭也不識。」李云：「請師指示。」師云：「遇人即途中授與，不遇即世諦流布。」

師以目有重瞳㉑，遂將藥手按摩，以致目眥㉒俱赤，世號赤眼歸宗焉。後示滅，敕諡至真禪師。

【注釋】❶古德　古代高僧。❷常流　凡夫俗子。❸趁　追趕；追逐。❹卓　豎立。❺銚　有把的小釜。❻銷　消受。❼鞔　在器物外面用皮革蒙上。❽露柱　顯露在牆外面的柱子。❾啾啾　細雜的鳥蟲鳴叫聲。❿風　風病，即風痹等病症。⓫野狐兒　猶言野狐禪。禪宗以外道為野狐禪。⓬剗　通「鏟」。⓭麤行　行為粗魯。⓮雲巖　即唐代潭州雲巖曇晟禪師，為藥山惟儼禪師的弟子。⓯初心　初發心而未經深行者。⓰李渤　唐代洛陽人，字濬之，刻志於學，隱居於少室山，元和初召為右拾遺，以峭直觸強臣之意而不顧，唐穆宗雖昏庸，亦感悟，歷官江州刺史、諫議大夫、桂州觀察使等。⓱芥子　芥菜的子，以喻極小的東西。⓲磨頂　即「摩頂」，指頭頂。⓳踵　腳跟。⓴措大　也作「醋大」，對文人儒士的戲稱、賤稱。蘇鶚《蘇氏演義》上：「醋大者，後有抬肩拱臂，攢眉蹙目，以為姿態，如人食酸醋之貌，故謂之醋大。大者，廣也，長也。篆文「大」字，象人之形。」㉑重瞳　眼中有兩個瞳子的異相。㉒眥　眼眶。

【語　譯】廬山歸宗寺智常禪師，上堂說法道：「前代高僧，不是沒有知識見解。但他們是高尚之士，不同於凡夫俗子。現在的人不能自成自立，而虛度了光陰。諸位不要錯用了心，沒有人能替代你，也沒有你可用心的地方。不要從他人身上去尋找，你們從前只是依從他人的見解，說的話都滯礙不通，就如光亮不透脫，只是因為眼前有東西遮著。」

有僧人問道：「什麼是玄妙的意旨？」智常禪師回答：「沒有人能領會。」那僧人又問道：「嚮往著怎麼樣？」智常禪師回答：「有嚮往就背離了。」那僧人問道：「沒有嚮往又怎麼樣呢？」智常禪師反問道：「那誰來尋找玄旨？」隨後說道：「去！沒你用心的地方。」那僧人問道：「難道沒有方便之門，能讓學禪之人得以進入嗎？」智常禪師說道：「觀音菩薩的絕妙智慧之力，能夠拯救人間的苦難。」那僧人問道：「什麼是觀音菩薩的絕妙智慧之力？」智常禪師就在鼎蓋上敲了三下，說道：「你還能聽到嗎？」那僧人回答：「聽到了。」智常禪師問道：「我為什麼沒有聽到？」那僧人無言應對，智常禪師就用棒把他趕下。

智常禪師曾經與南泉普願禪師一同行遊，後來有一天突然要分手了，在煎茶的時候，南泉禪師問道：「從前與師兄商量的話語，你我彼此都知道。以後或者有人提問那悟道的事，又怎麼回答？」智常禪師說道：「這一片地很適合修建寺院。」南泉禪師聽後就說：「修建寺院的事情暫且放下，那悟道大事該怎麼辦？」智常禪師一聽就打翻了茶銚子站了起來，南泉禪師說道：「師兄已喝了茶，普願我還沒有喝過哩。」智常禪師說道：「說出這樣的話語，一滴水也消受不得。」

有僧人問道：「這件事已過去很久了，該怎麼用心？」智常禪師說道：「牛皮蒙在露柱外面，露柱啾啾鳴叫。凡人的耳朵聽不到，諸位聖人都呵呵笑。」

智常禪師因為有俗世官員來到，就拿起帽子的兩根帶子說道：「能領會嗎？」那官員說道：「沒有領會。」

智常禪師就說道：「不要責怪，老僧得了頭風之病，不能脫下帽子。」

智常禪師進入菜園割菜時，圍繞一棵菜畫了一個圓圈，對眾僧說道：「千萬不要動著這棵。」眾僧都不敢動。過了一會兒，智常禪師又回來了，看見菜還在那裡，就用棒趕逐眾僧說：「這一幫傢伙，沒有一個是有智慧的。」

智常禪師問新來的僧人道：「什麼地方來的？」那僧人回答：「從鳳翔（今屬陝西）來。」智常禪師問道：「還把那個帶來了嗎？」那僧人回答：「帶來了。」智常禪師問道：「在什麼地方？」那僧人用手從頭頂舉起棒送上，智常禪師隨即舉手作接棒的樣子，又拋向背後，那僧人無語應對。智常禪師說道：「這野狐兒。」

智常禪師除草時，有講經僧來參禪，忽然有一條蛇經過面前，智常禪師用鋤頭把牠斬成兩段。講經僧說道：「很久以來就仰慕歸宗和尚，卻原來是一個行為粗魯的沙門。」智常禪師說道：「座主，回茶堂內喝茶去。」

雲巖曇晟禪師來參禪，智常禪師作出挽弓的姿勢，雲巖禪師過了好一陣，才作出拔劍的樣子。智常禪師說道：「來得太遲了。」

有僧人告辭離去，智常禪師招呼道：「走近前來，我為你講說佛法。」那些僧人走上前，智常禪師說道：「你們眾人都有事業在身，你們將來再回來這裡時，卻沒有人認識你們。天時寒冷，路上善自珍重。」

智常禪師上堂說法道：「我現在想說禪，諸位都走上前來。」眾僧走上前，智常禪師說道：「你們聽觀音菩薩的行止，好好地應對各方面。」有僧人問道：「什麼是觀音菩薩的行止？」智常禪師就彈指說道：「諸位還要聽嗎？」僧人們回答：「要聽。」智常禪師卻說道：「這一幫傢伙到這裡來尋找什麼？」用棒把他們趕了出去，大笑著回到方丈。

有僧人問道：「初心怎麼才有個進入之處？」智常禪師在鼎蓋上敲了三下，問道：「你還能聽到嗎？」那僧人回答：「聽到了。」智常問道：「我為什麼沒有聽到？」智常禪師又敲了三下，再問道：「你還能聽到嗎？」那僧人回答：「沒有聽到。」智常禪師卻說道：「我為什麼聽到了？」那僧人無言以對。智常禪師說道：「觀音菩薩的絕妙智慧之力，能夠拯救人間的痛苦。」

江州刺史李渤問智常禪師道：「教義中所說的：須彌山內能容納芥子。我自然不懷疑。但說：芥子內能容納須彌山。恐怕是荒謬之論吧？」智常禪師說道：「人們傳說使君讀了萬卷書籍，是不是真的？」李渤回答：「是的。」智常禪師便問道：「從你頭頂到腳跟之間的那顆心不過如椰子那麼大，你讀過的萬卷書籍往什麼地方放？」李渤聽了，不得不低頭稱是。過了幾天，李渤又問道：「一部大藏經典的教義，能使人明白個什麼方面的事情？」智常禪師就舉起拳頭示意，說：「領會了嗎？」李渤回答：「沒有領會。」智常禪師便說道：「這個措大，連這拳頭也不認識。」李渤說道：「請禪師指教。」智常禪師說道：「遇到適合的人就在途中授予，沒有遇到就作為俗世諦流行傳布。」

智常禪師因為眼中有兩個瞳子，就拿藥用手按摩，致使眼眶都發紅了，所以世人叫他赤眼歸宗。後來智常禪師圓寂，被詔賜諡號曰至真禪師。

【說　明】智常禪師，湖北江陵（今湖北荊州）人，俗姓陳，元和年間住持江西廬山歸宗寺。智常禪師以圓相圍菜也是一個重要的公案。人們熟知的禪宗教學方式是非常活潑的，而這是基於禪師們思想的活潑，因為只有如此，才能領悟禪之奧秘。而智常禪師的這幫死腦筋弟子，面對師父圈下的圓相，也不用腦子思索一下是否有理，卻一概照辦不誤，難怪要被禪師用大棒打出。

卷八

懷讓禪師下二世

馬祖道一禪師法嗣下

汾州無業禪師

汾州無業禪師者，商州上洛人也，姓杜氏。初母李氏聞空中言：「寄居得否？」乃覺有娠。誕生之夕，神光滿室。甫❶及丱歲，行必直視，坐即跏趺。九歲，依開元寺志本禪師，受《大乘經》❷，五行俱下，諷誦無遺。十二落髮，二十受具戒於襄州幽律師，習《四分律疏》❸，才終，便能敷演❹。每為眾僧講《涅槃大部》，冬夏無廢。後聞馬大師禪門鼎盛，特往瞻禮。馬祖覩其狀貌瓌偉❺，語音如鐘，乃曰：「巍巍佛堂，其中無佛。」師禮跪而問曰：「三乘文學❻，粗窮其旨，常聞禪門『即心是佛』，實未能了。」馬祖曰：「只未了底心即是，更無別物。」師又問：「如何是祖師西來密傳心印？」祖曰：「大德正鬧在，且去，別時來。」師才出，祖召曰：「大德！」師迴首，祖云：「是什麼？」師便領悟禮拜。祖云：「遮鈍漢❼禮拜作麼？」雲居錫拈云：「什麼處是汾州正鬧？」

自得旨，尋詣曹溪禮祖塔，及廬嶽❽、天台，遍尋聖迹，自洛抵雍❾，憩西明寺❿。僧眾舉請充兩街大德，師曰：「非吾本志也。」後至上黨，節度使李抱真⓫重師名行，日夕瞻奉。師常有倦色，謂人曰：「吾本避上國⓬浩穰⓭，今復煩接君侯⓮，豈吾心哉！」乃之緜上抱腹山。未久，又往清涼⓯金閣寺，重閱《大藏》⓰，周八稔而畢。復南下至于西河，刺史董叔纏請住開元精舍。師曰：「吾緣在此矣。」緜是雨大法雨，垂二十載。《廣語》具別錄。并、汾緇白，無不嚮化。凡學者致問，師多答之云：「莫妄想！」

唐憲宗屢遣使徵召，師皆辭疾不赴。暨穆宗即位，思一瞻禮，乃命兩街僧錄⓱靈阜等齎詔迎請。至，彼作禮曰：「皇上此度恩旨不同常時，願和尚且順天心，不可言疾也。」師微笑曰：「貧道何德，累煩世主⓲？且請前行，吾從別道去矣。」乃沐身剃髮，至中夜告弟子惠愔等曰：「汝等見聞覺知之性，與太虛同壽，不生不滅。一切境界，本自空寂，無一法可得。迷者不了，即為境惑。一為境惑，流轉⑲不窮。汝等當知心性本自有之，非因造作，猶如金剛不可破壞。一切諸法，如影如響，無有實者。故經云：『唯有一事實，餘二即非真。常了一切空，無一物當情。』是諸佛用心處，汝等勤而行之。」言訖，跏趺而逝。荼毗日，祥雲五色，異香四徹，所獲舍利璨若玉珠，弟子等貯以金棺，當長慶三年十二月二十一日葬于石塔。壽六十二，臘四十二。敕諡大達國師，塔曰澄源。

【注釋】❶甫　方才；剛剛。❷大乘經　指演說大乘教義的經典，如《華嚴經》、《般若經》等即是，也稱作《菩薩藏》或《摩訶衍藏》。❸四分律疏　四分律為四律之一。佛滅後百年，天竺法正尊者於上座部律藏中契同己見者，採集成文，隨說所止，而為一分，四度完結，故稱《四分律》，六十卷，十六國時僧人佛陀耶、竺佛念同譯，此後有不少人為此書作注疏，其中名《四分律疏》者，有南北朝釋道覆的六卷、慧光的四卷，唐釋法礪的二十卷、智首的二十卷等。❹敷演　敷陳演說。❺瓌偉　奇特高大。❻文學　文章與學問。❼鈍漢　反應遲鈍的人。❽廬嶽　即江西廬山。❾雍　即雍州，古代九州之一，此指長安。❿西明寺　在陝西西安，唐代顯慶三年，詔為皇太子立此寺，迎請玄奘三藏居之，以道宣律師為上座。不久，於寺中建立禪院。⓫李抱真　唐代河西人，字太玄，沉著能斷，歷任澤州、懷州刺史，懷澤潞州觀察留後等職，繕甲治兵，為割據河北的藩鎮所畏懼。⓬上國　此指京師。⓭浩穰　浩大豐盛，此指繁華熱鬧。⓮君侯　節度使等地方軍政長官的別稱。⓯清涼　五臺山一名清涼山。⓰大藏　指《大藏經》。⓱僧錄　僧官名，起於十六國姚秦時。⓲世主　俗世之主，即皇帝。⓳流轉　指有為法之因果相續而生起，即一切凡夫作善惡之業、感苦樂之果而輪迴於六道。流為相續之意，轉為起之意。

【語譯】汾州（今山西汾陽）無業禪師（七六二～八二三年），商州上洛（今陝西商州）人，俗姓杜。他母親當初聽見天空中有人說道：「寄居行不行啊？」於是感覺懷了孕。無業禪師誕生之夜，有神光充滿了屋內。

他剛到束羊角髮的年齡，當行走之時，眼睛必定直視前方，當坐下時，就跏趺而坐。他九歲時，皈依開元寺志本禪師，學習《大乘經》，一目五行，誦讀從沒有遺漏文字的。無業禪師十二歲時落髮為僧，二十歲時，在襄州（今湖北襄陽）幽律師處受具足戒，學習《四分律疏》，剛學完，就能敷陳演說。他經常為眾僧講說《涅槃大部》，嚴冬酷暑也不間斷。後來，無業禪師聽到馬大師的禪門鼎盛，就特地前往瞻仰禮拜。馬祖看到他相貌奇特高大，說話聲如洪鐘，就說道：「巍巍佛堂，其中卻沒有佛。」無業禪師跪下禮拜，問道：「三乘經典，我已初步弄懂了其中的意旨，常常聽到禪門有『即心即佛』之說，但確實沒能了悟。」馬祖說道：「只那沒有了悟的心就是佛，更沒有其他東西。」無業禪師又問道：「什麼是達磨祖師西來密傳的心印？」馬祖說道：「大德正喧鬧著哩，暫且下去，換個時間再來。」無業禪師剛走出，馬祖便叫喚道：「大德！」無業禪師回過頭來，馬祖說道：「是什麼？」無業禪師隨即領悟了，致禮拜謝。馬祖說道：「這鈍漢禮拜作什麼？」

雲居清錫禪師拈出此話頭問道：「什麼地方是汾州禪師正喧鬧著？」

無業禪師自從得悟禪旨後，不久就去曹溪參禮六祖慧能大師之塔，到廬山、天台山，遍尋聖跡參拜，又從洛陽（今屬河南）來到雍州長安（今陝西西安），留住於西明寺。眾僧推舉他充任兩街大德，無業禪師說道：「這不是我的本來志向。」後來無業禪師來到上黨（今山西長治），節度使李抱真欽佩禪師的令名嘉行，朝夕瞻仰侍奉。無業禪師曾經臉有倦色，對人說道：「我本來是為了躲避京師的繁華熱鬧而來此，現在又頻繁接待君侯，難道是我的本心啊！」無業禪師於是來到緜上縣（今山西沁源縣北）抱腹山。不久，他又去清涼山金閣寺，重新閱讀《大藏經》，整整經過了八年才讀完。隨後，無業禪師又南下來到西河縣（今山西汾陽），刺史董叔纏迎請住持於開元精舍。無業禪師說道：「我的緣分就在這裡了。」由此無業禪師廣施大法雨，講說佛法，將近二十年。《廣傳燈錄》別為記載。并州（今山西太原）、汾州一帶僧俗，無不嚮慕教化。凡有學者詢問，無業禪師大都回答道：「不要妄想！」

唐憲宗屢次派遣使者來徵請入京，無業禪師都託病推辭不去。等到唐穆宗即位，想瞻仰禮拜無業禪師一次，就命令兩街僧錄靈阜等人攜帶詔書來迎請。靈阜他們到來後，就施禮道：「皇上這番恩旨與以往不同，希望和尚姑且順應天子之心，不可再推託說有病了。」無業禪師微笑著說道：「貧道有什麼德行，屢次煩勞皇帝致意？請諸位暫且先行，我從另一條路去吧。」於是他沐浴剃髮，到半夜告訴弟子惠愔等人說道：「你們見、聞、覺、知的稟性，與太虛之壽相同，不生不滅。一切境界，本自空寂，沒有一法可得到。迷惑之人自不了悟，就為境象所迷惑。一旦為境象所迷惑，就會流轉相續而無有窮盡。你們應當知道心性本來自己就具有，不因造作而成，猶如金剛不能被破壞。一切諸法，都如影子、如迴響，沒有真實的。因此佛經上說：『惟有一個事實，餘下第二個就不是真實的。永遠了悟一切空，沒有一物能承當其情。』這是諸佛用心之處，你們要勤奮修行。」他說完，就跏趺而逝世。火化之日，天空出現了五色祥雲，異香四處散漫，所獲得的舍利光燦奪目，就好像是寶玉珍珠，弟子們用金棺存放舍利，並於長慶三年（八二三年）十二月二十一日葬於石塔內，享年六十二歲，法臘為四十二歲。天子賜無業禪師諡曰大達國師，靈塔名澄源之塔。

澧州大同廣澄禪師

澧州大同廣澄禪師。僧問：「如何是六根滅？」師云：「輪❶劍擲雲，無傷於物。」問：「如何是本來人？」師云：「共坐不相識。」僧云：「恁麼❷即學人禮謝下去。」師云：「暗寫愁腸寄與❸誰！」

【注　釋】❶輪　通「掄」。❷恁麼　這麼；那麼。❸與　給。

【語　譯】澧州（今湖南澧縣東南）大同廣澄禪師。有僧人問道：「什麼是六根清淨？」廣澄禪師說道：「掄劍擲飛雲，對物無損傷。」那僧人再問道：「什麼是本來之人？」廣澄禪師回答：「同坐卻不相識。」那僧人便說：「這麼則學生就禮謝而去了。」廣澄禪師說道：「暗寫愁腸寄與誰！」

池州南泉普願禪師

池州南泉普願禪師者，鄭州新鄭人也，姓王氏。唐至德二年，依大隗山❶大慧禪師受業。三十，詣嵩嶽受戒。初習相部❷舊章，究《毗尼》篇聚❸。次遊諸講肆，歷聽《楞伽》、《華嚴》，入《中百門》觀❹，精練❺玄義。後扣大寂之室，頓然忘筌❻，得遊戲三昧❼。

一日，為僧行粥❽次，馬大師問：「桶裡是什麼？」師云：「遮老漢合取口❾，作恁麼語話！」自餘同參之流無敢徵詰。

貞元十一年，憩錫❿于池陽，自構禪齋，不下南泉三十餘載。大和初，宣城廉使陸公亘⓫嚮師道風，遂與監軍⓬同請下山，申弟子之禮，大振玄綱。自此學徒不下數百，言滿諸方，目為郢匠。

一日，師示眾云：「道箇如如早是變也，今時師僧⓭須向異類⓮中行。」歸宗云：「雖行畜生行，不得畜生報。」師云：「孟八郎又恁麼去也？」

師有時云：「文殊、普賢⓯昨夜三更每人與二十棒，趁出院也。」趙州⓰云：

「和尚棒教誰喫？」師云：「且道王老師⑰過在什麼處？」趙州禮拜而出。玄覺云：「且道趙州休去，是肯南泉，不肯南泉？」

師擬⑱取明日遊莊舍，其夜土地神⑲先報莊主，莊主乃預為備。師到，問莊主：「爭知老僧來，排辦⑳如此？」莊主云：「昨夜土地報道，和尚今日來。」師云：「王老師修行無力，被鬼神覷見。」有僧便問：「和尚既是善知識，為什麼被鬼神覷見？」師云：「土地前更下一分飯㉑。」玄覺云：「什麼處是土地前更下一分飯？」雲居錫云：「是賞伊罰伊？只如土地前見，是南泉，不是南泉？」

師有時云：「江西馬祖說『即心即佛』，王老師不恁麼道，『不是心，不是佛，不是物』。恁麼道還有過麼？」趙州禮拜而出。時有一僧隨問趙州云：「上座禮拜了便出，意作麼生？」趙州云：「汝卻問取和尚。」僧上問曰：「適來諗上座意作麼生？」師云：「他卻領得老僧意旨。」

師一日捧鉢上堂，黃蘗和尚㉒居第一座，見師不起。師問云：「長老什麼年中行道㉓？」黃蘗云：「空王佛㉔時。」師云：「猶是王老師孫在，下去！」

師一日問黃蘗：「黃金為世界，白銀為壁落㉕，此是什麼人居處？」黃蘗云：「是聖人居處。」師云：「更有一人居何國土？」黃蘗乃叉手立，師云：「道不得，何不問王老師？」黃蘗卻問：「更有一人居何國土？」師云：「可惜許！」

師又別時問黃蘗：「定慧等學，此理如何？」黃蘗云：「十二時中不依倚一物。」師云：「莫是長老見處麼？」黃蘗云：「不敢。」師云：「漿水價㉖且置，草鞋錢教阿誰還？」

師見僧斫木，師乃擊木三下，僧放下斧子，歸僧堂。師歸法堂，良久卻入僧堂，見前僧在衣鉢下坐。師云：「賺殺人㉗！」僧問：「師歸丈室，將何指南㉘？」師云：「昨夜三更失卻牛，天明失卻火。」

師因東西兩堂各爭貓兒，師遇之，白眾曰：「道得即救取貓兒，道不得即斬卻也。」眾無對，師便斬之。趙州自外歸，師舉前語示之。趙州乃脫履安頭上而出。師曰：「汝適來若在，即救得貓兒也。」

師在方丈，與杉山向火次，師云：「不用指東指西，直下本分事道來。」杉山插火箸㉙叉手，師云：「雖然如是，猶較王老師一線道㉚。」

有僧問訊㉛，叉手而立。師云：「太俗生！」其僧便合掌，師云：「太僧生！」僧無對。

一僧洗鉢次，師乃奪卻鉢。其僧即空手而立，師云：「鉢在我手裡，汝口喃喃㉜作麼？」僧無對。

師因入菜園，見一僧，師乃將瓦子打之。其僧迴顧，師乃翹足，僧無語。師便歸方丈，僧隨後入，問訊云：「和尚適來擲瓦子打某甲，豈不是警覺某甲？」師云：「翹足又作麼生？」僧無對。後有僧問石霜云：「南泉翹足，意作麼生？」石霜舉手云：「還恁麼無。」

師示眾云：「王老師要賣身，阿誰要買？」一僧出云：「某甲買。」師云：「他不作貴價，不作賤價，汝作麼生買？」僧無對。臥龍代云：「屬某甲去也。」禾山代云：「是何道理？」趙州代云：「明年來與和尚縫箇布衫。」

師與歸宗、麻谷同去參禮南陽國師。師先於路上畫一圓相，云：「道得即去。」歸宗便於圓相中坐，麻谷作女人拜。師云：「恁麼即不去也。」歸宗云：「是什麼心行？」師乃相喚迴，不去禮國師。玄覺云：「只如南泉恁麼道，是肯底語，不肯語？」雲居錫云：「比來㉝去禮拜國師，南泉為什麼卻相喚迴？且道古人意作麼生？」

師問神山㉞：「作什麼？」對云：「打羅㉟。」師云：「手打腳打？」神山云：「請和尚道。」師云：「分明記取，舉似作家。」洞山別云：「無腳手者始解打羅。」

有一座主辭師，師問：「什麼處去？」對云：「山下去。」師云：「第一不得謗王老師。」對云：「爭敢謗和尚！」師乃噴水㊱云：「多少？」座主便出去。

先雲居㊲云：「非師本意。」先曹山云：「賴也。」石霜云：「不為人斟酌㊳。」長慶云：「請㊴領語。」雲居錫云：「座主當時出去，是會不會？」

師一日掩方丈門，將灰圍卻門外，云：「若有人道得，即開。」或有祇對㊵，多未愜㊶師意。趙州云：「蒼天！」師便開門。

師因翫月次，有僧便問：「幾時得似遮箇去？」師云：「王老師二十年前亦恁麼來。」僧云：「即今作麼生？」師便歸方丈。

陸亘大夫㊷問云：「弟子從六合來，彼中還更有身否？」師云：「分明記取，舉似作家。」陸又謂師曰：「和尚大不可思議，到處世界皆成就。」師云：「適來總是大夫分上事。」陸異日又謂師曰：「弟子亦薄㊸會佛法。」師便問：「大夫十二時中作麼生？」陸云：「寸絲不掛。」師云：「猶是堦下漢㊹。」師又云：「不見道，有道君王不納有智之臣。」

師上堂次，陸大夫云：「請和尚為眾說法。」師云：「教老僧作麼生說？」陸云：「和尚豈無方便？」師云：「道他欠少什麼？」陸云：「為什麼有六道四生㊺？」師云：「老僧不教他。」

陸大夫與師見人雙陸㊻，拈起骰子云：「恁麼、不恁麼、只恁麼，信彩㊼去時如何？」師拈起骰子云：「臭骨頭㊽十八。」又問云：「弟子家中有一片石，或時坐，或時臥，如今擬鐫作佛，還得否？」師云：「得。」大夫云：「莫不得否？」師云：「不得！不得！」雲巖[49]云：「坐即佛，不坐即非佛。」洞山云：「不坐即佛，坐即非佛。」

趙州問：「道非物外，物外非道。如何是物外道？」師便打。趙州捉住棒云：「已後莫錯打人去。」師云：「龍蛇易辨，衲子[50]難謾。」

師喚院主，院主應諾，師云：「佛九十日在忉利天[51]為母說法時，優填王[52]思佛，請目連[53]運神通三轉，攝[54]匠人往彼雕佛像，只雕得三十一相，為什麼梵音相[55]雕不得？」院主問：「如何是梵音相？」師云：「賺殺人！」

師問維那[56]：「今日普請作什麼？」對云：「拽磨。」師云：「磨從你拽，不得動著磨中心樹子。」維那無語。保福代云：「比來拽磨，如今卻不成。」法眼代云：「恁麼即不拽也。」

一日，有大德問師曰：「即心是佛又不得，非心非佛又不得，師意如何？」師云：「大德且信即心是佛便了，更說什麼得與不得！只如大德喫飯了，從東廊上西廊下，不可總問人得與不得也。」

師住庵時，有一僧到庵。師向其僧道：「某甲上山，待到齋時[57]作飯自喫了，送一分來山上。」少時，其僧自喫了，卻一時打破家事[58]就牀臥。師待不見來，便歸庵，見僧臥，師亦去一邊而臥，僧便起去。師住後云：「我往前住庵時，有箇靈利[59]道者，直至如今不見。」

師拈起毬子[60]問僧云：「那箇何似遮箇？」對云：「不似。」師云：「什麼處見那箇，便道不似？」僧云：「若問某甲見處，和尚放下手中物。」師云：「許你具一隻眼[61]。」

陸亘大夫向師道：「肇法師[62]甚奇怪，道萬物同根，是非一體。」師指庭前牡丹花云：「大夫，時人見此一株花如夢相似。」陸罔測。陸又問：「天王居何地位？」師云：「若是天王，即非地位。」陸云：「弟子聞說天王是居初地[63]。」師云：「應以天王身得度者，即現天王身，而為說法。」

陸辭歸宣城治所，師問：「大夫去彼，將何治民？」陸云：「以智慧治民。」師云：「恁麼即彼處生靈[64]盡遭塗炭[65]去也。」

師入宣州，陸大夫出迎接，指城門云：「人人盡喚作雍門，未審和尚喚作什麼門？」師云：「老僧若道，恐辱大夫風化[66]。」陸云：「忽然賊來時作麼生？」師云：「王老師罪過。」陸又問：「大悲菩薩[67]用如許多手眼作什麼？」師云：「只如國家又用大夫作什麼？」

師為馬大師設齋[68]，問眾云：「馬大師來否？」眾無對，洞山云：「待有伴即來。」師云：「子雖後生，甚堪雕琢。」洞山云：「和尚莫壓良為賤[69]。」

師洗衣次，有僧問：「和尚猶有遮箇在。」師拈起衣云：「爭奈遮箇何！」玄覺云：「且道是一箇，是兩箇？」

師問僧良欽：「空劫[70]中還有佛否？」對云：「有。」師云：「是阿誰？」對云：「良欽。」師云：「居何國土？」無語。

僧問：「祖祖相傳，合傳何事？」師云：「一二三四五。」

問：「如何是古人底？」師云：「待有即道。」僧云：「和尚為什麼妄語？」師云：「我不妄語，盧行者[71]卻妄語。」

問：「十二時中以何為境？」師云：「何不問王老師？」僧云：「問了也。」師云：「還曾與汝為境麼？」

僧問：「青蓮[72]不隨風火散時是什麼？」師云：「無風火不隨是什麼？」僧無對。師卻問：「不思善，不思惡，思總不生時，還我本來面目來？」僧云：「無容止可露。」洞山云：「還曾將示人麼？」

師問座主云：「你與我講經得麼？」對云：「某甲與和尚講經，和尚須與某甲說禪始得。」師云：「不可將金彈子博[73]銀彈子去。」座主云：「某甲不會。」

師云：「汝道空中一片雲，為復釘釘住？為復藤纜著？」

問：「空中有一珠，如何取得？」師云：「斫竹布梯空中取。」僧云：「空中如何布梯？」師云：「汝擬作麼生取？」

僧辭，問云：「學人到諸方，有人問和尚近日作麼生，未審如何祇對？」師云：「但向道近日解相撲[74]。」僧云：「作麼生？」師云：「一拍雙泯。」

問：「父母未生時，鼻孔在什麼處？」師云：「父母已生了，鼻孔在什麼處？」

師將順世，第一座問：「和尚百年後向什麼處去？」師云：「山下作一頭水牯牛[75]去。」僧云：「某甲隨和尚去還得也無？」師云：「汝若隨我，即須銜取一莖草來。」師乃示疾，大和八年甲寅十二月二十五日凌晨告門人曰：「星翳燈幻亦久矣，勿謂吾有去來也。」言訖而謝，壽八十七，臘五十八。明年春入塔。

【注釋】❶大隗山　即大騩山，在河南禹縣北。❷相部　即相部律，四分律三派之一，由唐代相州日光寺僧法礪所立。❸篇聚　類集比丘、比丘尼具足戒的篇目，有篇門、聚門之別。依結成的罪果及急要之義而區別者稱篇門，有五篇；類聚其罪性及因罪者稱聚門，有六聚、七聚、八聚之名。❹中百門觀　即三論宗。三論指龍樹《中論》、《十二門論》和提婆《百論》。其宗旨在於闡揚「諸法性空」，故也名法性宗。❺精練　仔細研究。❻忘筌　即得魚忘筌之略。筌，也作「荃」，一種捕魚的竹器。《莊子・外物》：「荃者所以在魚，得魚而忘荃。」以喻功成而忘其憑藉。❼遊戲三昧　指自在無礙，而常不失定意。遊戲，謂自在無礙。❽行粥　餐飲時為僧眾分粥。❾取口　閉口。❿錫　錫杖。⓫廉使陸公亘　即唐代陸亘，字景山，吳人，元和中制科及第，累官戶部郎中、太常少卿，兗、蔡、虢、蘇四州刺史，浙東觀察使，後移官宣歙觀察使而卒。其強明嚴毅，所至稱治。廉使，觀察使的俗稱。⑫監軍　唐代中後期在各藩鎮及征討叛亂之軍中設立監軍，以宦官為之，與統帥分庭抗禮。⑬師僧　被檀越仰之為師的僧人。⑭異類　指畜生。⑮普賢　中國四大菩薩之一，為釋迦牟尼的右脅侍，專司「理」德。其塑像多騎白象，相傳其顯靈說法的道場在四川峨眉山。⑯趙州　即趙州從諗禪師，普願禪師的弟子。⑰王老師　南泉普願的自稱。⑱擬　準備；打算。⑲土地神　古代神話中管理一小塊地面的神祇，也稱社神。《通俗編・神鬼》：「今凡社神，俱呼土地。」⑳排辦　安排；準備。㉑下一分飯　在神位前放置供品。㉒黃蘗和尚　即黃蘗希運禪師，為百丈懷海禪師的弟子。㉓行道　行其所知之道，即傳道說法之意。㉔空王佛　過去世的一佛之名。《法華經》載：釋迦牟尼與阿難等共在空王佛處發心。㉕壁落　圍牆。㉖漿水價　茶水錢。㉗賺殺人　騙殺人之意。賺，欺騙、誑騙之意。殺，通「煞」。㉘指南　此為指示之意。㉙火箸　火鉗。㉚一線道　形容極小的距離。㉛問訊　施禮詢問。㉜喃喃　象聲詞，形容人低語或鳥鳴聲。㉝比來　本來；先前。㉞神山　即潭州神山僧密禪師，為雲巖曇晟禪師的弟子。㉟羅　同「鑼」。㊱噴水　打噴嚏。㊲先雲居　唐代僧人道膺禪師，河北玉田人，參洞山良价禪師而悟，後住持江西南康雲居寺，講法三十年。為區別此後的雲居清錫禪師，故稱先雲居。㊳斟酌　料想；估計。㊴請　受；領受。㊵祗對　恭恭敬敬地回答；應答。㊶愜　契合。㊷大夫　古代對五品以上官員的尊稱。㊸薄　略微；稍稍。㊹堦下漢　意為凡夫俗子。堦，同「階」。㊺四生　一為胎生，如人類在母胎內成體而後出生；二為卵生，如鳥在卵殼內成體而後出生；三為濕生，如蟲依濕而受形；四為化生，指無所依託、惟憑業力而忽起者，如諸天、地獄與劫初眾生皆是。㊻雙陸　古代博戲，相傳由天竺傳入，盛行於南北朝及隋、唐時期。因其局如棋盤，左右各有六路，故名。馬作椎形，黑白各十五枚，兩人相博，骰子擲彩行馬，白馬從右到左，黑馬反之，先出完者獲勝。㊼信彩　彩頭。㊽臭骨頭　骰子一般用牛骨等所做。㊾雲巖　即曇晟禪師，參藥山惟儼禪師而悟，後住持潭州雲巖寺。㊿衲子　禪僧多著一衲衣而遊方，故以衲子為禪僧的別稱。(51)忉利天　即三十三天，為欲界六天中的第二天，在須彌山之頂，閻浮提之上八萬由旬之處。此天之有情身長一由旬，衣重六銖，壽一千歲。(52)優填王　傳說中天竺拘睒彌國的國王。(53)目連　全稱摩訶目健連、大目健連，也稱目健連，釋迦牟尼十大弟子之一，神通第一。(54)攝　引持；牽曳。(55)梵音相　佛陀三十二相中的梵音深遠相。傳說佛陀具足三十二相。(56)維那　寺中三綱之一，執掌寺中事務，也稱知事等。(57)齋時　寺中吃齋食之時，自天亮至正午。(58)家事　通「傢伙」。指用具。(59)靈利　通「伶俐」。意聽明乖巧。(60)毬子　皮製足球，唐、宋時一種體育遊戲用具。(61)一隻眼　即所謂頂門眼，相傳摩醯首羅天有三隻眼，其前額豎起的一隻眼，即稱頂門眼，具有真正見物的神通。(62)肇

法師　即晉代僧人僧肇，京兆人，少年時博覽子史之書，年二十出家，後從羅什三藏學經論，被三藏歎為奇才。曾侍從羅什三藏入長安華林院譯經，學人千數，無不推服。著有《般若無知論》等傳世。63 初地　菩薩乘五十二地位中十地之第一。64 生靈　指百姓。65 塗炭　喻遭殃。66 風化　教化。67 大悲菩薩　即觀音菩薩。68 設齋　於祖先尊長的忌日設置供品祭祀。69 壓良為賤　良，主人；平民。賤，奴僕。70 空劫　成、住、壞、空四劫之一。71 盧行者　即六祖慧能大師。72 青蓮　青色的蓮花，其葉修廣，青白分明，如人眼目，故佛經中用以比喻佛之眼。73 博　交換。74 相撲　我國傳統體育項目，即今之摔跤。75 水牯牛　即水牛。

【語　譯】池州（今屬安徽）南泉普願禪師（七四八～八三四年），鄭州新鄭（今屬河南）人，俗姓王。唐代至德二年（七五七年），普願禪師皈依大隗山大慧禪師學習佛法。年滿三十，他前往中嶽嵩山受具足戒。普願禪師起初學習相部律舊文，研究《毗尼》篇聚。接著他遊學於眾多講經場所，遍聽《楞伽經》、《華嚴經》，精讀《中百門》觀，仔細研究其中玄義。後來，普願禪師扣問禪旨於馬祖大寂禪師之室，頓然忘記以前所學的，宛如得魚而忘筌，深得自在無礙而優游於三昧之中。

有一天，普願禪師在為僧眾盛粥時，馬大師問道：「桶裡裝的是什麼？」普願禪師說道：「這老頭兒該閉上嘴，竟說出這樣的話來！」自此以後，一起參學的師兄弟再也無人敢向普願禪師發難詰問了。

唐德宗貞元十一年（七九五年），普願禪師留住在池陽（今安徽池州），親自修建禪室，從此三十多年沒走下過南泉山。唐文宗大和（八二七～八三五年）初年，宣城（今屬安徽）觀察使陸公陸亘傾慕普願禪師禪道師風，就與監軍一起恭請禪師下山，並以弟子之禮拜見禪師，佛法教化由此大振。從此，學徒多達數百人，言論布滿天下，被大眾視作郢匠。

有一天，普願禪師指示眾人說：「說個真實情況之際，事情早已經改變了，現在的師僧，須向異類中一行。」歸宗智常禪師說道：「雖然行畜生之行，卻不得畜生之報應。」普願禪師說道：「孟八郎又這麼去了啊？」

普願禪師有一次說道：「文殊、普賢兩菩薩昨夜三更每人給了二十棒，趕出禪院去了。」趙州從諗禪師問道：「和尚的棒叫哪個領受？」普願禪師反問道：「姑且說說看王老師的過錯在哪裡？」趙州禪師禮拜後出去了。玄覺禪師問道：「姑且說說趙州禪師罷休離去，是認可南泉禪師說的話，還是不認可南泉說的話？」

普願禪師打算第二天到莊園上去，當天晚上，土地神先去告訴了莊主，莊主就預先作了準備。禪師到了莊園，就問莊主道：「怎麼知道老僧要來，作這樣的安排？」莊主回答：「昨夜土地神來說，和尚今天要來。」禪師說道：「老僧修行不力，被那鬼神窺見了行跡。」有僧人問道：「和尚既是位得道高僧，為什麼會被鬼神窺見了行跡？」禪師回答：「土地神位前再放上一份飯。」玄覺禪師問道：「什麼地方是土地神位前再放上一份飯？」雲居清錫禪師問道：「這是賞他還是罰他？只是如土地神前面所看見的，是南泉禪師，或不是南泉禪師？」

普願禪師有一次說道：「江西馬祖說『即心即佛』，王老師卻不這麼說，『不是心，不是佛，不是物』。這麼說還會有過錯嗎？」趙州禪師聽了，便施禮後出去了。當時有一個僧人隨即問趙州禪師道：「上座禮拜後就出來了，是什麼意思？」趙州禪師說道：「你回去問和尚吧。」那僧人就上堂問普願禪師道：「剛才從諗上座是什麼意思？」普願禪師回答：「他已經領悟了老僧的意旨。」

有一天，普願禪師捧鉢上堂，只見黃蘗希運禪師坐在普願禪師的座位上，看見普願禪師來了也不站起施禮。普願禪師問道：「長老是在麼哪一年中開始行道的？」黃蘗禪師回答：「空王佛之時。」普願禪師說道：「那還是王老師的孫子，下去！」

普願禪師有一天問黃蘗禪師道：「以黃金作為世界，以白銀作為圍牆，這是什麼人的住宅？」黃蘗禪師回答：「是聖人的住處。」普願禪師再問道：「還有一個人居住什麼國土？」黃蘗禪師於是拱手而立，普願禪師便說道：「說不出來，為什麼不問王老師？」黃蘗禪師就問道：「還有一個人居住什麼國土？」普願禪師卻歎道：「可惜啊！」

普願禪師又有一次問黃蘗禪師道：「定、慧之學等同，其道理是什麼？」黃蘗禪師回答：「一天十二時辰內不依傍任何東西。」普願禪師問道：「莫非是長老的見識麼？」黃蘗禪師回答：「不敢。」普願禪師說道：「茶水錢暫且不說，你的草鞋錢教誰來付？」

普願禪師看見一個僧人在砍木柴，就在木柴上敲了三下，那僧人隨即放下斧子，回僧堂而去。普願禪師回到法堂，過了好一會兒，又來到僧堂，看見那僧人正在掛在牆上的衣鉢下面打坐。普願禪師說道：「賺殺人！」那僧人問道：「和尚回到方丈室，拿什麼來指示弟子？」普願禪師回答：「昨夜三更失去了牛，天亮起來又失去了火。」

普願禪師因為東、西兩僧堂的僧人爭奪一隻貓，而被他遇見，就對眾僧說道：「說得出就救了這隻貓，說不出就斬了牠。」眾僧都無言應對，普願禪師就把貓給殺了。趙州禪師從外面回來，普願禪師就把前面說過的話講給他聽，趙州禪師隨即脫下鞋子放在頭上走了出去。普願禪師說道：「你剛才若在這裡，就可以救了那貓兒。」

普願禪師在方丈，與杉山智堅禪師烤火時，普願禪師說道：「不用指東指西，直截了當地把自己分上的事情說出來。」杉山禪師插上火鉗，拱手而立，普願禪師說道：「雖然這樣，還是比王老師相差了一點點。」有僧人來問訊，拱手而立。普願禪師說道：「太俗氣！」那僧人就合掌，禪師說道：「太僧人氣！」那僧人無言應對。

一個僧人洗鉢之時，普願禪師把鉢奪了下來。那僧人就空著手站立，禪師說道：「鉢在我手裡，你口中喃喃低語作什麼？」那僧人不能應答。

普願禪師走進了菜園，看見一個僧人，禪師就用瓦塊丟他。那僧人回過頭來看，禪師就翹起了腳，那僧人無話可說。禪師便回到了方丈，那僧人隨後跟了進來，問訊道：「和尚剛才用瓦塊丟我，莫不是要我警覺吧？」普願禪師問道：「翹起了腳又是什麼意思？」那僧人無言應答。後來有僧人問石霜大善禪師道：「南泉翹起了腳，其意是什麼？」石霜禪師作出舉手招呼人的樣子說：「大概是這麼個意思吧。」

普願禪師告訴眾僧道：「王老師要賣身了，誰要來買啊？」一僧人站出來說道：「我要買。」禪師問道：「他不作高價賣，也不作低價賣，你怎麼買呢？」那僧人無法對答。臥龍禪師代為回答：「屬於我的了。」禾山無殷禪師代為回答：「是什麼道理？」趙州禪師代為回答：「明年來給和尚縫個布衫。」

普願禪師與師兄弟歸宗智常禪師、麻谷寶徹禪師一起去參拜南陽慧忠國師。普願禪師先在路上畫了一個圓圈，說道：「說得出來就去。」歸宗禪師就坐在了圓圈中，麻谷禪師卻學著婦人禮拜的樣子。普願禪師說道：「既然這樣就不用去了。」歸宗禪師說道：「那要懷著什麼樣的心行方可？」普願禪師不答，招呼他們返回，不去參拜慧忠國師。玄覺禪師問道：「只是如南泉禪師這麼說，是准許的話，還是不准許的話？」雲居清錫禪師問道：「先前說是去禮拜慧忠國師，南泉禪師卻為什麼要把他們喚回來？姑且說一說古人的意思是什麼？」

普願禪師問神山僧密禪師道：「幹什麼？」神山禪師回答：「打鑼。」普願禪師問道：「是用手打，還是用腳打？」神山禪師說道：「請和尚說。」普願禪師說道：「記得清楚些，好說給行家聽。」洞山良价禪師別作回答道：「沒有手腳的才懂得打鑼。」

有一個座主向普願禪師辭行，禪師問道：「到什麼地方去？」座主回答：「山下去。」禪師說道：「第一不許誹謗王老師。」座主說道：「我怎麼敢誹謗和尚！」普願禪師就打著噴嚏說道：「多少？」那座主便走了出去。雲居道膺禪師說道：「不是禪師的本意。」曹山本寂禪師說道：「耍賴。」石霜慶諸禪師說道：「不為別人斟酌。」長慶慧稜禪師說道：「請受之語。」雲居清錫禪師說道：「座主當時出去時，是懂了還是沒懂？」

普願禪師有一天關上了方丈室的門，用一堆灰土圍在門外，說道：「如若有人說得出，就開門。」也有人前去恭恭敬敬地回答，但都沒有契合禪師的意思。此時趙州禪師過來大叫道：「蒼天！」普願禪師就打開了門。

普願禪師賞月時，有僧人問道：「什麼時候能像這個？」禪師說道：「王老師二十年前也這麼來。」那僧人又問道：「現在幹什麼？」禪師便回到了方丈。

陸亘大夫問道：「弟子從六合（今屬江蘇）來，那裡還另有一個身子嗎？」普願禪師回答：「記得清楚些，好說給行家聽。」陸大夫又對禪師說道：「和尚很不可思議，所到之處皆有成就。」禪師說道：「剛才總是大夫分上的事。」陸大夫過了一天又對禪師說道：「弟子也略微懂得佛法。」禪師就問道：「大夫一天十二時辰中幹什麼？」陸大夫回答：「寸絲不掛。」禪師說道：「還是階下漢。」禪師又說道：「看不出有什麼道，有道的君王不接納有智之臣。」

普願禪師上堂之時，陸亘大夫說道：「請和尚為大眾說法。」禪師問道：「教老僧怎麼說？」陸大夫說道：「和尚難道不能隨機應變？」禪師說道：「說他缺少個什麼？」陸大夫問道：「為什麼有六道四生？」普願禪師回答：「老僧不教他。」

陸大夫與普願禪師看見有人在雙陸，陸大夫就拈起一只骰子說道：「這麼，不這麼，只是這麼，彩頭失去時怎麼辦？」禪師也拈起一只骰子說道：「臭骨頭十八點。」陸大夫又問道：「弟子家中有一塊石頭，我們有時候坐在上面，有時候躺在上面，現在打算雕刻成佛像，還可以在上面坐或躺嗎？」禪師回答：「可以。」陸大夫再問道：「恐怕不可以吧？」禪師回答：「不可以！不可以！」雲巖曇晟禪師說道：「坐即是佛，不坐即不是佛。」洞山禪師說道：「不坐即是佛，坐即不是佛。」

趙州從諗禪師問道：「道不在物體之外，物體之外的不是道。那什麼是物體之外的道？」普願禪師聽後就打，趙州禪師抓住了棒說道：「以後不要再錯打人了。」普願禪師說道：「龍、蛇容易分辨，禪僧難以蒙騙。」

普願禪師招呼院主，院主答應，禪師問道：「佛在忉利天為母親說法那九十天中，優填王想念佛，就請目連運神通三轉，攝取工匠前往那裡雕刻佛像，只雕得三十一相，為什麼梵音相雕不出來？」院主反問道：「什麼是梵音相？」禪師說道：「賺殺人！」

普願禪師問維那道：「今天普請做什麼？」維那回答：「拉磨。」禪師說道：「磨隨你拉，只是不能轉動磨中心的軸子。」維那無言以對。保福從展禪師代為回答：「本來要拉磨的，現在卻不行了。」法眼禪師代為回答：「這樣的話，就不拉了。」

有一天，有個大德問普願禪師道：「說『即心是佛』又不行，說『非心非佛』又不行，和尚的意思是怎樣的？」禪師回答：「大德姑且相信『即心是佛』就是了，不要說什麼行與不行的！這正如大德吃飯以後，從東廊上去，從西廊下來，不可能總是問人家行與不行嘛。」

普願禪師住在小佛庵中時，有一個僧人來到庵中。禪師對那僧人說道：「我要上山做事，等到吃飯的時候，你做飯自己先吃，然後送一份到山上來。」過了一會兒，那僧人自己吃飯完了，卻把餐具都打破，然後上牀睡覺了。禪師在山上久等不見人來，就回到庵中，看見那僧人睡著，禪師也到那僧人旁邊躺下，那僧人於是便起身走了。普願禪師住持寺院之後說道：「我從前住在小庵中時，遇到一個伶俐的僧人，直到現在沒有再見過面。」

普願禪師拿起一隻毬子，問僧人道：「那個像不像這個？」那僧人回答：「不像。」禪師問道：「什麼地方看見那個，就說不像？」那僧人回答：「如果要問我看見的地方，就請和尚放下手中的東西。」禪師說道：「許可你已具備了一隻眼。」

陸亘大夫對普願禪師說道：「僧肇法師很是奇怪，解說萬物同一根源，是非同處一體。」禪師指著庭院前面的牡丹花說道：「大夫，世人看見這一朵花就像在做夢一樣。」陸大夫不測他所指。陸大夫又問道：「天王居於什麼地位？」普願禪師回答：「如果是天王，就不是地位。」陸大夫說道：「弟子聽說天王是居於初地。」禪師說道：「應該以天王之身得引度的，就現出天王之身，並為說法。」

陸亘大夫向普願禪師辭別，要回到其宣城官衙，禪師問道：「大夫回到那裡，將用什麼方法來治理百姓？」陸大夫回答：「用智慧來治理百姓。」禪師說道：「這麼做，那裡的老百姓就都要遭殃了。」

普願禪師來到宣州（即宣城），陸大夫出城迎接，並指著城門問道：「人們都叫它雍門，不知道和尚叫作什麼門？」禪師回答：「老僧若說出來，恐怕就有傷大夫的教化。」陸大夫問道：「突然敵人來時怎麼辦？」禪師回答：「是王老師罪過。」陸大夫又問道：「觀音菩薩用這麼多的手與眼幹什麼？」禪師反問：「比如國家又任用大夫幹什麼？」

普願禪師為馬祖設齋飯，問眾僧道：「馬大師會來嗎？」眾僧無言應對。洞山禪師回答：「等到有伴時就來。」普願禪師說道：「你雖然只是一個後生，卻很可以雕琢成材。」洞山禪師說道：「和尚不要逼良為娼。」

普願禪師洗衣服的時候，有僧人問道：「和尚還有這個在。」禪師拿起衣服說道：「又能拿這個怎麼辦！」玄覺禪師問道：「姑且說是一個，還是兩個？」

普願禪師問僧人良欽道：「空劫中還有佛嗎？」良欽回答道：「有。」禪師問道：「是誰？」回答道：「是良欽。」禪師再問道：「居住在什麼國土？」良欽無語以對。

有僧人問道：「祖師代代相傳，傳授個什麼？」普願禪師回答：「一二三四五。」

有僧人問道：「什麼是古人的？」普願禪師回答：「等有了再告訴你。」僧人問道：「和尚為什麼要胡說呢？」禪師回答：「我沒有胡說，盧行者才胡說。」

有僧人問道：「一天十二時辰中以什麼為境？」普願禪師說道：「為什麼不問王老師？」那僧人說道：「問過了。」禪師問道：「還曾與你為境嗎？」

有僧人問道：「青蓮不隨風火散時是什麼？」普願禪師反問道：「沒有風火不隨的是什麼？」那僧人無法應對。禪師反過來問道：「不思善，不思惡，念頭總不產生時，還我本來面目來？」那僧人回答：「沒有容止可以顯露。」洞山禪師問道：「還曾用來示人嗎？」

普願禪師問座主道：「你給我講經行嗎？」座主回答：「我給和尚講經，和尚須給我說禪才可以。」禪師說道：「不能拿金彈子去換銀彈子。」座主說道：「我不懂。」禪師問道：「你說天空一片雲，是用釘子釘住的？還是用藤條纏住的？」

有僧人問道：「天空中有一顆珍珠，怎麼取下來？」普願禪師回答：「砍竹子作梯子，爬上去取。」那僧人問道：「天空中怎麼安梯子？」禪師反問道：「你打算怎麼取下來？」

有僧人來辭別，問普願禪師道：「學生到各地去，如有人問和尚近來在幹什麼，不知道該怎麼回答？」禪師說道：「只須向他說我近來在研究相撲。」那僧人問道：「作什麼？」禪師說道：「一拍手就雙雙消泯。」

有人問道：「父母親未生下這人的時候，他的鼻孔在什麼地方？」普願禪師反問道：「父母親已生下了他後，他的鼻孔在什麼地方？」

普願禪師將要逝世，第一座僧人問道：「和尚百年之後到什麼地方去？」禪師回答：「到山下去做一頭水牯牛。」那僧人問道：「我隨和尚一起去行不行？」禪師回答：「你若跟隨我去，就得銜一根草來。」隨後普願禪師顯示病症，於唐文宗大和八年甲寅歲（八三四年）十二月二十五日凌晨對門人說道：「星星遮住、燈火幻滅也已經很久了，不要說我有生來死去啊。」說完就辭世了，享年八十七歲，法臘為五十八歲。明年春天被葬於靈塔。

【說　明】南泉普願禪師的禪法，在某些方面對其師馬祖道一禪師的禪法有所修正，他將馬祖「即心即佛」、「非心非佛」的佛性論歸納為「不是心、不是佛、不是物」，因而他反對那種「以知為道」的觀點，而認為道不屬知，智不是道，並把六祖慧能的「無念」之心進一步發展為平常心，宣揚「平常心是道」。南泉禪師在禪宗中影響，更多的在於其奇特的言行，其中「斬貓」即是其留下的著名奇特行為，「向異類中行」是其最具代表性的奇特之言。異類是異於人的其他具足佛性的有情眾生類，因而他的理想即是百年之後在山下作一頭水牯牛。南泉禪師的有些言行成為後世所稱的「公案」，而影響深遠。但不可否認的是，後來叢林中許多下根之人因此之故，而將參禪由參究自心改為參公案，因而使禪學走上一條危險之路。

五臺山隱峰禪師

五臺山隱峰禪師者，建州邵武人也，姓鄧氏。（時稱鄧隱峰。）幼若不慧，父母聽其出家。初遊馬祖之門，而未能覩奧。復來往石頭，雖兩番不捷，（語見〈馬祖〉章。）而後於馬大師言下契會。

師在石頭時，問云：「如何得合道去？」石頭云：「我亦不合道。」師云：

「畢竟如何？」石頭云：「汝被遮箇得多少時邪？」

一日，石頭和尚剗草次，師在左側，叉手而立。石頭飛剗子❶，向師面前剗一株草。師云：「和尚只剗得遮箇，不剗得那箇。」石頭提起剗子，師接得剗子，乃作剗勢。石頭云：「汝只剗得那箇，不解剗得遮箇。」師無對。（洞山代云：「還有堆阜麼？」）

師一日推土車次，馬大師展腳在路上坐。師云：「請師收足。」大師云：「已展不收。」師云：「已進不退。」乃推車展❷過，大師腳損，歸法堂，執斧子云：「適來碾損老僧腳底出來！」師便出於大師前，引頸，大師乃置斧。

師到南泉，覩眾僧參次，南泉指淨缾云：「銅缾是境，缾中有水，不得動著境，與老僧將水來。」師便拈淨缾，向南泉面前瀉，南泉便休。

師後到溈山❸，於上座頭解放衣鉢。溈山聞師叔到，先具威儀，下堂內。師見來，便倒作睡勢。溈山便歸方丈，師乃發去。少間，溈山問侍者：「師叔在否？」對云：「已去也。」溈山云：「去時有什麼言語？」對云：「無言語。」溈山云：「莫道無言語，其聲如雷。」

師以冬居衡嶽，夏止清涼。唐元和中，薦登五臺，路出淮西❹。屬吳元濟❺阻兵違拒王命，官軍與賊交鋒，未決勝負。師曰：「吾當去解其患。」乃擲錫空中，飛身而過。兩軍將士仰觀，事符預夢，鬭心頓息。

師既顯神異，慮成惑眾，遂入五臺，於金剛窟前將示滅，先問眾云：「諸方遷化，坐去臥去，吾嘗見之。還有立化也無？」眾云：「有也。」師云：「還有倒立者否？」眾云：「未嘗見有。」師乃倒立而化，亭亭然❻其衣順體。時眾議舁❼就荼毗，屹然不動，遠近瞻覩，驚歎無已。師有妹為尼，時亦在彼，乃俯近而咄曰：「老兄，疇昔不循法律，死更熒惑❽於人！」於是以手推之，僨然❾而踣❿，遂就闍維，收舍利入塔。

【注釋】❶剗子　即鏟子。❷展　通「輾」。❸溈山　在江西銅鼓縣西，南通萍鄉，西接湖南瀏陽、澧陵諸縣，林木茂盛。百丈懷海的弟子靈祐居此山密印寺七年。❹淮西　今長江以北、淮河以南的安徽中部與湖北東部、河南東南部地區。❺吳元濟　唐代割據淮西地區叛亂的藩鎮，後被李愬所率的唐軍所執，斬於長安。❻亭亭然　妥貼的樣子。❼舁　抬東西。❽熒惑　迷惑。❾僨然　仆倒貌。❿踣　跌倒；僵死。

【語譯】五臺山隱峰禪師，建州邵武（今屬福建）人，俗姓鄧。當時人稱鄧隱峰。他幼年時外表看上去有些不聰慧，父母親便聽任他出家。隱峰禪師起初遊學於馬祖門下，但沒能獲見禪學奧旨。後來，他又往來參謁石頭希遷禪師，雖然兩次都未能契合玄機，語見卷六〈馬祖〉章。而後在與馬人師言談中契合領悟。

隱峰禪師在石頭禪師之處時，問道：「怎麼才能契合於道？」石頭禪師回答：「我也沒有契合道。」隱峰追問：「究竟怎麼樣？」石頭禪師問道：「你被這個問題困擾多少時間了？」

有一天，石頭和尚鏟草時，隱峰禪師在左邊拱手站著。石頭和尚飛過鏟子，把隱峰面前的一棵草給鏟去了。隱峰說道：「和尚只能鏟去這個，不能鏟去那個。」石頭和尚提起鏟子，隱峰接過鏟子，就做出鏟草的樣子。石頭和尚說道：「你只能鏟去那個，不懂得鏟去這個。」隱峰禪師無言以對。洞山禪師代作回答：「還有堆起的土丘嗎？」

隱峰禪師有一天推土車之時，馬大師伸腳坐在路上。隱峰說道：「請師父收起腳來。」馬大師說道：「已經伸出了就不收回來。」隱峰說道：「已經前進了就不退回來。」於是他就推車而過，碾傷了馬大師的腳，馬大師回到法堂後，手拿著斧子說道：「剛才碾傷老僧腳的出來！」隱峰禪師就走到馬大師跟前，伸出頭頸，馬大師便放下了斧子。

隱峰禪師到南泉山，看眾僧參拜之時，南泉普願禪師指著淨瓶說道：「以銅瓶作境，瓶中有水，不能動著境，給老僧拿水來。」隱峰就拿起淨瓶，向南泉禪師面前倒水，南泉禪師也就算了。

後來隱峰禪師來到了溈山，在上座的位置前解下了衣鉢。靈祐禪師聽到師叔來了，就先準備好禮儀，再來到法堂接待。隱峰禪師看見靈祐禪師出來，就倒下作出睡覺的姿勢。靈祐便回方丈，隱峰也離去了。過了片刻，靈祐問侍僧道：「師叔還在嗎？」侍僧回答道：「已經走了。」靈祐問道：「走的時候說了什麼話沒有？」侍僧回答：「沒有說話。」靈祐說道：「不要說他沒有講話，他的聲音如同雷聲一樣響。」

隱峰禪師在冬天居住在南方衡山，夏天居住在北方五臺山。唐代元和（八〇六～八二〇年）年中，隱峰禪師再上五臺山，路過淮西地區。正好盤據淮西的吳元濟，依仗兵力而反叛，違抗朝廷的命令，而官軍與叛軍交戰，不分勝負。隱峰禪師說道：「我應當去解除其禍難。」於是就把錫杖擲在空中，飛身而過。兩軍將士仰首觀看，因為此事與預先夢見的情形相符合，所以戰鬥之心頓時消息。

隱峰禪師既已顯示了神通，擔心由此使世人迷惑，就來到了五臺山上，在金剛窟前圓寂。他先問眾僧道：「各方禪師圓寂，有坐著去的，有躺著去的，我都看見過。還有沒有站著圓寂的？」眾僧回答：「有。」隱峰再問道：「可有倒立著的嗎？」眾僧回答：「沒有見過。」隱峰禪師就倒立著圓寂，亭亭而立，衣服仍然順貼著他的身體。當時眾僧商議抬去火化，但倒立著的禪師卻屹然不動。遠近的人都來瞻仰觀看，驚歎不已。

隱峰禪師有個妹妹是個女尼，當時也在那裡，就靠近而呵斥道：「老兄，以前活著的時候就不守佛法常規，現在死了還要迷惑別人！」就用手去一推，隱峰就轟然一聲倒在地上，於是眾僧就抬去火化，收拾舍利放入靈塔。

【說　明】禪門奇事多，而隱峰禪師可算是名列前茅者，故其活著時好標新立異，死的方式也別具一格。

溫州佛嶼和尚

溫州佛嶼和尚，尋常見人來，以拄杖卓❶地云：「前佛也恁麼，後佛也恁麼。」

僧問：「正恁麼時作麼生？」師畫一圓相，僧作女人拜，師乃打之。

僧問：「如何是佛法大意？」師云：「賊也！賊也！」僧問：「如何是異類？」師敲椀云：「花奴❷花奴喫飯來！」

【注　釋】❶卓　同「戳」。❷花奴　唐、宋人常用作貓狗等寵物之名。

【語　譯】溫州（今屬浙江）佛嶼和尚，平常看見有人來，就用拄杖戳地道：「前佛也是這樣的，後佛也是這樣的。」有僧人問道：「正這樣的時候怎麼樣？」佛嶼就畫了一個圓相，那僧人作出婦女禮拜的樣子，佛嶼就打他。

有僧人問道：「什麼是佛法大意？」佛嶼和尚叫道：「賊啊！賊啊！」僧人又問道：「什麼是異類？」佛嶼就敲著碗招呼道：「花奴花奴吃飯來！」

烏臼和尚

烏臼和尚。有玄、紹二上座從江西來參師，師乃問云：「二禪伯發足❶什麼處？」僧云：「江西。」師以拄杖打之。玄云：「久知和尚有此機要❷。」師云：「你既不會，後面箇僧祇對看。」後面僧擬近前，師便打，云：「信知同窠無異土。參堂❸去！」

【注釋】❶發足　起程。❷機要　計策；手段。❸參堂　指寺院中清晨、晚上時升堂坐禪、說法、念誦。

【語譯】烏臼和尚。有玄上座與紹上座從江西前來參拜烏臼和尚。烏臼問道：「兩位禪客從什麼地方而來？」那兩人回答：「江西。」烏臼就用拄杖打他。玄上座說道：「早就知道和尚有這個機要。」烏臼和尚說道：「你既然不會，就讓後面的那個禪僧試試看。」後面那僧人打算走上前，烏臼就打他，並說道：「我就知道同一個坑裡不會有不同的土。參堂去吧！」

潭州石霜大善和尚

潭州石霜一作「瀧」。大善和尚。僧問：「如何是佛法大意？」師云：「春日雞鳴。」

僧云：「學人不會。」師云：「中秋犬吠。」

師上堂云：「大眾出來，出來！老漢有箇法要，百年後不累你。」眾云：「便請和尚說。」師云：「不消一堆火。」

洞山問：「几❶前一童子，甚是了事，如今不見，向甚處去也？」師云：「火焰上泊不得，卻歸清涼世界❷去也。」

【注釋】❶几　几案。❷清涼世界　即清涼山，五臺山的別名。

【語譯】潭州（今湖南長沙）石霜霜，一作「瀧」。大善和尚。有僧人問道：「什麼是佛法大意？」大善和尚回答：「春日雞鳴。」那僧人說道：「學生不領會。」大善就說道：「中秋犬吠。」

大善和尚上堂說道：「大眾出來，出來！老漢有一個法要，百年之後不再勞累你們。」眾僧說道：「那就請和尚說。」大善說道：「不需要一堆火。」

洞山禪師問道：「過去你几案前的一個侍童，十分伶俐，現在沒看見，到什麼地方去了？」大善禪師回答：「火焰上不能停留，就回到清涼世界去了。」

石臼和尚

石臼和尚，初參馬祖，問：「什麼處來？」師云：「烏臼來。」祖云：「烏臼近日有何言句？」師云：「幾人於此茫然在。」祖云：「茫然且置，悄然一句作麼生？」師乃近前三步，祖云：「我有七棒寄❶打烏臼，你還甘否？」師云：

「和尚先喫，某甲後甘。」卻迴烏臼。

【注　釋】❶寄　託人傳送。

【語　譯】石臼和尚。他初次參拜馬祖時，馬祖問道：「從什麼地方來？」石臼回答：「從烏臼和尚那裡來。」馬祖問道：「烏臼近日有什麼言語？」石臼回答：「幾人於此心茫然。」馬祖便說道：「茫然暫且放在一邊去，悄然一句怎麼樣？」石臼就走近了三步。馬祖說道：「我有七下棒打寄送給烏臼，你可甘願領受？」石臼便回答：「和尚先吃，我後甘願。」石臼隨後回到了烏臼和尚處。

本溪和尚

本溪和尚。龐居士問云：「丹霞打侍者，意在何所？」師云：「大老翁見人長短❶在。」居士云：「為我與師同參了，方敢借問。」師云：「若恁麼從頭舉來，共你商量。」居士云：「大老翁不可共你說人是非。」師云：「念翁老年。」居士云：「罪過！罪過！」

【注　釋】❶長短　指情況的好壞。

【語　譯】本溪和尚。龐居士問道：「丹霞天然禪師打侍者，其意是什麼？」本溪和尚說道：「大老翁倒還能看出人的長短來。」龐居士說道：「因為我與和尚同參，所以才敢借問。」本溪就說道：「如若是這樣的，你就從頭說來，同你商量。」龐居士說道：「大老翁不可以同你論說別人的是非。」本溪說道：「姑且念老翁年邁。」龐居士說道：「罪過！罪過！」

石林和尚

石林和尚。一日龐居士來，師乃豎起拂子云：「不落丹霞機，試道一句。」居士奪卻拂子了，卻自豎起拳。師云：「正是丹霞機。」居士云：「與我不落看。」師云：「丹霞患啞，龐翁患聾。」居士云：「恰是也，恰是也。」師無語。居士云：「向道偶爾恁。」師亦無語。

又一日，師問居士云：「某甲有箇借問，居士莫惜言句。」居士云：「便請舉來。」師云：「元來惜言句。」居士云：「遮箇問訊，不覺落他便宜❶。」師乃掩耳而已。居士云：「作家！作家！」

【注釋】❶便宜　好處；益處。

【語譯】石林和尚。有一天，龐居士來拜訪，石林和尚豎起了拂塵，說道：「不落入丹霞禪師的機謀，試著說一句話。」龐居士把拂塵奪了過來，卻豎起了自己的拳頭。石林說道：「這正是丹霞的機謀。」龐居士說道：「你給我不落入試試看。」石林便說道：「丹霞患有瘂疾，龐老翁患有聾疾。」龐居士點頭道：「恰好是，恰好是。」石林沒有說話。龐居士說道：「剛才不過偶爾這麼說。」石林還是沒有說話。

又有一天，石林和尚問龐居士道：「我有一個提問，居士不要吝惜語句。」龐居士說道：「就請說來。」

石林說道：「原來吝惜語句。」龐居士說道：「這個問訊，不覺被他占了便宜。」石林只是掩住耳朵而已。龐居士說道：「高手！高手！」

洪州西山亮座主

亮座主，隱洪州西山❶。本蜀人也，頗講經論，因參馬祖。祖問曰：「見說座主大講得經論，是否？」亮云：「不敢。」祖云：「將什麼講？」亮云：「將心講。」祖云：「心如工伎兒❷，意如和伎者❸，爭解講得經！」亮抗聲云：「心既講不得，虛空莫講得麼？」祖云：「卻是虛空講得。」亮不肯，便出。將下堦，祖召云：「座主！」亮迴首，豁然大悟，禮拜。祖云：「遮鈍根阿師，禮拜作麼？」亮歸寺，告聽眾云：「某甲所講經論，謂無人及得。今日被馬大師一問，平生功夫冰釋❹而已。」乃隱西山，更無消息。

【注　釋】❶西山　在江西新建縣西三十里，一名南昌山，為道教第十二洞天。❷工伎兒　樂師。工，指工尺譜，中國傳統記譜法之一。伎，樂人。❸和伎者　歌手。和，跟著唱。❹釋　融化。

【語　譯】亮座主，隱居在洪州（今江西南昌）西山。本是四川人，很會講說佛典經論，因而來參拜馬祖。馬祖問道：「聽說座主很會講說經論，是不是啊？」亮座主回答：「不敢當。」馬祖問道：「拿什麼來講說呢？」亮座主回答：「用心來講。」馬祖說道：「心好比工伎兒，意好像和伎者，怎麼會懂得講說經論！」亮座主高聲反駁道：「心既然講不得，虛空莫非講得嗎？」馬祖回答：「倒是虛空講得。」亮座主不能首肯這一說法，就走了出來。他將要走下臺階，馬祖喊道：「座主！」亮座主回過頭來，猛地豁然大悟，便加禮拜。馬祖說道：「這個鈍根阿師，禮拜作什麼？」亮座主回到自己住的寺院，告訴聽眾說：「我講說經論，自以為無人能及得。今天被馬大師一問，平生功業都只如同冰一樣融化了。」亮座主於是就隱居在西山中，此後再也沒有了消息。

黑眼和尚

黑眼和尚。僧問：「如何是不出世❶師？」師云：「善財❷拄杖子。」問：「如何是佛法大意？」師云：「十年賣炭漢，不知秤畔星。」

【注釋】❶出世　有多種含義：一指如來之出現於世；二指名德高僧住持寺院；三指僧人超出世間，入於涅槃；四指出家修行。❷善財　即善財童子，為佛弟子名。《華嚴經》云：善財童子歷參五十三員善知識而證入法界，度善財者為彌勒菩薩與文殊菩薩。

【語　譯】黑眼和尚。有僧人問道：「什麼是不出世之師？」黑眼和尚回答：「善財拄著杖。」又問道：「什麼是佛法大意？」黑眼和尚回答：「賣了十年木炭的漢子，卻不認識秤桿上的刻星。」

米嶺和尚

米嶺和尚。僧問：「如何是衲衣下事？」師云：「醜陋任君嫌，不掛雲霞色。」

師將示滅，乃遺一偈云：「祖祖❶不思議，不許常住世。大眾審思惟，畢竟只遮是。」

【注釋】❶祖祖　歷代祖師。

【語譯】米嶺和尚。有僧人問道：「什麼是衲衣下面的事？」米嶺和尚回答：「醜陋就一任君嫌，但卻沒掛有雲霞之色。」

米嶺和尚將要圓寂時，留下了一首偈頌：「祖祖不可思議之處，不許永遠留住世間。大眾仔細思量，畢竟只有這個是。」

齊峰和尚

齊峰和尚。一日龐居士入院，師云：「俗人頻頻入僧院，討箇什麼？」居士迴顧兩邊云：「誰恁道？誰恁道？」師乃咄之，居士云：「在遮裡。」師云：「莫是當陽❶道麼？」居士云：「背後底。」師迴首，云：「看！看！」居士云：「草賊敗！草賊敗！」師無語。居士又問：「此去峰頂有幾里？」師云：「什麼處去來？」居士云：「可畏峻硬，不得問著。」師云：「是多少？」居士云：「一二三。」師云：「四五六。」居士云：「何不道七？」師云：「才道七，便有八。」

居士云：「得也，得也。」師云：「一任添取。」居士乃咄之而去，師隨後咄之。

【注　釋】❶當陽　當面之意。

【語　譯】齊峰和尚。有一天，龐居士進入禪院，齊峰和尚說道：「俗人常常來到僧院，尋找個什麼？」龐居士往左右兩旁看，問道：「是誰這樣說？是誰這樣說？」齊峰就呵斥他，龐居士就說道：「原來在這裡。」齊峰問道：「莫非是當面說嗎？」龐居士說道：「是背後的。」齊峰就回過頭來，說道：「看！看！」龐居士說道：「草賊敗了！草賊敗了！」齊峰沒有說話。龐居士又問道：「這裡離山頂有幾里路？」齊峰反問道：「從什麼地方來的？」龐居士說道：「可怕的峻挺硬朗，不能問得。」齊峰問道：「是多少？」龐居士說道：「一二三。」齊峰說道：「四五六。」龐居士問道：「為什麼不說七？」齊峰回答：「才說到七，就會有八。」龐居士說道：「可以了，可以了。」齊峰說道：「隨任居士添取。」龐居士就呵斥了一聲走了出去，齊峰和尚隨後也呵斥了一聲。

大陽和尚

大陽和尚。伊禪師參次，師云：「伊禪，近日一般禪師，向目前指教人了，取目前事作遮箇為人，還會文彩未兆❶時也無？」伊云：「擬向遮裡致一問，問和尚不知可否？」師云：「答汝已了，莫道可否。」伊云：「還識得目前也未？」師云：「是目前，作麼生識？」伊云：「要且遭人點檢❷。」師云：「誰？」伊云：「某甲。」師便咄之，伊退步而立。師云：「汝只解瞻前，不解顧後。」伊云：「雪上更加霜。」師云：「彼此無便宜。」

【注　釋】❶兆　預兆；顯現。❷點檢　查看；清點；照看。

【語　譯】大陽和尚。伊禪師來參拜時，大陽和尚問道：「伊禪師，近日有一種禪師，向目前指教人完畢，取目前的事作這個教化學人，還能領會文彩未顯現時的事嗎？」伊禪師說道：「打算在這裡提一個問題，問和尚不知可不可以？」大陽回答：「已經回答了你，不要再說可不可以。」伊禪師問道：「可認得目前嗎？」大陽回答：「若是目前，怎麼認？」伊禪師說道：「如若是這樣，要招致別人的點檢。」大陽問道：「誰？」伊禪師回答：「我。」大陽便加以呵斥，伊禪師就退了幾步站立。大陽說道：「你只知道瞻前，不知道顧後。」伊禪師說道：「雪上更加霜。」大陽說道：「彼此無便宜。」

紅螺和尚

紅螺和尚，在幽州，有頌示門人曰：「紅螺山❶子近邊夷❷，度得之流半是奚❸。共語問酬全不會，可憐只解那斯祁❹。」

【注　釋】❶紅螺山　也名螺山、螺盤山，在北京市懷柔縣北，高二百餘仞，山下有潭，中有兩螺，色殷紅。❷夷　古人對少數民族的稱呼。❸奚　古代民族名，生活在內蒙古西拉木倫河一帶，游牧為生，唐代時，其首領被封為饒樂郡王。❹那斯祁　奚等北地人語詞的音譯，其意不詳。

【語　譯】紅螺和尚在幽州（今北京市），曾有偈頌明示弟子道：「紅螺山子近邊夷，度得之人半是奚。對話問答全不會，可憐只懂那斯祁。」

泉州龜洋山無了禪師

泉州龜洋山❶無了禪師者，莆田縣壺公宏塘人也，姓沈氏。年七歲，父攜入白重院，視之如家，因而捨愛。至十八，剃度，受具靈泉寺。後參大寂禪師，了達祖乘，即還本院。院之北，樵采路絕。師一日策杖披榛❷而行，遇六眸❸巨龜，斯須❹而失。乃庵于此峰，因號龜洋和尚。

一日，有虎逐鹿入庵，師以杖格虎，遂存鹿命。

洎將示化，乃述偈曰：「八十年來辨西東，如今不要白頭翁。非長非短非大小，還與諸人性相同。無來無去兼無住，了卻本來自性空。」偈畢，儼然告寂。瘞于正堂，垂二十載，為山泉淹沒，門人發塔，見全身水中而浮。閩王❺聞之，遣使舁入府庭供養。忽臭氣遠聞，王焚香祝之曰：「可遷龜洋舊址建塔。」言訖，異香普薰，傾城瞻禮。本道奏諡真寂大師，塔曰靈覺。

後弟子慧忠遇澄汰❻，終於白衣❼，就塔之東二百步而葬，謂之東塔。今龜洋二真身，士民依怙❽若僧伽❾之遺化❿焉。慧忠得法於草庵和尚，本章述之。

【注釋】❶龜洋山　在福建莆田縣西二十里，一名龜山，產茶，山東南有瀑布泉。❷榛　叢生的樹木。❸眸　眼睛。❹斯須　一會兒。❺閩王　指唐末五代割據福州一帶的王氏地方政權。❻澄汰　古代國家因某種原因強制僧尼還俗。❼白衣　此指俗人。❽依怙　依靠。《詩經・小雅・蓼莪》：「無父何怙。」後以怙比喻父親。❾僧伽　即唐代西域僧人，不知何國人、何姓。唐高宗龍朔年間來西涼府，後南遊江淮，於泗州建寺，屢現神異，唐中宗賜寺額名普光王寺。世稱其為觀音大士化身。❿遺化　此指高僧的遺體或舍利。

【語譯】泉州（今屬福建）龜洋山無了禪師，莆田縣（今屬福建）壺公宏塘人，俗姓沈。無了禪師七歲時，他的父親攜帶他進入白重院，他把那裡視作自己的家一般，因此他的父親就割捨親情，讓他出家。無了至十八歲，在靈泉寺剃度，受具足戒。後來，無了參拜馬祖大寂禪師，了然曉悟祖師相傳微旨，就回至原來所在的寺院。在那寺院的北面，樹木叢生，樵採之路也被斷絕了。有一天，無了禪師扶杖挑開草木前行，遇到一隻六眼巨龜，但一會兒就失去了牠的蹤跡。無了就在那座山峰上構建佛庵居住，因此號稱龜洋和尚。

有一天，有隻老虎追趕鹿，闖進了小庵，無了禪師用木杖與老虎格鬥，於是救了鹿的命。

無了禪師將要逝世前，口述了一首偈詩，道：「八十年來辨東西，如今不要白頭翁。非長非短非大小，還與諸人性相同。無來無去兼無住，了卻本來自性空。」誦偈完畢，就莊嚴圓寂（約唐昭宗時，即八八九～九〇四年）。無了禪師被葬在正堂，過了近二十年後，被山泉淹沒，門人打開墓塔，看見其屍體漂浮在水中。閩王聽說了這事，就派遣使者把無了禪師的遺體抬入王府庭院中供養。忽然遺體中傳出惡臭，遠處也能聞到。閩王於是焚香禱告道：「可以送還龜洋舊址建塔供養。」話剛說完，就異香飄散，遠近皆聞，於是全城官民前來瞻仰禮拜。當地官府上奏朝廷，請賜其諡號曰真寂大師，靈塔名靈覺之塔。

後來，無了禪師的弟子慧忠遇到澄汰僧尼之事，故而以俗人的身分而終，就葬在無了禪師靈塔的東面二百步，人稱東塔。現今龜洋山兩位禪師的真身，士民仍然依怙如同僧伽大師的遺化。慧忠得禪法於草庵和尚，敘述於本章。

利山和尚

利山和尚。僧問：「眾色歸空，空歸何所？」師云：「舌頭不出口。」僧云：「為什麼不出口？」師云：「內外一如故。」

僧問：「不歷僧祇❶獲法身，請師直指。」師云：「子承父業。」僧云：「如何領會？」師云：「貶剝❷不施。」僧云：「恁麼即大眾有賴去。」師云：「大眾且置，作麼生是法身？」僧無對。師云：「汝問，我向你道。」僧卻問：「如何是法身？」師云：「空華陽焰❸。」

僧問：「如何是西來意？」師云：「不見如何。」僧云：「為什麼如此？」師云：「只為如此。」

【注　釋】❶僧祇　即僧眾。❷貶剝　損減、剝去。❸陽焰　指陽光照射產生的光波。

【語　譯】利山和尚。有僧人問道：「一切事物都歸於空幻，那空幻又歸向哪裡呢？」利山和尚回答：「舌頭不出口。」那僧人問道：「為什麼不出口？」利山回答：「因為內外都是一樣的。」

有僧人問道：「不經歷僧祇而獲得法身，請和尚直截了當地指示。」利山和尚說道：「兒子繼承父業。」那僧人問道：「怎樣領會呢？」利山回答：「損減剝奪之事都不做。」那僧人說道：「這樣的話，大眾就有依賴了。」利山說道：「大眾暫且放在一旁去，什麼是法身？」那僧人無言以對。利山便說：「你提問，我來告訴你。」那僧人便問：「什麼是法身？」利山回答：「虛幻之花與灼灼的光焰。」

有僧人問道：「什麼是祖師西來的密意？」利山和尚回答：「看不見是什麼。」那僧人問道：「為什麼會這樣？」利山回答：「就因為是這樣。」

韶州乳源和尚

韶州乳源和尚，上堂云：「西來的的❶意不妨難道，大眾莫有道得者？出來試道看。」有一僧出，才禮拜，師便打，云：「是什麼時節，出頭❷來！」後人舉似長慶，長慶云：「不妨，不妨。」資福代云：「為和尚不惜身命。」

師見仰山作沙彌時，念經，師咄云：「遮沙彌念經恰似哭聲。」仰山云：「慧寂念經似哭，未審和尚如何？」師乃顧視而已。

【注釋】❶的的　確切。❷出頭　露面；出面。

【語譯】韶州（今廣東韶關）乳源和尚，上堂說道：「祖師西來的確切意旨實在難以講說，眾人中莫非有能講說的？站出來說說看。」有一僧人站出來，剛剛禮拜，乳源就打他，說道：「這是什麼時節，還站出來！」後來有人把這事說給長慶慧稜禪師聽，長慶說道：「不妨事，不妨事。」資福禪師代為回答：「為了和尚，不惜身家性命。」

乳源和尚初見仰山慧寂禪師時，他還是一個小沙彌，仰山慧寂在念誦經文，乳源呵斥道：「這沙彌念經的聲音就好像是哭聲。」仰山慧寂就說道：「慧寂念經聲像在哭，不知道和尚怎麼樣？」乳源只是回過頭來看著他。

松山和尚

松山和尚，一日命龐居士喫茶。居士舉起托子云：「人人盡有分，因什麼道不得？」師云：「只為人人盡有，所以道不得。」居士云：「阿兄為什麼卻道得？」師云：「不可無言也。」居士云：「灼然❶，灼然。」師便喫茶。居士云：「阿兄喫茶，何不揖❷客？」師云：「誰？」居士云：「龐翁。」師云：「何須更揖！」後丹霞聞舉，乃云：「若不是松山，幾被箇老翁作亂一上❸。」居士聞之，乃令人傳語丹霞云：「何不會取舉起托子時？」

【注　釋】❶灼然　確實；顯然。❷揖　招呼。❸一上　一次；一番。

【語　譯】松山和尚，有一天招呼龐居士吃茶。龐居士舉起茶托子說道：「人人都有份，為什麼說不得？」松山回答：「只因為人人都有，所以說不得。」龐居士問道：「老兄為什麼卻說得？」松山回答：「總不能不說話吧。」龐居士說道：「當然，當然。」松山就喝茶。龐居士問道：「老兄吃茶，為什麼不招呼客人？」松山問道：「招呼誰？」龐居士說道：「龐公。」松山說道：「何必再招呼！」後來丹霞天然禪師聽說了這事，就說道：「如果不是松山和尚，幾乎被這個老翁搗亂了一番。」龐居士聽到了這話，就使人傳話給丹霞說：「為什麼不在舉起茶托子以前就領會呢？」

則川和尚

則川和尚。龐居士看師，師云：「還記得初見石頭時道理否？」居士云：「猶得阿師重舉在。」師云：「情知久參事慢。」居士云：「阿師老耄❶，不啻❷龐翁。」師云：「二彼同時，又爭幾許？」居士云：「龐翁鮮❸健，且勝阿師。」師云：「不是勝我，只是欠你一箇幞頭❹。」居士云：「恰與師相似❺。」師大笑而已。

師入茶園內摘茶次，龐居士云：「法界不容身，師還見我否？」師云：「不是老師怕答公語。」居士云：「有問有答，蓋是尋常。」師乃摘茶不聽，居士云：「莫怪適來容易借問。」師亦不顧，居士喝云：「遮無禮儀老漢，待我一一舉向明眼人❻在。」師乃拋卻茶籃子，便入方丈。

【注釋】❶耄　一般指年齡在八十歲至九十歲之間。❷不啻　不但；等於。❸鮮　鮮活；活潑。❹幞頭　古人的頭巾。❺相似　此指兩人一為年邁髮落，一為僧人無髮，故而稱相似。❻明眼人　明白人。

【語譯】則川和尚。龐居士來看則川和尚，則川問道：「還記得初次參見石頭禪師時的道理嗎？」龐居士說道：「還有待於阿師重新說說哩。」則川說道：「誠知你參見久了，做事就怠慢了。」龐居士說道：「阿師老耄與龐公相等。」則川說道：「兩人年歲相同，又差得了多少？」龐居士說道：「龐公活潑健康，卻要勝過阿師。」則川說道：「不是勝過我，只是我比你少了一頂幞頭罷了。」龐居士說道：「恰好與阿師相似。」則川大笑而已。

則川和尚進入茶園內摘茶的時候，龐居士問道：「法界不容身，阿師還能看見我嗎？」則川說道：「不是我老師害怕回答您的話。」龐居士說道：「有提問有回答，原就是平常之事。」則川於是摘茶，不聽龐居士說話。龐居士就說道：「不要責怪剛才輕易提問。」則川也不理睬，龐居士就吆喝道：「這個沒有禮貌的老漢，等我一個個說給明白人聽。」則川就拋下盛茶葉的籃子，回到了方丈室。

南嶽西園蘭若曇藏禪師

南嶽西園蘭若❶曇藏禪師者，本受心印於大寂禪師，後謁石頭遷和尚，瑩然明徹。唐貞元二年，遁衡嶽之絕頂，人罕參訪。尋以脚疾，移止西園，禪侶繁盛。

師一日自開浴次，僧問：「何不使沙彌？」師乃拊掌三下。洞山云：「一種是時節因緣，就中西園精妙。」僧問曹山：「古人拊掌，豈不明沙彌邊事？」曹山云：「是。」云：「如何是向上事？」曹山云：「遮沙彌！」

師養一靈犬，嘗夜經行次，其犬銜師衣，師即歸房。又於門側伏守而吠頻，奮身作猛噬之勢。詰旦，東廚有一大蟒，長數丈，張口呀氣❷，毒焰熾然。侍者請避之，師曰：「死可逃乎？彼以毒來，我以慈受。毒無實性，激發則強。慈苟無緣，冤親一揆❸。」言訖，其蟒按首❹徐行，倏然❺不見。復一夕，有群盜，犬亦銜師衣。師語盜曰：「茅舍有可意❻物，一任取去，終無所吝。」盜感其言，皆稽首而散。

【注釋】❶蘭若　阿蘭若的略稱，為僧人所居處，即寺院。❷呀氣　張口吐氣。❸揆　估量。❹按首　低下頭。❺倏然　極快貌。❻可意　中意。

【語譯】南嶽西園蘭若曇藏禪師，原來從馬祖大寂禪師接受心印，後來拜謁石頭希遷禪師，心境光明澄澈。唐代貞元二年（七八六年），曇藏遁隱於南嶽衡山的絕頂，絕少有人前來參拜訪問。不久，曇藏因為腳病，移居於西園蘭若，來參的禪客僧侶一天天多了起來。

有一天，曇藏禪師自己燒洗澡水，有僧人問道：「為什麼不使喚沙彌？」曇藏就拍手三聲。洞山禪師說道：「一樣的即時因緣，其中只有西園曇藏精妙。」有僧人問曹山禪師道：「古人拍手，難道是不知道沙彌的事嗎？」曹山禪師回答：「是。」那僧人問道：「什麼是向上的事？」曹山禪師呵斥道：「這沙彌！」

曇藏禪師養了一條很有靈性的狗，曇藏曾經夜出行走時，那條狗突然銜咬曇藏的衣服，曇藏就回到了方丈。那條狗又守伏在門邊，頻頻吠叫，奮不顧身地作出猛咬的樣子。第二天清晨，看見東廚房中有一條大蟒蛇，長達數丈，張口吐氣，毒焰猛烈。侍僧請求曇藏躲避一下，曇藏說道：「死亡是可以躲避得了的嗎？牠用毒來，我以慈愛承受。毒沒有實性，如激發就增強。慈愛如若無緣，冤仇親屬一樣對待。」話一說完，那條蟒蛇就低下頭慢慢地爬行，忽然間飀的一下就不見了。又有一天晚上，一群強盜前來，那條狗也銜咬曇藏禪師的衣服。曇藏對強盜說道：「茅舍中有中意的物品，任隨你們取去，終歸沒有什麼吝惜的。」那些強盜被他的話所感動，都跪拜行禮後散去。

百靈和尚

百靈和尚，一日與龐居士路次相逢。師問云：「昔日居士南嶽得意句，還曾舉向人未？」居士云：「曾舉來。」師云：「舉向什麼人？」居士以手自指云：「龐翁。」師云：「直是妙德❶、空生❷也歎居士不及。」居士卻問：「師得力句是誰知？」師便戴笠子而去，居士云：「善為道路！」師一去更不迴首。

【注釋】❶妙德　文殊室利菩薩的梵文意譯。《法華文句》：「文殊師利，此云妙德。」❷空生　即須菩提居士。

【語譯】百靈和尚，有一天與龐居士在路上相遇。百靈和尚問道：「過去居士於南嶽獲得禪法之句，還曾經說給人聽過嗎？」龐居士回答：「曾經說給人聽過。」百靈問道：「說給什麼人聽？」龐居士用手指著自己說道：「龐公。」百靈歎道：「真是妙德、空生也要讚歎及不上。」龐居士反問道：「和尚獲得佛力之句，有誰知道嗎？」百靈就戴上斗笠而走，龐居士說道：「好好地走在道路上！」百靈卻一去更不回頭。

鎮州金牛和尚

鎮州金牛和尚。師自將飯，供養眾僧。每至齋時，舁飯桶到堂前作舞，曰：「菩薩子❶，喫飯來！」乃撫掌大笑，日日如是。

僧問長慶：「古人撫掌喚僧喫飯，意旨如何？」長慶云：「大似因齋慶讚。」僧問大光❷：「未審慶讚箇什麼？」大光便作舞，僧乃禮拜。大光云：「遮野狐精！」東禪齊云：「古人自出手作飯，舞了喚人來喫，意作麼生？還會麼？只如長慶與大光，是明古人意，別為他分析？今問上座，每日持盂掌鉢時，迎來送去時，為當與古人一般，別有道理？若道別，且作麼生得別來？若一般，恰到他舞，又被喚作『野狐精』，有會處麼？若未會，行腳眼在什麼處？」僧問曹山：「古人恁麼是奴兒婢子否？」曹山云：「是。」僧云：「向上事，請師道。」曹山咄云：「遮奴兒婢子！」

【注釋】❶菩薩子　菩薩之子，此指僧人。❷大光　即大光居誨禪師，石霜慶諸禪師的弟子。

【語譯】鎮州（今河北正定）金牛和尚。和尚自己做飯，供給眾僧。每到開飯之時，他就抬著飯桶來到僧堂前舞蹈，叫道：「菩薩子，吃飯來！」於是就拍手大笑，每天都如此。有僧人問長慶禪師道：「古人拍手招呼眾僧吃飯，其意旨是什麼？」長慶禪師說道：「很像是因齋飯而慶讚。」有僧人問大光居誨禪師道：「不知道慶讚個什麼？」大光禪師就跳起了舞，那僧人就禮拜。大光禪師說道：「這野狐精！」東禪齊禪師說道：「古人自己動手做飯，舞蹈著招呼人來吃飯，是什麼意思？還能領會嗎？只是如長慶禪師與大光禪師，是明白古人意思的，還是另為他作分析？現在問上座，每天持盂拿鉢之時，迎來送去之時，是與古人一樣，還是另有道理呢？如果說有區別，且說怎樣有區別？如果說是一樣的，那恰好他舞蹈時，又被叫作『野狐精』，可有領會的嗎？如果沒有領會，行腳時眼睛在什麼地方？」有僧人問曹山禪師道：「古人這樣是奴才婢女嗎？」曹山禪師回答：「是。」那僧人問道：「向上之事，請大師講說。」曹山禪師呵斥道：「這奴才婢女！」

洞安和尚

洞安和尚。有僧辭師，師云：「什麼處去？」僧云：「本無所去。」師云：「善為闍梨。」僧云：「不敢，不敢。」師云：「到諸方，分明舉。」

僧侍立次，師問：「今日是幾❶？」僧云：「不知。」師云：「我卻記得。」僧云：「今日是幾？」師云：「今日昏晦。」

【注　釋】❶幾　幾號；什麼日子。

【語　譯】洞安和尚。有僧人來辭行，洞安和尚問道：「到什麼地方去？」那僧人回答：「本就沒有所去之處。」洞安說道：「好好地當闍梨。」那僧人說道：「不敢當，不敢當。」洞安說道：「到了各處，就分明舉出給他們聽。」

有僧人侍立之時，洞安和尚問道：「今天是幾號？」那僧人回答：「不知道。」洞安說道：「我卻記得。」那僧人問道：「今天是幾號？」洞安回答：「今天昏晦。」

忻州打地和尚

忻州打地和尚，自江西領旨，自晦❶其名。凡學者致問，惟以棒打地而示之，時謂之打地和尚。一日，被僧藏卻棒然後問，師但張其口。

僧問門人曰：「只如和尚每有人問便打地，意旨如何？」門人即於竈底取柴一片，擲在釜中。

【注　釋】❶晦　隱藏；不顯明。

【語　譯】忻州（今山西忻縣）打地和尚，自從在江西馬祖處領悟了禪旨後，就一直隱姓埋名。凡有學禪道者前來詢問，他只是用棒擊打地面來向他們示意，因此時人稱他為打地和尚。有一天，有僧人藏起了棒，然後提問，打地和尚只是張開著嘴巴而已。

有僧人問打地和尚的門人道：「只如和尚每有人提問就打地，是什麼意思？」那門人就從竈底下取出一塊木柴，丟在了鍋裡。

潭州秀溪和尚

潭州秀溪和尚。一日，谷山問：「聲色純真❶，如何是道？」師云：「亂道作麼？」谷山卻從東邊過西邊立，師云：「若不恁麼，即禍事也。」谷山卻過東邊，師乃下禪牀，方行兩步，被谷山捉住，云：「聲色純真事作麼生？」師便掌谷山，谷山云：「十年後要箇人下茶❷也無在。」師云：「要谷山老漢作麼？」谷山呵呵大笑三聲。

【注　釋】❶聲色純真　此指僧人音容舉止等外在方面與佛祖相似。❷下茶　吃茶。

【語　譯】潭州（今湖南長沙）秀溪和尚。有一天，谷山禪師問道：「聲色倒也純真，哪什麼是道？」秀溪和尚說道：「亂說幹什麼？」谷山卻從東面走到了西面站著，秀溪說道：「如若不是這樣，就是禍事了。」谷山又從西面走到了東面，秀溪就走下了禪牀，剛走了兩步，就被谷山捉住。谷山問道：「聲色純真的事情怎麼樣？」秀溪就打了谷山一掌，谷山說道：「十年以後要個人來吃茶也沒有了。」秀溪說道：「要那谷山老漢作什麼？」谷山呵呵大笑三聲。

磁州馬頭峰神藏禪師

磁州馬頭峰神藏禪師，上堂謂眾云：「知而無知，不是無知，而說無知。」

南泉云：「恁麼依師道，始道得一半。」黄蘗云：「不是南泉駁他，要圓❶前話。」

【注　釋】❶圓　完滿，引申為完成、實現。

【語　譯】磁州（今河北磁縣）馬頭峰神藏禪師，上堂對眾僧說法道：「知而無知，不是無知，而是說無知。」南泉普願禪師說道：「這麼依照禪師說，才說得了一半。」黃蘗希運禪師說道：「不是南泉禪師反駁他，是要與前面的話符合。」

潭州華林善覺禪師

潭州華林善覺禪師，常持錫，夜出林麓間，七步一振錫，一稱觀音名號。夾山善會造庵問曰：「遠聞和尚念觀音，是否？」師曰：「然。」夾山曰：「騎卻頭如何？」師曰：「出頭從汝騎，不出頭騎什麼？」

僧參，方展坐具，師曰：「緩！緩！」僧曰：「和尚見什麼？」師曰：「可惜許！磕破鐘樓❶。」其僧從此悟入。

一日，觀察使裴休❷訪之，問曰：「師還有侍者否？」師曰：「有一兩箇。」裴曰：「在什麼處？」師乃喚：「大空！小空！」時二虎自庵後而出。裴覩之驚悸。師語二虎曰：「有客，且去。」二虎哮吼而去。裴問曰：「師作何行業，感得如斯？」師乃良久曰：「會麼？」曰：「不會。」師曰：「山僧常念觀音。」

【注釋】❶鐘樓　寺院大殿前左右一般建有鐘、鼓樓各一座，以作擊鼓鳴鐘之所。❷裴休　字公美，操守嚴整，唐宣宗大中年間以兵部侍郎進宰相，執政五年，後歷任宣武、昭義、河東等軍節度使。所治吏下畏信，能文章，為人蘊藉，進止雍閑。

【語譯】潭州（今湖南長沙）華林善覺禪師，經常手持錫杖，夜出行走於樹林山麓之間，每走七步就振動一下錫杖，高呼一聲觀音菩薩的名號。

夾山善會禪師前來佛庵中拜訪，問道：「和尚念觀音之事遠聞四方，是不是啊？」善覺禪師回答：「是。」善會問道：「騎在頭上時怎麼樣？」善覺回答：「出得頭來任憑你騎，不出頭時你騎什麼？」

有僧人來參拜，剛鋪開坐具，善覺禪師就說道：「慢了！慢了！」那僧人問道：「和尚看到了什麼？」善覺說道：「可惜啊！把鐘樓給磕破了。」那僧人由此而領悟了。

有一天，觀察使裴休前來拜訪，問道：「和尚還有侍者嗎？」善覺禪師回答：「有一、兩個。」裴休問道：「在什麼地方？」善覺就呼喊道：「大空！小空！」馬上有兩隻老虎從庵後出來。裴休看到後，又驚又怕。善覺對兩隻老虎說道：「有客人在，暫且退去。」兩隻老虎咆哮著離去。裴休問道：「和尚做過什麼善事，感得老虎這樣？」善覺過了好一會兒才說道：「領會了嗎？」裴休回答：「沒有領會。」善覺就說道：「山僧經常念觀音。」

汀州水塘和尚

汀州水塘和尚。師勘❶歸宗：「甚麼處人？」歸宗云：「陳州人。」師云：「大少❷年幾❸？」歸宗云：「二十二。」師云：「闍梨未生時，老僧去來。」歸宗云：「和尚幾時生？」師豎起拂子，歸宗云：「遮箇豈有生邪？」師云：「會得即無生。」歸宗云：「未會在。」師無語。

【注釋】❶勘　問訊。❷大少　也作「大小」，估量大小、多少之詞。❸年幾　即「年紀」。

【語譯】汀州（今福建長汀）水塘和尚。水塘和尚詢問歸宗智常禪師道：「什麼地方人？」歸宗回答：「陳州（今河南淮陽）人。」和尚問道：「多少年紀了？」歸宗回答：「二十二歲。」和尚說道：「闍梨還沒有出生時，老僧就去過。」歸宗問道：「和尚哪年出生的？」和尚豎起了拂塵，歸宗說道：「這個難道也有生嗎？」和尚回答：「領悟了就是無生。」歸宗說道：「還沒有領悟。」和尚沒有說話。

古寺和尚

古寺和尚。丹霞參師，經宿，至明旦，煮粥熟，行者❶只盛一鉢與師，又盛一碗自喫，殊不顧丹霞。丹霞即自盛粥喫，行者云：「五更侵早❷起，更有夜行人。」丹霞問：「師何不教訓行者，得恁麼無禮？」師云：「淨地❸上不要點汙人家男女❹。」丹霞云：「幾不問過遮老漢！」

【注釋】❶行者　方丈的侍者。❷侵早　清晨；拂曉。❸淨地　比丘住而無罪之地。❹男女　對僧人的賤稱。

【語譯】古寺和尚。丹霞天然禪師來參拜古寺和尚，住了一宿，到次日清晨，粥煮熟了，行者只盛了一鉢粥給古寺和尚，再盛了一碗自己吃，一點也不顧丹霞。丹霞就自己盛粥吃，行者說道：「五更侵早起，更有夜行人。」丹霞問道：「和尚為什麼不教訓這行者，怎麼這樣沒有禮貌？」古寺和尚說道：「淨地上不要玷汙人家子弟。」丹霞說道：「差一點錯失了與這老漢應對的機會！」

江西椑樹和尚

江西椑樹和尚，因臥次，道吾❶近前，牽被覆之。師云：「作麼？」道吾云：「蓋覆。」師云：「臥底是，坐底是？」道吾云：「不在遮兩處。」師云：「爭奈❷蓋覆何？」道吾云：「莫亂道。」

師向火次，道吾問：「作什麼？」師云：「和合❸。」道吾云：「恁麼即當頭❹脫去也。」師云：「隔闊❺來多少時耶？」道吾便拂袖而去。

道吾一日從外歸，師問：「什麼處去來？」道吾云：「親近來。」師云：「用簸❻遮兩片皮❼作什麼？」道吾云：「借。」師云：「他有從汝借，無作麼生？」道吾云：「只為有，所以借。」

【注釋】❶道吾　即道吾宗智禪師，藥山惟儼禪師的弟子。❷爭奈　怎奈；無奈。❸和合　梵語僧伽，其意為和合。❹當頭　當面；當時。❺隔闊　間隔；隔開。❻簸　顛簸；翻弄。❼兩片皮　指嘴。南宗禪法講頓悟，以言傳身教為多餘，故蔑稱嘴為兩片皮。

【語譯】江西椑樹和尚，在躺臥之時，道吾宗智禪師走近前，拉過被子給他蓋上。椑樹和尚問道：「幹什麼？」道吾回答：「蓋被子。」椑樹和尚問道：「躺臥著正確，還是坐著正確？」道吾回答：「不在這兩方面。」椑樹和尚問道：「那拿被子蓋是為什麼？」道吾說道：「不要亂說。」

椑樹和尚烤火之時，道吾問道：「幹什麼？」椑樹和尚回答：「和合。」道吾說道：「這樣的話就當面脫去了。」椑樹和尚問道：「隔開多少時間了啊？」道吾一甩袖子就走了。

道吾有一天從外面回來，椑樹和尚問道：「到什麼地方去了？」道吾回答：「親近佛法去了。」椑樹和尚說道：「翻弄那兩片皮作什麼？」道吾回答：「借。」椑樹和尚說道：「別人有，任憑你借，沒有時又怎麼辦呢？」道吾回答：「正因為有，所以借。」

京兆草堂和尚

京兆草堂和尚，自罷參大寂，遊至海昌❶。海昌和尚問：「什麼處來？」師云：「道場來。」昌云：「遮裡什麼處？」師云：「賊不打貧人家。」

問：「未有一法時，此身在什麼處？」師乃作一圓相，於中書「身」字。

【注釋】❶海昌　三國吳置海昌都尉，後改為鹽官縣，故城在今浙江海寧鹽官鎮。

【語譯】京兆（今陝西西安）草堂和尚，自從參拜馬祖大寂禪師得法後，行遊到海昌。海昌和尚問道：「從什麼地方來？」草堂和尚回答：「從道場來。」海昌和尚問道：「這裡是什麼地方？」草堂和尚說道：「賊都不打劫的窮人家。」

有人問道：「沒有一法之時，此身在什麼地方？」草堂和尚就畫了一個圓相，在當中寫了一個「身」字。

袁州陽歧山甄叔禪師

袁州陽歧山❶甄叔禪師，上堂示眾曰：「群靈一源，假名為佛。體竭形消而不滅，金流朴散而常存。性海無風，金波自涌。心靈絕兆，萬象齊照。體斯理者，不言而徧歷沙界❷，不用而功益玄化。如何背覺，反合塵勞，於陰界❸中，妄自囚執？」

師始登此山宴處，以至成院聚徒，演法四十餘年。唐元和十五年正月十三日歸寂，荼毗，獲舍利七百粒，於東峰下建塔。

【注釋】❶陽歧山　當作「楊歧山」，在江西萍鄉北七十里，世傳為先秦楊朱臨歧路而哭泣之處。一名岐山，高出諸峰，景色蒼翠幽奇，為一邑之勝跡。❷沙界　恆河沙之世界。恆河沙比喻數量之多。❸陰界　即「蘊界」，指五蘊與十八界。

【語　譯】袁州（今江西宜春）楊岐山甄叔禪師（？～八二〇年），上堂對眾僧說法道：「群靈同一本源，假借個名字就叫作佛。體竭形消而其自性不滅，黃金銷融散為朴而其質性常存。性海無風，金波自然湧動。心靈絕滅兆示，萬象一齊照耀。能體會這道理的，不須言談就走遍了大千世界，不加作用而功業更為玄妙流化。為什麼要背離覺悟，反而趨向塵世勞苦，在蘊界之中，虛妄地自我囚禁束縛？」

甄叔禪師從開始登楊岐山住留修習，以至禪寺建成，徒眾會聚，在此傳演教化達四十餘年。唐代元和十三年（八二〇年）正月十三日，甄叔禪師圓寂，火化後，獲得舍利子七百粒，在東峰下建靈塔安放。

濛溪和尚

濛溪和尚。僧問：「一念不生時如何？」師良久，僧便禮拜。師云：「汝且作麼生會？」僧云：「某甲終不無慚愧。」師云：「汝卻信得及。」問：「本分事如何體悉？」師云：「你何不問？」僧云：「請師答話。」師云：「你卻問得好！」其僧大笑而出，師云：「只有遮師僧靈利❶。」

有僧從外來，師便喝。僧云：「好箇來由❷！」師云：「猶要棒在。」僧云「珍重」便出，師云：「得能自在。」

【注　釋】❶靈利　即「伶俐」。❷來由　緣由。

【語　譯】濛溪和尚。有僧人問道：「一念不生時怎麼樣？」濛溪和尚沉默了好一會兒，那僧人就禮拜。濛溪和尚問道：「你且說是怎麼領會的？」那僧人回答：「我終究不敢沒有慚愧。」濛溪和尚說道：「你卻是信得過的。」那僧人又問道：「本分事怎麼體會？」濛溪和尚說道：「你為什麼不提問？」那僧人說道：「請和尚答話。」濛溪和尚說道：「你卻問得好！」那僧人大笑著走了出去，濛溪和尚說道：「只有這個師僧伶俐。」

有僧人從外面進來，濛溪和尚便喝叫。那僧人說道：「好一個來由！」濛溪和尚說道：「還要棒打啊。」那僧人說聲「珍重」就走了出去，濛溪和尚說道：「倒那麼自在。」

洛京黑澗和尚

洛京黑澗和尚。僧問：「如何是密室？」師云：「截❶耳臥街。」僧云：「如何是密室中人？」師乃換手搥胸。

【注　釋】❶截　割下。

【語　譯】洛京（今河南洛陽）黑澗和尚。有僧人問道：「什麼是密室？」黑澗和尚回答：「割下耳朵，躺在大街上。」那僧人再問道：「什麼是密室中人？」黑澗和尚就雙手輪換捶打胸膛。

京兆興平和尚

京兆興平和尚。洞山來禮拜，師云：「莫禮老朽。」洞山云：「禮非老朽。」

師云：「非老朽者不受禮。」洞山云：「他亦不止。」

洞山問：「如何是古佛心？」師云：「即汝心是。」洞山云：「雖然如此，猶是某甲疑處。」師云：「若恁麼，即問取木人❶去。」洞山云：「某甲有一句子，不借諸聖口。」師云：「汝試道看。」洞山云：「不是某甲。」

洞山辭，師云：「什麼處去？」洞山云：「沿流無定止。」師云：「法身沿流，報身沿流？」洞山云：「總不作此解。」師乃撫掌。保福云：「洞山自是一家。」乃別云：「覓得幾人？」

【注釋】❶木人　木頭人；木偶。

【語譯】京兆（今陝西西安）興平和尚。洞山良价禪師來禮拜，興平和尚說道：「不要禮拜老朽。」洞山說道：「我禮拜的不是老朽。」興平說道：「不是老朽就不受禮拜。」洞山說道：「他也不制止。」

洞山禪師問道：「什麼是古佛心？」興平和尚回答：「你的心就是。」洞山說道：「儘管這樣，我對此還是有懷疑。」興平說道：「如若是這樣的，就去問木頭人吧。」洞山說道：「我有一個句子，不從諸位聖人口中借來。」興平說道：「那你就試著說說看。」洞山說道：「不是我。」

洞山禪師來辭行，興平和尚問道：「到什麼地方去？」洞山回答：「順著流水沒有定止。」興平問道：「是法身順著流水，還是報身順著流水？」洞山回答：「總是不作這樣的解釋。」興平就拍手。保福從展禪師說道：「洞山禪師自成一家。」另外又說道：「找得到幾個人？」

【說明】洪州禪主張「平常心是道」，故雖然佛法修持中多迷途，而只要隨意自然而順以相待，自得悟入。

人生也是如此。明人李贄《續焚書》中云：「我能隨遇而安，無事固其本心，多事亦好度日。」洞山禪師所說的「沿流無定止」，其含義相同。

逍遙和尚

逍遙和尚。一日，師在禪牀上坐，有僧鹿西問云：「念念❶攀緣，心心❷永寂？」師云：「昨日晚間也有人恁麼道。」西云：「道箇什麼？」師云：「不知。」西云：「請師說。」師以拂子驀口❸打，西便出。師告大眾云：「頂門❹上著一隻眼。」

【注　釋】❶念念　前後相續的心念。❷心心　前後之心，也指心與心所。❸驀口　迎面；當頭。❹頂門　腦門。

【語　譯】逍遙和尚。有一天，逍遙和尚坐在禪牀上，有個叫鹿西的僧人問道：「念念攀牽緣相，心心永遠寂滅嗎？」逍遙和尚說道：「昨天夜上也有人這麼說。」鹿西問道：「說個什麼？」逍遙和尚回答：「不知道。」鹿西說道：「請和尚說。」逍遙和尚就用拂塵迎面而打，鹿西就走了出去。逍遙和尚告訴眾僧道：「腦門上要長一隻法眼。」

福溪和尚

福溪和尚。僧問：「古鏡無瑕時如何？」師良久，僧云：「師意如何？」師云：「山僧耳背。」僧又舉前問，師云：「猶較些子。」

僧問：「如何是自己？」師云：「你問什麼？」僧云：「豈無方便去也？」師云：「你適來問什麼？」僧云：「得恁麼顛倒！」師云：「今日合喫山僧手裡棒。」

僧問：「緣散歸空，空歸何所？」師云：「某甲。」僧云：「喏。」師云：「空在何處？」僧云：「卻請師道。」師云：「波斯喫胡椒❶。」

【注　釋】❶波斯喫胡椒　比喻自作自受之意。波斯，國名，伊朗的古稱。古代中國的胡椒等物品，大多由波斯商人販運而來。食用胡椒如不當，將感到很難受。

【語　譯】福溪和尚。有僧人問道：「古鏡沒有瑕疵的時候怎麼樣？」福溪和尚沉默了許久，那僧人問道：「和尚的意見怎樣？」福溪和尚說道：「山僧耳朵背聽。」那僧人就把前面的問話又說了一遍，福溪和尚回答：「還是差了一點兒。」

有僧人問道：「什麼是自己？」福溪和尚反問道：「你問什麼？」那僧人說道：「難道就沒有接引學人的方法嗎？」福溪和尚問道：「你剛才問什麼？」那僧人說道：「怎麼這樣顛三倒四的！」福溪和尚說道：「今天該吃山僧手中的棒了。」

有僧人問道：「一切因緣消散後都歸於空，那空又歸向什麼地方？」福溪和尚招呼道：「某人。」那僧人答應：「在。」福溪和尚問道：「空在哪裡？」那僧人說道：「還是請和尚說。」福溪和尚說道：「波斯人吃胡椒。」

洪州水老和尚

洪州水老❶和尚，初問馬祖：「如何是西來的的意？」祖乃當胸蹋倒。師大悟，起來撫掌，呵呵大笑云：「大奇！大奇！百千三昧，無量妙義，只向一毛頭上，便識得根原去。」便禮拜而退。師住後，告眾云：「自從一喫馬師蹋，直至如今笑不休。」

有僧作一圓相，以手撮向師身上。師乃三撥，亦作一圓相，卻指其僧。僧便禮拜，師打云：「遮虛頭❷漢！」

問：「如何是沙門行？」師云：「動則影現，覺則冰生。」問：「如何是佛法大意？」師乃拊掌呵呵大笑。凡接機，大約如此。

【注釋】❶水老　《五燈會元》作「水潦」。❷虛頭　虛假不實。頭，詞綴。

【語譯】洪州（今江西南昌）水老和尚，第一次參拜馬祖時，問道：「什麼是達磨祖師西來的確切意旨？」馬祖卻當胸一腳把他踢倒。水老和尚由此而大悟大徹，爬起身來，拍著手呵呵大笑道：「太奇怪了！太奇怪了！千千百百種禪定，無從計量的妙義，只從一根毫毛的尖頭上，就認識了它們的根本來源。」於是向馬祖禮拜而退出。水老和尚住持寺院以後，告訴僧徒道：「自從一被馬祖踢倒後，直到如今笑不完。」

有個僧人比劃了一個圓相，用手撮向水老和尚的身上。水老和尚就撥了三下，也比劃了一個圓相，卻指著那個僧人。那僧人就禮拜，水老和尚打他道：「這個虛頭漢！」

有僧人問道：「什麼是沙門的修行？」水老和尚回答：「動就影子出現，覺就冰凌產生。」又有僧人問道：「什麼是佛法大意？」水老和尚就拍著手呵呵大笑。他凡是接引禪機，大體都是這樣的。

浮盃和尚

浮盃和尚。有凌行婆❶來禮拜師，師與坐喫茶。行婆乃問云：「盡力道不得底句還分付阿誰？」師云：「浮盃無剩語。」婆云：「某甲不恁麼道。」師遂舉前語問婆，婆斂手❷哭云：「蒼天！中間更有冤苦！」師無語。婆云：「語不知偏正，理不識倒邪，為人即禍生也。」後有僧舉似南泉，南泉云：「苦哉浮盃，被老婆摧折！」婆後聞南泉恁道，笑云：「王老師猶少機關在。」

有幽州澄一禪客逢見行婆，乃問云：「怎生南泉恁道猶少機關在？」婆乃哭云：「可悲！可痛！」禪客罔措，婆乃問云：「會麼？」禪客合掌而對，婆云：「伎❸死禪和❹，如麻似粟。」後澄一禪客舉似趙州，趙州云：「我若見遮臭老婆，問教口啞卻。」澄一問趙州云：「未審和尚怎生問他？」趙州以棒打云：「似遮箇伎死漢不打，待幾時？」連打數棒。

婆又聞趙州恁道云：「趙州自合喫婆手裡棒。」後僧舉似趙州，趙州哭云：「可悲！可痛！」婆聞趙州此語，合掌歎云：「趙州眼放光明，照破四天下❺也。」後趙州教僧去問婆云：「怎生是趙州眼？」婆乃豎起拳頭。趙州聞，乃作一頌送凌行婆云：「當機直面提，直面當機疾。報你凌行婆，哭聲何得失？」婆以頌答趙州云：「哭聲師已曉，已曉復誰知！當時摩竭國❻，幾喪目前機。」

【注　釋】❶行婆　指信佛修行的婦女。❷斂手　拱手作禮，表示恭敬。❸伎　伴。❹死禪和　死，罵人沒有正見、愚呆之詞。禪和即禪和子，禪僧的俗稱。長老稱和尚，小僧稱和子。❺四天下　即在須彌山四方的四大部洲，一為南贍部洲，二為東勝身洲，三為西牛貨洲，四為北瞿盧洲。❻摩竭國　古代中印度國名，王舍城在此國內。

【語　譯】浮盃和尚。有個姓凌的行婆來禮拜浮盃和尚，和尚與她同坐吃茶。於是凌行婆問道：「用盡力氣也說不出來的話交付給誰？」浮盃和尚回答：「浮盃沒有剩下沒說的話。」凌行婆就說：「我不這麼說。」浮盃和尚便把凌行婆剛才提出的問題來問她，凌行婆就拱手作禮而哭道：「蒼天！當中更是有冤苦啊！」浮盃和尚無話可對。凌行婆說道：「說話不知道偏頗正確，道理不知道顛倒邪歪，卻去教化別人，將會生出災禍來。」後來有僧人把這事說給了南泉普願禪師聽，南泉說道：「痛苦啊浮盃和尚，被這個老太婆教訓了！」凌行婆此後聽到南泉禪師這樣說，就笑道：「王老師還是缺少機關哩。」

有個名叫澄一的幽州（今北京市）禪客遇見了凌行婆，就問道：「為什麼南泉禪師這樣說還缺少個機關？」凌行婆就哭著說道：「可悲啊！可痛啊！」澄一不知所措，凌行婆就問道：「領會了麼？」澄一便以合掌來應對，凌行婆罵道：「這個伴死人的禪和子，既像個痲子，又似個粟米。」後來澄一禪客把這事說給了趙州從諗禪師聽，趙州禪師說道：「我如果遇見這個臭老太婆子，要問得她啞口無言。」澄一問趙州禪師道：「不知道和尚怎麼問她？」趙州禪師用棒打他道：「像這樣的伴死人漢子不打，更要待到什麼時候？」連續打了好幾下。

凌行婆又聽到趙州禪師這樣說話後，就說道：「趙州自己就該吃我婆婆手中的棒。」此後有僧人把這句話告訴了趙州禪師，趙州禪師就哭著說道：「可悲啊！可痛啊！」凌行婆聽到了趙州禪師的這句話，便合掌讚歎道：「趙州眼中放出光明，照徹了四大部洲。」隨後趙州禪師就派僧人前來問凌行婆道：「什麼是趙州眼？」凌行婆就豎起了拳頭。趙州禪師聽說後，就作了一首偈頌送給凌行婆：「當機要當面提起，當面當機迅疾。告訴你凌行婆，此哭聲何得何失？」凌行婆也用偈頌來回答趙州禪師：「哭聲的含義和尚已經知曉，已經知曉了又有誰知道！當時在摩竭國，就幾乎喪失目前之機。」

【說　明】本章雖以浮盃和尚為名，但所述實為凌行婆之事。禪師以鬥機鋒、說公案為職業，不料馬祖的徒子徒孫卻栽倒在一個尋常的行婆嘴下，連名貫寰中的趙州和尚也只是打了一個平手，實在是一件很有趣味的事情。

潭州龍山和尚

潭州龍山和尚，（亦云隱山。）問僧：「什麼處來。」僧云：「老宿處來？」師云：「老宿有何言句？」僧云：「說即千句萬句，不說即一字也無。」師云：「恁麼即蠅子放卵。」其僧禮拜，師便打之。

洞山价和尚行腳時迷路到山，因參禮次，師問：「此山無路，闍梨向什麼處來？」洞山云：「無路且置，和尚從何而入？」師云：「我不曾雲水❶。」洞山云：「和尚住此山多少時邪？」師云：「春秋不涉。」洞山云：「此山先住，和尚先住？」師云：「不知。」洞山云：「為什麼不知？」師云：「我不為人天❷來。」洞山卻問：「如何是賓中主？」師云：「長年不出戶。」洞山云：「如何是主中賓？」師云：「青天覆白雲。」洞山云：「賓主相去幾何？」師云：「長江水上波。」洞山云：「賓主相見，有何言說？」師云：「清風拂白月。」洞山又問：「和尚見箇什麼道理，便住此山？」師云：「我見兩箇泥牛鬬入海，直至如今無消息。」師因有頌云：「三間茅屋從來住，一道神光萬境閑。莫作是非來辨我，浮生穿鑿❸不相關。」

【注釋】❶雲水　指行腳僧。❷人天　六趣中的人趣與天趣。❸穿鑿　猶言附會。

【語譯】潭州（今湖南長沙）龍山和尚，亦稱隱山。曾問僧人道：「從什麼地方來？」僧人回答：「從老禪師那裡來。」龍山和尚問道：「老禪師有什麼言語？」僧人回答：「說出來有千句萬句，不說出來則一句也沒有。」龍山和尚說道：「這樣就是蒼蠅下蛋。」那僧人禮拜，龍山和尚就打他。

洞山良价和尚行腳時迷了路，來到了龍山，因而參拜龍山和尚，龍山和尚問道：「這座山沒有路，闍梨從什麼地方來？」洞山說道：「沒有路的話頭暫且放在一旁，和尚是從哪裡進入的？」龍山和尚回答：「我不曾為行腳僧。」洞山問道：「和尚住在此山多長時間了？」龍山和尚回答：「春與秋不關我的事。」洞山問道：「是此山先在此，還是和尚先在此？」龍山和尚回答：「不知道。」洞山問道：「為什麼不知道？」龍山和尚回答：「我不為人天之事。」洞山於是問道：「什麼是賓客中的主人？」龍山和尚回答：「長年不出戶。」洞山問道：「什麼是主人中的賓客？」龍山和尚回答：「青天覆白雲。」洞山問道：「賓客與主人相去多遠？」龍山和尚回答：「長江水上波。」洞山問道：「賓客與主人相見，有什麼話說？」龍山和尚回答：「清風拂白月。」洞山又問道：「和尚看見個什麼道理，就住在了此山中？」龍山和尚回答：「我看見兩個泥牛鬥入海，直到如今無消息。」龍山和尚因而作偈頌道：「三間茅屋從來住，一道神光萬境閑。莫作是非來辨我，浮生穿鑿不相關。」

【說　明】據《五燈會元》卷三，龍山和尚等到洞山和尚離去後，就燒掉了自己所住的茅庵，進入了深山，不再顯示蹤跡，故而後人也稱他為隱山和尚。

襄州居士龐蘊

襄州居士龐蘊者，衡州衡陽縣人也，字道玄。世以儒為業，而居士少悟塵勞，志求真諦。唐貞元初，謁石頭和尚，忘言會旨。復與丹霞禪師為友。一日，石頭問曰：「子自見老僧已來，日用❶事作麼生？」對曰：「若問日用事，即無開口處。」復呈一偈云：「日用事無別，唯吾自偶諧❷。頭頭❸非取捨，處處勿張乖❹。朱紫❺誰為號，丘山絕點埃。神通并妙用，運水及搬柴❻。」石頭然之，曰：「子以緇邪，素邪？」居士曰：「願從所慕。」遂不剃染。

後之江西，參問馬祖云：「不與萬法為侶者是什麼人？」祖云：「待汝一口吸盡西江水，即向汝道。」居士言下頓領玄要，乃留駐參承，經涉二載。有偈曰：「有男不婚，有女不嫁。大家團欒頭❼，共說無生話。」自爾機辯迅捷，諸方嚮之。

嘗遊講肆，隨喜❽《金剛經》，至「無我無人」處致問曰：「座主！既無我無人，是誰講誰聽？」座主無對，居士曰：「某甲雖是俗人，粗知信向。」座主曰：「只如居士意作麼生？」居士乃示一偈云：「無我復無人，作麼有疏親？勸君休歷座，不似直求真。金剛般若性，外絕一纖塵。我聞❾并信受，總是假名陳。」座主聞偈，欣然仰歎。居士所至之處，老宿多往復問酬，皆隨機應響，非格量軌轍❿之可拘也。

元和中，北遊襄、漢，隨處而居。或鳳嶺⓫鹿門⓬，或鄽肆閭巷。初住東巖，後居郭西小舍。一女名靈照，常隨製竹漉籬⓭，令鬻之以供朝夕。有偈曰：「心如境亦如，無實亦無虛。有亦不管，無亦不居。不是賢聖，了事凡夫。易復易即此，五蘊有真智。十方世界一乘⓮同，無相法身豈有二？若捨煩惱入菩提，不知何方有佛地？」

居士將入滅，令女靈照：「出視日早晚，及午以報。」女遽報曰：「日已中矣，而有蝕也。」居士出戶觀次，靈照即登父座，合掌坐亡。居士笑曰：「我女鋒捷矣。」於是更延七日。

州牧于公頔問疾次，居士謂曰：「但願空諸所有，慎勿實諸所無。好住⓯世間，皆如影響。」言訖，枕公膝而化，遺命焚棄江湖。緇白傷悼，謂禪門龐居士，即毗耶⓰淨名矣。有詩偈三百餘篇傳於世。

【注釋】❶日用　日常；平時。❷偶諧　和諧。❸頭頭　事事；件件。❹張乖　張開與乖背。❺朱紫　《論語・陽貨》：「惡紫之奪朱也。」何晏注：「朱，正色；紫，間色之好者。惡其邪好而亂正色。」後因以「朱紫」比喻有邪亂正或真偽混淆。❻運水及搬柴　禪宗認為「行住坐臥皆道場」，即道在日常生活中，故而運水、搬柴皆為修習。❼團欒頭　團圓之意。欒，通「圞」。❽隨喜　見人行善事而生歡喜之心；又布施、讀佛經、遊謁寺院等事，也稱作隨喜。❾我聞　《金剛經》首句即為「如是我聞」四字，言經文所載皆聞自於釋迦牟尼。❿格量軌轍　格式量度與車輛軌轍，此指佛法戒律。⓫鳳嶺　即湖北襄陽東南十里的鳳凰山，南朝梁武帝時建有鳳林寺。⓬鹿門　即鹿門山，在湖北襄陽東南三十里，東漢初於山中建鹿門廟，因廟而名山。⓭竹漉籬　即竹笊籬，一種竹編用具，能漏水，用來在湯裡撈取食物。⓮一乘　惟一成佛之教。《華嚴經・方便品》：「十方佛土中，唯有一乘法。無二亦無三，除佛方便說。」⓯好住　臨行者或臨終者的告辭詞，含有祝福意味。⓰毗耶　也作毗耶離、毗舍離，城市名，在中印度，為維摩詰（淨名）居士所居之處。

【語譯】襄州（今湖北襄樊）居士龐蘊，衡州衡陽縣（今屬湖南）人，字道玄。其家世代學習儒業，但龐居士少年時就領悟了塵世間的煩勞痛苦，立志追求人生之真理。唐代貞元（七八五～八〇五年）初期，龐居士前去拜謁石頭和尚，於忘記言語之際領會了玄旨。他又與丹霞天然禪師成了朋友。有一天，石頭和尚問道：

「你自從參見老僧以來，日常事做些什麼？」龐居士回答道：「如若問日常事，就沒有開口處。」又呈上一首偈頌道：「日常事沒有分別，唯有我自己和諧。事事沒有取捨，處處不要張乖。朱紫誰人定其顏色，土丘高山斷絕點點塵埃。神通與妙用，就在運水及搬柴之中。」石頭和尚首肯了他的話，並問道：「你是穿黑衣呢，還是穿白衣呢？」龐居士回答：「願意遵從我所嚮慕的。」於是就不剃髮不穿僧衣。

後來，龐居士到了江西，參見馬祖，問道：「不與萬事萬物為伴侶的是什麼人？」馬祖回答：「等到你一口喝盡西江水，就對你說。」龐居士一聽，即刻領悟了玄奧的意旨，就留住在馬祖門下參修承奉，歷時兩年。他作有偈頌道：「有男不婚，有女不嫁。大家團圞頭，共說無生之話。」從此以後，龐居士機鋒辯難迅速敏捷，各方響應他的人很多。

龐居士曾經遊歷講經之肆，隨喜《金剛經》，讀至「無我無人」處發問道：「座主！既然是無我無人，那麼是誰人講誰人聽呢？」座主無語應對，龐居士說道：「我雖然是個俗人，但且略微知道其意思。」座主問道：「只如居士的意思是怎樣的？」龐居士就用一首偈頌指示道：「無我復無人，為何要分親疏？勸君休歷座，不似直求真。金剛般若之性，外絕一纖塵。我聞並信心接受，總是假借名稱陳說。」座主聽了偈頌，高興地仰慕讚歎。龐居士所到之處，老僧大德多與他往來問答酬唱，他都能隨機應變，對答如響，而不是佛法戒律所能限制的。

唐代元和（八〇六～八二〇年）年間，龐居士往北遊歷襄州、漢水一帶，隨處而居。有時候居住在鳳凰山、鹿門山，有時候居住在鬧市深巷。龐居士起初居住在東巖，後來居住在城西的小舍內。龐居士有一個女兒名叫靈照，平日裡製作竹漉籬出賣，作為日常費用。龐居士有偈頌道：「心如境亦如，無實亦無虛。有亦不管，無亦不居。不是聖賢，是了事的凡夫。易復易即此，五蘊中有真智慧。十方世界一乘之法相同，無相的法身難道有二？如若捨棄煩惱進入菩提，而不知何方有佛地？」

龐居士即將圓寂，對女兒靈照說道：「出去看看日頭到哪裡了，到了正午就來告訴我。」靈照匆忙來報說：「太陽已是正午了，只是有日食哩。」龐居士出門觀看之時，靈照就坐上了父親的座位，合起手掌，坐著圓寂了。龐居士笑著說道：「我女兒機鋒真是迅捷啊！」於是他就延後七天謝世。

襄州牧于頔于公來探望病情時，龐居士對他說道：「但願把存在的看成虛幻，切莫把虛幻的當作真實。好好地住留世間，一切都像影子與迴響一樣空幻。」說完，龐居士枕在于公的膝頭上逝世了（時在大和年間，即八二七～八三五年），並留下遺言，焚化屍體後，把骨灰拋灑在江湖裡。僧俗之人都傷心哀悼，稱頌禪門龐居士，就是毗耶離城的維摩詰居士啊。龐居士撰有詩偈三百餘篇流傳於世間。

華嚴寺智藏禪師存目

【說　明】道一禪師被尊為馬祖，其重要原因就在於其法嗣眾多，門戶盛大。其弟子除上述七十五人外，另有六十三人收錄於「無機緣語句」一類內，他們是：鎬英禪師、崇泰禪師、玉姥山翛然禪師、華州伏棲寺策禪師、澧州松滋塔智聰禪師、唐州雲秀山神鑒禪師、揚州棲靈寺智通禪師、杭州智藏禪師、京兆懷韜禪師、虔州法藏禪師、河中府懷則禪師、常州明幹禪師、鄂州洪潭禪師、象原懷坦禪師、潞府青蓮元禮禪師、河中府保慶禪師、甘泉志賢禪師、大會山道晤禪師、潞府法柔禪師、京兆咸通寺覺平禪師、義興勝辯禪師、海陵慶雲禪師、洪州開元寺玄虛禪師、韶州渚徑山清賀禪師、紫陰山惟建禪師、封山洪濬禪師、練山神翫禪師、崛山道圓禪師、玉臺惟然禪師、池州灰山曇覬禪師、荊州新寺寶積禪師、河中府法藏禪師、漢南慈悲寺良津禪師、京兆府崇禪師、南嶽智周禪師、白虎法宣禪師、金窟惟直禪師、台州柏巖常徹禪師、乾元暉禪師、齊州道巖禪師、襄州常堅禪師、荊南寶貞禪師、雲水靖宗禪師、荊州永泰寺靈湍禪師、潭州龍牙山圓暢禪師、洪州雙嶺道方禪師、羅浮山修廣禪師、峴山定慶禪師、越州洞泉惟獻禪師、光明普滿禪師、天目山明覺禪師、王屋山行明禪師、京兆智藏禪師、大陽山希頂禪師、蘇州崑山定覺禪師、隨州洪山大師、連州元堤禪師、泉州無了禪師、泉州慧忠禪師、安豐山懷空禪師、羅浮山道行禪師、廬山法藏禪師、呂后山寧賁禪師。

卷九

馬祖道一禪師法嗣法系表（下）

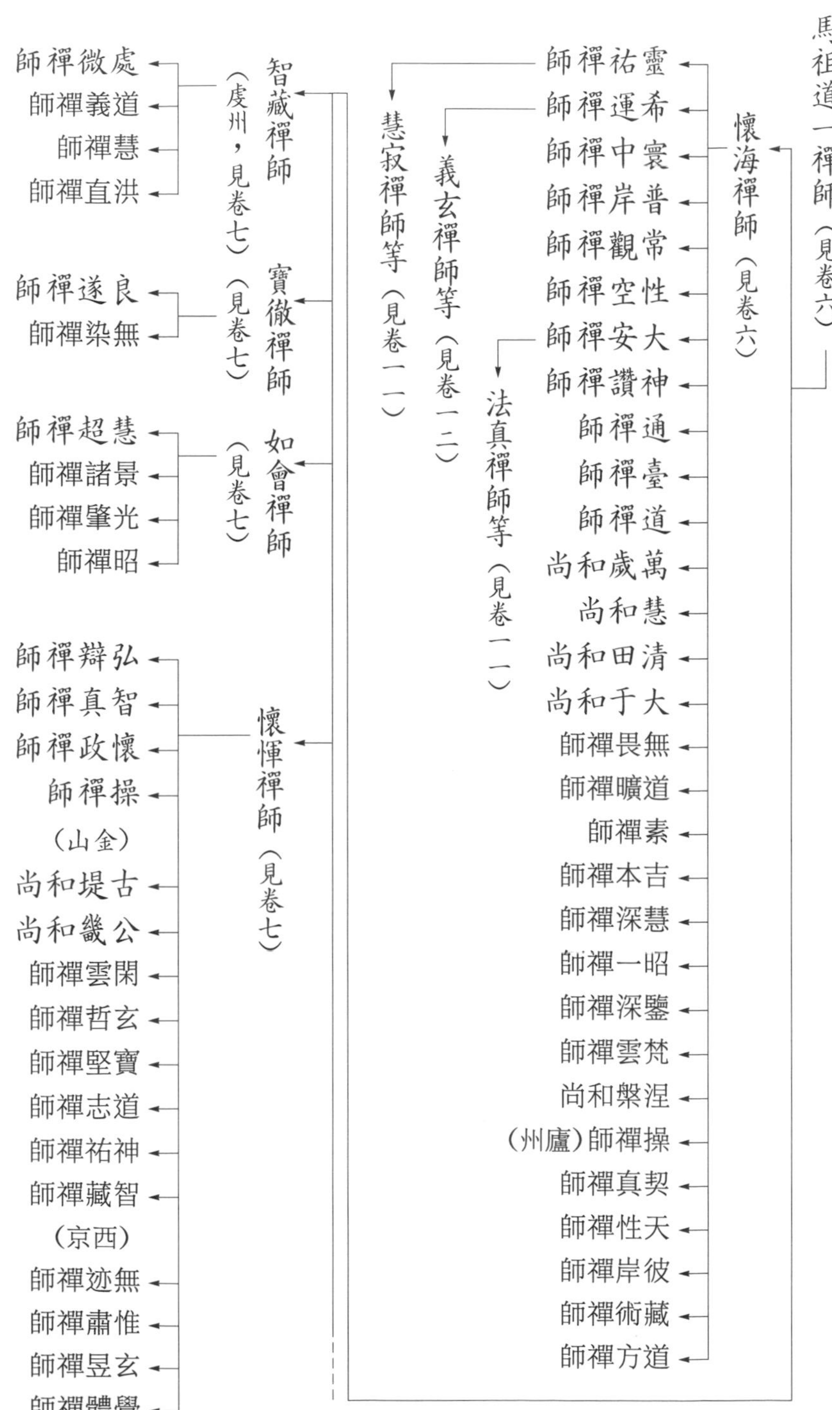

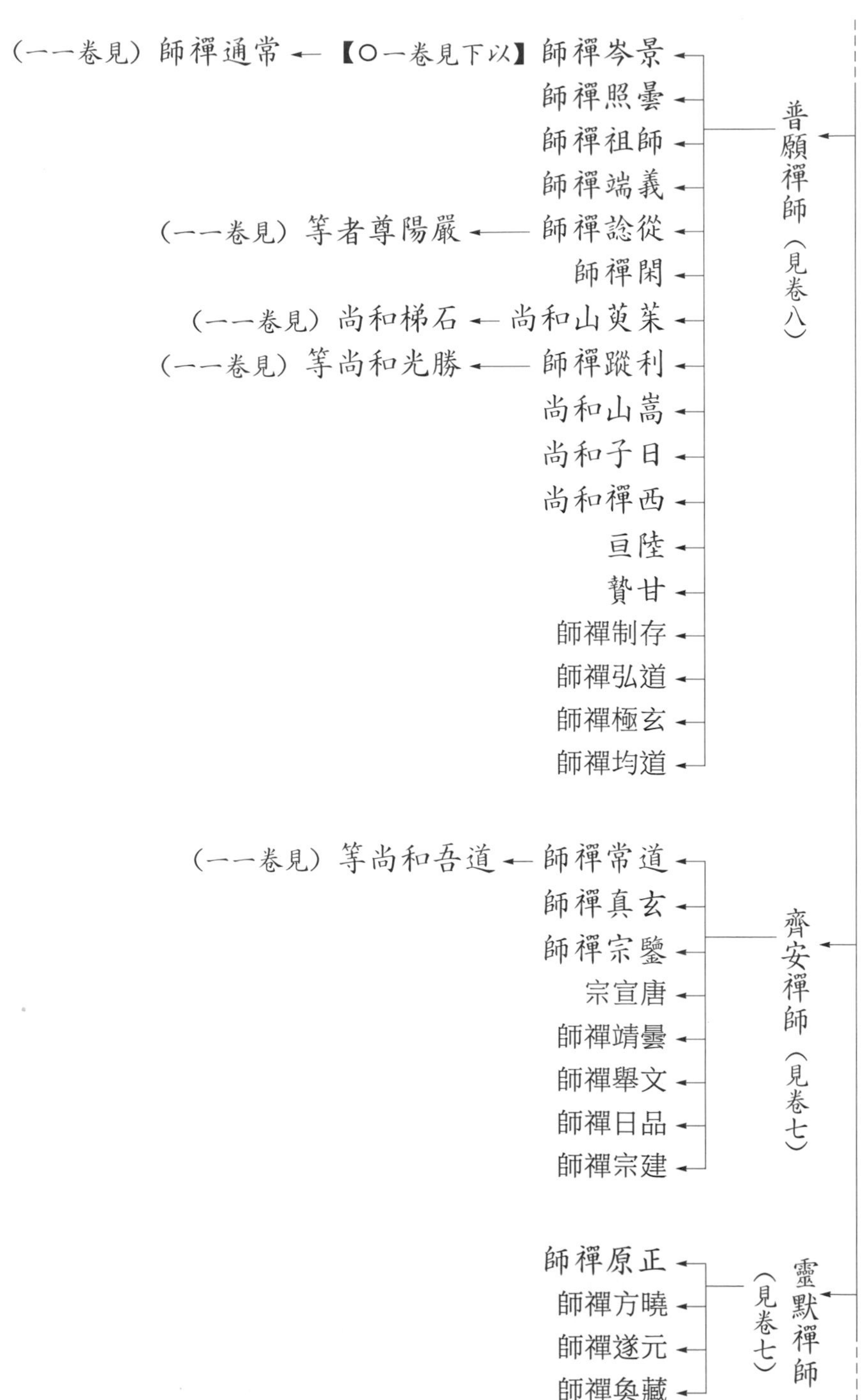
普願禪師（見卷八）
景岑禪師【以下見卷一〇】
常通禪師（見卷一一）
照曇禪師
祖師禪師
義端禪師
從諗禪師
嚴陽尊者等（見卷一一）
閑禪師
茱萸山和尚
石梯和尚（見卷一一）
利蹤禪師
勝光和尚等（見卷一一）
嵩山和尚
日子和尚
西禪和尚
陸亘
甘贄
存制禪師
道弘禪師
玄極禪師
道均禪師
齊安禪師（見卷七）
道常禪師
道吾和尚等（見卷一一）
玄真禪師
鑒宗禪師
唐宣宗
曇靖禪師
文舉禪師
品日禪師
建宗禪師
靈默禪師（見卷七）
正原禪師
曉方禪師
元遂禪師
藏奐禪師

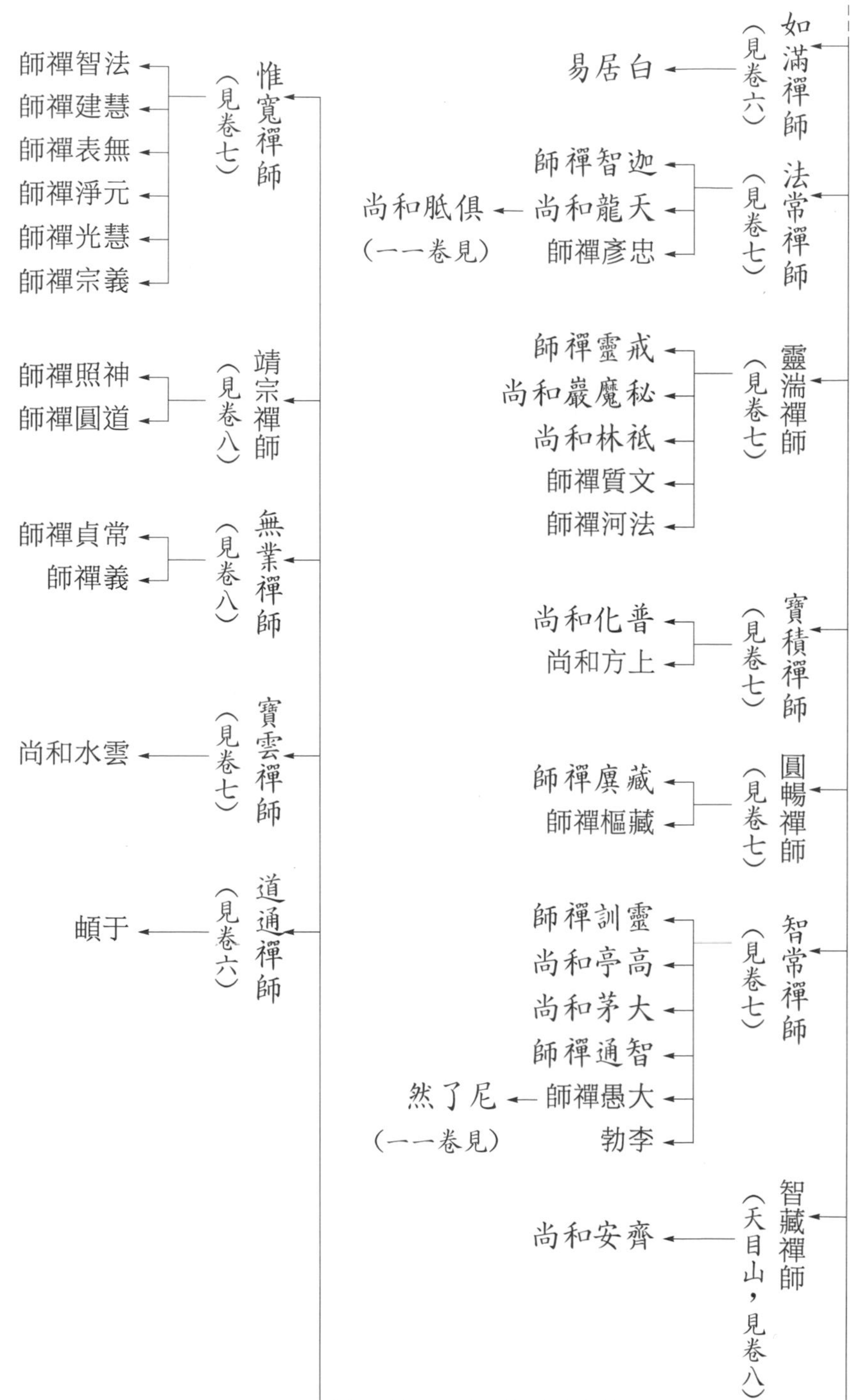
如滿禪師（見卷六）
白居易
法常禪師（見卷七）
迦智禪師
天龍和尚
俱胝和尚（見卷一一）
忠彥禪師
靈湍禪師（見卷七）
戒靈禪師
秘魔巖和尚
祇林和尚
文質禪師
法河禪師
寶積禪師（見卷七）
普化和尚
上方和尚
圓暢禪師（見卷七）
藏廣禪師
藏樞禪師
智常禪師（見卷七）
靈訓禪師
高亭和尚
大茅和尚
智通禪師
大愚禪師
尼了然（見卷一一）
李勃
智藏禪師（天目山，見卷八）
齊安和尚
惟寬禪師（見卷七）
法智禪師
慧建禪師
無表禪師
元淨禪師
慧光禪師
義宗禪師
靖宗禪師（見卷八）
神照禪師
道圓禪師
無業禪師（見卷八）
常貞禪師
義禪師
寶雲禪師（見卷七）
雲水和尚
道通禪師（見卷六）
于頔

卷九

懷讓禪師下三世上

前百丈懷海禪師法嗣

【題解】禪宗自南北分宗後，開始走上多頭發展的道路，而自「安史之亂」後，唐代國勢由盛轉衰，然禪宗則名家輩出，山頭林立，龍吟虎嘯，各擅勝場，呈現出繁榮景象，其中尤以慧能的南宗發展迅猛，門徒遍布大江南北，頓悟之風播揚天下，而其中以江西禪風稱最。晚唐時南宗禪分五家，其中溈仰宗、臨濟宗二家即出於百丈懷海的門下。

潭州溈山靈祐禪師

潭州溈山靈祐禪師者，福州長溪人也，姓趙氏。年十五辭親出家，依本郡建善寺法常律師，剃髮於杭州龍興寺，受戒，究大小乘經律。二十三遊江西，參百丈大智禪師，百丈一見，許之入室，遂居參學之首。

一日侍立，百丈問：「誰？」師曰：「靈祐。」百丈云：「汝撥鑪❶中有火否？」師撥云：「無火。」百丈躬起深撥，得少火，舉以示之云：「此不是火！」師發悟，禮謝，陳其所解。百丈曰：「此乃暫時岐路耳。經云：『欲見佛性，當觀時節❷因緣。』時節既至，如迷忽悟，如忘忽憶，方省己物不從他得。故祖師云：『悟了同未悟，無心得無法。』只是無虛妄、凡聖等心，本來心法元自備足。汝今既爾，善自護持。」

時司馬頭陀❸自湖南來，百丈謂之曰：「老僧欲往溈山可乎？」司馬頭陀參禪外，蘊人倫之鑒❹，兼窮地理❺，諸方刱❻院，多取決焉。對云：「溈山奇絕，可聚千五百眾，然非和尚所住。」百丈云：「何也？」對云：「和尚是骨人❼，彼是肉山，設居之，徒不盈千。」百丈云：「吾眾中莫有人住得否？」對云：「待歷觀之。」百丈乃令侍者喚第一座來，即華林和尚也。問云：「此人如何？」頭陀令謦欬❽一聲，行數步，對云：「此人不可。」又令喚典座❾來，即祐師也。頭陀云：「此正是溈山主也。」百丈是夜召師入室，囑云：「吾化緣❿在此，溈山勝境，汝當居之，嗣續吾宗，廣度後學。」時華林聞之曰：「某甲忝居上首，祐公何得住持？」百丈云：「若能對眾下得一語出格⓫，當與住持。」即指淨缾問云：「不得喚作淨缾，汝喚作什麼？」華林云：「不可喚作木楔⓬也。」

百丈不肯，乃問師，師踢倒淨缾。百丈笑云：「第一座輸卻山子也。」遂遣師往溈山。

是山峭絕，夐⑬無人煙。師猿猱為伍，橡栗⑭充食。山下居民稍稍知之，帥眾共營梵宇。連帥李景讓⑮奏號同慶寺，相國裴公休嘗咨玄奧，繇是天下禪學若輻湊焉。

師上堂示眾云：「夫道人之心，質直無偽，無背無面，無詐妄心行，一切時中，視聽尋常，更無委曲，亦不閉眼塞耳，但情不附物即得。從上⑯諸聖，只是說濁邊⑰過患，若無如許多惡覺情見想習之事，譬如秋水澄渟⑱，清淨無為，澹泞⑲無礙，喚他作道人，亦名無事之人。」時有僧問：「頓悟之人更有修否？」師云：「若真悟得本他自知時，修與不修是兩頭語。如今初心雖從緣得，一念頓悟自理，猶有無始曠劫⑳習氣未能頓淨，須教渠㉑淨除現業流識，即是修也，不道別有法。教渠修行趣向，從聞入理，聞理深妙，心自圓明，不居惑地。縱有百千妙義，抑揚當時，此乃得坐披衣，自解作活計㉒。以要言之，則實際理地㉓不受一塵，萬行㉔門中不捨一法。若也單刀趣入㉕，則凡聖情盡，體露真常，理事㉖不二，即如如佛㉗。」

仰山問：「如何是西來意？」師云：「大好燈籠。」仰山云：「莫只遮箇便是麼？」師云：「遮箇是什麼？」仰山云：「大好燈籠。」師云：「果然不識。」

一日，師謂眾云：「如許多人，只得大識，不得大用。」仰山舉此語，問山下庵主云：「和尚恁麼道，意旨何如？」庵主云：「更舉看。」仰山擬再舉，被庵主踢倒。歸，舉似師，師大笑。

師在法堂坐，庫頭[28]擊木魚[29]，火頭[30]擲卻火抄[31]，拊掌大笑。師云：「眾中也有恁麼人？」喚來問：「作麼生？」火頭云：「某甲不喫粥，肚飢，所以喜歡。」師乃點頭。東使聞云：「將知溈山眾裡無人。」臥龍云：「將知溈山眾裡有人。」

普請摘茶，師謂仰山曰：「終日摘茶，只聞子聲，不見子形。請現本形相見。」仰山撼茶樹，師云：「子只得其用，不得其體。」仰山云：「未審和尚如何？」師良久。仰山云：「和尚只得其體，不得其用。」師云：「放[32]子二十棒。」玄覺云：「且道過在什麼處？」

師上堂，有僧出云：「請和尚為眾說法。」師云：「我為汝得徹困也。」僧禮拜。後人舉似雪峰[33]，雪峰云：「古人得恁麼老婆心[34]？」玄沙云：「山頭和尚[35]蹉過[36]古人事也。」雪峰聞之，乃問玄沙：「什麼處是老僧蹉過古人事處？」玄沙云：「大小溈山被那僧一問，得百雜粹[37]。」雪峰駭之，乃休。

師謂仰山曰：「寂子速道，莫入陰界。」仰山云：「慧寂信亦不立。」師云：「子信了不立，不信不立？」仰山云：「只是慧寂更信阿誰？」師云：「若恁麼即是定性聲聞㊳。」仰山云：「慧寂佛亦不見。」

師問仰山：「《涅槃經》四十卷，多少佛說，多少魔說？」仰山云：「總是魔說。」師云：「已後無人奈子何！」仰山云：「慧寂即一期㊴之事，行履㊵在什麼處？」師云：「只貴子眼正，不說子行履。」

仰山蹋衣次，提起，問師云：「正恁麼時，和尚作麼生？」師云：「正恁麼時，我遮裡無作麼生。」仰山云：「和尚有身而無用。」師良久，卻拈起問：「汝正恁麼時，作麼生？」仰山云：「正恁麼時，和尚還見伊否？」師云：「汝有用而無身。」此語是二月中間答。

師忽問仰山：「汝春間有話未圓，今試道看。」仰山云：「正恁麼時，切忌勃塑㊶。」師云：「停囚長智㊷。」

師一日喚院主，院主來。師云：「我喚院主，汝來作什麼？」院主無對。曹山代云：「也知和尚不喚某甲。」又令侍者喚第一座，第一座來。師云：「我喚第一座，汝來作什麼？」亦無對。曹山代云：「若令侍者喚，恐不來。」法眼別云：「適來侍者喚。」

師問新到僧：「名什麼？」僧云：「名月輪。」師作一圓相，問：「何似遮箇？」僧云：「和尚恁麼語話，諸方大有人不肯在。」師云：「貧道即恁麼，闍梨作麼生？」僧云：「還見月輪麼？」師云：「闍梨恁麼道，此間大有人不肯諸方。」

師問雲巖云：「聞汝久在藥山，是否？」巖云：「是。」師云：「藥山大人相如何？」雲巖云：「涅槃後有。」師云：「涅槃後有如何？」雲巖云：「水灑不著。」雲巖卻問師：「百丈大人相如何？」師云：「巍巍堂堂，煒煒煌煌[43]。聲前非聲，色後非色。蚊子上鐵牛[44]，無汝下觜[45]處。」

師過淨缾與仰山，仰山擬接，師卻縮手，云：「是什麼？」仰山云：「和尚還見箇什麼？」師云：「若恁麼，何用更就吾覓？」仰山云：「雖然如此，仁義道中與和尚提缾挈[46]水，亦是本分事。」師乃過淨缾與仰山。

師與仰山行次，指柏樹子問云：「前面是什麼？」仰山云：「只遮箇柏樹子。」師卻指背後田翁云：「遮阿翁向後亦有五百眾。」

師問仰山：「從何處歸？」仰山云：「田中歸。」師云：「禾好刈也未？」仰山云：「好刈也。」師云：「作青見，作黃見，作不青不黃見？」仰山云：「和尚背後是什麼？」師云：「子還見麼？」仰山拈起禾穗云：「和尚何曾問遮箇？」師云：「此是鵝王擇乳[47]。」

冬月，師問仰山：「天寒？人寒？」仰山云：「大家在遮裡。」師云：「何不直說？」仰山云：「適來也不曲，和尚如何？」師云：「直須[48]隨流。」

有僧來禮拜，師作起勢。僧云：「請和尚不起。」師云：「老僧未曾坐。」僧云：「某甲亦未曾禮。」師云：「何故無禮？」僧無對。同安代云：「和尚不怪。」

石霜會下有二禪客到，云：「此間無一人會禪。」後普請搬柴，仰山見二禪客歇，將一橛[49]柴問云：「還道得麼？」俱無語。仰山云：「莫道無人會禪好。」歸舉似溈山云：「今日二禪客被慧寂勘破[50]。」師云：「什麼處被子勘破？」仰山便舉前話，師云：「寂子又被吾勘破。」雲居錫云：「什麼處是溈山勘破仰山處？」

師睡次，仰山問訊，師便迴面向壁。仰山云：「和尚何得如此！」師起云：「我適來得一夢，汝試為我原看[51]。」仰山取一盆水，與師洗面。少頃，香嚴亦來問訊。師云：「我適來得一夢，寂子原了，汝更與我原看。」香嚴乃點一椀茶來。師云：「二子見解，過於鶖子[52]。」

僧云：「不作溈山一頂笠，無由得到莫傜村。如何是溈山一頂笠？」師即蹋之。

師上堂示眾云：「老僧百年後，向山下作一頭水牯牛，左脇書五字，云：『溈山僧某甲。』此時喚作溈山僧，又是水牯牛；喚作水牯牛，又云溈山僧。喚作什麼即得？」

雲居代云：「師無異號。」資福代作圓相托起。古人頌云：「不道溈山不道牛，一身兩號實難酬。離卻兩頭應須道，如何道得出常流？」

師敷揚宗教凡四十餘年，達者不可勝數，入室弟子四十一人。唐大中七年正月九日，盥漱敷坐(53)，怡然而寂，壽八十三，臘六十四。塔于本山，敕諡大圓禪師，塔曰清淨。

【注釋】❶鑪 爐子。❷時節 時機。❸頭陀 又作「杜多」，意為「抖擻」，即去除塵垢煩惱之義，佛教苦行之一。按頭陀行修行的，稱作「修頭陀行者」，俗稱頭陀。❹人倫之鑒 此指相人之術。❺地理 此指風水術。❻刱 同「創」。❼骨人 風水術之名詞，下「肉山」同。❽謦欬 輕咳聲。❾典座 寺院中管理雜務的職事僧。❿化緣 教化的緣分。⓫出格 不落俗套。⓬木揬 木椿子。⓭敻 長遠；長久。⓮橡栗 橡，指櫟樹的果實。栗，即栗樹，也稱板栗，其果實可食。⓯李景讓 字後己，唐敬宗寶曆初年為右拾遺，慷慨極論政事，遂知名。唐宣宗時官至太子少保。⓰從上 以前；古代。⓱濁邊 指塵世。濁，指五濁，即一見、二煩惱、三眾生、四命、五劫。⓲澄渟 澄明清靜。⓳澹泞 淡泊寧謐。⓴無始曠劫 生死無始稱無始，經久遠之劫稱曠劫。此指長時期。㉑渠 他。㉒活計 生計；謀生手段。㉓實際理地 真如無相的境界。《護法錄》六：「實際理地，不染一塵。」㉔萬行 一切修行。㉕單刀趣入 亦作單刀直入，比喻認定目標，勇猛精進。也用以比喻直截了當，不轉彎子。㉖理事 道理與事相。理為真諦，事為俗諦。㉗如如佛 覺悟如如理體之佛。也指佛體即如如之理。㉘庫頭 也稱副寺，掌寺內出納之僧。㉙木魚 有兩種，一為團圓之魚形，讀誦經文時敲之；一為挺直之魚形，懸於庫堂，吃粥飯時擊之，也稱為梆。此指後一種木魚。㉚火頭 寺內專司燒火之僧。㉛火抄 火鉗。㉜放 免除；蠲免。㉝雪峰 即晚唐義存禪師，福建南安人，於福州象骨山創雪峰院，接納四方學僧，僧侶聞聲而至者達千數人，作育良多。㉞老婆心　南宗禪貴頓悟，凡參禪不能頓悟，而在字句上糾纏或多作解釋，都稱作老婆心，也稱作「老婆」或「老婆禪」。㉟山頭和尚　此指雪峰禪師。㊱蹉過　失去時機。也作「挫過」、「錯過」等。㊲雜粹　零碎；瑣碎。㊳定性聲聞　法相宗所立的五種性之一。凡具本來唯一的緣覺無漏種子者，唯修緣覺之因，證緣覺之果，不更求進求佛道，即稱為定性聲聞。㊴一期　一時。㊵行履　通「行跡」。指行為、品行。㊶勃塑　也作「勃素」。盤桓不進貌；遲緩貌。㊷停囚長智　在停頓中想出對策。多用於禪僧機語對答的場合。禪家講究頓悟，故以「停囚長智」為忌諱。㊸煒煒煌煌　輝煌；光彩鮮明。㊹蚊子上鐵牛　唐、宋時歇後語，其意為無下口處。㊺觜　通「嘴」。㊻挈　提；攜。㊼鵝王擇乳　傳說將水與乳同置於一器內，則鵝王只飲乳汁而留下水。佛教以鵝王喻佛、菩薩。㊽直須　必須；應當。㊾橛　一小段木材。㊿勘破　看破。51原看　此為圓夢的意思。52鶖子　即鶖鷺子、求露子，舍利弗的譯名，為佛之十大弟子之一，稱智慧第一。53敷坐　跏趺而坐。

【語譯】潭州（今湖南長沙）溈山靈祐禪師（七七一～八五三年），福州長溪（今屬福建）人，俗姓趙。靈祐十五歲時辭別雙親出家，皈依本州建善寺的法常律師，後在杭州（今屬浙江）龍興寺剃髮，受具足戒，研學大乘與小乘經典戒律。他二十二歲時遊學江西，參拜百丈懷海大智禪師，百丈禪師一看見他，就讓他做了入室弟子，並居於眾參禪學道者的首位。

有一天，靈祐禪師正侍立在百丈懷海禪師身旁，百丈禪師問答：「是誰？」靈祐禪師回答：「是靈祐。」百丈禪師說道：「你去撥一撥爐子，看看還有火沒有？」靈祐撥著說道：「沒有火。」百丈禪師就起身來撥爐灰的深處，得到一點點火星，就夾出來給靈祐看，並說道：「這不是火！」靈祐由此豁然開悟，禮拜稱謝，並把自己的理解告訴了百丈禪師。百丈禪師說道：「你這只是暫時走了彎路罷了。佛經上說：『想要認識佛性，應當看時機與因緣。』時機既已到來，就如同迷惑而忽然醒悟，如同忘記而忽然記起一樣，這才知道自家的東西不能從別處獲得。所以祖師說道：『領悟了如同未領悟，無心才能獲得無法。』只要是沒有虛妄、凡聖等心理，那本來之心、法就自然完備自足。你現在既已如此，就要好好地加以守護。」

當時，有一個姓司馬的頭陀從湖南而來，百丈禪師對他說道：「老僧想去溈山，可以嗎？」司馬頭陀在參禪之外，還具有相人之術，兼精通風水地理術，各地創建寺院，擇地選方位大多取決於他。司馬頭陀回答道：「溈山景色奇絕，是一個可以聚集一千五百位僧眾的道場，但不是和尚所住的地方。」百丈禪師問答：「為什麼啊？」司馬頭陀回答：「和尚是骨性之人，而溈山是一座肉性之山，假使和尚去了，徒眾不會滿千人。」百丈禪師問答：「我的弟子當中有沒有人可以去那裡住持呢？」司馬頭陀回答：「讓我一個個看看就知道了。」百丈禪師就命令侍從的僧人去把第一座叫來，就是華林和尚。問道：「這個人怎麼樣？」司馬頭陀就讓華林和尚輕咳一聲，走上幾步，然後回答說：「這個人不行。」於是又叫來了典座，即靈祐禪師。司馬頭陀說道：「這個人正是溈山的主人。」當天晚上，百丈禪師把靈祐叫到了方丈室，囑咐道：「我教化的緣分在這裡，溈山是一塊寶地勝境，你應當去住持，承傳本宗，廣度後學之人。」此時華林得知了這件事，就說道：「我忝居上座，祐公怎麼能去做住持？」百丈禪師說道：「如果誰能當眾說出一句不落俗套的話，就可以去做住持。」隨即指著淨瓶問答：「不能叫作淨瓶，你叫它什麼？」華林回答：「不可以叫作木楂子。」百丈禪師不許可，就問靈祐，靈祐一腳踢翻了淨瓶。百丈禪師笑著說：「第一座輸掉溈山了。」靈祐隨即去住持溈山。

溈山山勢峻峭險絕，長久以來就不見人煙。靈祐禪師到了那裡後，整天與猿猱為伍，以橡栗果實充饑。後來山下的居民漸漸知道了靈祐在此，就相率前來營建廟宇。連帥李景讓奏請朝廷賜此寺院名為同慶寺，相國裴休也曾經前來請教禪學妙理，由此天下禪客學僧都集中在此。

靈祐禪師上堂宣示眾徒道：「所謂道人之心，應當是質直坦率而沒有虛偽，沒有當面一套背後一套，沒有欺詐虛妄之心，無論什麼時候，眼看耳聽都自然而然，完全沒有一點轉彎抹角，也不用閉上眼睛、堵塞耳朵，只要是情不執著於物就行了。從前的那些聖人，只是說塵世的災業禍患，如若沒有這許多不好的思想、情感、認識、想像、習慣之事，就好比秋水澄明寧靜，清靜無為，淡泊無礙，所以稱他為道人，也叫作無事之人。」當時有位僧人問道：「已經頓悟之人，還需要修習嗎？」靈祐禪師回答：「如若真正領悟了本他自知之時，修習與不修習只是一句偏於兩端之語。如今初發心雖然自機緣而得，一念頓悟而自我修持，但仍有長期積累下來的習氣沒有能一下子消除，必須引導他完全消除現世之業、流轉之識，此即是修，並不是說另外還有修習之法。引導他修行的志向，從聽聞教誨而省悟真理，所聽聞所省悟的深妙了，此心自然圓滿澄明，不會處於迷惑之地。縱然有千百條奧妙的教義，浮沉抑揚於當世，這也得端坐披衣，自我解作活計。用一句簡要的話來說，就是實際理地上不染一塵，一切修行法門中不捨一法。如若能單刀直入，那麼就使凡夫聖人之情完全消失，顯露真實永恆的本體，道理與事相不二，便是如如佛。」

仰山慧寂禪師問道：「什麼是達磨祖師西來的旨意？」靈祐禪師回答：「大好燈籠。」仰山再問道：「莫非這個就是嗎？」靈祐反問道：「這個是什麼？」仰山回答：「大好燈籠。」靈祐說道：「果然不認識。」

有一天，靈祐禪師對眾僧說道：「就像許多人，只得到了大機識，卻不能夠得到大作用。」仰山禪師把這話說給山下的庵主聽，並問道：「和尚這麼說，其意旨是什麼？」那庵主說道：「你再說一遍。」仰山準備再說話時，被那庵主一腳踢倒。仰山回來，說給靈祐聽，靈祐聽了哈哈大笑。

靈祐禪師有一天坐在法堂上，庫頭和尚敲起了木魚，火頭和尚立即丟下了火鉗，拍著手大笑。靈祐說道：「眾僧之中竟還有這樣的人？」於是就把他叫來問道：「怎麼了？」火頭和尚回答：「我沒有吃粥，肚子餓了，所以聽到敲木魚聲就喜歡。」靈祐就點了點頭。東使禪師說道：「我就知道溈山僧眾中無人。」但臥龍禪師卻說道：「我就知道溈山僧眾中有人。」

寺院內普請摘茶葉，靈祐禪師對仰山禪師說道：「整天採茶，只聽到你的聲音，沒看見你的身影。請你現出本形來相見。」仰山就使勁地搖動茶樹，靈祐說道：「你只得到其作用，沒有得到其本體。」仰山問道：「不知道和尚又怎麼樣？」靈祐沉默了好一陣。仰山說道：「和尚只得到其本體，沒有得到其作用。」靈祐說道：「饒你二十棒。」玄覺禪師問道：「還是說說看過錯在什麼地方？」

靈祐禪師走上法堂，有僧人站出來說道：「請和尚為大眾說法。」靈祐說道：「我為你們操心得已很疲倦了。」那僧人就禮拜。後來有人把這句話告訴了雪峰義存禪師，雪峰義存就說道：「古人怎麼這樣的老婆心？」玄沙禪師說道：「山頭和尚錯會了古人之事。」雪峰禪師聽後，就問玄沙禪師道：「什麼地方是老僧錯會了古人之事處？」玄沙禪師回答：「大小溈山和尚被那個僧人一問，回答竟然百般瑣碎。」雪峰禪師聽後非常驚訝，就罷休了。

靈祐禪師對仰山禪師說道：「寂子快說，不要墮入五蘊十八界之中。」仰山說道：「慧寂信仰也沒證得。」靈祐問道：「你是有了信仰而沒有證得，還是沒有信仰沒有證得？」仰山反問道：「只是慧寂還能信仰誰？」靈祐說道：「如果是這樣的，就是定性聲聞。」仰山說道：「慧寂佛也沒有證得。」

靈祐禪師問仰山禪師道：「《涅槃經》四十卷，有多少是佛說的，有多少是魔說的？」仰山回答：「都是魔說的。」靈祐說道：「以後沒有人能對付得了你！」仰山問道：「慧寂只是一時的應對，不知道今後的行履怎麼樣？」靈祐回答：「我只看重你的眼目端正，不想說你以後的行履。」

仰山禪師用腳踩衣服，然後提起衣服，問靈祐禪師道：「正這樣的時候，和尚在幹什麼？」靈祐回答：「正這樣的時候，我這裡沒有幹什麼。」仰山說道：「和尚是有其身而無其用。」靈祐沉默了許多，然後提起衣服問道：「正這樣的時候，你在幹什麼？」仰山回答：「正這樣的時候，和尚還看得見他嗎？」靈祐說道：「你是有其用而無其身。」這對話是在二月間。

靈祐禪師忽然問仰山禪師道：「你春天時說得話不周全，現在再說說看。」仰山回答：「正這樣的時候，切忌遲緩不決。」靈祐罵道：「這是停囚長智。」

有一天，靈祐禪師招呼院主，院主就過來了。靈祐說道：「我招呼院主，你來幹什麼？」那院主無語可對。曹山禪師代為回答：「也知道和尚不會招呼我。」靈祐又讓侍僧去叫第一座，第一座來了。靈祐說道：「我叫第一座來，你來幹什麼？」第一座也不能應對。曹山禪師代為回答：「如若讓侍僧來叫，恐怕不會來。」法眼禪師另外回答道：「剛才是侍僧來叫。」

靈祐禪師問剛來的僧人道：「你名叫什麼？」那僧人回答：「名叫月輪。」靈祐作了一個圓相，問道：「比這個怎麼樣？」那僧人說道：「和尚這麼說話，各方很多人不肯答應。」靈祐說道：「貧道就這麼說話，闍梨怎麼辦？」那僧人問道：「還看見月輪嗎？」靈祐說道：「闍梨這樣說話，這裡很多人不肯答應各方。」

靈祐禪師問雲巖曇晟禪師道：「聽說你在藥山住了很久，對嗎？」雲巖回答：「對。」靈祐問道：「藥山禪師的大人相是什麼？」雲巖回答：「涅槃後才有。」靈祐問道：「涅槃後有什麼？」雲巖回答：「水灑不著。」雲巖反過來問靈祐道：「百丈禪師的大人相是什麼？」靈祐回答：「巍巍堂堂，煒煒煌煌。聲之前不是聲，色之後不是色。蚊子叮鐵牛，沒你下嘴的地方。」

有一次，靈祐禪師把淨瓶遞給仰山禪師，仰山準備接住，靈祐卻把手縮了回來，問道：「是什麼？」仰山反問道：「和尚又看見了什麼？」靈祐說道：「如果是這樣，何必再到我這裡來找什麼？」仰山說道：「雖然是這樣，但從仁義的道理上說，給和尚提瓶攜水，也是我的本分事。」靈祐於是才把淨瓶遞給仰山。

又有一次，靈祐禪師在與仰山禪師一起漫步時，指著柏樹問道：「前面的是什麼？」仰山回答：「這個是柏樹。」靈祐卻指著身後田裡的老翁說道：「這個阿翁將來也會有五百個弟子。」

靈祐禪師有一天問仰山禪師道：「從哪裡回來？」仰山回答：「從田裡回來。」靈祐問道：「稻子好割嗎？」仰山回答：「好割。」靈祐問道：「好割的是青色的，是黃色的，還是不青不黃的？」仰山說道：「和尚背後是什麼？」靈祐反問道：「你還能看見嗎？」仰山拿起稻穗問道：「和尚可是問的這個？」靈祐說道：「這是鵝王擇乳。」

冬天到了，靈祐禪師問仰山禪師道：「是天冷，還是人冷？」仰山回答：「大家都在這裡。」靈祐說道：「為什麼不直截了當地說話？」仰山說道：「剛才也沒有拐彎，和尚怎麼樣？」靈祐回答：「只管隨流而行。」

有僧人來禮拜，靈祐禪師做出起身的樣子。那僧人說道：「請和尚不要起身。」靈祐說道：「老僧沒有坐過。」那僧人說道：「我也沒有禮拜過。」靈祐說道：「為什麼無禮？」那僧人無言對答。同安禪師代為回答：「和尚不要見怪。」

有兩個石霜性空禪師門下的禪客到潙山來，說道：「這裡沒有一個人懂得禪。」後來普請搬柴，仰山禪師看見那兩個禪客在休息，就拿起一小根木柴問道：「還能說得出來嗎？」兩人都無言以對。仰山教訓道：「不要說沒有人懂得禪。」回到寺內後，仰山把這事說給靈祐禪師聽，並宣稱道：「今天那兩個禪客被慧寂看破了。」靈祐問道：「什麼地方被你看破了？」仰山就把剛才的話再說了一遍，靈祐說道：「寂子又被我看破了。」雲居清錫禪師問道：「什麼地方是潙山和尚看破仰山禪師之處？」

靈祐禪師正在睡覺時，仰山禪師進來問訊，靈祐就翻過身來，面向牆壁。仰山說道：「和尚怎麼能這樣！」靈祐就起身說道：「我剛才做了一個夢，你試著幫我圓圓看。」仰山就取來一盆水，給靈祐洗臉。過了一會兒，香嚴智閑禪師也進來問候。靈祐說道：「我剛才做了一個夢，寂子已給我圓過了，你也試著圓圓看。」香嚴就為他泡了一壺茶進來。靈祐說道：「你們兩人的見解，超過了鶖鷺子。」

有僧人問道：「不作溈山一頂笠，無由得到莫傜村。什麼是溈山一頂笠？」靈祐禪師就踢了他一腳。

靈祐禪師上堂告訴眾僧道：「老僧百年之後，到山下做一頭水牯牛，在牠的左肋上寫上五個字，叫作『溈山僧某甲』。這個時候，如果叫牠為溈山僧，可牠是水牯牛；如果叫牠為水牯牛，可牠又說是溈山僧。那麼應該叫牠什麼才好呢？」雲居禪師代為回答：「和尚沒有不同的名號。」資福禪師代為作了一個圓相後托起。古人曾作過一首偈頌道：「不說溈山也不說牛，一身兩號實難酬答。離開兩端應可說，怎能說得超出尋常之輩？」

靈祐禪師弘揚禪法教義達四十多年，因此而領悟者不可勝數，入室弟子有四十一人。唐代大中七年（八五三年）正月九日，靈祐禪師盥漱完畢，跏趺而坐，怡然圓寂，享年八十三歲，法臘為六十四歲。建靈塔於溈山，天子賜諡號曰大圓禪師，塔名曰清靜之塔。

【說　明】禪宗發展的極盛時期，是以唐末五代的「五燈」分傳為標誌的。而由靈祐和慧寂師徒兩人共同創立的溈仰宗是禪宗「一花開五葉」中的第一葉。因靈祐住潭州溈山，慧寂住袁州仰山，故而稱作溈仰宗。靈祐的禪風，上承百丈懷海，而又有自己的貢獻。禪家主張頓悟，靈祐也不例外，但在主張頓悟的同時，也較為重視漸修，因為「若真悟得本他自知」，故是否修持本不重要，然「如今初心雖從緣得」，可過去的大量積習尚未清除，故須繼續修持，以淨除「現業流識」。為此，靈祐的禪法以大圓鏡智（其智體如大圓鏡一樣清靜無染）為「宗要」，以淨除想生、相生、流注生這三種生，而得「自在」。想生，指能思的主體（心）雜亂無章；相生，指主體之外的環境，即「所思之境」紛繁複雜；流注生，從上二生的總特點而言，都是變化無常如流水，毫不間斷。可見其是對南宗初創時的頓悟說之修正。由於靈祐是從頓悟與漸修相圓融來說明「心自圓明」

的，故而與其他門庭嚴峻的宗風不同，靈祐師徒間參禪時往往機鋒互換，談笑風生，意氣相投，充滿著智慧與默契的禪趣。宋僧智昭《人天眼目》評論其宗禪風是「父慈子孝，上令下從。爾欲捧飯，我便與羹；爾欲渡江，我便撐船；隔山見烟，便知是火；隔墻見角，便知是牛」。並概括地評介潙仰宗風特點是「舉緣即用，忘機得體」，由此使當時「言佛者天下以為稱首」。

洪州黃蘗希運禪師

洪州黃蘗希運禪師，閩人也。幼於本州黃蘗山❶出家。額間隆起如肉珠，音辭朗潤❷，志意沖澹❸。後遊天台逢一僧，與之言笑，如舊相識，熟視之，目光射人，乃偕行。屬澗水暴漲，乃捐笠植杖而止。其僧率師同渡，師曰：「兄要渡自渡。」彼即褰❹衣躡❺波，若履平地，迴顧云：「渡來！渡來！」師曰：「咄！遮自了漢❻，吾早知當斫汝脛。」其僧歎曰：「真大乘法器，我所不及。」言訖不見。師後遊京師，因人啟發，乃往參百丈，問曰：「從上宗承❼如何指示？」百丈良久。師云：「不可教後人斷絕去也。」百丈云：「將謂汝是箇人。」乃起，入方丈。師隨後入，云：「某甲特來。」百丈云：「若爾，則他後不得孤負吾。」百丈一日問師：「什麼處去來？」曰：「大雄山下采菌子來。」百丈曰：「還見大蟲麼？」師便作虎聲。百丈拈斧作斫勢，師即打百丈一摑。百丈吟吟大笑，便歸，上堂謂眾曰：「大雄山下有一大蟲，汝等諸人也須好看[8]。百丈老漢今日親遭一口。」

師在南泉時，普請擇菜。南泉問：「什麼處去？」曰：「擇菜去。」南泉曰：「將什麼擇？」師舉起刀子，南泉曰：「大家擇菜去。」

一日，南泉謂師曰：「老僧偶述牧牛歌，請長老和。」師云：「某甲自有師在。」

師辭，南泉門送，提起師笠子云：「長老身材勿量[9]大，笠子太小生。」師云：「雖然如此，大千世界總在裡許。」南泉云：「王老師底。」師便戴笠子而去。後居洪州大安寺，海眾[10]奔湊。

裴相國休鎮宛陵，建大禪苑，請師說法。以師酷愛舊山，還以「黃蘗」名之。又請師至郡，以所解一編示師，師接置於坐，略不披閱。良久，云：「會麼？」公云：「未測。」師云：「若便恁麼會得，猶較些子。若也形於紙墨[11]，何有吾宗[12]？」裴乃贈詩一章曰：「自從大士傳心印，額有圓珠七尺身[13]。掛錫[14]十年棲蜀水[15]，浮盃[16]今日渡漳濱。一千龍象[17]隨高步[18]，萬里香華結勝因[19]。擬欲事師為弟子，不知將法付何人？」師亦無喜色。自爾黃蘗門風盛于江表[20]矣。

一日上堂，大眾雲集，乃曰：「汝等諸人欲何所求？」因以棒趁散，云：「盡是喫酒糟漢㉑，恁麼行腳，取笑於人。但見八百一千人處便去，不可只圖熱鬧也。老漢行腳時，或遇草根下有一箇漢，便從頂上一錐，看他若知痛痒，可以布袋盛米供養。可中㉒總似汝如此容易，何處更有今日事也？汝等既稱行腳，亦須著些精神好。還知道大唐國內無禪師麼？」時有一僧出問云：「諸方尊宿盡聚眾開化，為什麼道無禪師？」師云：「不道無禪，只道無師。闍梨不見馬大師下有八十八人坐道場，得馬師正眼者止三兩人，廬山和尚㉓是其一人。夫出家人，須知有從上來事分。且如四祖下牛頭融大師，橫說豎說，猶未知向上關棙子㉔。有此眼腦，方辨得邪正。宗黨且當人事，宜不能體會得。但知學言語念，向皮袋㉕裡安著，到處稱我會禪，還替得汝生死麼？輕忽㉖老宿，入地獄如箭。我才見入門來，便識得汝了也。還知麼？急須努力，莫容易事，持片衣口食，空過一生。明眼人笑汝，久後總被俗漢筭㉗將去在。宜自看遠近，是阿誰面上事。若會即便會，若不會即散去。」問：「如何是西來意？」師便打。自餘施設㉘，皆被上機㉙，中下之流，莫窺涯涘㉚。

唐大中年終於本山，敕諡斷際禪師，塔曰廣業。

【注釋】❶黃蘗山　在江西宜豐西北一百里，一名鷲峰山，泉石奇勝，上建有黃蘗寺。唐宣宗未登極時，曾與此山僧人觀瀑布於此。❷朗潤　洪亮溫潤。❸沖澹　恬靜淡泊。❹褰　揭起；提起。❺躡　踩。❻自了漢　此指修習小乘教義者。小乘所修得之阿羅漢果，求自證涅槃得解脫，而不度眾生，為自了之法，而與普度眾生的大乘教義不同。❼從上宗承　此指禪宗教義。❽好看　留心；注意。❾勿量　通「沒量」。此指身材異乎尋常的高大。❿海眾　形容人數眾多。⓫形於紙墨　即「形諸文字」之意。⓬吾宗　指禪宗。禪宗主張不立文字，以心傳心，而文字、文章會妨礙對禪宗密旨的認識。⓭額有圓珠七尺身　指希運禪師的外表。⓮掛錫　即駐錫。⓯蜀水　也名錦江、龍江，下游名瑞河，源出江西宜春西北桐木嶺，流經萬載、宜豐、上高、高安等縣，於新建縣注入贛江。⓰盃　即「杯」。⓱龍象　此指希運禪師的弟子門人。⓲高步　對希運禪師遷住郡城的恭敬說法。⓳勝因　殊勝之善因。⓴江表　古地名，指長江以南地區。因從中原人看來，其地在長江之外，故名。㉑喫酒糟漢　醉漢、酒鬼，罵人語。㉒可中　如果；假使。㉓廬山和尚　此指歸宗智常禪師。㉔關棙子　關鍵；竅門。㉕皮袋　此指身體。㉖輕忽　輕浮；粗疏。㉗筭　算計。㉘施設　指禪師接引學人的種種方法。㉙上機　上等根機。㉚涯涘　邊際的意思。

【語　譯】洪州（今江西南昌）黃蘗山希運禪師，閩（今福建福州）人。希運幼年在洪州黃蘗山出家。他的額頭上隆起一塊像個肉珠，說話聲音洪亮溫潤，性格恬靜淡泊。後來希運雲遊天台山，遇到一個僧人，同他言談說笑，就好像是老熟人一樣。希運仔細觀看這僧人，其雙目中精光射人，就與他同行。正遇到山間河水暴漲，他們就取下竹笠拄著禪杖停了下來。那僧人讓希運與他一起渡河，希運說道：「兄要渡河就自己渡吧。」那僧人就提起衣服，踩著波浪，就像走在平地上一樣過了河，同時回過頭來招呼道：「渡過來！渡過來！」希運說道：「咄！這個自了漢，我早知道就會砍斷你的腿。」那僧人歎息道：「真正的大乘法器，是我所不及的。」說完就不見了。希運後來雲遊來到京城，因受人啟發，就前往百丈山參拜懷海禪師，問道：「從上宗承怎麼指示？」懷海禪師沉默了許久。希運說道：「不能讓後人不知道教義。」懷海禪師說道：「可以說你是個人才。」於是站起來，走進了方丈室。希運跟在後面一起進了方丈室，說道：「我是特地來這裡的。」懷海禪師說道：「如果是這樣的，則你以後不能辜負我。」

百丈懷海禪師有一天問希運禪師道：「到什麼地方去了？」希運回答：「大雄山下採了菌子回來。」懷海禪師問道：「遇見大蟲了嗎？」希運就學著老虎的叫聲。懷海提起斧子作出砍的樣子，希運就打了懷海禪師一巴掌。懷海禪師呵呵大笑，就回去了，上法堂告訴眾僧道：「大雄山下有一隻大蟲，你們各人也要小心些，百丈老漢今天就被他咬了一口。」

希運禪師在南泉山時，有一次普請擇菜。南泉禪師問道：「到什麼地方去？」希運回答：「擇菜去。」南泉禪師問道：「用什麼來擇？」希運豎起了刀子，南泉禪師說道：「大家都擇菜去。」

有一天，南泉禪師對希運禪師說道：「老僧偶然作了一首牧牛歌，請長老應和。」希運回答：「我自有老師在。」

希運禪師向南泉禪師告別，南泉禪師送到大門口，拿起希運的斗笠說道：「長老身材這麼高大，這斗笠太小了。」希運說道：「雖然這樣，但大千世界都可以裝在裡面。」南泉禪師說道：「這是王老師的話。」希運戴上斗笠就去了。後來希運居住在洪州大安寺，四海僧眾雲聚於此。

相國裴休鎮守宛陵（今安徽宣城），建造了大禪苑，邀請希運禪師去說法。因為希運十分喜愛黃蘗山，所以命名為黃蘗寺。後來，裴公又邀請希運來到州城，並拿出一篇論說佛法的文章給希運看，希運接過後放在座位上，一點也不看，過了很久才說道：「領會了嗎？」裴公回答：「不測高深。」希運說道：「如果是這樣領會的，還差了一點兒。如果要把它形諸文字，那怎麼還會有我禪宗？」裴公就寫了一首詩贈送給希運禪師道：「自從大士傳心印，額有圓珠七尺身。掛錫十年棲蜀水，浮杯今日渡漳濱。一千龍象隨高步，萬里香華結勝因。擬欲事師為弟子，不知將法付何人？」希運仍然面無喜色。從此之後，黃蘗門風盛行於江表。

有一天，希運禪師上堂，眾僧雲集在一起，希運就說道：「你們這些人想求什麼？」就用禪杖把他們趕散，說道：「都是一些吃酒糟漢，這樣去雲遊四方，讓人家取笑。只要看到有千兒八百人聚集的地方就趕去，不可以這樣貪圖熱鬧啊。老漢我當年雲遊時，有時候遇見草底下睡著一個人，就從他頭上錐他一下，看他如果知道痛癢，就用布袋盛米作供養。假使總像你們這樣容易，哪裡還有今天的事情啊？你們既然說是雲遊四方，也應該有點精神才行。你們可知道大唐國內沒有禪師嗎？」當時有一個僧人站出來問道：「各地高僧長老都在聚眾講經說法，為什麼說沒有禪師？」希運回答道：「不是說沒有禪，而只是說沒有師。闍梨沒有看見馬大師門下有八十八人坐著道場，而獲得馬大師正法眼者只有兩三人，廬山歸宗和尚是其中的一個。所謂出家人，應該知道有從上來的事。況且如四祖門下牛頭山法融大師，橫說豎說，還是不知道向上的關鍵。有了這樣的眼力、智慧，才能分辨出正邪。將成宗結黨作為人事的，自然不能體會這些。只知道學習言語念經，還將這些牢記在心裡，到處宣稱我懂得禪，這能夠代替你的生死嗎？這些粗疏的老僧大德，其入地獄像飛箭一樣迅疾。我才看見你進門來，就已經認識了你。你們還知道了嗎？急須努力，不要認為這是容易之事，拿一件衣服一口飯為滿足，空過了一生。明眼人笑你們最後被那些俗漢算計了去。你們應該自己看看遠近，是誰面上的事情。如若領會了即是領會，如若沒有領會就自己離去。」有僧人問道：「什麼是達磨祖師西來的旨意？」希運便打。希運禪師這些教化接機，只有具有上等根機者能接受，而中、下根機者都不能窺見其中邊際。

唐代大中年中（八四七～八五九年），希運禪師圓寂於本山，天子賜諡號曰斷際禪師，靈塔名廣業之塔。

【說　明】 自六祖慧能大師起，「即心即佛」說便為天下學禪者普遍接受，而馬祖道一禪師從「舉心動念即乖法體」的角度出發，提出了「非心非佛」說，宣稱「平常心是道」，至黃蘗希運禪師更進而認為「即心是佛，無心是道。但無生心動念、有無、長短、彼我、能所等心，心本是佛，佛本是心」（《古尊宿語錄》卷三《宛陵錄》）。即以「無心」為宗要，強調「無念」、「無求」，悟道不須通過外在修持功夫，其只是人與道之間的「默契」，這就是無為法門，能悟此法門者即為「無心道人」或「無為道人」，以證佛果。希運禪師的見地高出時輩，故自視甚高，傲岸獨立，宣稱「大唐國內無禪師」，語驚四海。因此他特別強調上乘根基的頓悟，其禪門不向中下根機者開放，而常對門下道：「若會即便會，若不會即散去。」希運禪師的弟子臨濟義玄創立了臨濟宗，盛行海內。

杭州大慈山寰中禪師

杭州大慈山❶寰中禪師，蒲坂人也，姓盧氏。頂骨圓聳，其聲如鐘。少丁母憂❷，廬于墓所。服闋❸，思報罔極❹，於并州童子寺出家，嵩嶽登戒，習諸律學。後參百丈，受心印。辭往南嶽常樂寺，結茅于山頂。

一日，南泉至，問：「如何是庵中主？」師云：「蒼天！蒼天！」南泉云：「蒼天且置，如何是庵中主？」師云：「會即便會，莫忉忉❺。」南泉拂袖而去。後住浙江❻北大慈山。

上堂云：「山僧不解答話，只能識病。」時有一僧出師前立，師便下座，歸方丈。法眼云：「眾中喚作病，在目前不識。」玄覺云：「且道大慈識病不識病，此僧出來是病不是病？若言是病，每日行住不可總是病。若言不是病，出來又作麼生？」

趙州問：「般若以何為體？」師云：「般若以何為體？」趙州大笑而出。師明日見趙州掃地，問：「般若以何為體？」趙州置箒，拊掌大笑，師便歸方丈。

有僧辭，師云：「去什麼處？」僧云：「暫去江西。」師云：「我勞汝一段事得否？」僧云：「和尚有什麼事？」師云：「將取老僧去。」僧云：「更有過於和尚者，亦不能將得去。」師便休。其僧後舉似洞山，洞山云：「闍梨爭合恁麼道！」僧云：「和尚作麼生？」洞山云：「得。」法眼別云：「和尚若去，某甲提笠子。」洞山又問其僧：「大慈別有什麼言句？」僧云：「有時示眾云：『說得一丈，不如行取一尺。說得一尺，不如行取一寸。』」洞山云：「我不恁麼道。」僧云：「作麼生？」洞山云：「說取行不得底，行取說不得底。」雲居云：「行時無說路，說時無行路。不說不行時，合行什麼路？」樂普❼云：「行說俱到，即本事無。行說俱不到，即本事在。」

後屬唐武宗❽廢教，師短褐❾隱居。大中壬申歲重剃染，大揚宗旨。咸通三年二月十五日，不疾而逝，壽八十三，臘五十四。僖宗❿諡性空大師、定慧之塔。

【注釋】❶大慈山　在浙江餘杭九曜山西南，中峰隆起，旁舒兩翼，形似覆釜。❷丁母憂　舊稱遭父母之喪為「丁憂」。❸服闋　舊制父母死後守喪三年，期滿除喪服，稱「服闋」。闋，終了之意。❹罔極　古代特指父母對子女的恩德，以為深厚無窮。《詩經・小雅・蓼莪》：「父兮生我，母兮鞠我，……欲報之德，昊天罔極。」❺忉忉　指言語囉嗦。❻浙江　即錢塘江。❼樂普　一作洛浦，即唐僧人元安禪師，少入道，依臨濟義玄禪師，義玄寂滅，始住持本寺，後遷住澧陽洛浦山。❽唐武宗　唐代皇帝，繼位後改元會昌。在位時外卻吐蕃、回鶻，收復河湟之地，內平澤、潞藩鎮叛亂，一時頗能振作。後信從道教，毀佛，汰僧尼二十六萬，焚經熔像，以佛寺為官署，佛史稱作「會昌法難」。❾短褐　勞動者所穿的衣服。褐，粗布衣服。❿僖宗　唐代皇帝，八七四至八八八年在位。

【語譯】杭州（今屬浙江）大慈山寰中禪師（七八〇～八六二年），蒲坂（今山西永濟縣北三十里）人，俗姓盧。寰中頭頂骨圓圓的向上隆起，說話聲音如洪鐘一樣。他年少時為母親守喪，在墳墓旁修建了一間房子居住。守喪期滿後，他想報答父母深厚無窮的恩德，就在并州（今山西太原）童子寺出家，在嵩嶽受戒，學習各種佛法戒律之學。後來寰中參拜百丈懷海禪師，接受了佛祖心印。此後他辭別百丈禪師，前往南嶽衡山常樂寺，在山頂修建茅屋居住。

有一天，南泉普願禪師來了，問道：「什麼是庵中的主人？」寰中禪師說道：「蒼天！蒼天！」普願說道：「暫且把蒼天放在一旁，什麼是庵中的主人？」寰中回答：「知道就說知道，不要嘮嘮叨叨的。」普願拂袖而去。寰中禪師後來住持錢塘江北的大慈山寺。

寰中禪師上堂說道：「山僧不能回答問題，只會看病。」當時有一個僧人就出來站立在寰中的面前，寰中便下座，回到了方丈室。法眼禪師說道：「眾人都說是病，可在眼前不識。」玄覺禪師說道：「且說說看大慈禪師會看病不會看病，這個僧人站出是病不是病？如若說是病，每天活動睡覺不能都是病。如若說不是病，那又站出來幹什麼呢？」

趙州禪師問道：「般若以什麼作為形式？」寰中禪師回答：「般若以什麼作為形式。」趙州大笑著出去。第二天，寰中看見趙州在掃地，就問道：「般若以什麼作為形式？」趙州放下掃帚，拍手大笑，寰中就回到了方丈。

有僧人來告辭，寰中禪師問道：「到什麼地方去？」那僧人回答：「暫時去江西。」寰中問道：「麻煩你幫我辦一件事可不可以？」那僧人問道：「和尚有什麼事？」寰中說道：「把老僧也帶去。」那僧人回答：「還有超過和尚的，也不能帶得去。」寰中就作罷了。那僧人後來把這事說給洞山禪師聽，洞山說道：「闍梨怎麼能這樣說話！」那僧人就問道：「那和尚怎麼說？」洞山說道：「好了。」法眼禪師另外回答：「和尚如果去了，我來提斗笠。」洞山又問那僧人道：「大慈禪師還有什麼話語？」那僧人說道：「他有時候告訴眾人說：『說得一丈，不如行動一尺。說得一尺，不如行動一寸。』」洞山說道：「我不這麼說。」那僧人問道：「和尚怎麼說？」洞山說道：「說那做不到的，做那說不到的。」雲居禪師說道：「行動的時候不說路，說的時候不走路。但不說話不行路的時候，應當走什麼路呢？」洛浦元安禪師說道：「行路說話都做到了，即本分事沒有了。行路說話都沒有做到，即本分事還在。」

後來遇到唐武宗毀佛焚經，寰中禪師就身穿短褐隱居在民間。唐宣宗大中壬申年（八五二年），寰中禪師重新剃度，廣泛弘揚佛法宗旨。唐懿宗咸通三年（八六二年）二月十五日，寰中無疾而終，享年八十三歲，法臘為五十四歲。唐僖宗賜寰中禪師謚曰性空大師，靈塔名定慧之塔。

天台平田普岸禪師

天台平田普岸禪師，洪州人也，於百丈門下得旨。後聞天台勝概，聖賢間出，思欲高蹈❶方外❷，遠追遐躅❸，乃結茅薙草❹，宴寂林下。日居月諸❺，為四眾所知，創建精藍❻，號平田禪院焉。有時謂眾曰：「神光不昧，萬古徽猷❼。入此門來，莫存知解。」

有僧到參，師打一拄杖，其僧近前把住拄杖。師曰：「老僧適來造次。」僧卻打師一拄杖。師曰：「作家！作家！」僧禮拜，師把住曰：「是闍梨造次。」僧大笑，師曰：「遮箇師僧今日大敗也。」

有偈示眾曰：「大道虛曠，常一真心。善惡勿思，神清物表❽。隨緣飲啄❾，更復何為！」終于本院，今山門有遺塔存焉，皇朝重加修飾，賜額曰壽昌岸禪師，即壽昌開山和尚❿也。

【注釋】❶高蹈 即隱居。❷方外 世外，指超然於世俗禮教之外。❸遐躅 此指古代聖賢的業績。躅，蹤跡。❹薙 除草。❺日居月諸 指經歷歲月。《詩經・邶風・日月》：「日居月諸，照臨下土。」❻精藍 即寺院。❼徽猷 徽，美好。猷，謀略。❽物表 世俗之外。❾飲啄 此指人的飲食。❿開山和尚 也稱開山祖師，指在名山創立寺院的僧人。

【語譯】天台山平田普岸禪師，洪州（今江西南昌）人，在百丈懷海禪師門下悟得禪旨。後來普岸聽說天台山景色佳絕，聖賢輩出，就想隱居於這世俗禮教之外的勝地，遠追古人風采蹤跡，就在那裡修建茅舍，剪除雜草，居住修禪於林泉之下。居住的時間久了，就為四方僧俗所知曉，為他創建寺院，號稱平田禪院。普岸禪師有一次告訴眾人道：「神光不昏晦，就是萬古不變的美好謀略。一進入此門內，就不要再存有知識解說的念頭。」

有僧人前來參拜，普岸禪師打了他一禪杖，那僧人走上前把禪杖抓住。普岸說道：「老僧剛才造次了。」那僧人卻回打了普岸一禪杖。普岸說道：「高手！高手！」那僧人就禮拜，普岸抓住他說道：「是闍梨造次了。」那僧人大笑，普岸說道：「這個師僧今天大敗了。」

普岸禪師曾作偈語指示眾僧道：「大道虛曠，常一真心。善惡勿思，神清物表。隨緣飲啄，更復何為！」後來他在平田禪院圓寂，有遺塔留存於世，宋朝又重加修繕，朝廷並賜名號稱曰壽昌岸禪師，即為壽昌禪院的開山和尚。

筠州五峰常觀禪師

筠州五峰❶常觀禪師。有僧問：「如何是五峰境？」師云：「險。」僧云：「如何是境中人？」師云：「塞。」

有僧辭，師云：「闍梨向什麼處去？」僧云：「臺山❷去。」師豎起一指云：「若見文殊了，卻來遮裡與汝相見。」僧無對。

師問一僧：「汝還見牛麼？」僧云：「見。」師云：「見左角，見右角？」僧無對。師自代云：「見無左右。」仰山別云：「還辨左右麼？」

又有僧辭，師云：「汝去諸方去，莫謗❸老僧在遮裡。」僧云：「某甲不道和尚在遮裡。」師云：「汝道老僧在什麼處？」僧豎起一指，師云：「早是謗老僧也。」

【注釋】❶五峰　即五峰山，在江西宜豐西北一百里，有歸雲、積翠、羅漢、月桂、拂巖五峰，皆稱幽勝。上有五峰寺，即南朝宋武帝所建之淨覺寺。❷臺山　指五臺山，四大佛山之一，為文殊菩薩的道場。❸謗　說別人壞話。此指含有貶義的說話。

【語譯】筠州（今江西高安）五峰常觀禪師。有僧人問道：「什麼是五峰山勝景？」常觀回答：「險。」那僧人又問道：「什麼是勝景中的人？」常觀回答：「塞。」

有僧人辭去，常觀禪師問道：「闍梨到什麼地方去？」那僧人回答：「到五臺山去。」常觀豎起了一根手指說道：「如果見到了文殊菩薩後，就再到這裡來與你相見。」那僧人無言以對。

常觀禪師問一個僧人道：「你曾看見過牛嗎？」那僧人回答：「看見了。」常觀問道：「看見了左面的角，還是看見了右面的角？」那僧人無語應對。常觀就代替他回答道：「看見的沒有左右角。」仰山禪師別為回答：「還要辨別左右嗎？」

又有僧人來辭行，常觀禪師說道：「你到各地去，不要說老僧在這裡。」那僧人說道：「我不說和尚在這裡。」常觀問道：「你說老僧在什麼地方？」那僧人豎起了一根手指，常觀說道：「早就在說老僧了。」

潭州石霜山性空禪師

潭州石霜山性空禪師。僧問：「如何是西來意？」師曰：「若人在千尺井中，不假寸繩，出得此人，即答汝西來意。」僧曰：「近日湖南暢和尚出世❶，亦為人東語西話❷。」師喚沙彌：「拽出死屍著。」沙彌即仰山也。沙彌後舉問耽源：「如何出得井中人？」耽源曰：「咄！癡漢，誰在井中？」後問溈山：「如何出得井中人？」溈山乃呼：「慧寂。」寂應諾，溈山曰：「出也。」及住，仰山嘗舉前語謂眾曰：「我耽源處得名，溈山處得地。」

【注釋】❶出世　此指高僧大德住持寺院，宣講佛法。❷東語西話　此指說東道西，漫無邊際。

【語譯】潭州（今湖南長沙）石霜山性空禪師。有僧人問道：「什麼是達磨祖師西來的密旨？」性空禪師回答：「如若一個人落在一千尺深的井中，不借助繩索，就能把那個人弄出來，這就回答了你祖師西來的密旨。」那僧人說道：「近來湖南暢和尚出世說法，也是這樣給人說東道西的。」性空禪師就招呼沙彌道：「把這死屍拖出去。」沙彌就是仰山慧寂禪師。仰山後來詢問耽源應真禪師道：「怎麼才能弄出井中之人？」耽源說道：「咄！癡漢，誰在井中？」仰山後來又問溈山靈祐禪師，溈山就招呼道：「慧寂。」仰山答應，溈山就說道：

「弄出來了。」仰山當了住持後，曾經把這些話說給眾徒聽，並說道：「我從耽源禪師處得到了名，從溈山禪師處得到了地。」

福州大安禪師

福州大安禪師者，本州人也，姓陳氏。幼於黃蘗山❶受業，聽習律乘❷。嘗自念言：「我雖勤苦，而未聞玄極之理。」乃孤錫遊方，將往洪井，路出上元，逢一老父謂師曰：「師往南昌，當有所得。」師即造于百丈，禮而問曰：「學人欲求識佛，何者即是？」百丈曰：「大似騎牛覓牛❸。」師曰：「識後如何？」百丈曰：「如人騎牛至家。」師曰：「未審始終如何保任❹？」百丈曰：「如牧牛人執杖視之，不令犯人苗稼。」師自茲領旨，更不馳求。同參❺祐禪師，創居溈山也。師躬耕助道。及祐禪師歸寂，眾請接踵❻住持。

師上堂云：「汝諸人總來就❼安求覓什麼？若欲作佛，汝自是佛，而卻傍家❽走怱怱，如渴鹿趁陽焰❾，何時得相應去！阿你❿欲作佛，但無如許多顛倒攀緣⓫、妄想惡覺⓬、垢欲不淨眾生之心，則汝便是初心正覺⓭佛，更向何處別討所以？安在溈山三十來年，喫溈山飯，屙⓮溈山屎，不學溈山禪，只看一頭水牯牛，若落路入草便牽出，若犯人苗稼即鞭撻。調伏⑮既久，可憐生受人言語，如今變作箇露白⑯地牛，常在面前，終日露迥迥地⑰，趁亦不去也。汝諸人各自有無價大寶，從眼門放光，照山河大地，耳門放光，領采一切善惡音響。六門⑱晝夜常放光明，亦名放光三昧⑲。汝自不識取，影在四大身中，內外扶持，不教傾側。如人負重擔，從獨木橋上過，亦不教失腳。且是什麼物任持⑳，便得如是？汝若覓毫髮即不見。故志公和尚㉑云：『內外追尋覓總無，境上施為㉒渾㉓大有。』問：「一切施為是法身用。如何是法身？」師云：「一切施為是法身用。」僧云：「離卻五蘊，如何是本來身？」師云：「地水火風，受想行識㉔。」僧云：「遮箇是五蘊？」師云：「遮箇異五蘊。」問：「此陰㉕已謝，彼陰未生時如何？」師云：「此陰未謝，那箇是大德？」僧云：「不會。」師云：「若會此陰，便明彼陰。」問：「大用現前，不存軌則㉖時如何？」師云：「汝用得但用。」僧乃脫膊㉗，遶師三匝。師云：「向上事何不道取？」僧擬開口，師便打，云：「遮野狐精出去！」

有僧上法堂，顧視東西，不見師，乃云：「好箇法堂，只是無人。」師從門裡出，云：「作麼？」。無對。

雪峰和尚因入山采得一枝木，其形似蛇㉘，於背上題云：「本自天然，不假雕琢。」寄來與師。師云：「本色任山人，且無刀斧痕。」

人問師：「佛在何處？」師云：「不離心。」又云：「雙峰上人，有何所得？」師云：「法無所得。設有所得，得本無得。」

有僧問云：「黃巢㉙軍來，和尚卻什麼處迴避？」師云：「五蘊山中。」僧云：「忽被他捉著時如何？」師云：「惱亂㉚將軍。」

師大化閩城㉛二十餘載。唐中和三年十月二十二日，歸黃蘗寺，示疾而終。塔于楞伽山，敕諡圓智禪師、證真之塔。

【注釋】❶黃蘗山　在福建福清西南三十里，山上多黃蘗樹，故名。山中有黃蘗寺，寺西有嵩頭陀巖，巖石間隙中出乳香，故也名乳香巖。❷律乘　戒律之教法。❸騎牛覓牛　也作騎驢覓驢，喻愚人不知自己固有之物，更欲向外尋找。❹保任　保持；護守。❺同參　一同參禪之人；同學。❻接踵　此指接任。❼就　伴隨；跟從。❽傍家　挨家，引申為依次、逐一。❾渴鹿趁陽焰　陽焰指陽光照射產生的光波，使口渴的鹿以為是翻動的水波，而急於跑去一飲。以此喻學僧四處奔走，如渴鹿一樣。❿阿你　即你，「阿」為前綴。⓫攀緣　指心不獨起，必有所對之境，攀緣而起，如老人攀杖而起，故名。又指心忽東忽西，追逐外界之物，如猿猴攀木枝，忽此忽彼，故名。⓬惡覺　惡的思想，有八種之分別。⓭正覺　即三菩提，指如來的真正覺智，故成佛也稱成正覺。⓮屙　排泄大便或小便。⓯調伏　馴養；教養。⓰露白　指錢財外露，此喻智慧外露的。⓱露迥迥地　此喻完完全全顯露了。⓲六門　指眼耳鼻舌身意六境。⓳放光三昧　放種種色光三昧，為一百零八種三昧之一。⓴任持　扶持。㉑志公和尚　即南朝梁僧人寶誌，亦作保誌，世稱誌公和尚。「誌」亦作「志」。南朝宋時往來於揚州，語默不倫，其言有驗，四方民眾爭就問禍福。後齊武帝以其惑眾，收付獄中。至梁武帝登基，始解其禁，每與長談，所言皆經論義。㉒施為　舉動；行為。㉓渾　幾乎；簡直。㉔受想行識　五蘊中之四蘊。此四蘊皆為心法，故稱非色之四蘊。㉕陰　即蘊。㉖軌則　規律法則。㉗脫腨　光著膀子。㉘虵　即「蛇」的異體字。㉙黃巢　唐末農民軍領袖。㉚惱亂　煩擾。㉛閩城　指福州。

【語　譯】福州（今屬福建）大安禪師（七九三～八八三年），福州本地人，俗姓陳。大安少年時在黃蘗山出家接受佛法，學習戒律教乘。他曾經自思道：「我雖然刻苦勤學，但並未能學到玄極妙理。」於是大安就孤身一人振錫遊學四方，準備到洪井去，途經上元（今江蘇南京）時，遇到一個老人對他說道：「禪師到南昌（今屬江西）去，應當有所獲得。」大安就去拜訪百丈懷海禪師，施禮問道：「學生想求認識佛，哪位就是呢？」百丈禪師說道：「很像是騎著牛找牛。」大安問道：「認識後又怎麼樣呢？」百丈禪師說道：「就好像騎著牛回到了家。」大安又問道：「不知道自始至終怎麼保持？」百丈禪師回答：「就像是放牛的人手拿著棍子看著牠，不讓牠吃別人家的禾苗。」大安從此領悟了禪旨，再也不去其他地方求教。同學靈祐禪師，在溈山創立佛庵居住。大安禪師親自耕種田地幫助靈祐傳教。等到靈祐圓寂後，僧眾們請大安接任住持。

大安禪師上堂說法道：「你們這些人總是來追隨大安，請求尋覓個什麼？如果想成佛，你自己就是佛，但卻是挨家挨戶匆匆奔走，就好像是口渴的鹿追逐陽光照射產生的光波一樣，什麼時候才能追到想得到的東西！你想要成佛，只要沒有許多顛倒是非攀緣、妄想惡覺、垢欲不淨眾生的念頭，就是你的初心正覺佛，還向什麼地方另外尋求呢？大安在溈山住了三十來年，吃溈山飯，屙溈山屎，不學溈山禪，只看管一頭水牯牛，如果離開大路去吃草，就把牠牽回來，如果牠去吃別人家的禾苗，就用鞭子打牠。馴養的時間久了，可憐牠接受人的語言，如今變成了一頭露白的牛，常常在人面前，整天露迥迥的，趕也趕不走牠。你們這些人各自具有無價大寶，從眼門放射光明，照亮山河大地，耳門放出光明，領受一切善惡音響。眼耳鼻舌身意六門晝夜常放光明，也稱作放光三昧。你們自己不認識攝取，而影子投射在四大組成的身中，內外相扶持，不讓它傾斜。就如一個人擔負重擔，從獨木橋上走過，也不會失腳。且是什麼東西扶持著，才會這樣？你們如要尋找就連毫髮也看不見。所以誌公和尚說道：『內外追尋覓總無，境上舉動渾大有。』」有僧人問道：「一切舉動都是法身之作用。什麼是法身？」大安回答：「一切舉動都是法身之作用。」那僧人問道：「離開了五蘊，什麼是本來身？」大安回答：「地、水、火、風，受、想、行、識。」那僧人問道：「這個就是五蘊？」大安回答：「這個不同於五蘊。」那僧人問道：「此蘊已謝，彼蘊未生之時怎麼樣？」大安反問道：「此蘊未謝時，哪個是大德？」那僧人說道：「沒有領會。」大安說道：「如果領會了此蘊，就能明白彼蘊。」那僧人問道：「大用當前，而不遵循規律法則之時怎麼樣？」大安回答：「你能用就只管用。」那僧人就脫下衣服，光著膀子，圍繞著大安禪師走了三圈。大安問道：「向上一件事事為什麼不說取？」那僧人打算開口，大安便打他，並說道：「這野狐狸精出去！」

有僧人走上法堂，東看西望，沒看見大安禪師，就說道：「好一個法堂，只是沒有人。」大安從門裡出來，問道：「幹什麼？」那僧人無語以對。

雪峰義存和尚因為進山採到了一根樹枝，其形狀像一條蛇，就在樹枝背上題寫道：「本自天然，不假雕琢。」然後寄給大安禪師。大安說道：「本色住山人，且無刀斧痕。」

有僧人問大安禪師道：「佛在什麼地方？」大安回答：「不離開心。」那僧人又問道：「雙峰上人，有什麼所得？」大安回答：「法無所得。假設有所得，得本是無得。」

有僧人問道：「黃巢的軍隊來了，和尚到什麼地方去躲避？」大安禪師回答：「五蘊山中。」那僧人問道：「忽然被他們抓住時怎麼樣呢？」大安回答：「煩擾將軍。」

大安禪師在閩城弘揚教化二十餘年。唐代中和三年（八八三年）十月二十二日，大安回到了黃蘗寺，顯示出病症而圓寂。人們在楞伽山為他建造靈塔，天子賜他諡號曰圓智禪師，靈塔名證真之塔。

【說明】大安禪師因終日端坐，無所事事，世人因而也稱之為「懶安」。

福州古靈神讚禪師

福州古靈❶神讚禪師，本州大中寺受業，後行腳，遇百丈開悟，卻迴本寺。

受業師問曰：「汝離吾在外，得何事業？」曰：「並無事業。」遂遣執役。一日，因澡身❷，命師去垢，師乃拊背曰：「好所佛殿，而佛不聖。」其師迴首視之，師曰：「佛雖不聖，且能放光。」其師又一日在窗下看經，蜂子投窗紙求出。師覩之曰：「世界如許廣闊不肯出，鑽他故紙❸驢年去！」其師置經，問曰：「汝行腳遇何人？吾前後見汝發言異常。」師曰：「某甲蒙百丈和尚指箇歇處❹。今欲報慈德耳。」其師於是告眾致齋❺，請師說法。師登座，舉唱百丈門風，乃曰：「靈光❻獨耀，迥脫根塵。體露真常，不拘文字。心性無染，本自圓成。但離妄緣❼，即如如佛。」其師於言下感悟曰：「何期垂老得聞極則事！」

師後住古靈，聚徒數載，臨遷化，剃沐，聲鐘告眾曰：「汝等諸人還識無聲三昧否？」眾曰：「不識。」師曰：「汝等靜聽，莫別思惟。」眾皆側聆，師儼然順寂。塔存本山焉。

【注釋】❶古靈　山名，在福建閩縣西南七十里，一名大帽山。❷澡身　洗澡。❸鑽他故紙　按此一語雙關，既指蜂子欲鑽窗紙，也指受業師盲目讀經。❹歇處　此指領悟禪法的門徑。❺致齋　準備齋席。❻靈光　人人固有的佛性，靈靈照照，而放光明者。❼妄緣　此事物為我起妄情之緣由。

【語　譯】福州（今屬福建）古靈神讚禪師，原在福州大中寺出家學習佛法，後來在雲遊途中，遇到百丈懷海禪師的開示而領悟，再回到了原先的寺院中。其受業師問道：「你離開我在外面，獲得了什麼事業？」神讚回答：「並沒有事業。」於是就被派去幹雜活。有一天，他師父要洗澡，讓神讚為他除去汙垢，神讚就拍拍他的背說道：「好一座佛殿，就是佛不聖明。」他師父就回過頭來看他，神讚便說道：「佛雖然不聖明，但還能放光。」又有一天，他師父在窗下閱讀經書，有一隻蜂子在窗紙上飛來飛去想出去。神讚看著牠說道：「世界這樣廣闊而不肯出去，反而鑽在故紙堆裡，真是驢年猴月才能出去！」他師父就放下經書，對他說道：「你雲遊時遇到了什麼人？我見你前後所說的話大不相同。」神讚回答：「我承蒙百丈禪師指示一個領悟法門。現在想報答師父你的慈恩大德。」他師父於是就通知僧眾，準備齋席，請神讚登堂說法。神讚登上法座，倡導百丈門風，並說道：「靈光獨自照耀，迥然脫離根塵。體會佛法真諦，不拘泥於文字。心性沒有汙染，根本事業就自然成就圓滿。只要離卻了妄緣，就是如如佛。」他的師父聽了這些話後有所感悟，說道：「哪裡想到垂老還能聽見這些最高境界之事！」

　神讚禪師後來住持古靈山寺，聚徒教化數年，快要圓寂之時，剃髮沐浴，鳴鐘召集僧眾說道：「你們諸人還知道無聲三昧嗎？」眾僧回答：「不知道。」神讚說道：「你們精心諦聽，不要想其他的事情。」眾僧都側耳傾聽時，神讚神情莊嚴地圓寂了，靈塔就建造在本山寺內。

【說　明】此公案說的是神讚禪師從百丈禪師處得法後，再返回本寺為受業師說法，以報答師恩的故事。

廣州和安寺通禪師

廣州和安寺通禪師者，婺州雙林寺受業。自幼寡言，時人謂之「不語通」也。因禮佛，有禪者問云：「座主禮底是什麼？」師云：「是佛。」禪者乃指像云：

「遮箇是何物？」師無對。至夜，具威儀禮問禪者云：「今日所問，某甲未知意旨如何？」禪者云：「座主幾夏❶邪？」師云：「十夏。」禪者云：「還曾出家也未？」師轉茫然。禪者云：「若也不會，百夏奚為？」禪者乃命師同參馬祖。行至江西，馬祖已圓寂，乃謁百丈，頓釋疑情。

有人問師：「是禪師否？」師云：「貧道不曾學禪。」師良久，卻召其人，其人應諾。師指椶櫚樹子。（其人無對。）

師一日令仰山將牀子來。仰山將到，師云：「卻送本處。」仰山從之。師云：「牀子那邊是什麼物？」仰山云：「無物。」師云：「遮邊是什麼物？」仰山云：「無物。」師召云：「慧寂。」仰山云：「諾。」師云：「去！」

【注　釋】❶夏　僧人每年自農曆四月十六日至七月十五日在寺中禪修，禁止外出，稱坐夏，也稱夏安居。此指出家為僧的年數。

【語　譯】廣州（今屬廣東）和安寺通禪師，在婺州（今浙江金華）雙林寺出家受業學佛。通禪師從小就很少說話，當時的人就叫他「不語通」。通禪師有一次向佛像作禮拜，有一個禪者問他道：「座主在向誰作禮拜？」通禪師回答：「是禮拜佛。」那禪者就指著佛像問道：「這個是什麼事物？」通禪師不能回答。到了晚上，通禪師穿戴齊整、神情莊嚴地禮問那禪者道：「今日白天的問話，我不知道其意旨是什麼？」那禪者問道：「座主經過幾次坐夏了？」通禪師回答：「有十夏了。」那禪者再問道：「還曾出家過嗎？」通禪師更加感到迷茫。那禪者卻說道：「如果也不能領會，就是坐了一百夏又有什麼用處？」那禪者就讓通禪師與他一起去參拜馬祖。等他們來到了江西，馬祖已經圓寂了，就轉而拜謁百丈懷海禪師，使從前的疑惑頓時消融。

有人問通禪師道：「你是禪師嗎？」通禪師回答：「貧道不曾學過禪。」過了片刻，通禪師召喚那人，那人隨聲答應。通禪師卻指著棕櫚樹。那人無言應對。

通禪師有一天命令仰山慧寂把禪牀搬過來。仰山把禪牀搬了過來，通禪師卻說道：「還送回原處去。」仰山仍從命行事。通禪師問道：「禪牀那邊是什麼東西？」仰山回答：「沒有東西。」通禪師又問道：「禪牀這邊是什麼東西？」仰山回答：「沒有東西。」通禪師便招呼道：「慧寂。」仰山應答一聲：「在。」通禪師說道：「去吧！」

江州龍雲臺禪師

江州龍雲臺禪師。有僧問：「如何是祖師西來意？」師云：「老僧昨夜欄❶裡失卻牛。」

【注　釋】❶欄　農村圈養牲畜的木欄。

【語　譯】江州（今江西九江）龍雲臺禪師。有僧人問道：「什麼是達磨祖師西來的意旨？」臺禪師說道：「昨夜牛欄裡的牛丟失了。」

京兆衛國院道禪師

京兆衛國院道禪師。僧到參，師問：「何方來？」僧云：「湘南❶來。」師云：「黃河清未？」僧無對。溈山代云：「小小狐兒，要過但知過，用疑作什麼？」

師因疾，有人來問疾，師不出。其人云：「久聆和尚道德，忽承法體違和，請和尚相見。」師將鉢鐼❷盛鉢楮❸，令侍者擎出呈之，其人無對。

【注釋】❶湘南 即湖南。❷鐼 小鉢。《五燈會元·灌溪志閑禪師》：「鉢裡盛飯，鐼裡盛羹。」❸鉢楮 擱放鉢的支板。楮，柱腳。

【語譯】京兆（今陝西西安）衛國院道禪師。有僧人新來參拜，道禪師問道：「從什麼地方來的？」那僧人回答：「從湘南來。」道禪師問道：「黃河水清了沒有？」那僧人不能應對。溈山靈祐禪師代為回答：「小小的狐狸，要過就過去，還懷疑幹什麼？」

道禪師因為生病，有人來探病，但道禪師未出來相見。那人便說道：「很久就聽說了和尚的道行品德，忽然聽到和尚的法體欠安，故只想來請和尚見上一面。」道禪師就用鉢鐼盛著鉢楮，讓侍僧拿出來呈給那人看，那人不能應答。

鎮州萬歲和尚

鎮州萬歲和尚。僧問：「大眾雲集，合譚何事？」師云：「序品❶第一。」

歸宗柔❷別云：「禮拜了去。」

【注釋】❶序品 《法華經》二十八品中的第一品，為一經發起之由序，故名序品。此泛指一般佛經卷首之序。❷歸宗柔 即五代僧人義柔，參淨慧文益禪師得法，為青原第九世，後住持廬山歸宗寺，死於北宋初年。

【語譯】鎮州（今河北正定）萬歲和尚。有僧人問道：「眾人雲集在一起，應該議論什麼事情？」萬歲和尚回答：「序品第一。」歸宗義柔禪師別為回答：「禮拜完了就離去。」

洪州東山慧和尚

洪州東山慧和尚，遊山見一巖❶。僧問云：「此巖有主也無？」師云：「有。」僧云：「是什麼人？」師云：「三家村❷裡覓什麼！」其僧又問：「如何是巖中主？」師云：「還氣急❸麼？」

有小師❹行腳迴，師問：「汝離吾在外多少時耶？」小師云：「十年。」師云：「不用指東指西，直道將來。」小師云：「對和尚不敢謾語❺。」師喝云：「遮打野漢❻！」

【注釋】❶巖 洞穴；石窟。❷三家村 指人煙稀少、偏僻的小村落。❸氣急 同「性急」。❹小師 年輕和尚。❺謾語 亂說；說謊。❻打野漢 原指在劇場外演技的江湖藝人。此指不能專意修持正法者。

【語譯】洪州（今江西南昌）東山慧和尚，在遊山時看見一個石窟。有僧人問道：「這個石窟有沒有主人？」慧和尚回答：「有。」那僧人問道：「是什麼人？」慧和尚說道：「在三家村裡尋找個什麼！」那僧人又問道：「怎樣才是石窟中的主人？」慧和尚說道：「你還性急呢？」

有個小和尚雲遊歸來，慧和尚問道：「你離開我在外面有多少時候了？」小和尚回答：「十年了。」慧和尚說道：「你不用指東指西，直接給我說出來。」小和尚回答：「對和尚不敢亂說。」慧和尚大喝道：「這個打野漢！」

清田和尚

清田和尚，一日與瑫上座煎茶次。師敲繩牀❶三下，瑫亦敲三下。師云：「老僧敲，有箇善巧❷。上座敲，有何道理？」瑫曰：「某甲敲，有箇方便。和尚敲，作麼生？」師舉起盞子❸，瑫云：「善知識眼應須恁麼。」煎茶了，瑫卻問：「和尚適來舉起盞子，意作麼生？」師云：「不可更別有也。」

【注　釋】❶繩牀　即交椅，也稱胡牀。《晉書・佛圖澄傳》：「坐繩牀，燒安息香。」❷善巧　竅門；奥妙。❸盞子　小茶杯。

【語　譯】清田和尚，有一天與瑫上座正在煎茶喝。清田和尚在繩牀上敲了三下，瑫上座也回敲了三下。清田和尚說道：「老僧敲牀，有個竅門。上座敲牀，有什麼道理嗎？」瑫上座說道：「我敲牀，也有個方便。和尚敲牀幹什麼？」清田和尚舉起了小茶杯，瑫上座說道：「善知識之眼應該這樣。」茶喝完了，瑫上座卻問清田和尚道：「和尚剛才舉起茶杯，想幹什麼？」清田和尚回答：「不可能還有其他的意思。」

大于和尚

大于和尚，與南用到茶堂，見一僧近前不審。用云：「我既不納汝，汝亦不見我。不審阿誰？」僧無語。師云：「不得平白地恁麼問伊。」用云：「大于亦無語。」師乃把其僧云：「是你恁麼累我亦然。」打一摑。用便笑曰：「朗月與青天。」

侍者❶到看，師問云：「金剛正定❷，一切皆然。秋去冬來，且作麼生？」侍者云：「不妨和尚借問。」師云：「即今即得，去後作麼生？」侍者云：「誰敢問著某甲？」師云：「大于還得麼？」侍者云：「猶要別人點檢在。」師云：「輔弼❸宗師，不廢光彩。」侍者禮拜。

【注　釋】❶侍者　《五燈會元》卷四稱，「侍者」為大于和尚，「師」指洪州東山慧和尚，與本書不同。❷金剛正定　即金剛三昧。為菩薩於最後位斷滅最極微細煩惱之禪定，因其智慧作用堅利，故以金剛為喻。❸輔弼　輔佐；扶持。

【語　譯】大于和尚，與南用來到了茶室，看見一個僧人前來問訊。南用說道：「我既沒有接納你，你也沒有看見我。你向誰問訊啊？」那僧人無言應對。大于和尚說道：「不能平白無故地這樣問他。」南用說道：「大于也無語以對。」大于和尚就抓住那僧人說道：「是你這個樣子，連累我也被他說了。」就打了他一巴掌。南用就笑道：「明月與青天。」

侍者前來參見，大于和尚問道：「金剛正定，一切皆是這樣。秋去冬來，將要做什麼？」侍者說道：「不妨和尚提問。」大于和尚問道：「假設現在就得到了，離去後幹什麼？」侍者反問道：「誰敢來問我？」大于和尚問道：「大于已得到了嗎？」侍者回答：「仍然還需要別人的點撥檢驗。」大于和尚說道：「輔佐宗師，不廢光彩。」侍者就對大于和尚禮拜。

【說　明】百丈懷海禪師的弟子除上述十五人外，還有高安無畏禪師、東巖道曠禪師、邢州素禪師、唐州大乘山吉本禪師、小乘山慧深禪師、揚州慧照寺昭一禪師、禎州羅浮鑒深禪師、洪州九仙山梵雲禪師、百丈山涅槃和尚、江州盧山操禪師、越州禹迹寺契真禪師、筠州包山天性禪師、明州大梅山彼岸禪師、洪州逵山藏術禪師、昇州祇闍山道方禪師等十五人，因無機緣語，故未收錄。

前虔州西堂智藏禪師法嗣

虔州處微禪師

虔州處微禪師。問：「三乘十二分教體理得妙，與祖師意為同為別？」師云：「恁麼即須向六句外鑒，不得隨他聲色轉。」僧曰：「如何是六句？」師曰：「語底默底，不語不默，總是總不是，汝合❶作麼生？」僧無對。

師問仰山：「汝名什麼？」對曰：「慧寂。」師曰：「那箇是慧？那箇是寂？」

曰：「只在目前。」師曰：「猶有前後在。」寂曰：「前後且置，和尚見什麼？」師曰：「喫茶去！」

【注釋】❶合　應該。

【語譯】虔州（今江西贛州）處微禪師。有僧人問道：「三乘十二分教體會理旨而得妙用，與祖師的旨意是相同還是有所區別呢？」處微回答：「這樣就必須向六句以外去鑑別，不能依隨聲色而轉移。」那僧人問道：「什麼是六句？」處微回答：「說話的，沉默的，不說話的，不沉默的，總是對的，總是不對的，你應該怎麼樣？」那僧人無語以對。

處微禪師問仰山慧寂道：「你名叫什麼？」仰山回答：「慧寂。」處微問道：「哪個是慧？哪個是寂？」仰山回答：「就在眼前。」處微說道：「還是有前後的。」仰山說道：「前後暫且放在一邊，和尚看見了什麼？」處微說道：「吃茶去！」

【說明】西堂智藏禪師的法嗣還有雞林道義禪師與新羅國慧禪師、洪直禪師三人，因無機緣語句，故未收錄。

前蒲州麻谷山寶徹禪師法嗣

壽州良遂禪師

壽州良遂禪師，初參麻谷，麻谷召曰：「良遂。」師應諾。如是三召三應，麻谷曰：「遮鈍根阿師！」師方省悟，乃曰：「和尚莫謾❶，良遂若不來禮拜和尚，幾空過一生。」麻谷可之。

【注釋】❶謾　輕慢；謾罵。

【語譯】壽州（今安徽鳳臺）良遂禪師，初次參拜麻谷寶徹禪師時，麻谷招呼道：「良遂。」良遂答應。就這樣招呼了三次，答應了三次，麻谷罵道：「這個鈍根阿師！」良遂於是省悟，就說道：「和尚不要罵，良遂如果不來禮拜和尚，差一點空過了一生。」麻谷許可了他的看法。

【說明】麻谷寶徹禪師的法嗣還有新羅國無染禪師一人，因無機緣語句，故未收錄。

前湖南東寺如會禪師法嗣

吉州著山慧超禪師

吉州著山慧超禪師。洞山來禮拜次，師曰：「汝已住❶一方，又來遮裡作麼？」對曰：「良价無奈疑何，特來見和尚。」師召良价，价應諾。師曰：「是什麼？」价無語。師曰：「好箇佛，只是無光焰。」

【注釋】❶住　住持。

【語　譯】吉州（今江西吉安）薯山慧超禪師。洞山良价禪師前來禮拜之時，慧超禪師問道：「你已經是一方住持了，又到這裡來幹什麼？」洞山回答：「無奈良价有疑難不能解答，故特地來參見和尚。」慧超招呼良价，良价答應。慧超問道：「是什麼？」良价無語應對。慧超說道：「好一尊佛，只是沒有光焰。」

【說　明】東寺如會禪師的弟子還有舒州景諸禪師、莊嚴寺光肇禪師與潭州幕輔山昭禪師三人，因無機緣語句，故未收錄。

前京兆章敬寺懷惲禪師法嗣

京兆大薦福寺弘辯禪師

京兆大薦福寺弘辯禪師。唐宣宗❶問：「禪宗何有南北之名？」師對曰：「禪門本無南北。昔如來以正法眼付大迦葉，展轉相傳，至二十八祖菩提達磨，來遊此方為初祖。暨第五祖弘忍大師在蘄州東山開法，時有二弟子：一名慧能，受衣法，居嶺南為六祖；一名神秀，在北揚化。其後神秀門人普寂，立本師為第六祖，而自稱七祖。其所得法雖一，而開導發悟有頓漸之異，故曰南頓北漸，非禪宗本有南北之號也。」帝曰：「云何名戒？」師對曰：「防非止惡謂之戒。」帝曰：「何為定？」對曰：「六根涉境，心不隨緣名定。」帝曰：「何為慧？」對曰：

「心境俱空，照覽無惑名慧。」帝曰：「何為方便？」對曰：「方便者，隱實覆相權巧之門也。被接中下，曲施誘迪謂之方便。設為上根言，捨方便，但說無上道者，斯亦方便之譚。乃至祖師玄言，忘功絕謂❷，亦無出方便之迹。」帝曰：「何為佛心？」對曰：「佛者西天之語，唐言❸覺。謂人有智慧覺照為佛心。心者佛之別名，有百千異號，體唯其一，本無形狀，非青黃赤白、男女等相，在天非天，在人非人，而現天現人，能男能女，非始非終，無生無滅，故號靈覺之性。如陛下日應萬機，即是陛下佛心。假使千佛共傳，而不念別有所得也。」帝曰：「如今有人念佛如何？」對曰：「如來出世為天人師，善知識隨根器而說法，為上根者開最上乘頓悟至理。中下者未能頓曉，是以佛為韋提希❹權❺開十六觀門❻，令念佛生於極樂❼。故經云：『是心是佛，是心作佛，心外無佛，佛外無心。』」帝曰：「有人持經念佛，持呪❽求佛，如何？」對曰：「如來種種開讚，皆為最上一乘。如百川眾流，莫不朝宗于海。如是差別諸數，皆歸薩婆若❾海。」帝曰：「祖師既契會心印，《金剛經》云『無所得法』，如何？」對曰：「佛之一化，實無一法與人。但示眾人，各各自性，同一法寶藏。當時然燈如來❿但印釋迦本法而無所得，方契然燈本意。故經云：『無我無人，無眾生，無壽者，是法平等，修一切善法，不住於相。』」帝曰：「禪師既會祖意，還禮佛轉經⓫否？」對曰：「沙門釋子，禮佛轉經，蓋是住持常法，有四報焉。然依佛戒修身，參尋知識，漸修梵行⓬，履踐如來所行之迹。」帝曰：「何為頓見？何為漸修？」對曰：「頓明自性，與佛同儔。然有無始染習，故假漸修對治⓭，令順性起用。如人喫飯，不一口便飽。」師是日辯對七刻⓮，賜紫方袍⓯，號圓智禪師，仍敕修天下祖塔，各令守護。

【注釋】❶唐宣宗　名忱，唐武宗暴卒後，為宦官所立。即位後一改唐武宗毀廢佛法之政，大興佛教。傳說其未登位時，為避唐武宗迫害，曾變姓名出奔，入杭州齊安寺為沙彌。但考諸史實，頗難證信。❷謂　言說。❸唐言　唐朝人的語言，即華語，相對於梵語而言。❹韋提希　摩羯陀國頻婆沙羅王的王后，為阿闍世之母。❺權　姑且；權宜。❻十六觀門　以十六觀為往生西方極樂世界的門戶，故名。有無餘眾生界八門與無盡法界八門。❼念佛生於極樂　淨土宗認為信徒稱念彌陀佛名，信心迴向，就能往生於西方極樂世界。❽呪　即呪陀羅尼，為四種陀羅尼之三。佛、菩薩從禪定所發之秘密語句，其總持不忘，有不測神驗。為密宗修持法門之一。❾薩婆若　意為一切智，即諸佛究竟圓滿果位之智。❿然燈如來　即燃燈佛。《智度論》曰：釋迦如來因行中第二阿僧祇劫滿時逢此佛出世，買五華之蓮以供養佛，布髮于泥，令佛蹈之，以受未來成佛之記別。⓫轉經　即念經。⓬梵行　涅槃五行之一，為菩薩利他之行，能為一切不善之對治，離過錯而清淨，故名梵行。梵，清淨之意。⓭對治　斷滅煩惱，有厭患對治、斷對治、持對治與遠分對治四種。⓮刻　時間量詞，十五分鐘為一刻。⓯紫方袍　也稱紫衣，即紫色的袈裟或上衣，為朝廷賜予高僧以作為榮譽象徵，其制始於唐代。

【語譯】京兆（今陝西西安）大薦福寺弘辯禪師。唐宣宗問道：「禪宗為什麼有南宗、北宗的名稱？」弘辯禪師回答道：「禪門本來沒有南北的區別。從前如來佛將正法眼傳付給大迦葉，輾轉相傳授，到了第二十八代祖師菩提達磨，來雲遊中土，成為第一世祖師。後來至第五祖弘忍大師在蘄州（今湖北蘄春）東山寺開堂講法，當時有兩個弟子：一個名叫慧能，接受衣法，居住於嶺南（今兩廣地區），是為禪宗第六祖；另一人名叫神秀，在北方宣揚教化。此後神秀的門人有一名叫普寂的，立其師父神秀為第六祖，而自稱是第七祖。他們所得的佛法雖然是一樣的，但是開導領悟的法門卻有頓與漸的區別，所以稱作南頓北漸，並不是禪宗本來就有南宗與北宗的名稱。」唐宣宗問道：「把什麼稱作戒？」弘辯回答：「預防錯誤制止邪惡就稱作戒。」唐宣宗問道：「把什麼稱作定？」弘辯回答：「六根涉及外境，而本心不隨緣就稱作定。」唐宣宗問道：「把什麼稱作慧？」弘辯回答：「心與境都空虛，返照察看而沒有疑慮就稱作慧。」唐宣宗問道：「什麼叫作方便？」弘辯回答：「所謂方便，就是隱藏真實覆蓋實相的權宜機巧之門。澤被引接中、下根機的人，巧妙地進行誘導啟迪就叫作方便。假使引接上根之人，就捨棄方便，而只說無上之佛道者，那也是方便之談論。乃至於祖師的玄妙微言，忘記功德，絕滅言說，也沒有超出方便的範圍。」唐宣宗問道：「什麼是佛心？」弘辯回答：「所謂佛，是西天的梵語，唐人叫作覺。把人有智慧覺照稱作佛心。所謂心，是佛的別名，有千百種不同的稱號，只是其本體是一樣的，本來就沒有形狀，不是青、黃、赤、白或男或女等形相，在天不是天，在人不是人，而顯現出天、顯現出人，能顯現出男、顯現出女，不是開始也不是結束，沒有生也沒有滅，所以號稱為靈覺之性。如若陛下每天日理萬機，就是陛下的佛心。假使千佛共同傳授，而不會考慮還有其他所得的。」唐宣宗就問道：「如今有人念佛怎麼樣？」弘辯回答：「如來出世來作天人師，善知識根據所具根性資質來說法，有上等根機的教給他最上乘的頓悟道理。中、下根機者不能頓悟，所以佛為韋提希權宜開設十六觀門，讓他們念佛而往生於西方極樂世界。所以佛經上說：『是心是佛，是心作佛，心外無佛，佛外無心。』」唐宣宗問道：「有的人拿著佛經念佛，拿著經呪求佛，怎麼樣？」弘辯回答：「如來創始的種種歌頌之辭，都是最上一乘教法。如同百川眾流，沒有不朝著大海而流的。如同這樣的種種差別，都歸入到薩婆若海。」唐宣宗問道：「祖師既然契會了心印，《金剛經》卻說『無所得法』，為什麼？」弘辯回答：「佛的教化，實際上並沒有一法傳給人。佛只是展示給眾人各人自有的本性，是同一之法寶藏。當時燃燈如來只是印證了釋迦本法而無所得，才契合燃燈的本意。所以佛經上說：『沒有我，沒有他人，沒有眾生，沒有長壽的人，這佛法平等，修習一切善法，而不執著於形相。』」唐宣宗問道：「禪師既然已經領悟了祖師的旨意，還是否要拜佛念經？」弘辯回答：「沙門釋子，拜佛念經，都是住持的常法，可有四種報應。然後依據佛法戒律來修身，尋找知識，漸修梵行，實踐如來所創始的事業。」唐宣宗問道：「什麼是頓見？什麼是漸修？」弘辯回答：「頓時明白自己的本性，就與佛同輩。然而有的人沾染了無始之俗習，所以要借助漸修來治理，讓他順著本性而起功用。如同人吃飯一樣，並不能一口就吃飽了。」弘辯禪師這一天辯論對答了七刻，唐宣宗賜予他紫方袍，號為圓智禪師，還下詔修繕天下的祖師之塔，命令每一個都要加以守護。

【說　明】弘辯禪師認為慧能、神秀所主張雖有「頓漸之異」，但其「所得法」實一，只是「最上乘頓悟至理」是為「上根者」所開，而漸修是為「未能頓曉」的「中下根者」所施之方便法門，以「對治」那「無始染習」。可見隨著禪宗的發展，主張頓悟的南宗也逐漸融入了漸修教義，以滿足開示「中下根者」的需要。

福州龜山智真禪師

福州龜山❶智真禪師者，揚州人也，姓柳氏。受業於本州華林寺，唐元和元年潤州丹徒天香寺受戒，不習經論，唯慕禪那。初謁惲禪師，惲問曰：「何所而至？」真曰：「至無所至，來無所來。」惲雖默然，真亦自悟。尋抵婺州五洩山，會正原禪伯。長慶二年，同遊建陽，受郡人葉玢請，居東禪。至開成元年，往福州長溪，邑人陳亮、黃瑜請於龜山開剏。

一日，示眾曰：「動容眴目❷，無出當人❸，一念淨心，本來是佛。」乃說偈曰：「心本絕塵何用洗，身中無病豈求醫？欲知是佛非身處，明鑑高懸未照時。」

後值武宗澄汰，有偈二首示眾曰：「明月分形處處新，白衣❹寧墜解空人❺？誰言在俗妨修道，金粟曾為長者身❻。」其二曰：「忍仙❼林下坐禪時，曾被歌王❽割截肢。況我聖朝❾無此事，只今休道❿亦何悲？」暨宣宗中興，乃不復披緇。咸通六年終于本山，壽八十四，臘六十。敕諡歸寂禪師，塔曰秘真。

【注釋】❶龜山　在福建屏南縣東，山形如龜。❷眴目　眨眼。❸當人　本人。❹白衣　此指俗人。❺解空人　此指禪者。❻金粟曾為長者身　傳說維摩詰居士的前身為金粟如來。長者，指維摩詰居士。❼忍仙　即忍辱仙。釋迦如來於自發心至成佛的因位為忍辱仙，修忍辱之行，而為歌利王肢解其身。事見《涅槃經》。❽歌王　即歌利王，也名惡世無導王，為西天波羅奈國的國王。❾聖朝　古人對本朝的尊稱。❿休道　此指還俗。

【語譯】福州（今屬福建）智真禪師（七八二～八六五年），揚州（今屬江蘇）人，俗姓柳。智真在揚州華林寺出家受業，唐代元和元年（八〇六年）於潤州丹徒（今江蘇鎮江）天香寺受具足戒，他不學習經論，只仰慕禪定。智真初次拜謁章敬寺懷惲禪師時，懷惲問道：「從什麼地方而來？」智真回答：「至也無所至，來也無所來。」懷惲雖然沉默不語，智真自己也因而有所省悟。不久，智真來到了婺州（今浙江金華）五洩山，拜會正原禪伯。長慶二年（八二二年），智真與正原禪伯一起雲遊建陽（今屬福建），並接受當時人葉玢的邀請，居住在東禪寺。到了開成元年（八三六年），智真前往福州長溪（今屬福建），當地人陳亮、黃瑜邀請他於龜山開創寺院。

有一天，智真禪師上堂告訴眾人道：「展動容顏，眨眨眼睛，不出於當事人之外，而其一念清淨心，本就是佛。」還念誦了一首偈頌道：「心本絕塵何用洗，身中無病豈求醫？欲知是佛非身處，明鏡高懸未照時。」

此後，唐武宗毀佛，沙汰僧尼，智真禪師作了兩首偈頌告示眾僧，其一道：「明月普照大地處處皆新，白衣難道就劣於解空人？誰說身在俗世會妨礙修道，金粟如來就曾為居士之身。」其二道：「忍辱仙在林下坐禪時，曾被歌利王割斷了四肢。何況我聖朝並沒有此類事，只是令人還俗又有什麼可悲的？」當唐宣宗中興佛教時，智真禪師不再穿著僧衣。咸通六年（八六五年），智真禪師在龜山本寺圓寂，享年八十四歲，法臘為六十歲。唐天子賜智真謚號曰歸寂禪師，靈塔名秘真之塔。

朗州東邑懷政禪師

朗州東邑懷政禪師。仰山來參，師問：「汝何處人？」仰山曰：「廣南人。」師曰：「我聞廣南有鎮海明珠，是否？」仰山曰：「是。」師曰：「此珠何形狀？」仰山曰：「白月即現。」師曰：「汝將得來否？」仰山曰：「將得來。」師曰：「何不呈似老僧看？」仰山曰：「昨到溈山，亦就慧寂索此珠，直得❶無言可對，無理可宣。」師曰：「真師子兒❷大師子吼。」

【注釋】❶直得　直到；致使。❷師子兒　即獅子，借喻傑出的僧人。

【語譯】朗州（今湖南常德）東邑懷政禪師。仰山慧寂來參拜，懷政問道：「你是哪裡人？」仰山回答：「廣南（今兩廣地區）人。」懷政問道：「我聽說廣南有鎮海明珠，是不是啊？」仰山回答：「是。」懷政問道：「這明珠是什麼形狀呢？」仰山回答：「如滿月當空。」懷政問道：「你帶來了嗎？」仰山回答：「帶來了。」懷政問道：「為什麼不拿給老僧看看呢？」仰山說道：「上次到溈山去，溈山禪師也向慧寂索取這明珠，直到無話可應對，無理可宣說。」懷政說道：「這才是真獅子的大獅子吼。」

金州操禪師

金州操禪師，一日請米和尚齋，不排座位。米到，展坐具❶禮拜。師下禪牀，米乃就師位而坐，師卻席地而坐。齋訖，米便去。侍者曰：「和尚受一切人欽仰，今日座位被人奪卻！」師曰：「三日若來，即受救在。」米果三日後來，云：「前日遭賊。」

僧問鏡清：「古人遭賊意如何？」清云：「只見錐頭利，不見鑿頭方。」

【注釋】❶坐具　禮拜之具。禮拜之前先敷坐具，再在其上行禮。

【語譯】金州（今陝西安康）操禪師，有一天請米和尚吃齋飯，卻沒有安排他的座位。米和尚到來後，展開坐具作禮拜。操禪師從禪牀上走下來，米和尚就坐在了操禪師的座位上，操禪師便席地而坐。吃完了齋飯，米和尚就走了。侍者問道：「和尚受到一切人的敬仰，今天卻連座位也被人奪走了！」操禪師說道：「三天後他若再來，就會呼救的。」三天後，米和尚果真來了，說道：「前天遭到賊偷了。」有僧人問鏡清禪師道：「古人說遭到賊偷是什麼意思？」鏡清回答：「只看見過錐子的頭是尖利的，沒有看見過鑿子的頭是方的。」

朗州古堤和尚

朗州古堤和尚，尋常見僧來，每云：「去！汝無佛性。」僧無對。或有對者，莫契❶其旨。一日，仰山慧寂到參，師云：「去！汝無佛性。」寂叉手近前應諾，師笑曰：「子什麼處得此三昧？」寂曰：「我從溈山得。」寂問曰：「和尚從誰得？」師曰：「我從章敬得。」

【注釋】❶契　契合；符合。

【語譯】朗州（今湖南常德）古堤和尚，平日看見僧人來了，每每說道：「去！你沒有佛性。」僧人們都不能應答。有時也有回答的人，但都不能符合他的心意。有一天，仰山慧寂來參拜，古堤和尚同樣說道：「去！你沒有佛性。」慧寂拱手走向前應答，古堤和尚就笑著問道：「你從什麼地方學得這三昧？」慧寂回答：「我從溈山禪師處得到。」慧寂也問道：「和尚從哪裡得到這三昧？」古堤和尚說道：「我從章敬禪師那裡得到。」

河中公畿和尚

河中公畿和尚。僧問：「如何是道？如何是禪？」師云：「有名非大道，是非俱不禪。欲識此中意，黃葉止啼錢❶。」

【注　釋】❶黃葉止啼錢　《涅槃經・嬰兒行品》：「又嬰兒行者，如彼嬰兒啼哭之時，父母即以楊樹黃葉而語之言：莫啼，莫啼！我與汝金。嬰兒見已，生真金想，便止不啼。然此楊葉實非金也。」眾生如嬰兒無知，以嬰兒啼哭來比喻眾生作惡受苦。黃葉止啼，指佛以方便權宜之法教化眾生。

【語　譯】河中府（今山西永濟西）公畿和尚。有僧人問道：「什麼是道？什麼是禪？」公畿和尚回答道：「有名即非大道，是與非皆不是禪。欲識此中之意，黃葉止啼錢。」

【說　明】章敬寺懷惲禪師的弟子還有柏林院閑雲禪師、宣州玄哲禪師、河中府寶堅禪師、西京道志禪師、絳州神祐禪師、西京智藏禪師、許州無迹禪師、壽州惟肅禪師、新羅國玄昱禪師、新羅國覺體禪師等十人，因無機緣語句，故未收錄。

卷一〇

懷讓禪師下三世下

前池州南泉普願禪師法嗣

湖南長沙景岑禪師

湖南長沙景岑，號招賢大師，初住鹿苑❶，為第一世，其後居無定所，但徇❷緣接物，隨請說法，故時眾謂之長沙和尚。

上堂曰：「我若一向舉揚❸宗教，法堂裡須草深一丈。我事不獲已，所以向汝諸人道：盡十方世界是沙門眼，盡十方世界是沙門全身，盡十方世界是自己光明，盡十方世界在自己光明裡，盡十方世界無一人不是自己。我常向汝諸人道：三世諸佛共❹盡法界眾生，是摩訶般若❺光。光未發時，汝等諸人向什麼處委❻？

光未發時，尚無佛無眾生消息，何處得山河國土來？」時有僧問：「如何是沙門眼？」師云：「長長出不得。」又云：「成佛成祖出不得，六道輪迴出不得。」僧云：「未審出箇什麼不得？」師云：「晝見日，夜見星。」僧云：「學人不會。」師云：「妙高山❼色青又青。」僧問：「教中云而❽常處此菩提座，如何是座？」師云：「老僧正坐，大德正立。」僧問：「如何是大道？」師云：「沒卻❾汝。」僧問：「諸佛師是誰？」師云：「從無始劫❿來，承誰覆蔭⓫？」僧云：「未有諸佛已前作麼生？」師云：「魯祖開堂，亦與師僧東道西說。」僧問：「學人不據地⓬時如何？」師云：「汝向什麼處安身立命？」僧云：「卻據地時如何？」師云：「拖出死屍著。」僧問：「如何是異類？」師云：「尺短寸長。」僧問：「如何是諸佛師？」師云：「不可更拗直作曲耶。」僧云：「請和尚向上說。」師云：「闍梨眼瞎耳聾，作麼？」

師遣一僧去問同參會和尚云：「和尚見南泉後如何？」會默然。僧云：「和尚未見南泉已前作麼生？」會云：「不可更別有也。」僧迴舉似師，師示一偈曰：

「百丈竿頭不動人，雖然得入⓭未為真。百丈竿頭須進步，十方世界是全身。」

僧問：「只如百丈竿頭如何進步？」師云：「朗州山，澧州水。」僧云：「請師道。」師云：「四海五湖皇化[14]裡。」

有客來謁，師召曰：「尚書[15]。」其人應諾，師曰：「不是尚書本命。」對曰：「不可離卻，即今祇對[16]別有第二主人？」師曰：「喚尚書作至尊[17]得麼？」彼云：「恁麼，總不祇對時，莫是弟子主人否？」師曰：「非但祇對與不祇對時，無始劫來，是箇生死根本。有偈曰：『學道之人不識真，只為從來認識神。無始劫來生死本，癡人喚作本來[18]身。』」

有秀才[19]看《佛名經》[20]，問曰：「百千諸佛，但見其名，未審居何國土？還化物也無？」師曰：「黃鶴樓崔顥題後[21]，秀才還曾題未？」曰：「未曾。」師曰：「得閑題一篇何妨？」

僧問：「南泉遷化[22]向什麼處去？」師云：「東家作驢，西家作馬。」僧云：「此意如何？」師云：「要騎即騎，要下即下。」

僧皓月問：「天下善知識證三德[23]涅槃未？」師曰：「大德問果上[24]涅槃，因中涅槃？」曰：「問果上涅槃。」師曰：「天下善知識未證。」曰：「為什麼未證？」師曰：「功未齊於諸聖。」曰：「功未齊聖，何為善知識？」師曰：「明見佛性，亦得名為善知識。」曰：「未審功齊何道，名證大涅槃？」師有偈曰：

「摩訶般若照，解脫甚深㉕法。法身寂滅體，三一㉖理圓常。欲識功齊處，此名常寂㉗光。」又曰：「果上三德涅槃已蒙開示，如何是因中涅槃？」師曰：「大德是。」又問：「教中說幻意是有耶？」師曰：「大德是何言歟？」云：「恁麼幻意是無耶？」師曰：「大德是何言歟？」云：「恁麼即幻意是不有不無耶？」師又曰：「大德是何言歟？」云：「如某三明㉘盡，不契於幻意，未審和尚如何明教中幻意？」師曰：「大德信一切法不思議㉙否？」云：「佛之誠言，那敢不信？」師曰：「大德言信，二信㉚之中是何信？」云：「如某所明，二信之中是名緣信。」師曰：「依何教門得生緣信，大德？」云：「據《華嚴》云：『菩薩摩訶薩㉛以無障無礙智慧，信一切世間境界，是如來境界。』又《華嚴》云：『諸佛世尊，悉知世法及諸佛法性無差別，決定㉜無二。』又《華嚴》云：『佛法世間法，若見其真實，一切無差別。』」師曰：「大德所舉緣信教門甚有來處。聽老僧與大德明教中幻意。若人見幻本來真，是則名為見佛人。圓通㉝法法無生滅，無滅無生是佛身。」又問：「蚯蚓斷為兩段，兩頭俱動，佛性在阿那頭？」師云：「動與不動是何境界？」云：「言不干典㉞，非智者所談。只如和尚言動與不動是何境界，出自何經？」師曰：「酌然㉟！言不干典，非智者所談。大德豈不見

《首楞嚴經》[36]云：『當知十方無邊，不動虛空，并其動搖，地水火風，均名六大[37]，性真圓融[38]，皆如來藏[39]，本無生滅。』師有偈云：「最甚深，最甚深，法界人身便是心。迷者迷心為眾色，悟時剎境是真心。身界二塵無實相，分明達此號知音。」又問：「如何是陀羅尼？」師指禪牀右邊曰：「遮箇師僧卻誦得。」又問：「別有人誦得否？」又指禪牀左邊曰：「遮箇師僧亦誦得。」云：「某甲為什麼不聞？」師曰：「大德豈不知道？真誦無響，真聽無聞。」云：「恁麼，則音聲不入法界性[40]也。」師曰：「離色求觀非正見，離聲求聽是邪聞。」云：「如何不離色是正見，不離聲是真聞？」師乃有偈曰：「滿眼本非色，滿耳本非聲。文殊常觸目，觀音塞耳根。會三元一體，達四本同真。堂堂法界性，無佛亦無人。」

僧問：「南泉云：『貍奴[41]白牯卻知有三世，諸佛不知有。』為什麼三世諸佛不知有？」師曰：「未入鹿苑時，猶較些子。」僧曰：「貍奴白牯為什麼卻知有？」師曰：「汝爭怪得伊！」僧問：「和尚繼嗣何人？」師曰：「我無人得繼嗣。」僧曰：「還參學也無？」師曰：「我自參學。」僧曰：「師意如何？」師有偈曰：「虛空問萬象，萬象答虛空。誰人親得聞，木叉丱角童[42]。」僧問：「如何是平常心？」師云：「要眠即眠，要坐即坐。」僧云：「學人不會。」師云：「熱即取涼，寒即向火。」僧問：「向上一路，請師道。」師云：「一口[43]針，三尺線。」僧云：「如何領會？」師云：「益州布，揚州絹。」僧問：「動是法王[44]苗，寂是法王根。如何是法王？」師指露柱曰：「何不問大士？」

因庭前向日，仰山云：「人人盡有遮箇事，只是用不得。」師云：「恰是請汝用。」仰山云：「作麼生用？」師乃蹋倒仰山。仰山云：「直下[45]似箇大蟲。」長慶云：「前彼此作家，後彼此不作家。」乃別云：「邪法難扶。」自此諸方謂為岑大蟲。

僧問：「本來人還成佛也無？」師云：「汝見大唐天子還自種田割稻否？」僧云：「未審是何人成佛？」師云：「是汝成佛。」僧無語。師云：「會麼？」僧云：「不會。」師云：「如人因地而倒，依地而起。地道什麼？」

三聖[46]令秀上座問云：「南泉遷化向什麼處去？」師云：「石頭作沙彌時參見六祖。」秀云：「不問石頭見六祖，南泉遷化向什麼處去？」師云：「教伊尋思[47]去。」秀云：「和尚雖有千尺寒松，且無抽條石筍[48]。」師默然。秀云：「謝和尚答話。」師亦默然。秀上座舉似三聖，三聖云：「若實恁麼，猶勝臨濟七步[49]。然雖如此，待我更驗看。」至明日，三聖上問云：「承聞和尚昨日答南泉遷化一則語，可謂光前絕後[50]，今古罕聞。」師亦默然。

僧問：「如何是文殊？」師云：「牆壁瓦礫是。」又問：「如何是觀音？」師云：「音聲語言是。」又問：「如何是普賢？」師云：「眾生心是。」又問：「如何是佛？」師云：「眾生色身是。」僧曰：「河沙[51]諸佛體皆同，何故有種種名字？」師云：「從眼根返源名為文殊，耳根返源名為觀音，從心返源名為普賢。文殊是佛妙觀察智，觀音是佛無緣大慈，普賢是佛無為妙行。三聖是佛之妙用，佛是三聖之真體。用則有河沙假名，體則總名一薄伽梵[52]。」僧問：「色即是空，空即是色。此理如何？」師偈曰：「礙處非牆壁，通處勿虛空。若人如是解，心色本來同。」又偈曰：「佛性堂堂顯現，住性有情難見。若悟眾生無我，我面何殊佛面？」僧問：「第六第七識及第八識畢竟無體，云何得名轉第八為大圓鏡智[53]？」師有偈曰：「七生依一滅，一滅持七生。一滅滅亦滅，六七永無遷。」

又有僧問：「蚯蚓斷為兩段，兩頭俱動，未審佛性在阿那頭？」師云：「妄想作麼？」僧云：「其如動何！」師云：「汝豈不知火風未散？」

僧問：「如何轉得山河國土歸自己去？」師云：「如何轉得自己成山河國土去？」僧云：「不會。」師云：「湖南城[54]下好養民，米賤柴多足四鄰。」其僧無語。師有偈曰：「誰問山河轉，山河轉向誰？圓通無兩畔，法性本無歸。」

講《華嚴》大德問：「虛空為是定有，為是定無？」師曰：「言有亦得，言無亦得。虛空有時，但有假有。虛空無時，但無假無。」云：「如和尚所說，有何教文？」師曰：「大德豈不聞《首楞嚴經》云：『十方虛空生汝心內，猶片雲點太清[55]裡。』豈不是虛空生時但生假名？又云：『汝等一人發真歸源，十方虛空皆悉消殞。』豈不是虛空滅時但滅假名？老僧所以道：有是假有，無是假無。」又問：「經云『如淨琉璃中內現真金像』，此意如何？」師曰：「以淨琉璃為法界體，以真金像為無漏智[56]體。體能生智，智能達體。故云『如淨瑠璃中內現真金像』。」問：「如何是上上人[57]行處？」師曰：「如死人眼。」云：「上上人相見時如何？」師曰：「如死人手。」問：「善財[58]為什麼無量劫[59]遊普賢身中世界不遍？」師曰：「你從無量劫來，還遊得遍否？」云：「如何是普賢身？」師曰：「含光殿[60]裡更覓長安。」問：「如何是學人心？」師曰：「盡十方世界是你心。」云：「恁麼，則學人無著身處也。」師曰：「是你著身處。」云：「如何是著身處？」師曰：「大海水，深又深。」云：「學人不會。」師曰：「魚龍出入任升沉。」問：「有人問，和尚即隨因緣答。總無人問，和尚如何？」師曰：

「困即睡，健即起。」云：「教學人作麼生會？」師曰：「夏天赤骨力[61]，冬寒須得被。」問：「亡僧什麼處去也？」師有偈云：「不識金剛體[62]，卻喚作緣生[63]。十方真寂滅，誰在復誰行？」

南泉有真，讚云：「堂堂南泉，三世之源。金剛常住，十方無邊。生佛[64]無盡，現已卻還。」南泉久住，〈投機[65]偈〉：「今日還鄉入大門，南泉親道遍乾坤。法法分明皆祖父，迴頭慚愧好兒孫。」師答曰：「今日投機事莫論，南泉不道遍乾坤。還鄉盡是兒孫事，祖父從來不入門。」師又有〈勸學偈〉云：「萬丈竿頭未得休，堂堂有路少人遊。禪師願達南泉去，滿目青山萬萬秋。」因臨濟和尚云「肉團上有無位真人[66]」，師乃有偈云：「萬法一如[67]不用揀，一如誰揀誰不揀？即今生死本菩提，三世如來同箇眼[68]。」師〈誡人斫松竹偈〉云：「千年竹，萬年松，枝枝葉葉盡皆同。為報四方玄學者，動手無非觸祖公。」

【注釋】❶鹿苑　即鹿苑禪院，肇建於晚唐時，五代時擴修，宋初於此祭祀南征將士之靈，改名鹿苑褒忠寺。❷徇　向；隨；曲從。❸舉揚　弘揚。❹共　和；與。❺摩訶般若　譯作大慧，為涅槃三德之一，即照了諸法實相的智慧。❻委　託付。❼妙高山　須彌山的別名，為山中最高者。❽而　你。❾卻　拒絕。❿無始劫　即無始曠劫。⓫覆蔭　蔭庇。⓬據地　占據一地。⓭得入　此指領悟佛法。⓮皇化　皇，意指君王，一說為大的意思。化，教化。⓯尚書　唐、宋時尚書省六部長官名。⓰祗對　恭敬地面對；恭敬地回答；也泛指應對、應答。⓱至尊　指皇帝。⓲本來　無物之始，謂之本來。⓳秀才　別稱茂才，漢代以來薦舉人員科目之一，唐初置秀才科，後漸廢去，僅作為一般讀書人的泛稱。⑳佛名經　佛經名，有數部：一為北朝魏僧菩提流支所譯十二卷，收一萬一千零九十三尊佛；二為佚名人所譯三十卷；三為隋僧闍那崛多所譯八卷，名《五千五百佛名神呪除障滅罪經》；四為佚名人所譯三卷，名《三劫三千諸佛名經》，簡稱《三千佛名經》；五為隋僧那連提耶舍所譯一卷，名《百佛名經》。㉑黃鶴樓崔顥題後　傳說唐代大詩人李白曾登上武昌勝地黃鶴樓，欲題詩記勝，但看見詩人崔顥已題詩在前，並語辭意境皆絕，不禁慨然擱筆而去。㉒遷化　即圓寂。㉓三德　《涅槃經》所說的大涅槃所具之三德：一為法身德，為佛之本體，以常住不滅之法性為身者；二為般若德，為法相如實覺了者；三為解脫德，為遠離一切束縛而得大自在者，此三種德各有常樂我淨四德，故名。㉔果上　修行之間稱因位，依修行功而得證之位稱果地。此果地在因位之上，故稱果上。㉕甚深　法之幽妙稱深，深之極稱甚。據《法華經》載有五種，一為義甚深，二為實體甚深，三為內證甚深，四為依止甚深，五為無上甚深。㉖三一　佛教不出權、實二教。實教宣說不變的實相，權教宣說諸法的差別。《法華經》中說：三乘為權教，一乘為實教，權教為妙用，實教為本體，從本質而言，體用一致，權實不二，故而「會三歸一」。㉗常寂　真體離生滅之相謂之常，絕煩惱之相謂之寂。㉘三明　能證智之境而顯了分明，在佛稱三達，在羅漢稱三明：一為宿命明，知自身他身宿世之生死相；二為天眼明，知自身他身未來世之生死相；三為漏盡明，知現在之苦相，斷一切煩惱之智。㉙思議　思慮；思想。㉚二信　也名二種信。一作解信，也名信解，指自明見理，心無疑惑；二作深信，又名仰信，指依人而信其言。㉛菩薩摩訶薩　菩薩薩埵、摩訶薩埵的略名。菩薩薩埵意為覺有情，摩訶薩埵意為大有情。菩薩有中高下諸位，但為示地上之菩薩，更曰摩訶薩。㉜決定　指事定而無動。《無量壽經》上：「決定必成無上正覺。」㉝圓通　妙智所證之理曰圓通，也指以覺慧周遍通解通如法性。㉞干典　干，涉及。典，文獻典籍。㉟酌然　通「灼然」。顯明的樣子，此指高明的見解。㊱首楞嚴經　《大佛頂如來密因修證了義諸菩薩萬行首楞嚴經》的略名。唐代般剌密諦譯，十卷。《閱藏知津》稱此經為宗教司南、性相總要、一代法門之精髓與成佛作祖之正印。㊲六大　也名六界，指地、水、火、風、空、識六法周遍一切法界，而造作有情無情，故名為六大。㊳圓融　指事理之萬法遍為融通無礙，無二無別，猶如水波，故名圓融。㊴如來藏　真如在煩惱中，稱如來藏；真如出煩惱，稱法身。㊵法界性　即法性，《圓覺經》：「法界性，究竟圓滿遍十方。」㊶貍奴　貓的別稱。㊷木叉丱角童　古代兒童一般梳著上翹的兩根髮辮，如木叉丱角，故名。㊸口　枚。㊹法王　佛於法自在，故稱法王。㊺直下　當下；當即。㊻三聖　晚唐僧人慧然禪師，辯說銳猛，所向披靡，後住鎮州三聖院。㊼尋思　「思」字語含雙關，一作思考意，一指青原行思禪師，參見本書卷五〈行思禪師章〉。㊽石筍　溶洞中直立洞底的碳酸鈣澱積物，為溶有碳酸鈣的水自洞頂滴下至洞底，經水分蒸發沉澱而成，自下向上生長，外形如筍，故名。㊾臨濟七步　臨濟，指晚唐僧人臨濟義玄禪師，臨濟宗的創立者。七步，《世說新語·文學》載：魏文帝曹丕令其弟曹植於「七步中作詩，不成者行大法」，曹植應聲成《豆萁詩》。後世因以「七步」形容才思敏捷。㊿光前絕後　即空前絕後。51河沙　此指恆河之沙粒，喻數量之極多。52薄伽梵　也作薄迦梵、婆伽婆，即世尊。53大圓鏡智　就人的認識作用所分的眼、耳、鼻、舌、身、意六識與末那識、阿賴耶識合稱八識。「意」為思量之義；「末那」為梵語，意譯為「意」；「阿賴耶」也為梵語，意譯為「無沒」、「藏」，「無沒」意為執持諸法種子不失，「藏」意為含藏諸法種子。第六識至第八識三識皆無實相，其中末那、阿賴耶兩識為其餘六識發生的依據，而第八識能永恆執持產生世界一切事物的種子，故成為萬法的根本原因。法相宗認為通過特地修持而領悟佛法，就可轉識成智，即有漏八識轉為無漏八識，從而得到四種智慧：前五識得成所作智，第六識得妙觀察智，第七識得平等性智，第八識得大圓鏡智。具此四智，即達到佛果。54湖南城　此指長沙城。55太清　即太空。56無漏智　指三乘之人離絕煩惱、能斷惑證理而無染之清淨智。57上上人　指念佛者。58善財　即善財童子，佛弟子名，歷參五十三位善知識而得度。其第五十三參即是參訪普賢菩薩，見到「自在神通境界」，而普賢撫摩善財頭頂，使善財獲得了「一切佛剎微塵數三昧門」，成就菩薩行願。59無量劫　經過無量之劫。無量，數量多得無法計量。60含光殿　唐代宮殿名，在長安城內。61赤骨力　赤裸。62金剛體　如金剛堅固之身體，指佛身功德而言。《仁王經》中曰：「世尊導師金剛體，心行寂滅轉法輪。」63緣生　指由緣而生，以一切有為法而言，與緣起義同。但緣起者是由其因而立名，緣生者是由其果而立名。64生佛　眾生與佛陀。65投機　雙方情意相合。此指契合旨意。66無位真人　指不在諸佛之位的真佛，即人所本具之佛性。67萬法一如　即萬事萬物本非真實，並無差別。一如，《三藏法數》云：「不二不異，名曰一如，即真如之理也。」68箇眼　同「一隻眼」。即法眼。

【語　譯】湖南長沙（今屬湖南）景岑禪師，號招賢大師，起初住於鹿苑禪院，為第一世住持，此後沒有固定的住所，只是根據緣分待人接物，隨人所請求而說法，所以當時眾人尊稱他為長沙和尚。

景岑禪師上法堂說法道：「我如若一向弘揚宗旨教法，這法堂裡面的草就應該有一丈深了。我是事不得已，所以向你們眾人說法：所有的十方世界都是沙門之眼，所有的十方世界都是沙門之全身，所有的十方世界全都是自己的光明，所有的十方世界全都在自己的光明裡，所有的十方世界中的每一個人沒有不是自己。我常常對你們眾人說道：三世諸佛與所有的法界眾生，都是摩訶般若之光明。光明沒有發出來的時候，你們每人都去什麼地方存身呢？光明沒有發出來的時候，還沒有佛也沒有眾生的生長與死亡，哪裡有山河與國土呢？」當時有僧人問道：「什麼是沙門之眼？」景岑禪師回答：「長大了也出不得。」又說道：「成佛成祖出不得，六道輪迴出不得。」那僧人問道：「不知道出個什麼不得？」景岑禪師回答：「白天出現太陽，晚上出現星星。」那僧人說道：「學生不明白。」景岑禪師說道：「妙高山色青又青。」那僧人說道：「教門中人說和尚常常處在這菩提座中，什麼是座？」景岑禪師說道：「老僧正坐著，大德正站著。」那僧人又問道：「什麼是大道？」景岑禪師回答：「沒有拒絕你。」那僧人問道：「諸佛的老師是誰？」景岑禪師反問道：「都是從無始曠劫中而來，能承蒙誰的蔭庇呢？」那僧人問道：「沒有諸佛以前時怎麼樣？」景岑禪師回答：「魯祖寶雲禪師開堂，也與師僧東說西說。」那僧人問道：「學生不占據一地時怎麼樣？」景岑禪師反問道：「你到什麼地方去安身立命呢？」那僧人又問道：「我占據一地時又怎麼樣呢？」景岑禪師說道：「把這死屍拖出去。」那僧人問道：「什麼是異類？」景岑禪師回答：「尺有所短，寸有所長。」那僧人問道：「怎樣才是諸佛的老師？」景岑禪師回答：「不能硬把直的弄成彎的。」那僧人說道：「請和尚向上一路直說。」景岑禪師問道：「闍梨眼瞎耳聾的，要幹什麼？」

景岑禪師派遣一個僧人去問曾一起參禪的會和尚道：「和尚看見南泉禪師後怎麼樣？」會和尚沉默無語。那僧人又問道：「和尚沒有看見南泉禪師以前幹什麼？」會和尚回答：「不可能還有其他的。」那僧人回來後全都告訴了景岑禪師，景岑禪師便給他看了一首偈頌：「百丈竿頭不動人，雖然得入未為真。百丈竿頭須進步，十方世界是全身。」那僧人問道：「只是像百丈竿頭怎麼進步？」景岑禪師回答：「朗州（今湖南常德）山，澧州（今湖南澧縣）水。」那僧人說道：「請和尚直說。」景岑禪師便說道：「四海五湖皇化裡。」

有客人來謁見，景岑禪師招呼道：「尚書。」那個人答應，景岑禪師說道：「不是尚書的本命。」那人說道：「那並不能分離，現在應答的難道另外有第二個主人嗎？」景岑禪師反問道：「把尚書叫作至尊行嗎？」那人問道：「這樣的話，總不應答的時候，莫非就是弟子的主人嗎？」景岑禪師說道：「不僅僅是應答與不應答的時候，從無始曠劫來的時候，就是個生死的根本。有偈頌說道：『學道之人不識真，只為從來認識神。

無始劫來生死本，癡人喚作本來身。』」

有一個秀才看了《佛名經》後問道：「千百位佛尊，只看見他們的名稱，卻不知道他們居住在哪個國土中？還在化導萬物嗎？」景岑禪師問道：「黃鶴樓崔顥題詩之後，秀才又題過詩沒有？」那秀才回答：「沒有。」景岑禪師說道：「有空閒的時候題詩一篇又有什麼妨礙？」

有僧人問道：「南泉禪師圓寂以後到什麼地方去了？」景岑禪師回答：「到東家做驢，到西家做馬。」那僧人問道：「這是什麼意思？」景岑禪師回答：「要騎就騎，要下就下。」

有個叫皓月的僧人問道：「天下的善知識證得了三德涅槃沒有？」景岑禪師反問道：「大德是問果上涅槃，還是問因中涅槃？」皓月說道：「是問果上涅槃。」景岑禪師說道：「天下的善知識沒有證得。」皓月問道：「為什麼未能證得？」景岑禪師說道：「功德趕不上各位聖人。」皓月問道：「功德趕不上聖人，為什麼稱作善知識？」景岑禪師說道：「明白地顯現出佛性，也能稱作善知識。」皓月問道：「不知道功德要達到哪種境界，才能稱證得大涅槃？」景岑禪師便給他說了一首偈語：「摩訶般若光照耀，是解脫甚深之法。法身寂滅之體，會三歸一之理圓滿常住。欲識與功德相齊之處，就稱作常寂之光。」皓月又問道：「果上三德涅槃已經承蒙開導啟示，但什麼是因中涅槃呢？」景岑禪師回答：「大德就是。」皓月又問道：「教義中所說的幻意是有的嗎？」景岑禪師說道：「大德說的是什麼話啊？」皓月便問道：「這麼說來，幻意是沒有的嗎？」景岑禪師說道：「大德說的是什麼話啊？」皓月便問道：「這麼說來，幻意是不有不無的嗎？」景岑禪師還是說道：「大德說的是什麼話啊？」皓月就說道：「這樣的話，我的三明已窮盡，卻都不能契合幻意，不知道怎麼說明教義中的幻意？」景岑禪師問道：「大德相信一切佛法而不加思慮嗎？」皓月說道：「佛的確實之言，哪裡敢不相信呢？」景岑禪師問道：「大德說信，但二種信之中是哪一種信呢？」皓月回答：「據我所知道的，二種信之中叫作緣信。」景岑禪師問道：「你皈依哪一個教門而能產生了緣信，大德？」皓月說道：「據《華嚴經》稱：『菩薩摩訶薩用沒有障礙的智慧，信仰一切世間境界，這就是如來的境界。』《華嚴經》又說道：『諸佛世尊，都知道世間法與世間法性並沒有差別，決定也沒有兩樣。』《華嚴經》還說道：『佛法與世間法，如若看見其是真實的，一切都沒有差別。』」景岑禪師說道：「大德所舉的緣信教門很有來由。請聽老僧跟大德說明教中的幻意。如若有人看見幻象本來是真的，這個就叫作見佛之人。圓通之法的教義沒有生與滅，沒有生沒有滅就是佛身。」皓月又問道：「蚯蚓斷為兩段，兩段都能動，佛性是在哪一段？」景岑禪師反問道：「動與不動是什麼境界？」皓月說道：「說話不引經據典，就不是智者的談話。只如和尚所說的動與不動是什麼境界，出自哪一部經書？」景岑禪師說道：「高見！說話不引經據典，就不是智者的言論。大德難道沒有看見《首楞嚴經》說：『應該知道十方沒有邊際，不動虛空，並及其動搖，地、水、火、風、空、識，都叫作六大，法性真實圓融通達，都是如來藏，本來就沒有生與滅。』」景岑禪師並用偈語指示道：「最甚深，最甚深，法界與人身就是心。迷惑之人迷惑了本心而成眾多現象，領悟時剎那之境即是真心。人身與法界兩塵沒有實相，分明領悟此意即稱知音。」皓月又問道：「什麼是陀羅尼？」景岑禪師指著禪牀右邊說道：「這個師僧還能誦讀。」皓月又問道：「另外還有人能誦讀嗎？」景岑禪師又指著禪牀的左邊說道：「這個師僧也能誦讀。」皓月問道：「我為什麼沒有聽到？」景岑禪師說道：「大德難道不知道？真正的誦讀是沒有聲響的，真正的傾聽是無所聽聞的。」皓月說道：「這樣說來，那聲響是不能進入法界性的了。」景岑禪師說道：「離開現象去觀察不是正見，離開聲響去傾聽是邪聞。」皓月問道：「什麼是不離開現象的正見，不離開聲響的真聞呢？」景岑禪師就說了一首偈頌道：「滿眼所見本不是現象，滿耳所聽本不是聲響。文殊常常觸目，觀音塞住了耳朵。領會了三乘之說原來是一體，通達四大本來都是真實的。堂堂的法界性，沒有佛也沒有人。」

有僧人問道：「南泉禪師說過：『貓與白牯牛知道有過去、現在與未來三世，但諸佛卻不知道有。』為什麼諸佛不知道有三世呢？」景岑禪師回答：「沒有進入鹿苑時，還差一點兒。」那僧人問道：「那貓與白水牛卻為什麼知道有呢？」景岑禪師回答：「你怎麼能怪它！」那僧人問道：「和尚繼承誰的法宗？」景岑禪師回答：「沒有人的法宗能讓我來繼承。」那僧人問道：「和尚還曾參拜遊學過嗎？」景岑禪師回答：「我是自己參禪修習的。」那僧人問道：「和尚的意思怎麼樣呢？」景岑禪師說了一首偈頌：「虛空問萬象，萬象答虛空。誰人親得聞，木叉丱角童。」那僧人又問道：「什麼是平常心？」景岑禪師回答：「要睡就睡，要坐就坐。」那僧人說道：「學生不能領會。」景岑禪師說道：「熱了就去乘涼，冷了就去烤火。」那僧人問道：「向上一路佛法旨意，請和尚解說。」景岑禪師說道：「一枚針，三尺線。」那僧人問道：「怎麼領會？」景岑禪師說道：「益州（今四川成都）布，揚州（今屬江蘇）絹。」那僧人問道：「動是法王的苗，靜是法王的根。什麼是法王？」景岑禪師指著露柱說道：「你為什麼不去問這個大士？」

當庭院內灑滿陽光的時候，仰山禪師說道：「人人都有這個事情，只是用不得。」景岑禪師說道：「恰好借給你用。」仰山問道：「用來幹什麼？」景岑禪師一腳把仰山踢倒。仰山說道：「實在像一個大蟲。」長慶禪師說道：「此前彼此都是行家，此後彼此都不是行家。」並另外說道：「邪法難以扶持。」從此以後，各地之人都稱景岑禪師為岑大蟲。

有僧人問道：「本來之人還能不能成佛？」景岑禪師反問道：「你看見過大唐天子親自種田割稻嗎？」那僧人問道：「不知道是什麼人成了佛？」景岑禪師回答：「是你成了佛。」那僧人無語可對。景岑禪師問道：「領會了嗎？」那僧人回答：「沒有領會。」景岑禪師說道：「就如同有人因為地形而跌倒，但又憑藉地形而起立。地曾說過什麼話嗎？」

三聖慧然禪師派秀上座來問道：「南泉禪師圓寂以後去了什麼地方？」景岑禪師回答：「石頭希遷和尚作沙彌之時參見了六祖大師。」秀上座說道：「我不是問石頭和尚參見六祖大師，而是問南泉禪師圓寂以後去了什麼地方？」景岑禪師回答：「教他尋思去。」秀上座說道：「和尚雖然有千尺高的寒松，但是沒有抽出枝條的石筍。」景岑禪師沉默不語。秀上座說道：「謝謝和尚的回答。」景岑禪師還是沉默不語。秀上座回去後把這事講給三聖禪師聽，三聖禪師就說道：「如若確實是那樣的，還是要勝過臨濟禪師的七步了。雖然如此，還要等我進一步驗證一下看看。」到了第二天，三聖禪師上堂問道：「聽到和尚昨天回答南泉禪師圓寂的一段話，可稱是空前絕後，古今罕聞。」景岑禪師仍然沉默不語。

有僧人問道：「什麼是文殊？」景岑禪師回答：「牆壁瓦礫就是。」那僧人又問道：「什麼是觀音？」

景岑禪師回答：「聲音語言就是。」那僧人又問道：「什麼是普賢？」景岑禪師回答：「眾生之心就是。」那僧人又問道：「什麼是佛？」景岑禪師回答：「眾生的色身就是。」那僧人問道：「數量多似恆河之沙子的眾佛之本體相同，為什麼有各種不同的名稱？」景岑禪師回答：「從眼根返回本源的稱作文殊，從耳根返回本源的稱作觀音，從心返回本源的稱作普賢。文殊是佛的妙觀察智，觀音是佛的無緣大慧，普賢是佛的無為妙行。這三位聖人是佛的微妙作用，佛是這三位聖人的真實本體。作用的時候就有著如恆河沙子一樣眾多的假借之名稱，論其本體就只有一個名稱薄伽梵。」那僧人問道：「色即是空，空即是色。這個道理怎麼樣？」景岑禪師用偈語回答道：「障礙之處不是牆壁，通達之處不是虛空。如若有人作這樣的解釋，心與色本來就相同。」他又說了一首偈頌道：「佛性堂堂顯現，住性有情難見。如若悟徹眾生無我，我之面目與佛之面目有什麼差別？」那僧人問道：「第六識、第七識與第八識畢竟沒有實相，為什麼說得名後又轉第八識為大圓鏡智？」景岑禪師用偈語回答道：「七識之生依據一識之滅，而一識之滅扶持著七識之生。一識滅了七識也就滅了，第六第七識就永遠不能轉了。」

又有僧人問道：「蚯蚓斷作兩段，兩段都在動，不知道佛性在哪一段？」景岑禪師喝道：「妄想幹什麼？」那僧人說道：「那面對動又怎麼辦！」景岑禪師說道：「你難道不知道火風還沒有散嗎？」

有僧人問道：「怎麼才能把山河、國土轉歸於自己？」景岑禪師反問道：「怎麼才能把自己轉歸於山河、國土？」那僧人回答：「沒有領會。」景岑禪師說道：「長沙城下很適宜生活，米價很賤薪柴又多，四鄰都很富足。」那僧人無言應對。景岑禪師便說了一首偈語：「誰問山河轉，山河轉向誰？圓通無兩畔，法性本無歸。」

有個講說《華嚴經》的大德來問道：「虛空為這個而必定有，還是為這個必定無呢？」景岑禪師回答：「說有也可以，說無也可以。虛空有的時候，僅僅是有假有。虛空無的時候，僅僅是無假無。」那大德問道：「如同和尚所說的，有什麼經文教義作為依據？」景岑禪師回答：「大德難道沒有聽說過《首楞嚴經》中說：『十方虛空就生在你的心裡，就好像是一片雲彩點綴於太空中。』這難道不是虛空生的時候只生假名嗎？《首楞嚴經》又說道：『你們一人發現真理而回歸本源，那十方虛空就全部消亡了。』這難道不是虛空滅的時候只滅假名嗎？老僧所以這樣說：有是假有，無是假無。」那大德又問道：「經書上說『如同清淨琉璃中現出真正的金像』，這意思是怎麼樣的？」景岑禪師回答：「以清淨琉璃作為法界體，以真正的金像作為無漏智體。體能生智，智能達體。所以說『如同清淨琉璃中現出真正的金像』。」那大德問道：「什麼是上上人行動之處？」景岑禪師回答：「好像是死人的眼睛。」那大德又問道：「上上人相見的時候怎麼樣？」景岑禪師回答：「好像是死人的手。」那大德問道：「善財童子為什麼在無量劫中遊不完普賢身中的世界？」景岑禪師反問道：「你從無量劫中來，還能遊得完嗎？」那大德問道：「什麼是普賢之身？」景岑禪師回答：「這像是在含光殿裡尋覓長安城。」那大德問道：「什麼是學生之心？」景岑禪師回答：「所有的十方世界都是你的心。」那大德就說道：「那樣的話，則學生沒有存身的地方了。」景岑禪師說道：「這就是你的存身之處。」那大德問道：「那什麼是存身之處？」景岑禪師回答：「大海之水深又深。」那大德說道：「學生不懂。」景岑禪師說道：「任憑魚和龍出入與沉浮。」那大德問道：「有人提問，和尚就根據各人因緣而回答。如果總是沒有人提問，和尚怎麼辦？」景岑禪師回答：「疲倦了就睡覺，清醒了就起牀。」那大德問道：「讓學生怎麼來領會？」景岑禪師回答：「夏天炎熱就赤裸著身體，冬天寒冷就蓋上被子。」那大德又問道：「死去的僧人到哪裡去了？」景岑禪師說了一首偈頌來回答：「不認識金剛體，卻叫作是緣生。十方世界真寂滅，誰存在而誰走了？」

南泉禪師有一幅肖像，景岑禪師在其上題寫讚詞道：「堂堂南泉，為三世之源。金剛常住不毀，十方世界無邊。眾生與諸佛無有窮盡，現在卻已回歸。」南泉禪師久住寺院，撰有〈投機偈〉云：「今日還鄉入大門，南泉親說遍乾坤。法法分明皆祖父，回頭慚愧好兒孫。」景岑禪師也用偈語來應答：「今日投機事不論，南泉未說遍乾坤。還鄉盡是兒孫事，祖父從來不入門。」景岑禪師還作有〈勸學偈〉道：「萬丈竿頭未得休，堂堂有路少人遊。禪師願到南泉去，滿目青山萬萬秋。」景岑禪師還因為臨濟義玄禪師曾說過「肉團上有一位無位真人」的話，故而作了一偈云：「萬法一如不用揀，一如誰揀誰不揀？即今生死本菩提，三世如來同個眼。」景岑禪師還有一首〈誡人斫竹偈〉云：「千年竹，萬年松，枝枝葉葉盡相同。為報四方玄學者，動手無非觸祖公。」

【說　明】今世每用「百尺竿頭，更進一步」指在已有成就上繼續努力，別開新境。此語便是出自景岑禪師的偈頌。佛教稱通達經書教義為「名字覺」，此猶如「百尺竿頭」，不可謂不高，然而執著於「百尺竿頭」之相，高踞「不動」，其實並不是真正的「見性」。真正的「見性」，是活潑潑的「現量」世界，是所謂「四海五湖皇化裡」，「滿目青山萬萬秋」。而「百尺竿頭」更進一步，無形無相，無高無下，十方世界打成一片，達到了「萬法一如」的境界。

荊南白馬曇照禪師

荊南白馬曇照禪師，常云：「快活！快活！」及臨終時叫：「苦！苦！」又云：「閻羅王❶來取我也。」院主問曰：「和尚當時被節度使拋向水中，神色不動，如今何得恁麼地？」師舉枕子云：「汝道當時是，如今是？」院主無對。法眼代云：「此時但掩耳出去。」

【注　釋】❶閻羅王　也作閻魔王，俗世一般稱作「閻羅」、「閻王」，原為古印度神話中管理陰間之王，佛教沿用其說，稱為管理地獄的魔王，傳說屬下有十八判官，分管十八地獄。

【語　譯】荊南（今湖北荊州）白馬寺曇照禪師，他常常叫道：「快活！快活！」到了快要死的時候又叫道：「苦啊！苦啊！」還說道：「閻羅王來抓我了。」院主問道：「和尚當年被節度使拋進水中的時候，神色自如，現在怎麼成了這個樣子呢？」曇照禪師舉起枕頭問道：「你說是當年對，還是現在對？」院主不能應答。

法眼禪師代為回答道：「這個時候只有掩著耳朵出去。」

終南山雲際師祖禪師

終南山雲際師祖禪師，初在南泉時，問云：「摩尼珠❶，人不識，如來藏裡親收得。如何是藏？」南泉云：「與汝來往者是藏。」師云：「不來往者如何？」南泉云：「亦是藏。」又問：「如何是珠？」南泉召云：「師祖。」師應諾，南泉云：「去！汝不會我語。」師從此信入。

【注釋】❶摩尼珠　古印度傳說中的寶珠，意譯為如意、清淨等。經論中一般以摩尼珠比喻清淨的佛性，即「本覺真心」。唐僧人玄覺〈永嘉證道歌〉：「摩尼珠，人不識，如來藏裡親收得。六般神用空不空，一顆圓光色非色。」

【語譯】終南山雲際師祖禪師，起初在南泉寺時問道：「摩尼珠，人不識，如來藏裡親收得。什麼是藏？」南泉禪師回答：「同你往來者就是藏。」師祖再問道：「不往來者怎麼樣？」南泉回答：「也是藏。」師祖又問道：「什麼是珠？」南泉招呼道：「師祖。」師祖答應，南泉說道：「去！你不領會我的話。」師祖從此而得入悟道法。

鄧州香嚴下堂義端禪師

鄧州香嚴❶下堂❷義端禪師，示眾云：「兄弟，彼此未了，有什麼事相共商量？我三、五日即發去也。如今學者須了卻今時，莫愛他向上❸人無事。兄弟，縱學得種種差別義路，終不代得自己見解。畢竟著力❹始得，空記持他巧妙章句，即轉加煩亂去。汝若欲相應，但恭恭盡，莫停留纖毫，直似虛空，方有少分。以虛空無鎖無壁落❺，無形無心眼。」有僧問：「古人相見時如何？」師云：「老僧不曾見他古人。」僧云：「今時血脈❻不斷處，如何仰羨？」師云：「有什麼仰羨處？」僧問云：「某甲不問閑事，請和尚答話。」師云：「更從我覓什麼？」僧云：「不為閑事。」師云：「汝教我道。」師又云：「兄弟，佛是塵，法亦是塵，終日馳求，有什麼休歇。但時中不用掛情，情不掛物，無善可取，無惡可棄，莫教被他籠罩著，始是學處。」有僧云：「曾辭一老宿❼，示某甲云：『去則親良朋，附道友。』未審老宿意旨如何？」才禮拜次，師云：「禮拜一任❽，不得認奴作郎❾。」僧問：「如何是直截根源？」師乃擲下拄杖，入方丈。

一日，師謂眾曰：「語是謗，寂是誑，寂語向上有路在。老僧口門❿窄，不能與汝說得。」便下堂。僧問：「一句子如何？」師云：「此間一句亦無。」僧問：「正因⓫為什麼無事？」師云：「我不曾停留。」又云：「假饒重重剝得淨，盡無停留，權時施設，亦是方便接人。若是那邊事，無有是處。」

【注　釋】❶香巖　唐代上元年間，唐肅宗敕令於南陽白崖山黨子谷為慧忠國師建置香嚴長壽寺，晚唐五代時為大禪院，宋時通稱香嚴寺。❷下堂　也稱下院、下寺。❸向上　自末進於本，稱之為向上；自本下於末，稱之為向下。《種電鈔》云：「向上者，千聖不傳底事。」❹著力　用力；出力。❺壁落　院牆；垣牆。❻血脉　諸宗各有列祖傳來的奧妙微旨，世世傳受，如人的血脈相連，故稱。❼老宿　老成宿德之人。此指年高望重之高僧。❽一任　任憑；聽任。❾認奴作郎　錯把奴僕當主人，喻本末倒置。❿口門　即口。⓫正因　對緣因而言。正生法之因種稱正因，資助之力稱緣因。

【語　譯】鄧州（今屬河南）香嚴寺下堂義端禪師，上堂曉示眾人道：「兄弟，我們彼此間的緣分還未完結，有什麼事要相互商量？我三、五天後就要離去了。現在的學者，應該注重當前，不要愛慕那些向上人沒有事做。兄弟，縱然學得種種不同的義理與法門，終究不能替代自己的見解。畢竟用力才能得到，空記住那些巧妙的文章辭藻，就會反而變得更加煩惱散亂了。你如果想要相應和者，只要恭恭敬敬地，不要有絲毫的停留，就像是在虛空中行走，方才有一些收穫。因為虛空沒有鎖鏈，沒有院牆，沒有形狀，沒有心眼。」有僧人問道：「古人相見時怎麼樣？」義端禪師回答：「老僧不曾看見過古人。」那僧人又問道：「現在血脈沒有斷絕的地方，怎麼瞻仰羨慕？」義端禪師回答：「有什麼瞻仰羨慕的地方？」那僧人便說道：「我不是問閒事，請和尚回答。」義端禪師便問道：「還想從我這裡找尋什麼？」那僧人回答：「不是為了閒事。」義端禪師說道：「那你教我說。」義端禪師又說道：「兄弟，佛是塵，法是塵，整天奔忙尋求，哪有什麼休息停止的。只要每個時候都不牽掛著情，情不牽掛著物，沒有一善可取得，沒有一惡可拋棄，不要被它所籠罩著，那才是學習的地方。」又有僧人問道：「我曾經向一老宿辭行，他指示我說：『離開後要親近品性良好的朋友，依附悟道的朋友。』不知道那老宿的主意怎麼樣？」那僧人在禮拜之時，義端禪師說道：「禮拜就任憑你禮拜，但我不會認奴作郎。」又有一僧人問道：「什麼是直截根源？」義端禪師就拋下拄杖，回到了方丈室。

有一天，義端禪師對眾人說道：「說話是謗，沉默是誑，沉默、說話向上有路在。老僧口門窄小，不能為你們解說。」隨即走下了法堂。有僧人問道：「說一句怎麼樣？」義端禪師回答：「這裡一句也沒有。」那僧人問道：「正因為什麼沒有事？」義端禪師回答：「我不曾停留過。」又說道：「假使一層層剝得乾淨，毫不停留，根據時機施設接機，也是方便接人之法。如果是那邊的事，就一無是處。」

趙州觀音院從諗禪師

趙州觀音院（亦曰東院。）從諗禪師，曹州郝鄉人也，姓郝氏。童稚於本州扈通院從師披剃。未納戒，便抵池陽，參南泉。值南泉偃息❶而問曰：「近離什麼處？」師曰：「近離瑞像❷。」曰：「還見立瑞像麼？」師曰：「不見立瑞像，只見臥如來。」曰：「汝是有主沙彌，無主沙彌？」師曰：「有主沙彌。」曰：「主在什麼處？」師曰：「仲冬嚴寒，伏惟❸和尚尊體萬福❹。」南泉器之，而許入室。異日，問南泉：「如何是道？」南泉曰：「平常心是道。」師曰：「還可趣向否？」南泉曰：「擬向即乖。」師曰：「不擬時如何知是道？」南泉曰：「道不屬知不知。知是妄覺，不知是無記❺。若是真達不疑之道，猶如太虛，廓然虛豁，豈可強是非邪？」師言下悟理，乃往嵩嶽瑠璃壇納戒，卻返南泉。

異日，問南泉：「知有底人向什麼處休歇？」南泉云：「山下作牛去。」師云：「謝指示。」南泉云：「昨夜三更月到窗。」

師作火頭❻，一日，閉卻門燒，滿屋煙，叫云：「救火！救火！」時大眾俱到，師云：「道得即開門。」眾皆無對，南泉將鎖於窗間過與師，師便開門。

又到黃蘗，黃蘗見來，便閉方丈門。師乃把火於法堂內，叫云：「救火！救火！」黃蘗開門捉住云：「道！道！」師云：「賊過後張弓❼。」

又到寶壽，寶壽見來，即於禪牀上背面坐。師展坐具禮拜，寶壽下禪牀，師便出。

又到鹽官云：「看箭！」鹽官云：「過也。」師云：「中也。」

又到夾山，將拄杖入法堂。夾山曰：「作什麼？」師曰：「沁水❽。」夾山曰：「一滴也無，沁什麼？」師倚杖而出。

師將遊五臺山次，有大德作偈留云：「何處青山不道場，何須策杖禮清涼？雲中縱有金毛❾現，正眼觀時非吉祥。」師云：「作麼生是正眼？」大德無對。

法眼代云：「請上座領某甲卑情❿。」
同安顯⓫代云：「是上座眼。」

師自此道化被於北地，眾請住趙州觀音院。

上堂，示眾云：「如明珠在掌，胡⓬來胡現，漢來漢現。老僧把一枝草為丈六金身⓭用，把丈六金身為一枝草用。佛是煩惱，煩惱是佛。」時有僧問：「未審佛是誰家煩惱？」師云：「與一切人煩惱。」僧云：「如何免得？」師云：「用免作麼？」

師掃地，有人問云：「和尚是善知識，為什麼有塵？」師曰：「外來。」又僧問：「清淨伽藍為什麼有塵？」師曰：「又一點也。」

又有人與師遊園，見兔子驚走，問云：「和尚是大善知識，為什麼兔子見驚？」師云：「為老僧好殺。」

僧問：「覺華⑭未發時如何辨貞實⑮？」師云：「開也。」僧云：「是貞是實？」師云：「貞是實，實是貞。」僧云：「什麼人分上⑯事？」師云：「老僧有分，闍梨有分。」僧云：「某甲不招納⑰如何？」師佯不聞，僧無語。師云：「去！」

師院有石幢子⑱被風吹折，僧問：「陀羅尼幢子作凡去，作聖去？」師云：「也不作凡，亦不作聖。」僧云：「畢竟作什麼？」師云：「落地去也。」

師問一座主：「講什麼經？」對云：「講《涅槃經》。」師云：「問一段義得否？」云：「得。」師以腳踢空，吹一吹，云：「是什麼義？」座主云：「經中無此義。」師云：「五百力士揭石義，便道無。」

大眾晚參，師云：「今夜答話去也，有解問者出來。」時有一僧便出禮拜，師云：「比來拋塼引玉，卻引得箇墼子⑲。」保壽云：「射虎不真，徒勞沒羽⑳。」長慶問覺上座云：「那僧纔出禮拜，為甚麼便收伊為墼子？」覺云：

「適來那邊亦有人恁麼問。」慶云：「向伊道什麼？」云：「也向伊恁麼道。」玄覺云：「什麼處卻成墼子去？叢林中道纔出來，便成墼子，只如每日出入行住坐臥，不可總成墼子也。且道遮僧出來具眼不具眼？」

有僧遊五臺，問一婆子云：「臺山路向什麼處去？」婆子云：「驀直[21]恁麼去。」僧便去，婆子云：「又恁麼去也。」其僧舉似師，師云：「待我去勘破[22]遮婆子。」師至明日，便去問：「臺山路向什麼處去？」婆子云：「驀直恁麼去。」師便去，婆子云：「又恁麼去也。」師歸院，謂僧云：「我為汝勘破遮婆子了也。」玄覺云：「前來僧也恁麼道，趙州去也恁麼道，什麼處是勘破婆子？」又云：「非唯被趙州勘破，亦被遮僧勘破。」

僧問：「恁麼來底人，師還接否？」師云：「接。」僧云：「不恁麼來底，師還接否？」師云：「接。」僧云：「恁麼來者從師接，不恁麼來者如何接？」師云：「止！止！不須說！我法妙難思。」

師出院，路逢一婆子，問：「和尚住什麼處？」師云：「趙州東院西。」婆子無語。師歸院，問眾僧：「合使那箇『西』字？」或言東西字，或言棲泊字。師曰：「汝等總作得鹽鐵判官[23]。」僧曰：「和尚為什麼恁麼道？」師曰：「為汝總識字。」法燈別眾僧云：「已知去處。」

僧問：「如何是囊中寶？」師云：「合取[24]口。」法燈別云：「莫說似人。」

有新到僧謂師曰：「某甲從長安來，橫擔一條拄杖，不曾撥著一人。」師曰：「自是大德拄杖短。」同安顯別云：「老僧遮裡不曾見恁麼人。」僧無對。法眼代云：「呵呵。」同安顯代云：「也不短。」

有僧寫得師真，呈師。師曰：「且道似我不似我。若似我，即打殺老僧。不似我，即燒卻真。」僧無對。玄覺代云：「留取供養。」

師敲火，問僧云：「老僧喚作火，汝喚作什麼？」僧無語，師云：「不識玄旨，徒勞念靜。」法燈別云：「我不如汝。」

新到僧參，師問：「什麼處來？」僧云：「南方來。」師云：「佛法盡在南方，汝來遮裡作什麼？」僧云：「佛法豈有南北邪？」師云：「饒汝從雪峰、雲居來，只是箇擔板漢㉕。」崇壽稠別云：「和尚是據客置主人。」

僧問：「如何是佛？」師云：「殿裡底。」僧云：「殿裡者豈不是泥龕塑像？」師云：「是。」僧云：「如何是佛？」師云：「殿裡底。」僧問：「學人迷昧，乞師指示。」師云：「喫粥也未？」僧云：「喫粥了也。」師云：「洗鉢去。」其僧忽然省悟。

師上堂云：「纔有是非，紛然失心。還有答話分也無？」樂普在眾扣齒㉖。雲居云：「何必！」師云：「今日大有人喪身失命。」有僧云：「請和尚舉。」師便舉前語，僧指傍僧云：「遮僧作恁麼語話。」師乃休。

僧問：「久響趙州石橋㉗，到來只見掠彴㉘。」師云：「汝只見掠彴，不見趙州橋。」僧云：「如何是趙州橋？」師云：「過來。」又有僧同前問，師亦如前答。僧云：「如何是趙州橋？」師云：「度驢度馬。」僧云：「如何是掠彴？」師云：「箇箇度人。」雲居錫云：「趙州為當扶石橋，扶掠彴？」

師聞沙彌喝參，向侍者云：「教伊去。」侍者乃教去，沙彌便珍重去。師云：「沙彌得入門，侍者在門外。」雲居錫云：「什麼處是沙彌入門，侍者在門外？遮裡若會得，便見趙州。」

師問新到僧：「什麼處來？」僧云：「從南來。」師云：「還知有趙州關[29]否？」僧云：「須知有不涉關者。」師云：「遮販私鹽漢[30]。」

僧問：「如何是西來意？」師下禪牀立，僧云：「莫即遮箇便是否？」師云：「老僧未有語在。」

師問菜頭[31]：「今日喫生菜、熟菜？」菜頭拈起菜呈之，師云：「知恩者少，負恩者多。」

僧問：「空劫中還有人修行也無？」師云：「汝喚什麼作空劫？」僧云：「無一物是。」師云：「遮箇始稱得修行，喚什麼作空劫？」僧無語。

僧問：「如何是玄中玄？」師云：「汝玄來多少時耶？」僧云：「玄之久矣。」師云：「闍梨若不遇老僧，幾被玄殺。」

僧問：「萬法歸一，一歸何所[32]？」師云：「老僧在青州作得一領布衫，重七斤半。」

僧問：「夜生兜率[33]，晝降閻浮[34]，於其中間，摩尼為什麼不現？」師云：「道什麼？」其僧再問，師云：「毗婆尸佛早留心，直至如今不得妙。」

師問院主：「什麼處來？」對云：「送生來。」師云：「鵶[35]為什麼飛去？」院主云：「怕某甲。」師云：「汝十年知事作恁麼語話？」院主卻問：「鵶為什麼飛去？」師云：「院主無殺心。」

師托起鉢云：「三十年後若見老僧，留取供養。若不見，即撲破。」一僧出云：「三十年後敢道見和尚？」師乃撲破。

有僧辭，師問：「什麼處去？」僧云：「雪峰去。」師云：「雪峰忽若問汝云和尚有何言句，汝作麼生祇對？」僧云：「某甲道不得，請和尚道。」師云：「冬即言寒，夏即道熱。」又云：「雪峰更問汝畢竟事作麼生？」其僧又云：「道不得。」師云：「但道親從趙州來，不是傳語人。」其僧到雪峰，一依前語舉似雪峰。雪峰云：「也須是趙州始得。」玄沙聞云：「大小趙州敗闕[36]也不知。」

雲居錫云：「什麼處是趙州敗闕？若撿得出，是上座眼。」

僧問：「如何是趙州一句[37]？」師云：「老僧半句也無。」僧云：「豈無和尚在？」師云：「老僧不是一句。」

僧問：「如何是出家？」師云：「不履高名，不求苟得。」僧問：「澄澄絕點時如何？」師云：「遮裡不著客作漢[38]。」僧問：「如何是祖師意？」師乃敲牀腳。僧云：「只遮莫便是否？」師云：「是。」即脫取去。

僧問：「如何是毗盧[39]圓相？」師云：「老僧自幼出家，不曾眼花。」僧云：「豈不為人[40]？」師云：「願汝常見毗盧圓相。」

人問：「和尚還入地獄否？」師云：「老僧末上[41]入。」曰：「大善知識為什麼入地獄？」師云：「若不入，阿誰教化汝？」

一日，真定帥王公攜諸子入院，師坐而問曰：「大王會麼？」王云：「不會。」師云：「自小持齋身已老，見人無力下禪牀。」王公尤加禮重。翌日，令客將[42]傳語，師下禪牀受之。少間，侍者問：「和尚見大王來不下禪牀，今日軍將[43]來，為什麼卻下禪牀？」師云：「非汝所知。第一等人來，禪牀上接。中等人來，下禪牀接。末等人來，三門外接。」師寄拂子與王公曰：「若問何處得來，但道老僧平生用不盡者。」

師之玄言布於天下，時謂趙州門風，皆悚然信伏矣。唐乾寧四年十一月二日，右脇而寂，壽一百二十，有人問師年多少，師云：「一串念珠數不盡。」後謚真際大師。

【注釋】❶偃息 躺下休息。❷瑞像 傳說西天優填王始以香木作釋迦佛之像，瑞相圓滿，故名瑞像。❸伏惟 舊時常用為下對上有所陳述時的表敬之辭。❹萬福 多福。唐、宋時婦女相見行禮，多口稱「萬福」，後也以稱婦女所行之禮。❺無記 為三性之一。《俱舍論》二曰：「無記者，不可記為善不善性，故名無記。」❻火頭 寺院負責燒火的僧人。❼賊過後張弓 指禪機應對反應太慢。❽沁水 汲水。❾金毛 即金毛獅子，文殊菩薩所騎。❿卑情 此指施禮。⓫同安顯 五代僧人同安紹顯禪師，清涼文益禪師的法嗣。⓬胡 胡人，指北方少數民族。⓭丈六金身 傳說佛身長一丈六尺，而為金黃色。⓮覺華 喻智慧之開，如花之開。覺指智慧。《長阿含經》：「受法而能行，覺華而為供。」⓯貞實 其心誠實而無諂曲，堪受法者。《法華經·方便品》：「我今此眾，無復枝葉，純有貞實。」⓰分上 人情；面子。⓱招納 指受戒。⓲石幢子 上面刻寫有陀羅尼經文的石塔，也稱陀羅尼幢子、經幢等。⓳墼子 磚坯。⓴沒羽 《史記·李將軍列傳》：漢代飛將軍李廣出獵，夜，「見草中石，以為虎而射之，中石沒鏃」。㉑驀直 徑直；一直。㉒勘破 查核；查看。㉓鹽鐵判官 唐代中期設鹽鐵使管理食鹽專賣，並兼掌銀銅鐵錫的採冶，下設判官等為佐吏。㉔合取 合上。取，用在動詞後，為助詞。㉕擔板漢 此指認識片面的學僧。㉖扣齒 上下牙齒相碰，為道士向神禱告、驅逐妖魔的動作。㉗趙州石橋 又名安濟橋，位於河北趙縣城南，隋朝李春所建，為中國現存的著名古代大石拱橋。㉘掠彴 指小石橋。㉙關 禪宗以關隘來喻機鋒問答中的緊要處，稱作玄關，祖師常用以驗證學僧是否開悟。㉚販私鹽漢 販賣私鹽的人。唐代食鹽實行專賣，價格較貴，為此民間出現很多以販賣私鹽為生者，為朝廷所禁止，故販賣私鹽者一般通行鄉間小道，而避開城關等查禁嚴格之處。㉛菜頭 寺院中掌管菜肴的僧人。㉜萬法歸一一歸何所 亦作「萬法歸一，一歸何處」。是禪門中常用的話頭。按佛經中云：「萬法即真如，由不變故；真如是萬法，因隨緣故。」萬法指一切事物，一指真如本體。㉝兜率 即兜率天，六欲天之一，在夜摩天之上三億二萬由旬，一晝夜相當於人間四百年。此天居住者徹體光明，能照耀世界。此天之內院為彌勒寄居於欲界的淨土。㉞閻浮 也作閻浮提，即四大部洲之一的南贍部洲。㉟鵶 烏鴉。㊱敗闕 即敗缺，受挫的意思。㊲一句 表詮一個義理者為一句。《秘藏寶論》：「一句妙法，億劫難遇。」㊳客作漢 出賣勞動力的人，即雇工，也稱客作兒。㊴毗盧 即毗盧舍那的略稱，法身佛的通稱。

❹⓿為人　即禪師接引學僧，施行教化之意。❹❶末上　猶言最後。❹❷客將　唐五代時軍隊中區別於主帥家將的將領。❹❸軍將　即將校。

【語　譯】趙州（今河北趙縣）觀音院從諗禪師（七七八～八九七年），曹州（今山東荷澤）郝鄉人，俗姓郝。從諗還是孩童時，就在本州扈通院皈依師傅出家披剃為僧。從諗還未受具足戒，就來到了池陽（今安徽池州），參拜南泉普願禪師。正遇到南泉禪師在安臥休息，南泉禪師問道：「最近才離開哪裡？」從諗回答：「最近才離開瑞像。」南泉禪師問道：「還看見過站著的瑞像嗎？」從諗回答：「沒有看見站著的瑞像，只看見躺著的如來。」南泉禪師便問道：「你是有主人的沙彌，還是沒有主人的沙彌？」從諗回答：「是有主人的沙彌。」南泉禪師問道：「主人在什麼地方？」從諗回答：「仲冬天氣寒冷，伏惟和尚尊體萬福。」南泉禪師很器重他，准許他成為入室弟子。另有一天，從諗問南泉禪師道：「什麼是道？」南泉禪師回答：「平常心是道。」從諗問道：「還可不可以趨向呢？」南泉禪師回答：「起心趨向就與道相背離了。」從諗問道：「不起心怎麼知道是道呢？」南泉禪師說道：「道不屬於知，不屬於不知。知是妄覺，不知是無記。如若是真正達到那沒有疑慮的道，就好像是虛空一樣，闊然明白而沒有阻礙，難道可以勉強加以是非嗎？」從諗聽到這些話後豁然開悟佛理，就前往中嶽嵩山瑠璃壇去受戒，然後再回到南泉山。

此後有一天，從諗禪師問南泉禪師道：「知道有的人到什麼地方去休息？」南泉禪師回答：「山下作牛去。」從諗說道：「謝謝老師的指示。」南泉禪師說道：「昨夜三更月到窗。」

從諗禪師作火頭時，有一天，他緊閉著屋門燒火，弄得滿屋子都是煙，便叫道：「救火！救火！」當時眾僧都前來了，從諗說道：「說得對就開門。」眾僧都不能應對。南泉禪師就把鎖從窗戶中遞給了從諗，從諗便打開了門。

此後從諗禪師來到了黃蘗寺，黃蘗希運禪師看見他來，就關上了方丈室的門。從諗便舉著火來到了法堂內，叫道：「救火！救火！」黃蘗打開門捉住了他，說道：「道！道！」從諗卻說道：「賊跑了才開弓。」

從諗禪師又來到了寶壽禪師處，寶壽看見他來到，就背向他坐在禪牀上。從諗於是打開坐具向寶壽禮拜，寶壽便走下禪牀，從諗就出門去了。

從諗禪師又來到了鹽官（今浙江海寧鹽官鎮）海昌院，說道：「看箭！」齊安禪師說道：「過去了。」從諗卻說道：「射中了。」

從諗禪師又來到夾山，拿著拄杖進入了法堂。善會禪師問道：「幹什麼？」從諗回答：「汲水。」善會便問道：「一滴水也沒有，汲個什麼？」從諗就拄著拄杖出去了。

從諗禪師將要遊歷五臺山時，有位大德作了一首偈語挽留他道：「何處青山不是道場，何必扶杖去禮拜清涼山？雲中縱然顯現出金毛獅子，正眼看時並非是吉祥。」從諗便問道：「怎麼才是正眼？」那大德無言以對。法眼禪師代為回答：「請上座接受我的禮拜。」同安紹顯禪師也代為回答道：「這就是上座眼。」從諗此後禪法教化遍及北方各地，眾人請求他住持趙州觀音院。

從諗禪師上堂對眾僧說法道：「如同是明珠在手掌中，胡人來就現出胡人之相，漢人來就現出漢人之相。老僧把一枝草當作丈六金身來利用，把丈六金身當作一枝草來利用。佛就是煩惱，煩惱就是佛。」當時有個僧人問道：「不知道佛是誰家的煩惱？」從諗回答：「給一切人煩惱。」那僧人問道：「怎麼才能免去？」從諗反問道：「免去幹什麼？」

從諗禪師掃地的時候，有僧人問道：「和尚是善知識，為什麼有塵埃？」從諗回答：「從外面來的。」又有一位僧人問道：「清淨的寺院中，為什麼會有塵埃？」從諗說道：「又有一點了。」

又有人與從諗禪師一起去遊園，看見一隻兔子驚恐地逃走，便問道：「和尚是大善知識，為什麼兔子會被嚇跑了呢？」從諗回答：「因為老僧喜歡殺生。」

有僧人問道：「覺華沒有開放的時候怎麼辨別貞實？」從諗禪師回答：「開放了。」那僧人問道：「是貞還是實？」從諗回答：「貞就是實，實就是貞。」那僧人問道：「什麼人情分上的事？」從諗回答：「老僧有分，闍梨有分。」那僧人問道：「我不受戒時怎麼樣？」從諗裝著沒有聽到，那僧人無話可說。從諗喝道：「去！」

從諗禪師的禪院中有一根石經幢被大風吹斷了，有僧人問道：「陀羅尼經幢是去作凡人了呢，還是去作聖人了？」從諗回答：「也沒有去作凡人，也沒有去作聖人。」那僧人問道：「究竟是去作什麼了？」從諗回答：「落到地上去了。」

從諗禪師問一個座主道：「講說什麼經文？」座主回答道：「《涅槃經》。」從諗問道：「問一段經義可不可以？」座主回答：「可以。」從諗就用腳踢虛空，並吹了一口氣，問道：「這是什麼意思？」座主回答：「經文中沒有這個意思。」從諗說道：「五百力士舉起石頭之義，你卻說沒有意思。」

眾僧晚上參拜，從諗禪師說道：「今天晚上解答問題，有需要解答者出來。」當時有一個僧人出來禮拜，從諗說道：「本來想拋磚引玉，卻引來個墼子。」保壽禪師說道：「射中的虎不是真的，徒然使箭羽沒入石中。」長慶慧稜禪師問覺上座道：「那僧人才出來禮拜，為什麼就收他為墼子？」覺上座說道：「剛才那邊也有人這麼提問。」長慶禪師問道：「對他怎麼說？」覺上座說道：「也對他這麼說。」玄覺禪師說道：「什麼地方卻成為了墼子？在叢林中才說出來，就成了墼子，只是像每天進、出、行、住、坐、臥，不能都成為墼子。暫且說說看這個僧人出來，是具備了慧眼，還是沒有具備慧眼？」

有僧人去遊覽五臺山，向一個老婆子問路道：「往五臺山的路向哪裡走？」那老婆子回答：「徑直向前走。」那僧人就走了，那老婆子說道：「又這麼走了。」那僧人把這事告訴了從諗禪師，從諗說道：「等我去勘破這老婆子。」到了第二天，從諗也去問道：「往五臺山的路向哪裡走？」那老婆子同樣回答：「徑直向前走。」從諗就走了，那老婆子又說道：「又這麼走了。」從諗回到了寺院，對那僧人說道：「我為你勘破了那老婆子。」玄覺禪師說道：「前面來的僧人也這麼說，趙州和尚去了也這麼說，什麼地方勘破了那老婆子？」又說道：「不只被趙州和尚勘破，也被那個僧人勘破。」那僧人問道：「這麼來的人，和尚還接納嗎？」從諗回答：「接納。」那僧人又問道：「不是這麼來的人，和尚還接納嗎？」從諗回答：「接納。」那僧人再問道：「這麼來的人任從和尚接納，不是這麼來的人怎麼接納？」從諗說道：「停止！停止！不必說！我的方法微妙得難以想到。」

從諗禪師離開寺院外出，在路上遇到了一個老婆子，那老婆子問道：「和尚住在什麼地方？」從諗回答：「趙州東院西。」老婆子無語以對。從諗回到了寺院，問眾僧人道：「應該用哪一個『西』字？」有人說應該用東西的「西」字，也有人說應該用棲泊的「棲」字。從諗說道：「你們總能作一個鹽鐵判官。」有僧人問道：「和尚為什麼這樣說？」從諗回答：「因為你們都認識字。」法燈禪師別為眾僧說道：「已經知道了去處。」

有僧人問道：「什麼是囊中的寶物？」從諗禪師回答：「閉口吧。」法燈禪師另為答道：「不要說給人聽。」

有一個新來的僧人，對從諗禪師說道：「我從長安而來，橫扛著一條拄杖，沒有打著一個人。」從諗說道：「自然是由於大德的拄杖太短小了。」同安紹顯禪師另為回答：「老僧這裡沒有看見過這樣的人。」那僧人無言以對。法眼禪師代為回答：「呵呵。」同安紹顯禪師代為回答：「也不短小。」

有個僧人給從諗禪師畫了一幅像，並送給了從諗。從諗說道：「你姑且說說看像我還是不像我。如果像我，就打殺了老僧。如不像我，就把畫像燒了。」那僧人無言可答。玄覺禪師代為回答：「留下來作供養。」

從諗禪師打火時，問僧人道：「老僧把它叫作火，你把它叫作什麼？」那僧人無語應對，從諗便說道：「不認識玄妙微旨，徒然念經修禪。」法燈禪師別為說道：「我不如你。」

有一個僧人新來參拜，從諗禪師問道：「從什麼地方來？」那僧人回答：「從南方來。」從諗問道：「佛法都在南方，你來這裡幹什麼？」那僧人回答：「佛法難道也有南北之分嗎？」從諗說道：「儘管你從雪峰、雲居那兒來，但還是一個擔板漢。」崇壽契稠禪師別為回答：「和尚這是根據客人來安置主人。」

有僧人問道：「什麼是佛？」從諗禪師回答：「殿裡的。」那僧人問道：「殿裡的難道不是泥龕塑像嗎？」從諗回答：「是。」那僧人問道：「什麼是佛？」從諗回答：「殿裡的。」那僧人就說道：「學生愚昧，還請和尚指示。」從諗問道：「吃了粥沒有？」那僧人回答：「吃了粥了。」從諗說道：「洗鉢盂去。」那僧人忽然省悟了。

從諗禪師上堂說法道：「一有是非心，紛然失本心。還有人答話嗎？」洛浦元安禪師在眾人中扣擊牙齒，雲居禪師說道：「何必呢！」從諗說道：「今天有很多人要喪失身命。」有僧人說道：「請和尚說一說。」從諗就舉出剛才說的話來，那僧人就指著身旁的僧人說道：「這個僧人說了這樣的話。」從諗就作罷了。

有僧人問道：「很久就嚮往趙州石橋，到來卻只看見一座小石橋。」從諗禪師回答：「你只看見了小石橋，沒有看見趙州橋。」那僧人問道：「什麼是趙州橋？」從諗招呼道：「過來。」又有一個僧人提了與前面一樣的問題，從諗也如同前面一樣回答。那僧人問道：「什麼是趙州橋？」從諗回答：「能度驢度馬。」僧人又問道：「什麼是小石橋？」從諗回答：「座座可以度人。」雲居清錫禪師說道：「趙州禪師應當扶持趙州石橋，還是扶持小石橋？」

從諗禪師聽到沙彌大聲說來參拜，就告訴侍僧道：「讓他走。」侍僧就去叫他走，那沙彌便說了聲珍重而去。從諗說道：「沙彌已得入門，侍僧還在門外。」雲居清錫禪師說道：「什麼是沙彌已得入門，侍僧還在門外？如若能夠領會，就如親見趙州禪師。」

從諗禪師問新到的僧人道：「從什麼地方來？」那僧人回答：「從南方來。」從諗問道：「還知道有一個趙州關嗎？」那僧人回答：「要知道有不從關隘中過來的人。」從諗便罵道：「這個販賣私鹽的傢伙。」

有僧人問道：「什麼是達磨祖師西來的密意？」從諗禪師從禪牀上下來站著，那僧人問道：「莫非這個就是嗎？」從諗說道：「老僧沒有說話。」

從諗禪師問菜頭道：「今天吃生菜還是熟菜？」菜頭拿起菜來給從諗看，從諗說道：「知道恩惠的人很少，辜負恩澤的人很多。」

有僧人問道：「空劫中還有沒有人修行？」從諗禪師反問道：「你把什麼叫做空劫？」那僧人回答：「沒有一件東西。」從諗說道：「這個才稱得上是修行，你把什麼叫做空劫？」那僧人無話可答。

有僧人問道：「什麼是玄中之玄？」從諗禪師反問道：「你玄來多少時候了？」那僧人回道：「玄來很久了。」從諗說道：「闍梨如果不是遇到老僧，幾乎要被玄殺。」

有僧人問道：「萬法歸一，一歸何處？」從諗禪師回答：「老僧在青州做了一領布衫，有七斤半重。」

有僧人問道：「晚上生在兜率天，白天降在閻浮，在這中間，摩尼珠為什麼不出現？」從諗禪師反問道：「說什麼？」那僧人再說了一次，從諗說道：「毗婆尸佛早就注意於此，但直至現在還沒有好答案。」

從諗禪師問院主道：「從什麼地方來？」院主回答：「來送生靈。」從諗問道：「烏鴉為什麼飛去了？」院主回答：「怕我。」從諗說道：「你作了十年知事僧，怎麼那樣說話？」院主反過來問道：「烏鴉為什麼飛去了？」從諗回答：「院主沒有殺心。」

從諗禪師拿起了鉢說道：「三十年後如若看見老僧，就留下來供養。如若沒有看見，就打破它。」有一個僧人站出來說道：「三十年後還敢說看見和尚？」從諗就打破了鉢。

有個僧人來辭別，從諗禪師問道：「到什麼地方去？」那僧人回答：「到雪峰禪師那裡去。」從諗問道：「雪峰如若問你和尚有什麼話語，你怎麼應答？」那僧人回答：「我說不上來，請和尚說。」從諗就說道：「冬天就說寒冷，夏天就說炎熱。」從諗又問道：「如若雪峰進一步問你究竟的事怎麼辦？」那僧人還是回答：「說不上來。」從諗就告訴他道：「只要說你自己是從趙州那裡來，但不是傳話的人。」那僧人到了雪峰那裡，完全按照前面的話來回答。雪峰說道：「也只有趙州和尚才行。」玄沙禪師聽到後說道：「大小趙州受挫了還不知道。」雲居清錫禪師說道：「什麼地方是趙州和尚的受挫之處？如果找得出，就是上座眼。」

有僧人問道：「什麼是趙州一句？」從諗禪師回答：「老僧這裡半句也沒有。」那僧人問道：「難道也沒有和尚嗎？」從諗回答：「老僧不是一句。」

有僧人問道：「什麼是出家？」從諗禪師回答：「不爭高顯的名聲，不求苟且獲得。」那僧人問道：「明澄的水面沒有雨點時怎麼樣呢？」從諗回答：「這裡用不著客作漢。」那僧人又問道：「什麼是達磨祖師西來的密意？」從諗就敲禪牀腳。那僧人問道：「只這個莫非就是嗎？」從諗回答：「是。」那僧人即刻就把牀腳脫下取走了。

有僧人問道：「什麼是毗盧圓相？」從諗禪師回答：「老僧自幼出家，從來不曾眼花。」那僧人問道：「難道和尚不接引人嗎？」從諗回答：「希望你常常見到毗盧圓相。」

有人問道：「和尚還要入地獄嗎？」從諗禪師回答：「老僧最後入。」那人問道：「大善知識為什麼也要入地獄？」從諗回答：「我若不入，誰來教化你呢？」

有一天，真定（今河北正定）軍帥王公帶著兒子們來到觀音院，從諗禪師坐著問道：「大王領會了嗎？」王公回答：「沒有領會。」從諗說道：「老僧從小吃齋，身體已衰老，看見來了客人，也無力從禪牀上下來。」王公更加禮敬他。第二天，王公命客將前來傳話，從諗卻從禪牀上下來接見他。過了片刻，侍僧問道：「和尚看見大王來，不從禪牀上下來，今天只是軍將來，為什麼卻下了禪牀？」從諗回答：「這不是你所能明白的。第一等人來，就在禪牀上接見。中等人來了，就下禪牀來接見。末等人來，就在山門外迎接。」從諗把拂塵託人送給了王公，說道：「如若有人問起從什麼地方得來的，就說是老僧平生用不完的。」

從諗禪師的微妙玄言遍布於天下，當時人一說起趙州門風，都竦然信服。唐代乾寧四年（八九七年）十一月二日，從諗禪師向右側臥圓寂，享年一百二十歲，有人曾問從諗禪師的年齡，從諗回答：「一串念珠數不盡。」後來被賜謚號曰真際大師。

【說　明】從諗禪師雖沒有創宗立派，但其名聲甚大，在禪史上，一提起趙州和尚，幾乎無人不曉。從諗禪師從其師普願禪師處得到的最重要的啟示是「平常心是道」，然其在趙州觀音院弘揚禪法時，更將南宗禪法往前發展，形成奇峭的趙州門風，並留下許多著名的公案。趙州公案除本章所載及本書〈普願禪師〉章所載南泉斬貓，從諗把鞋子頂在頭上出去等外，據《五燈會元》載錄，尚有「鎮州出大蘿蔔頭」、「庭前柏樹子」、「狗子佛性」與「趙州茶」等著名公案。在這些公案中，趙州和尚一方面高張「平常心是道」之大旗，認為「不屬知不知」的道就在日常生活中，一切吃茶、吃粥等都是人的本心或本性的表露，也就是道（佛性）的表現。趙州和尚還受道家思想影響，認為一切事物中都普遍存在有道（佛性）。既然自然而自在的平常心即是佛性，因而趙州和尚在回答「祖師西來意」、「萬法歸一，一歸何所」與「狗子還有佛性也無」之類問題時，往往通過自相矛盾或毫不相干的回答，來破提問者的偏執，使其擺脫語言思維邏輯的束縛，以達到一種絕對的自由，進而反省自心，認識自性，進入佛的境界。由此之故，趙州從諗禪師成為晚唐北地的突出代表之一，如《釋史通載》所記當時趙王題趙州和尚之真容像云：「碧潭之月，清鏡中頭。我師我化，天下趙州。」

池州靈鷲閑禪師

池州靈鷲閑禪師，謂眾曰：「是汝諸人本分事，若教老僧道，即與蛇畫足。此是頓教，諸上座。」有僧便問：「與蛇畫足即不問，如何是本分事？」師云：「闍梨試道看。」其僧擬再問，師曰：「畫足作麼？」

明水和尚問：「如何是頓獲法身？」師云：「一透龍門雲外望，莫作黃河點額魚❶。」

仰山問：「寂寂無言，如何視聽？」師云：「無縫塔❷前多雨水。」

僧問：「二彼無言時如何？」師云：「是常。」僧云：「還有過常者無？」師云：「有。」僧云：「請師唱❸起。」師云：「玄珠自朗耀，何須壁外光！」

僧問：「今日供養西川無染大師，未審大師還來否？」師云：「本自無所至，今豈隨風轉！」僧云：「恁麼即供養何用？」師云：「功力有為，不換義相涉。」

【注釋】❶點額魚　《水經注・河水》：鱣魚，出於鞏穴，每年三月溯黃河而上，至龍門下，如能躍上者便化為龍，否則就點額而回。唐代以後，因以「點額」比喻科舉考試落第。此以點額魚喻未能悟徹佛法。❷無縫塔　此指禪機應對嚴謹縝密。

❸唱　唱禮，法會結束時，住持唱五悔五大願等文，謂之唱禮。

【語　譯】池州（今屬安徽）靈鷲閑禪師，對眾人說道：「這是你們眾人本分內的事，如果讓老僧來說，就如同是給蛇畫腳。這就是頓悟之教，各位上座。」有僧人就問道：「給蛇畫腳就不問了，什麼是本分內的事？」閑禪師說道：「闍梨試著說來聽聽。」那僧人打算再問，閑禪師截斷道：「畫腳幹什麼？」

明水和尚問道：「什麼是頓悟獲得法身？」閑禪師說道：「一朝躍過龍門於雲漢外眺望，不要作那點額而迴的魚。」

仰山慧寂禪師問道：「寂靜而沒有一句話，怎麼去聽呢？」閑禪師說道：「無縫塔前多雨水。」

有僧人問道：「兩人彼此沒有說話時怎麼樣？」閑禪師回答：「是平常事。」那僧人問道：「還有超過平常事的嗎？」閑禪師回答：「有。」那僧人說道：「那就請和尚舉唱。」閑禪師說道：「玄珠自然放出光明，哪裡需要借助牆壁外面的光！」

有僧人問道：「今天供養西川無染大師，不知道大師還會不會來？」閑禪師回答：「本來就自無所而來，今天難道會隨風飄轉！」那僧人問道：「這麼說來，供養他有什麼用？」閑禪師說道：「功力有為，不換之義相關。」

鄂州茱萸山和尚

鄂州茱萸山和尚，初住隨州護國院，為第一世。金輪可觀和尚❶問：「如何是道？」師云：「莫向虛空裡釘橛。」觀云：「虛空是橛？」師乃打之，觀捉住云：「莫打某甲，已後錯打人在。」師便休。雲居錫云：「此人具眼不具眼，因什麼著打？」

趙州諗和尚先到雲居，雲居問曰：「老老大大❷漢，何不覓箇住處？」諗曰：「什麼處住得？」雲居曰：「山前有古寺基。」諗曰：「和尚自住取。」後到師處，師曰：「老老大大漢，何不住去？」諗曰：「什麼處住得？」師曰：「老老大大漢，住處也不知。」諗曰：「三十年弄馬伎❸，今日卻被驢撲。」雲居錫云：「什麼處是趙州被驢撲處？」

眾僧侍立，師曰：「只恁麼白立，無箇說處，一場氣悶。」有僧擬出問，師乃打之曰：「為眾竭力❹。」便入方丈。

有行者❺參，師曰：「曾去看趙州麼？」曰：「和尚敢道否？」師云：「非但茱萸，一切人道不得。」曰：「和尚放某甲過。」師曰：「遮裡從前不通人情。」曰：「要且❻慈悲心在。」師便打曰：「醒後來為汝。」

【注釋】❶金輪可觀和尚　唐末五代時僧人，福唐（今福建福清）人，俗姓薛，參雪峰禪師得悟，後住持南嶽金輪院。❷老老大大　即長長大大之意。❸馬伎　唐、宋時流行的馴馬和馬術表演，即馬戲。❹竭力　力氣竭盡。❺行者　即行腳僧或在寺院內服務而未剃度的出家人。❻要且　表示轉折，即「卻」的意思。

【語譯】鄂州（今湖北武漢）茱萸山和尚，起初住持隨州（今屬湖北）護國院，為第一世住持。金輪院可觀和尚問道：「什麼是道？」茱萸和尚回答：「不要向虛空中釘橛子。」可觀和尚追問道：「虛空就是橛子？」茱萸和尚就打可觀和尚，可觀和尚便抓住了他，說道：「不要打我，以後將會錯打人。」茱萸和尚就罷休了。

雲居清錫禪師說道：「這人具備了慧眼，還是沒有具備慧眼，為什麼被打？」

趙州從諗和尚起初來到雲居寺，雲居禪師問道：「長長大大的漢子，為什麼不尋找個住處？」從諗和尚反問道：「到哪裡去住？」雲居禪師說道：「山前有一個古代寺院的屋基。」從諗和尚說道：「和尚自己去住。」從諗和尚此後來到了茱萸山，茱萸和尚也問道：「長長大大的漢子，為什麼不去住下呢？」從諗和尚同樣反問道：「什麼地方能夠住下？」茱萸和尚說道：「長長大大的漢子，住的地方也不知道。」從諗和尚說道：「三十年弄馬術，今天卻被驢子踢了。」雲居清錫禪師說道：「什麼地方是趙州和尚被驢踢之處？」

眾僧人侍立時，茱萸和尚說道：「只是這麼白白地站立，沒有什麼話說，好一場氣悶。」有一個僧人打算站出提問，茱萸和尚就打他道：「眾人都力竭了。」隨即回歸了方丈室。

有行者前來參拜，茱萸和尚問道：「曾見過趙州和尚嗎？」行者說道：「和尚敢說嗎？」茱萸和尚說道：「不只是茱萸，所有人都說不得。」行者就說道：「請和尚放我過去。」茱萸和尚說道：「這裡從前不通人情。」行者說道：「卻有慈悲心。」茱萸和尚便打他道：「醒來後接引你。」

衢州子湖巖利蹤禪師

衢州子湖巖利蹤禪師，澶州人也，姓周氏。幽州開元寺出家，依年受具。後入南泉之室，乃抵于衢州之馬蹄山，結茅宴居。唐開成二年，邑人翁遷貴施山下子湖創院。咸通二年，敕賜額曰安國禪院。

一日，上堂示眾曰：「子湖有一隻狗❶，上取人頭，中取人心，下取人足。

擬議❷即喪身失命。」僧問：「如何是子湖一隻狗？」師曰：「嗥！嗥！」臨濟下二僧到參，方揭簾，師曰：「看狗！」二僧迴顧，師歸方丈。

師與勝光和尚鋤園，師驀按钁，迴視勝光云：「事即不無，擬心即差。」光乃禮拜擬問，師與一蹋，便歸院。

有一尼到參，師曰：「汝莫是劉鐵磨否？」尼曰：「不敢。」師曰：「左轉右轉？」尼曰：「和尚莫顛倒。」師便打。

師一日於中夜叫：「有賊！」眾皆驚走。師到僧堂後架把住❸一僧叫云：「維那，捉得也！捉得也！」僧曰：「不是某甲。」師曰：「是即是，只是汝不肯承當❹。」

師有偈示眾曰：「三十年來住子湖，二時齋粥氣力麤。每日上山三五轉，問汝時人會也無？」師居子湖說法四十五稔，廣明中無疾歸寂，壽八十有一，臘六十一。今本山有塔。

【注　釋】❶子湖有一隻狗　子湖狗，隱喻子湖禪院內機鋒迅疾猛烈。❷擬議　思索；猶豫。❸架把住　抓住；拉住。❹承當　應承；承擔。此指承接禪機，領悟禪法。

【語　譯】衢州（今屬浙江）子湖巖利蹤禪師（八〇〇～八八〇年），澶州（今河南濮陽）人，俗姓周。利蹤在幽州（今北京市）開元寺出家，到了年齡後受具足戒。後來利蹤成為南泉普願禪師的入室弟子，再到衢州的馬蹄山，構建了一座茅屋居住修持。唐代開成二年（八三七年），本城人翁遷貴施捨山下的子湖，創建寺院。咸通二年（八六一年），朝廷賜院額曰安國禪院。

有一天，利蹤禪師上堂指示眾人道：「子湖有一隻狗，上取人頭，中取人心，下取人足。思索猶豫的人就會喪失身家性命。」有僧人問道：「什麼是子湖一隻狗？」利蹤學著狗叫道：「嗥！嗥！」臨濟義玄禪師門下有兩個僧人前來參拜，剛剛揭開了門簾，利蹤就喝道：「看狗！」兩個僧人便回頭來看，利蹤就回到了方丈室。

利蹤禪師與弟子勝光和尚一起在園中鋤草，利蹤突然按著鋤頭，回頭看著勝光說道：「事情不是沒有，思索就差了。」勝光便加禮拜，打算詢問，利蹤卻一腳把他踢倒，隨即回到了寺中。

有一個比丘尼前來參拜，利蹤禪師問道：「你莫不是劉鐵磨嗎？」那女尼回答：「不敢。」利蹤問道：「是向左轉磨，還是向右轉呢？」女尼回答：「和尚不要搞顛倒了。」利蹤便打她。

有一天半夜裡，利蹤禪師高叫道：「有賊！」眾僧人都被驚動了。利蹤來到了僧堂後，拉住一個僧人叫道：「維那，抓住了！抓住了！」那僧人說道：「不是我。」利蹤說道：「是就是，只是你不肯應承。」

利蹤禪師作有偈頌指示眾人道：「三十年來住子湖，二時齋粥氣力粗。每日上山三五轉，問你世人領會無？」利蹤禪師住在子湖說法達四十五年，晚唐廣明年間（八八〇年）無病圓寂，終年八十一歲，法臘為六十一歲。北宋初期，馬蹄山上還存有他的墓塔。

洛京嵩山和尚

洛京嵩山和尚。僧問：「古路坦然時如何？」師曰：「不前。」僧曰：「為什麼不前?」師曰：「無遮障處。」僧問：「如何是嵩山境?」師曰：「日從東出，月向西頹。」曰：「學人不會。」師曰：「東西也不會?」僧問：「六識❶俱生時如何?」師曰：「異。」僧曰：「為什麼如此?」師曰：「同。」

【注釋】❶六識 依據眼、耳等六根對於六境而起的見、聞、嗅、味、觸、思等作用的眼識、耳識、鼻識、舌識、身識、意識。六識因六根而得名。

【語譯】洛京（今河南洛陽）嵩山和尚。有僧人問道：「古代道路平坦時怎麼樣?」嵩山和尚回答：「不要向前。」那僧人問道：「為什麼不要向前?」嵩山和尚回答：「因為沒有遮蓋阻礙的地方。」那僧人又問道：「什麼是嵩山之境?」嵩山和尚回答：「太陽從東邊出來，月亮向西邊落下。」那僧人說道：「學生不能領會。」嵩山和尚說道：「連東、西也不懂?」那僧人再問道：「六識都產生的時候怎麼樣?」嵩山和尚回答：「不一樣。」那僧人問道：「為什麼會那樣?」嵩山和尚回答：「相同。」

日子和尚

日子和尚。亞溪來參，師作起勢。亞溪曰：「遮老山鬼❶，猶見某甲在。」師曰：「罪過！罪過！適來失祗對。」亞溪欲進語，師乃叱之。亞溪曰：「大陣前不妨❷難禦。」師曰：「是！是！」亞溪曰：「不是！不是！」趙州云：「可憐兩箇漢，不識轉身句。」

【注釋】❶山鬼 猶言村夫、野人，罵人語。❷不妨 不料；非常。也作「不方」、「不放」。

【語　譯】日子和尚。亞溪前來參拜，日子和尚做出起身的樣子。亞溪說道：「這個老山鬼，還看見了我。」日子和尚說道：「罪過！罪過！剛才失禮了。」亞溪想要上前說話，日子和尚大聲喝叱。亞溪說道：「大陣當前，無比難擋。」日子和尚說道：「是！是！」亞溪說道：「不是！不是！」趙州從諗和尚說道：「可憐這兩個傢伙，不知道有轉身的句子。」

蘇州西禪和尚

蘇州西禪和尚。僧問：「三乘十二分教則不問，如何是祖師西來的的意？」師舉拂子示之。其僧不禮拜，去參雪峰。雪峰問：「什麼處來？」僧云：「浙中❶來。」雪峰曰：「今夏在什麼處？」曰：「蘇州西禪。」雪峰曰：「和尚安否？」曰：「來時萬福。」雪峰曰：「何不且從容❷？」曰：「佛法不明。」雪峰曰：「有什麼事？」僧舉前話，雪峰曰：「汝作麼不肯？」僧曰：「是境。」雪峰曰：「汝見蘇州城裡人家男女否？」曰：「見。」雪峰曰：「汝見路上林木否？」曰：「見。」雪峰曰：「凡覩人家男女，大地林沼，總是境。汝還肯否？」曰：「肯。」雪峰曰：「只如拈起拂子，汝作麼生不肯？」僧乃禮拜曰：「學人取次❸發言，乞師慈悲。」雪峰曰：「盡乾坤是箇眼，汝向什麼處蹲坐？」僧無語。

【注釋】❶浙中 今浙江及江蘇的江南地區。❷從容 盤桓；逗留。❸取次 造次、輕率的意思。

【語譯】蘇州(今屬江蘇)西禪和尚。有僧人問道：「三乘十二分教就不問了，什麼是達磨祖師西來的密意？」西禪和尚舉起拂塵給他看。那僧人不認可，便不施禮拜，徑直去參拜雪峰禪師。雪峰問道：「從什麼地方來的？」那僧人回答：「從浙中來。」雪峰問道：「今年夏天在什麼地方安居？」那僧人回答：「蘇州西禪院。」雪峰便問道：「西禪和尚好嗎？」那僧人回答：「來的時候很好。」雪峰問道：「你為什麼不暫且在那裡逗留？」那僧人回答：「因為他佛法不明。」雪峰問道：「有什麼事嗎？」那僧人就告訴他前面的事，雪峰問道：「你為什麼不認可。」那僧人回答：「那是境。」雪峰便問道：「你看見了蘇州城裡人家中的男女嗎？」那僧人回答：「看見了。」雪峰問道：「你看見道路上的林木了嗎？」那僧人回答：「看見了。」雪峰問道：「凡是看見的人家男女、大地林木、池塘沼澤，全都是境。你還認可嗎？」那僧人回答：「認可。」雪峰再問道：「只是舉起了拂塵，你為什麼不認可？」那僧人就禮拜道：「學生造次發言，請求和尚慈悲為懷。」雪峰說道：「全乾坤也只有一隻眼，你向哪裡去存身？」那僧人無語應答。

宣州陸亘大夫

宣州陸亘大夫，初問南泉曰：「古人缾中養一鵝，鵝漸長大，出缾不得。如今不得毀缾，不得損❶鵝，和尚作麼生出得？」南泉召曰：「大夫。」陸應諾。南泉曰：「出也。」陸從此開解。暨南泉圓寂，院主問曰：「大夫何不哭先師？」陸曰：「院主道得即哭。」院主無對。長慶代云：「合哭不合哭？」

【注　釋】❶損　損傷；弄傷。

【語　譯】宣州（今安徽宣城）陸亘大夫（七六四～八三四年），當初問南泉普願禪師道：「古時候有人在瓶中養了一隻鵝，鵝漸漸長大了，便不能從瓶中出來。如今不能打破瓶子，也不能損傷鵝，和尚怎麼才能把牠弄出來？」南泉禪師便招呼道：「大夫。」陸亘答應，南泉禪師說道：「弄出來了。」陸亘從此省悟。等到南泉禪師圓寂，院主問道：「大夫為什麼不哭先師？」陸亘說道：「院主說得著就哭。」院主無話可對。長慶慧稜禪師代為說道：「應該哭還是不應該哭？」

【說　明】這也是一個有名的公案。其實關在瓶中的不僅是那虛構的鵝，還有陸亘執著的心念。故而南泉禪師的突然招呼，打破了陸亘被虛幻蒙蔽的心念，其空靈自心陡然虛明，那瓶中之鵝也就自然消失。

池州甘贄行者

池州甘贄行者，將錢參貫文❶入僧堂，於第一座面前云：「請上座施財。」上座云：「財施無盡，法施無窮。」甘云：「恁麼道，爭得某甲錢？」卻將出去，上座無語。又於南泉設粥云：「請和尚念誦。」南泉云：「甘贄行者設粥，請大眾為貍奴、白牯念《摩訶般若波羅蜜》。」甘乃禮拜，便出去。南泉卻到廚內打破鍋子。

雪峰和尚來，甘閉門召云：「請和尚入。」雪峰隔籬掉❷過衲衣，甘便開門禮拜。

有住庵僧緣化什物，甘曰：「若道得即施。」乃書「心」字，問：「是什麼字？」僧云：「心字。」又自問其妻：「什麼字？」妻云：「心字。」甘云：「某甲山妻❸亦合住庵。」其僧無語，甘亦無施。

又問一僧：「什麼處來？」僧云：「潙山來。」甘云：「曾有僧問潙山：『如何是西來意？』潙山舉起拂子。上座作麼生會潙山意？」僧云：「借事明心，附物顯理。」甘云：「且歸潙山去好！」保福聞之，乃仰手覆手。

【注釋】❶貫文　古代以銅錢一千文為一貫。❷掉　丟過；落下。❸山妻　對別人謙稱自己的妻子。

【語譯】池州（今屬安徽）甘贄行者，拿著三貫銅錢進入僧堂，在第一座面前說道：「請上座施捨錢財。」上座說道：「施捨錢財無有窮盡，施捨佛法無有窮盡。」甘贄便說道：「這樣說的話，怎麼能得到我的錢？」就拿起錢出去了，上座無話可對。甘贄又在南泉普願禪師處施捨齋粥道：「請和尚念誦經文。」南泉禪師說道：「甘贄行者布施齋粥，請眾僧為貓和白水牛念誦《摩訶般若波羅蜜經》。」甘贄就加禮拜，然後走出去了。南泉禪師卻到廚房內把鍋子打破了。

雪峰和尚來，甘贄關上大門招呼道：「請和尚進來。」雪峰和尚就隔著籬笆丟過來僧衣，甘贄便打開了大門禮拜。

有一個住持庵廟的僧人來化緣什物，甘贄說道：「如說得出就施捨。」就寫了一個「心」字，問道：「是什麼字？」那僧人回答：「是『心』字。」甘贄又問自己的妻子道：「是什麼字？」他妻子回答：「是『心』

字。」甘贄就說道：「我老婆也應該住持庵廟。」那僧人無話可答，甘贄也不施捨。

甘贄又問一個僧人道：「從什麼地方來的？」那僧人回答：「從溈山來。」甘贄問道：「曾經有僧人問溈山禪師道：『什麼是達磨祖師西來的密意？』溈山禪師舉起了拂塵。上座怎麼理解溈山禪師的意思？」那僧人回答：「借助事物開明心智，附會形體顯現佛理。」甘贄說道：「你還是回到溈山去為好！」保福禪師聽說後，就把手翻來覆去。

【說　明】南泉禪師的法嗣還有資山存制禪師、江陵道弘禪師、宣州玄極禪師與新羅國道均禪師等四人，因無機緣語句，故未收錄。

前杭州鹽官齊安禪師法嗣

襄州關南道常禪師

襄州關南道常禪師。僧問：「如何是西來意？」師舉拄杖，云：「會麼？」僧云：「不會。」師乃喝出。僧問：「如何是大道之源？」師與一拳。師每見僧來參禮，多以拄杖打趁❶。或云：「遲一剋❷。」或云：「打動關南鼓。」而時輩鮮有唱和者。

【注　釋】❶打趁　趕逐。❷剋　當為「刻」字。

【語　譯】襄州（今湖北襄陽）關南道常禪師。有僧人問道：「什麼是祖師西來的密意？」道常舉起了拄杖，問道：「懂了嗎？」那僧人回答：「不懂。」道常就把他喝出。又有僧人問道：「什麼是大道的源頭？」道常就給他一拳頭。道常每次看到僧人前來參拜，大多用拄杖趕逐。有的說：「遲了一點兒。」有的說：「打動了關南鼓。」但當時的人很少能與他唱和的。

洪州雙嶺玄真禪師

洪州雙嶺玄真禪師，初問道吾❶：「無神通菩薩為什麼足迹難尋？」道吾曰：「同道者方知。」師曰：「和尚還知否？」曰：「不知。」師曰：「何故不知？」曰：「去！不識我語。」師後於鹽官契會。

【注　釋】❶道吾　即關南道吾禪師，為關南道常禪師的弟子。

【語　譯】洪州（今江西南昌）雙嶺玄真禪師，當初曾問道吾禪師道：「無神通菩薩的蹤跡為什麼難找？」道吾回答：「同路的人才知道。」玄真問道：「和尚還知道嗎？」道吾回答：「不知道。」玄真追問：「什麼原因不知道？」道吾喝道：「去！你不明白我的話。」玄真後來在鹽官齊安禪師處才悟徹真旨。

杭州徑山鑒宗禪師

杭州徑山鑒宗禪師，湖州長城人也，姓錢氏。依本州開元寺大德高閑❶出家，學通《淨名》、《思益經》❷。後往鹽官謁悟空大師，決擇疑滯。唐咸通三年，止徑山，宣揚禪教。

有小師洪諲以講論自矜❸，（諲即徑山第三世法濟大師。）師謂之曰：「佛祖正法，直截亡詮。汝筭海沙，於理何益？但能莫存知見，泯絕外緣，離一切心，即汝真性。」諲聞茫然，禮辭，遊方至溈山，方悟玄旨，乃師溈山。

宗禪師咸通七年丙戌閏三月五日示滅，後諡曰無上大師，即徑山第二世也。

【注釋】❶高閑　湖州人，曾任上都臨壇十望名德，善書法，天下稱之。唐宣宗召對，賜紫衣，唐懿宗時充內供奉，後住持湖州開元寺。❷思益經　《思益梵天所問經》的略稱，四卷，十六國後秦僧人羅什譯。思益，梵天的名字。此經講說大乘的實義而破小乘的偏小。❸自矜　自誇；自傲。

【語譯】杭州（今屬浙江）徑山鑒宗禪師（？～八六六年），湖州（今屬浙江）長城人，俗姓錢。鑒宗皈依湖州開元寺大德高閑出家，學識通曉《淨名經》、《思益經》。後來鑒宗前往鹽官拜謁悟空大師齊安，明白了心中疑惑滯礙的問題。唐代咸通三年（八六二年），鑒宗住持徑山，宣揚禪法教義。

有一個名叫洪諲的小師因為能講經論而自傲，（洪諲即徑山第三世住持法濟大師。）鑒宗禪師對他說道：「佛祖的正法，直截顯明而沒有詮釋。你就是能算出海中沙子的數量，對於佛理又有什麼益處呢？只要能不存知見，泯滅斷絕外緣，離絕一切雜念，那就是你的真性。」洪諲聽了很感茫然，就雲遊到了溈山，才悟徹了玄機宗旨，就拜溈山禪師為師。

鑒宗禪師於咸通七年丙戌歲（八六六年）閏三月五日圓寂，後來被諡為無上大師，即徑山第二世住持。

【說明】齊安禪師的法嗣還有唐宣宗皇帝、白雲曇靖禪師、潞府淥水文舉禪師、新羅國品日禪師與壽州建宗禪師等五人，因無機緣語句，故未收錄。

前五洩山靈默禪師法嗣

福州長溪龜山正原禪師

福州長溪龜山正原禪師，宣州南陵人也，姓蔡氏。幼厭俗出家，於本州籍山落髮，唐元和十二年丁酉，建州乾元寺受具。尋造五洩山默師之室，決擇玄微。後住龜山，為第二世也。

師嘗述二偈，其一曰：「滄溟❶幾度變桑田，唯有虛空獨湛然。已到岸人休戀筏❷，未曾度者要須❸船。」其二曰：「尋師認得本心源，兩岸俱玄一不全。是佛不須更覓佛，只因如此更忘緣。」師咸通十年終于本山，壽七十八，臘五十四，敕諡性空大師、慧觀之塔也。

【注釋】❶溟　海。❷筏　以船筏喻佛度引眾生的教義法門。❸要須　須要；必須。

【語譯】福州長溪（今福建霞浦）龜山正原禪師（七九二～八六九年），宣州南陵（今屬安徽）人，俗姓蔡。

正原自幼就厭惡塵世而出家，在宣州籍山落髮，唐代元和十二年丁酉歲（八一七年），在建州（今福建建甌）乾元寺受具足戒。不久，正原造訪五洩山靈默禪師之室，明白了佛法的玄機微旨。後來他住持龜山，成為第二世住持。

正原禪師曾經口述二首偈頌，其一曰：「滄海幾度變桑田，惟有虛空獨湛然。已到岸人休戀筏，未曾度者須要船。」其二曰：「尋師認得本心源，兩岸俱玄一不全。是佛不須更覓佛，只因如此更忘緣。」正原於咸通十年（八六九年）在本山圓寂，享年七十八歲，法臘為五十四歲，天子諡曰性空大師，靈塔賜名曰慧觀之塔。

【說明】靈默禪師的法嗣還有甘泉寺曉方禪師、甘泉寺元遂禪師與明州棲心寺藏奐禪師三人，因無機緣語句，故未收錄。

前洛京佛光寺如滿禪師法嗣

杭州刺史白居易

唐杭州刺史白居易，字樂天，久參佛光得心法，兼稟大乘金剛寶戒❶。元和中造于京兆興善法堂，致四問。（語見〈興善〉章。）十五年，牧杭州，訪鳥窠和尚，有問答偈頌。（〈鳥窠〉章敘說。）嘗致書于濟法師，以佛無上大慧演出教理，安有徇機高下，應病不同，與平等一味❷之說相反！援引《維摩》及《金剛三昧》❸等六經，闢二義而難之；又以五蘊十二緣❹說名色，前後不類，立理而徵之。並鉤深索隱，通幽洞微，然未覩法師酬對，後來亦鮮有代答者。復受東都凝禪師八漸❺之目，各廣一言而為一偈，釋其旨趣，自淺之深，猶貫珠焉。凡守任處多訪祖道❻，學無常師。後為賓客❼，分司❽東都，罄己俸修龍門香山寺。寺成，自撰記。凡為文動關教化，無不贊美佛乘，見于本集。其歷官次第歸全代祀，即史傳存焉耳。

【注釋】❶金剛寶戒　《梵網經》所說的大乘戒律，又稱一心金剛寶戒。❷一味　如來的教法好比是甘味，而教法的理趣惟一無二，故名一味。《法華經・藥草喻品》：「如來說法，一相一味。」❸金剛三昧　佛經名，二卷，載佛於靈山入金剛三昧，說一乘真實之法。❹十二緣　即十二緣起、十二因緣，為眾生涉三世而輪迴六道的次第緣起：一為無明、二為行、三為識、四為名色、五為六處（六根）、六為觸、七為受、八為愛、九為取、十為有、十一為生、十二為老死。❺八漸　白居易曾就觀、覺、定、慧、明、通、濟、捨八目各成一偈，以為入道之漸門，故名八漸。〈八漸偈〉收錄於本書第二九卷內。❻祖道　祖師之道，即禪學。❼賓客　即太子賓客，唐代東宮職官。❽分司　唐、宋官制，中央職官有分在陪都洛陽者，稱為分司，但除御史臺外，其他多為優待退閑之官的虛職。

【語譯】唐代杭州（今屬浙江）刺史白居易（七九〇～八六四年），字樂天，參拜佛光禪師甚久，而後獲得心法，兼修持大乘金剛寶戒。元和四年（八〇九年），白居易曾造訪京兆（今陝西西安）性善禪師的法堂，提出了四個問題。其語詳見本書卷七〈興善惟寬禪師〉章。元和十五年（七九九年），白居易出任杭州刺史，曾訪問鳥窠和尚，留下有問答偈頌。參見本書卷四〈鳥窠道林禪師〉章。白居易曾經寫信給濟法師，認為佛用無上大智慧演繹出教理，哪裡會有按照根機的高低，尋求不同的解答之理，而與佛法平等一味之說相反！他並援引《維摩經》、《金剛三昧經》等六種經書，闡述了兩種意思來詰難他；又因為濟法師用五蘊十二緣起解說名、色之時，前後說法不同，故而又通過說理之法來加以證明。同時，白居易還探尋奧秘、鉤索隱微之理，來通達幽明不顯的道理、洞徹微妙的奧義，但是沒有看見濟法師的應答文字，後來也沒見有能代為回答的人。白居易又接受了東都（今河南洛陽）凝禪師的「八漸」之名目，對每一名目都進行了推演，而各作一首偈頌，以解釋它們的旨趣，由淺入深，好像是用帶子串起來的珠子，很有條理。白居易凡到一個地方出任地方官，都要拜訪當地大德禪學，其學無常師。後來白居易作為太子賓客，分司東都，就拿出自己的全部俸祿修繕龍門香山寺。寺院修繕完成時，白居易親自撰寫了建寺記。白居易所寫的文章每每涉及教化，讚美佛法宗乘，這些文章都載錄於他的文集中。白居易的做官經歷、行蹤、家庭情況等事跡，都記載於唐史的本傳中。

前大梅山法常禪師法嗣

新羅國迦智禪師

新羅國迦智禪師。僧問：「如何是西來意？」師云：「待汝裡頭來，即與汝道。」僧問：「如何是大梅的旨❶？」師云：「酪本一時拋。」

【注釋】❶的旨　真實的旨意。

【語譯】新羅國迦智禪師。有僧人問道：「什麼是祖師西來的密意？」迦智回答：「等到你從裡頭出來，我就向你說。」有僧人又問道：「什麼是大梅的真實旨意？」迦智回答：「奶酪本應一齊拋掉。」

杭州天龍和尚

杭州天龍和尚，上堂云：「大眾莫待老僧上來便上來，下去便下去。各有華藏❶性海❷，具足功德，無礙光明。各各參取，珍重！」僧問：「如何是祖師意？」師豎起拂子。僧問：「如何得出三界去？」師云：「汝即今在什麼處？」

【注釋】❶華藏　華藏世界之略。此為釋迦如來真身毗盧舍那佛淨土之名，其最下為風輪，風輪上有香水海，海上生大蓮花，花中包藏微塵之數的世界，故名。❷性海　真如之理性深廣如海，故名性海，為如來法身之境。

【語譯】杭州（今屬浙江）天龍和尚，上堂說道：「大家不要等老僧上來時才上來，下去時就下去。每個人都有華藏性海，具備了足夠的功德，而不妨礙光明。你們各自參悟，珍重！」有僧人問道：「什麼是祖師的密意？」天龍豎起了拂塵。又有僧人問道：「怎麼才能跳出三界去？」天龍反問道：「你現在在什麼地方？」

【說明】法常禪師的法嗣還有新羅國忠彥禪師一人，因無機緣語句，故未收錄。

前永泰寺靈湍禪師法嗣

湖南上林戒靈禪師

湖南上林戒靈禪師，初參溈山，曰：「大德作什麼來？」師曰：「介冑❶全具。」溈山曰：「盡卸了來，與大德相見。」師曰：「卸了也。」溈山咄曰：「賊尚未打，卸作什麼？」師無對。仰山代云：「請和尚屏左右。」溈山以手揖云：「諾！諾！」師後參永泰，方喻其旨。

【注　釋】❶介冑　即甲冑，武士披戴的頭盔鐵甲。

【語　譯】湖南上林戒靈禪師，初次參拜溈山禪師的時候，溈山問道：「大德來幹什麼？」戒靈回答：「甲冑披戴齊全。」溈山說道：「全部卸下來後，再與大德相見。」戒靈便回答：「已經卸了。」溈山苛責道：「賊還沒有打，卸下來幹什麼？」戒靈無話可對。仰山禪師代為回答：「請和尚讓左右的人迴避。」溈山就用手作揖道：「好！好！」戒靈後來參拜了永泰寺靈湍禪師，方才明白他的意思。

五臺山秘魔巖和尚

五臺山秘魔巖和尚，常持一木叉，每見僧來禮拜，即叉卻頸云：「那箇魔魅❶教汝出家？那箇魔魅教汝行腳？道得也叉下死，道不得也叉下死。速道！」學僧鮮有對者。

法眼代云：「乞命。」法燈代云，但引頸示之。
玄覺代云：「老兒家❷，放卻叉子得也。」

【注　釋】❶魔魅　即魔鬼。❷老兒家　即老人家的意思。

【語　譯】五臺山秘魔巖和尚，常常手拿著一根木叉，每每看見僧人前來禮拜，就用木叉叉住他的脖子，說道：「哪個魔鬼教你出家的？哪個魔鬼教你雲遊的？說得出來死在叉下，說不出來也死在叉下。快說！」學法僧人很少有能回答的。法眼禪師代為回答：「饒命。」法燈禪師代為回答，只是伸長了脖子給人看。玄覺禪師代為回答：「老人家，你放下叉子就行了。」

【說　明】「秘魔擎叉」是一則禪林著名公案，即通過非常手段，使學僧陷於進退無路之絕境，從而截斷理路，明徹自心，頓悟佛法玄首。

湖南祇林和尚

湖南祇林和尚，每叱文殊、普賢皆為精魅❶，手持木劍，自謂降魔。纔有僧參禮，便云：「魔來也！魔來也！」以劍亂揮，潛入方丈。如是十二年後，置劍無言。僧問：「十二年前為什麼降魔？」師曰：「賊不打貧兒家。」曰：「十二年後為什麼不降魔？」師曰：「賊不打貧兒家。」

【注　釋】❶精魅　山精野鬼。

【語　譯】湖南祇林和尚，常常叱責文殊、普賢菩薩都是精魅，並手拿著木劍，自稱是在降魔。有僧人剛來參拜，祇林就叫道：「魔來了！魔來了！」用劍亂揮，然後悄悄地回到了方丈室。像這樣過了十二年後，祇林就放下了劍不再叫喊。有僧人問道：「十二年前為什麼降魔？」祇林回答：「盜賊不打劫窮人家。」那僧人又問道：「十二年後為什麼不降魔了？」祇林回答：「盜賊不打劫窮人家。」

【說　明】靈湍禪師的法嗣還有呂后山文質禪師、蘇州法河禪師二人，因無機緣語句，故未收錄。

前幽州盤山寶積禪師法嗣

鎮州普化和尚

鎮州普化和尚者，不知何許人也，師事盤山，密受真訣，而佯狂，出言無度。暨盤山順世，乃於北地行化。或城市，或塚❶間，振一鐸云：「明頭來也打，暗頭來也打。」一日，臨濟令僧捉住云：「不明不暗時如何？」答云：「來日大悲院裡有齋。」凡見人，無高下，皆振鐸一聲，時號普化和尚。或將鐸就人耳邊振之，或拊其背，有迴顧者，即展手云：「乞我一錢。」非時❷遇食亦喫。嘗暮入臨濟院喫生菜飯。臨濟曰：「遮漢大似一頭驢。」師便作驢鳴，臨濟乃休。師曰：「臨濟小廝兒❸，只具一隻眼❹。」僧問法眼：「未審臨濟當時下得什麼語？」法眼云：「臨濟留與後人。」

師見馬步使❺出喝道❻，師亦喝道及作相撲勢，馬步使令人打五棒。師曰：「似即似，是即不是。」

師嘗於闤闠❼間搖鐸唱曰：「覓箇去處不可得。」時道吾遇之，把住問曰：

「汝擬去什麼處？」師曰：「汝從什麼處來？」道吾無語，師掣❽手便去。

一日，入臨濟院，臨濟曰：「賊！賊！」師亦曰：「賊！賊！」同入僧堂。臨濟指聖僧❾問：「是凡是聖？」師曰：「是聖。」臨濟曰：「作遮箇語話。」師乃撼鐸唱曰：「河陽新婦子❿，木塔老婆禪。臨濟小廝兒，只具一隻眼。」

師唐咸通初將示滅，乃入市謂人曰：「乞一箇直敠⓫。」人或與披襖，或與布裘，皆不受，振鐸而去。時臨濟令人送與一棺，師笑曰：「臨濟廝兒饒舌⓬！」便受之，乃告辭曰：「普化明日去東門死也。」郡人相率送出城，師厲聲曰：「今日葬不合青烏⓭。」乃曰：「第二日南門遷化。」人亦隨之。又曰：「明日出西門，方吉。」人出漸稀。出已還返，人意稍怠。第四日，自擎棺出北門外，振鐸入棺而逝。郡人奔走出城，揭棺視之，已不見，唯聞鐸聲漸遠，莫測其由。

【注釋】❶塚　墳墓。❷非時　寺院中一日早、午兩餐。此指不是吃飯的時候。❸小廝兒　小孩。❹一隻眼　此為認識有局限，不全面的意思。❺馬步使　管理地方治安的小武官。❻喝道　古代高官出行，前導吏役呼喝，使行人聞而讓路。❼闤闠　市場。❽掣　牽著；牽扯。❾聖僧　禪院僧堂中央所供放的佛、菩薩、古代高僧等像，稱作聖像。聖像中人物，即稱聖僧。❿新婦子　泛指年輕女子。⓫直敠　即直裰，為僧人穿的長袍。⓬饒舌　多話；多嘴。⓭青烏　古代占星術語，此指東方。

【語譯】鎮州（今河北正定）普化和尚（？～八六〇年），不知道是什麼地方的人，拜盤山寶積禪師為師，秘密接受了佛法真訣，因而假裝癲狂，說話沒有規矩。後來寶積禪師圓寂了，他就在北方各地雲遊教化。普化有時候在城市中，有時候在野墳間，搖著一只木鐸唱道：「明裡來也打，暗裡來也打。」有一天，臨濟義玄禪師讓僧人把他抓住，問道：「不明不暗的時候怎麼辦？」普化回答：「今後大悲院裡有齋飯。」普化每次看見人，不管身分高低，都是搖動木鐸大喝一聲，因此當時人們稱他為普化和尚。他有時候把木鐸放在人家的耳邊搖動，有時候拍拍人家的背，如果有人回頭看他，普化就攤開手來說道：「給我一文錢。」不是吃飯的時候遇到飯食，他也吃。普化曾經在傍晚進入臨濟院內吃生的飯菜。臨濟禪師說道：「這傢伙很像一頭驢。」普化就學著驢子叫喚，臨濟便作罷了。普化說道：「臨濟這小廝兒，只具一隻眼。」有僧人問法眼禪師道：「不知道臨濟禪師當時能說什麼話？」法眼禪師回答：「臨濟留給了後人去說。」

普化和尚看見馬步使出來喝道，就也喝道，並作出相互搏鬥的樣子，那馬步使就命人打了普化五棒。普化說道：「像是像了，對還是不對。」

普化和尚曾經在市場中搖動著木鐸歌唱道：「尋一個去處卻得不到。」當時道吾禪師遇到他，就抓住他問道：「你打算到什麼地方去？」普化反問道：「你從什麼地方來？」道吾無話可對，普化就牽著他的手而走。

有一天，普化和尚進入了臨濟院，臨濟禪師叫道：「賊！賊！」普化也叫道：「賊！賊！」並一起走進了僧堂。臨濟指著聖像問道：「是凡人還是聖人？」普化回答：「是聖人。」臨濟說道：「說出這樣的話來。」普化就搖動著木鐸唱道：「河陽（今河南孟州）新婦子，木塔老婆禪。臨濟小廝兒，只具一隻眼。」

唐代咸通初年（八六〇年），普化和尚快要去世前，就到街市上對人們說道：「請給我一件直裰。」有的人給他一件披的夾襖，有的人給他一件布的長衫，但普化都不要，搖動著木鐸離去了。當時臨濟禪師派人給普化送來了一口棺材，普化笑著說：「臨濟這小廝兒饒舌！」就接受了，隨即辭別眾人道：「普化明天到東門外去死。」州城中的人相率送他出城，普化卻厲聲說道：「今天下葬方向不應該當著青烏。」並說道：「明天在南門外圓寂。」人們又跟著他出城。普化又說道：「明天出西門外，才吉利。」跟著他出城的人漸漸減少。他出城後又轉了回來，人們的思想稍稍鬆懈了。第四天，普化自己扛著棺材到了北門外，搖動著木鐸躺入了棺材，隨即圓寂了。城中人們奔跑出城，打開棺材察看，棺材中已經不見他的蹤影，只聽到木鐸聲漸漸遠去，卻沒有人能知道其中的緣由。

【說　明】寶積禪師的法嗣還有鎮州上方和尚一人，因無機緣語句，故未收錄。

前龍牙山圓暢禪師法嗣

嘉禾藏廙禪師

嘉禾藏廙禪師，衢州信安人也，姓程氏。唐元和中，辭親，往長沙嶽麓寺，禮靈智律師出家。長慶三年，於武陵開元寺受戒。因聽律部，語同學曰：「教門❶繁廣，宜扣總門❷。」遂緣會龍牙山❸暢禪師，龍牙告之曰：「蘊界不真，佛生非我。子之正本，當復何名而從誰得？」師一言領悟，迴柯山，避會昌沙汰。後於龍興廣揚道化。乾符六年三月中長往❹，壽八十二，臘五十六。

【注　釋】❶教門　此指相對於禪宗的其他佛教宗派。❷總門　此指禪宗。❸龍牙山　在湖南長沙附近，山中有五代時所建法濟寺。❹長往　死亡的婉轉說法。

【語　譯】嘉禾（今浙江嘉興）藏廙禪師（七九八～八七九年），衢州信安（今浙江衢州）人，俗姓程。唐代元和（八〇六～八二〇年）年間，藏廙辭別雙親，前往長沙（今屬湖南）嶽麓寺，禮拜靈智律師出家。長慶三年（八二三年），藏廙在武陵（今湖南常德）開元寺受具足戒。藏廙因聽講戒律典籍，而對同學說道：「教門繁複廣泛，應去扣問總門。」於是藏廙因緣拜會了龍牙山圓暢禪師，圓暢禪師告訴他說：「五蘊十八界都不是真實的，佛與眾生都不是我。你的正見本心，又應當取什麼名稱，並從哪裡獲得呢？」藏廙聽了此話後豁然領悟，此後回轉柯山，以躲避「會昌法難」。後來藏廙在龍興寺廣為弘揚佛道教化。藏廙於乾符六年（八七九年）三月中圓寂，享年八十二歲，法臘為五十六歲。

【說　明】龍牙山圓暢禪師的法嗣，羊腸藏樞禪師一人，因無機緣語句，故未收錄。

前歸宗寺智常禪師法嗣

福州芙蓉山靈訓禪師

福州芙蓉山❶靈訓禪師，初參歸宗，問：「如何是佛？」宗曰：「我向汝道，汝還信否？」師曰：「和尚發誠實言，何敢不信？」宗曰：「即汝便是。」師曰：「如何保任？」宗曰：「一翳在眼，空華亂墜❷。」法眼云：「歸宗若無後語，有什麼歸宗也！」師辭歸宗，宗問：「子什麼處去？」師曰：「歸嶺中去。」宗曰：「子在此多年，裝束❸了卻來，為子說一上❹佛法。」師結束了上堂，宗曰：「近前來！」師乃近前，宗曰：「時寒，途中善為❺。」師聆此一言，頓忘前解。後歸寂，諡弘照大師，塔曰圓相。

【注　釋】❶芙蓉山　在福建閩侯縣北六十里，山形秀麗如芙蓉。山麓有靈洞，迂迴十餘里，莫窮其際。❷空華亂墜　因視網膜疾病，而使眼前黑影飛動，如亂花墜落。❸裝束　此指收拾行李。❹一上　一次；一番。❺善為　對臨行者的叮囑語，猶言保重、當心。

【語　譯】福州（今屬福建）芙蓉山靈訓禪師，在初次參拜歸宗智常禪師時，問道：「什麼是佛？」歸宗禪師說道：「我說給你聽，你還相信嗎？」靈訓說道：「和尚真誠說法，我怎麼敢不相信？」歸宗禪師就說道：「你就是佛。」靈訓問道：「怎樣才能保住？」歸宗禪師回答：「一層薄翳遮蓋在眼睛上，眼前虛幻之花胡亂墜落。」法眼禪師說道：「歸宗禪師如果不說後一句話，哪裡還有什麼歸宗！」靈訓辭別歸宗禪師，歸宗禪師問道：「你到什麼地方去？」靈訓回答：「回山中去。」歸宗禪師便說道：「你在這裡許多年了，你把行李收拾好了就過來，我為你再講一次佛法。」靈訓收拾好了行李上堂，歸宗禪師說道：「走到跟前來！」靈訓就走上前去，歸宗禪師說道：「天氣已經很寒冷了，路上要保重。」靈訓聽到了這一句話，頓時忘記了從前的解釋而悟徹。靈訓禪師圓寂後，被天子諡曰弘照大師，靈塔賜名曰圓相。

漢南穀城縣高亭和尚

漢南❶穀城縣高亭和尚。有僧自夾山來禮拜，師便打。僧云：「特來禮拜，師何打？」其僧再禮拜，師又打趁。僧迴舉似夾山，夾山云：「汝會也無？」僧云：「不會。」夾山云：「賴汝不會。若會，即夾山口瘂❷。」

【注釋】❶漢南　即今湖北西北部的漢水南面地區。❷口瘂　啞巴。

【語譯】漢南穀城縣（今屬湖北）高亭和尚。有僧人從夾山善會禪師處前來參拜，高亭便打他。那僧人問道：「我特地前來禮拜，和尚怎能打我？」那僧人再次禮拜，高亭又打著趕他。那僧人回去後告訴了夾山，夾山問道：「你領會了嗎？」那僧人回答：「沒有領會。」夾山說道：「諒你也不明白。你若領會了，那夾山就是啞巴。」

新羅大茅和尚

新羅大茅和尚，上堂云：「欲識諸佛師，向無明心內識取。欲識常住不彫性，向萬木遷變❶處識取。」僧問：「如何是大茅境？」師云：「不露鋒。」僧云：「為什麼不露鋒？」師云：「無當者。」

【注釋】❶萬木遷變　指樹葉的春榮秋謝。

【語譯】新羅國大茅和尚，上堂說法道：「想要認識諸位佛、祖師，就到無明心內去認識。想要認識永遠不凋謝的本性，就到樹林枝葉榮謝變化的時節去認識。」有僧人問道：「什麼是大茅境界？」大茅和尚回答：「不露鋒芒。」那僧人問道：「為什麼不露鋒芒？」大茅和尚回答：「沒有能抵擋的人。」

五臺山智通禪師

五臺山智通禪師，自稱大禪佛。初在歸宗會下時，忽一夜巡堂❶叫云：「我已大悟也。」眾駭之。明日，歸宗上堂，集眾問：「昨夜大悟底僧出來。」師出云：「智通。」歸宗云：「汝見什麼道理言大悟？試說似吾看。」師對云：「師姑❷天然❸是女人作。」歸宗默而異之，師便辭。歸宗門送，與拈笠子。師接得笠子，戴頭上便行，更不迴顧。後居臺山法華寺，臨終有偈曰：「舉手攀南斗❹，迴身倚北辰❺。出頭❻天外見，誰是我般人❼？」

【注釋】❶巡堂　指寺中僧人逢三、八日在僧堂上念誦經文。❷師姑　即尼姑。❸天然　自然；本來。❹南斗　南斗星，即二十八宿中的斗宿，因其位置相對北斗在南，故名。❺北辰　指北極星。《爾雅・釋天》：「北極謂之北辰。」❻出頭　脫身；解脫。❼我般人　像我這樣的人。

【語譯】五臺山智通禪師，自稱大禪佛。當初在歸宗法常禪師門下的時候，忽然有一天晚上於巡堂時大叫道：「我已經大悟了。」眾僧都被嚇住了。第二天，歸宗禪師上堂，集合僧眾說道：「昨夜大悟的僧人站出來。」智通站出來說道：「是我智通。」歸宗禪師問道：「你體會到了什麼道理，就說大悟？試著說出來聽聽。」智通回答：「師姑自然是女人做的。」歸宗禪師雖然沉默未語，但心中卻很感驚異，智通隨即向歸宗禪師辭別。歸宗禪師送到大門口，給他拿著斗笠。智通接過斗笠，戴在頭上就走了，一次都沒回頭顧看。此後，智通禪師住在五臺山法華寺，臨終時說了一首偈語：「舉手攀南斗，回身倚北辰。脫身天外見，誰是我般人？」

【說明】歸宗法常禪師的法嗣還有洪州高安大愚禪師、江州刺史李勃二人，因無機緣語句，故未收錄。

洪州高安大愚禪師存目

前華嚴寺智藏禪師法嗣

黃州齊安和尚

黃州齊安和尚，示學眾曰：「言不落句，佛祖徒施。玄韻不墜，誰人知得？」

僧問：「如何識得自己佛？」師曰：「一葉明時消❶不盡，松風韻❷罷怨無人。」

僧曰：「如何是自己佛？」師曰：「草前駿馬實難窮，妙盡還須畜生行❸。」人問：「大師年多少？」師曰：「五六四三不得類，豈同一二實難窮？」師有頌曰：「猛熾焰中人有路，旋風❹頂上屹然棲。鎮常❺歷劫誰差互❻？杲日無言運照❼齊。」

師後居鳳翔。

【注　釋】❶消　消受。❷韻　指松濤風籟之聲。❸草前駿馬實難窮二句　意為草原廣闊，就是駿馬也難以窮盡其疆際，但要領略其風光妙處還需要那駿馬去奔馳。比喻佛法廣大，難以盡窺，但仍須努力修持，以領悟其妙諦。❹旋風　此指龍捲風。❺鎮常　經常；長久。❻差互　差異。❼運照　運動、照耀。

【語　譯】黃州（今湖北黃岡）齊安和尚，指示學法僧人道：「言語不落入句式，佛祖徒然施設接機。玄妙音韻不墮落，什麼人才能理解？」有僧人問道：「怎麼才能認識自身之佛？」齊安回答：「一葉明時消不盡，松風韻罷怨無人。」那僧人問道：「什麼是自身之佛？」齊安回答：「草前駿馬實難窮，妙盡還須畜生行。」又有人問道：「大師年齡多少？」齊安回答：「五六四三不能比類，豈是一二能夠窮盡的？」齊安作有一首偈語道：「猛火焰中人有路，旋風頂上屹然棲。長久歷劫誰差互？杲日無言運照齊。」齊安和尚後來住在鳳翔（今屬陝西）。

【說　明】懷讓禪師的第三世法嗣，此外還有：京兆興善寺惟寬禪師的法嗣六人，即京兆法智禪師、京兆慧建禪師、京兆無表禪師、京兆元淨禪師、京兆慧光禪師和京兆義宗禪師；雲水靖宗禪師的法嗣二人，即華州小馬神照禪師和華州道圓禪師；汾州無業禪師的法嗣二人，即鎮州常貞禪師和鎮州奉先義禪師；魯祖山寶雲禪師的法嗣一人，即雲水和尚；紫玉山道通禪師的法嗣一人，即唐代襄州節度使于頔。上述十二人因無機緣語句，故未收錄。

卷一一

溈仰宗法系表（上）

- 靈祐禪師（見卷九）
  - 慧寂禪師
    - 光穆禪師【以下見卷一二】
      - 如寶禪師
        - 貞邃禪師等（見卷一三）
    - 景通禪師
    - 文喜禪師
    - 順支禪師
    - 光涌禪師
      - 全付禪師
      - 慧清禪師
        - 清讓禪師等（見卷一三）
      - 義初禪師
      - 鴻究禪師
        - 靈瑞和尚（見卷一三）
      - 忠和尚
    - 東塔和尚
    - 常蠲大師
    - 慧茂大師
    - 道崇大師
    - 遂昌禪師
  - 智閑禪師
    - 止觀和尚
    - 紹宗禪師
    - 法端禪師
    - 無染大師
    - 長平山和尚
    - 演教大師
    - 清幹禪師
    - 豐德寺和尚
    - 暉禪師
    - 田道者
    - 照覺寺和尚
    - 東禪和尚
  - 法端大師
  - 雙峰和尚
    - 古禪師
  - 洪諲禪師
    - 米嶺和尚
    - 寂禪師
    - 義直禪師
    - 令道禪師
  - 志勤禪師
  - 應天和尚
  - 慈慧禪師
  - 米和尚
  - 霍山和尚
  - 王敬初
  - 圓鑒禪師
  - 志和禪師
  - 道方禪師
  - 如真禪師
  - 元順禪師
  - 崇皓禪師
  - 全諗禪師
  - 神劍禪師
  - 弘進禪師
  - 文立禪師
  - 光相禪師
  - 文約禪師
  - 智滿禪師
  - 法朗禪師
  - 超達大師
  - 從約禪師
  - 復禪師
  - 靈空禪師
  - 簡禪師
  - 智朗禪師
  - 普潤禪師
  - 法真禪師
  - 黑山和尚
  - 神英禪師
  - 霜山和尚
  - 南源和尚
  - 沖逸禪師
  - 彥禪師
  - 法遇禪師
  - 志詮禪師
  - 弘珪禪師
  - 道曠禪師

臨濟宗法系表（上）

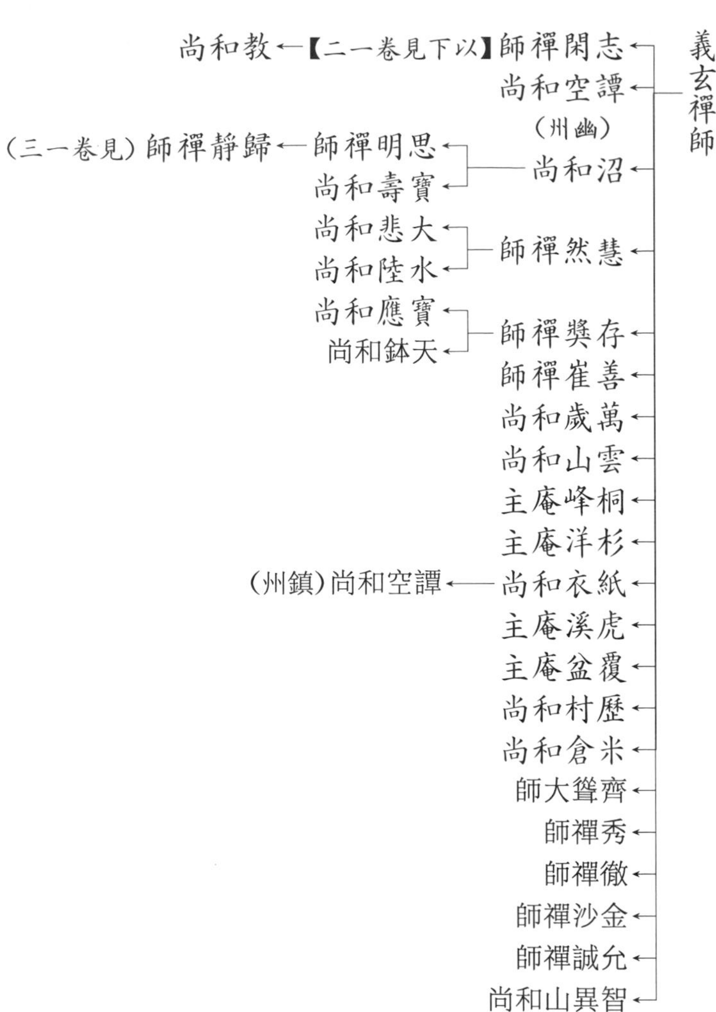
義玄禪師
志閑禪師 → 【以下見卷一二】 → 教和尚
譚空和尚
(幽州)沼和尚 → 思明禪師 → 歸靜禪師(見卷一三)
(幽州)沼和尚 → 寶壽和尚
慧然禪師 → 大悲和尚
慧然禪師 → 水陸和尚
存獎禪師 → 寶應和尚
存獎禪師 → 天鉢和尚
善崔禪師
萬歲和尚
雲山和尚
桐峰庵主
杉洋庵主
紙衣和尚 → 譚空和尚(鎮州)
虎溪庵主
覆盆庵主
歷村和尚
米倉和尚
齊聳大師
秀禪師
徹禪師
金沙禪師
允誠禪師
智異山和尚

懷海禪師法嗣法系表

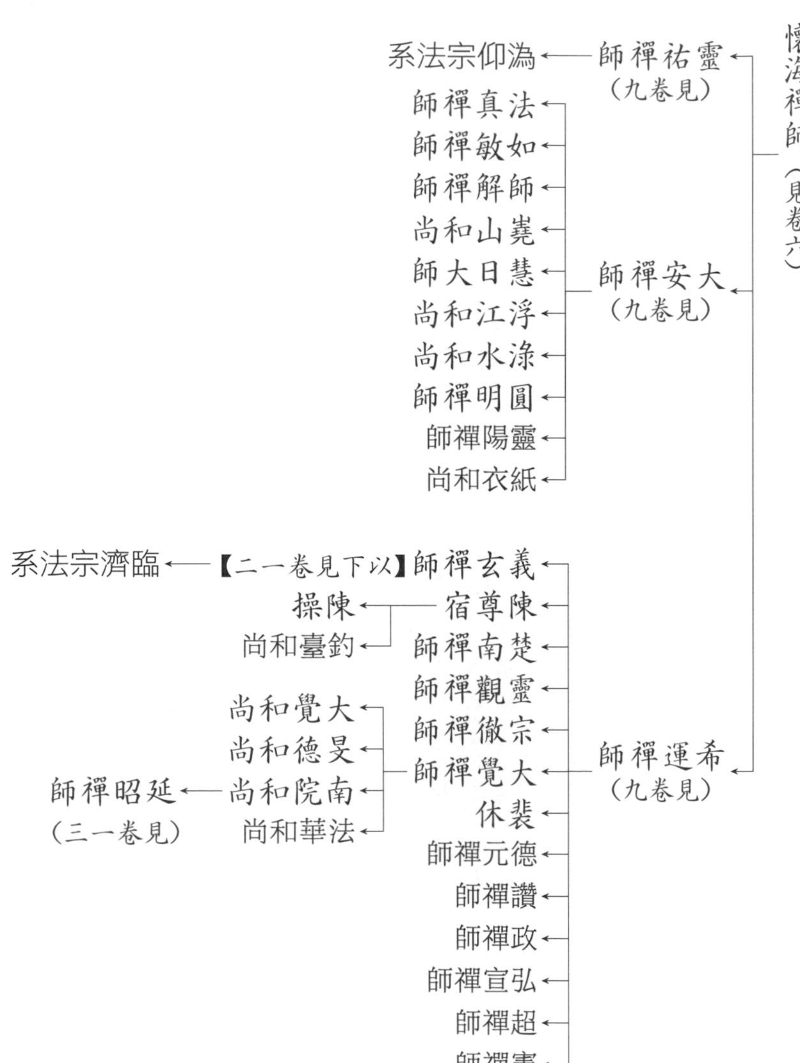
懷海禪師（見卷六）
靈祐禪師（見卷九）
溈仰宗法系
大安禪師（見卷九）
法真禪師
如敏禪師
師解禪師
嶤山和尚
慧日大師
浮江和尚
淥水和尚
圓明禪師
靈陽禪師
紙衣和尚
希運禪師（見卷九）
義玄禪師【以下見卷一二】
臨濟宗法系
陳尊宿
陳操
釣臺和尚
楚南禪師
靈觀禪師
宗徹禪師
大覺禪師
大覺和尚
旻德和尚
南院和尚
延昭禪師（見卷一三）
法華和尚
裴休
德元禪師
讚禪師
政禪師
弘宣禪師
超禪師
憲禪師

普願禪師法嗣法系表

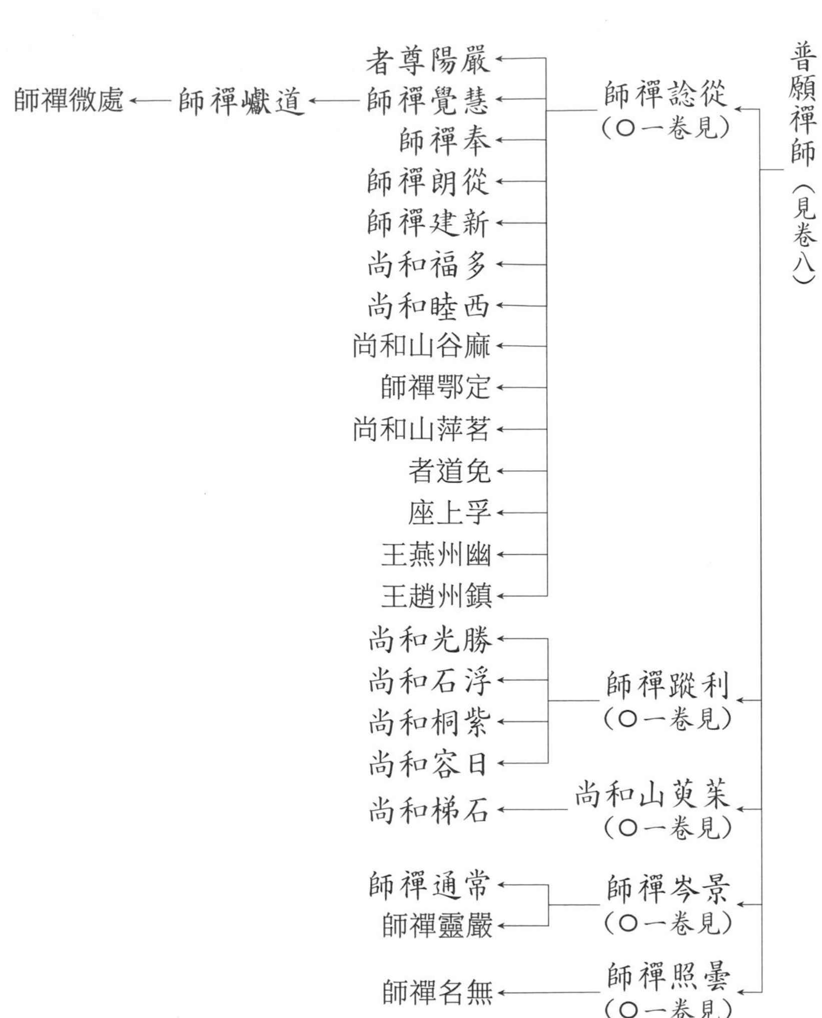
普願禪師（見卷八）
從諗禪師（見卷一〇）
嚴陽尊者
慧覺禪師
道巘禪師
處微禪師
奉禪師
從朗禪師
新建禪師
多福和尚
西睦和尚
麻谷山和尚
定鄂禪師
茗萍山和尚
免道者
孚上座
幽州燕王
鎮州趙王
利蹤禪師（見卷一〇）
勝光和尚
浮石和尚
紫桐和尚
日容和尚
茱萸山和尚（見卷一〇）
石梯和尚
景岑禪師（見卷一〇）
常通禪師
嚴靈禪師
曇照禪師（見卷一〇）
無名禪師

懷讓禪師下四世其他法嗣法系表

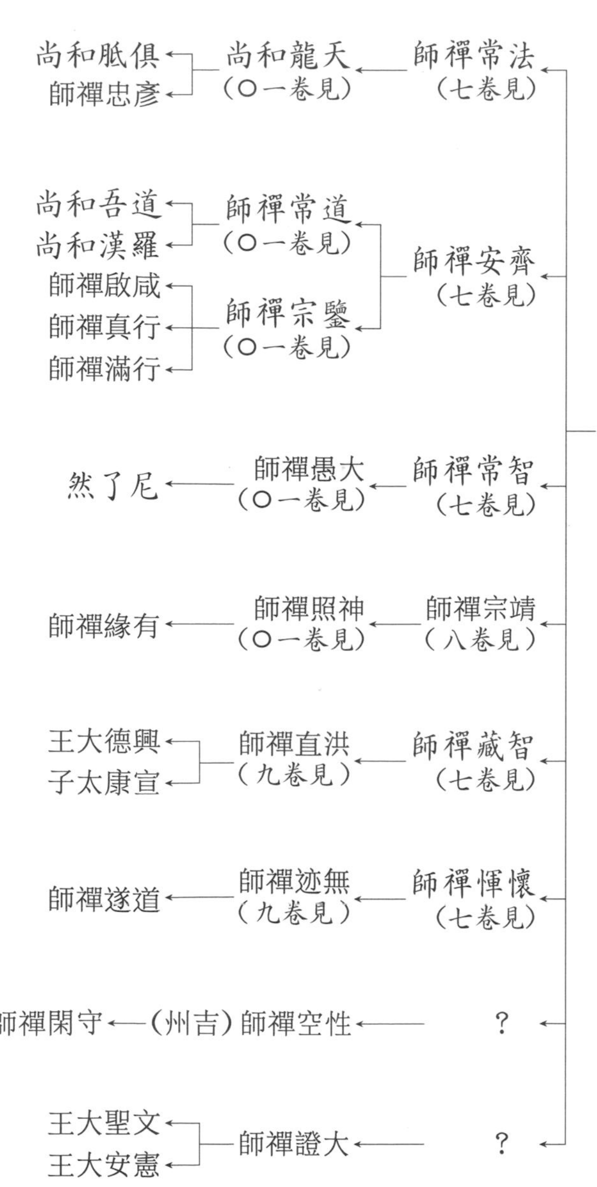

卷一一

懷讓禪師下四世上

前溈山靈祐禪師法嗣

袁州仰山慧寂禪師

【題解】禪宗五家中，以靈祐與慧寂師徒所創的溈仰宗為最早，但其衰亡也最早，先後僅四、五傳，便宗系不明了。

袁州仰山慧寂禪師，韶州懷化人也，姓葉氏。年十五，欲出家，父母不許。後二載，師斷手二指，跪致父母前，誓求正法，以答劬勞❶。遂依南華寺❷通禪師落髮。未登具，即遊方。初謁耽源，已悟玄旨。後參溈山，遂升堂奧❸。祐問曰：「汝是有主沙彌，無主沙彌？」師曰：「有主。」曰：「在什麼處？」師從西過東立，祐知是異人，便垂開示。寂問：「如何是真佛住處？」祐曰：「以思無思之妙，返思靈焰❹之無窮，思盡還源，性相常住。事理不二，真佛如如。」師於言下頓悟，自此執侍。尋往江陵受戒住夏❺，探律藏。

後參巖頭❻，巖頭舉起拂子，師展坐具。巖拈拂子置背後，寂將坐具搭肩上而出。巖云：「我不肯汝放，只肯汝收。」

又問石室❼：「佛之與道相去幾何？」石室云：「道如展手，佛似握拳。」乃辭石室，石室門送，召云：「子莫一向❽去，已後卻來我邊。」雲居錫云：「要會麼如今歸堂去，明日卻上來。」

韋宙❾就❿潙山請一伽陀⓫，潙山曰：「覿面⓬相呈，猶是鈍漢，豈況形於紙筆？」乃就師請，師於紙上畫一圓相，注云：「思而知之，落第二頭。不思而知，落第三首。」

一日，隨潙山開田，師問曰：「遮頭得恁麼低，那頭得恁麼高？」祐曰：「水能平物，但以水平。」師曰：「水也無憑，和尚但高處高平，低處低平。」祐然之。

有施主送絹，寂問：「和尚受施主如是供養，將何報答？」祐敲禪牀示之。師曰：「和尚何得將眾人物作自己用？」

祐忽問師：「什麼處去來？」師曰：「田中來。」祐曰：「田中多少人？」師插鍬而立。祐曰：「今日南山大有人刈茅在。」師舉鍬而去。玄沙云：「我若見，即蹋倒鍬子。」僧問鏡清：「仰山插鍬，意旨如何？」清云：「狗銜赦書[13]，諸侯避道。」又問：「只如玄沙蹋鍬，其意如何？」清云：「勿奈船何，打破戽斗[14]。」又問：「南山刈茅，意旨如何？」清云：「李靖[15]三兄，久經行陣。」雲居錫云：「且道鏡清下此一判[16]，著[17]不著？」又僧問禾山云：「仰山插鍬，意旨如何？」禾山云：「汝問我。」僧云：「玄沙蹋鍬，意旨如何？」禾山云：「我問汝。」

師在溈山牧牛，時第一座曰：「百億毛頭百億師子現。」師不答，歸侍立。第一座上問訊，師舉前語問云：「適來道百億毛頭百億師子現，豈不是上座？」曰：「是。」師曰：「正當現時，毛前現，毛後現？」上座曰：「現時不說前後。」師乃出。祐曰：「師子腰折也。」

溈山上座舉起拂子曰：「若人作得道理，即與之。」師曰：「某甲作得道理，還得否？」上座曰：「但作得道理便得。」師乃掣拂子將去。雲居錫云：「什麼處是仰山道理？」

一日雨下，上座曰：「好雨！寂闍梨。」師曰：「好在什麼處？」上座無語。師曰：「某甲卻道得。」上座曰：「好在什麼處？」師指雨。

溈山與師遊行次，烏銜一紅柿落前。祐將與師，師接得以水洗了，卻與祐。祐曰：「子什麼處得來？」師曰：「此是和尚道德所感。」祐曰：「汝也不得空然。」即分半與師。玄沙云：「大小溈山被仰山一坐，至今起不得。」

師浣[18]衲次，耽源曰：「正恁麼時作麼生？」師曰：「正恁麼時向什麼處見？」

師盤桓[19]溈山前後十五載，凡有語句，學眾無不弭伏[20]。暨受溈山密印，領眾住王莽山。化緣未契，遷止仰山[21]，學徒臻萃[22]。

師上堂示眾云：「汝等諸人，各自迴光返顧，莫記吾言。汝無始劫來，背明投暗，妄想根深，卒難頓拔，所以假設方便，奪汝麤識。如將黃葉止啼，有什麼是處？亦如人將百種貨物，與金寶作一鋪貨賣。祗擬輕重來機[23]，所以道石頭是真金鋪，我遮裡是雜貨鋪。有人來覓鼠糞，我亦拈與他。來覓真金，我亦拈與他。」時有僧問：「鼠糞即不要，請和尚真金。」師云：「齧[24]鏃[25]擬開口，驢年亦不會。」僧無對。師云：「索喚則有交易，不索喚則無。我若說禪宗，身邊要一人相伴亦無，豈況有五百七百眾邪？我若東說西說，則爭頭向前采拾。如將空拳誑小兒，都無實處。我今分明向汝說聖邊事，且莫將心湊泊[26]。但向自己性海，如實而修，不要三明六通[27]。何以故？此是聖末邊事，如今且要識心達本。但得其本，不愁其末。他時後日，自具去在。若未得本，縱饒[28]將情學他亦不得。汝豈不見溈山和尚云：『凡聖情盡，體露真常，事理不二，即如如佛。』」

問：「如何是祖師意？」師以手於空作圓相，相中書「佛」字，僧無語。

師謂第一座曰：「不思善，不思惡，正恁麼時作麼生？」對曰：「正恁麼時是某甲放身命處。」師曰：「何不問老僧？」對曰：「正恁麼時不見有和尚。」師曰：「扶吾教不起。」

師因歸溈山省覲㉙，祐問：「子既稱善知識，爭辨得諸方來者知有不知有，有師承無師承，是義學㉚是玄學㉛？子試說看。」師曰：「慧寂有驗處，但見諸方僧來便豎起拂子，問伊諸方還說遮箇不說。又云：遮箇且置，諸方老宿意作麼生？」祐歎曰：「此是從上宗門中牙爪㉜。」祐問：「大地眾生，業識㉝茫茫，無本可據，子作麼生知他有之與無？」師曰：「慧寂有驗處。」時有一僧從面前過，師召云：「闍梨！」其僧迴頭，師曰：「和尚，遮箇便是業識茫茫，無本可據。」祐曰：「此是師子一滴乳，迸散六斛驢乳。」

鄭愚相公㉞問：「不斷煩惱而入涅槃時如何？」師豎起拂子。公曰：「『入』之一字，不要亦得。」師曰：「『入』之一字，不為相公。」法燈別云：「相公不用煩惱。」

師問僧：「什麼處來？」曰：「幽州。」師曰：「我恰要箇幽州信，米作麼價？」曰：「某甲來時，無端㉟從市中過，踏折他橋梁。」師便休。

師見僧來，豎起拂子，其僧便喝。師曰：「喝即不無，且道老僧過在什麼處？」

僧曰：「和尚不合將境示人。」師乃打之。

師問香嚴：「師弟近日見處如何？」嚴曰：「某甲卒說不得，乃有偈曰：去年貧未是貧，今年貧始是貧。去年無卓㊱錐之地，今年錐也無。」師曰：「汝只得如來禪㊲，未得祖師禪㊳。」玄覺云：「且道如來禪與祖師禪分不分？」長慶稜云：「一時坐卻。」

溈山封一面鏡寄師，師上堂，提起云：「且道溈山鏡，仰山鏡？有人道得，即不撲破。」眾無對，師乃撲破。

師問雙峰：「師弟近日見處如何？」對曰：「據某甲見處，實無一法可當情。」師曰：「汝解猶在境。」雙峰曰：「某甲只如此，師兄如何？」師曰：「汝豈無能知無一法可當情者？」溈山聞云：「寂子一句，疑殺天下人。」玄覺云：「《金剛經》道：實無一法。然燈佛與我受記，他道實無一法可當情。為什麼道解猶在境？且道利害在什麼處？」

僧問：「法身還解說法也無？」師曰：「我說不得，別有一人說得。」曰：「說得底人在什麼處？」師推出枕子。溈山聞云：「寂子用劍刃上事㊴。」

師閉目坐次，有僧潛來身邊立，師開目，於地上作一圓相，相中書「水」字，顧視其僧。僧無語。

師攜一杖子，僧問：「什麼處得？」師便拈向背後。僧無語。

師問一僧：「汝會什麼？」僧曰：「會卜。」師提起拂子，曰：「遮箇六十四卦中阿那卦收？」無對。師自代云：「適來是雷天〈大壯〉㊵，如今變為地火〈明夷〉㊶。」

師問僧：「名什麼？」曰：「靈通。」師曰：「便請入燈籠。」曰：「早箇入了也。」法眼別云：「喚什麼作燈籠？」

僧問：「古人道：見色便見心。禪牀是色，請和尚離色，指學人心。」師云：「那箇是禪牀？指出來。」僧無語。玄覺云：「忽然被伊卻指禪牀，作麼生對伊好？」有僧云：「卻請和尚道。」玄覺代拊掌三下。

僧問：「如何是毗盧師？」師乃叱之。又問：「如何是和尚師？」師曰：「莫無禮！」

師共一僧語，傍有僧曰：「語底是文殊，默底是維摩。」師曰：「不語不默底莫是汝否？」僧默之。師曰：「何不現神通？」僧曰：「不辭現神通，只恐和尚收入教㊷。」師曰：「鑒汝來處，未有教外底眼。」

問：「天堂地獄相去幾何？」師將拄杖畫地一畫。

師住觀音時，出牓云：「看經次不得問事。」後有僧來問訊，見師看經，傍立而待。師卷卻經，問：「會麼？」僧曰：「某甲不看經，爭得會？」師曰：「汝已後會去在。」其僧到巖頭，巖頭問：「什麼處來？」僧云：「江西觀音來。」巖頭云：「和尚有何言句？」其僧舉前語，巖頭云：「遮箇老師，我將謂被故紙埋卻，元來猶在。」

僧問：「禪宗頓悟，畢竟入門的意如何？」師曰：「此意極難。若是祖宗門下，上根上智，一聞千悟，得大總持㊸。此根人難得。其有根微智劣，所以古德道若不安禪靜慮，到遮裡總須茫然。」僧曰：「除此格外，還別有方便令學人得入也無？」師曰：「別有別無，令汝心不安。汝是什麼處人？」曰：「幽州人。」師曰：「汝還思彼處否？」曰：「常思。」師曰：「彼處樓臺林苑，人馬駢闐㊹，汝返思底還有許多般也無？」僧曰：「某甲到遮裡，一切不見有。」師曰：「汝解猶在境。信位即是，人位即不是。據汝所解，只得一玄，得坐披衣㊺，向後自看。」其僧禮謝而去。

師始自仰山，後遷觀音，接機利物，為禪宗標準。遷化前數年，有偈曰：「年滿七十七，老去是今日。任性自浮沉，兩手攀屈膝。」於韶州東平山示滅，年七十七，抱膝而逝。敕諡智通大師、妙光之塔。後遷塔于仰山。

【注釋】❶劬勞 《詩經・小雅・蓼莪》：「哀哀父母，生我劬勞。」後以指父母養育子女的勞苦。❷南華寺 即六祖慧能大師所住的寶林寺，北宋初重建，規模超過前制，敕名南華寺，今存。❸升堂奧 升堂入室的意思。屋的西北隅稱奧。堂奧，指堂的深處，引申為深奧的義理。❹靈焰 此指靈光智慧。❺住夏 即坐夏，也稱夏安居，指僧人每年自四月十六日至七月十五日在寺中禪修，禁止外出。❻巖頭　即鄂州巖頭全豁禪師，唐武宗沙汰時，隱身為渡工，後傳教於臥龍山，徒眾輻湊。❼石室　即潭州石室善道禪師，參謁石頭禪師而得法。❽一向　一味；總是。❾韋宙　唐代杜陵人，唐宣宗時任侍御史，後為永州刺史、嶺南節度使，政績殊異，蠻俗為之遷改，官至尚書左僕射、同平章事而卒。❿就　從；向。⓫伽陀　阿伽陀的略稱，即偈頌。⓬覿面　當面；對面。⓭赦書　皇帝用以大赦天下罪犯的詔書。⓮戽斗　汲水澆田用的農具。⓯李靖　唐初大將，三原人，排行第三，唐高祖時為行軍總管，平蕭銑等割據政權，唐太宗時任刑部尚書，破突厥，取定襄，擒頡利，拓地至大漠。封衛國公。後人錄其論兵語，成《李衛公問對》，為古代著名兵書之一。⓰判　判斷經論的旨趣。⓱著　契合、符合之意。⓲浣　洗。⓳盤桓　逗留不走。⓴弭伏　欽佩；心服。㉑仰山　在江西宜春南八十里，周圍數十里，其最勝處曰集雲峰，石徑縈迴，飛瀑湍馳。㉒萃　聚集。㉓機　此為衡量的意思。㉔齧　即「嚙」，咬住。㉕鏃　箭鏃，即箭頭。㉖湊泊　集中、聚合在一起。㉗三明六通　三明指宿命明、天眼明、漏盡明。六通指六神通，即天眼通、天耳通、他心通、宿命通、神足通和漏盡通。㉘縱饒　即使；縱然。㉙省覲　探望、覲見。㉚義學　指如俱舍、唯識等建立名數，論因果、階級、法相，局限於文字間的學問。㉛玄學　此指禪學。㉜牙爪　即「爪牙」。㉝業識　指有情流轉的根本識。《起信論》：「一者名為業識，謂無明力不覺心動故。」㉞鄭愚相公　唐代番禺人，幼聰穎力學，登開成年間進士第，累官至桂州觀察使，遷嶺南西道節度使，擢禮部侍郎，拜宰相而卒。㉟無端　無意；不料。㊱卓　戳。㊲如來禪　又名如來清淨禪。《禪源都序》：「若頓悟自心，本來清淨，元無煩惱，無漏智性，本來具足，此心即佛，畢竟無異。依此而修者，是最上乘禪，亦名如來清淨禪。」此如來禪為至極之心法，達磨祖師所傳之宗旨名。至唐代仰山慧寂初立祖師禪之名目，便以祖師禪為達磨所傳之心印，而以如來禪為未了之名。㊳祖師禪　指不立文字、祖祖本傳之禪，相對於如來禪而立此名，即以如來禪為教內未了之禪，以祖師禪為教外別傳至極之禪。㊴上事　官員上任理事，此指處理事情。㊵大壯　六十四卦之一，乾下震上，即雷在天上，為陽剛盛長之象。㊶明夷　六十四卦之一，離下坤上，即火在地下。《易・明夷》：「象曰：明入地中，明夷，君子以莅眾，用晦而明。」㊷教　佛祖之言被覆下者，在心稱法，說法稱教。㊸總持　《維摩經注》：「總持，謂持善不失，持惡不生。無所漏忌謂之持。」㊹駢闐　連續不斷，形容人多。㊺得坐披衣　可以坐禪身披佛衣，此指已粗得禪法而入門。

【語　譯】袁州（今江西宜春）仰山慧寂禪師（八一四～八九〇年），韶州（今廣東韶關）懷化人，俗姓葉。

慧寂十五歲時，便想要出家，但他的父母親堅決不同意。過了兩年後，慧寂砍下左手兩根手指，跪著來到父母親面前，發誓要去尋求佛道正法，來報答父母的養育之恩。於是慧寂皈依南華寺通禪師落髮出家。他還沒有受具足戒，就四處遊訪求學去了。慧寂先去參謁耽源應真禪師，已經悟得了佛法玄旨。此後，他參拜溈山靈祐禪師，得以登堂入室。靈祐問道：「你是有主的沙彌，還是沒有主的沙彌？」慧寂回答：「有主。」靈祐問道：「主在哪裡？」慧寂就從西邊走到東邊站立，靈祐知道他是法器，就開示指點他。慧寂問道：「什麼是真佛住的地方？」靈祐回答：「通過思量那無法思量的妙處，反過來思量靈慧的無窮無盡，思量盡時返回本源，則性相常住不遷。如此事理如一不二，就是真佛之所在。」慧寂聽後頓時大悟，從此以後就在靈祐禪師身邊隨侍。不久，慧寂前往江陵（今湖北荊州）受具足戒，住夏修持，探究律藏教義。

慧寂禪師此後去參拜巖頭全豁禪師，巖頭禪師舉起了拂塵，慧寂就展開了坐具。巖頭禪師又拿起拂塵放置在背後，慧寂就收起坐具往肩上一搭，走了出去。巖頭禪師說道：「我不許可你放下，只許可你收起。」

慧寂禪師又去參問石室善道禪師道：「佛與道相隔有多少距離？」石室回答：「道如同是展開手掌，佛如同是握緊拳頭。」慧寂便辭別石室，石室送到門口，招呼慧寂道：「你不要一直去了，以後卻要回到我這邊來。」雲居清錫禪師說道：「要是領會了今天就散堂歸去，明天再上堂來。」

韋宙向溈山禪師請求一首偈頌，溈山說道：「當面告訴了他，還像是一個鈍漢不開竅，何況是用筆寫在紙上？」韋宙於是就來請求慧寂禪師，慧寂便在紙上畫了一個圓相，並寫下注文道：「思量而後知道的，落在第二。不思量而知道的，落在第三。」

有一天，慧寂禪師隨從仰山靈祐禪師去開墾田地，慧寂問道：「這一頭能這麼低，那一頭能那麼高嗎？」溈山回答：「水能衡量出地勢的高低，只要用水來衡量就可以了。」慧寂說道：「水也不能憑藉，和尚只要高的地方就依高來平整，低的地方依低來平整就行了。」溈山肯定了他的說法。

有一個施主送來了絹綢，慧寂禪師問道：「和尚接受施主這樣的供養，準備怎樣去報答呢？」溈山靈祐禪師就敲了敲禪牀來示意。慧寂說道：「和尚怎麼能拿眾人的東西自己來享用呢？」

溈山靈祐禪師忽然問慧寂禪師道：「你到什麼地方去？」慧寂回答：「到田裡去。」溈山問道：「田裡有多少人？」慧寂就把鐵鍬插在地上，合掌站著。溈山說道：「今天南山上割茅草的人很多。」慧寂拔出鐵鍬就走了。玄沙禪師說道：「我如果看見，就踢倒那鐵鍬。」有僧人問鏡清禪師道：「仰山慧寂把鐵鍬插在地上，其用意是什麼？」鏡清禪師回答：「狗銜皇帝赦書，諸侯遇到，都讓開大路迴避。」那僧人又問道：「只是像玄沙禪師要踢倒那鐵鍬，其用意又是什麼？」鏡清禪師回答：「不能對船怎麼樣，就來打破戽斗。」那僧人又問道：「南山上割茅草，是什麼意思？」鏡清禪師回答：「李靖三兄，久經戰陣。」雲居清錫禪師說道：「且說說看鏡清禪師的這一判語，符合不符合？」又有僧人問禾山禪師道：「仰山慧寂把鐵鍬插在地上，其用意是什麼？」禾山禪師回答：「你來問我。」那僧人再問道：「玄沙禪師踢倒那鐵鍬，其用意又是什麼？」禾山回答：「我來問你。」

慧寂禪師在溈山上放牛的時候，第一座問道：「一百億根毫毛尖上現出一百億頭獅子。」慧寂沒有回答，回去後侍立在溈山靈祐禪師身邊。第一座上來問訊，慧寂舉出前面的話來問第一座道：「剛才說一百億根毫毛尖上現出一百億頭獅子的，難道不就是上座嗎？」第一座說道：「是。」慧寂問道：「正現出獅子的時候，是在毫毛前面出現，還是在毫毛後面出現？」第一座回答：「出現的時候不說前後。」慧寂就出去了。溈山禪師說道：「獅子的腰折斷了。」

有一天，溈山上座舉起拂塵說道：「如若有人能講出個道理，就把這給他。」慧寂禪師問道：「我講出道理，是否還給我？」上座說道：「只要講出道理就給。」慧寂就劈手把拂塵奪去。雲居清錫禪師說道：「什麼地方是仰山慧寂講的道理？」

有一天，天下著大雨，上座說道：「好雨！慧寂闍梨。」慧寂禪師問道：「好在什麼地方？」上座無語以對。慧寂說道：「我倒是能說出來。」上座便問道：「好在什麼地方？」慧寂就指指雨。

溈山靈祐禪師與慧寂禪師漫步行遊的時候，烏鴉叼著的一只紅柿子掉在了身前。溈山揀起後遞給了慧寂，慧寂接過後用水洗乾淨，再遞給溈山。溈山問道：「你從什麼地方得來的？」慧寂回答：「這是受和尚道德所感召而獲得。」溈山說道：「你也不能空著手。」就分了一半給慧寂。玄沙禪師說道：「大小溈山被仰山一坐，到今天還起不來。」

慧寂禪師正在洗僧衣，耽源應真禪師問道：「正這麼樣的時候，你是怎樣的？」慧寂反問道：「正這麼樣的時候，你在什麼地方看見的？」

慧寂禪師前後停留在溈山達十五年，凡有禪語禪句，學僧大眾沒有不傾心佩服的。慧寂既已接受了靈祐禪師所傳的秘密心印，就率眾前往王莽山。此後由於傳化因緣未能契合，又遷到了仰山居住，學僧匯聚而至。

慧寂禪師上堂對眾人說道：「你們眾人，要各自迴光返照，自我省察，而不要記住我說的話。你們從無始劫中而來，違背光明而投奔黑暗，妄想之根深重，終於難以頓時拔除，所以假借各種方便法門，來改變你們的粗淺認識。就如同是把黃的樹葉當作金錢來哄騙小孩，來止住他的哭泣，又有什麼對的地方呢？也好像是有人拿出一百種貨物，與金銀寶物放在一個鋪面上出賣。人們只是從貨物的輕重來衡量，所以說石頭和尚那兒是真的金鋪，我這裡是雜貨鋪。如有人來尋找老鼠糞，我也拿給他。如來尋找真金，我也拿給他。」當時有個僧人說道：「老鼠糞就不要了，請和尚拿真金來。」慧寂說道：「咬住箭鏃而打算開口說話，就是到了驢年也不能夠。」那僧人不能應答。慧寂又說道：「要求交換才會有交易，不要求交換就沒有交易。我如果講說禪宗，身邊要一個人相伴也沒有，難道會有五百、七百人嗎？我如果東說西說，人家怎能頭向前來採拾。如果拿著空拳頭去哄小孩，完全沒有實在的用處。我今天明白地向你們講說得道者的事，暫且不要把心聚合在一起。只要向自己的性海，按照實際情況去修習，並不需要三明六通。這是什麼原因呢？這只是得道者的枝末之事，而現在就是要認識自心，通達本性。只要得到其根本，就不用擔心得不到其枝末細節。以後其他時日，再自己去加以取捨。如果未能得到其根本，即使盡心去學它也不能得到。你們難道沒有聽溈山和尚說過：『凡與聖之情完全忘記了，就顯露出真實的本體，事與理如一不二，就是如如佛。』」

有僧人問道：「什麼是祖師西來的旨意？」慧寂禪師用手在空中作了一個圓相，在圓相當中寫了一個「佛」字，那僧人不能應答。

慧寂禪師問第一座道：「不思量善，不思量惡，正這樣的時候怎麼樣？」第一座回答：「正這樣的時候是我的安身立命之處。」慧寂說道：「為什麼不問老僧？」第一座便問道：「正這樣的時候沒有看見有和尚。」

慧寂說道：「你不能扶持我創立教法。」

慧寂禪師因為回溈山探望靈祐禪師，靈祐問道：「你既然稱作善知識，怎麼才能分辨出各地來參拜的人中間，哪些人是曉悟的，哪些人還沒有曉悟，哪些人是有師承的，哪些人沒有師承，哪些是義學，哪些是玄學？你試說說看。」慧寂回答：「慧寂有個檢驗的方法，只要看見各地僧人前來就豎起拂塵，問他各地還講說不講說這個。再問道：這個暫且放在一邊，各地老宿大德的意見怎麼樣？」靈祐讚歎道：「這才是從前宗門中的衛士。」靈祐又問道：「大地眾生，業識茫茫，沒有根本可以依據，你怎麼知道他是有還是沒有呢？」慧寂回答：「慧寂有檢驗的方法。」當時恰好有一個僧人從面前經過，慧寂招呼道：「闍梨！」那僧人回頭，慧寂就對靈祐說道：「和尚，這個就是業識茫茫，沒有根本可以依據。」靈祐說道：「這是一滴獅子奶，砸散六斛驢奶。」

鄭愚相公問道：「不斷絕煩惱而入涅槃的時候怎麼樣？」慧寂禪師豎起了拂塵。鄭愚便說道：「『入』這個字，不要也可以。」慧寂說道：「『入』這個字，不是為相公而設的。」法燈禪師另外說道：「相公不用煩惱。」

慧寂禪師問一個僧人道：「你是從什麼地方來的？」那僧人回答：「幽州（今北京市）。」慧寂便說道：「我恰好要得到幽州的信息，那邊米是什麼價格？」那僧人回答：「我來的時候，從那市場上經過，不料踩斷了那裡的橋梁。」慧寂便罷休了。

慧寂禪師看見有僧人前來，就豎起了拂塵，那僧人便喝責。慧寂就問道：「喝責也不是不可以，但先說說老僧的過錯在哪裡？」那僧人說道：「和尚不應該把境顯示給別人看。」慧寂聽後就打了他。

慧寂禪師問香嚴禪師道：「師弟近來的見解怎麼樣？」香嚴說道：「我實在說不出，有一首偈語道：去年的貧窮不是貧窮，今年的貧窮才真正是貧窮。去年是沒有插錐之地，今年連錐子也沒有了。」慧寂說道：「你只得到了如來禪，沒有得到祖師禪。」玄覺禪師說道：「且說說看如來禪與祖師禪有沒有分別？」長慶慧稜禪師說道：「一起都坐去。」

溈山靈祐禪師包好一面鏡子寄給了慧寂禪師，慧寂上堂時，拿出那面鏡子問道：「你們說說看，這是溈山的鏡子，還是仰山的鏡子？有人說得出來，就不把它打破。」眾人都沒能回答，慧寂就把鏡子打破了。

慧寂禪師問雙峰禪師道：「師弟近來的見解怎麼樣？」雙峰回答：「據我的見解，其實沒有一法可以當情。」慧寂說道：「你的見解還是處於情境之中。」雙峰說道：「我只是這樣了，師兄又怎麼樣呢？」慧寂反問道：「你難道不知道沒有一法可以當情的嗎？」溈山禪師聽說後評論道：「慧寂一句話，疑殺天下人。」玄覺禪師說道：「《金剛經》中說道：其實沒有一法。燃燈佛給我傳授懸記，他說其實沒有一法可以當情。為什麼說理解了還是處於情境之中？你且說說看那利害在什麼地方？」

有僧人問道：「法身還能說法嗎？」慧寂禪師回答：「我不能說，另外有一人能說。」那僧人問道：「能說法的人在什麼地方？」慧寂便把枕頭推了出來。溈山禪師聽說後評介道：「慧寂是在用劍刃處理事物。」

慧寂禪師閉目打坐的時候，有個僧人悄悄地來到他身邊站立，慧寂睜開眼睛，在地上畫了一個圓相，在圓相中寫了一個「水」字，回頭看著那僧人。那僧人無語應對。

慧寂禪師拿著一條拄杖，有僧人問道：「從什麼地方得到的？」慧寂就把拄杖藏到了身後。那僧人無語應對。

慧寂禪師問一個僧人道：「你會什麼？」那僧人回答：「會占卜。」慧寂提起了拂塵，問道：「這個在六十四卦中收在哪一卦內？」那僧人不能回答。慧寂自己代那僧人回答道：「剛才是雷天〈大壯〉之卦，現在變成了地火〈明夷〉之卦。」

慧寂禪師問僧人道：「你叫什麼名字？」那僧人回答：「靈通。」慧寂說道：「那就請進燈籠。」那僧人說道：「早就進去了。」法眼禪師另外回答：「把什麼叫做燈籠？」

有僧人問慧寂禪師道：「古人說：見色便見心。禪床是色，請和尚離開色，直指學生的心。」慧寂反問道：「哪一個是禪牀？指出來。」那僧人無話可答。玄覺禪師說道：「突然被他手指禪床，怎麼回答他才好呢？」有僧人說道：「請和尚回答。」玄覺禪師代僧人拍掌三下。

有僧人問道：「什麼是毗盧的老師？」慧寂禪師大聲呵責他。那僧人又問道：「什麼是和尚的老師？」

慧寂喝道：「不得無禮！」

慧寂禪師和一個僧人在說話，旁邊一個僧人說道：「說話的是文殊菩薩，沉默的是維摩居士。」慧寂問道：「不說話也不沉默的莫非是你嗎？」那僧人沉默不語。慧寂問道：「為什麼不顯現神通？」那僧人回答：「並不推辭顯現神通，只怕被和尚收入教內。」慧寂說道：「鑑於你的來歷，沒有教外的眼。」

有僧人問道：「天堂與地獄相隔多遠？」慧寂禪師用拄杖在地上畫了一劃。

慧寂禪師住持觀音寺的時候，掛出告示說：「看經書的時候不得問事。」後來有一個僧人前來問訊，看見慧寂在看經書，就站在一旁等著。慧寂捲起了經書，問道：「懂了嗎？」那僧人回答：「我又不看經書，怎麼會懂？」慧寂說道：「你以後領會去吧。」那僧人來到巖頭禪師那裡，巖頭禪師問道：「從什麼地方來？」那僧人回答：「從江西觀音寺來。」巖頭禪師問道：「和尚有什麼指教？」那僧人把慧寂的話再說了一遍，巖頭禪師說道：「這個老師，我還以為他被埋在故紙堆裡了，原來還在。」

有僧人問道：「禪宗講求頓悟，其入門的畢竟宗旨是什麼？」慧寂禪師回答：「這個意思極難解答。如果是祖宗門下，具有上根上智的人，聞一理而悟千理，就能獲得大總持。有這樣根機的人十分難得。其餘的根機微淺，智慧低劣，所以古代高僧說如果不安心坐禪靜慮，到這裡必定是一片茫然。」那僧人問道：「除了這一條路外，還另外有其他方便法門讓學生能夠進入嗎？」慧寂說道：「另外有還是另外沒有，總令你心不安。你是什麼地方的人？」那僧人回答：「是幽州人。」慧寂問道：「你還思念那地方嗎？」那僧人回答：「常常思念。」慧寂說道：「那地方的樓臺林苑，人馬駢闐，你所思念的還有這許多東西嗎？」那僧人回答：「我到了這裡，一切都沒有看見。」慧寂說道：「你的見解還處於境中。信位已得到了，卻不在人位。根據你的理解，只得到了一點兒玄妙，可坐禪身披僧衣，以後還得自己去體驗。」那僧人禮拜致謝而去。

慧寂禪師開始在仰山，後來遷住觀音院，應接玄機，普利眾生，成為禪門的標準。慧寂圓寂前數年，作有一首偈語道：「年歲已滿七十七，老死歸去在今日。一任本性自浮沉，兩手攀附於屈膝。」後來在韶州（今廣東韶關）東平山圓寂，終年七十七歲，雙手抱膝而逝。天子敕賜其謚號曰智通大師，靈塔名妙光之塔。靈塔後來遷至仰山。

【說　明】祖師禪，是針對如來禪而提出的、超越如來禪的一種禪學體系，歷來被晚唐、宋、元佛教視作禪學的最高層次與禪宗的最高境界。從有關文獻上看，首次提出祖師禪的概念並以此批評如來禪的，應是仰山慧寂禪師。此前，禪宗是以如來禪作為諸禪法中最高層次的一種禪，也即是從「達磨門下展轉相傳」至六祖慧能大師的最上乘禪。但隨著禪宗的發展，有人把慧能所創的「藉師自悟」的頓悟禪法稱作祖師禪，是傳佛陀心印的真正最上乘禪，而貶低「藉教悟宗」的如來禪。於是如來禪不再指最上乘禪，而成了慧能頓悟禪以外的非究竟之禪的代稱。因此，香嚴禪師「去年貧未是貧，今年貧始是貧。去年無卓錐之地，今年錐也無」之見解，雖強調了「一無所有」、「一無所執」，但仍為文字的正面表述，還是不離「藉教悟宗」，故而仰山慧寂說是如來禪。據《五燈會元》卷九，香嚴隨即又成一偈頌道：「我有一機，瞬目視伊。若人不會，別喚沙彌。」因為是不假任何語言文字而當下自呈心地，故慧寂許可其是祖師禪。祖師禪與如來禪是中國禪史上兩個重要的概念，但兩者的差別究竟如何？太虛法師於《佛學入門》中曾簡要指出：「所謂『去年貧未是貧，今年貧始是貧』，這是道出修證的階級；而所謂『若人不會，別喚沙彌』，這指明了本來現成，當下即是。所以如來禪是落功動漸次的，祖師禪是頓悟本然的。仰山抑揚之意，也就此可知。不過這不是口頭講的，是要自己契悟的。」

鄧州香嚴智閑禪師

鄧州香嚴智閑禪師，青州人也。厭俗辭親，觀方慕道，依溈山禪會。祐和尚知其法器，欲激發智光❶，一日謂之曰：「吾不問汝平生學解及經卷冊子上記得者，汝未出胞胎、未辨東西時本分事，試道一句來，吾要記❷汝。」師懵然無對，沉吟❸久之，進數語陳其所解，祐皆不許。師曰：「卻請和尚為說。」祐曰：「吾說得是吾之見解，於汝眼目❹何有益乎？」師遂歸堂，徧檢所集諸方語句，無一言可將酬對，乃自歎曰：「畫餅不可充饑。」於是盡焚之，曰：「此生不學佛法也，且作箇長行粥飯僧❺，免役心神。」遂泣辭溈山而去，抵南陽，覩忠國師遺迹，遂憩止焉。一日，因山中芟❻除草木，以瓦礫擊竹作聲，俄失笑間，廓然省悟，遽歸沐浴焚香，遙禮溈山，贊云：「和尚大悲，恩逾父母。當時若為我說卻，何有今日事也！」仍一偈云：「一擊忘所知，更不假修治。處處無蹤迹，聲色外威儀。諸方達道者，咸言上上機❼。」

師上堂云：「道由悟達，不在語言。況見密密堂堂，曾無間隔，不勞心意，暫借迴光。日用全功，迷徒自背。」問：「如何是香嚴境？」師曰：「華木不滋❽。」問：「如何是仙陀婆？」師敲禪牀曰：「過遮裡來。」問：「如何是見在學？」師以扇子旋轉示曰：「見麼？」僧無語。問：「如何是正命食❾？」師以手撮而示之。問：「如何是無表戒❿？」師曰：「待闍梨作俗即說。」問：「如何是聲色外相見一句？」師曰：「如某甲未住香嚴時，道在什麼處？」僧曰：「恁麼時亦不敢道有所在。」師曰：「如幻人心心所法。」僧問：「不慕諸聖、不重己靈時如何？」師曰：「萬機休罷，千聖不攜。」此時疏山⑪在眾作嘔聲，曰：「是何言與？」師問：「阿誰？」眾曰：「師叔。」師曰：「不諾老僧邪？」疏山出曰：「是。」師曰：「汝莫道得麼？」曰：「道得。」師曰：「汝試道看。」曰：「若教某甲道，須還師資禮始得。」師乃下座禮拜，躡⑫前語問之，疏山曰：「何不道肯重不得全？」師曰：「饒汝恁麼，也須三十年倒屙⑬，設住山無柴燒，近水無水喫。分明記取。」後住疏山，果如師記，至二十七年病愈，自云：「香嚴師兄記我三十年倒屙，今少三年在。」每至食畢，以手抉而吐之，以應前記。疏山後問道付長老：「肯重不得全，汝作麼生會？」付云：「全歸肯重。」疏山云：「不得全又作麼生？」付云：「箇中無肯路。」疏山云：「始愜病僧意。」問：「如何是聲前句？」師曰：「大德未問時即答。」僧曰：「即時如何？」師曰：「即時問也。」問：「如何是直截根源佛所印？」師拋下拄杖，散手⑭而去。問：「如何是佛法大意？」師曰：「今年霜降早，喬麥⑮總不收。」問：「如何是西來意？」師以手入懷出拳，展開與之。僧乃跪膝，以兩手作受勢。師曰：「是什麼？」僧無對。問：「如何是道？」師曰：「枯木龍吟。」僧曰：「學人不會。」師曰：「髑髏裡眼睛。」玄沙別云：「龍藏枯木。」問：「離四句，絕百非⑯，請和尚道。」師曰：「獼師⑰前不得說本師⑱

戒。」

一日，謂眾曰：「如人在千尺懸崖，口銜樹枝，腳無所蹋，手無所攀，忽有人問：『如何是西來意？』若開口答即喪身失命，若不答又違他所問。當恁麼時，且作麼生？」時有招上座出曰：「上樹時即不問，未上樹時如何？」師笑而已。

師問僧：「什麼處來？」僧曰：「潙山來。」師曰：「和尚近日有何言句？」僧曰：「人問如何是西來意，和尚豎起拂子。」師聞舉，乃曰：「彼中兄弟作麼會和尚意旨？」僧曰：「彼中商量道，即色明心，附物顯理。」師曰：「會即便會，不會著什麼死⑲急！」僧卻問：「師意如何？」師還舉拂子。玄沙云：「只遮香嚴腳跟猶未點地。」雲居錫云：「什麼是香嚴腳跟未點地處？」

師凡示學徒，語多簡直。有偈頌二百餘篇，隨緣對機，不拘聲律，諸方盛行。後諡襲燈大師。

【注釋】❶智光　智慧之光；靈智之光；佛性之光。❷記　即記莂，本指佛預言弟子將來成佛之事，此指禪師對弟子的未來進行辨別、預測。❸沉吟　思量；斟酌。❹眼目　此指禪者認識世界的眼光。❺長行粥飯僧　指長年行腳遊方、只會吃粥吃飯而不明佛法的僧人。粥飯僧，稱只會吃粥飯而沒有一用的僧人。❻芟　除草。❼上上機　最上之玄機。❽滋　滋潤。❾正命食　二食之一，指出家之人常以乞食自養其色身，清淨延命，故名。❿無表戒　受戒之時，於受戒者身口表示受戒之相，稱作表戒；此時身內生出一種防非止惡的功用，稱作無表戒，以其沒有於身外表示受戒之相。⓫疏山　即疏山匡仁禪師，洞山良价禪師的法嗣。其初參洞山時，問：「未有之言，請師示誨。」洞山回答：「不諾無人肯。」⑫躡　放輕腳步。⑬倒屙　嘔吐。⑭散手　甩手。⑮喬麥　即蕎麥，麥子之一，花白，子黑色，可磨粉作餅。⑯離四句二句　總言一切有、空之說皆為戲論，與證道無涉，故應離絕之。《三論玄義》：「若論涅槃，體絕百非，理超四句。」因為一、異、有、無，為外道論爭的四個基本論點，稱四句。四句又各有四句，如一、非一、亦一亦非一與非一非非一；異、有、無亦同，共成四四十六句，合過去、現在、未來三世成四十八句，再合已起、未起總計為九十六句，加上根本四句，為一百，而稱之為四句百非。⑰獵師　對獵人的尊稱。⑱本師　佛教以釋迦牟尼佛為根本之教師，故稱本師，其餘為受業之師。⑲死　極甚之詞。

【語譯】 鄧州（今屬河南）香嚴智閑禪師，青州（今山東益都）人。智閑厭棄世俗生活，辭別親人，四處訪問高僧，尋求佛道，後皈依溈山靈祐禪師的禪會。靈祐和尚知道智閑是一個法器，想要激發他的靈智之光，有一天對他說道：「我不問你平生的學識與見解，以及經卷冊子記載的語句，我只問你未出娘胎、不能辨別東西之時的本分之事，你說一句試試看，我要對你作一辨別。」智閑一聽頓覺懵然，不知如何應答，斟酌了許久，向靈祐講了幾句話來說明自己的見解，但靈祐都不首肯。智閑便說道：「還是請和尚為我解說。」靈祐說道：「我說的只是我的見解，對你的智慧眼光有什麼幫助嗎？」智閑就回到了僧堂，翻遍了平日所積聚的各方佛祖高僧所說的語句，沒有一句話可以拿來應答的，於是就自歎道：「畫餅不能充饑。」於是就把這些經書全部燒掉，說道：「我這一生再也不學佛法了，就做一個長年行腳遊方、只會吃粥飯的僧人，免得勞心費神。」然後他就辭別靈祐禪師而去，抵達南陽（今屬河南）香嚴山，看到了慧忠國師的遺跡，就在那裡住了下來。有一天，智閑在山中芟除草木，隨手把一塊瓦片拋到了竹子上，發出了響聲，智閑就在聞聲忽然失笑之間，豁然省悟，急忙回房去沐浴焚香，遙望溈山禮拜，讚歎道：「和尚大慈大悲，恩情超過了父母。如果當時為我說破，怎麼會有今天的事啊！」於是寫了一首偈語道：「一擊之下便忘卻了從前所知覺者，完全不假借修持禪定。現在聲色外的三千威儀，處處都不見其痕跡。各地悟達大道者，都說這是最上之玄機。」

　　智閑禪師上堂說法道：「大道由覺悟而抵達，並不在於語言。何況它顯出密密麻麻，堂堂正正，一點也沒有間隔，也不用勞心費神，暫且假借迴光省悟。人們的日用生活就全部是修持功德，只是迷途之人自己相違背了。」有僧人問道：「什麼是香嚴之境？」智閑回答：「草木不滋潤。」有僧人問道：「什麼是仙陀婆？」智閑就敲了敲禪牀說道：「到這邊來。」有僧人問道：「什麼是現在之學？」智閑就把手中扇子旋轉著指示道：「看見了麼？」那僧人無話應對。有僧人問道：「什麼是正命食？」智閑就把手指撮了起來給他看。有僧人問道：「什麼是無表戒？」智閑回答：「等到闍梨做了俗人後再告訴你。」有僧人問道：「什麼是聲色外相見一句話？」智閑反問道：「假如我沒有住在香嚴山的時候，你說說看住在什麼地方？」那僧人說道：「這樣的時候也不敢說有所在之處。」智閑說道：「如同虛幻人心而為心所法。」有僧人問道：「不仰慕請求聖人、不重視自己靈性的時候怎麼樣？」智閑回答：「萬機都休止罷去，千聖都不攜帶。」當時疏山匡仁禪師就在僧眾中發出作嘔的聲音，並說道：「這是什麼言語？」智閑問道：「是誰？」僧眾回答：「是師叔。」智閑說道：「是那『不諾』老僧嗎？」疏山站出說道：「是。」智閑問道：「你莫非能講說嗎？」疏山回答：「能講說。」智閑說道：「你試著說說看。」疏山說道：「如果要叫我說，必須給我施老師之禮才行。」智閑就走下座位禮拜，放輕腳步上前，舉出剛才的話來問他，疏山說道：「為什麼不說首肯重視就不能得全？」智閑說道：「就算你這麼說，也要有三十年嘔吐，如果住在山上就沒有柴燒，住在水邊就沒有水喝。你要明白地記住。」後來疏山禪師住持疏山，果然如同智閑禪師所預言的那樣，直至二十七年後疏山的病情才痊癒，疏山自言道：「香嚴智閑師兄預言我要嘔吐三十年，至今還少了三年。」因此每次吃飯完畢，就用手摳喉嚨，吐出食物來，以符合以前的預言。疏山禪師後來問道忖長老道：「首肯重視就不能得全，你怎麼來理解？」道忖長老回答：「全就歸於首肯重視。」疏山禪師問道：「不能得全又怎麼樣？」道忖長老回答：「當中沒有首肯之路。」疏山禪師說道：「這才讓病僧感到愜意。」有僧人問道：「什麼是發出聲音前面的語句？」智閑回答：「大德還未提問的時候就回答。」那僧人又問道：「即時怎麼樣？」智閑回答：「即時提問啊。」有僧人問道：「什麼是直截根源佛所印證？」智閑拋下拄杖，甩手而去。有僧人問道：「什麼是佛法大意？」智閑回答：「今年霜降早，蕎麥全無收成。」有僧人問道：「什麼是祖師西來的意旨？」智閑把手伸進懷裡，握緊拳頭拿出來，再展開手心遞過去。那僧人便雙膝跪下，展開雙手作出接的架勢。智閑問道：「是什麼？」那僧人無言應答。有僧人問道：「離開四句，斷絕百非，請和尚講說。」智閑說道：「在獵人面前不能說出本師的戒律。」

有一天，智閑禪師對眾僧說道：「如有人在千尺懸崖之上，用嘴咬住樹枝，而兩腳沒有踩的地方，雙手也沒有攀拉的東西，忽然有人向他問道：『什麼是祖師西來的意旨？』如果開口回答就會掉下來摔死，如果不回答又讓人家白問了。當這樣的時候，該怎麼辦？」當時招上座站出來說道：「在樹上的事就不問了，沒有上樹的時候怎麼樣？」智閑笑著作罷了。

智閑禪師問一個僧人道：「從什麼地方而來？」那僧人回答：「從溈山來。」智閑問道：「溈山和尚近來有什麼說法？」那僧人回答：「有人問什麼是祖師西來之意，溈山和尚就豎起了拂塵。」智閑聽了後問道：「那裡的師兄弟怎麼領會和尚的意旨？」那僧人回答：「他們商量斟酌後認為，這是即色來明心，附物來顯示佛理。」智閑說道：「領會即是領會，沒有領會又著什麼死急！」那僧人反問道：「和尚的意思是什麼？」智閑還是舉起了拂塵。玄沙禪師說道：「這只是香嚴智閑的腳跟沒有點地。」雲居清錫禪師說道：「什麼是香嚴智閑的腳跟沒有點地之處？」

智閑禪師啟示學生徒眾，用語大多簡明直率。他作有偈頌二百多篇，都是隨緣應對接機，不拘泥於聲律，故而盛傳於各地禪院。智閑禪師圓寂後，天子賜諡號曰襲燈大師。

【說　明】「人在千尺懸崖」是一則著名的禪林公案。智閑禪師以虛構的怪誕驚險的一幕，來逼迫僧徒們進入執著外物、拘泥邏輯推理的死衚衕，在此困頓險絕之際，才能幡然回首，靈光返照，認識自己的本來面目。而招上座的答語顯示了他已拋棄一切執著，回歸本源，故智閑禪師以笑聲表示了認可。

襄州延慶山法端大師

襄州延慶山法端大師。有人問：「蚯蚓斬為兩段，兩頭俱動，佛性在阿那頭❶？」師展兩手。洞山別云：「問底在阿那頭？」師滅後，敕諡紹真大師，塔曰明金。

【注釋】❶阿那頭　哪一頭。

【語譯】襄州（今湖北襄樊）延慶山法端大師。有僧人問道：「蚯蚓被斬為兩段，兩頭都在動，佛性在哪一頭？」法端禪師展開了雙手。洞山良价禪師另外回答：「問的是在哪一頭？」法端禪師圓寂後，天子賜諡號曰紹真大師，靈塔名明金之塔。

福州雙峰和尚存目

杭州徑山洪諲禪師

杭州徑山洪諲禪師，吳興人也，姓吳氏。年十九，禮開元寺無上大師落髮。無上大師嗣鹽官，後住徑山，為第二世也。二十二往嵩嶽，受滿足律儀❶，歸禮本師。師問曰：「汝於時中將何報四恩❷耶？」諲不能對，三日忘食，乃辭行腳，往謁雲巖，機緣未契。後造溈山，蒙滯頓除。

遭唐會昌沙汰，眾皆悲惋❸。諲曰：「大丈夫鍾❹此厄會，豈非命也！何乃效兒女子❺乎？」大中初，復沙門相，還故鄉西峰院。咸通六年，上徑山。明年，本師遷神❻，眾請繼躅❼，為徑山第三世，於法即溈山之嗣。

僧問：「掩息如灰時如何？」師曰：「猶是時人功幹。」僧曰：「幹後如何？」師曰：「耕人田不種。」僧曰：「畢竟如何？」師曰：「禾熟不臨場❽。」僧問：「龍門不假風雷勢便透❾得者如何？」師曰：「猶是一品❿二品。」僧曰：「此既是階級，向上事如何？」師曰：「吾不知有汝龍門。」僧問：「如霜如雪時如何？」師曰：「猶是汙染。」曰：「不汙染時如何？」師曰：「不同色。」

許州全明上座先問石霜：「一毫穿眾穴時如何？」石霜云：「直須⓫萬年後。」云：「萬年後如何？」石霜云：「登科⓬任汝登科，拔萃⓭任汝拔萃。」後問師云：「一毫穿眾穴時如何？」師曰：「光靴⓮任汝光靴，結果⓯任汝結果。」

僧問：「如何是長？」師曰：「千聖不能量。」曰：「如何是短？」師曰：「蟭螟眼裡著不滿。」其僧不肯，便去舉似石霜。石霜云：「只為太近實頭。」僧問：「如何是長？」石霜云：「不屈曲。」曰：「如何是短？」石霜云：「雙陸⓰盤中不喝彩。」

佛日長老訪師，師問曰：「伏承長老獨化一方，何以荐⓱遊峰頂？」佛日曰：「朗月當空掛，冰霜不自寒。」師曰：「莫即是長老家風否？」佛日曰：「峭峙萬重關，於中含寶月。」師曰：「此猶是文言，作麼生是長老家風？」曰：「今日賴遇佛日，佛日卻問云：隱密⑱全真，時人知有道不得；太省無辜，時人知有道得。於此二途，猶是時人升降處。未審長老親道自道如何道？」師曰：「我家⑲道處無箇道。」佛日曰：「如來路上無私曲⑳，便請玄音和一場。」師曰：「任汝二輪㉑更互照，碧潭雲外不相關。」佛日曰：「為報白頭無限眾，此迴年少莫歸鄉。」師曰：「老少同輪無向背，我家玄路勿參差。」佛日曰：「一言定天下，四句為誰留？」師曰：「汝言有三四，我道其中一也無。」師因有偈曰：「東西不相顧，南北與誰留？汝即言三四，我即一也無。」

光化四年九月二十八日，白眾而化。

【注釋】❶滿足律儀　即具足戒。❷四恩　有二說。《心地觀經》指父母恩、眾生恩、國王恩與三寶恩。《釋氏要覽》指父母恩、師長恩、國王恩與施主恩。❸惋　驚歎。❹鍾　此指遭遇。❺兒女子　年輕女子。❻遷神　即遷化。❼躅　蹤跡。❽臨場　指稻子成熟後拿到場上脫粒。❾透　跳；騰躍。❿品　官品。唐代京朝官以一品為最高，九品為最低。⓫直須　必須；應當。⓬登科　科舉時考中了進士稱作登科。⓭拔萃　唐代制度，選人期未滿，以試判授官，稱作拔萃。《新唐書・選舉志》：「選未滿而試文三篇，謂之宏詞；試判三條，謂之拔萃，中者即授官。」⓮光靴　此指赤腳。⓯結果　指打扮。「果」為「裹」的借字。⓰雙陸　唐、宋時代一種遊戲。⓱荐　認識；省悟。⓲隱密　如來說法有顯了、隱密兩意。顯了是文面上分明顯然者，隱密是說者本意所存、密隱文內者。顯說是方便法門，密意是真實旨意。⓳我家　即我。「家」為語綴。⓴私曲　即私衷，個人的隱私。㉑二輪　以車的兩輪比喻定、慧。

【語　譯】杭州（今屬浙江）徑山洪諲禪師（?～九〇一年），吳興（今浙江湖州）人，俗姓吳。洪諲十九歲時，禮拜開元寺無上大師出家落髮。無上大師即鑒宗禪師，為鹽官齊安禪師的法嗣，後來住持徑山，為徑山第二世住持。他二十二歲時，前往嵩嶽，受具足戒，隨即歸來禮拜無上大師。無上大師問道：「你在四時中準備用什麼來報答四恩啊？」洪諲不能回答，連續三天思索這事，忘記了飲食，隨後就辭別無上大師外出行腳，前往雲巖拜謁曇晟禪師，但機緣還是未能契合。此後洪諲參拜溈山靈祐禪師，心中迷蒙滯疑頓時消除了。

遇到唐代武宗會昌（八四一～八四六年）滅佛，沙汰僧尼，僧眾們都悲切驚歎，洪諲禪師說道：「大丈夫遭遇這樣的苦難際會，難道不是命嗎！為什麼要效仿小女子哭泣啊？」大中初年（八四七年），洪諲恢復了僧人之相，還到故鄉的西峰院。咸通六年（八六五年），洪諲來到了徑山。第二年，無上大師圓寂，眾僧請洪諲繼主山門，成為徑山第三世住持，但從宗法上說還是溈山靈祐的法嗣。

有僧人問道：「火被掩住熄滅成灰時怎麼樣？」洪諲禪師回答：「仍然是世人的功用作為。」那僧人問道：「作為以後怎麼樣呢？」洪諲回答：「耕種的人未在田裡播下種子。」那僧人問道：「究竟怎麼樣？」洪諲回答：「稻熟了卻不登場。」那僧人問道：「到龍門前而不憑藉風雷的氣勢就能騰躍而過的時候怎麼樣？」洪諲回答：「還是一品二品。」那僧人問道：「既然是向上的臺階，那向上之事怎麼樣呢？」洪諲說道：「我不知道有你的龍門？」那僧人問道：「白得如霜如雪時怎麼樣？」洪諲回答：「還是被汙染了。」那僧人問道：「沒有汙染時怎麼樣？」洪諲回答：「不是清一色。」

許州（今河南許昌）全明上座先去問石霜慶諸禪師道：「用一根毫毛去穿眾多洞穴時怎麼樣？」石霜禪師回答：「必須等到一萬年以後。」全明上座問道：「一萬年以後怎麼樣？」石霜禪師說道：「登科任憑你登科，拔萃任憑你拔萃。」後來全明上座問洪諲禪師道：「用一根毫毛去穿眾多洞穴時怎麼樣？」洪諲回答：「光腳任憑你光腳，打扮任憑你打扮。」

有僧人問道：「什麼是長？」洪諲禪師回答：「一千位聖人也不能度量。」那僧人又問道：「什麼是短？」洪諲回答：「蟭螟蟲的眼中也放不滿。」那僧人不同意，就去說給石霜禪師聽。石霜說道：「這只是因為太貼近實際了。」那僧人便問道：「什麼是長？」石霜禪師回答：「不彎曲。」那僧人又問道：「什麼是短？」石霜禪師回答：「雙陸盤中不喝彩。」

佛日長老前來拜訪洪諲禪師，洪諲問道：「聽說長老獨自化導一方，不知怎麼讓人認識遊歷峰頂的？」佛日回答：「朗月當空掛，月色如冰霜而不自感寒冷。」洪諲問道：「這莫非就是長老的家風嗎？」佛日說道：「陡峭萬重關山，此中含有寶月。」洪諲說道：「這還是語言文字，什麼才是長老的家風？」佛日說道：「你今天幸虧遇到我佛日，佛日卻要反問道：隱密之意全是真的，世人知道有卻不能說出；過於省悟沒有過錯，世人知道有而能夠言說。對於這兩種方法，仍然是世人升降之處。不知道讓長老親自來說是怎麼說的？」洪諲說道：「我所說之處沒有可說的。」佛日說道：「尋求如來佛法的路上沒有私衷，還是請長老發玄音來和唱一場。」洪諲說道：「任憑你定慧兩輪互相映照，但碧潭白雲還是不相關。」佛日說道：「為了報答無限白髮眾生，這回年少不要歸家鄉。」洪諲說道：「老少同一車而沒有向背，我家的參佛之路上沒有參差區別。」佛日說道：「一言可定天下，四句偈頌為誰而留下？」洪諲說道：「你說有三四句，我說其中一句話也沒有。」洪諲於是作偈頌道：「東西不相顧，南北為誰留？你說有三四，我卻無一句。」

光化四年（九〇一年）九月二十八日，洪諲禪師訣別眾人而圓寂。

福州靈雲志勤禪師

福州靈雲志勤禪師，本州長溪人也。初在溈山，因桃華悟道，有偈曰：「三十來年尋劍客，幾逢落葉幾抽枝。自從一見桃華後，直至如今更不疑。」祐師覽偈，詰其所悟，與之符契。祐曰：「從緣悟達，永無退失，善自護持。」有僧舉似玄沙，玄沙云：「諦當❶甚諦當，敢保老兄猶未徹。」眾疑此語。玄沙問地藏：「我恁麼道，汝作麼生會？」地藏云：「不是桂琛❷，即走殺天下人。」乃返閩川，玄徒臻集。

上堂謂眾曰：「諸仁者所有長短，盡至不常。且觀四時草木，葉落花開，何況塵劫❸來，天人七趣❹，地水火風，成壞輪轉，因果將盡，三惡道❺苦，毛髮不添減，唯根蒂❻神識❼常存。上根者遇善友申明❽，當處❾解脫，便是道場。中下癡愚，不能覺照，沉迷三界，流轉生死。釋尊為伊天上人間設教證明，顯發智道。汝等還會麼？」時有僧問：「如何得出離生老病死？」師曰：「青山元不動，浮雲飛去來。」僧問：「君王出陣時如何？」師曰：「春明門❿外，不問長安。」僧曰：「如何得覲天子？」師曰：「盲鶴下清池，魚從脚底過。」僧問：「如何是佛法大意？」師曰：「驢事未去，馬事到來。」僧未喻旨，曰：「再請垂示。」師曰：「彩氣夜常動，精靈日少逢。」

雪峰有偈送雙峰出嶺，末句云：「雷罷不停聲。」師更之云：「雷震不聞聲。」雪峰聞之，乃曰：「靈雲山頭古月現。」雪峰問云：「古人道，前三三後三三⓫，意旨如何？」師云：「水中魚，山上鳥。」峰云：「意旨作麼生？」師云：「高可射兮深可釣。」

問：「諸方悉皆雜食⓬，未審和尚如何？」師云：「獨有閩中⓭異，雄雄⓮鎮海涯。」問：「久戰砂場⑮，為什麼功名⑯不就？」師曰：「君王有道三邊⑰靜，何勞萬里築長城⑱？」又云：「罷息干戈，束手歸朝⑲時如何？」師云：「慈雲普潤無邊剎，枯樹無花爭奈何！」

長生問：「混沌⑳未分時如何？」師曰：「如露柱懷胎。」曰：「分後如何？」師曰：「如片雲點太清裡。」曰：「未審太清還受點也無？」師不答。曰：「恁麼則含生㉑不來也。」師亦不答。曰：「直得㉒純清絕點時如何？」師曰：「猶是真常㉓流注㉔。」曰：「如何是真常流注？」師曰：「如鏡長明。」曰：「向上更有事否？」師曰：「有。」曰：「如何是向上事㉕？」師曰：「打破鏡來相見。」

問：「如何是西來意？」師曰：「井底種林檎㉖。」曰：「學人不會。」師曰：「今年桃李貴，一顆直千金。」問：「摩尼珠不隨眾色，未審作什麼色？」師曰：「白色。」僧曰：「恁麼即隨眾色也。」師曰：「趙璧㉗本無瑕，相如誑秦主。」問：「君王出陣時如何？」師曰：「呂才㉘葬虎耳。」曰：「其事如何？」師曰：「坐見白衣天。」僧曰：「王今何在？」師曰：「莫觸龍顏㉙。」

【注釋】❶諦當　即「的當」，恰當、妥善的意思。❷桂琛　桂花香氣襲人，為樹中珍品。琛為玉中珍寶。❸塵劫　即塵點劫。將一個三千大千世界所有之物磨碎成墨，每經過一個三千大千世界就用筆點下一點，點盡其墨，而將所經過的世界全部磨成微塵，而稱其一塵為一劫。用以比喻時代極其久遠。❹七趣　即一地獄趣，二餓鬼趣，三畜生趣，四人趣，五神仙趣，六天趣，七阿修羅趣。❺三惡道　依惡業可往來之處有三所，名為三惡道：一地獄道，成上品十惡業者趣之；二餓鬼道，成中品十惡業者趣之；三畜生道，成下品十惡業者趣之。❻根蔕　樹根與花蒂，此指本性。蔕，「蒂」的異體字。❼神識　因有情之心識靈妙不可思議，故稱神識，即靈魂。❽申明　說明；點拔。❾當處　當時；當下。❿春明門　唐代長安城門之一。⓫前三三後三三　《五燈會元》卷九〈無著文喜禪師〉章載：唐宣宗時，無著往五臺山華嚴寺拜謁，途徑金剛窟，遇見一牽牛老翁，迎無著入寺，問：「近由何處來？」無著答：「南方。」老翁問：「南方佛法如何住持？」無著答：「末法比丘很少奉持戒律。」老翁問：「有多少？」無著答：「或三百，或五百。」無著也問：「此間佛法如何住持？」老翁答：「龍蛇混雜，凡聖同居。」無著問：「有多少？」老翁答：「前三三，後三三。」後老翁呼侍童送無著出寺，無著問：「前三三，後三三，是多少？」那侍童呼道：「大德！」無著答應，侍童問：「是多少？」無著便問：「此為何處？」侍童答：「金剛窟般若寺。」無著方悟那老翁為文殊菩薩。後無著參謁仰山慧寂禪師而得頓悟心要。⓬雜食　此喻學僧參禪不主一家。⓭閩中　指福州一帶。⓮雄雄　形容氣勢很盛。《楚辭・大招》：「雄雄赫赫，天德明只。」⓯砂場　疆場，此喻參禪之所。⓰功名　戰功，此喻悟得佛法心要。⓱三邊　中國東邊臨海，南、西、北三面環陸，與別國相接。此泛指邊疆。⓲長城　自秦至明千餘年間，中原政權屢次在北邊修築萬里長城，以抵禦來自北方草原游牧民族的入侵。⓳束手歸朝　指古代邊疆少數民族首領歸依中央政府。⓴混沌　古人想像中的宇宙開闢前的狀態。《白虎通・天地》：「混沌相連，視之不見，聽之不聞。」㉑含生　含有生命者，與「含情」、「含靈」、「含識」同義。㉒直得　直到；直待。㉓真常　指如來所得之法真實常住。㉔流注　指有為法剎那不間、前滅後生、相續不斷，如水之流動。㉕向上事　此指引人入勝的、更加奧秘的事，又指至極之關鍵處，與向上一路、向上宗乘等同義。㉖林檎　果樹名，花白色，果實較蘋果小，俗稱「沙果」。㉗趙璧　戰國時趙惠文王獲得楚和氏璧，秦昭王願以秦國十五城交換此璧。時秦強趙弱，趙王不敢得罪秦國，卻又怕給了璧後得不到秦城，故藺相如自請奉璧前往。藺至秦宮，獻璧給秦王。秦王無意償城，藺見狀便騙秦王說和氏璧上有瑕疵，使秦王將璧交還給藺相如，隨後藺相如設法迫使秦王同意完璧歸趙。事見《史記・廉頗藺相如列傳》。㉘呂才　唐初博州清平人，精於陰陽、方伎、輿地、歷史之書，尤長於音律。曾任太常博士、太常丞，奉命刪修《陰陽書》，頒行天下。著有《敘宅經》、《敘祿命》、《敘葬書》等，對「祿命生成」、「五德」與「風水」諸說多有辯駁。㉙龍顏 《史記・高祖本紀》：「高祖為人，隆准而龍顏。」隆准，高鼻。後因指皇帝的容顏，亦以指皇帝。

【語譯】福州（今屬福建）靈雲志勤禪師，福州長溪（今福建霞浦）人。志勤當初在溈山時，因看見桃花開放而悟徹了佛道，並作有偈頌道：「三十年來尋劍客，幾逢落葉幾抽枝。自從一見桃花後，直至如今更不疑。」靈祐禪師看了這首偈頌後，就詰問志勤所悟之處，與偈意契合。靈祐禪師說道：「從因緣而達到悟徹的，永遠不會倒退失去，你要好好地加以護持。」有僧人把這首偈頌說給玄沙禪師聽，玄沙禪師說道：「恰當是十分恰當，可我敢保證老兄還不能做徹底。」眾人都懷疑這句話。玄沙禪師問地藏禪師道：「我這麼說，你怎麼來理解？」地藏禪師回答：「如果不是桂樹珍玉，就要走殺天下人了。」志勤於是返回閩江，僧徒聞風而聚集求法。

志勤禪師上堂對眾人說法道：「諸位仁者雖各有長短，但全都不同於平常人。姑且觀察四時草木生長，葉落花開，更何況從塵劫中來，天上人間七趣，地、水、火、風四大，聚成毀散輪迴轉動，因果將完盡，而三惡道中的苦難，一絲一毫也沒有增加或減少，只有本性與神識永恆存在。上根之人遇到好友點拔，當下就解脫，便成道場。中下智根的人愚昧癡迷，不能覺悟返照，而沉迷於三界，遷流輪轉於生死界中。世尊為天上人間的神人設立教法來證明涅槃，顯明發揚智慧之道。你們還能領會嗎？」當時就有僧人問道：「怎麼才能脫離生老病死？」志勤回答：「青山原來就沒動，只是浮雲在飛來飛去。」僧人問道：「君王出陣臨敵時怎麼樣？」志勤回答：「春明門之外，不須詢問長安城。」僧人問道：「怎樣才能覲見到天子？」志勤回答：「瞎眼之鶴來到清澈的水池中，池魚從牠的腳下游過。」僧人問道：「什麼是佛法大意？」志勤回答：「驢子之事還沒有完結，馬兒之事又來到了。」那僧人沒有領悟微妙旨意，便請求道：「再請和尚詳加指示。」志勤說道：「五彩雲氣在夜裡常常飄動，可神祇精靈卻很少在白天遇到。」

雪峰義存禪師曾作有一偈頌送雙峰禪師出山遊方，這偈頌的最後一句說：「雷罷不停聲。」志勤禪師將其改成：「雷震不聞聲。」雪峰聽說後，就說道：「靈雲山頭古月出現。」後來雪峰禪師問道：「古人曾說，前三三後三三，其意旨是什麼？」志勤禪師回答：「水中之魚，山上之鳥。」雪峰追問道：「其意旨是什麼？」

志勤回答：「高的可以用箭射啊，深的可以用鉤釣。」

有僧人問道：「各方僧人全都在雜食，不知道和尚怎麼樣？」志勤禪師回答：「只有閫中不一般，雄威鎮守在海濱。」那僧人問道：「長久廝殺在疆場，為什麼沒有獲得戰功？」志勤回答：「君王有道德則邊疆安寧，何必勞動天下民眾來修築萬里長城？」那僧人又問道：「放下干戈，束縛雙手而歸依朝廷時怎樣？」志勤回答：「慈悲之雲雨普遍滋潤無邊無際的廟宇，但枯木不開花又能怎樣呢！」

長生皎然禪師問道：「混沌未開闢前的時候怎麼樣？」志勤禪師回答：「如同是露柱懷孕。」長生又問道：「開闢後又怎麼樣呢？」志勤回答：「如同是一片白雲點綴在太清裡。」長生問道：「不知道太清是否還能被點綴？」志勤沒有回答。長生再問道：「那麼含有生命者就不來了。」志勤還是沒有回答。長生問道：「直到純粹清明而絕無點綴的時候怎麼樣？」志勤回答：「還是如同真常流注不間斷。」長生問道：「怎樣是真常流注不間斷？」志勤回答：「如同鏡子一直明亮。」長生問道：「向上還有沒有別的事？」志勤回答：「有。」長生問道：「什麼是向上事？」志勤回答：「打破明鏡之後再來與你相見。」

有僧人問道：「什麼是祖師西來的意旨？」志勤禪師回答：「在井底下種林檎。」那僧人說道：「學生不能領會。」志勤說道：「今年桃李價格貴，一顆價值達千金。」僧人問道：「摩尼寶珠不隨眾物而變色，不知道作什麼顏色？」志勤回答：「白色。」僧人說道：「這樣的話就是隨眾物而變色了。」志勤說道：「趙國之璧本來就沒有瑕疵，藺相如是在騙秦王。」僧人問道：「君王出陣臨敵時怎麼樣？」志勤回答：「呂才埋葬老虎罷了。」僧人問道：「那事情怎麼樣？」志勤回答：「坐著拜見身著白衣的天子。」僧人問道：「君王現在在哪裡？」志勤回答：「不要去觸動龍顏。」

益州應天和尚

益州應天和尚。僧問：「人人有佛性，如何是和尚佛性？」師曰：「汝喚什麼作佛性？」僧曰：「恁麼即和尚無佛性也。」師乃叫：「快活❶！快活！」

【注　釋】❶快活　舒適；好過。唐白居易〈快活〉詩：「誰知將相王侯外，別有優游快活人。」

【語　譯】益州（今四川成都）應天和尚。有僧人問道：「人人都具有佛性，什麼是和尚的佛性？」應天和尚反問道：「你把什麼叫做佛性？」那僧人便說道：「這麼說來和尚就沒有佛性了。」應天和尚就大叫道：「快活！快活！」

福州九峰慈慧禪師

福州九峰❶慈慧禪師，初在溈山，遇祐師上堂云：「汝等諸人，只得大體，不得大用。」師抽身出去，溈山召之，師更不迴顧。溈山云：「此子堪為法器。」師一日辭溈山入嶺云：「某甲辭違和尚千里之外，不離左右。」溈山動容曰：「善為！」

【注　釋】❶九峰　即九峰山，位於福州閩縣北七十里，峰頂九出，峭拔若華山。

【語　譯】福州（今屬福建）九峰慈慧禪師，原先在溈山參拜，遇見靈祐禪師上堂說道：「你們眾人，只是獲得了大體，卻沒有獲得大用。」慈慧聽後就抽身而去，靈祐禪師招呼他，慈慧更是不回頭相看。靈祐禪師說道：「這人堪為法器。」慈慧有一天辭別靈祐禪師要入山嶺中去，說道：「我雖然辭別了和尚而身在千里之外，但此心不離和尚的左右。」靈祐禪師感動地說道：「你好自為之！」

京兆米和尚

京兆米和尚，亦謂米七師。初參學歸受業寺，有老宿問：「月中斷井索，時人喚作蛇。未審七師見佛喚作什麼？」師曰：「若有佛見，即同眾生。」法眼別云：「此是什麼時節問？」法燈別云：「喚底不是。」老宿曰：「千年桃核。」

師令僧去問仰山云：「今時還假悟也無？」仰山云：「悟即不無，爭奈落在第二頭。」師深肯之。又令僧去問洞山云：「那箇究竟作麼生？」洞山云：「卻須問他始得。」師亦肯之。

僧問：「如何是衲衣下事❶？」師云：「醜陋任君嫌，不掛雲霞色❷。」

【注釋】❶衲衣下事　釋迦牟尼涅槃前，將金襴衣傳付給大迦葉，囑咐道：「慈氏（彌勒）成佛，留有傳付。」釋迦牟尼涅槃後，迦葉結集三藏經教完畢，來到摩揭陀國雞足山三峰中禪定，以待彌勒出世。據佛經載，彌勒於五十億年後降生人間，率眾至雞足山，右手指示迦葉，告諸眾人，此為釋迦牟尼佛之弟子迦葉，並取下迦葉身披的金襴衣披在自己身上。此時迦葉「身體奄然星散，彌勒復取種種華供養迦葉」。此為禪宗「傳衣」之源。❷雲霞色　指山水自然清麗的顏色。

【語譯】京兆（今陝西西安）米和尚，也稱米七師。當初參拜遊學後回到受業之寺，有一個老和尚問他道：「月光下一根斷井繩，世人都把它叫作蛇。不知道七師看見佛叫作什麼？」米和尚回答：「若如有佛顯現，就同眾生沒有區別。」法眼禪師別為回答：「這是什麼時候問的？」法燈禪師別為回答：「叫的不是。」那老和尚說道：「千年桃核。」

米和尚讓僧人去問仰山慧寂禪師道：「現在是否還要借助悟性？」慧寂禪師回答：「悟性不是沒有，爭奈落在第二頭。」米和尚聽了深為稱許。米和尚又讓僧人去問洞山良价禪師道：「那個究竟怎麼樣？」洞山禪師回答：「卻非得問他才行。」米和尚聽了也加稱許。

有僧人問道：「什麼是衲衣下的事情？」米和尚回答：「醜陋便一任君嫌惡，卻不曾掛雲霞之色。」

晉州霍山和尚

晉州霍山和尚。仰山一僧到，自稱「集雲峰❶下四藤條天下大禪佛參」。師乃喚：「維那般柴著❷！」大禪佛驟步而去。

師聞五臺秘魔巖和尚❸凡有僧到禮拜，以木叉叉著，師一日遂往訪之。纔見不禮拜，便入秘魔懷裡。秘魔拊師背三下，師起拍手云：「師兄，我一千里地來。」便迴。

【注釋】❶集雲峰　為江西仰山的主峰。❷著　語助詞，用在句末，表示祈使或命令。❸秘魔巖和尚　此事參見本書卷一〇〈五臺山秘魔巖和尚〉章。

【語譯】晉州（今山西臨汾）霍山和尚。仰山門下一個僧人前來參禪，自稱道「集雲峰下四藤條天下大禪佛參見」。霍山和尚就喚道：「維那，搬柴去！」大禪佛聽了快步離去。

霍山和尚聽說五臺山秘魔巖和尚凡有僧人前來參禮拜謁，就用木叉叉住他，有一天就前去拜訪秘魔巖和尚。霍山和尚一見秘魔巖和尚，還沒有禮拜，就直撲入秘魔巖和尚的懷中。秘魔巖和尚在霍山和尚的後背上拍了三下，霍山和尚起身拍手說道：「師兄，我是從一千里路外的地方趕來的。」隨即就回去了。

襄州王敬初常侍

襄州王敬初常侍，視事❶次，米和尚至，王公乃舉筆。米曰：「還判❷得虛空否？」公擲筆入廳，更不復出。米致疑，至明日，憑❸鼓山供養主❹入探其意，米亦隨至，潛在屏蔽間偵伺。供養主才坐，問云：「昨日米和尚有什麼言句，便不得見？」王公曰：「師子齩人，韓獹❺逐塊❻。」米師竊聞此語，即省前謬，遽出朗笑曰：「我會也，我會也。」

嘗問一僧：「一切眾生還有佛性也無？」僧云：「盡有。」公指壁畫狗子云：「遮箇還有也無？」僧無對。公自代云：「看齩❼著！」

【注釋】❶視事　辦公；就職治事。❷判　對案件的裁決。❸憑　煩請；託付。❹供養主　寺廟中派出的募化僧。❺韓獹　戰國時韓國的名犬，色黑。❻塊　成疙瘩或成團的東西。❼齩　齩，咬。禪林中用以喻禪師接引學人時所用的奇特方式。

【語譯】襄州（今湖北襄樊）王敬初常侍，有一天辦公的時候，米和尚進來了，王公就舉起了筆。米和尚問道：「你還能判決虛空嗎？」王公就扔下筆進屋去了，不再出來。米和尚有些疑惑，到了明天，就煩請鼓山供養主到州衙去探問王敬初的用意，自己也悄悄地躲在屏風之後竊聽。鼓山供養主才坐下，就問道：「昨天米和尚說了什麼不得體的話語，你便不出來見他？」王公說道：「獅子咬人，韓獹卻去追逐土塊。」米和尚偷聽到這句話，即刻明白昨天自己的錯處了，就急忙現身出來朗聲笑道：「我領會了，我領會了。」

有一天，王敬初問一個僧人道：「一切眾生都有佛性嗎？」那僧人回答：「都有。」王公指著壁畫中所畫的一條狗問道：「這個還有佛性嗎？」那僧人無話可答。王公自己回答道：「看咬著！」

【說　明】潭州溈山靈祐禪師法嗣甚眾，除上述十人外，還有長延圓鑒禪師、志和禪師、洪州西山道方禪師、溈山如真禪師、并州元順禪師、興元府崇皓禪師、鄂州全諗禪師、嵩山神劍禪師、許州弘進禪師、餘杭文立禪師、越州光相禪師、蘇州文約禪師、上元智滿禪師、金州法朗禪師、鄂州黃鶴山超達大師、白鹿從約禪師、西堂復禪師、溫州靈空禪師、大溈簡禪師、荊分智朗禪師、溈山普潤禪師、溈山法真禪師、黑山和尚、滁州定山神英禪師、霜山和尚、南源和尚、溈山沖逸禪師、溈山彥禪師、蘄州三角山法遇禪師、鄧州志詮禪師、荊州弘珪禪師與巖背道曠禪師等三十三人，因無機緣語句，故未收錄。

前福州長慶院大安禪師亦稱大溈和尚法嗣

益州大隨法真禪師

益州大隨❶法真禪師。僧問：「劫火❷洞然，大千俱壞。未審此箇還壞也無？」師云：「壞。」僧云：「恁麼即隨他去也。」師云：「隨他去也。」

問：「如何是大人相？」師云：「肚上不帖牓。」

師問僧：「什麼處去？」僧云：「西山住庵去。」師云：「我向東山頭喚汝，汝便來得麼？」僧云：「即不然。」師云：「汝住庵未得。」

問：「生死到來時如何？」師云：「遇茶喫茶，遇飯喫飯。」僧云：「誰受供養？」師云：「合取鉢盂。」

師庵側有一龜，僧問：「一切眾生皮裹骨，遮箇眾生骨裹皮，如何？」師拈草履於龜邊著。僧無語。

問：「如何是諸佛法要？」師舉拂子云：「會麼？」僧云：「不會。」師云：「麈尾❸拂子。」問：「如何是學人自己？」師云：「是我自己。」僧云：「為什麼卻是和尚自己？」師云：「是汝自己。」

問：「如何是無縫塔❹？」師云：「高五尺。」僧云：「學人不會。」師云：「鶻崙❺塼。」問：「和尚百年後法付何人？」師云：「露柱火爐。」僧云：「還受也無？」師云：「火爐露柱。」

有行者領眾到，師問：「參得底人喚東作什麼？」對曰：「不可喚作東。」師咄曰：「臭驢漢！不喚作東，喚作什麼？」行者無語，眾遂散。

問：「如何是和尚家風？」師云：「赤土畫簸箕。」僧云：「如何是赤土畫簸箕？」師云：「簸箕有脣，米不跳去。」

師問一僧：「講什麼教法？」僧云：「《百法論》❻。」師拈杖子云：「從何而起？」對云：「從緣而起。」師云：「苦哉！苦哉！」

師問僧：「什麼處去？」云：「禮普賢去。」師舉拂子云：「文殊、普賢總在遮裡。」僧作圓相拋向後，乃禮拜。師云：「侍者，取一帖茶與遮僧。」

一日，眾僧參次，師口作患風勢，云：「還有人醫得吾口麼？」時眾僧競送藥以至，俗士聞之，亦多送藥，師並不受。七日後，師自摑口令正，乃云：「如許多時鼓遮兩片皮，至今無人醫得吾口。」

蜀主❼欽尚，遣使屢徵，師皆辭以老病，署神照大師。

【注釋】❶大隨　寺院名，在成都天彭堋口山後山中。❷劫火　壞劫之火災。《新譯仁王經》下：「劫火洞然，大千俱壞。」洞然，猛烈貌。大千，指三千大千世界。❸麈尾　麈，獸名，鹿類，古人用其尾巴做拂塵，叫作麈尾。❹無縫塔　有兩義：一指僧人圓寂後所建的卵形石塔，另一喻禪機應對嚴謹縝密。❺鶻崙　即「囫圇」，指完整、渾然一體。❻百法論　《大乘百法明門論》的略稱，一卷，唐僧玄奘譯，自《瑜伽論》本事分中略錄百法的名數。❼蜀主　指五代時期後蜀國王。

【語譯】益州（今四川成都）大隨法真禪師。有僧人問道：「劫火洞然，大千世界俱被燒毀。不知道這個會不會壞？」法真回答：「會壞。」那僧人說道：「這麼就隨它去了。」法真說道：「隨它去了。」

有僧人問道：「什麼是大人相？」法真禪師回答：「肚子上不張貼榜文。」

法真禪師問僧人道：「到什麼地方去？」那僧人回答：「到西山住茅庵去。」法真問道：「我在東山頭叫你，你就能來嗎？」那僧人回答：「那可不能。」法真便說道：「你還不能住茅庵。」

有僧人問道：「生死到來的時候怎麼樣？」法真禪師回答：「遇見茶就吃茶，遇到飯就吃飯。」那僧人問道：「誰來供養？」法真說道：「應該去取鉢盂。」

法真禪師的庵旁有一隻烏龜，有僧人問道：「一切眾生都是皮裹著骨頭，這個眾生卻是骨頭裹著皮，為什麼？」法真拿起草鞋放在烏龜旁邊。那僧人無語應答。

有僧人問道：「什麼是諸佛法要？」法真禪師舉起了拂塵，問道：「領會了嗎？」那僧人回答：「沒有領會。」法真說道：「是麈尾拂塵。」僧人問道：「什麼是學生自己？」法真回答：「是我自己。」僧人問道：「為什麼反而是和尚自己？」法真回答：「是你自己。」

有僧人問道：「什麼是無縫塔？」法真禪師回答：「高五尺。」那僧人說道：「學生不能領會。」法真說道：「用囫圇磚砌的。」僧人問道：「和尚百年之後心法傳付什麼人？」法真回答：「露柱和火爐。」僧人問道：「接受了沒有？」法真說道：「火爐和露柱。」

有行者領著眾人來參拜，法真禪師問道：「參拜的人把東叫作什麼？」行者回答：「不可以叫作東。」法真叱責道：「臭驢漢！不叫作東，那叫作什麼？」行者無話可對，參拜的眾人就散去了。

有僧人問道：「什麼是和尚的家風？」法真禪師回答：「紅土畫簸箕。」那僧人問道：「什麼是紅土畫簸箕？」法真回答：「簸箕口上有一道邊，米粒不能跳出去。」

法真禪師問一個僧人道：「講說什麼教法？」那僧人回答：「《百法論》。」法真拿起了拄杖問道：「從何而起？」那僧人回答：「從緣而起。」法真叫道：「苦啊！苦啊！」

法真禪師問一僧人道：「到什麼地方去？」僧人回答：「去禮拜普賢菩薩。」法真就舉起拂塵說道：「文殊、普賢都在這裡。」那僧人就作了一個圓相拋向身後，才作禮拜。法真說道：「侍者，取一份茶給這僧人。」

有一天，眾僧參拜的時候，法真禪師歪著口裝作中風的樣子，問道：「還有沒有人能醫治我的嘴巴嗎？」當時眾僧人爭相送來了藥，俗世之士聽說後，也多有送藥的，法真都不接受。七天後，法真自己打自己的嘴巴讓嘴巴端正，並說道：「像這麼許久鼓動這兩張皮說話，至今卻沒有人能醫治我的嘴巴。」

蜀主欽慕崇信法真禪師，派遣使者屢次徵召，法真都以身老且病為由推辭，蜀主便賜他神照大師之號。

韶州靈樹如敏禪師

韶州靈樹如敏禪師，閩川人也。廣主劉氏❶弈世❷欽重，署知聖大師。有僧問：「佛法至理如何？」師展手而已。問：「千年田，八百主。」僧云：「如何是千年田、八百主？」師云：「郎當❸屋舍勿人修。」問：「如何是西來意？」師云：「童子莫傜兒❹。」僧云：「乞師指示。」師云：「汝從虔州來。」問：「是什麼得恁麼難會？」師云：「火官❺頭上風車子。」

有尼送瓷鉢與師，師托起問云：「遮箇出在什麼處？」尼云：「出在定州❻。」（法燈別云：「不遠此間。」）師乃撲破，尼無對。（保福代云：「欺❼敵者亡。」）

人問：「和尚年多少？」師云：「今日生，來日死。」又問：「和尚生緣什麼處？」師云：「日出東，月落西。」

師四十餘年化被嶺表，頗有異迹。廣主將興兵，躬入院，請師決臧否❽。師已先知，怡然坐化。主怒知事云：「和尚何時得疾？」對曰：「師不曾有疾，適封一函子，令俟王來呈之。」主開函，得一帖子❾，書云：「人天眼目，堂中上座。」主悟師旨，遂寢❿兵。乃召第一座開堂說法。即雲門偃和尚，法嗣雪峰是也。師全身不散，其葬具、龕塔並廣主具辦，今號靈樹禪師真身塔焉。

【注　釋】❶廣主劉氏　即五代時割據廣南的南漢國王劉氏。❷弈世　即「奕世」，一代接一代的意思。《國語・周語》：「奕世載德，不忝前人。」❸郎當　失意；困頓；破落。❹傜兒　宋代對瑤族人的稱謂。❺火官　主管一地救火事務的官員。❻定州　在河北中部。唐代定州曲陽定窯已能燒製白瓷，至北宋而著名，所燒除白瓷外，兼燒黑、醬、綠釉瓷器，器皿裝飾以刻花、劃花、印花為主，為古代著名瓷窯之一。❼欺　欺凌；輕慢。❽臧否　好與壞；批評別人好壞。此指可否之意。❾帖子　書柬之類，也稱「帖兒」。❿寢　中止；停息。

【語　譯】韶州（今廣東韶關）靈樹如敏禪師，福建人。嶺南南漢國王劉氏世代欽慕敬崇他，賜給他知聖大師的法號。有僧人問道：「佛法至極之理怎麼樣？」如敏禪師只是展開了雙手而已。僧人問道：「什麼是和尚的家風？」如敏回答：「一千年的田，換了八百個主人。」僧人問道：「什麼是一千年的田，換了八百個主人？」如敏回答：「破敗的房屋沒人修理。」僧人問道：「什麼是祖師西來的旨意？」如敏回答：「童子不是傜兒。」僧人說道：「乞請和尚指示。」如敏說道：「你從虔州（今江西贛州）而來。」僧人問道：「是什麼那樣難以明白？」如敏回答：「火官頭上的風車。」

有一個尼姑將一個瓷鉢送給如敏禪師，如敏托起瓷鉢問道：「這個是哪裡出產的？」那尼姑回答：「定州（今屬河北）出產的。」法燈禪師別為回答：「離開這兒不遠。」如敏就把瓷鉢給打破了，那尼姑無語應答。保福禪師代為回答：「輕慢敵人的人滅亡。」

有人問道：「和尚年齡多少？」如敏禪師回答：「今日出生，明日死亡。」那人又問道：「和尚的投生因緣在什麼地方？」如敏回答：「日頭從東方而出，月亮向西方而落。」

如敏禪師在嶺南弘揚宣化佛法四十餘年，有許多不同尋常的事跡。南漢國王要起兵打仗，親自來到寺院內，請如敏禪師決定可否。如敏已預先知道，便悠然地坐著圓寂了。南漢國王為此對知事僧發怒道：「和尚是什麼時候得的病？」知事僧回答：「和尚不曾有病，剛才還封好了一封信函，遺命等待大王來到的時候進呈。」南漢國王打開信函，得到一個帖子，上面書寫著：「具有人天眼目者，為堂中上座。」南漢國王領會了如敏禪師的意思，就中止發兵。隨後召第一座開堂說法。即雪峰和尚的法嗣，雲門文偃禪師。如敏禪師死後全身筋骨不散，他的葬具與靈塔，都是由南漢國王操辦的，現今號稱為靈樹禪師真身塔。

福州壽山師解禪師

福州壽山❶師解禪師，行腳時造洞山法席，洞山問云：「闍梨生緣❷何處？」師云：「和尚若實問，某甲即是閩中人。」洞山云：「汝父名什麼？」師云：「今日蒙和尚致此一問，直得❸忘前失後。」

師住壽山，上堂云：「諸上座幸有真實言語相勸，諸兄弟合各自體悉，凡聖情盡，體露真如❹。但一時卸劫從前虛妄，攀緣塵垢，心如虛空相似。他時後日，合識得此子❺好惡。」

閩帥問曰：「壽山年多少？」師云：「與虛空齊年。」曰：「虛空年多少？」

師云：「與壽山齊年。」

【注釋】❶壽山　在福建閩縣北六十里，產美石，瑩潔柔潤，可雕作硯臺、印章，稱壽山石。❷生緣　此指出生地。❸直得　致使；使得。❹體露真如　即「體露真常」，顯示事物本來面目的意思。❺些子　少許；一點兒。

【語譯】福州（今屬福建）壽山師解禪師，行腳雲遊時曾經造訪洞山良价禪師的法席，洞山禪師問道：「闍梨的生緣在什麼地方？」師解回答：「和尚如果是真問的話，我就是福建人。」洞山禪師問道：「你的父親名叫什麼？」師解回答：「今日承蒙和尚發此一問，使得我忘記了前事丟失了應答。」

師解禪師住持壽山後，上堂說法道：「諸位上座幸虧有真實無訛的言語相激勵，諸位兄弟應該各自體會其中的本意，凡人聖人的情緣已盡，就會顯示事物的本來面目。只要一起拋棄從前的虛妄和攀緣的塵垢，心就好像是虛空一樣。從此以後，就能識別出少許好惡來。」

福建大師問道：「壽山的年齡有多少？」師解禪師回答：「與虛空同歲。」大師再問道：「虛空的年齡有多少？」師解回答：「與壽山同歲。」

饒州嶤山和尚

饒州嶤山和尚。有僧問：「如何是西來意？」師曰：「仲冬❶嚴寒。」問：「如何是和尚深深❷處？」師曰：「待汝舌頭落地，即向汝道。」問：「如何是丈六金身？」師曰：「判官斷案相公改。」

長慶問：「從上宗乘，此間如何言論？」師曰：「有願不負先聖。」長慶云：

「不負先聖作麼生？」師曰：「不露。」長慶云：「恁麼即請師領話❸。」師曰：「什麼處去來？」長慶云：「只首❹什麼處去來。」

【注釋】❶仲冬　冬季的第二個月。❷深深　同「甚深」。法之幽妙稱深，深之極稱甚。❸領話　即提問的意思。❹只首　實在。

【語譯】饒州（今江西波陽）蕘山和尚。有僧人問道：「什麼是祖師西來的意旨？」蕘山和尚回答：「仲冬嚴寒。」僧人問道：「什麼是和尚的深深處？」蕘山和尚回答：「等到你舌頭落地，就對你說。」僧人問道：「什麼是丈六金身？」蕘山和尚回答：「判官斷案之後由相公來改正。」

長慶禪師問道：「從上宗乘，這裡怎麼講說？」蕘山和尚回答：「但願不辜負先聖。」長慶禪師問道：「不辜負先聖什麼？」蕘山和尚回答：「不露。」長慶禪師說道：「那樣的話就請和尚提問。」蕘山和尚問道：「從什麼地方而來？」長慶禪師說道：「確實從什麼地方而來。」

泉州莆田崇福院慧日大師

泉州莆田縣國歡崇福院慧日大師，福州侯官縣人也，姓黃氏。生而有異，及長名文矩，為縣獄卒❶，往往棄役，往神光靈觀和尚及西院大安禪師所，吏不能禁。後謁萬歲塔譚空禪師落髮，不披袈裟，不受具戒，唯以雜綵為掛子❷。復至觀和尚所，觀曰：「我非汝師，汝去禮西院去。」師攜一小青竹杖，入西院法堂，安遙見而笑曰：「入涅槃堂❸去。」師應諾，輪竹杖而入。時有五百許僧染時疾❹，師以杖次第點之，各隨點而起。閩王禮重，創國歡禪院以居之。厥後頗多靈迹，唐乾寧中示滅。

【注釋】❶獄卒　古代管理監獄的差役。❷掛子　又稱掛絡、掛落、絡子等，即小袈裟，通連兩肩而懸於胸間的小方形物品。❸涅槃堂　也名延壽堂、省行堂、無常院，寺院中安置病僧使入寂滅之處。❹時疾　正在流行的傳染病。

【語譯】泉州莆田縣（今屬福建）國歡崇福院慧日大師，福州侯官縣（今福建福州）人，俗姓黃。他一生下來就與眾孩童不同，長大後取名文矩，在縣衙中當獄卒。他常常放下公差，前往神光靈觀和尚與西院大安禪師那裡，官吏不能禁止他。後來慧日拜謁萬歲塔譚空禪師剃髮出家，但不披袈裟，不受具足戒，只是用雜色的彩布做了一個掛子穿著。後來他又到靈觀和尚那裡，靈觀和尚說道：「我不是你的老師，你去禮拜西院禪師。」慧日就攜帶著一小根青竹杖，進入西院法堂，大安禪師遠遠看見他就笑著說道：「到涅槃堂去。」慧日答應了，揮動著竹杖進去了。當時堂中有五百餘個僧人感染了流行疾病，慧日用竹杖依次點著，各人都隨竹杖所點而痊癒起身。閩王很敬重他，創建了國歡禪院讓他居住。此後，慧日大師留下了很多靈驗的事跡，在唐代乾寧年中（八九四～八九七年）圓寂。

台州浮江和尚

台州浮江和尚。有時雪峰和尚領眾到，問云：「即今有二百人寄院過夏❶，得也無？」師將拄杖劃地一下，云：「著❷不得即道。」雪峰無語。

【注　釋】❶夏　即夏安居。❷著　挨杖打。

【語　譯】台州（今浙江臨海）浮江和尚。有一次，雪峰禪師帶領眾人來到，問道：「現在有兩百人要在這裡寄名過夏安居，行不行？」浮江和尚用拄杖在地上劃了一下，說道：「受不了杖打就說。」雪峰禪師無語以對。

潞州淥水和尚

潞州淥水和尚。僧問：「如何是祖師西來意？」師云：「還見庭前華藥欄❶麼？」僧無語。

【注　釋】❶華藥欄　鏤空刻花的圍欄。唐人李匡乂《資暇集》卷上：「今園庭中藥欄，欄即藥，藥即欄，猶言圍援，非華藥之欄也。」

【語　譯】潞州（今山西長治）淥水和尚。有僧人問道：「什麼是祖師西來的意旨？」淥水和尚回答：「你還看見庭院前面的華藥欄嗎？」那僧人無語以對。

廣州文殊院圓明禪師

廣州文殊院圓明禪師，福州人，姓陳氏。本參大溈❶，得旨後，造雪峰請益，法無異味。又嘗遊五臺山，覲文殊化現，乃隨方建院，以「文殊」為額。

開寶中，前樞密使❷李崇矩❸巡護南方，因入師院，覲地藏菩薩❹像，問僧曰：

「地藏何以展手？」僧曰：「手中珠被賊偷卻也。」李卻問師：「既是地藏，為什麼遭賊？」師曰：「今日捉下也。」李乃謝之。

淳化元年示滅，壽一百三十有六。

【注釋】❶大溈　指溈山靈祐禪師。❷樞密使　宋代以樞密院為最高軍事機關，掌軍國機務、兵防、邊備、軍馬等政令，出納機密命令，與中書分掌軍政大權。樞密院長官稱樞密使。❸李崇矩　宋初潞州上黨人，字守則，宋太祖時曾任樞密使，開寶五年出為鎮國軍節度使。❹地藏菩薩　菩薩名，佛經中稱其受釋迦牟尼佛囑咐，在釋迦既滅，彌勒未生前，自誓必盡度六道眾生，拯救諸苦，始願成佛。中國佛教稱其為四大菩薩之一，其道場在安徽省九華山。又《宋高僧傳》載，地藏菩薩降誕為新羅國王族，叫金喬覺，出家後於唐代唐玄宗時來華，住九華山數十年後圓寂，肉身不壞。今九華山月（肉）身殿，相傳即為地藏成道處。

【語譯】廣州（今屬廣東）文殊院圓明禪師（八五五～九九〇年），福州（今屬福建）人，俗姓陳。他本來參拜溈山靈祐禪師，得悟佛法意旨後，再參拜雪峰禪師請教增益佛法，而所學得的佛法完全沒有不同。他又曾雲遊五臺山，目睹文殊菩薩顯靈，就到處創建寺院，用「文殊」作為院名。

北宋開寶年間（九六八～九七六年），前任樞密使李崇矩巡視南方，因而來到了圓明禪師所在的寺院，看見地藏菩薩像後，問寺僧道：「地藏菩薩為什麼展開了雙手？」寺僧回答：「他手中的珠子被賊偷走了。」李崇矩回頭問圓明禪師道：「既然是地藏菩薩，為什麼會遭到賊偷？」圓明禪師回答：「今天已捉到了。」李崇矩就施禮拜謝。

宋太宗淳化元年（九九〇年），圓明禪師圓寂，享年一百三十六歲。

【說明】福州長慶大安禪師的法嗣，還有溫州靈陽禪師與洪州紙衣和尚兩人，因無機緣語句，故未收錄。

前趙州東院從諗禪師法嗣

洪州新興嚴陽尊者

洪州武寧縣新興嚴陽尊者。僧問：「如何是佛？」師曰：「土塊。」曰：「如何是法？」師曰：「地動也。」曰：「如何是僧？」師曰：「喫粥喫飯。」僧問：「如何是新興水？」師曰：「前面江裡。」僧問：「如何是應物現形❶？」師曰：「與我拈牀子過來。」

師常有一蛇一虎隨從左右，手中與食。

【注釋】❶應物現形　也作「應現」，應機而現身。《金光明經》：「佛真法身，猶如虛空，應物現形，如水中月。」

【語譯】洪州武寧縣（今屬江西）新興嚴陽尊者。有僧人問道：「什麼是佛？」嚴陽回答：「土塊。」那僧人問道：「什麼是法？」嚴陽回答：「大地動搖。」那僧人再問道：「什麼是僧？」嚴陽回答：「吃粥吃飯。」那僧人問道：「什麼是新興之水？」嚴陽回答：「在前面的江裡。」那僧人問道：「什麼是應物現形？」嚴陽回答：「給我把牀子搬過來。」

嚴陽尊者曾經有一條蛇、一隻老虎隨從在左右，從他手中取食物吃。

揚州光孝院慧覺禪師

揚州城東光孝院慧覺禪師。僧問：「覺華❶才綻，徧滿娑婆❷。祖印西來，合譚何事？」師曰：「情生智隔。」曰：「此是教意？」師曰：「汝披什麼衣服？」

問：「一棒打破虛空時如何？」師曰：「困即歇去。」

師問宋齊丘❸：「還會道麼？」宋曰：「道也著不得。」師曰：「有著不得，無著不得？」宋曰：「總不恁麼。」師曰：「著不得底！」宋無對。

師領眾出，見露柱。師合掌曰：「不審，世尊！」一僧曰：「和尚，是露柱！」師曰：「啼得血流❹無用處，不如緘口❺過殘春。」

僧問：「遠遠投師，師意如何？」曰：「官家❻嚴切，不許安排❼。」曰：「師豈無方便？」師曰：「且向火倉❽裡一宿。」

張居士問：「爭奈老何？」師曰：「年多少？」張曰：「八十也。」師曰：「可謂老也。」曰：「究竟如何？」師曰：「直至千歲也未住。」

有人問：「某甲平生愛殺牛，還有罪否？」師曰：「無罪。」曰：「為什麼無罪？」師曰：「殺一箇，還一箇。」

【注釋】❶覺華　智慧之開悟，如花之開。覺即智慧。《長阿含經》：「受法而能行，覺華而為供。」❷娑婆　也作「索訶」。《西域記》：「索訶世界三千大千國土，為一佛化攝也。」❸宋齊丘　五代廬陵人，字子嵩，好學善文，喜縱橫之術。為南唐國宰相，因結黨而罷官，退居九華山，賜號九華先生。後再起為中書令，封楚國公。再以結黨忌能而罷官，放歸九華山，後自經死。❹啼得血流　當春暮杜鵑花開，杜鵑鳥即鳴，因杜鵑鳥口紅，鳴聲悲切，古人誤傳牠是夜啼吐血。《禽經注》：杜鵑鳥「夜啼達旦，血漬草木」。❺緘口　閉口。❻官家　官府；公家。❼安排　安置；臨時居住。❽火倉　伙房。

【語譯】揚州（今屬江蘇）城東光孝院慧覺禪師。有僧人問道：「智慧之花才綻放，就開滿了娑婆世界。祖師攜帶佛心印自西而來，應該談說什麼事？」慧覺回答：「情生而智慧隔絕。」僧人問道：「這就是教意嗎？」慧覺回答：「你披著什麼衣服？」僧人問道：「一棒打破虛空的時候怎麼樣？」慧覺回答：「困倦了就去休息。」

慧覺禪師問宋齊丘道：「還會說嗎？」宋齊丘回答：「說了受不了。」慧覺問道：「是有受不了，還是沒有受不了？」宋齊丘回答：「都不是這樣的。」慧覺說道：「這個受不了的！」宋齊丘不能應答。

慧覺禪師領著眾人出去，看見露柱。慧覺合掌說道：「您好，世尊！」有一個僧人說道：「和尚，那是露柱！」慧覺說道：「啼叫得滿口流血而毫無用處，還不如閉口度過殘春。」

有僧人問道：「遠遠地前來投奔和尚，和尚的意思怎麼樣？」慧覺禪師說道：「官府嚴令禁止，不許安置外人住宿。」那僧人問道：「和尚難道不能行個方便嗎？」慧覺說道：「那就暫且到伙房裡住一宿。」

張居士問道：「能拿年歲老去怎麼辦呢？」慧覺禪師問道：「年紀多少？」張居士回答：「八十歲了。」慧覺說道：「可稱得上是老了。」張居士問道：「究竟之事怎麼樣？」慧覺回答：「直到一千歲也不老。」

有俗人問道：「我平生愛殺牛，還有罪嗎？」慧覺禪師回答：「沒有罪。」那俗人問道：「為什麼沒有罪？」慧覺回答：「殺一個，還一個。」

隴州國清院奉禪師

隴州國清院奉禪師。問：「祖意與教意同別？」師曰：「雨滋三草秀，春風不裹頭❶。」僧曰：「畢竟是一是二？」師曰：「祥雲競起，巖洞不虧。」問：「如何是和尚家風？」師曰：「臺盤倚子❷，火爐窗牖。」問：「如何是出家人？」曰：「銅頭鐵額，鳥嘴鹿身。」僧曰：「如何是出家人本分事？」師曰：「早起不審，夜問珍重。」僧問：「牛頭未見四祖時，為什麼鳥獸銜花❸？」師曰：「如陝府人送錢財與鐵牛❹。」曰：「見後為什麼不銜花？」師曰：「木馬❺投明❻行八百。」問：「十二時中如何降伏其心？」師曰：「敲冰求火❼，論劫不逢。」問：「十二分教是止啼之義。離卻止啼，請師一句。」師曰：「孤峰頂上雙角女❽。」問：「如何是佛法大意？」師曰：「釋迦是牛頭獄卒❾，祖師是馬面阿傍。」問：「如何是西來意？」師曰：「東壁打西壁。」問：「如何是撲不破底句？」師曰：「不隔毫釐，時人遠嚮。」

【注 釋】❶裹頭 唐、宋時男子成年之後裹頭巾，如同上古時的加冠禮。❷倚子 即「椅子」。❸銜花 此事詳見本書第四卷〈法融禪師〉章。❹鐵牛 古人鑄鐵為牛，安置在黃河岸上，祈求以此鎮壓水患。❺木馬 指木牛流馬，相傳為三國蜀漢諸葛亮所創製的一種運輸工具。《三國志・蜀書・諸葛亮傳》：諸葛亮「性長于巧思，損益連弩，木牛流馬，皆出其意」。❻投明　黎明；凌晨。❼敲冰求火　以敲擊冰塊來求火苗這一極為矛盾之事，來比喻徒勞無益。❽雙角女　古代男孩頭頂兩邊留髮為飾稱雙角，也簡稱為角。此以女孩作雙角之飾來喻矛盾之事。❾牛頭獄卒　俗稱地獄中閻羅王屬下有兩名獄卒，一名阿傍，牛頭人身，兩腳牛蹄，持鐵叉，另一馬頭人身，即名馬面。《楞嚴經》：「亡者神識，見大鐵城，火蛇火狗，虎狼獅子，牛頭獄卒，馬頭羅剎，手執槍矟，驅入城門，向無間獄。」

【語譯】隴州（今陝西隴縣）國清院奉禪師。有僧人問道：「祖師之意旨與教義是相同的，還是有差別的？」奉禪師回答：「雨潤山草秀，春風不裹頭。」那僧人問道：「究竟是一樣的，還是不一樣的？」奉禪師回答：「祥雲競相升起，但峰巒巖洞並不虧損。」僧人問道：「什麼是和尚的家風？」奉禪師回答：「臺盤椅子，火爐窗戶。」僧人問道：「什麼是出家人？」奉禪師回答：「銅頭鐵額，鳥嘴鹿身。」僧人問道：「什麼是出家人的本分事？」奉禪師回答：「早晨說『不審』，夜間道『珍重』。」僧人問道：「牛頭法融禪師未見四祖大師的時候，為什麼鳥獸銜來鮮花？」奉禪師回答：「就如同是陝府（今河南陝縣）的人送錢財給鐵牛一樣。」僧人問道：「見到四祖大師以後為什麼鳥獸不再銜來鮮花？」奉禪師回答：「木馬一夜行走八百里。」僧人問道：「一天十二時中怎麼降伏其心？」奉禪師回答：「敲擊寒冰來求火苗，歷盡劫數也不能得到。」僧人問道：「十二分教是止住孩童啼哭的意思。拋去止住啼哭一義，請和尚解說一句話。」奉禪師回答：「孤峰頂上梳著雙角的女孩。」僧人問道：「什麼是佛法大意？」奉禪師回答：「釋迦牟尼是牛頭獄卒，祖師是馬面阿傍。」僧人問道：「什麼是祖師西來的意旨？」奉禪師回答：「東邊牆壁擊打西邊的牆壁。」僧人問道：「什麼是打不破的句子？」奉禪師回答：「不隔開一毫一釐，世人遠來嚮慕。」

婺州木陳從朗禪師

婺州木陳從朗禪師。僧問：「放鶴出籠和雪去時如何？」師曰：「我道不一色。」

因金剛❶倒，僧問：「既是金剛不壞身❷，為什麼卻倒地？」師敲禪牀曰：「行住坐臥。」

師將歸寂，有頌曰：「三十年來住木陳，時中無一假功成。有人問我西來意，展似眉毛❸作麼生。」

【注釋】❶金剛　此為金剛力士的略稱，即手執金剛杵守護佛法的二天神，常安置於寺院山門左右，左稱密執金剛，右稱那羅延金剛。其塑像多裸露全身，纏衣裳於腰部，怒目作威武之相。❷金剛不壞身　指佛身。《涅槃經·金剛身品》：「如來身者，是常住身，不可壞身，金剛之身。」❸展似眉毛　比喻舒展安適的樣子。

【語譯】婺州（今浙江金華）木陳從朗禪師。有僧人問道：「放白鶴出籠子，與雪花一起飛舞時怎麼樣？」從朗回答：「我說不是一樣顏色。」

因為寺中金剛塑像倒下了，有僧人就問道：「既然說是金剛不壞之身，為什麼還會倒在地上？」從朗禪師回答：「行、住、坐、臥。」

從朗禪師即將圓寂，作有一首偈頌道：「三十年來住木陳，此中無一假借功夫而成。有人問我祖師西來意，我展開眉毛就這麼生活。」

婺州新建禪師

婺州新建禪師，不度小師，有僧問：「和尚年老，何不畜一童子侍奉？」師曰：「有瞽聵❶者為吾討❷來。」

僧辭，師問：「什麼處去？」僧曰：「府下開元寺去。」師曰：「我有一信附與了寺主，汝將得去否？」僧曰：「便請。」師曰：「想❸汝也不奈何。」

【注釋】❶瞽聵　眼瞎耳聾。❷討　覓；取。❸想　量；似。

【語譯】婺州（今浙江金華）新建禪師，從不剃度小沙彌，有一個僧人問道：「和尚年紀老了，為什麼不畜養一個童子侍奉左右？」新建回答：「有眼瞎耳聾的幫我找一個來。」

有僧人前來告辭，新建禪師問道：「到什麼地方去？」那僧人回答：「到府城開元寺去。」新建說道：「我有一封信函附帶給了寺主，你能帶去嗎？」那僧人說道：「便請示下。」新建說道：「量你也不奈何。」

杭州多福和尚

杭州多福和尚。僧問：「如何是多福一叢竹？」師曰：「一莖兩莖斜。」曰：「學人不會。」師曰：「三莖四莖曲。」僧問：「如何是衲衣下事？」師曰：「大有人疑在。」曰：「為什麼如是？」師曰：「月裡藏頭❶。」

【注釋】❶藏頭　即藏身，躲避見人。

【語譯】杭州（今屬浙江）多福和尚。有僧人問道：「什麼是多福一叢竹？」多福回答：「一根兩根歪斜。」那僧人說道：「學生不明白。」多福說道：「三根四根彎曲。」僧人問道：「什麼是衲衣下的事情？」多福回答：「懷疑的大有人在。」僧人問道：「為什麼這樣？」多福回答：「月底下藏身。」

益州西睦和尚

益州西睦和尚，上堂，有一俗士舉手云：「和尚便是一頭驢。」師曰：「老僧被汝騎。」彼無語。去後三日再來，自言：「某甲三日前著賊。」師拈拄杖趁出。

師有時驀喚侍者，侍者應諾，師曰：「更深夜靜，共伊商量❶。」

【注　釋】❶商量　評論；計議。

【語　譯】益州（今四川成都）西睦和尚，上堂時，有一位俗士舉手說道：「和尚就是一頭驢。」西睦和尚說道：「老僧被你騎。」俗士無語應對。過了三天後，那俗士又來了，自言道：「我三天前遭賊偷。」西睦和尚拿起拄杖把他打出。

西睦和尚有時候突然呼喚侍者，侍者答應，西睦和尚說道：「更深夜靜，想同你商量計議。」

【說　明】趙州從諗禪師的法嗣，還有潭州麻谷山和尚、觀音院定鄂禪師、宣州茗萍山和尚、太原孚上座、幽州燕王與鎮州趙王等七人，因無機緣語句，故未被收錄。

前衢州子湖巖利蹤禪師法嗣

台州勝光和尚

台州勝光和尚。問：「如何是和尚家風？」師曰：「福州荔枝❶，泉州刺桐❷。」問：「如何是佛法兩字？」師曰：「即便道。」僧曰：「請師道。」師曰：「穿耳胡僧❸笑點頭。」

龍華照和尚來，師把住云：「作麼生？」照云：「莫錯。」師乃放手，照云：「久嚮勝光。」師默然。照乃辭，師門送云：「自此一別，什麼處相見？」照呵呵而去。

【注　釋】❶荔枝　唐、宋時福州以出產荔枝著名。❷刺桐　落葉喬木，枝有黑色圓錐形棘刺，早春開黃紅、紫紅等色花。五代閩帥留從效重築福建泉州城牆時，於城周環植刺桐樹，故時人多稱泉州作桐城，或逕稱作刺桐。❸胡僧　指來自西域等地的僧人。古代西域等地有穿耳的風俗。

【語　譯】台州（今浙江臨海）勝光和尚。有僧人問道：「什麼是和尚的家風？」勝光回答：「福州荔枝，泉州刺桐。」僧人問道：「什麼是佛法兩字？」勝光回答：「要說就說。」僧人說道：「請和尚說。」勝光說道：「穿耳胡僧笑點頭。」

龍華照和尚來了，勝光和尚拉住他問道：「幹什麼？」照和尚說道：「不要錯了。」勝光就放開了手，照和尚說道：「嚮往勝光已很久了。」勝光默然不語。照和尚就告辭了，勝光送到大門口，說道：「從此一別，再在什麼地方相見？」照和尚呵呵大笑著走了。

漳州浮石和尚

漳州浮石和尚，上堂云：「山僧開卜鋪，能斷人貧富，定人生死。」時有僧出云：「離卻生死貧富，不落五行❶，請師直道。」師云：「金木水火土。」

【注釋】❶五行 佛典中指布施行、持戒行、忍辱行、精進行與止觀行，見《大乘起信論》；又指聖行、梵行、天行、嬰兒行與病行，見《涅槃經》。又中國古代思想家以人們日常所習見的金木水火土五種物質來說明世界萬物的起源與多樣性的統一，這金木水火土即稱作五行。

【語譯】漳州（今屬福建）浮石和尚，上堂說道：「山僧開了一個占卜的鋪子，能夠推斷人的貧富，確定人的生死。」當時有一個僧人站出來問道：「除開貧富與生死，不落入五行，請和尚直說。」浮石和尚說道：「金木水火土。」

紫桐和尚

紫桐和尚。僧問：「如何是紫桐境？」師曰：「阿你眼裡著沙得麼？」曰：「大好紫桐境也不識。」師曰：「老僧不諱此事。」其僧出去，師下禪牀擒住曰：「今日好箇公案❶，老僧未得分文入手。」曰：「賴遇某甲是僧。」師曰：「禍不單行。」

【注　釋】❶公案　原指官府判決是非的案例，禪宗借用，以指前輩祖師高僧大德的言行範例，用來判斷是非迷悟。〈碧巖錄序〉：「嘗謂祖教之書謂之公案者，倡于唐而盛于宋，其來尚矣。」

【語　譯】紫桐和尚。有僧人問道：「什麼是紫桐境界？」紫桐反問道：「你眼睛裡放些沙子行嗎？」那僧人說道：「大好的紫桐境界也不認識。」紫桐回答：「老僧不隱諱這一件事。」那僧人要出去，紫桐走下禪牀擒住他說道：「今天好一個公案，老僧卻沒有能一文錢入手。」那僧人說道：「幸虧我是個僧人。」紫桐說道：「禍不單行。」

日容和尚

日容和尚。奯音豁。上座參，師拊掌三下，云：「猛虎當軒❶，誰是敵者？」奯曰：「俊鷂沖天，阿誰捉得？」師曰：「彼此難當。」曰：「且休，未斷遮公案。」師將拄杖舞歸方丈，奯無語。師曰：「死卻遮漢也！」雲山云：「奯不別前語。」

【注　釋】❶軒　殿堂前簷下的平臺。

【語　譯】日容和尚。奯此字音「豁」。上座來參見，日容和尚拍手三下，問道：「猛虎擋在大堂前，誰能抵擋牠？」奯上座也問道：「俊健的鷂鷹沖天而飛，誰能擒住牠？」日容和尚說道：「彼此都難以承當。」奯上座說道：「還是算了吧，不要判斷這個公案了。」日容和尚拿起拄杖舞動著回到了方丈室，奯上座無語應對。

日容和尚就說道：「殺死了這傢伙！」雲山和尚說道：「饕上座不能區別前面之語。」

前鄂州茱萸山和尚法嗣

石梯和尚

石梯和尚。僧新到，於師前立，少頃便出。師曰：「有什麼辨白❶處？」僧再立良久。師曰：「辨得也！辨得也！」僧曰：「辨後作麼生？」師曰：「埋卻得也。」僧曰：「蒼天！蒼天！」師曰：「適來卻恁麼，如今還不當❷。」僧乃出去。

【注釋】❶辨白　把冤枉辨說明白。❷不當　不算；不該。

【語譯】石梯和尚。有新來的僧人站立在石梯和尚的面前，過了一會兒就出去了。石梯和尚問道：「有什麼要辨白的地方嗎？」那僧人又回來站立了很久。石梯和尚說道：「辨得了！辨得了！」那僧人問道：「辨白之後幹什麼？」石梯和尚說道：「埋了就行了。」那僧人叫道：「蒼天！蒼天！」石梯和尚說道：「剛才就那樣了，如今卻是不當。」那僧人就出去了。

前天龍和尚法嗣

婺州金華山俱胝和尚

婺州金華山❶俱胝和尚，初住庵，有尼名實際到庵，戴笠子執錫繞師三匝，云：「道得即拈下笠子。」三問，師皆無對。尼便去，師曰：「日勢❷稍晚，且留一宿。」尼曰：「道得即宿。」師又無對。尼去後，歎曰：「我雖處丈夫之形，而無丈夫之氣。」擬棄庵，往諸方參尋。其夜，山神告曰：「不須離此山，將有大菩薩❸來為和尚說法也。」果旬日，天龍和尚到庵，師乃迎禮，具陳前事。天龍豎一指而示之，師當下大悟。自此凡有參學僧到，師唯舉一指，無別提唱❹。有一童子於外被人詰曰：「和尚說何法要？」童子豎起指頭。歸而舉似師，師以刀斷其指頭，童子叫喚走出。師召一聲，童子迴首，師卻豎起指頭，童子豁然領解。

師將順世，謂眾曰：「吾得天龍一指頭禪，一生用不盡。」言訖示滅。長慶代眾云：「美食不中❺飽人喫。」玄沙云：「我當時若見，拗折指頭。」玄覺云：「且道玄沙恁麼道，意作麼生？」雲居錫云：「只如玄沙恁麼道，肯伊不肯伊？若肯，何言拗折指頭？若不肯，俱胝過在什麼處？」先曹山云：「俱胝承當❻處鹵莽，只認得一機一境❼，一種❽是拍手拊掌，是他西園奇怪。」玄覺又云：「且道俱胝還悟也夫？若悟，為什麼道承當處鹵莽？若不悟，又道用一指頭禪不盡？且道曹山意旨在什麼處？」

【注　釋】❶金華山　在浙江金華市北，一名常山。山中諸溪匯流，兩崖對峙，為江南名山之一。❷日勢　日光的勢頭，指時間。❸大菩薩　此稱悟徹佛法的高僧。❹提唱　禪宗不立文字，專一悟入，故認為佛法自然不可講說，所以禪家宗師對學徒提起唱導宗要而激發所化之心魂。❺不中　不能；不堪。❻承當　指能夠領悟禪機。❼一機一境　機指屬於內而動於心者，境指屬於外而顯於形者。釋迦牟尼拈花，迦葉領會其中消息，破顏微笑，即為機。若非真的自性徹見之師，而徒然拈椎豎拂、以對學人而擬禪機者，即名為一機一境之禪者。❽一種　一樣；同樣。

【語　譯】婺州（今浙江金華）金華山俱胝和尚，剛剛住持山庵時，有一個名叫實際的尼姑來到庵裡，戴著斗笠，拿著錫杖，繞著俱胝走了三圈，說道：「說得出來就拿下斗笠。」就這樣問了三遍，俱胝都不能回答。實際尼姑便要離去，俱胝說道：「時間已經相當晚了，就在這裡留宿一晚吧。」實際尼姑說道：「說得出來就住下。」俱胝又是無法回答。實際尼姑離去後，俱胝歎息道：「我雖然具有丈夫的形體，卻沒有丈夫的精氣。」便打算棄去這山中小庵，到各地去參拜尋訪得道高僧。當天晚上，山神告訴他說：「不必離開這座山，將會有大菩薩來為和尚講說佛法。」果然過了十來天，天龍和尚來到了庵中，俱胝就去迎接施禮，仔細地說了先前的事。天龍和尚豎起了一根手指指示俱胝，俱胝即刻就領悟了。從此以後，凡是有學參佛法的僧人來到，俱胝和尚只是舉起一根手指，再也沒有其他的提示唱導。

俱胝和尚的一個童子在寺院外面被人提問道：「和尚在講說什麼法要？」那童子便豎起了手指。他歸寺後告訴了俱胝，俱胝就用刀砍斷了童子的手指，童子叫喚著跑出門去。俱胝招呼一聲，那童子回首，俱胝豎起了一根手指，那童子豁然領悟解脫。

俱胝和尚將要逝世前，對眾人說道：「我得到了天龍和尚的一指頭禪，一生受用不盡。」話說完就圓寂了。長慶禪師代替眾人說道：「雖是美食，飽食的人也不會再吃了。」玄沙禪師說道：「我當時如若看見，就折斷他的手指頭。」玄覺禪師說道：「暫且說一說玄沙禪師為什麼這麼說，其意思是什麼？」雲居清錫禪師說道：「只是如玄沙禪師這麼說，是同意俱胝還是不同意？如若同意，為什麼要說折斷他的手指頭？如若不同意，那俱胝的過錯在什麼地方？」曹山本寂禪師說道：「俱胝承當之處鹵莽，只認得一機一境，同樣是拍手拊掌，只是他西園禪師自己驚異奇怪。」玄覺禪師說道：「暫且說一說俱胝到底省悟了沒有？如果是省悟了，為什麼要說他承當之處鹵莽？如果沒有省悟，又為什麼說一指頭禪一生受用不盡？再說說看曹山禪師的用意在什麼地方？」

【說　明】俱胝和尚「一指頭禪」係禪林著名公案。俱胝和尚因時常念誦《俱胝佛母陀羅尼》，因而得名。俱胝和尚因天龍和尚「豎一指」而得悟，此後又「惟舉一指」指示學人。舉起一指，指示世界萬事萬物皆歸於平等即「一」，謂「萬法歸一」，而「一」又包攝三千大千世界而無餘缺。而俱胝和尚斷童子一指，表明俱胝和尚與童子的省悟處並不在指頭上，其「一指頭禪」的含義又深了一層。禪門常謂「萬法歸一，一歸何所」。按大乘教義，一相即是實相，實相就是空相。童子因自己指頭被斷不見而大悟，所悟者即是「空相」，即一歸於空。所謂「一障一切障」，而「一斷一切斷」，其理即如此。

天龍和尚的法嗣還有新羅國彥忠禪師一人，因無機緣語句，故未收錄。

前長沙景岑禪師法嗣

明州雪竇山常通禪師

明州雪竇山❶常通禪師，邢州人也，姓李氏。入鵲山❷出家，年二十，本州開元寺受戒，習經律，凡七載，乃曰：「摩騰❸入漢，譯著斯文。達磨來梁，復明何事？」遂遠參長沙岑和尚。岑問曰：「何處人？」師曰：「邢州人。」岑曰：「我道不從彼來。」曰：「和尚還曾住此無？」岑然之，乃容入室。後住洞山、石霜而法無異味。唐咸通末，遊宣城，郡守於謝仙山奏置禪苑，號瑞聖院，請師居焉。

僧問：「如何是密室？」師曰：「不通風信。」曰：「如何是密室中人？」師曰：「諸聖求覩不見。」又曰：「千佛不能思，萬聖不能議。乾坤壞不壞，虛空包不包。一切比無倫，三世唱不起。」問：「如何是三世諸佛出身處？」師曰：「伊不肯知有汝三世。」良久，又曰：「薦❹否？不然者且向著佛不得處體取。時中常在，識盡功成，瞥然而起，即是傷他，而況言句乎！」

光啟中，群寇起，師領徒至四明❺。大順二年，郡守請居雪竇，鬱然❻盛化。天祐二年乙丑七月示疾，集眾焚香，付囑訖，合掌而逝，壽七十二。其年八月七日，建石塔於院西南隅。

【注釋】❶雪竇山　在浙江奉化西六十里，為四明山的支脈，奇勝錯列，風景佳絕。❷鵲山　在山東歷城北二十里，相傳戰國時名醫扁鵲曾於此煉丹，故名。❸摩騰　即迦葉摩騰，又作攝摩騰，中天竺人，東漢明帝永明十年與竺法蘭等人共至洛陽，譯《四十二章經》等。漢地有佛法自此始。❹薦　此指認識、省悟之意。❺四明　即四明山，在浙江寧波西南一百五十里，凡有二百八十峰，四面形勝。群峰中，有分水嶺，嶺中有石室，石窗四面玲瓏，中通日月星辰之光，故名四明。❻鬱然　草木繁盛貌，此指徒眾眾多。

【語譯】明州（今浙江寧波）雪竇山常通禪師（八三四～九〇五年），邢州（今河北邢臺）人，俗姓李。常通最初入鵲山出家，二十二歲時，在邢州開元寺受具足戒，修習經律，經過了七年，而後說道：「摩騰進入漢地，佛經譯著才斯文可觀。達磨祖師來到南朝梁都，又為了明白什麼事呢？」於是就遠去參拜長沙景岑禪師。景岑禪師問道：「哪裡人？」常通回答：「邢州人。」景岑禪師說道：「我說你不是從那裡來的。」常通說道：「和尚以前還曾在這裡住過嗎？」景岑認可了他的說法，就容許他成為入室弟子。後來常通又去洞山良价禪師、石霜慶諸禪師處參拜，得證妙法而無異說。唐代咸通（八六〇～八七四年）末年，常通禪師雲遊至宣城（今屬安徽），州城長官奏請朝廷同意在謝仙山建置禪院，號稱瑞聖院，請常通住持。

有僧人問道：「什麼是密室？」常通禪師回答：「不通風聲。」僧人問道：「什麼是密室中的人？」常通回答：「各位聖人來求見而都不接見。」又說道：「千位聖人都不能思量，萬位聖人也不能商議。乾坤毀壞了他不毀壞，虛空包容了萬物而他未能被包容。一切都無從比擬，三世中也不能被唱導。」僧人問道：「什麼是三世諸佛的出身之處？」常通回答：「他不肯讓你知道有三世。」過了片刻，又說道：「省悟了嗎？不然的話就向著佛不能處體會領略。時間之中永恆存在，智識盡處功德圓成，瞥然之間而起心，就是傷害了他，又何況於言語辭句之中啊！」

唐僖宗光啟（八八五～八八八年）年間，各地盜寇群起，常通禪師率領徒眾來到四明山。大順二年（八九一年），明州太守請他居住於雪竇山，鬱然盛化於一方。天祐二年乙丑歲（九〇五年）七月，常通禪師顯出疾病症候，集聚眾僧焚香，囑咐完畢，便合掌圓寂，享年七十二歲。當年八月七日，眾僧在寺院的西南隅建造了石塔供奉。

【說明】長沙景岑禪師的法嗣還有婺州金華山嚴靈禪師一人，因無機緣語句，故未被收錄。

前襄州關南道常禪師法嗣

襄州關南道吾和尚

襄州關南道吾和尚，始經村墅，聞巫者樂神云「識神無」，師忽然省悟❶。後參常禪師，印其所解，復遊德山❷門下，法味❸彌著。

凡上堂示徒，戴蓮華笠，披襴❹執簡❺，擊鼓吹笛，口稱「魯三郎」。有時云：「打動關南鼓，唱起德山歌。」僧問：「如何是祖師西來意？」師以簡揖❻云：「諾！」師有時執木劍，橫在肩上作舞。僧問：「手中劍什麼處得來？」師擲於地，僧卻置師手中。師曰：「什麼處得來？」僧乃無對。師曰：「容汝三日內下取一語。」其僧亦無對。師自代拈劍肩上作舞，云：「恁麼始得。」

問：「如何是和尚家風？」師下禪牀，作女人拜云：「謝子遠來，都無抵待❼。」

師問灌溪❽：「作麼生？」灌溪云：「無位❾。」師云：「莫同虛空麼？」灌溪云：「遮屠兒！」師云：「有生可殺即不倦。」

【注　釋】❶寤　通「悟」。❷德山　即德山宣鑒禪師，龍潭崇信禪師的法嗣。❸法味　妙法之滋味。因咀嚼妙法而心生快樂，故名法味。❹襴　即金襴衣，金縷織成的袈裟。❺簡　即簡板，由兩根長約二尺的竹片組成，用左手夾擊發音，以伴奏說唱。❻揖　拱手行禮。❼抵待　招待。❽灌溪　即鄂州灌溪志閑禪師，鎮州臨濟義玄禪師的法嗣。❾無位　「無位真人」之略，指不在諸佛之位的真佛，即人所本具的佛性。

【語　譯】襄州（今湖北襄樊）關南道吾和尚，當初在經過一座民宅時，聽見巫師祭祀神祇時歌唱道「認識神仙了嗎」，道吾突然有所省悟。後來道吾參拜道常禪師，印證他所悟的道理，隨後又雲遊到了德山宣鑒禪師的門下，佛法功底更加顯著。

道吾和尚凡是上堂指示徒眾，都戴著蓮花笠子，身披金襴衣，手執簡板，擊鼓吹笛，口稱「魯三郎」。有時候他唱道：「打起關南鼓，唱起德山歌。」有僧人問道：「什麼是祖師西來的意旨？」道吾用簡板作揖道：「諾！」道吾有時候手執木劍，橫扛在肩上起舞。有僧人問道：「手中的劍是從什麼地方得來的？」道吾就把劍丟在地上，那僧人拿起來放置在道吾的手中。道吾問道：「從什麼地方得來的？」那僧人便無語應答。道吾說道：「容許你三天內想出一句話。」那僧人還是沒有能回答上。道吾就自己揀起木劍扛在肩上起舞，代為回答道：「這樣才行。」

有僧人問道：「什麼是和尚的家風？」道吾和尚走下禪牀，學著女子的樣子施禮道：「謝謝你從遠方前來，都沒有什麼可招待的。」

道吾和尚問灌溪志閑禪師道：「幹什麼？」灌溪回答：「沒有座位。」道吾問道：「莫非與虛空相同嗎？」灌溪回答：「這屠夫！」道吾說道：「有生靈可殺就不會疲倦。」

漳州羅漢和尚

漳州羅漢和尚，始於關南常禪師拳下悟旨，（語見師章。）乃為歌曰：「咸通七載初參道，到處逢言不識言。心裡凝團若栲栳❶，三春不樂止林泉。忽遇法王❷氈上坐，便陳疑懇向師前。師從氈上那伽❸起，袒❹膊當胸打一拳。駭散凝團獦狚❺落，舉頭看見日初圓。從茲蹬蹬❻以碣碣❼，直至如今常快活。只聞肚裡飽膨脝❽，更不東西去持鉢❾。」又述偈曰：「宇內為閑客，人中作野僧。任從他笑我，隨處自騰騰❿。」

【注釋】❶栲栳　民間用竹或藤條編織成的盛物器具。❷法王　佛於法自在，故名法王。此指得道高僧。❸那伽　《玄應音義》：「那伽，此言龍，或云象也，言其大力，故以喻也。」❹袒　光著上身。❺獦狚　也作「獦狚」。《山海經‧東山經》：「有獸焉，其狀如狼，赤首鼠目，其音如豚。名曰獦狚，是食人。」❻蹬蹬　象聲詞，用力走路的聲音。❼碣碣　仰首展身貌。碣，原指山巖聳峙貌。❽膨脝　也作「彭亨」，飽滿、膨脹貌。唐代寒山詩：「飽食腹膨脝，個是痴頑物。」❾持鉢　意同「托鉢」，僧人手托鉢四處乞食。❿騰騰　昏沉迷糊貌。此指悠閒自在，不以世事煩心的樣子。

【語譯】漳州（今屬福建）羅漢和尚，當初在關南道常禪師的拳下悟徹法旨，語見本書第一〇卷〈道常禪師〉章。就作了一首歌唱道：「咸通七載（八六六年）初次參悟佛道，到處遭逢言語卻不認識真言。心裡疑團如同栲栳，三春時節卻不喜歡止息林泉。忽然遇到法王氈上坐，便陳述疑問向師父懇求。師父從氈上奮然起身，光著胳膊當胸打了我一拳。因此驚散胸中疑團如獦狚落地，舉頭看見太陽初圓。從此蹬蹬又碣碣，直到如今常快樂。只聞肚裡飽膨脝，再不跑東跑西去托鉢。」他又口述一首偈語道：「宇內為閑客，人中做野僧。任從他笑我，隨處自騰騰。」

前高安大愚和尚法嗣

筠州末山尼了然

筠州末山尼了然。灌溪閑和尚遊方時到山，先云：「若相當即住，不然則推倒禪牀。」乃入堂內。然遣侍者問：「上座遊山來？為佛法來？」閑云：「為佛法來。」然乃升坐，閑上參。然問：「上座今日離何處？」閑云：「離路口。」然云：「何不蓋卻？」閑無對，禾山代云：「爭得到遮裡？」始禮拜，問：「如何是末山？」然云：「不露頂。」閑云：「如何是末山主？」然云：「非男女相。」閑乃喝云：「何不變去！」然云：「不是神，不是鬼，變箇什麼？」閑於是伏膺❶，作園頭三載。

僧到參，然云：「太襤縷❷生。」僧云：「雖然如此，且是師子兒。」然云：「既是師子兒，為什麼被文殊騎？」僧無對。僧問：「如何是古佛心？」然云：「世界傾壞。」僧云：「世界為什麼傾壞？」然云：「寧❸無我身。」

【注　釋】❶伏膺　心悅誠服。❷襤縷　即「襤褸」，衣服破爛。❸寧　必定。

【語　譯】筠州（今江西高安）末山尼姑了然。灌溪志閑和尚遊方來到末山，預先說道：「如若禪機相當就住下，如若不然就推倒禪牀。」隨後進入了法堂。了然派侍者問道：「上座是為遊山而來，還是為求佛法而來？」志閑回答：「為求佛法而來。」了然就上堂升法座，志閑上堂參見。了然問道：「上座今天離開哪裡？」志閑回答：「離開路口。」了然問道：「為什麼不把它掩蓋了？」志閑無話可答，禾山禪師代為回答：「怎能到得了這裡？」才開始禮拜，問道：「什麼是末山？」了然回答：「不露頂。」志閑又問道：「什麼是末山的主人？」了然回答：「不是男女之相。」志閑便喝道：「為什麼不變過去！」了然回答：「不是神，不是鬼，變個什麼？」志閑於是欽服，在那裡做了三年園頭。

有僧人前來參拜，了然說道：「太襤褸了。」那僧人說道：「雖然是這樣，但還是獅子兒。」了然問道：「既然是獅子兒，為什麼被文殊菩薩騎？」那僧人無語應對。僧人問道：「什麼是古佛心？」了然回答：「世界傾倒毀壞。」僧人問道：「世界為什麼會傾倒毀壞？」了然說道：「必定沒有我的身體。」

卷一二

懷讓禪師下四世下

前洪州黃蘗山希運禪師法嗣

鎮州臨濟義玄禪師

【題解】禪宗五家中影響最大、延續時間最久的是由習禪於江南、弘法於河北而開一代禪風的義玄禪師所創的臨濟宗。臨濟宗因義玄禪師於鎮州（今河北正定）城東南滹沱河畔創置臨濟寺，舉揚一家宗風而得名。宋代以後，禪門五家僅剩下臨濟與曹洞兩家，但因義玄禪師的法嗣眾多，遍及天下，至北宋中期，義玄禪師六傳弟子石霜楚圓會下又分化出黃龍慧南的黃龍宗與楊岐方會的楊岐宗，是為五家七宗。此後楊岐派興盛，便恢復臨濟舊名下傳，綿延不絕，歷代都出有不少著名禪師。故而宋、明以來有「臨（臨濟宗）天下，曹（曹洞宗）一角」之說，即天下寺院幾乎都為禪院，而禪林幾乎都屬臨濟一系。

鎮州臨濟義玄禪師，曹州南華人也，姓邢氏。幼負出塵❶之志，及落髮進具，便慕禪宗。初在黃蘗隨眾參侍，時堂中第一座勉令問話，師乃問：「如何是祖師西來的的意？」黃蘗便打。如是三問三遭打，遂告辭第一座云：「早承激勸問話，唯蒙和尚賜棒，所恨愚魯。且往諸方行腳去。」上座遂告黃蘗云：「義玄雖是後生❷，卻甚奇特，來辭時，願和尚更垂提誘。」來日，師辭黃蘗，黃蘗指往大愚❸，師遂參大愚。愚問曰：「什麼處來？」曰：「黃蘗來。」愚曰：「黃蘗有何言教？」曰：「義玄親問西來的的意，蒙和尚便打。如是三問三轉❹被打，不知過在什麼處？」愚曰：「黃蘗恁麼老婆，為汝得徹困❺，猶覓過在？」師於是大悟，云：「佛法也無多子❻。」愚乃搊❼師衣領云：「適來道我不會，而今又道無多子，是多少來？是多少來？」師向愚肋下打一拳，愚托開云：「汝師黃蘗，非干我事。」師卻返黃蘗。黃蘗問云：「汝迴太速生。」師云：「只為老婆心切。」黃蘗云：「遮大愚老漢，待見與打一頓。」師云：「說什麼待見，即今便打。」遂鼓黃蘗一掌，黃蘗吟吟❽大笑。

黃蘗普請鋤薏穀❾，迴見師在後空手立，乃問：「钁❿在何處？」師曰：「上座將去也。」黃蘗曰：「近前來，共汝商量。」師向前叉手，黃蘗將钁钁地曰：「我遮钁天下人拈掇⓫不起，還有人拈得起麼？」師掣⓬得，舉起云：「钁在義玄手裡。」黃蘗曰：「今日自有人赴普請，我不著去也。」便自歸院。溈山因仰山侍立次，方舉此話未了，仰山便問：「钁在黃蘗手裡，為什麼被臨濟奪卻？」溈山云：「賊是小人，智過君子。」

黃蘗一日普請鋤茶園，黃蘗後至，師問訊，按钁而立。黃蘗曰：「莫是困耶？」曰：「纔钁地，何言困！」黃蘗舉拄杖便打，師接杖推倒和尚。黃蘗呼維那：「維那拽起我來。」維那拽起曰：「和尚爭容得遮風漢？」黃蘗卻打維那。師自钁地云：「諸方即火葬，我遮裡活埋。」溈山問仰山：「只如黃蘗與臨濟此時意作麼生？」仰山云：「作賊人不死，羅⑬賊人喫棒。」溈山云：「如是，如是。」

師一日在黃蘗僧堂裡睡，黃蘗入來，以拄杖於牀邊敲三下。師舉首見是和尚，卻睡。黃蘗打席三下，去上間，見第一座。黃蘗曰：「遮醉漢，豈不知下間禪客坐禪，汝只管瞌睡⑭？」上座曰：「遮老和尚患風耶？」黃蘗打之。溈山舉問仰山：「只如黃蘗，意作麼生？」仰山云：「一彩⑮兩賽。」

師與黃蘗栽杉，黃蘗曰：「深山裡栽許多樹作麼？」師曰：「與後人作古記。」乃將鍬拍地兩下。黃蘗拈起拄杖曰：「汝喫我棒了也。」師作噓虛聲，黃蘗曰：「吾宗到汝，此記方出。」溈山舉問仰山：「且道黃蘗後語但囑臨濟，為復別有意旨？」仰山云：「亦囑臨濟，亦記向後。」溈山云：「向後作麼生？」仰山云：「一人指南⑯，吳越令行。」南塔和尚注云：「獨坐震威，此記方出。」又云：「若遇大風，此記亦出。」溈山云：「如是，如是。」

師因半夏上黃蘗山，見和尚看經。師曰：「我將謂是箇人，元來是唵⑰黑豆老和尚。」住數日，乃辭去，黃蘗曰：「汝破夏⑱來，不終夏去？」曰：「某甲暫來禮拜和尚。」黃蘗遂打趁令去。師行數里，疑此事，卻迴終夏。

師一日辭黃蘗，黃蘗曰：「什麼處去？」曰：「不是河南，即河北去。」黃蘗拈起拄杖便打，師捉住拄杖曰：「遮老漢莫盲枷瞎棒⑲，已後錯打人。」黃蘗喚侍者：「把將几案、禪板⑳來。」師曰：「侍者，侍者，把將火來。」黃蘗曰：「不然，子但將去，已後坐斷㉑天下人舌頭在。」師即便發去。

師到熊耳塔㉒頭，塔主問：「先禮佛，先禮祖？」師曰：「祖佛俱不禮。」塔主曰：「祖佛與長老有什麼冤家㉓，俱不禮？」師無對。又別舉云：師問塔主：「先禮佛，先禮祖？」塔主曰：「祖佛是什麼人弟子？」師拂袖便去。

師後還鄉黨㉔，俯徇㉕趙人之請，住子城㉖南臨濟禪苑㉗，學侶奔湊。一日上堂曰：「汝等諸人肉團心㉘上有一無位真人㉙，常向諸人面門㉚出入，汝若不識，但問老僧。」時有僧問：「如何是無位真人？」師便打云：「無位真人是什麼乾屎橛㉛？」後雪峰聞，乃曰：「臨濟大似白拈賊㉜。」

師問樂普云：「從上來一人行棒，一人行喝，阿那箇親？」對曰：「總不親。」師曰：「親處作麼生？」普便喝，師乃打。

師問木口和尚：「如何是露地白牛[33]？」木口曰：「吽。」師曰：「啞。」木口曰：「老兄作麼生？」師曰：「遮畜生！」

大覺到參，師舉拂子，大覺敷坐具。師擲下拂子，大覺收坐具，入僧堂。眾僧曰：「遮僧莫是和尚親故，不禮拜，又不喫棒？」師聞，令喚新到僧，大覺遂出。師曰：「大眾道汝未參長老。」大覺云：「不審。」便自歸眾。

麻谷第二世。到參，敷坐具，問：「十二面觀音[34]，阿那面正？」師下繩牀[35]，一手收坐具，一手搊麻谷云：「十二面觀音向什麼處去也？」麻谷轉身擬坐繩牀，師拈拄杖打，麻谷接卻，相捉入方丈。

師上堂云：「大眾！夫為法者不避喪身失命。我於黃蘗和尚處，三徧喫棒，一似[36]等閑。如今更思渴一頓痛棒喫，阿誰為我下得手？」時有僧曰：「某甲下得手。和尚合喫多少？」師與拄杖，其僧擬接，師便打。

僧問：「如何是第一句[37]？」師曰：「三要印[38]開朱點[39]窄，未容擬議主賓分。」曰：「如何是第二句？」師曰：「妙解豈容無著問，漚和[40]爭負截流機？」曰：「如何是第三句？」師曰：「看取棚頭[41]弄傀儡，抽牽全藉裡邊人。」師又曰：「夫一句語須具三玄門[42]，一玄門須具三要，有權有用[43]。汝等諸人作麼生會？」

師唐咸通七年丙戌㊹四月十日將示滅，乃說傳法偈曰：「沿流不止問如何，真照無邊說似他。離相離名人不稟㊺，吹毛㊻用了急須磨。」偈畢坐逝。敕諡慧照大師，塔曰澄靈。

【注釋】❶出塵　指超出塵俗之外，此指出家離絕塵世。❷後生　年輕人；少年。❸大愚　即高安大愚禪師，為歸宗智常禪師的法嗣。❹轉　此為「回」、「次」之意。❺徹困　極度困頓。❻無多子　沒有多少；不多。子，詞綴，唐、五代時可用於表示少的數量詞之後。❼搊　執持；抓。❽吟吟　形容歡笑的樣子。❾薏穀　即米仁，為薏苡之實。薏苡，俗稱「藥玉米」，一年生或多年生草本，實橢圓形，仁白色，可供食用或藥用。❿钁　大鋤頭。⓫拈掇　也作「战掇」，用手估量物品的輕重。⓬掣　拖拉；奪去。⓭羅　捕鳥的網，引申為抓、捕之義。⓮瞌睡　瞌睡的樣子。⓯彩　賭博用的彩頭。⓰指南　即指南針，此喻正確的指導。⓱啗　用口含著。⓲破夏　半夏之時。夏，指夏安居。⓳盲枷瞎棒　比喻胡亂責打人。⓴几案禪板　坐禪時安手或靠身之器具。據《五燈會元》卷一一，此几案、禪板為百丈懷海禪師的遺物。㉑坐斷　占住；占盡。宋戴复古〈玉華洞〉詩：「中有補陀仙，坐斷此瀟灑。」此以「坐斷天下人舌頭」暗示義玄禪師將繼承並光大百丈懷海禪師的禪法，而弘揚於天下。㉒熊耳塔　菩提達磨圓寂後所葬之靈塔，在河南洛陽熊耳山定林寺。㉓冤家　此指仇恨。㉔鄉黨　即鄉里。㉕徇　曲從。客氣語。㉖子城　大城所附的小城，即內城或附在城垣上的瓮城或月城。㉗禪苑　即禪寺、禪院。㉘肉團心　即心臟。佛教認為意根之所託者，其形為八瓣肉葉而成，故以名。㉙無位真人　真人本是道教的稱謂，指存養本性修成正果之人。佛教借用來指與人的肉身相對稱的人之法身和報化身。無位真人就果位而言，指不在諸佛之位，超越凡聖、迷悟、上下、貴賤等分別而無所窒礙、自在解脫者，達此境界，即不墮於菩薩四十二位、五十二位等品位，故稱無位真人；就因位而言，則指人所本具的、湛然常寂、應變無方的本心。㉚面門　指面部。㉛乾屎橛　古印度民間風俗，用竹木削成的薄片拭糞，這一用品就稱「乾屎橛」，也稱廁籌、淨木、廁簡子等。此風俗後隨著佛教而傳入中國，乾屎橛也成為寺廟中習見生活用品。㉜白拈賊　同「白日賊」。即騙子。㉝露地白牛　喻大乘禪法。㉞十二面觀音　宋黃庭堅《山谷外集》卷一四：「十二面觀音無正面。」注：「僧伽至臨淮，嘗宿賀跋氏家，現十二面觀音形，其家欣慶，遂捨宅歸焉。」㉟繩牀　即坐禪者倚靠的、用繩子縛成的粗糙椅子。㊱一似　好像。㊲第一句　據《五燈會元》卷一一，此僧提問之前，義玄禪師說法道：「山僧今日見處，與祖、佛不別。若第一句中薦得（省悟之意），堪與祖、佛為師。若第二句中薦得，堪與人天為師。若第三句中薦得，自救不了。」義玄禪師回答此僧人提問的三句話，即為有名的「臨濟三句」。㊳三要印　禪門驗證禪法的三條原則：即理、智、方便。《碧巖錄》第二十五則評唱云：「若到作家漢，將三要印印空、印水、印泥，驗你便見，方木逗圓孔，無下落處。」㊴朱點　指嘴唇，此指嘴巴。㊵漚和　梵語「漚和俱舍羅」之略，意為方便勝智、善巧方便等，即對機方便的施教方式。㊶棚頭　即樂棚，遊樂場所。㊷三玄門　義玄禪師常用以接引學人的方式。「三玄」、「三要」合稱「九帶禪」。《碧巖錄》第十五則評唱云：「又有三玄語：句中玄、意中玄、玄中玄。古人到這裡個境界，全機大用。」意即「三玄」自「句」到「意」，自「意」到「玄」，最終至「不可思議」之「全機大用」。㊸有權有用　權，方便之異名，暫用而終廢之義。用，作用；功用。㊹咸通七年丙戌　《五燈會元》卷一一作「咸通八年丁亥」，相差一年。㊺稟　承受。㊻吹毛　吹毛立斷，以喻刀刃鋒利無比。此指快刀。

【語　譯】鎮州（今河北正定）臨濟義玄禪師（約七八七～八六六年），曹州南華（今山東東明東北）人，俗姓邢。義玄從小就負有超出塵俗之外的志向，等到出家剃髮接受具足戒後，就欽慕禪宗。義玄最初在黃蘗希運禪師處，隨從眾僧拜謁參學，當時法堂中第一座勉勵他向黃蘗和尚提問。義玄故提問道：「什麼是祖師西來的確切旨意？」黃蘗當頭就打。就這樣提問了三次，而三次都遭了打。義玄就向第一座辭別道：「早先承蒙你激勵勸說我去提問，卻只是遭到和尚所賜棒打，只恨自己愚昧不敏。現今暫且到各方雲遊行腳去。」第一座於是對黃蘗和尚說道：「義玄雖然是一個後生小伙，卻非常奇特，他來辭別時，還願和尚更加垂示提誘。」第二天，義玄前來辭別黃蘗和尚，黃蘗和尚就指示他去高安大愚禪師那裡，義玄於是去參拜大愚禪師。大愚問道：「你從什麼地方而來？」義玄回答：「從黃蘗山來。」大愚問道：「黃蘗和尚有什麼言語教誨？」義玄回答：「義玄親去問他祖師西來的確切意旨，卻被和尚棒打。就這樣三次提問，三次被打，不知道過錯在什麼地方？」大愚說道：「黃蘗和尚這麼老婆心的，被你弄得徹底困頓了，你還要尋覓他的過錯？」義玄聽後恍然大悟，說道：「佛法也沒有多少。」大愚就抓住義玄的衣領說道：「你剛才還說我不能領會佛法，現今又說佛法沒有多少，那是多少啊？是多少啊？」義玄就向大愚的肋下打了一拳，大愚托開了他的拳頭，說道：「你的老師是黃蘗和尚，不干我的事。」義玄就返回到黃蘗寺，黃蘗和尚對他說道：「你回來得太快了。」義玄說道：「只是因為老婆心太急切了。」黃蘗和尚說道：「這個大愚老漢，待到見面時給他一頓打。」義玄便說道：「說什麼待到見面，現今就打。」就打了黃蘗和尚一巴掌，黃蘗和尚便哈哈大笑。

黃蘗和尚去赴普請鋤薏穀，回頭看見義玄禪師在身後空著手站著，就問道：「钁頭在哪裡？」義玄回答：「被上座拿去了。」黃蘗和尚說道：「走近前來，我要同你商量商量。」義玄走向前合掌而立，黃蘗和尚用钁頭鋤著地說道：「我的這個钁頭天下人都掂量不起，還有人拿得起來麼？」義玄劈手奪得钁頭，舉起來說道：「钁頭在義玄手裡。」黃蘗和尚就說道：「今天自有人去赴普請，我用不著去了。」於是便回寺院去了。溈山靈祐禪師在仰山慧寂禪師侍立身邊之時，剛舉出這一話頭還未說完，仰山禪師就問道：「钁頭在黃蘗和尚手裡，為什麼被義玄奪去了？」溈山禪師說道：「賊雖然屬於小人，但他的智慧卻超過了君子。」

有一天，黃蘗寺眾僧普請去鋤茶園，黃蘗希運和尚來得晚了，義玄禪師問訊後，拄著钁頭站立著。黃蘗和尚問道：「你莫非是困倦了嗎？」義玄回答：「剛剛開始鋤地，說什麼困倦了！」黃蘗和尚舉起拄杖就打，義玄接過拄杖將黃蘗和尚推倒在地。黃蘗和尚便招呼維那道：「維那攙扶我起來。」維那扶起了黃蘗，說道：「和尚怎麼能容忍這個瘋子？」黃蘗和尚卻反而打維那。義玄自顧自鋤地，並說道：「各方都是火葬，我這裡是活埋。」溈山靈祐禪師問仰山慧寂禪師道：「像這個黃蘗和尚與臨濟禪師此時是什麼意思？」仰山禪師回答：「做賊的人沒有被處死，抓捕賊的人卻挨打了。」溈山禪師說道：「是這樣的，是這樣的。」

義玄禪師有一天在黃蘗寺僧堂裡睡覺，黃蘗和尚進來，用拄杖在牀邊敲了三下。義玄抬頭看見是黃蘗和尚，便倒頭再睡。黃蘗和尚再敲打了牀席三下，來到了上房，看見第一座正在打坐。黃蘗和尚就說道：「這個醉漢，難道不知道下房中那個禪客正在坐禪，你卻只管在瞌睡？」第一座便說道：「這老和尚患瘋病了嗎？」黃蘗就打他。溈山靈祐禪師舉出這話頭問仰山禪師道：「像黃蘗和尚這樣做的意思是什麼？」仰山禪師回答：「一注彩頭，兩番賭賽。」

義玄禪師與黃蘗和尚一起栽種杉樹，黃蘗和尚問道：「深山裡栽種這麼多樹做什麼？」義玄回答：「留給後人作為古時預言。」說完，他就用鐵鍬在地上拍了兩下。黃蘗和尚拿起拄杖說道：「你已挨了我的棒了。」義玄便口中發出「噓噓」之聲，黃蘗和尚說道：「我宗禪法傳到了你那裡，這預言才出世。」溈山靈祐禪師舉出這話頭問仰山禪師道：「你且說說看，黃蘗和尚後面說的話僅是囑咐臨濟禪師呢，還是別有意思？」仰山禪師回答：「亦是囑咐臨濟禪師，亦是預言此後之事。」溈山禪師問道：「此後做什麼？」仰山回答：「一人正確引導，使人通行於吳越大地。」南塔和尚解釋道：「臨濟禪師獨自坐著而威名震動，此預言方才出世。」又說道：「如果遇到大風，此預言亦出世。」溈山禪師說道：「是這樣的，是這樣的。」

義玄禪師在夏安居過了一半時才上黃蘗山，看見黃蘗和尚在看佛經。義玄說道：「我還以為是一個人物，原來只是個口含黑豆的老和尚。」住了幾天，義玄就要辭別而去，黃蘗和尚說道：「你半夏之時而來，沒有到夏安居完結就離去？」義玄說道：「我是暫時來禮拜和尚的。」黃蘗和尚就打義玄，令他趕快離去。義玄走了幾里路後，對此事生出疑惑，就又回來住過了夏天。

有一天，義玄禪師向黃蘗和尚辭行，黃蘗和尚說道：「到什麼地方去？」義玄回答：「不是去河南，就是去河北。」黃蘗和尚舉起拄杖就打，義玄抓住了拄杖，說道：「這個老漢不要盲枷瞎棒，胡亂打人，以後要錯打了人。」黃蘗和尚招呼侍者道：「把那几案、禪板拿來。」義玄說道：「侍者，侍者，把火拿來。」黃蘗和尚說道：「不要這樣，你只管拿去，以後將占盡天下人的舌頭。」

義玄禪師來到熊耳塔前，護塔的塔主問道：「先禮拜佛，還是先禮拜祖師？」義玄回答：「祖師與佛都不禮拜。」塔主問道：「祖師、佛與長老有什麼仇恨，都不禮拜？」義玄不能回答。另外有一種記載說：義玄禪師問塔主道：「先禮拜佛，還是先禮拜祖師？」塔主反問道：「祖師與佛是什麼人的弟子？」義玄便拂袖而去。

義玄禪師後來回到了鄉里，依從趙（今河北石家莊一帶）人的邀請，住持位於鎮州子城南面的臨濟禪苑，學禪之人奔走雲集。有一天，義玄上堂說法道：「你們諸人肉團心上都有一位無位真人，常常在你們諸人面門上出入，你們如果不認識，只要問老僧就行。」當時有一位僧人問道：「什麼是無位真人？」義玄就打他，並說道：「無位真人是什麼乾屎橛？」後來雪峰禪師聽說了，就說道：「臨濟禪師真像個白拈賊。」

義玄禪師問樂普元安禪師道：「從上而來的一個人用棒打，另一個人大聲呵責，哪一個更親近呢？」樂普回答：「都不親近。」義玄問道：「親近之處怎麼樣？」樂普便呵喝，義玄就打他。

義玄禪師問木口和尚道：「什麼是露地白牛？」木口回答：「哞。」義玄說道：「啞巴。」木口問道：「老兄怎麼樣？」義玄說道：「這畜生！」

大覺禪師前來參拜，義玄禪師舉起了拂塵，大覺展開了坐具。義玄拋下了拂塵，大覺便收起了坐具，進入了僧堂。眾僧便說道：「這個僧人莫非是和尚的親戚、故人，不參見禮拜，又不遭棒打？」義玄聽見後，令侍者招呼新來的僧人，大覺就站了出來。義玄說道：「眾人說你沒有參拜長老。」大覺便說道：「不審。」隨後便回到了僧眾裡。

麻谷和尚麻谷山第二世住持。前來參拜，展開了坐具，問道：「十二面觀音，哪一個面是正面？」義玄禪師走下了繩牀，一隻手收起坐具，另一隻手抓住麻谷，說道：「十二面觀音到什麼地方去了？」麻谷轉身準備坐繩牀，義玄舉起拄杖就打，麻谷抓住了拄杖，相互扯拉著進入了方丈室。

義玄禪師上堂說法道：「眾位！欲求得佛法的人不躲避喪失性命。我曾在黃蘗和尚之處，三次遭到棒打，恰似等閒。到今天更想渴望被棒痛打一頓，誰能為我下手？」當時有一位僧人說道：「我能下手。」和尚應該吃多少棒？」義玄就把拄杖遞給他，那僧人準備接過來，義玄就打他。

有僧人問道：「什麼是第一句？」義玄禪師回答：「三要印開朱點窄，未容準備議論而主賓已分。」僧人問道：「什麼是第二句？」義玄回答：「微妙解說難道容許沒有提問，漚和俱舍羅怎麼能承受起截斷眾流之機？」僧人問道：「什麼是第三句？」義玄回答：「觀看舞臺上演出的傀儡戲，抽動牽引全靠幕後之人。」義玄又說道：「一句話必須具備三玄門，一玄門必須具備三要，有權變有功用。你們眾人怎麼來領會？」

唐代咸通七年丙戌歲四月十日，義玄禪師於圓寂前，說了傳法偈頌道：「沿流不止問如何，真照無邊說似他。離相離名人不稟，吹毛用了急須磨。」義玄說完偈就端坐著圓寂了。唐天子敕賜他諡號為慧照禪師，靈塔名澄靈之塔。

【說　明】於臨濟義玄同時及其前輩禪師之中，棒喝亦是一種教禪學禪、接引學人的普遍方式，但臨濟義玄更是將其發揮至極致，棒雨喝雷，機用峻烈痛快，如《五家宗旨纂要》所云：「臨濟家風，全機大用，棒喝齊施，虎嘯龍奔，星馳電掣。負沖天意氣，用格外提持。卷舒縱擒，殺活全在。」《人天眼目》也用「青天轟霹靂，陸地起波濤」兩句話來形容其宗風，因而在禪史上留下「臨濟喝」、「臨濟將軍」之說，成為臨濟宗最具特色的宗風。當然棒喝並非是禪宗的目的與必然特徵，而只是接引學人的手段之一。義玄為更好接引學人，對喝的方法有著深刻的研究，將喝分作四類：「有時一喝如金剛王寶劍」（即發大機之喝），「有時一喝如踞地獅子」（即大機大用之喝），「有時一喝如探竿影草」（即試探性之喝），「有時一喝不作一喝用」（即包容前三喝之喝）；並形成甚具特色的接引學人的臨濟法要，如前述的「臨濟三句」、「三玄」、「三要」外，還有「四賓主」、「四料揀」（亦作「四料簡」）、「四照用」等。「四賓主」即賓（指參禪者或不懂禪之人）看主（指真正之禪師或懂得禪法之人）、主看賓、主看主與賓看賓，即通過區分賓主四種不同之關係，以達到「辨魔揀異，知其邪正」的目的。「四料揀」是「有時奪（不存）人不奪境，有時奪境不奪人，有時人境兩俱奪，有時人境俱不奪」。可見四料揀是四種衡量、辨別和選擇學人的方式，即根據學人的不同根器，採用不同的方法，以便破除學人的我執與法執。「四照用」為先照（觀照，屬於知見）後用（功用，屬於行）、先用後照、照用同時與照用不同時。四照用的目的也是為破除學人的我執與法執，故可與四料揀對應，而無本質之不同。這些接引學人的門庭措施，可謂是臨濟義玄禪學精髓之所在，而上承六祖慧能，並對此後禪學的發展產生重大之影響。

睦州龍興寺陳尊宿

陳尊宿，初居睦州龍興寺❶，晦迹藏用❷，常製草屨❸，密置於道上，歲久人知，乃有「陳蒲鞋❹」之號焉。時有學人叩激，隨問遽答，詞語峻險，既非循轍❺，故淺機之流往往嗤❻之，唯玄學性敏者欽伏。由是諸方歸慕，謂之「陳尊宿」。

師因晚參，謂眾曰：「汝等諸人未得箇入頭❼，若得箇入頭，已後不得孤負❽老僧。」時有僧出禮拜曰：「某甲終不敢孤負和尚。」師曰：「早是孤負我了也。」師又曰：「老僧在此住持，不曾見箇無事人到來，汝等何不近前？」時有一僧方近前，師云：「維那不在，汝自領去三門外，與二十棒。」僧云：「某甲過在什麼處？」師云：「枷上更著杻❾。」

師尋常或見衲僧來，即閉門。或見講僧，乃召云：「座主。」其僧應諾，師云：「擔板漢❿。」或云：「遮裡有桶，與我取水。」

師一日在廊階上立，有僧來問云：「陳尊宿房在何處？」師脫草屨驀頭打，僧便走。師召云：「大德。」僧迴首，師指云：「卻從那邊去。」

有僧扣門，師云：「阿誰？」僧云：「某甲。」師云：「秦時鐸⓫落鑽⓬。」

一日，有天使⓭問：「三門俱開，從那門而入？」師喚：「尚書。」天使應諾，師云：「從信門入。」天使又見壁畫，問云：「二尊者對譚何事？」師摑⓮露柱云：「三身⓯中那箇不說法？」

師問：「座主，汝莫是講《唯識》否？」對曰：「是。」師云：「五戒不持。」

師問一長老云：「了即毛端滴巨海，始知大地一微塵。長老作麼生？」對云：「問阿誰？」師云：「問長老。」長老云：「何不領話？」師云：「汝不領話，我不領話？」

師見僧來，云：「見成[16]公案，放[17]汝三十棒。」僧云：「某甲如是。」師云：「三門金剛為什麼舉拳？」僧云：「金剛尚[18]乃如是。」師便打。

問：「如何是向上一路[19]？」師云：「要道有什麼難。」僧云：「請師道。」師云：「初三、十一，中九下七。」問：「以一重去一重即不問，不以一重去一重時如何？」師云：「昨朝栽茄子，今日種冬瓜。」問：「如何是曹溪的的[20]意？」師云：「老僧愛嗔不愛喜。」僧云：「為什麼如是？」師云：「路逢劍客[21]須呈劍，不是詩人莫說詩。」

僧到參，師問：「什麼處來？」僧云：「瀏陽。」師云：「彼中老宿祇對佛法大意道什麼？」云：「偏地行無路。」師云：「老宿實有此語否？」云：「實有。」師拈拄杖打云：「遮念言語漢！」

師問一長老：「若有兄弟來，將什麼祇對？」長老云：「待他來。」師云：「何不道？」長老云：「和尚欠少什麼？」師云：「請不煩葛藤[22]。」

有僧參，師云：「汝豈不是行腳僧？」云：「是。」師云：「禮佛也未？」云：「禮那土堆作麼？」師云：「自領出去。」僧問：「某甲講兼行腳，不會教意時如何？」師云：「實語[23]當懺悔。」僧云：「乞師指示。」師云：「汝若不會，老僧即緘口無言。」僧云：「便請道。」師云：「心不負人，面無慚色。」問：「一句道盡時如何？」師云：「義墮也。」僧云：「什麼是學人義墮處？」師云：「三十棒教誰喫？」

問：「教意祖意，是同是別？」師云：「青山自青山，白雲自白雲。」僧云：「如何是青山？」師云：「還我一滴雨來。」僧云：「道不得，請師道。」師云：「《法華》峰前陣，《涅槃》句後收。」

師問僧：「今夏在什麼處？」云：「待和尚有住處，即說似和尚。」師云：「狐非師子類，燈非日月明。」

師問新到僧：「什麼處來？」僧瞪目視之。師云：「驢前馬後漢[24]。」僧云：「請師鑒。」師云：「驢前馬後漢，道將一句來。」無對。

師看經次，陳操尚書問：「和尚看什麼經？」師云：「《金剛經》。」尚書云：「六朝[25]翻譯，此當第幾譯[26]？」師舉起經云：「一切有為法，如夢幻泡影。」

師又因看《涅槃經》，僧問：「和尚看什麼經？」師拈起經云：「遮箇是〈茶毗品〉最末後。」

師問新到僧：「今夏在什麼處？」僧云：「徑山。」師云：「多少人？」云：「四百人。」師云：「遮喫夜飯漢[27]。」僧云：「尊宿叢林[28]，何言喫夜飯？」師乃棒趁出。

師聞一老宿難親近，躬往相訪。老宿見師才入方丈，便喝，師側掌云：「兩重公案。」老宿云：「過在什麼處？」師云：「遮野狐精！」便退。

師問僧：「近離什麼處？」僧云：「江西。」師云：「蹋破多少草鞋？」僧無對。

師與講僧喫茶，師云：「我救汝不得也。」僧云：「某甲不曉，乞師垂示。」師拈油餅示之云：「遮箇是什麼？」僧云：「色法[29]。」師云：「遮入鑊湯漢！」

有一紫衣大德到，禮拜。師拈帽子帶示之云：「遮箇喚作什麼？」大德云：「朝天帽。」師云：「恁麼即老僧不卸也。」師復問：「所習何業？」云：「《唯識》。」師云：「作麼生說？」云：「三界唯心，萬法唯識[30]。」師指門扇云：「遮箇是什麼？」云：「是色法。」師云：「簾前賜紫，對御譚經，何得不持五戒？」無對。

僧問：「某甲乍[31]入叢林，乞師指示。」師云：「你不解問。」云：「和尚作麼生？」師云：「放汝三十棒，自領出去。」問：「教意請師提綱。」師云：「但問將來，與你道。」僧云：「請和尚道。」師云：「佛殿裡燒香，三門外合掌。」問：「如何是展演之言？」師云：「量才補職。」僧云：「如何得不落展演？」師云：「伏惟尚饗[32]。」

師喚：「焦山[33]近前來！」又呼：「童子取斧來！」童子取斧至，云：「未有繩墨[34]，且斫麤。」師喝之，又喚童子云：「作麼生是你斧頭？」童子遂作斫勢，師云：「斫你老爺[35]頭不得？」

問：「如何是放一線道？」師云：「量才補職。」又問：「如何是不放一線道？」師云：「伏惟尚饗。」

新到僧參，師云：「汝是新到否？」云：「是。」師云：「且放下葛藤。會麼？」云：「不會。」師云：「擔枷陳狀，自領出去。」僧便出。師云：「來！來！我實問你什麼處來？」云：「江西。」師云：「泐潭和尚在你背後，怕你亂道，見麼？」無對。

問：「寺門前金剛，托即乾坤大地，不托即絲髮不逢時如何？」師云：「吽！吽！我不曾見此問。先跳三千，倒退八百，你合作麼生？」僧云：「諾。」師云：「先責一紙罪狀好。」便打。其僧擬出，師云：「來！我共你葛藤，托即乾坤大地。你且道洞庭湖㊱裡水深多少？」僧云：「不曾量度。」師云：「洞庭湖又作麼生？」僧云：「只為今時。」師云：「只遮葛藤尚不會。」乃打之。

問：「如何是觸途無滯㊲底句？」師云：「我不恁麼道。」云：「師作麼生道？」師云：「箭過西天十萬里，向大唐國裡等候。」

有僧扣門，師云：「作麼？」云：「己事未明，乞師指示。」師云：「遮裡只有棒。」方開門，其僧擬問，師便摑其僧口。

問：「以字㊳不成，八字㊴不是，是何章句？」師彈指一聲，云：「會麼？」云：「不會。」師云：「上來表讚，無限勝因㊵。蝦蟇跳上梵天㊶，蚯蚓走過東海。」

西峰長老來參，師致茶果，命之令坐，問云：「長老今夏在什麼處安居？」云：「蘭溪。」師云：「有多少徒眾？」云：「七十來人。」師云：「時中將何示徒？」長老拈起甘子㊷呈云：「已了。」師云：「著什麼死㊸急！」

有僧新到參，方禮拜，師叱云：「闍梨因何偷常住果子㊹喫？」僧云：「學人才到，和尚為什麼道偷果子？」師云：「贓物見在。」師問僧：「近離什麼處？」曰：「仰山。」師曰：「五戒也不持。」曰：「某甲什麼處是妄語？」師云：「遮裡不著沙彌。」

【注釋】❶龍興寺　唐中宗復辟後再登帝位，命各地建造中興寺，為國行道。不久因忌諱用「中興」一詞，便詔改作「龍興」。❷晦迹藏用　隱居而不顯露自己行跡與才幹。❸屨　鞋的通稱。❹蒲鞋　即草鞋。蒲，草名。❺轍　車轍，此指前代高僧大德所說的話。❻嗤　冷笑，看不起的意思。❼入頭　入門；入手。❽孤負　即「辜負」。❾杻　枷一類的刑具，木製。❿擔板漢　喻認識片面的人。⓫鐸　大鈴，盛行於春秋、秦、漢時代的樂器，形如鐃、鉦而有舌。⓬落鑽　此喻自投羅網。⓭天使　指皇帝派出來的使臣。⓮摑　用手掌打。⓯三身　法身、報身、化身。⓰見成　即「現成」。禪門之語，指自然出來，不假造作安排者。⓱放　免除；蠲免。⓲尚　庶幾；差不多。⓳向上一路　意同「向上事」、「向上宗乘」等，指引人入勝的、更為奧秘的事，又指至極之關鍵處。⓴的的　的確；確切。㉑劍客　指精於劍術的人。㉒葛藤　喻囉嗦、糾纏不清。有時其意與「老婆心」相似。㉓實語　指行能與語相應者為實語，又指宣說真如之言為實語。《金剛經》：「如來是真語者，實語者，如語者，不誑語者，不異語者。」㉔驢前馬後漢　指奔走於鞍前馬後的役卒小吏，此指到處奔走參拜而不明佛法究竟的行腳僧人。㉕六朝　三國吳、東晉與南朝宋、齊、梁、陳，皆建都建康（今江蘇南京），合稱六朝。後也作為自三世紀初至六世紀末前後三百餘年這一歷史時期的泛稱。㉖第幾譯　《金剛經》在六朝時曾前後多次翻譯，其第一個譯本為十六國時後秦僧人鳩摩羅什所譯，一卷；第二個譯本為北朝魏僧人菩提流支所譯；第三個譯本為南朝僧人真諦所譯。㉗喫夜飯漢　喻不明佛法究竟的僧人。佛寺戒律，僧人一日兩餐，過午不食。㉘叢林　指禪寺。㉙色法　相對於心法而言。㉚三界唯心二句　《華嚴經・十地品》：「三界所有，唯是一心。」意指欲界、色界、無色界的一切皆由心造，心為萬物的本體。對此「一心」，《大乘入楞伽經》、《大乘起信論》指即「如來藏」或「真如」，華嚴宗即採此說。瑜伽行派與法相宗認為「一心」即阿賴耶識：三界萬法，唯識（阿賴耶識）所變。㉛乍　剛剛；起頭。㉜伏惟尚饗　伏惟，舊時常用作下對上有所陳述時的表敬之辭。尚嚮，也作「尚饗」，舊時祭文常用作結語，意謂希望死者來享用祭品。「嚮」即「享」。㉝焦山　侍者之名。㉞繩墨　木匠畫直線用的工具。㉟老爺　男子自大的稱呼。㊱洞庭湖　在湖南北部，為中國第二大淡水湖。㊲觸途無滯　處處沒有障礙，以喻領悟要旨。㊳以字　佛經經題與書札之首所書「乂」之形，為古代「以」字。異義頗多，一說是「嘔啊」（又作「阿傴」）二字，二說為音字俱不釋，三說是梵文的「心」字。《祖庭事苑》認為是古代抄寫經書者在抄寫之始，運筆覆塗經題所致。㊴八字　指《大日經・實智品》所說八字布身之八字，為阿字（純白）、娑字（佛部）、哞字（蓮華部）、阿字（金剛部）、縛字（地輪第一命）、囉字（水輪）、哞字（風輪忿怒）、佉字（空輪）。㊵勝因　殊勝之善因。㊶梵天　即色界之初禪天。㊷甘子　即柑橘。㊸死　極甚之詞。㊹常住果子　即指供養於佛、菩薩像前的果品。法無生滅變遷謂之常住。果子，為生果、乾果、涼果、蜜餞、餅食的總稱。

【語　譯】陳尊宿（七八〇～八七七年），最初居住於睦州（今浙江建德東梅城）龍興寺，隱居而不顯露自己行跡與才幹，經常將製成的草鞋，悄悄地放置在道路旁，歲月久了，被人們所知曉，於是而有「陳蒲鞋」的稱號。當時有學人前來叩問請益，陳尊宿便隨人提問而即刻回答，詞語嚴峻奇特，而不是遵循前代高僧大德的話語，故而遭到根機淺薄之人的嗤笑，只有學識淵博資性敏捷之人衷心欽佩。因此各地之人都歸向欽慕，尊稱他為「陳尊宿」。

陳尊宿一次在晚參的時候，對眾僧說道：「你們諸人沒能尋到一個入門，如能尋到一個入門，以後不能辜負老僧。」當時有一個僧人站出來禮拜道：「我始終不敢辜負和尚。」陳尊宿說道：「早就辜負我了啊。」陳尊宿又說道：「老僧在這裡住持，不曾看見一個無事人到來，你們為什麼不到跟前來？」此時有一個僧人剛走上前來，陳尊宿卻說道：「維那不在，你自己領到山門外面，打二十棒。」那僧人問道：「我的過錯是哪裡？」陳尊宿回答：「枷上面再加杻。」

陳尊宿平常看見禪僧前來，即關上了門。他有時候看見講經僧前來，就招呼道：「座主。」那僧人答應，陳尊宿就說道：「擔板漢。」有時候說道：「這裡有水桶，給我取水來。」

陳尊宿有一天站立在廊階上面，有個僧人走來問話：「陳尊宿的房間在什麼地方？」陳尊宿脫下草鞋沒頭沒腦地就打，那僧人便逃開了。陳尊宿招呼道：「大德。」那僧人回頭，陳尊宿指示道：「就從那邊走。」

有僧人來敲門，陳尊宿問道：「是誰？」那僧人回答：「是我。」陳尊宿說道：「秦時鐸落鑽。」

有一天，有個欽差使臣來問道：「三門都打開了，從哪個門中進來？」陳尊宿招呼道：「尚書。」那欽差使臣答應，陳尊宿說道：「從信門進來。」那欽差使臣又看著壁畫問道：「畫中兩位尊者面對面在談論什麼？」陳尊宿便手摑露柱回答：「三身之中哪個不在說法？」

陳尊宿問僧人道：「座主，你莫非是講《唯識論》的嗎？」僧人回答：「是的。」陳尊宿說道：「五戒都不能守持。」

陳尊宿問一個長老道：「悟了即毫毛尖端滴水成大海，才知道大地就如一粒微小的塵埃。長老怎麼樣？」那長老反問道：「你問誰？」陳尊宿說道：「問長老。」長老問道：「為什麼不提問？」陳尊宿說道：「是你不提問，還是我不提問？」

陳尊宿看見僧人來，就說道：「這是現成的公案，就免除你三十棒。」那僧人說道：「我也是這樣的。」陳尊宿問道：「山門內的金剛為什麼舉著拳頭？」那僧人回答：「金剛差不多就是這樣的。」陳尊宿就打他。

有僧人問道：「什麼是向上一路？」陳尊宿回答：「要說有什麼難的。」那僧人說道：「便請和尚說。」陳尊宿說道：「初三、十一，當中是九，下面是七。」僧人問道：「以一重去一重就不問了，不以一重去一重的時候怎麼樣？」陳尊宿回答：「昨天栽種茄子，今天栽種冬瓜。」僧人問道：「什麼是六祖曹溪大師的真實旨意？」陳尊宿回答：「老僧只愛發怒不愛歡喜。」僧人問道：「為什麼會這樣的？」陳尊宿回答：「路上遭遇劍客就須呈上寶劍，不是詩人就不要對他談論詩。」

有僧人前來參拜，陳尊宿問道：「從什麼地方來的？」僧人回答：「瀏陽（今屬湖南）。」陳尊宿問道：「那裡的高僧回答佛法大意時說什麼？」僧人回答：「遍地行走卻沒有路。」陳尊宿問道：「那高僧真的說過這話嗎？」僧人回答：「確實說過。」陳尊宿舉起拄杖打他道：「這個只會背誦言語的傢伙！」

陳尊宿問一個長老道：「如果有兄弟前來，用什麼來招待？」長老回答：「等他來。」陳尊宿問道：「為什麼不說？」長老問道：「和尚缺少什麼？」陳尊宿說道：「請你不要糾纏不清。」

有僧人前來參拜，陳尊宿問道：「你難道不是行腳僧嗎？」僧人回答：「是。」陳尊宿問道：「禮拜佛了沒有？」僧人反問道：「禮拜那土堆幹什麼？」陳尊宿說道：「自己領著出去。」僧人問道：「我宣講佛經兼行腳，沒有領會教義時怎麼樣？」陳尊宿說道：「說實話應當懺悔。」僧人說道：「乞請和尚指示。」陳尊宿說道：「你如果不能領會，老僧就閉口無言。」僧人說道：「就請和尚說。」陳尊宿說道：「心不辜負人，臉上沒有慚愧之色。」僧人問道：「一句說完的時候怎麼樣？」陳尊宿回答：「意旨落地了。」僧人問道：「哪裡是學生的意旨落地的地方？」陳尊宿說道：「那三十棒讓誰來吃？」

有僧人問道：「教義與祖師之意，是相同還是有區別的？」陳尊宿說道：「青山自是青山，白雲自是白雲。」僧人問道：「什麼是青山？」陳尊宿說道：「還給我一滴雨來。」僧人說道：「說不出來，請和尚講說。」陳尊宿說道：「《金剛經》在峰前結陣，《涅槃經》於句子後收兵。」

陳尊宿問僧人道：「今年夏天在什麼地方？」僧人回答：「等到和尚有住處了，就說給和尚聽。」陳尊宿說道：「狐狸終究不是獅子同類，燈火也不及日月光明。」

陳尊宿問新來的僧人道：「從什麼地方來的？」那僧人瞪著眼睛看著他。陳尊宿說道：「驢前馬後漢。」那僧人說道：「還請和尚鑑別。」陳尊宿說道：「驢前馬後漢，說上一句話來。」那僧人無言以對。

陳尊宿看佛經時，陳操尚書問道：「和尚在看什麼經？」陳尊宿回答：「《金剛經》。」陳操問道：「六朝所翻譯的《金剛經》，此是第幾個譯本？」陳尊宿舉起經書說道：「一切有為法，都如夢幻、水泡之影。」

陳尊宿又在看《涅槃經》時，有僧人問道：「和尚在看什麼經？」陳尊宿拿起經書說道：「這個是〈茶毗品〉最末後。」

陳尊宿問新來的僧人道：「今年夏天在什麼地方？」僧人回答：「在徑山。」陳尊宿問道：「有多少人？」僧人回答：「有四百人。」陳尊宿說道：「這個吃夜飯漢。」那僧人說道：「在尊宿的叢林裡，為什麼說吃夜飯？」陳尊宿就用棒把他趕了出去。

陳尊宿聽說一個老和尚難以親近，就親自前往拜訪。那老和尚看見陳尊宿剛進入方丈，就大喝，陳尊宿便打個側掌問訊道：「兩重公案。」老和尚問道：「過錯在什麼地方？」陳尊宿說道：「這野狐狸精！」隨後就走了。

陳尊宿問僧人道：「近來離開了哪裡？」僧人回答：「江西。」陳尊宿問道：「踏破了多少雙草鞋？」僧人無言以對。

陳尊宿與一位講經僧一起吃茶，陳尊宿問道：「我不能救你了。」那僧人說道：「我不明白，乞請和尚垂示。」陳尊宿拿起油餅指示道：「這個是什麼？」那僧人回答：「色法。」陳尊宿說道：「這個入油鑊的傢伙！」

有一個紫衣大德前來禮拜，陳尊宿拿起帽子的帶子指示道：「這個叫作什麼？」那大德回答：「朝天帽。」陳尊宿說道：「這樣的話，老僧就不摘下來了。」陳尊宿又問道：「所參習的是什麼事業？」那大德回答：「《唯識論》。」陳尊宿問道：「是怎麼說的？」那大德回答：「三界所有，唯是一心；三界萬法，唯識所變。」陳尊宿指著門扇問道：「這個是什麼？」那大德回答：「是色法。」陳尊宿說道：「天子於簾前賜給紫衣，大德面對御座講論佛經，為什麼不守持五戒？」那大德不能回答。

有僧人問道：「我剛進入叢林，還乞請和尚指示。」陳尊宿說道：「你不懂得提問。」僧人問道：「和尚怎麼樣？」陳尊宿說道：「免除你三十棒打，自己領著出去。」僧人說道：「教義的綱領還請和尚提示。」陳尊宿說道：「只要是問未來，就給你講說。」僧人說道：「請和尚講說。」陳尊宿說道：「佛殿裡面燒香，山門外面合掌。」僧人問道：「什麼是展示演繹之言語？」陳尊宿回答：「度量才能遞補官職。」僧人問道：「怎麼才能不落於展示演繹？」陳尊宿回答：「伏惟尚饗。」

陳尊宿招呼道：「焦山走上前來！」又招呼道：「童子拿斧子來！」童子拿來了斧子，說道：「沒有繩墨，暫且這樣粗粗地砍。」陳尊宿就喝叱他，又招呼童子道：「什麼是你的斧頭？」童子就做出砍的樣子，陳尊宿說道：「能不能砍你老爺的頭。」

有人問道：「什麼是放開一線道？」陳尊宿回答：「度量才能遞補官職。」那人又問道：「什麼是不放開一線道？」陳尊宿回答：「伏惟尚饗。」

新來的僧人上前參拜，陳尊宿問道：「你是新來的嗎？」僧人回答：「是。」陳尊宿說道：「暫且放下葛藤。領會了嗎？」僧人回答：「沒有領會。」陳尊宿說道：「扛著木枷自陳罪狀，自己領著出去。」僧人就出去。陳尊宿說道：「來！來！我是實實在在地問你從什麼地方來的？」僧人回答：「江西。」陳尊宿問道：「泐潭和尚在你的背後，怕你亂說，你看見了嗎？」僧人無言以對。

有僧人問道：「寺門前的金剛，托起即是乾坤大地，不托即毫髮不逢時怎麼樣？」陳尊宿回答：「吽！吽！我沒有見過這樣的問題。先跳出三千里，又倒退八百里，你應該做什麼？」僧人回答：「諾。」陳尊宿說道：「還是先寫一紙罪狀的好。」就打他。那僧人準備出去，陳尊宿說道：「來！我來與你葛藤一番，托起即是乾坤大地。你姑且說說洞庭湖裡的水有多少深？」僧人回答：「沒有度量過。」陳尊宿問道：「洞庭湖又怎麼樣？」僧人回答：「只為了今天。」陳尊宿說道：「已這麼葛藤尚且沒有領會。」就打他。

有人問道：「什麼是觸途無滯的句子？」陳尊宿說道：「我不這麼說。」僧人問道：「和尚怎麼說？」陳尊宿說道：「一箭射過西天十萬里，卻向大唐國裡等候。」

有僧人來敲門，陳尊宿問道：「幹什麼？」僧人回答：「自己之事未能明瞭，乞請和尚指示。」陳尊宿說道：「這裡只有棒。」剛打開門，那僧人就準備提問，陳尊宿便摑打那僧人的口。

有僧人問道：「以字不成，八字不是，是什麼章句？」陳尊宿彈了一下手指，問道：「領會了嗎？」僧人回答：「沒有領會。」陳尊宿說道：「剛才為你解說讚美者，即為無限之勝因。蝦蟆跳上了梵天，蚯蚓游過了東海。」

西峰長老前來參見，陳尊宿擺好了茶點瓜果，讓他坐下，問道：「長老今年夏天在什麼地方安居？」西峰回答：「在蘭溪（今屬浙江）。」陳尊宿問道：「有多少徒眾？」西峰回答：「七十來人。」陳尊宿問道：「十二時中拿什麼指示徒眾？」西峰拿起了柑橘指示道：「已完了。」陳尊宿便說道：「著什麼死急！」

有一個僧人新來參見，才禮拜，陳尊宿就喝叱道：「闍梨為什麼要偷常住果子吃？」僧人說道：「學生剛到，和尚為什麼說我偷果子？」陳尊宿說道：「贓物還在。」陳尊宿又問僧人道：「近來離開什麼地方？」僧人回答：「仰山。」陳尊宿說道：「五戒也不守持。」僧人問道：「我什麼地方是亂說？」陳尊宿說道：「這裡不收留沙彌。」

【說　明】陳尊宿接引學人語句峻險銳利，多脫常軌，對揚活機，如同趙州從諗禪師。

杭州千頃山楚南禪師

杭州千頃山楚南禪師，閩中人也，姓張氏。自髫齔❶投開元寺曇藹禪師出家，迨乎冠歲❷落髮，詣五臺具戒，就趙郡學相部律，往上都❸聽《淨名經》。既精研法義，而未了玄機，遂謁芙蓉。芙蓉見曰：「吾非汝師，汝師江外❹黃蘗是也。」師禮辭而參黃蘗。黃蘗垂問曰：「子未現三界影像時如何？」師曰：「即今豈是有耶？」曰：「有無且置，即今如何？」師曰：「非今古。」曰：「吾之法眼，已在汝躬。」師乃入室執巾侍盥❺，晨晡❻請益。

尋值唐武宗廢教，師遂深竄林谷。暨大中初，相國裴公休出撫宛陵，請黃蘗和尚出山❼，師隨出，由茲抵姑蘇報恩寺，精修禪定，僅二十餘載，足不踰閫❽。俄為郡守請住寶林院，未幾復請居支硎山❾，又住千頃慈雲院❿，振黃蘗玄風。

一日，師上堂曰：「諸子設使⑪解得三世佛教，如缾注水，及得百千三昧，不如一念修無漏道⑫，免被人天因果繫絆。」時有僧問：「無漏道如何修？」師曰：「未有闍梨時體取。」曰：「未有某甲時誰人體？」師曰：「體者亦無。」問：「如何是易？」師曰：「著衣喫飯，不用讀經看教，不用行道禮拜、燒身煉頂⑬，豈不易耶？」曰：「此既是易，如何是難？」師曰：「微有念生，便具五陰，三界輪迴生死，皆從汝一念生。所以佛教諸菩薩云：佛所護念。」

師雖應機無倦，而常儼然處定，或逾月，或浹旬。光啟三年，錢王⑭請下山供養。昭宗⑮聞其道化，就賜紫衣。文德元年五月，辭眾奄然而化，壽七十六，臘五十六，遷塔于院西隅。大順二年壬子二月，宣州孫儒⑯寇錢塘，兵士發塔，覩全身不散，爪髮俱長，謝罪懺悔而去。師平昔著《般若經品頌偈》一卷、《破邪論》一卷，見行于世。

【注釋】❶髫齔　指幼年。髫，小兒垂髮。齔，「齔」的俗字。《說文》：「齔，毀齒也。男八月生齒，八歲而齔；女七月生齒，七歲而齔。」❷冠歲　弱冠之歲，指二十歲。❸上都　此指唐代京城長安。❹江外　即江西。對中原人來說，江西地區位於長江以外，故稱江外。❺執巾侍盥　手持毛巾侍奉盥洗，借指充當僕人。❻晡　午後申時，即下午三時至五時。❼出山　原指隱士出仕，此借指僧人離開山林住持城邑中禪院。❽閫　門限。❾支硎山　在江蘇蘇州西南，晉朝人支遁隱居於此。平石稱硎。山有平石，故支遁以支硎為號，山也以此得名。山中有南朝梁武帝時建的報恩寺，故此山又名報恩山。❿千頃慈

雲院　千頃山在杭州昌化東南紫溪間。此寺院初建於唐朝。⓫設使　即使；縱然。⓬無漏道　指三乘之人離絕煩惱垢染的戒定慧，即為苦、集、滅、道四諦中的道諦。無漏道又分為見、修、無學三道。⓭燒身煉頂　亦作「燒指焚頂」，佛教苦行之事，信徒用火自燒其手指或頭頂，以表示其信仰之堅誠。⓮錢王　即錢鏐，五代時吳越國的創立者，字巨美，杭州臨安人，唐末因鎮壓黃巢農民起義軍而官拜鎮海節度使，割據杭州。後擊敗占據越州的董昌，盡得兩浙之地。五代後梁開平元年被封為吳越王。⓯昭宗　時唐昭宗尚未即位，當為唐僖宗之誤。⓰孫儒　唐末河南人，性悍橫，初為忠武軍偏將，後歸秦宗權，為都將。楊行密割據揚州，孫儒設計殺秦宗權弟，得其士卒數萬人，擊破揚州，後梁朱全忠授其為淮南節度使。不久被楊行密趕至宣州。孫儒謀定江南，曾進犯杭州，不勝而退。其後孫儒為楊行密所攻，軍潰被殺。

【語　譯】杭州（今屬浙江）千頃山楚南禪師（八一三～八八八年），福州（今屬福建）人，俗姓張。楚南自幼年就投靠開元寺曇藹禪師出家，等到了弱冠之歲就落髮，前往五臺山受具足戒，在趙郡（今河北趙縣）學習相部律學，至上都長安聽講《淨名經》。他既已精心研習律法教義，卻未能明瞭禪宗玄機，就去謁見芙蓉和尚。芙蓉和尚看見他後說道：「我不是你的老師，你的老師是江西的黃蘗和尚。」楚南就禮辭芙蓉和尚而去，前來參拜黃蘗和尚。黃蘗和尚問他道：「你還沒有現出三界的身影形象時怎麼樣？」楚南反問：「現在難道是有嗎？」黃蘗和尚說道：「有還是沒有暫且放在一邊，現在怎麼樣？」楚南回答：「不是今古。」黃蘗和尚說道：「我的法眼，已經在你的身上了。」楚南於是成為其入室弟子，服侍黃蘗和尚，晨昏請教受益。

不久遇到唐武宗廢除佛教之事，楚南禪師就逃到山林中躲藏。至大中初年（八四七年），宰相裴休出朝鎮守宛陵（今安徽宣城），請求黃蘗和尚出山。楚南隨之而從躲藏的山林中出來，並自那裡前去姑蘇（今江蘇蘇州）支硎山報恩寺，精心研修禪定，長達二十餘年，雙腳未曾走出過寺院的門限。不久，蘇州太守請求楚南住持寶林院，未過多久，他又受請住持支硎山報恩寺，後又住持杭州千頃山慈雲院，弘揚黃蘗的宗風。

有一天，楚南禪師上堂說法道：「各位即使能夠理解三世佛的教義，如同往瓶子內注水，從而得到百千三昧，但還不如一心修煉無漏道，避免被人天的因果所繫絆。」當時有一個僧人問道：「無漏道怎麼修煉？」楚南回答：「在沒有闍梨的時候體驗領會。」僧人問道：「沒有我的時候讓誰去體驗領會？」楚南回答：「體驗的人也沒有。」僧人問道：「怎樣才是容易？」楚南回答：「穿衣吃飯，不用誦讀經書修習教義，不用行道禮拜、燒身煉頂，難道還不容易嗎？」僧人問道：「這既然是容易，那怎樣才是難？」楚南回答：「稍微有一個念頭產生，就已具有了五陰，而三界輪迴生死，都隨著你的一個念頭而產生。所以佛教導諸位菩薩說：佛所護持的就是此一念。」

楚南禪師雖然接機應對沒有倦容，卻常常莊嚴地進入禪定，有時超過一個月，有時十多天。光啟三年（八八七年），吳越王錢鏐請楚南下山接受供養。唐僖宗聽說他佛法弘化於一方，就賜給他紫衣。文德元年（八八八年）五月，楚南辭別眾僧，悄然圓寂，享年七十六歲，法臘五十六歲，修建的靈塔就在寺院的西隅。大順二年壬子歲（八九一年）二月，盤據宣州的孫儒進犯杭州，其士兵打開了楚南禪師的靈塔，看見楚南全身屍骨沒有離散，指甲與頭髮都長長了，就禮拜請罪，懺悔後離去。楚南禪師平日所撰的《般若經品頌偈》一卷、《破邪論》一卷、都傳行於世。

福州烏石山靈觀禪師

福州烏石山❶靈觀禪師，（住本山薛老峰，亦云丁墓山，時稱老觀和尚。）尋常扃❷戶，人罕見之，唯一信士❸每至食時送供，方開。一日，雪峰伺便扣門，師出開門，雪峰驀胸搊住云：「是凡是聖？」師唾云：「遮野狐精！」便推出，閉卻門。雪峰云：「也只要識老兄。」

師因剗草次，問僧：「汝何處去？」云：「西院禮拜安和尚去。」時竹上有一青蛇子，師指蛇云：「欲識西院老野狐精，只遮便是。」

師一日問西院安和尚：「此一片地，堪著什麼物？」安云：「好著箇無相佛❹。」師云：「好片地被兄放不淨。」

師一日引水❺次，有僧來參，師以引水橫抽❻示之，其僧便去。師至暮，問小師：「適來僧在何處？」小師云：「發去也。」師云：「只得一橛。」玄覺云：「什麼處是少一橛？」

問：「如何是佛？」師出舌示之，其僧禮謝。師云：「住！住！你見什麼便禮拜？」僧云：「謝和尚慈悲，出舌相示。」師云：「老漢近日舌上生瘡。」

有僧到敲門，行者開門後便出去。其僧入禮拜，問：「如何是西來意？」師云：「適來出去者，是什麼人？」僧擬近前，師便托出，閉卻門。

曹山行腳時，問：「如何是毗盧師法身主？」師云：「我若向你道，即別有也。」曹山舉似洞山，洞山云：「好箇話頭❼，只欠進語。何不更去問為什麼不道？」曹山乃卻來進前語，師云：「若言我不道，即啞卻我口。若言我道，即謇❽卻我舌。」曹山歸，舉似洞山，洞山深肯之。

【注　釋】❶烏石山　即閩山，在福州城西南隅，與九仙山、越王山並稱三山。山上有薜老、向陽、望潮諸峰，及華嚴巖、天秀巖、宿猿洞諸勝跡。❷扃　關閉。❸信士　指在家信佛，已接受三皈依、五戒或八齋戒的男子。俗世一般稱出財布施者為信士。❹無相佛　即無相好之佛，指身不具三十二相而其德與佛等者。《三論玄義》：「天竺十六大國，方八千里，有向化之緣，并為委誠龍樹為無相佛。」❺引水　將山水引入寺院的水槽。❻横抽　引水槽上的隔板。需用水時，抽出水槽上的隔板，水就流出。❼話頭　即話頭公案，以禪師大德的話頭所成之公案。話頭，即話題、話。頭，詞綴。❽瞀　此指弄直。

【語　譯】福州（今屬福建）烏石山靈觀禪師，住持烏石山辟老峰，亦名丁墓山，當時稱禪師為老觀和尚。平常都門窗緊閉，人們很少見到他，只有一個信士每到了吃飯的時候送飯來時，他才開門。有一天，雪峰禪師等到方便的時候敲門，靈觀出來開門，雪峰當胸一把抓住，問道：「你是凡人還是聖人？」靈觀吐了一口口水道：「這個野狐狸精！」就把他推了出來，關上了門。雪峰說道：「我也只是要見識見識老兄。」

靈觀禪師在鋤草時，問一個僧人道：「你到哪裡去？」僧人回答：「到西院禮拜安和尚去。」當時竹子上有一條青蛇，靈觀指著青蛇說道：「要認識西院老野狐狸精，只這個就是。」

靈觀禪師有一天問西院安和尚道：「這一片地，可以放置什麼東西？」安和尚回答：「正好放一尊無相佛。」靈觀說道：「好一片土地，卻被老兄放東西給玷汙了。」

有一天，靈觀禪師在引水的時候，有一位僧人來參拜，靈觀舉起水槽隔板給他看，那僧人就離去了。到了傍晚，靈觀問小師道：「剛才來的僧人在什麼地方？」小師回答：「離去了。」靈觀說道：「只得一橛。」玄覺禪師說道：「什麼地方是少一橛？」

有僧人問道：「什麼是佛？」靈觀禪師伸出舌頭給他看，那僧人就禮拜。靈觀說道：「停！停！你看見了什麼就作禮拜？」那僧人說道：「感謝和尚慈悲，伸出舌頭來指示。」靈觀說道：「老漢近日舌頭上生了瘡。」

有一個僧人前來敲門，行者打開門就出去了。那僧人進門後就禮拜，問道：「什麼是祖師西來的旨意？」靈觀禪師反問道：「剛才出去的，是什麼人？」那僧人打算走上前來，靈觀便把他推了出去，關上了門。

曹山禪師雲遊時，問靈觀禪師道：「什麼是毗盧師法身主？」靈觀回答：「我如果向你解說了，就是另外有了。」曹山告訴了洞山和尚，洞山和尚便說道：「好一個話頭，只差進一步談論。你為什麼不再去問他為什麼不說？」曹山就再來用前面的話提問，靈觀回答：「如果說我不說，就啞了我的口。如果說我說了，就弄直了我的舌頭。」曹山回去，講給洞山聽，洞山深表贊同。

杭州羅漢院宗徹禪師

杭州羅漢院宗徹禪師，湖州吳興縣人也，姓吳氏。幼歲出家，依年受具，巡方參禮，依黃蘗希運禪師法席。黃蘗一見，便深器之，入室領旨。後至杭州，州牧劉彥慕其道，立精舍於府西，號羅漢院，化徒三百。

師有時上堂，僧問：「如何是西來意？」師曰：「骨剉❶也。」（師對機多用此語，故時人因號「骨剉和尚」。）問：「如何是南宗北宗？」師曰：「心為宗。」僧曰：「還看教也無？」師曰：「教是心。」問：「性地❷多昏，如何了悟？」師曰：「煩❸雲風卷，太虛廓清。」曰：「如何得明去？」師曰：「一輪皎潔，萬里騰❹光。」

師後示疾遷化，門人塔于院之北隅。梁貞明五年，錢王廣其院為安國羅漢寺，移師塔於大慈山❺塢。今寺與塔並存。

【注　釋】❶骨剉　用骨做成的銼刀。剉，即「銼」的異體字。❷性地　通教十地之一。此為內凡之位，此位伏見思之惑，曚曨望見法性之空理，故名性地。❸煩　此指紊亂，令人厭煩的。❹騰　騰躍；放出。❺大慈山　在杭州九曜山西南。

【語　譯】杭州（今屬浙江）羅漢院宗徹禪師，湖州吳興縣（今浙江湖州）人，俗姓吳。宗徹幼年出家，隨著年齡長大而受具足戒，雲遊各方參禪禮拜，後來皈依黃蘗希運和尚法席。黃蘗和尚一看見他，就十分器重他，讓他入室領受秘旨。宗徹禪師後來來到杭州，太守劉彥欽慕他的道風，就在府衙西邊為他建立精舍，號稱羅漢院，教化徒眾達三百人。

宗徹禪師有一次上堂，有僧人問道：「什麼是祖師西來的旨意？」宗徹回答：「骨銼。」宗徹對機接引時多說這個詞，所以當時人就叫他是「骨銼和尚」。僧人問道：「什麼是南宗、北宗？」宗徹回答：「心為宗。」僧人問道：「還看不看教義？」宗徹回答：「教義是心。」僧人問道：「性地多昏暗，怎麼才能了悟？」宗徹回答：「亂雲被風捲去，太虛廓然清朗。」僧人問道：「怎麼才能得到光明？」宗徹回答：「一輪明月皎潔，萬里放出清光。」

宗徹禪師後因病而圓寂，門人就在寺院的北隅建造靈塔。五代梁貞明五年（九一九年），吳越王錢鏐擴建寺院，名為安國羅漢寺，並將宗徹禪師的靈塔遷移至大慈山的山塢間。現今這寺院與靈塔都存於世。

魏府大覺禪師

魏府❶大覺禪師。興化存獎禪師為院宰❷時，師一日問曰：「我常聞汝道：向南行一迴，拄杖頭未曾撥著箇會佛法底人。汝憑什麼道理有此語？」興化乃喝，師打之。興化又喝，師又打。來日，興化從法堂過，師召曰：「院主，我直下❸疑汝昨日行底喝，與我說來。」興化曰：「存獎平生於三聖❹處學得底，盡被和尚折倒了也。願與存獎箇安樂❺法門。」師曰：「遮瞎驢！卸卻衲帔❻，待痛決❼一頓。」興化即於語下領旨。雖同嗣臨濟❽，而常以師為助發之友。

師臨終時，謂眾曰：「我有一隻箭，要付與人。」時有一僧出云：「請和尚箭。」師云：「汝喚什麼作箭？」僧喝，師打數下。自歸方丈，卻喚其僧入來，問云：「汝適來會麼？」僧云：「不會。」師又打數下，擲卻拄杖，云：「已後遇明眼人，分明舉似。」便乃告寂。

【注釋】❶魏府　即唐朝魏州，北宋時為防契丹，以此作為軍府所在地，故稱之魏府，地在今河北大名。❷院宰　即院主。❸直下　當下；當即。❹三聖　即鎮州三聖院慧然禪師，臨濟義玄禪師的法嗣。❺安樂　身安心樂，即身無危險故安，心無煩惱故樂。❻衲帔　即袈裟。❼決　杖打；鞭打。❽同嗣臨濟　據《五燈會元》卷一一，大覺與興化存獎同為臨濟義玄的弟子。本書卻列大覺為黃蘗的法嗣，義玄之師弟，疑有誤。

【語譯】魏府（今河北大名）大覺禪師。興化存獎禪師為院主時，大覺有一天問他道：「我曾經聽你說道：你向南方參禪走了一回，拄杖頭卻沒有撥到一個懂得佛法的人。你根據什麼道理就這樣說話？」興化就大喝，大覺便打他。興化又大喝，大覺再打他。第二天，興化從法堂前面經過，大覺招呼道：「院主，我一直懷疑你昨天所吆喝的，你給我作一解釋。」興化說道：「存獎平生在三聖慧然師兄處所學得的東西，全部被和尚駁倒了。誠願和尚給存獎一個安樂法門。」大覺說道：「這頭瞎驢！脫下你的僧衣，待我來痛打一頓。」興化隨即於言語間領會了禪旨。雖然兩人同為臨濟義玄禪師的弟子，而興化卻常把大覺當作幫助激發禪悟之友。

大覺禪師臨終前，對眾僧說道：「我有一支箭，要交給你們。」當時有一個僧人出來說道：「請接和尚的箭。」大覺問道：「你把什麼叫作箭？」那僧人便大喝，大覺就打了他幾下。大覺回到方丈，又把那僧人叫了進來，問道：「你剛才領會了嗎？」那僧人回答：「沒有領會。」大覺又打了他幾下，拋去拄杖，說道：「以後遇到明眼人，就清楚地說給他聽。」說完就圓寂了。

相國裴休

裴休，字公美，河東聞喜人也。守新安日，屬運禪師初於黃蘗山捨眾入大安精舍，混迹勞侶，掃灑殿堂。公入寺燒香，主事祇接。因觀壁畫，乃問：「是何圖相？」主事對曰：「高僧真儀。」公曰：「真儀可觀，高僧何在？」僧皆無對。公曰：「此間有禪人否？」曰：「近有一僧，投寺執役，頗似禪者。」公曰：「可請來詢問得否？」於是遽尋運師，公覩之欣然曰：「休適有一問，諸德吝辭，今請上人代酬一語。」師曰：「請相公垂問。」公即舉前問，師朗聲曰：「裴休！」公應諾，師曰：「在什麼處？」公當下知旨，如獲髻珠❶，曰：「吾師真善知識也，示人剋的❷若是，何汩沒❸於此乎？」寺眾愕然。自此延入府署，留之供養，執弟子之禮。屢辭不已，復堅請住黃蘗山，薦興❹祖教。有暇即躬入山頂謁，或渴聞玄論，即請師入州。公既通徹祖心，復博綜教相❺，諸方禪學咸謂裴相不浪❻出黃蘗之門也。至遷鎮宣城，還思瞻禮，亦創精藍，迎請居之。雖圭峰❼該❽通禪講，為裴之所重，未若歸心於黃蘗而傾竭服膺者也。又撰〈圭峰碑〉云：「休與師於法為昆仲❾，於義為交友❿，於恩為善知識，於教為內外護⓫。」斯可見矣。仍集《黃蘗語要》，親書序引，冠於編首，留鎮山門。又親書《大藏經》五百函號，迄今寶之。又圭峰禪師著《禪源諸詮》、《原人論》及《圓覺經疏注》、《法界觀》，公皆為之序。

公父肅，字中明，任越州觀察使，應三百年讖記重建龍興寺大佛殿，自撰碑銘。

先是越州沙門曇彥身長五尺，眉垂數寸，與檀越許詢，字玄度，同造塼木大塔二所。彥有神異，天降相輪⓬，能駐日倍工，復從地引其髆至塔頂。塔未就，詢亡。彥師壽長可百二十餘歲，猶待得詢後身為岳陽王⓭來撫越州，蓋願力⓮也。彥預告門人曰：「許玄度來也。」弟子咸謂師老耄，言無準的，許玄度死已三十餘載，何云更來也。時岳陽王早承誌公密示，纔到州，便入寺尋訪。彥師出門佇望⓯，遙見，乃召曰：「許玄度來何暮？昔日浮圖今如故。」王曰：「弟子姓蕭名詧，師何以許玄度呼之？」彥曰：「未達宿命，焉得知之？」遂握手命入室席地，彥以三昧力加被，王忽悟前身造塔之事，宛若今日，由是二塔益資壯麗。時龍興寺大殿隳壞，眾請彥師重修。彥曰：「非貧道緣力也。卻後三百年，有緋衣功德主⓰來興此殿，大作佛事。」寺眾刻石記之。及期，裴太守赴任，興隆三寶，傾施俸錢，修成大殿，方曉彥師懸記無忒⓱。

公遂篤志內典⓲，深入法會，有〈發願文〉傳於世。

【注　釋】❶髻珠　收藏於髮髻中的寶珠，為法華七喻之一。又《方等陀羅尼集經》：「譬如國王髻中明珠，愛之甚重，若臨終時授與所愛之子。我今為諸法王，此經即如髻中明珠，汝如我子，今以此《大方等陀羅尼經》授與于汝，譬如此王以髻明珠授于其子。」❷剋的　恰當；中肯。❸汩沒　埋沒。❹荐興　宣講；弘揚。❺教相　教觀二門之一，意分別教義。❻浪　空；徒然。❼圭峰　即終南山諸峰之一。唐代華嚴宗第五祖宗密禪師居住於此，故時人稱之為圭峰。裴休所撰並親書的〈圭峰禪師碑〉，立於陝西鄠縣。❽該　詳備。❾昆仲　兄弟。❿交友　即諍友。⓫內外護　佛所定之戒法，護人之身口意之非，稱內護；親族檀越供衣服飲食，稱外護。⓬相輪　又稱輪相，佛塔剎上的九輪。⓭岳陽王　即南朝梁武帝之孫蕭詧，好學善屬文，封為岳陽王。後任雍州刺史，侯景亂後，與江陵梁元帝相爭，恐勢弱，而附北周稱附庸，攻殺梁元帝，在北周支持下稱帝，在位八年，卒，廟號中宗。⓮願力　誓願之力，也稱本願力。⓯佇望　長時間地張望。⓰功德主　即檀越，施捨財物飲食者。⓱忒　差誤。⓲內典　佛教稱佛經及疏義等為內典，以區別於稱為外典的俗世著述。

【語　譯】裴休，字公美，河東聞喜（今屬山西）人。裴休鎮守新安（今安徽歙縣）時，正逢希運禪師剛剛離開黃蘗山眾僧，進入大安精舍，混雜在做雜役的僧侶中，打掃殿堂。裴休進入寺院燒香，主事僧來接待。裴休因觀看壁畫，問道：「這是什麼圖相？」主事僧回答：「是高僧的真儀。」裴休說道：「真儀值得觀看，那高僧又在哪裡呢？」眾僧都不能回答。裴休就問道：「這裡可有禪僧嗎？」主事僧回答：「近來有一個僧人，投奔本寺做雜役，很像是個禪者。」裴休問道：「可以請他前來詢問一下嗎？」於是很快就把希運禪師叫來了，裴休看見他，就高興地問道：「裴休剛才有一個問題，各位大德都不肯回答，現在請上人代為酬答一句。」希運禪師說道：「請相公垂詢。」裴休就將前面的問題再說了一遍，希運禪師便朗聲招呼道：「裴休！」裴休答應，希運禪師問道：「在什麼地方？」裴休即刻明瞭宗旨，就像是獲得了髻中寶珠，說道：「我的老師真是一個善知識，回答別人的問題如此中肯，卻為什麼埋沒在這裡啊？」寺內眾僧都很驚愕。自此以後，裴休將希運禪師請入府衙內，留下供養，自己執弟子之禮。希運禪師屢次辭行都未能成功，又堅決要求住持黃蘗山，弘揚祖師教法。裴休有空暇時，就親自入山頂禮拜謁，有時候很想聽希運禪師宣講奧義，就把他請進州城。裴休既已通曉祖師代代所傳之心法，又廣博地綜合教相，各地禪師學僧都說裴相公不是徒然出於黃蘗希運禪師之門的。裴休等到調任宣城（今屬安徽）時，還想繼續謁見禮拜希運禪師，就在當地構建了精舍伽藍，迎請希運禪師住持。雖然圭峰宗密禪師精通禪學經義，為裴休所尊重，但卻不及他歸心於希運禪師那樣傾心竭誠地欽服。裴休又撰有〈圭峰禪師碑〉，稱：「裴休與禪師，在佛法上是兄弟，在道義上是諍友，在恩德上是善知識，在教法上是內外護。」於此就可以看出來了。裴休還集錄了《黃蘗語要》，親自撰寫了序言，放在卷首，留在寺院中鎮守山門。裴休又親筆抄寫了《大藏經》五百函，至今仍寶藏著。另外圭峰禪師所撰著的《禪源諸詮》、《原人論》及《圓覺經疏注》、《法界觀》，裴休都為他撰寫了序文。

裴休的父親裴肅，字中明，任越州（今浙江紹興）觀察使時，曾應三百年前的預言重建了龍興寺大佛殿，並親自撰寫了碑銘。此前越州沙門曇彥身長五尺，眉毛下垂達數寸，與檀越許詢，字玄度，共同建造磚木大佛塔兩座。曇彥具有神通，天曾降下相輪，並使日光暫停而得以加倍施工，又能站在地面上伸長手臂達到佛塔之頂。佛塔還未完工，許詢就死去了。曇彥壽命長達一百二十餘歲，還能等到許詢轉世之後身為岳陽王，來鎮撫越州，此是誓願的力量啊。曇彥預先告訴門人說：「許玄度來了。」他的弟子都認為老師是老糊塗了，說話不符事實，因為許玄度死了已有三十餘年了，怎麼能說又來了。此時岳陽王早已接受了誌公大師的秘密指示，才至州城，就進入寺院中尋訪。曇彥出門佇立張望，遠遠看見，就招呼道：「許玄度為什麼來晚了？昔日所建的佛塔依然如故。」岳陽王問道：「弟子姓蕭名詧，師父為什麼稱呼我許玄度？」曇彥說道：「未能達到宿命智，怎麼能知道呢？」於是握著他的手，讓他進入房間內，席地而坐，曇彥用三昧神力加在他身上，使岳陽王於忽然之間悟見前身建造佛塔的事，宛如是今天剛發生的，由此這兩座佛塔建造得更為壯麗。當時龍興寺大殿也毀壞了，眾人請求曇彥加以重修。曇彥說道：「這就不是貧道的緣分力量了。此後三百年，有個身著緋衣官服的功德主來興造這大殿，大作佛事。」寺中眾僧就把這句話刻錄在石碑上。到了曇彥所預言的時間，裴肅太守來此赴任，興隆三寶，將全部俸祿施捨，使大殿修建完成，人們才知道與曇彥大師所作的預言沒有絲毫差誤。裴休於是就潛心研究佛法內典，深入法會參謁，著有〈發願文〉流傳於世。

【說　明】黃蘗希運禪師的法嗣還有揚州六合德元禪師、土門贊禪師、襄州政禪師、吳門山弘宣禪師、幽州超禪師與蘇州憲禪師六人，因無機緣語句，故未收錄。

此外懷讓禪師的第四世法嗣還有：杭州徑山鑒宗大師的法嗣三人，即明州天童山咸啟禪師、背山行真禪師與杭州大慈山行滿禪師；吉州孝義寺性空禪師的法嗣一人，即邛州壽興院守閑禪師；白馬曇照禪師的法嗣一人，即晉州霍山無名禪師；新羅大證禪師的法嗣二人，即文聖大王與憲安大王；小馬神照禪師的法嗣一人，即縉雲郡連雲院有緣禪師；新羅洪直禪師的法嗣二人，即興德大王與宣康太子；許州無迹禪師的法嗣一人，即道遂禪師。以上十一人因無機緣語句，故未收錄。

懷讓禪師下五世

前袁州仰山慧寂禪師法嗣

袁州仰山西塔光穆禪師

仰山西塔光穆禪師。第二世住。僧問：「如何是正聞？」師曰：「不從耳入。」曰：「作麼生？」師曰：「還聞麼？」問：「祖意與教意❶同別？」師曰：「同別且置，汝道缾嘴裡什麼物出來入去？」

問：「如何是西來意？」師曰：「汝無佛性。」問：「如何是頓？」師作圓相示之。曰：「如何是漸？」師以手空中撥三下。

【注釋】❶祖意與教意　禪僧以天台、真言諸宗所說者為教意，以教外別傳之禪為祖意。

【語譯】仰山西塔光穆禪師。第二世住持。有僧人問道：「什麼是正聞？」光穆回答：「不是耳朵所能聽到的。」僧人問道：「為什麼？」光穆問道：「你還能聽到嗎？」僧人問道：「祖意與教意，是相同還是不同呢？」光穆說道：「相同還是不同暫且放在一邊，你先說說瓶嘴裡是什麼東西出來進去？」

又有僧人問道：「什麼是祖師西來的意旨？」光穆禪師回答：「你沒有佛性。」僧人問道：「什麼是頓悟？」光穆畫了一個圓相給他看。僧人又問道：「什麼是漸悟？」光穆用手在空中撥了三下。

晉州霍山景通禪師

晉州霍山❶景通禪師，初參仰山，仰山閉目坐，師曰：「如是！如是！西天二十八祖亦如是！中華六祖亦如是！和尚亦如是！景通亦如是！」語訖，向右邊翹一足而立。仰山起來，打四藤杖。師因此自稱「集雲峰下四藤條天下大禪佛」。歸宗下亦有大禪佛，名智通，終於五臺。後住霍山。

有行者問：「如何是佛法大意？」師乃禮拜。行者曰：「和尚為什麼禮俗人？」師曰：「汝不見道尊重弟子？」

師問僧：「什麼處來？」僧提起坐具，師云：「龍頭蛇尾❷。」僧問：「如何是佛？」師打之，僧亦打師。師曰：「汝打我有道理，我打汝無道理。」僧無對，師乃打趁。

師化緣將畢，先備薪於郊野，徧辭檀信❸。食訖，行至薪所，謂弟子曰：「日午當來報。」至日午，師自執燈登積薪上，以笠置頂後作圓光相❹，手執拄杖作降魔杵❺勢，立終於紅焰中。

【注　釋】❶霍山　在山西霍縣東南三十里，綿亙二百里，山勢高峻。❷龍頭蛇尾　同「虎頭蛇尾」。比喻事情始盛終衰，有始無終。❸檀信　指施主之信仰，檀越之信施。借指檀越、施主。❹圓光相　指佛、菩薩像頭頂上放出的圓輪光明。❺降魔杵　佛寺山門內所塑的護法金剛像手中所持的武器，杵頭作四稜形，稱降魔杵。

【語　譯】晉州（今山西臨汾）霍山景通禪師，初次參拜仰山禪師，仰山禪師閉目端坐，景通就說道：「是這樣！是這樣！西天二十八祖也是這樣！中華六祖也是這樣！和尚也是這樣！景通也是這樣！」說完，向右邊翹起了一隻腳站立著。於是仰山禪師站起身來，用藤條打了他四下。景通因此自稱是「集雲峰下四藤條天下大禪佛」。歸宗禪師門下也有個大禪佛，名叫智通，死於五臺山。後來景通住持於霍山。

有行者問道：「什麼是佛法大意？」景通禪師就向他施禮。行者問道：「和尚為什麼對俗人施禮？」景通說道：「你沒聽說過要尊重弟子嗎？」

景通禪師問一個僧人道：「從什麼地方來的？」僧人提起了坐具，景通說道：「龍頭蛇尾。」僧人問道：「什麼是佛？」景通打他，那僧人也打景通。景通說道：「你打我有道理，我打你沒有道理。」那僧人不能應對，景通就把他打著趕出去了。

景通禪師教化眾生的緣分將盡，先在郊野準備了木柴，遍辭檀越、施主。景通吃完飯後，走到了堆放木柴的地方，對弟子說道：「到正午的時候，就來告訴我。」到了正午時分，景通禪師自己拿著燈炬登上了柴堆，把斗笠放在腦後當作佛、菩薩的圓光之相，手中拿著拄杖作出護法金剛高舉降魔杵的樣子，站在火紅的烈焰中圓寂。

【說　明】唐代末年社會動盪，戰火頻仍，禪門卻日趨興盛，名僧輩出，但禪弊也漸顯其端。昔年釋迦牟尼右脅橫臥，從容入滅。至此禪僧頗有不效佛祖之大道，為示世人其於生死得自由，而坐脫立亡，甚至如前述的五臺鄧隱峰的「倒立而化」，此景通和尚「立終於紅焰中」等，種種驚世駭俗之舉，反與佛祖教法懸隔愈遠。

杭州龍泉文喜禪師

杭州文喜禪師，嘉禾御兒人也，姓朱氏。七歲出家，唐開成二年趙郡具戒，初習《四分律》❶。屬會昌廢教，返服❷韜晦。大中初，例重懺度於鹽官齊峰寺。後謁大慈山性空禪師，性空曰：「子何不徧參乎？」咸通三年，至洪州觀音院見仰山，言下頓了心契。仰山令典❸常住❹。

一日，有異僧就求齋食，師減己分饋❺之。仰山預知，問曰：「適來果位人❻，汝給食否？」答曰：「輟己迴施❼。」仰山曰：「汝大利益。」

七年，旋❽浙右❾，止千頃山，築室而居。會巢寇之亂，避地湖州，住仁王院。光啟三年，錢王請住龍泉廨署❿。（今慈光院。）

僧問：「如何是涅槃相？」師曰：「香煙盡處驗。」問：「如何是佛法大意？」師曰：「喚院主來，遮師僧患顛。」

問：「如何是自己？」師默然，僧罔措，再問。師曰：「青天蒙昧，不向月邊飛。」

大順元年，錢王表薦，賜紫衣。乾寧四年，又奏師號，曰無著。光化三年，示疾，十月二十七日夜子時，告眾曰：「三界心盡，即是涅槃。」言訖，跏趺而終，壽八十，臘六十。終時，方丈發白光，竹樹同色。十一月二十二日，遷塔靈隱山⑪西塢。

天祐二年，宣城帥田頵⑫應杭將許思叛，換縱兵大掠，發師塔，覩肉身不壞，髮爪俱長。武肅王⑬奇之，遣裨將邵志重封瘞⑭焉。

【注　釋】①四分律　佛滅後百年，法正尊者將上座部之律藏中契同己見者採集成文，隨說所止，而為一分。因經四度而完成，故名《四分律》。為四律之一。十六國姚秦僧人佛陀耶舍、竺佛念翻譯，共六十卷。②返服　指僧侶還俗。③典　主管。④常住　即常住物，即四種僧物：一為寺院所有的田園、樹木等常住於一處而不可分割者，故名常住常住僧物；二為天天供養僧侶的飲食等，屬十方僧的常住物，故名十方常住僧物；三為各僧侶所屬的私物，為現前（目前）僧的現前之物，故名現前現前僧物；四為亡僧所遺留之物，可分與十方僧，故名十方現前僧物。⑤饋　贈送。⑥果位人　修行佛因之位，自發心至成佛間，稱作因位。相對於因位的佛果之位，稱作果位。而證得果位者即稱果位人。⑦迴旋　指回轉我的福祉而施與其他眾生。⑧旋　回來；回轉。⑨浙右　即浙西，指浙江省錢塘江以西地區。⑩廨署　官署；衙門。⑪靈隱山　在杭州西湖西，本名武林山，有南北兩高峰，景色奇勝，稱「雙峰插雲」。山間有靈隱寺。⑫田頵　唐末合肥人，字德臣，沉果有大志，與楊行密約為兄弟。楊行密據有揚州，表薦其為太保、同平章事，領宣州軍兵。他後求池、歙州為其屬州，楊行密不許，遂生怨恨，進攻楊行密，軍敗被亂兵所殺。⑬武肅王　即吳越王錢鏐，諡武肅。⑭瘞　埋葬；埋藏。

【語　譯】杭州（今屬浙江）文喜禪師（八二一～九〇〇年），嘉禾（今浙江嘉興）薾兒人，俗姓朱。文喜七歲出家，唐代開成二年（八三七年）於趙郡（今河北趙縣）受具足戒，起初學習《四分律》。正好遇到會昌（八四一～八四六年）年間唐武宗廢除佛教，文喜被迫還俗，韜光養晦。大中初年（八四七年），文喜援例在鹽官（今浙江海寧鹽官鎮）齊峰寺重新接受懺法，度為僧人。此後，文喜去拜謁大慈山性空禪師，性空問道：「你為什麼不去遍參各方大德啊？」文喜故於咸通三年（八六二年），來到洪州（今江西南昌）觀音院拜見仰山禪師，於言語間頓時悟徹了心印。仰山禪師命令文喜主管寺院常住僧物。

有一天，有一位言行奇特的僧人前來求齋食，文喜禪師就把自己的食物分一些給那僧人。仰山禪師預先知道了此事，就問道：「剛才來了個果位人，你給他齋食了嗎？」文喜回答：「我已省下自己的食品回施給他了。」仰山禪師說道：「你得到了大利益。」

咸通七年（八六六年），文喜禪師回到了浙西，止於千頃山，構建茅舍而居。正好遇到黃巢農民軍進攻江浙，社會動亂，文喜就來到了湖州（今屬浙江）躲避，住在仁王院。光啟三年（八八七年），吳越王錢鏐請文喜住於龍泉（今屬浙江）官署。即今之慈光院。

有僧人問道：「什麼是涅槃之相？」文喜禪師回答：「在香煙飄盡處體驗。」僧人問道：「什麼是佛法大意？」文喜對侍者說道：「去叫維那來，這個師僧有瘋病。」

有僧人問道：「什麼是自己？」文喜禪師默然不答，那僧人不知所措，就再問了一遍。文喜說道：「青天蒙昧，不向月邊飛。」

大順元年（八九〇年），吳越王上表章舉薦文喜禪師，唐天子賜其紫衣。乾寧四年（八九七年），吳越王又奏請天子賜其大師之號，稱「無著」。光化三年（九〇〇年），文喜患病，於十月二十七日夜子時，告訴眾人道：「三界心盡，就是涅槃。」說完，即跏趺而終，享年八十歲，法臘六十歲。文喜禪師臨終之際，方丈室內發出白光，竹子、樹木同一顏色。十一月二十二日，塔葬於靈隱山西塢。天祐二年（九〇五年），宣城（今屬安徽）軍師田頵應援杭州將領許思的叛亂，縱兵大肆搶掠，曾打開了文喜禪師的靈塔，看見文喜禪師的肉身不壞，頭髮、指甲都長長了。吳越武肅王錢鏐聞知後大為驚奇，就派遣裨將邵志重新埋葬，封閉墓塔。

新羅國順支禪師

新羅五觀山順支，本國號了悟大師。僧問：「如何是西來意？」師豎拂子。

僧曰：「莫遮箇便是？」師放下拂子。問：「以字不成，八字不是，是什麼字？」

師作圓相示之。

有僧於師前作五花圓相❶，師畫破，別作一圓相。

【注釋】❶五花圓相　以五個小圓圈組成的大圓圈，如一朵五瓣花瓣的花。

【語譯】新羅國五觀山順支禪師，其本國賜號稱了悟大師。有僧人問道：「什麼是祖師西來的意旨？」順支豎起了拂塵。僧人問道：「莫非這個就是？」順支放下了拂塵。僧人問道：「以字不成，八字不是，是什麼字？」順支就畫了一個圓相給他看。

有位僧人在順支禪師面前畫了一個五花圓相，順支把它畫破，另外畫了一個圓相。

袁州仰山南塔光涌禪師

仰山南塔光涌禪師。僧問：「文殊是七佛師，文殊有師否？」師曰：「遇緣即有。」曰：「如何是文殊師？」師豎拂子示之。僧曰：「莫遮箇是麼？」師放下拂子，叉手。

問：「如何是妙用一句？」師曰：「水到渠成。」問：「真佛❶住在何處？」

師曰：「言下無相，也不在別處。」

【注釋】❶真佛 報身佛相對於化身佛謂之真佛。又稱無相之法身為真佛。《臨濟錄》：「真佛無形，真法無相。」

【語譯】仰山南塔光涌禪師。有僧人問道：「文殊是七佛的老師，那文殊是否有老師？」光涌回答：「遇到有緣即有。」僧人又問道：「什麼是文殊的老師？」光涌豎起了拂塵給他看。那僧人問道：「莫非這個就是嗎？」光涌放下了拂塵，合掌相對。

有僧人問道：「什麼是妙用一句話？」光涌禪師回答：「水到渠成。」僧人又問道：「真佛住在什麼地方？」光涌回答：「言談之中沒有形相，但也不在別處。」

袁州仰山東塔和尚

仰山東塔和尚。僧問：「如何是君王劍？」師曰：「落纜❶不采❷功。」僧曰：「用者如何？」師曰：「不落時人手。」問：「法王與君王相見時如何？」師曰：「兩掌無私。」曰：「見後如何？」師曰：「中間絕❸像。」

【注釋】❶落纜 同「落然」。冷落蕭條貌。❷不采 不力；不管。又作「不睬」、「不彩」。❸絕 極其。

【語譯】仰山東塔和尚。有僧人問道：「什麼是君王之利劍？」東塔和尚回答：「落纜不采功。」僧人問道：「用的人怎麼樣？」東塔和尚回答：「不落入時人之手。」僧人問道：「法王與君王相見時怎麼樣？」東塔和尚回答：「兩下出掌皆無私。」僧人問道：「相見以後怎麼樣？」東塔和尚回答：「中間極像。」

【說明】仰山慧寂禪師的法嗣還有洪州觀音常蠲大師、福州東禪慧茂大師、福州明月山道崇大師與處州遂昌禪師四人，因無機緣語句，故未收錄。

前鎮州臨濟義玄禪師法嗣

鄂州灌溪志閑禪師

灌溪志閑禪師，魏府館陶人也，姓史氏。幼從柏巖禪師披剃，二十受具。後見臨濟和尚，和尚搊住，良久放之，師曰：「領矣。」住後，謂眾曰：「我見臨濟無言語，直至如今飽不饑。」問：「請師不借。」師曰：「我滿口道不借。」師又曰：「大庾嶺頭佛不會，黃梅路上沒眾生。」

師會下一僧去參石霜，石霜問：「什麼處來？」云：「灌溪來。」石霜云：「我北山住，不如他南山住。」僧無對。師代云：「但道修涅槃堂了也。」

僧問：「久嚮灌溪，到來只見漚麻池❶。」師曰：「汝只見漚麻池，不見灌溪。」僧曰：「如何是灌溪？」師曰：「劈箭❷急。」後人舉似玄沙，玄沙云：「更學三十年未會禪。」問：「如何是古人骨？」師曰：「安置不得。」曰：「為什麼安置不得？」

師曰：「金烏❸那教下碧天？」問：「金鎖斷後如何？」師曰：「正是法汝處。」問：「如何是細？」師曰：「迴換❹不迴換？」曰：「末後事❺如何？」師曰：「忌丈六❻口頭。」問：「如何是一色？」師曰：「不隨。」曰：「一色後如何？」師曰：「有闍梨承當分也無？」問：「今日一會，祗敵何人？」師曰：「不為凡聖。」問：「一句如何？」師曰：「不落千聖機。」問：「如何是洞中水？」師曰：「不洗人。」

師唐乾寧二年乙卯五月二十九日，問侍者曰：「坐死者誰？」曰：「僧伽❼。」「立死者誰？」曰：「僧會❽。」乃行六、七步，垂手而逝。

【注　釋】❶漚麻池　浸泡麻的水池。古人將黃麻、亞麻等莖與剝下的麻皮浸泡在水池內數小時至數日，使其自然發酵以脫膠，然後作為原料紡織成衣。❷箭　指箭竹，《廣群芳譜》引戴凱之《竹譜》：「箭竹，高者不過一丈，節間三尺，堅勁中矢，江南諸山皆有之。」其莖枝劈開浸泡脫膠後成漿狀，成為古人造紙的原料。❸金烏　古代神話稱太陽中有三足烏，因用作太陽的別稱。❹迴換　改換；調換。❺末後事　最後的關鍵性之事。❻丈六　指佛。《佛說十二遊經》：「佛身長丈六尺。」❼僧伽　唐代西域僧人，唐高宗時至長安，後遊化江淮，一直手執楊枝為拂塵，多神奇事，其行不測，人們以為是觀音菩薩的化身。唐中宗時寂於薦福寺，異變不已，次年送遺蛻至泗州故寺立塔，人稱泗州大聖，唐、宋民間普遍供奉。❽僧會　唐代僧人，不詳何地人，碧眼高鼻，貌似西域人，唐高宗時至會稽永欣寺，曰：「吾康僧會（南北朝時西域來中原之僧人）也。」眾人疑而逐之，舉步間立化，移之不稍傾動，乃禱而遷之殿中，民祈禱多諧。宋時賜號超化大師。

【語　譯】灌溪志閑禪師（？～八九五年），魏府館陶縣（今屬河北）人，俗姓史。志閑幼年皈依柏巖禪師披剃，二十歲時受具足戒。後來志閑去參見臨濟義玄和尚，臨濟和尚一把將他抓住，過了好久才放手，志閑說道：「領會了。」志閑住持後，對眾人說道：「我拜見臨濟和尚沒有言語，卻直到如今都感覺飽著而不餓。」有僧人說道：「請和尚不要借花獻佛。」志閑說道：「我滿口言說，並未借花獻佛。」志閑又說道：「大庾嶺頭未領會佛，黃梅路上沒有眾生。」

志閑禪師法會下有一僧人去參拜石霜禪師，石霜禪師問道：「什麼地方來的？」那僧人回答：「從灌溪而來。」石霜禪師說道：「我住在北山，不如他住在南山。」那僧人無語應對。志閑得知後代為回答：「只要說已修成涅槃堂了。」

有僧人問道：「久仰灌溪，到來後只看見漚麻池。」志閑禪師說道：「你只看見漚麻池，沒看見灌溪。」僧人問道：「什麼是灌溪？」志閑回答：「迅速劈開箭竹。」後來有人把這話說給玄沙禪師聽，玄沙禪師說道：「再學三十年也不懂得禪。」

有僧人問道：「什麼是古人的骨頭？」志閑禪師回答：「安置不得。」僧人問道：「為什麼安置不得？」志閑說道：「金烏哪能讓牠下碧天來？」僧人問道：「金鎖斷裂後怎麼樣？」志閑回答：「正是仿效你的地方。」僧人問道：「什麼是微細？」志閑回答：「調換還是不調換？」僧人問道：「末後事怎麼樣？」志閑回答：「忌疑丈六佛口頭。」僧人問道：「什麼是純一色？」志閑回答：「不隨從。」僧人問道：「純一色後怎麼樣？」志閑回答：「有闍梨承擔的責任嗎？」僧人問道：「今天會面，可與什麼人相匹敵？」志閑回答：「不是為了凡人與聖人。」僧人問道：「就一句話怎樣？」志閑回答：「不落入千位聖人的機鋒。」僧人問道：「怎樣是洞中水？」志閑回答：「不用來洗人。」

志閑禪師於唐代乾寧二年乙卯歲（八九五年）五月二十九日，問侍者道：「坐著死去的是誰？」侍者回答：「僧伽。」志閑又問道：「站著死去的是誰？」侍者回答：「僧會。」志閑於是走了六、七步，垂著手去世了。

幽州譚空和尚

幽州譚空和尚。有尼欲開堂說法，師曰：「尼女家，不用開堂。」尼曰：「龍女❶八歲成佛，又作麼生？」師曰：「龍女有十八變，汝與老僧試一變看。」尼曰：「變得也是野狐精。」師乃打趁。

寶壽和尚問：「除卻中上二根人來時，師兄作麼生？」師曰：「汝適來舉早錯也。」壽曰：「師兄也不得無過。」師曰：「汝卻與我作師兄。」壽側掌云：「遮老賊！」

【注釋】❶龍女　娑竭羅龍王之女僅八歲，前往靈鷲山，現出成佛之相。事見《法華經・提婆品》。

【語譯】幽州（今北京市）譚空和尚。有個尼姑準備開堂說佛法，譚空和尚說道：「尼姑女人家，不用開堂。」尼姑反問道：「龍女八歲就成佛，又怎麼樣呢？」譚空和尚說道：「龍女有十八變神通，你試著變一次給老僧看看。」尼姑說道：「能變化也只是一隻野狐狸精。」譚空和尚就打她，把她趕走了。

寶壽和尚問道：「除去上、中兩種慧根的人來時，師兄怎麼樣呢？」譚空和尚說道：「你剛才所說的早已錯了。」寶壽和尚說道：「師兄也不是沒有過失。」譚空和尚說道：「你卻給我作師兄。」寶壽和尚就側掌施禮道：「這個老賊！」

鎮州寶壽沼和尚

鎮州寶壽沼和尚。第一世住。僧問：「萬境來侵時如何？」師曰：「莫管他。」僧禮拜，師曰：「不要動著，動著即打折汝腰。」

趙州諗和尚來，師在禪牀背面而坐。諗展坐具禮拜，師起入方丈，諗收坐具而出。

師問僧：「什麼處來？」曰：「西山來。」師曰：「見獼猴麼？」曰：「見。」師曰：「作什麼伎倆？」曰：「見某甲一箇伎倆也作不得。」師打之。

胡釘鉸❶參，師問：「汝莫是胡釘鉸？」曰：「不敢。」師曰：「還解釘得虛空否？」曰：「請和尚打破，某甲與釘。」師以拄杖打之，胡曰：「和尚莫錯打某甲。」師曰：「向後有多口❷，阿師❸與點破在。」趙州云：「只遮一縫尚不奈何！」乃代云：「且釘遮一縫。」

問：「萬里無片雲時如何？」師云：「青天亦須喫棒。」

師將順世，謂門人曰：「汝還知我行履❹處否？」對曰：「知和尚一生長坐不臥。」師又令近前，門人近前。師曰：「去！非吾眷屬❺。」言訖而化。

【注釋】❶釘鉸 此指舊時用鐵釘修補破裂的瓷器之匠人。❷多口 不該說而說的話。❸阿師 僧人自大的稱呼。❹行履 指出處或行止。❺眷屬 受如來之法者，助如來之化者，總稱為如來之眷屬。

【語譯】鎮州（今河北正定）寶壽沼和尚。第一世住持。有僧人問道：「萬種境相都來入侵時怎麼樣？」沼和尚回答：「不要管它。」僧人便向沼和尚禮拜，沼和尚說道：「不要動著，動著就打折你的腰。」

趙州從諗和尚前來，沼和尚在禪牀上背朝著從諗和尚而坐。從諗和尚展開坐具來施禮，沼和尚就起身進入方丈室，從諗和尚收起坐具後出去了。

沼和尚問僧人道：「從什麼地方來的？」那僧人回答：「從西山而來。」沼和尚問道：「看見獮猴了嗎？」僧人回答：「看見了。」沼和尚問道：「耍了什麼花招？」僧人回答：「牠看見我，一個花招也耍不出。」沼和尚就打他。

胡釘鉸來參見，沼和尚問道：「你莫非就是胡釘鉸嗎？」胡釘鉸回答：「不敢當。」沼和尚問道：「你是否還能夠釘鉸虛空？」胡釘鉸說道：「請和尚把它打破，我來釘鉸。」沼和尚就用拄杖打他，胡釘鉸說道：「和尚不要錯打了我。」沼和尚說道：「以後有多口的人，阿師現在就給你點破。」趙州和尚說道：「只是這一條縫，他還是無可奈何！」並代為回答：「就釘鉸這一條縫。」

有僧人問道：「晴空萬里沒有一片雲時怎樣？」沼和尚說道：「青天也應該吃棒。」

沼和尚將要逝世，對門人說道：「你還知道我的行止嗎？」門人回答：「知道和尚一生長坐不臥。」沼和尚又讓門人走近些，門人走近了。沼和尚說道：「去！你不是我的眷屬。」說完就圓寂了。

鎮州三聖院慧然禪師

鎮州三聖院慧然禪師，自臨濟受訣，遍歷叢林。至仰山，仰山問：「汝名什麼？」師曰：「名慧寂。」仰山曰：「慧寂是我名。」師曰：「我名慧然。」仰山大笑而已。

師到香嚴，嚴問：「什麼處來？」師曰：「臨濟。」嚴曰：「將得臨濟劍❶來麼？」師以坐具驀口打而去。

師到德山，才展坐具，德山云：「莫展炊巾❷，遮裡無餿飯。」師曰：「縱有也無著處。」德山以拄杖打師，師接住，卻推德山向禪牀上。德山大笑，師哭「蒼天」而去。

師在雪峰，聞峰垂語云：「人人盡有一面古鏡，遮箇獼猴亦有一面古鏡。」師出問：「歷劫無名，和尚為什麼立為古鏡？」峰云：「瑕❸生也。」師咄曰：「遮老和尚，話頭也不識！」峰云：「罪過，老僧住持事多。」

師見寶壽和尚開堂，師推出一僧在寶壽前，寶壽便打其僧。師曰：「長老若恁麼為人❹，瞎卻鎮州一城人眼在。」法眼云：「什麼是瞎卻人眼處？」

【注釋】❶臨濟劍　暗喻臨濟義存禪師之猛喝，如同寶劍一樣銳利。❷炊巾　盛放餐具的布巾。❸瑕　玉上面的斑痕。❹為人　指禪師接引學僧。

【語譯】鎮州（今河北正定）三聖院慧然禪師，自從在臨濟義玄和尚處接受了心印秘訣，便到處參謁各地叢林。慧然來到了仰山，仰山和尚問道：「你叫什麼名字？」慧然回答：「叫慧寂。」仰山和尚說道：「慧寂是我的名字。」慧然說道：「我的名字是慧然。」仰山和尚大笑而已。

慧然禪師來到了香嚴和尚處，香嚴和尚問道：「從什麼地方而來？」慧然回答：「從臨濟。」香嚴問道：「把臨濟劍帶來了嗎？」慧然拿起坐具朝著香嚴和尚就打，隨後就離去了。

慧然禪師來到了德山和尚處，剛剛展開了坐具，德山和尚就說道：「不要展開炊具，這裡沒有餿飯。」慧然說道：「縱然有餿飯，也沒有放的地方。」德山和尚用拄杖打慧然，慧然接住拄杖，反將德山和尚推倒在禪牀上面。德山和尚大笑，慧然卻哭叫著「蒼天」離開了。

慧然禪師在雪峰禪師處，聽見雪峰禪師說法道：「人人都有一面古鏡，這裡的獼猴也有一面古鏡。」慧然站出來問道：「經歷過的劫難無法名狀，和尚為什麼建立一面古鏡？」雪峰回答：「瑕疵出現了。」慧然叱責道：「這老和尚，話頭也不認識！」雪峰禪師說道：「罪過，老僧住持事多。」

慧然禪師看見寶壽和尚開堂說法，就把一名僧人推到寶壽和尚面前，寶壽和尚就打那個僧人。慧然說道：「長老如果是這樣接引學僧的，真瞎了鎮州一城人的眼睛。」法眼禪師說道：「什麼是瞎了人的眼睛之處？」

魏府興化存獎禪師

魏府興化存獎禪師，問僧：「什麼處來？」曰：「崔禪❶處來。」師曰：「將得崔禪喝來否？」曰：「不將得來。」師曰：「恁麼即不從崔禪處來。」僧喝之，師遂打。

師謂眾曰：「我只聞長廊下也喝，後架❷裡也喝，諸子汝莫盲喝亂喝，直饒❸

喝得興化向半天裡住卻撲下來，氣欲絕，待興化蘇息起來向汝道未在。何以故？我未曾向紫羅帳裡撒真珠❹與汝諸人，虛空裡亂喝作什麼？」

師謂克賓維那曰：「汝不久當為唱導之師❺。」克賓曰：「我不入汝保社❻。」師曰：「會了不入，不會不入？」曰：「沒交涉。」師乃打之，白眾曰：「克賓維那法戰❼不勝，今捨衣鉢錢❽五貫文，設堂飯而趁出院。」

僧問：「國師❾喚侍者，意作麼生？」師曰：「一盲引眾盲。」

師有時喚僧：「某甲。」僧應諾，師曰：「點即不到。」又別喚一僧，僧應諾。師曰：「到即不點。」

師後為後唐莊宗❿師。莊宗一日謂師曰：「朕收大梁⓫，得一顆無價明珠，未有人酬價。」師曰：「請陛下珠看。」帝以手舒開幞頭⓬腳，師曰：「君王之寶，誰敢酬價！」玄覺徵云：「且道興化肯同光⓭，不肯同光？若肯同光，興化眼在什麼處？若不肯同光，過在什麼處？」師滅後，敕諡廣濟大師，塔曰通寂。

【注釋】❶崔禪　即臨濟義存禪師的法嗣善崔，好用棒喝接機，以猛厲聞於時。❷後架　僧堂之後有洗面之架，名後架，為僧眾洗面處。因其側為廁所，故多以後架代指廁所。❸直饒　縱然；即使。❹真珠　即「珍珠」。❺唱導之師　即唱導師，指法會上的首座僧人始唱經文以誘導眾僧，簡稱導師。❻保社　古代鄉村的基層組織。❼法戰　指禪僧鬥機鋒。❽衣鉢錢此指僧人的日用零花錢。❾國師　指六祖慧能大師的弟子慧忠國師，其喚侍者之事，詳見本書卷五〈西京光宅寺慧忠國師〉章。❿後唐莊宗　五代後唐皇帝，姓李名存勖，即位後，北卻契丹，南滅後梁。後因驕恣荒於政事，伶人謀反，中流箭而死。⓫大梁　即後梁京都開封城。⓬幞頭　古代的頭巾，此指天子的皇冠。⓭同光　後唐莊宗的年號，此代稱後唐莊宗。

【語　譯】魏府（今河北大名）興化存獎禪師（八四〇～九二五年），問僧人道：「從什麼地方而來？」僧人回答：「從崔禪處來。」存獎問道：「把崔禪的喝帶來了嗎？」僧人回答：「沒能帶來。」存獎便說道：「這樣的話，你不是從崔禪那裡來的。」僧人便喝，存獎就打他。

存獎禪師對眾人說道：「我只聽到長廊下也吆喝，後架裡也吆喝，你們這些人不要盲目亂喝，縱然喝得我興化從半空中掉將下來，摔得氣息欲斷絕，但等到興化蘇醒起來，還是要向你們說沒有契合禪機。為什麼？我未曾向紫羅帳裡給你們諸人撒珍珠，你們向虛空裡亂喝幹什麼？」

存獎禪師對克賓維那說道：「你不久將成為唱導之師。」克賓說道：「我不加入你的保社。」存獎禪師問道：「是懂得了不加入，還是不懂得不加入呢？」克賓說道：「都不是這樣的。」存獎就打了他，並告訴僧眾道：「克賓維那鬥機鋒不勝，令他拿出衣鉢錢五千文，擺設一堂齋飯，並趕出院去。」

有禪師僧人問道：「慧忠國師招呼侍者，是什麼意思？」存獎禪師回答：「一個盲人帶領著一群瞎子。」

存獎禪師有時候招呼僧人道：「某人。」僧人應諾，存獎說道：「點名的則不到來。」再另外招呼一位僧人，那僧人也應諾。存獎就說道：「到的則不點名了。」

存獎禪師後來成為後唐莊宗的老師。後唐莊宗有一天對存獎說道：「朕收復了大梁，得到了一顆無價明珠，沒有人能夠估價。」存獎說道：「請陛下把明珠拿出來看看。」後唐莊宗就用手慢慢地展開幞頭腳，存獎說道：「君王之大寶，誰人敢估價！」玄覺禪師徵問道：「就說說興化禪師是認可莊宗皇帝，還是不認可莊宗皇帝的意見？如果是認可了莊宗皇帝的意見，那興化禪師之眼目在什麼地方？如果不認可莊宗皇帝的意見，那他的過錯又在哪裡呢？」興化禪師圓寂後，天子賜諡號曰廣濟大師，靈塔名通寂。

定州善崔禪師

定州善崔禪師。州將王公於衙署張座，請師說法。師升坐，良久，謂眾曰：「出來也打，不出來也打。」時譚空和尚出曰：「崔禪底！」師曰：「久立❶，太尉❷，珍重！」便下坐。

【注釋】❶久立　禪師下堂時的口頭禪。❷太尉　官名，秦代始設，為全國軍政首腦，與丞相、御史大夫並稱三公。東漢以後，與司徒、司空並稱三公。各代多沿用，但漸變作大官之加官。唐末五代時的藩鎮，一般都尊稱太尉。

【語譯】定州（今屬河北）善崔禪師。定州守將王公在府衙內張設講堂，請善崔禪師前去說法。善崔禪師上堂，過了很長時間，對眾人說道：「出來也打，不出來也打。」當時譚空和尚出來說道：「是崔禪的伎倆！」善崔便說道：「久立，太尉，珍重！」就下堂了。

鎮州萬歲和尚

鎮州萬歲和尚。僧問：「大眾上堂，合譚何事？」師曰：「序品第一。」問：「僧家究竟如何？」師曰：「本來且是吹灰法，卻向壇頭脫卻衣。」

師訪寶壽，初見，便展坐具，寶壽即下禪牀，師乃坐彼禪牀，寶壽驟入方丈。

少頃，知事❶白師曰：「堂頭和尚❷已關卻門也，請和尚庫頭❸喫茶。」師乃歸院。翌日，寶壽來復謁，師踞禪牀，寶壽展坐具，師亦下禪牀，寶壽還坐禪牀，師歸方丈閉關。寶壽入侍者寮❹內，取灰於方丈前圍三道而退。

【注釋】❶知事　即知客，禪寺中司掌接待賓客的僧人。❷堂頭和尚　禪寺方丈、住持的別稱。❸庫頭　寺院中司掌錢財出納的僧人，也稱副寺。❹侍者寮　侍者居住的宿舍。

【語譯】鎮州（今河北正定）萬歲和尚。有僧人問道：「僧眾上堂，應該談論什麼事？」萬歲和尚回答：「序品第一。」僧人問道：「僧家究竟之事怎樣？」萬歲和尚回答：「本來只是吹灰之法，卻向戒壇前頭脫去了衣服。」

萬歲和尚去拜訪寶壽和尚，一見面，就展開了坐具，寶壽和尚隨即走下了禪牀，萬歲和尚就坐到了他的禪牀上，寶壽和尚迅速進入了方丈室。過了片刻，知客僧來告訴萬歲和尚道：「堂頭和尚已經關上了門，請和尚到庫頭那裡去吃茶。」萬歲和尚就回到了院中。次日，寶壽和尚來回訪，萬歲和尚在禪牀上踞坐，寶壽展開了坐具，萬歲和尚也走下了禪牀，寶壽和尚也坐上了禪牀，萬歲和尚便回到了方丈室關上了門。寶壽和尚就進入侍者寮，取來草灰在方丈室門前圍了三圈，隨後回去了。

雲山和尚

雲山和尚。有僧從西京❶來，師問：「還得西京主人書來否？」僧曰：「不敢妄通消息。」師曰：「作家師僧，天然有在。」僧曰：「殘羹殘菜誰喫？」師曰：「獨有闍梨不甘喫。」其僧乃作吐勢，師喚侍者曰：「扶出遮病僧著。」僧便出去。

【注　釋】❶西京　五代後晉以洛陽為西京，北宋時以開封為東京，仍以洛陽為西京，作為陪都。

【語　譯】雲山和尚。有僧人從西京來，雲山和尚問道：「還帶來了西京主人的書信嗎？」僧人回答：「不敢妄通消息。」雲山和尚說道：「行家師僧，自然存在。」僧人說道：「殘羹殘菜給誰吃？」雲山和尚說道：「只有闍梨不甘心吃。」僧人便作出了嘔吐的樣子，雲山和尚招呼侍者道：「把這病僧攙扶出去。」僧人就出去了。

桐峰庵主

桐峰庵主❶。僧問：「和尚遮裡忽遇大蟲，作麼生？」師作吼聲，僧作怖勢，師大笑。僧曰：「遮老賊！」師曰：「爭奈老僧何！」

有僧到庵前便去，師曰：「闍梨！闍梨！」僧迴首便喝，師良久，僧曰：「死卻遮老漢。」師乃打之，僧無語，師呵呵大笑。

有僧入庵把住師，師曰：「殺人！殺人！」其僧推開曰：「叫作麼？」師曰：「誰？」僧乃喝，師打之。僧出，迴首曰：「且待！且待！」師大笑。

【注釋】❶庵主　即院主。庵，小寺廟，後世多指尼姑所居者。

【語譯】桐峰庵主。有僧人問道：「和尚這裡忽然遇見大蟲，怎麼辦？」桐峰庵主就學老虎的吼叫聲，那僧人作出恐怖的樣子，桐峰庵主大笑。僧人說道：「這個老賊！」桐峰庵主說道：「怎麼能怪老僧！」

有僧人來到庵前就回去了，桐峰庵主叫道：「闍梨！闍梨！」那僧人回頭就大喝，桐峰庵主沉默許久，那僧人說道：「死了這老漢。」桐峰庵主就打他，那僧人無語應對，桐峰庵主呵呵大笑。

有僧人進入庵中抓住桐峰庵主，桐峰庵主叫道：「殺人啦！殺人啦！」那僧人推開他說道：「叫什麼？」桐峰庵主問道：「你是誰？」僧人便喝，桐峰庵主就打他。僧人出去，回頭說道：「等著瞧！等著瞧！」桐峰庵主大笑。

杉洋庵主

杉洋庵主。有僧到參，師問：「阿誰？」曰：「杉洋庵主。」師曰：「是我。」僧便喝，師作噓聲。僧曰：「猶要棒在。」師便打。僧問：「庵主得什麼道理❶後住此山？」師曰：「也欲通箇來由，又恐遭人點檢。」僧曰：「又爭免得！」師乃喝之，僧曰：「恰是。」師乃打，其僧大笑而出。師曰：「今日大敗！大敗！」

【注釋】❶道理　通貫事務本真之義稱道理。此指禪理。

【語譯】杉洋庵主。有僧人前來參拜，杉洋庵主問道：「你是誰？」僧人回答：「是杉洋庵主。」杉洋庵主說道：「那是我。」那僧人便喝，杉洋庵主就發出噓聲。那僧人說道：「還想要挨打。」杉洋庵主就打他。

僧人問道：「庵主得到了什麼道理後住持在這山上？」杉洋庵主說道：「也想說一說原因，卻又擔心遭到別人的指責。」僧人說道：「又怎麼能避免！」杉洋庵主便喝，僧人說道：「正是這樣。」杉洋庵主就打他，那僧人就大笑著出去。杉洋庵主說道：「今天大敗了！大敗了！」

涿州紙衣和尚

涿州紙衣和尚，初問臨濟：「如何是奪人❶不奪境❷？」臨濟曰：「春煦❸發生鋪地錦❹，嬰兒垂髮白如絲。」師曰：「如何是奪境不奪人？」曰：「王令已行天下徧，將軍塞外絕煙塵❺。」師曰：「如何是人境俱不奪？」曰：「王登寶殿，野老謳謌。」師曰：「如何是人境俱奪？」曰：「并、汾絕信，獨處一方。」師於言下領旨，深入三玄三要四句之門，頗資化道。

【注釋】❶奪人　指破除、擯棄「我執」。佛教認為「我」只是因緣和合的假象，並無真性實體，世人執著於「我」，以為是有主宰、實在的自體，便將產生種種謬誤與煩惱。❷奪境　指破除、擯棄「法執」。佛教認為「法」即一切事物與現象，「法」無自性，處於剎那生滅變化之中，世人執著於「法」，予以虛妄分別，而妨礙其對真如的悟解與體驗。❸煦　溫暖。❹鋪地錦　形容春日繁花競放，遍地似錦。❺王令已行二句　此句指雖然天子具有至高無上的權威，其命令已頒行天下，但遠在塞外的將軍面臨軍機敵情，卻仍然有臨時處理的權力。禪師常以此啟示學人當以我為主，來領悟自心是佛。

【語譯】涿州（今屬河北）紙衣和尚，當初問臨濟義玄和尚道：「怎樣是奪人不奪境？」臨濟和尚回答：「春陽溫暖，遍地繁花似錦；嬰兒垂下的頭髮卻銀白如蠶絲。」紙衣和尚問道：「怎樣是奪境不奪人？」臨濟和尚回答：「天子的命令雖然已頒行天下，但遠在塞外的將軍卻仍有處置軍機敵情的權力。」紙衣和尚問道：「怎樣是人境俱不奪?」臨濟和尚回答：「天子登上寶殿，郊野老人在歌唱。」紙衣和尚問道：「怎樣是人境俱奪?」臨濟回答：「并州（今山西太原）、汾州（今山西汾陽）斷絕了音訊，獨自處在一方。」紙衣和尚即於言語下領悟了其中微旨，深入三玄三要四句之門，對教化之道大有幫助。

【說　明】紙衣和尚所問的，即是臨濟禪學的重要內容「四料簡」。一般而言，人指人我之人，即是主體，境即兼具事境與理境而言，是對象，所謂森羅萬象即是境。對此，臨濟和尚用兩句偈語式的譬喻以作解釋。一，其「奪人不奪境」是針對執著於「我」的人。具「我執」者常以主觀偏見而委曲其對事物的看法。故對此須破除其自我的執著，而存外境，以做到客體之處不立主體，萬法之外不識本心。臨濟和尚所謂「春煦發生鋪地錦，嬰兒垂髮白如絲」，即是存境（前一句）而奪人（後一句）。二，「奪境不奪人」是針對「法執」者而言的。執著於「法」者，常以客觀世界為實有，見山是山，見水是水，而不知此山水只是人心所現之境，並不具客觀真實性。故奪境即是破除其認為客觀世界具有真實性的看法，而了悟境不離心，境為心之所現。臨濟和尚所說的「王令已行天下徧，將軍塞外絕煙塵」，即是奪境（前一句）而存人（後一句）。三，「人境俱奪」是針對法、我兩執皆重者。臨濟和尚所謂「并、汾絕信，獨處一方」，是既奪人以破除我執，又奪境以破除法執，只有人、境兩破，才能悟入真如之境。四，「人境俱不奪」是指參禪者見解出格，既不執著於我，也不執著於法，已自證自悟，真正達到了自由自在的境界，見山是山，見水是水，而此山水又非人們感官所映現的赤裸世界，而是心物交融而成的錦繡山水。故所謂「王登寶殿，野老謳謌」，即是人境俱不奪之境界，真實而又自然，無絲毫的造作。可見，所謂四料簡中的奪與不奪，即是臨濟宗禪師接引不同根器的學人時對機縱擒的重要手段之一。

虎溪庵主

虎溪庵主。僧到，抽坐具相看❶，師不顧。僧曰：「知道庵主有此機風❷。」

師鳴指❸一聲，僧曰：「是何宗旨？」師便摑之。僧曰：「知道今日落人便宜。」師曰：「猶要棒在。」

有僧纔入門，師便喝。僧默然，師打之，僧卻喝。師曰：「好箇草賊！」僧到不審，師曰：「阿誰？」僧喝，師曰：「得恁麼無賓主？」僧曰：「猶要第二喝在。」師乃喝之。

有僧問：「和尚何處人事？」師云：「隴西人。」僧云：「承聞隴西有鸚鵡，還實也無？」師云：「是。」僧云：「和尚莫不是也無？」師便作鸚鵡聲。僧云：「好箇鸚鵡！」師便棒之。

【注　釋】❶相看　相對；看。❷機風　同「機鋒」。❸鳴指　彈指；打響指。

【語　譯】虎溪庵主。有僧人來到，抽出坐具參見，虎溪庵主沒有理睬他。僧人說道：「知道庵主有這機鋒。」虎溪庵主就打了一個響指，僧人問道：「是什麼意思？」虎溪庵主就摑了他一巴掌。僧人說道：「就知道今天要被人占了便宜。」虎溪庵主說道：「還要挨棒打。」

有一個僧人才進入庵門，虎溪庵主便喝。那僧人沒有反應，虎溪庵主就打了他，那僧人卻大喝。虎溪庵主說道：「好一個草賊！」

有僧人到來問訊，虎溪庵主問道：「你是誰？」僧人便喝，虎溪庵主說道：「怎麼不分賓主呢？」僧人說道：「還想要喝第二聲。」虎溪庵主便大喝。

有僧人問道：「和尚是哪裡人？」虎溪庵主回答：「隴西（今甘肅）人。」僧人問道：「聽說隴西出產鸚鵡，是不是真的？」虎溪庵主回答：「是的。」僧人問道：「和尚大概不是鸚鵡吧？」虎溪庵主就模仿鸚鵡的叫聲。僧人說道：「好一個鸚鵡！」虎溪庵主就用棒打他。

覆盆庵主

覆盆庵主，問僧：「什麼處來？」曰：「覆盆山下來。」師曰：「還見庵主否？」僧便喝，師便掌。僧曰：「作麼？」師又喝。

一日，有僧從山下哭上，師閉庵門。僧於門上畫一圓月相。師從庵後出，卻從山下哭上。僧喝曰：「猶作遮箇去就❶在。」師便換手搥胸曰：「可惜先師一場❷埋沒。」僧曰：「苦！苦！」師曰：「庵主被謾。」

【注　釋】❶去就　舉止；態度。❷一場　一回；一番。

【語　譯】覆盆庵主，問僧人道：「從什麼地方來的？」僧人回答：「從覆盆山下來。」覆盆庵主問道：「還看見庵主嗎？」僧人便喝，覆盆庵主就用手掌打他。僧人問道：「幹什麼？」覆盆庵主又大喝。

有一天，有一個僧人從山下哭著上山來，覆盆庵主就關上了庵門。那僧人在庵門上畫了一個圓月的圖像。覆盆庵主從庵後門出去，再從山下哭著上山來。僧人喝道：「還做出這般模樣。」覆盆庵主就用雙手輪換著搥胸道：「可惜先師被一起埋葬了。」僧人叫道：「苦啊！苦啊！」覆盆庵主說道：「庵主被欺騙了。」

襄州歷村和尚

襄州歷村和尚，煎茶次，僧問：「如何是祖師西來意？」師舉茶匙子。僧曰：「莫只遮便當否？」師擲向火中。問：「如何是觀其音聲而得解脫？」師將火筯打柴頭❶，問：「汝還聞否？」曰：「聞。」師曰：「誰不解脫？」

【注釋】❶柴頭　即木柴。

【語譯】襄州（今湖北襄陽）歷村和尚，煎茶的時候，有僧人問道：「什麼是祖師西來的意旨？」歷村和尚舉起了茶匙子。僧人問道：「莫非只這個能承當嗎？」歷村和尚把它拋到了火中。僧人問道：「什麼是觀聽其聲音而得到解脫？」歷村和尚用火夾擊打木柴，問道：「你還聽到了嗎？」僧人回答：「聽到了。」歷村和尚問道：「誰沒有解脫？」

滄州米倉和尚

滄州米倉和尚。州牧❶請師與寶壽和尚入廳供養，令人傳語請二長老譚論佛法。壽曰：「請師兄長老答話。」師喝之，壽曰：「某甲尚未借問，何便行喝？」師曰：「猶欠少在。」壽卻與一喝。

【注釋】❶州牧　古代州一級的地方長官。

【語譯】滄州（今屬河北）米倉和尚。州牧請米倉和尚與寶壽和尚到州衙內接受供養，並令人傳話，請兩位長老談論佛法。寶壽和尚說道：「請師兄長老答話。」米倉和尚便大喝，寶壽和尚說道：「我還沒有提問，為什麼就吆喝了？」米倉和尚說道：「還有缺少的。」寶壽和尚也對他喝了一聲。

【說明】鎮州臨濟義玄禪師的法嗣還有齊聳大師、涿州秀禪師、浙西善權徹禪師、金沙禪師、允誠禪師與新羅國智異山和尚六人，因無機緣語句，故未收錄。

前睦州陳尊宿法嗣

睦州刺史陳操

睦州刺史陳操，與僧齋次，拈起餬餅❶，問僧：「江西、湖南❷還有遮箇麼？」僧曰：「尚書適來喫什麼？」陳曰：「敲鐘謝響。」又一日，齋僧次，躬行餅，僧展手接，陳乃縮手，僧無語。陳曰：「果然！果然！」異日，問僧曰：「有箇事與上座商量，得麼？」僧曰：「合取狗口❸。」陳自摑曰：「操罪過。」僧曰：「知過必改。」陳曰：「恁麼即乞上座口喫飯。」又齋僧，自行食次，曰：「上座施食。」上座曰：「三德六味❹。」陳曰：「錯。」上座無對。

又與寮屬登樓次，有數僧行來，一官人曰：「來者總是行腳僧。」陳曰：「不是。」曰：「焉知不是？」陳曰：「待近與問。」相次❺諸僧樓前行過，陳驀喚：「上座！」僧皆迴顧。陳謂諸官曰：「不信道？」又與禪者頌曰：「禪者有玄機，機玄是復非。欲了機前旨，咸於句下違。」

【注　釋】❶餬餅　用米、麥粉調成糊狀而煮成的餅。❷江西湖南　江西借指馬祖道一禪師，湖南借指南嶽石頭希遷禪師。❸狗口　即狗嘴，罵人話。❹三德六味　食物的六種味道。《南本涅槃經》：「其食甘味有六種味，一苦、二醋（酸）、三甘、四辛、五鹹、六淡。复有三德，一者輕軟，二者淨潔，三者如法。」三德又指法身德、般若德與解脫德。❺相次　相續；隨即。

【語　譯】睦州（今浙江建德梅城）刺史陳操，與僧眾吃齋食時，拿起餬餅，問僧人道：「江西、湖南還有這個嗎？」僧人反問：「尚書剛才吃的是什麼？」陳操說道：「敲鐘感謝回響。」又有一天，陳操給僧眾施捨齋飯時，親自發餅，僧人展開雙手來接，陳操卻把手縮了回來，僧人無語以對。陳操說道：「果然如此！果然如此！」另外有一天，陳操問僧人道：「有件事情要與上座商量，可以嗎？」僧人回答：「應閉上狗嘴。」陳操自己打著自己的嘴巴道：「陳操的罪過。」僧人說道：「知道過錯一定要改。」陳操說道：「這樣的話，就請借用上座的嘴巴吃飯。」又有一次，陳操給僧眾施捨齋飯，自己來分發食物，對上座說道：「上座請吃。」上座說道：「三德六味。」陳操說道：「錯。」上座無語應對。

陳操又有一天與部屬一起登樓的時候，看見幾位僧人走過來，有一位官員說道：「來的都是行腳僧人。」陳操說道：「不對。」那官員問道：「怎麼知道不對？」陳操說道：「等他們走近了問問看。」隨即諸僧人從樓前經過，陳操忽然招呼道：「上座！」眾僧都回頭觀望。陳操對眾官員說道：「還不相信我的話？」陳操又送給禪者偈頌道：「禪者有玄機，機玄是又非。欲了機前旨，皆於句下違。」

【說　明】睦州陳尊宿的法嗣還有睦州嚴陵釣臺和尚一人，因無機緣語句，故未收錄。

前鄧州香嚴智閑禪師法嗣

吉州止觀和尚

吉州止觀和尚。問：「如何是毗盧師？」師攔胸與一托。問：「如何是頓？」師云：「非梁、陳❶。」

【注　釋】❶梁陳　指南朝梁與陳兩朝。

【語　譯】吉州（今江西吉安）止觀和尚。有僧人問道：「什麼是毗盧師？」止觀和尚攔胸推了他一下。僧人又問道：「什麼是頓悟？」止觀和尚回答：「不是梁、陳。」

壽州紹宗禪師

壽州紹宗禪師。問：「如何是西來意？」師曰：「好事不出門，惡事行千里❶。」

有官人謂師曰：「見說江西不立宗。」師曰：「遇緣即立。」曰：「遇緣立箇什麼？」師曰：「江西不立宗。」

【注　釋】❶好事不出門二句　好事不容易被人知道，壞事很快就傳揚出去。

【語　譯】壽州（今安徽鳳臺）紹宗禪師。有僧人問道：「什麼是祖師西來的意旨？」紹宗回答：「好事不出門，惡事行千里。」

有位官員對紹宗禪師說道：「聽說江西馬祖不建立宗派。」紹宗說道：「遇到有緣就建立。」那官員問道：「遇到有緣建立個什麼？」紹宗回答：「江西馬祖不建立宗派。」

襄州延慶法端禪師

襄州延慶法端，號紹真大師。官人問：「蚯蚓斬兩段，兩頭俱動，佛性在阿那頭？」師展兩手。洞山別云：「即今問底在那箇頭？」

【語　譯】襄州（今湖北襄陽）延慶法端，法號紹真大師。有官員問道：「蚯蚓被斬成兩段，兩段都在動，佛性在哪一頭？」法端大師展開了雙手。洞山和尚別為回答：「現在提問的人在哪一頭？」

【說　明】本章內容重見於本書卷一一〈溈山靈祐禪師法嗣．襄州延慶山法端大師〉章，此處疑衍。

益州南禪無染大師

益州南禪無染大師。問：「無句❶之句，師還答也無？」師曰：「從來只明恁麼事。」僧曰：「畢竟如何？」師曰：「且問看。」

【注釋】❶無句　有無四句之一，指我與五蘊身皆無之外道見，名為無句，即斷見。

【語譯】益州（今四川成都）南禪無染大師。有僧人問道：「無句之句，大師還回答嗎？」無染大師回答：「我從來就只明白這件事情。」僧人問道：「畢竟怎麼樣？」無染大師回答：「姑且問問看。」

益州長平山和尚

益州長平山和尚。問：「視瞬不及處如何？」師曰：「我眨眼也勿功夫。」

問：「如何是祖師意？」師曰：「西天來，唐土❶去。」

【注釋】❶唐土　唐朝的國土，即中華。

【語譯】益州（今四川成都）長平山和尚。有僧人問道：「因眨眼而看不到的地方怎麼樣？」長平山和尚回答：「我連眨眼也沒有功夫。」僧人問道：「什麼是祖師西來的意旨？」長平山和尚回答：「從西天而來，到大唐國土而去。」

益州崇福演教大師

益州崇福演教大師。問：「如何是寬廓❶之言？」師曰：「無口得道。」問：「如何是西來意？」師曰：「今日、明日。」

【注　釋】❶寬廓　通「寬闊」。

【語　譯】益州（今四川成都）崇福演教大師。有僧人問道：「什麼是寬闊的話？」演教大師回答：「沒有一張嘴巴能說。」僧人問道：「什麼是祖師西來的意旨？」演教大師回答：「今日、明日。」

【說　明】演教大師認為初祖達磨西來中土的意旨就如同「今日、明日」一樣平常，要求學人不要著眼於遙遠的、歷史上的祖師如何，而應重視當下、現實之事。此當為禪宗與其他宗教頗為不同之處。

安州大安山清幹禪師

安州大安山❶清幹禪師。問：「從上諸聖從何而證？」師乃斫額。問：「如何是祖師西來意？」師曰：「羊頭車子❷推明月。」

【注　釋】❶大安山　在湖北安陸縣西六十里，四面陡峭，其頂平坦，可數里許。❷羊頭車子　即羊角車，一種農村手推的小車。

【語　譯】安州（今湖北安陸）大安山清幹禪師。有僧人問道：「從前諸位聖人從什麼地方參悟？」清幹便敲擊額頭。僧人問道：「什麼是祖師西來的意旨？」清幹回答：「羊頭車子推明月。」

終南山豐德寺和尚

終南山豐德寺❶和尚。問：「如何是和尚家風？」師曰：「觸事面牆❷。」問：「如何是本來事？」師曰：「終不更問人。」

【注　釋】❶豐德寺　隋朝開皇三年，智藏法師在終南山豐谷東阜結庵隱居，以山水交映，邑野相望，有終老之志。隋文帝念其高德，就其居所立豐德寺，殿堂輝映，靈塔聳然，遠在五十里外的京師內也可見其形。❷面牆　即「面壁」，坐禪的別名。

【語　譯】終南山豐德寺和尚。有僧人問道：「什麼是和尚的家風？」豐德寺和尚回答：「遇事面壁。」僧人問道：「什麼是本來之事？」豐德寺和尚回答：「終究不再問人。」

均州武當山佛巖暉禪師

均州武當山佛巖暉禪師。問：「頃年❶有疾，又中毒藥，請師醫。」師曰：「二宜湯❷一椀。」又問：「如何是佛向上事？」曰：「螺髻子❸。」

【注　釋】❶頃年　往年。❷二宜湯　也稱作黃龍湯。唐、宋時口語稱大便、小便為大宜、小宜。古代寺院中僧人疾病，往往服用以人畜尿便所成之藥。《濟緣記》曰：「小便治癆，大便解熱，名黃湯。」唐代僧人義淨三藏對此痛加斥責，認為「雖加美名，穢惡斯極」。❸螺髻子　髮髻盤旋如螺，故名。佛經上稱佛陀之前身為螺髻仙人，編髮如螺髻。

【語　譯】均州（今湖北十堰市東北）武當山佛巖暉禪師。有僧人說道：「我往年生了病，又吃了毒藥，請和尚醫治。」暉禪師說道：「二宜湯一碗。」又有人問道：「什麼是佛向上事？」暉禪師回答：「螺髻子。」

江州廬山雙溪田道者

江州廬山雙溪田道者❶。問：「如何是啐啄❷之機？」師以手作啄勢。問：

「如何是西來意？」師曰：「什麼處得箇問頭❸來？」

【注　釋】❶道者　原指修行佛道者，後禪林中特指投佛寺求出家而未得度者，即行者。❷啐啄　一啐一啄之時，喻倉猝、短促。❸問頭　問題，也特指審問時寫在書面上的問題。

【語　譯】江州（今江西九江）廬山雙溪田道者。有僧人問道：「什麼是啐啄之機？」田道者用手作出鳥啄東西的樣子。僧人問道：「什麼是祖師西來的意旨？」田道者反問道：「從什麼地方弄來這麼個問頭？」

【說　明】鄧州香嚴智閑禪師的法嗣還有益州照覺寺和尚與睦州東禪和尚兩人，因無機緣語句，故未收錄。

前福州雙峰和尚法嗣

雙峰古禪師

雙峰古禪師，第二世。本業講經，因上雙峰禮謁，雙峰問云：「什麼處住？」曰：「城裡住。」雙峰曰：「尋常還思老僧否？」曰：「常思和尚，無由禮覲。」雙峰曰：「只遮思底便是大德。」師從此領旨，即歸本寺，捨所居，罷講入山，執侍數年。後到石霜，但隨眾已，更不參請。眾僉❶謂古侍者嘗受雙峰印記，往往聞于石霜。霜欲詰其所悟，而未得其便。師因辭石霜，霜將拂子送出門首，召曰：「古侍者！」師迴首，霜曰：「擬著即差，是著即乖，不擬不是，亦莫作箇會。

除非知有，莫能知之。好去！好去！」師應諾，諾即前邁。尋屬雙峰示寂，師乃繼續住持。僧問：「和尚當時祗對石霜，霜恁麼道意作麼生？」師曰：「只教我不著是非。」玄覺云：「且道他會石霜意不會？」

【注釋】❶僉　都；全部。

【語譯】雙峰古禪師，第二世住持。本來專以講經為事業，因為上雙峰參謁，雙峰和尚問道：「你在什麼地方居住？」古禪師回答：「在城裡居住。」雙峰和尚問道：「平日裡還想過老僧嗎？」古禪師回答：「常常想和尚，只是沒有機會前來禮拜。」雙峰和尚說道：「只這樣想的就是大德。」古禪師從此領悟密旨，隨即回到原住的寺院，捨棄其住所，不再講經，入山侍從雙峰和尚數年。後來古禪師來到了石霜和尚處，但只是隨眾進退，從不參謁請益。眾僧人都說古侍者曾經接受過雙峰和尚的印記，這樣的言談常常傳到石霜和尚的耳裡。石霜和尚想要驗證一下古禪師所領悟者，但沒有找到合適的機會。後來古禪師向石霜和尚辭行，石霜和尚拿著拂塵送出門口，招呼道：「古侍者！」古禪師回頭，石霜和尚說道：「思慮即錯誤，肯定也不對，不思慮、不肯定，也不要作這樣的領會。除非知道了，否則也沒法知道。好好去吧！好好去吧！」古禪師點頭應承，應承後立刻向前邁步而去。不久遇到雙峰和尚圓寂，古禪師便繼任住持。有僧人問道：「和尚當時應承石霜和尚時，石霜和尚這樣說是什麼意思？」古禪師回答：「他只教我不要執著於是非。」玄覺禪師說道：「說說看他是領會還是沒有領會石霜和尚的意思？」

前杭州徑山第三世洪諲禪師法嗣

洪州米嶺和尚

洪州米嶺和尚，尋常垂語曰：「莫過於此。」僧問：「未審是什麼莫過於此？」師曰：「不出是。」其僧後問長慶：「為什麼不出是？」慶云：「汝擬喚作什麼？」

【語譯】洪州（今江西南昌）米嶺和尚，平日常對眾僧說道：「沒有過於此的。」有僧人問道：「不知道是什麼沒有過於此的？」米嶺和尚回答：「沒有超過此的。」那僧人後來問長慶慧稜禪師道：「為什麼沒有超過此的？」長慶禪師說道：「你打算叫作什麼？」

【說明】杭州徑山洪諲禪師的法嗣還有盧州棲賢寺寂禪師、臨川義直禪師與杭州功臣院令道禪師三人，因無機緣語句，故未收錄。

前揚州光孝院慧覺禪師法嗣

昇州長慶道巘禪師

道巘禪師，盧州人也，姓劉氏。初參侍覺和尚，便領悟微言，即於湖南大光山剃度。暨化緣彌盛，受請止昇州長慶禪苑❶。

師一日上堂謂眾曰：「彌勒世尊❷朝入伽藍，暮成正覺。說偈云：『三界上下法，我說皆是心。離於諸心法，更無有可得。』看他恁麼道，也大殺❸惺惺❹。若比吾徒❺，猶是鈍漢。所以一念見道，三世情盡。如印印泥，更無前後。諸子生死事大，快須薦取，莫為等閑。業識茫茫，蓋為迷己逐物。世尊臨入涅槃，文殊請佛再轉法輪。世尊咄文殊言：『吾四十九年住世，不曾一字與人。汝請吾再轉法輪，是謂吾曾轉法輪也。』然今時眾中建立箇賓主問答，事不獲已，蓋為初心❻爾。」僧問：「如何是長慶境？」師曰：「闍梨履踐❼看。」問：「如何是佛法大意？」師曰：「古人豈不道今日三月三❽？」僧曰：「學人不會。」師曰：「止！止！不須說，我法妙難思。」便下座。咸平二年示寂。

【注　釋】❶長慶禪苑　禪寺名，在南京市，唐代開元二十九年，唐玄宗詔改寶寧寺為長慶寺，更新殿宇，並建造了佛塔。❷彌勒世尊　即彌勒菩薩。世尊為佛之尊號，以佛具萬德，為世所尊重，又於世獨尊，故名。彌勒菩薩為未來世之佛，故也有世尊之號。❸大殺　即「大煞」，十分、甚的意思。❹惺惺　聰明；清醒。❺吾徒　此指參悟禪學者。❻初心　又稱初機，指初學的僧人。❼履踐　實踐。❽三月三　古人於農曆三月上巳日（魏、晉以後固定於三月三日）到水邊嬉遊，以消除不祥，稱作修禊。

【語　譯】道巘禪師（？～九九九年），廬州（今安徽合肥）人，俗姓劉。道巘初次參拜慧覺和尚時，就已領悟佛道微旨，隨即在湖南大光山剃度出家。等到教化之緣更為興盛，他就接受了邀請住持昇州（今江蘇南京）長慶禪苑。

有一天，道巘禪師上堂對眾人說道：「彌勒世尊早晨進入寺院，傍晚就修成了正覺，並說了一首偈頌道：『三界上下法，我說皆是心。離絕諸心法，更無有可得。』看他這樣講說，也是十分明白的了。但如果用吾宗徒眾來作比較，還是一個愚鈍的傢伙。所以說一念之間明悟了大道，三世之情就終結了。如同是用印章印在泥土上，完全沒有先後的區別。諸位，生死之事重大，應趕快加以認識，不要等閒視之。人們的業識茫茫，是因為其迷失了自心而追逐物欲的緣故。如來世尊臨入涅槃之時，文殊請佛陀再轉一次法輪。世尊叱責文殊道：『我住世四十九年，從沒有給人說過一個字。你請我再轉一次法輪，是說我曾經轉過法輪啊！』故而現今在眾人之中建立一個賓主問答，實在屬於不得已的事，還是為了接引初學者罷了。」有僧人問道：「什麼是長慶的境界？」道巘回答：「闍梨實踐一下看看。」僧人問道：「什麼是佛法大意？」道巘反問道：「古人難道沒有說過今天是三月三日嗎？」僧人回答：「學生不能領會。」道巘說道：「停止！停止！不必講說，我的道法微妙得難以想像。」說完就下座了。道巘禪師於宋代咸平二年（九九九年）圓寂。

懷讓禪師下六世

前袁州仰山南塔光涌禪師法嗣

越州清化全怤禪師

越州清化全怤禪師，吳郡崑山人也。父賈販，師隨至豫章，聞禪會之盛，遂啟求出家，即詣江夏投清平大師。清平問曰：「汝來何求？」曰：「求法也。」清平異而攝❶之。尋登戒度，奉事彌謹。一日自謂曰：「學無常師，豈宜匏❷繫於此乎？」即辭，抵宜春仰山，禮南塔涌和尚。涌問：「從何而來？」師曰：「鄂州來。」涌曰：「鄂州使君名什麼？」曰：「化下❸不敢相觸。」涌曰：「此地通❹不畏。」師曰：「大丈夫何必相試！」涌囅然❺而笑，遂印可。時廬陵安福縣宰為建應國禪苑，迎以聚徒，本道❻上聞，賜名清化焉。

僧問：「如何是和尚急切為人處？」師曰：「朝看東南，暮看西北。」僧曰：「不會。」師曰：「徒誇東陽❼客，不識西陽❽珍。」問：「如何是正法眼？」師曰：「不可青天白日尿牀也。」

師後因同里僧勉還故國，錢氏文穆王❾特加禮重。晉天福二年丁酉歲，錢氏戍將❿闢雲峰山建院，亦以「清化」為名，法侶臻萃。

僧問：「如何是佛法大意？」師曰：「華表柱頭木鶴飛。」問：「路逢達道人，不將語默對。未審將什麼對？」師曰：「眼裡瞳人⓫吹叫子⓬。」

問：「和尚年多少？」師曰：「始見去年九月九，如今又見秋葉黃。」僧曰：「恁麼即無數也。」師曰：「問取黃葉。」曰：「畢竟事如何？」師曰：「六隻骰子滿盆紅。」

問：「亡僧遷化向什麼處去？」師曰：「長江無間斷，聚沫⓭任風飄。」曰：「還受祭祀也無？」師曰：「祭祀不無。」僧曰：「如何祭祀？」師曰：「魚歌⓮舉櫂，谷裡聞聲。」

至忠獻王⓯賜以紫方袍，師不受。王改以衲衣，仍號純一禪師。師曰：「吾非飾讓也，慮後人倣吾而逞欲耳。」漢開運四年丁未秋七月示疾，安然坐逝，有大風震摧林木。壽六十六，臘四十五。

【注　釋】❶攝　吸收。此指收留為徒。❷匏　植物名，葫蘆的一種。❸化下　此指教化所及之處的百姓。❹通　共；完全。❺囅然　大笑貌。❻道　唐、五代時的行政區域。唐代全國設十八道，道下設州。❼東陽　古地名，地當今浙江省金華江、衢江流域地區。❽西陽　古地名，地當今湖北東部蘄州等地區。❾文穆王　即錢元瓘，錢鏐第七子，襲封吳越國王，在位十年，善撫將士，好儒學，然性奢侈，好治宮室，後因宮殿火災而驚恐致病，卒，諡文穆。❿戍將　戍守邊防的將官。⓫瞳人　瞳孔的俗稱。⓬叫子　哨子。⓭聚沫　以喻有為法之無常，《維摩經・方便品》：「此身如聚沫，不可撮摩。」沫，水泡。⓮魚歌　即漁歌。⓯忠獻王　錢元瓘之子錢佐，襲封吳越國王，在位七年，卒，諡忠獻。

【語　譯】越州（今浙江紹興）清化全怤禪師（八八二～九四七年），吳郡崑山（今屬江蘇）人。全怤的父親是一位商販，他隨父來到豫章（今江西南昌），得知當時禪寺法會很興盛，就要求出家，隨即到江夏（今湖北武漢）投奔清平大師。清平大師問道：「你來這裡求什麼？」全怤回答：「求佛法。」清平大師甚為驚奇，而收為弟子。不久，全怤便剃度受戒，侍奉清平大師十分謹慎。有一天，全怤自言道：「學無常師，難道可以像葫蘆繫於藤條一樣長待在此嗎？」於是他就辭別清平大師，抵達宜春（今屬江西）仰山，禮拜南塔光涌和尚。光涌和尚問道：「你從什麼地方來的？」全怤回答：「從鄂州（今湖北武漢）來。」光涌和尚問道：「鄂州太守名叫什麼？」全怤回答：「化下之人不敢觸犯其名諱。」光涌和尚說道：「這裡完全不用怕。」全怤說道：「大丈夫何必作試驗！」光涌和尚開懷大笑，印可了他的說法。當時廬陵安福縣（今屬江西）縣令為全怤創建了應國禪院，迎請全怤聚集僧徒以教化佛道，本道長官上奏朝廷，請賜寺院名叫清化禪寺。

有僧人問道：「什麼是和尚急切接引學人之處？」全怤禪師回答：「早晨看東南，傍晚看西北。」僧人說道：「沒有領會。」全怤說道：「徒然誇口自稱是東陽客商，卻不認識西陽出產的珍寶。」僧人問道：「什麼是正法眼？」全忖回答：「不可在青天白日裡去尿牀。」

全忖禪師後來因為同鄉僧人的勸勉而還到故鄉，吳越國文穆王錢文瓘對他特加禮重。後晉天福二年丁酉歲（九三七年），吳越國戍將於雲峰山創置寺院，也以「清化」為寺名，學法僧侶從四方匯集而來。

有僧人問道：「什麼是佛法大意？」全忖禪師回答：「華表柱頭上的木鶴飛舞而去。」僧人問道：「道路上遇到通達大道之人，不能用語言或沉默來應對。不知道應該用什麼來應對？」全忖回答：「眼睛裡的瞳孔在吹哨子。」

有僧人問道：「和尚多大年歲了？」全忖禪師回答：「剛經過去年的九月九，現在又看見秋葉黃了。」僧人說道：「這樣的話就無法計數了。」全忖說道：「去問黃葉吧。」僧人問道：「究竟之事怎樣？」全忖回答：「六隻骰子擲出了滿盆紅點。」

有僧人問道：「僧人死亡以後到什麼地方去？」全忖禪師回答：「長江之流水從無間斷，聚集的泡沫隨風飄散。」僧人問道：「是否還接受人們的祭祀？」全忖回答：「祭祀倒不能沒有。」僧人問道：「應該怎樣祭祀？」全忖回答：「口唱漁歌舉起槳板，山谷裡迴盪著歌聲。」

到了吳越忠獻王時，賜給全忖禪師一襲紫方袍，全忖不肯接受。吳越王就改賜僧衣，並賜號純一禪師。全忖說道：「我不是虛偽地推讓，而是擔心後人仿效我而縱逞私欲罷了。」

後漢開運四年丁未歲（九四七年）秋七月，全忖禪師患了病，安然圓寂，當時大風吹折了樹木。全忖禪師享年六十六歲，法臘為四十五歲。

郢州芭蕉山慧清禪師

郢州芭蕉山慧清禪師，新羅人。僧問：「如何是芭蕉水？」師曰：「冬溫夏涼。」問：「如何是吹毛劍[1]？」師曰：「進前三步。」僧曰：「用者如何？」

師曰：「退後三步。」問：「如何是和尚為人一句？」師曰：「只恐闍梨不問。」

師上堂，謂眾曰：「會麼？相悉者少，珍重！」問：「不語有問時如何？」師曰：「未出三門千里程。」問：「如何是自己？」師曰：「望南看北斗。」問：「光境俱亡，復是何物？」師曰：「知。」僧曰：「知箇什麼？」師曰：「建州九郎。」問：「如何是提婆宗❷？」師曰：「赤幡在左。」

師問僧：「近離什麼處？」僧曰：「請師試道看。」師曰：「將謂是船上商人，元來是當州小客。」

僧問：「不問二頭三首❸，請師直指本來面目。」師默然正坐。

僧問：「賊來須打，客來須看，忽遇客賊俱來時如何？」師曰：「屋裡有一緉❹破草鞋。」僧曰：「只如破草鞋，還堪受用也無？」師曰：「汝若將去，前凶後吉。」

僧問：「北斗裡藏身，意旨如何？」師曰：「九九八十一。」師又曰：「會麼？」僧曰：「不會。」師曰：「一二三四五。」

問：「古佛未出興❺時如何？」師曰：「千年茄子根。」曰：「出興後如何？」師曰：「金剛努出眼❻。」

師上堂，良久曰：「也大相辱，珍重！」

【注　釋】❶吹毛劍　形容刀劍鋒利，吹毛可斷。唐詩人韓愈〈題炭谷湫祠堂〉詩：「吁無吹毛劍，血此片蹄殷。」❷提婆宗　又稱龍樹宗，三論之空論，為龍樹與提婆兩大士所顯揚者。❸二頭三首　也作兩頭三面，比喻當面一套，背後一套。❹緉　雙；對。❺出興　出世興教。❻金剛努出眼　佛寺山門兩側，通常兀立著威嚴的兩位金剛像，頭戴寶冠，裸露上身，現忿怒相。努出眼，即「怒目」，瞪眼。在寺院塑像中，金剛與菩薩的風貌形成強烈對比，故有「金剛努（怒）目，菩薩低眉」之說。佛教中認為「金剛努目，所以降伏四魔；菩薩低眉，所以慈悲六道」，即金剛降伏四魔與菩薩普渡眾生，只是各自「方便」之不同。

【語　譯】郢州（今湖北鍾祥）芭蕉山慧清禪師，新羅人。有僧人問道：「什麼是芭蕉水？」慧清回答：「冬天溫暖，夏天涼快。」僧人問道：「什麼是吹毛立斷之劍？」慧清回答：「向前進三步。」僧人問道：「使用的人怎麼樣？」慧清回答：「向後退三步。」僧人問道：「和尚接引學人的一句話是什麼？」慧清回答：「只怕闍梨不問。」

慧清禪師上堂，對眾僧說道：「領會了嗎？完全知道的人少，大家珍重！」有僧人問道：「不說話卻有問題時怎麼樣？」慧清回答：「未出山門卻有千里路程。」僧人問道：「什麼是自己？」慧清回答：「朝著南方眺望北斗星。」僧人問道：「光與境都沒有了，又是什麼東西？」慧清回答：「知。」僧人問道：「知個什麼？」慧清回答：「建州九郎。」僧人問道：「什麼是提婆宗？」慧清回答：「紅旗在左邊。」

慧清禪師問僧人道：「最近離開了什麼地方？」僧人說道：「請和尚說說看。」慧清說道：「本以為是海船上的大商賈，卻原來是本地的小客販。」

有僧人說道：「我也不問兩頭三面，請和尚直截了當地告訴我本來面目。」慧清禪師端坐著默然不語。有僧人問道：「盜賊來了應把他打出去，客人來了應招待，忽然盜賊與客人一起來的時候怎麼辦？」慧清禪師回答：「房間內有一雙破草鞋。」僧人問道：「就算是破草鞋，是否還有點用處？」慧清回答：「你如果拿去，起初有凶險，後來就轉為吉利。」

有僧人問道：「北斗星裡藏身，是什麼意思？」慧清禪師回答：「九九八十一。」慧清又問道：「領會了嗎？」僧人回答：「沒有領會。」慧清說道：「一二三四五。」

有僧人問道：「古佛沒有出世教化時怎麼樣？」慧清禪師回答：「千年茄子根。」僧人問道：「出世教化後怎麼樣？」慧清回答：「金剛瞪出雙眼。」

慧清禪師上堂，過了很久，說道：「也是極大侮辱，珍重！」

【說明】「不問二頭三首」，就是要學人徹悟自己的本來面目，明白佛性本自圓成，不必向外馳求。

韶州黃連山義初禪師

韶州樂昌縣黃連山義初，號明微大師。問：「三乘十二分教即不問，請師開口不答話。」師曰：「寶華❶臺上定古今。」曰：「如何是寶華臺上定古今？」師曰：「一點墨子，輪流不移。」曰：「學人全體不會，請師指示。」師曰：「靈覺雖轉，空華不墜。」問：「古路無蹤，如何進步？」師曰：「金烏遶須彌，元與劫同時。」曰：「恁麼即得達於彼岸❷也。」師曰：「黃河三千年一度清❸。」

廣南劉氏嚮師道化，請入府內說法。僧問：「人王與法王相見時如何？」師曰：「兩鏡相照，萬象歷然。」曰：「法王心要，達磨西來，五祖付與曹溪，自此不傳衣鉢。未審碧玉階❹前將何付囑？」師曰：「石羊水上行，木馬夜翻駒。」

僧曰：「恁麼即我王有感，萬國歸朝。」師曰：「時人盡唱太平歌。」

問：「如何是佛？」師曰：「胸題萬字❺，背負圓光。」僧問：「如何是道？」師展兩手示之。僧曰：「佛之與道，相去幾何？」師曰：「如水如波。」

【注釋】❶寶華　至寶之妙花。《法華經・譬喻品》：「寶華承足。」❷彼岸　《智度論》：「以生死為此岸，涅槃為彼岸。」❸黃河三千年一度清　黃河之水混濁，偶有清時，古人以為是昇平的預兆。因而古人有黃河千年一清之說，用以比喻難得遇到之事。❹碧玉階　碧玉砌成的臺階，用以形容皇宮的華貴。❺萬字　即「卐」形，古印度相傳的吉祥圖案。佛與第十地菩薩胸上有此卐字，為三十二相之一。

【語譯】韶州樂昌縣（今屬廣東）黃連山義初禪師，法號明微大師。有僧人問道：「三乘十二分教就不問了，就請和尚開口而不要回答問話。」義初禪師說道：「寶華臺上定古今。」僧人問道：「什麼是寶華臺上定古今？」義初回答：「一點墨跡，輪流不移動。」僧人說道：「學人完全不能領會，請和尚指示。」義初說道：「靈覺雖轉，而空中之花不墜落。」僧人問道：「古路已沒有蹤跡，怎麼才能前行？」義初回答：「金烏圍繞須彌山而行，原本就與大劫同時。」僧人說道：「這樣的話就能到達彼岸了。」義初說道：「黃河三千年一度清。」

嶺南南漢國王劉氏嚮慕義初禪師的道化，便把他請到府衙內講說佛法。有僧人問道：「人王與法王相見的時候怎麼樣？」義初回答：「兩面鏡子互相照映，萬象歷歷在目。」僧人問道：「法王的心印法要，達磨祖師西來傳授，五祖大師付囑曹溪大師，從此不再下傳衣鉢。不知道碧玉階前，拿什麼來付囑？」義初回答：「石羊行走在水面上，木馬夜裡與馬駒一起翻身。」僧人說道：「這樣的話，即是我王有感悟，萬國前來朝拜。」義初說道：「世人都唱太平歌。」

有僧人問道：「什麼是佛？」義初禪師回答：「胸上題著卐字，背後負著圓光。」僧人問道：「什麼是道？」義初展開雙手向他示意。僧人問道：「佛之與道，其間差別是多少呢？」義初回答：「如水如波。」

【說　明】古印度風俗，凡辦成一事，就說「波羅蜜多」，意為「到彼岸」、「度吾極」、「事究竟」等。佛教沿用此語。《大智度論》卷一二云：「成辦佛道，名到彼岸。」與彼岸相對的「此岸」喻生死輪迴，而愛欲、邪見等便是生死之根。故斷除邪見、愛欲，便能窮究世間與出世間的一切事理，而「到彼岸」，成「究竟涅槃」。

韶州慧林鴻究禪師

韶州慧林鴻究，號妙濟大師。有僧問：「千聖常行此路，如何是此路？」師曰：「果然不見。」問：「魯祖面壁，意如何？」師曰：「有什麼雪處？」問：「如何是急切事？」師曰：「鈍漢。」問：「如何是和尚家風？」師曰：「諸方大例❶。」問：「定慧等學，明見理性，如何？」師曰：「新修梵宇❷。」

【注　釋】❶大例　常例；常規；普通。❷梵宇　即佛寺。

【語　譯】韶州（今廣東韶關）慧林鴻究禪師，法號妙濟大師。有僧人問道：「千位聖人經常行走在這條路上，什麼是這條路？」鴻究禪師回答：「果然不能看見。」僧人問道：「魯祖和尚面壁修禪，其意是什麼？」鴻究反問道：「有什麼積雪之處嗎？」僧人問道：「什麼是急切之事？」鴻究說道：「愚鈍的傢伙。」僧人問道：「什麼是和尚的家風？」鴻究回答：「同各地大例一般。」僧人問道：「定、慧等學，明見佛理心性時怎樣？」鴻究回答：「新修佛寺。」

【說　明】仰山南塔光涌禪師的法嗣還有洪州黃龍山忠和尚一人，因無機緣語句，故未收錄。

前袁州仰山西塔光穆禪師法嗣

吉州資福如寶禪師

吉州資福如寶禪師。僧問：「如何是應機之句？」師默然。問：「如何是玄旨？」師曰：「汝與我掩卻門。」問：「魯祖面壁，意作麼生？」師曰：「勿交涉。」問：「如何是從上真正眼？」師搥胸曰：「蒼天！蒼天！」僧曰：「借問又何妨？」師曰：「困。」問：「遮箇還受學也無？」師曰：「未曾钁地栽虛空。」問：「如何是衲僧急切處？」師曰：「不過此問。」僧曰：「學人未問已前，請師道。」師曰：「噫！」問：「諸方盡皆妙用，未審和尚此問如何？」師曰：「噫！」問：「古人拈槌豎拂，此理如何？」師曰：「瘂。」問：「如何是一路涅槃門❶？」師彈指一聲，又展開兩手。僧曰：「如何領會？」師曰：「不是秋月明，子自橫行八九。」問：「如何是和尚家風？」師曰：「飯後三椀茶。」

師一日拈起蒲團❷示眾云：「諸佛菩薩及入理❸聖人，皆從遮裡出。」便擲下，擘❹胸開曰：「作麼生？」眾無對。

問：「學人創入叢林，一夏將末，未蒙和尚指教，願垂提拯。」師托開其僧，乃曰：「老僧自住持來，未曾瞎卻一僧眼。」

師有時坐良久，周視左右，曰：「會麼？」眾曰：「不會。」師曰：「不會即謾汝去也。」

師一日將蒲團於頭上曰：「汝諸人恁麼時難共語。」眾無對。師將坐，卻曰：「猶較些子。」

【注　釋】❶涅槃門　入涅槃城的門戶。又指墓葬之地的北門。北方為陰之極，故以配寂靜之涅槃。❷蒲團　僧人坐禪及跪拜時所用的坐具，用蒲草編織而成，其狀團圓，故名。❸入理　得道；獲得佛道。❹擘　分開。

【語　譯】吉州（今江西吉安）資福如寶禪師。有僧人問道：「什麼是應對機鋒的句子？」如寶默然不語。僧人問道：「什麼是玄密的意旨？」如寶說道：「你給我把門關上。」僧人問道：「魯祖面壁修禪，其意是什麼？」如寶回答：「不相干。」僧人問道：「什麼是向上的真正法眼？」如寶搥胸叫道：「蒼天！蒼天！」僧人說道：「借問一下又有什麼妨礙？」如寶回答：「困。」僧人問道：「這個是否還接受學習？」如寶說道：「未曾鋤地和裁剪天空。」僧人問道：「什麼是禪僧的急切之處？」如寶回答：「不超過此提問。」僧人問道：「學生沒有提問以前，請和尚說。」如寶說道：「噫！」僧人問道：「各地大德全都是妙用，不知道和尚這裡怎樣？」如寶回答：「噫！」僧人問道：「古人舉槌豎拂塵，其道理是什麼？」如寶回答：「是瘂病。」僧人問道：「什麼是一路涅槃門？」如寶彈指一聲，又展開了雙手。僧人問道：「怎麼領會？」如寶說道：「不是中秋月明，你自是橫行八九。」僧人問道：「什麼是和尚的家風？」如寶回答：「飯後三碗茶。」

如寶禪師有一天拿起蒲團曉示眾僧道：「諸佛、菩薩以及得道聖人，都是從這裡出來的。」說完就扔下蒲團，分開當胸的衣服說道：「怎麼樣呢？」眾僧都無言以對。

有一個僧人問道：「學生進入叢林，一個夏天將要過去了，沒有得到和尚的指教，誠願和尚垂示拯救。」

如寶禪師推開那個僧人，才說道：「老僧自從住持以來，從沒有讓一個僧人瞎了眼。」

如寶禪師有時候獨坐很久，然後睜開眼睛環視左右，問道：「領會了嗎？」眾僧說道：「沒有領會。」如寶說道：「沒有領會，即是欺騙你們了。」

如寶禪師有一天把蒲團放到了頭頂上，說道：「你們眾人這樣的時候，就難以對話了。」眾僧無言可對。如寶將要坐下，卻說道：「還是差一點。」

前灌溪志閑禪師法嗣

池州魯祖山教和尚

池州魯祖山教和尚。僧問：「如何是目前事？」師曰：「絲竹未將為樂器，架上葫蘆猶未收。」問：「如何是雙林樹❶？」師曰：「有相身中無相身。」曰：「如何是有相身中無相身？」師曰：「金香山❷下鐵崑崙。」問：「如何是高峰孤宿底人？」師曰：「半夜日頭明，日午打三更。」問：「如何是格外事？」師曰：「化道❸緣終後，虛空更那邊。」問：「進向無門時如何？」師曰：「太鈍生。」僧曰：「不是鈍根，直下進向無門時如何？」師曰：「靈機未曾論邊際，執法無邊在暗中。」問：「如何是學人著力處？」師曰：「春來草自青，月上已天明。」曰：「如何是不著力處？」師曰：「崩山石頭落，平川燒火行。」

【注　釋】❶雙林樹　即佛陀涅槃之處的娑羅雙樹。❷香山　佛經中稱崑崙山為香山，也稱香醉山，在雪山之北，為閻浮提洲的最高中心。此山南有無熱池，佛經稱是四大河流之源。❸化道　教化人之道，意同「教道」。

【語　譯】池州（今屬安徽）魯祖山教和尚。有僧人問道：「什麼是目前之事？」教和尚回答：「弦絲、竹管還未製成樂器，架子上的葫蘆還未收下。」僧人問道：「什麼是雙林樹？」教和尚回答：「有相身中的無相身。」僧人問道：「什麼是有相身中的無相身？」教和尚回答：「金香山下的鐵崑崙山。」僧人問道：「什麼是高峰獨自住宿的人？」教和尚回答：「半夜裡太陽放光明，正午之時打三更。」僧人問道：「什麼是格外之事？」教和尚回答：「教化之道緣結束以後，空虛還在另一邊。」僧人問道：「想向前走卻沒有門的時候怎麼辦？」教和尚回答：「太愚鈍了。」僧人問道：「並不是愚鈍根機之人，一直向前走卻沒有門的時候怎麼辦？」教和尚回答：「靈機從未曾談論邊際之事，執著於法就如同處在無邊的黑暗中。」僧人問道：「哪裡是學生的用力之處？」教和尚回答：「春來草自青，月上天已明。」僧人問道：「哪裡是不用力之處？」教和尚回答：「山崩石頭落下，平地野火蔓延。」

前魏府興化存獎禪師法嗣

汝州寶應和尚

汝州寶應和尚，亦曰南院第一世住。上堂示眾曰：「赤肉團❶上，壁立千仞❷。」時有僧問：「赤肉團上，壁立千仞，豈不是和尚道？」師曰：「是。」其僧乃掀禪牀。師曰：「遮瞎驢！」便棒。

師問僧：「近離什麼處？」曰：「長水❸。」師曰：「東流西流？」曰：「總不恁麼。」師曰：「作麼生？」僧珍重，師打之，趁下法堂。

僧到參，師舉拂子，僧曰：「今日敗闕❹。」師放下拂子，僧曰：「猶有遮箇在。」師乃棒之。

師問僧：「近離什麼處？」曰：「近離襄州。」師曰：「來作什麼？」曰：「特來禮拜和尚。」師曰：「恰遇寶應老不在。」僧便喝，師曰：「向汝道不在，又喝作什麼？」僧又喝，師乃棒之。其僧禮拜，師曰：「遮棒本分汝打我，我且打汝三五棒，要此話大行。」

思明和尚未住西院時，到參禮拜後，白曰：「別無好物人事❺，從許州買得一口江西剃刀，來獻和尚。」師曰：「汝從許州來，什麼處得江西剃刀？」明把師手掐一下，師曰：「侍者收取。」明拂袖而去，師曰：「阿剌剌❻！」

師上堂曰：「諸方只具啐啄同時眼，不具啐啄同時用。」時有僧便問：「如何是啐啄同時用？」師曰：「作家相見不啐啄，啐啄同時失。」僧曰：「此猶未是某甲問處。」師曰：「汝問處又作麼生？」僧曰：「失。」師乃打之，其僧不肯。後於雲門會下，聞別僧舉此語，方悟旨，卻迴參省，師已圓寂，遂禮風穴和尚。風穴問曰：「汝當時問先師啐啄話，後來還有省處也無？」僧曰：「已見箇道理也。」曰：「作麼生？」僧曰：「某甲當時在燈影裡行，照顧不著。」風穴云：「汝會也。」

【注　釋】❶赤肉團　指人心。❷壁立千仞　喻臨濟禪法峻峭。❸長水　在陝西藍田西北，出白鹿原西北流，也稱荊溪。❹敗闕　即「敗缺」，受挫。❺人事　指初次見面時所贈送的禮物。❻阿刺刺　叱責聲。

【語　譯】汝州（今河南臨汝）寶應和尚，也稱南院第一世住持。上堂曉示眾僧道：「赤肉團上，壁立千仞。」當時有僧人問道：「赤肉團上，壁立千仞，難道不是和尚說的？」寶應和尚回答：「是。」那僧人就前來掀翻了禪牀。寶應和尚說道：「這頭瞎驢！」就棒打他。

寶應和尚問僧人道：「近來離開什麼地方？」僧人回答：「長水。」寶應和尚問道：「是向東流還是向西流？」僧人回答：「都不是這樣的。」寶應和尚問道：「怎樣的？」僧人向寶應和尚說聲「珍重」，寶應和尚就打了他，把他趕下法堂。

有僧人前來參拜，寶應和尚舉起了拂塵，僧人說道：「今天受挫了。」寶應和尚放下了拂塵，僧人說道：「還有這個存在。」寶應和尚就棒打他。

寶應和尚問僧人道：「近來離開什麼地方？」僧人回答：「近來離開襄州（今湖北襄樊）。」寶應和尚問道：「來幹什麼？」僧人回答：「特地前來禮拜和尚。」寶應和尚說道：「恰好寶應老漢不在。」僧人便喝，寶應和尚說道：「向你說他不在，你又喝什麼？」僧人又喝，寶應和尚就棒打他。那僧人禮拜，寶應和尚說道：「這棒本來是該你打我，我姑且打你三、五棒，要讓這一話頭廣為流行。」

思明和尚沒有住持西院之前，來到寶應和尚處參拜後，告訴道：「別的沒有好東西送給你，我從許州（今河南許昌）買到一把江西產的剃刀，來獻給和尚。」寶應和尚問道：「你在許州，從什麼地方得到這江西剃刀？」思明和尚就把寶應和尚的手給掐了一下，寶應和尚說道：「侍者收下剃刀。」思明和尚拂袖而去，寶應和尚叫道：「阿刺刺！」

寶應和尚上堂說法道：「諸位只具有啐啄同時之眼，卻不具有啐啄同時之用。」當時有一位僧人就問道：「怎樣才是啐啄同時之用？」寶應和尚回答：「行家相見時不啐啄，啐啄同時失去了效用。」僧人說道：「這還不是我所問的內容。」寶應和尚問道：「你所問的內容又是什麼呢？」僧人回答：「失去了。」寶應和尚就打他，那僧人不同意。後來那僧人在雲門和尚的法會上，聽到別的僧人舉出這一話頭，方才領悟了密旨，再回來看望寶應和尚，寶應和尚卻已經圓寂了，他就去禮拜風穴延沼和尚。風穴和尚問道：「你當時向先師提問啐啄之語，後來還有省悟之處嗎？」那僧人回答：「已經見到個道理。」風穴和尚問道：「怎麼樣？」那僧人回答：「我當時在燈影裡行走，照顧不到。」風穴和尚說道：「你已經領悟了。」

【說明】興化存獎禪師的法嗣還有魏府天鉢和尚一人，因無機緣語句，故未收錄。

前鎮州寶壽沼禪師法嗣

汝州西院思明禪師

汝州西院思明禪師。有人問：「如何是伽藍？」師曰：「荊棘叢林。」曰：「如何是伽藍中人？」師曰：「獾兒❶貉子❷。」問：「如何是臨濟一喝？」師曰：「千鈞之弩，不為鼷鼠❸而發機。」曰：「和尚慈悲何在？」師打之。

僧從漪到法席旬日，乃曰：「莫道會佛法人，覓箇舉話底人也無。」師聞而默之。漪異日上法堂次，師召從漪，漪舉首。師曰：「錯。」漪進三兩步，師又曰：「錯。」從漪復近前，師曰：「適來兩錯，是上座錯，是思明老漢錯？」曰：「是從漪錯。」師曰：「錯。」又曰：「上座且這裡過夏，共汝商量這兩錯。」漪不肯，便去。後住相州天平山❹，每舉前話曰：「我行腳時被惡風吹到汝州，有西院長老勘我，連下三箇錯，更待留我過夏商量。我不說恁麼時錯，我當時發足擬向南去，便知道錯了也。」首山省念❺和尚云：「據天平作恁麼會解，未夢見西院在何故話在。」

【注釋】❶獾兒　一種穴居的動物，晝伏夜出，有狗獾與豬獾兩種。❷狢子　獸名，即貉，像狸。❸鼷鼠　一種小鼠，灰黑色，腹部毛色稍淡。❹天平山　在河南林州西二十六里，宋初詩人柳開曾撰〈遊天平山記〉。❺首山省念　宋初僧人，以誦念《法華經》為日課，人稱「念法華」，後參風穴延沼禪師得心傳，住持汝州首山等法席。

【語譯】汝州（今河南臨汝）西院思明禪師。有僧人問道：「什麼是伽藍？」思明回答：「荊棘叢林。」僧人問道：「什麼是伽藍中的人？」思明回答：「獾兒與貉子。」僧人問道：「什麼是臨濟一喝？」思明回答：「有千鈞之力的勁弩，不會為了一隻鼷鼠而發射。」僧人問道：「和尚的慈悲表現在哪裡？」思明就打他。

僧人從漪來到法會十餘天後，就說道：「不要說是悟徹佛法的人，就是尋一個會舉話頭的人也沒有。」思明禪師聽說後沉默不語。過了幾天，從漪上法堂的時候，思明便招呼從漪，從漪抬起了頭。思明說道：「錯。」從漪向前走了三兩步，思明又說道：「錯。」從漪就走上前來，思明問道：「剛才兩個錯，是上座錯，還是思明老漢錯？」從漪說道：「是從漪錯。」思明說道：「錯。」又說道：「上座姑且在這裡過夏，與你共同討論這兩個錯。」從漪不同意，就離去了。後來從漪住持相州（今河南安陽）天平山，常常舉出這一話頭，說道：「我行腳的時候，被一陣惡風吹到了汝州，有一位西院長老來勘驗我，連著說了三個錯，就要留我過夏討論。我不知道這個時候錯了，在我準備出發向南方而去之時，便知道自己是錯了。」首山省念和尚說道：「根據天平和尚作這樣的理解，是因為從來沒有夢見西院和尚在哪裡才這樣說的。」

西院第二世寶壽和尚

寶壽和尚。第二世住。有僧問：「如何是祖師？」曰：「面黑眼睛白。」問：「蹋倒化城❶時如何？」師曰：「死漢不斬。」僧曰：「斬。」師乃打。

【注釋】❶化城　指一時變化而成的城郭。據《法華經·化城喻品》說，一切眾生成佛之所，即為寶所。到此寶所之道路悠遠險惡，佛恐行人疲倦退卻，故於途中變化成一所城郭，使其休息養精神，遂至寶所。

【語譯】寶壽和尚。第二世住持。有僧人問道：「什麼是祖師？」寶壽和尚回答：「面黑眼睛白。」僧人問道：「踏倒化城的時候怎麼樣？」寶壽和尚回答：「死屍就不再斬首了。」僧人說道：「斬首。」寶壽和尚就打他。

前鎮州三聖慧然禪師法嗣

鎮州大悲和尚

鎮州大悲和尚。有僧問：「除上去下，請師便道。」師曰：「我開口即錯。」

僧曰：「真是學人師。」師曰：「今日向弟子手裡死。」

【語　譯】鎮州（今河北正定）大悲和尚。有僧人說道：「除去上與下，請和尚即說。」大悲和尚說道：「我開口即錯。」僧人說道：「真是學生的老師。」大悲和尚說道：「我今天要死在弟子的手裡了。」

淄州水陸和尚

淄州水陸和尚。有僧問：「如何是學人用心處？」師曰：「用心即錯。」僧曰：「不起一念時如何？」師曰：「勿用處漢。」問：「此事如何保任？」師曰：「切忌。」問：「如何是最初一句？」師便喝。問：「狹路相逢時如何？」師便攔胸托一托。

【語　譯】淄州（今山東淄博南）水陸和尚。有僧人問道：「什麼地方才是學生用心之處？」水陸和尚回答：「用心就錯。」僧人問道：「不產生一個念頭時怎樣？」水陸和尚說道：「沒有用處的傢伙。」僧人便問道：「這個事情怎樣才能保持不失？」水陸和尚回答：「切忌這樣。」僧人問道：「什麼是最初的一句？」水陸和尚就喝。僧人問道：「狹路相逢時怎麼樣？」水陸和尚就當胸推了他一下。

前魏府大覺和尚法嗣

廬州大覺和尚

廬州大覺和尚。問：「牛頭未見四祖時，為什麼鳥獸銜華？」師曰：「有恁麼畜生。」曰：「見後為什麼不來銜華？」師曰：「無恁麼畜生。」

【語譯】廬州（今安徽合肥）大覺和尚。有僧人問道：「牛頭法融禪師未見四祖大師時，為什麼鳥獸銜來鮮花？」大覺和尚回答：「有這樣的畜生。」僧人又問道：「見四祖大師後為什麼不再銜花來？」大覺和尚回答：「沒有這樣的畜生了。」

廬州澄心院旻德和尚

廬州澄心院旻德和尚，在興化時，遇興化和尚示眾云：「若是作家戰將，便請單刀直入，更莫如何若何。」師便出禮三拜，起而喝，興化亦喝。師再喝，化亦喝。師乃作禮歸眾。化云：「旻德今夜較❶卻興化二十棒。然雖如是，是佗❷旻德會。旻德且不是喝。」

【注釋】❶較　差；少。❷佗　同「他」。

【語譯】廬州（今安徽合肥）澄心院旻德和尚，在興化和尚那裡的時候，遇到興化和尚曉示眾僧道：「如果是行家戰將，就請單刀直入，更不要如何這樣地繞彎子。」旻德和尚就站出來禮拜了三次，起身就喝，興化和尚也喝。旻德和尚再喝，興化和尚也再喝。旻德和尚就施禮而歸到僧眾中去。興化和尚說道：「旻德今夜欠了興化二十棒。但是雖然如此，是他旻德自己領會。旻德況且不是喝。」

汝州南院和尚

汝州南院和尚。問：「匹馬單槍來時如何？」師曰：「待我斫棒。」問：「上根器人還接否？」師曰：「接。」僧曰：「便請師接。」師曰：「且得平交❶。」

師問新到僧：「近離什麼處？」曰：「漢上❷。」師曰：「汝也罪過，我也罪過。」僧無語。

師見新到僧，乃搊住曰：「作麼生？作麼生？」僧無對。師曰：「三十年馬伎，今日被驢撲。」

有僧新到，師曰：「敗也。」乃拋下拄杖。僧曰：「恁麼語話？」師便打。

【注釋】❶平交　身分平等的交往。❷漢上　指湖北省西北部漢水流域地區。

【語譯】汝州（今河南臨汝）南院和尚。有僧人問道：「單槍匹馬來時怎樣？」南院和尚回答：「等我砍一根棒。」僧人問道：「有上上根器的人，和尚還接引嗎？」南院和尚回答：「接引。」僧人說道：「那就請和尚接引。」南院和尚回答：「還是平交吧。」

南院和尚問新來的僧人道：「近來離開什麼地方？」僧人回答：「漢上。」南院和尚說道：「你也罪過，我也罪過。」僧人無語應對。

南院和尚看見新來的僧人，就抓住他問道：「怎麼樣？怎麼樣？」那僧人無語以對。南院和尚說道：「弄了三十年的馬伎，今天卻被驢子給踢了。」

有僧人剛到，南院和尚就叫道：「打敗了。」說完便拋下了拄杖。那僧人說道：「怎麼說話的？」南院和尚就打他。

【說　明】魏府大覺和尚的法嗣還有宋州法華和尚一人，因無機緣語句，故未收錄。

據本卷前述之鎮州臨濟義玄禪師法嗣，義玄之法嗣中無「魏府大覺和尚」，而有「魏府興化存獎禪師」。又據本書卷十三，汝州南院和尚的法嗣為汝州風穴延昭禪師，而據《天聖廣燈錄》卷十四所載，則其師承關係為：興化存獎傳汝州寶應院慧顒，慧顒再傳風穴延昭。《天聖廣燈錄》所載慧顒禪師「上堂曰」云云，與本書本卷前述魏府興化存獎禪師法嗣汝州寶應和尚之語相同。而且在〈汝州寶應和尚〉章中記載，有一僧先參問寶應和尚，寶應和尚死後，又去參問風穴延昭和尚，風穴和尚便問「汝當時問先師啐啄語」云云。綜上所述，可證魏府大覺和尚即魏府興化存獎禪師，汝州南院和尚即汝州寶應和尚，本書著者不察，遂使一人誤分作二人。因此，〈魏府大覺和尚法嗣〉之內容，當歸入前述之〈魏府興化存獎禪師法嗣〉內。此處為保存本書原貌，故仍依其舊。

又懷讓禪師的第六世法嗣，還有涿州紙衣和尚的法嗣一人，即鎮州潭空和尚；金陵道巘和尚的法嗣一人，即金陵廣孝院處微禪師，因皆無機緣語句，故未收錄。

◎新譯八識規矩頌

倪梁康／注譯

《八識規矩頌》為唐代玄奘大師所作，是佛教唯識學一份極其重要的漢語文獻，除大正藏外，也收錄於《四庫全書》中。其內容言簡意賅，在四十八句頌文中，幾乎包含了唯識學的基本名相和要義，為初學者提供了瞭解唯識學的方便法門。但也因其格式嚴謹而言詞又極為簡略，未經解說，可能完全不知所云。本書透過佛教唯識學和現代現象學之間的互釋、互解，對經文作逐句詮解，帶領讀者深入唯識世界。

國家圖書館出版品預行編目資料

新譯景德傳燈錄／顧宏義注譯.——初版四刷.——臺北市：三民，2024
冊； 公分.——(古籍今注新譯叢書)

ISBN 978-957-14-3795-8 (全套：平裝)
1. 禪宗—傳記

226.69 93010960

古籍今注新譯叢書

新譯景德傳燈錄（上）

注譯者 | 顧宏義
創辦人 | 劉振強
發行人 | 劉仲傑
出版者 | 三民書局股份有限公司（成立於 1953 年）

三民網路書店
https://www.sanmin.com.tw

地址 | 臺北市復興北路 386 號 （復北門市） (02)2500-6600
臺北市重慶南路一段 61 號（重南門市） (02)2361-7511

出版日期 | 初版一刷 2005 年 5 月
⋮
初版四刷 2024 年 9 月
書籍編號 | S032300
ISBN | 978-957-14-3795-8